中国社会科学年鉴

郭沫若研究年鉴 2013

YEARBOOK OF GUO MORUO STUDIES

崔民选 主编

中国社会科学出版社

图书在版编目（CIP）数据

郭沫若研究年鉴.2013／崔民选主编．—北京：中国社会科学出版社，2015.4
ISBN 978－7－5161－5924－8

Ⅰ.①郭… Ⅱ.①崔… Ⅲ.①郭沫若（1892~1978）—人物研究—2013—年鉴 Ⅳ.①K825.6－54

中国版本图书馆 CIP 数据核字（2015）第 075028 号

出 版 人	赵剑英
责任编辑	李敦球
责任校对	林福国
责任印制	张雪娇

出　　版	中国社会科学出版社
社　　址	北京鼓楼西大街甲158号（邮编100720）
网　　址	http://www.csspw.cn
发 行 部	010－84083685
门 市 部	010－84029450
经　　销	新华书店及其他书店
印刷装订	三河市东方印刷有限公司
版　　次	2015年4月第1版
印　　次	2015年4月第1次印刷
开　　本	787×1092　1/16
印　　张	35.5
字　　数	716千字
定　　价	168.00元

凡购买中国社会科学出版社图书，如有质量问题请与本社联系调换
电话：010－84083683
版权所有　侵权必究

郭沫若研究年鉴 2013 编辑委员会

顾　问　马识途　张　江　刘德有　林甘泉　章玉钧
　　　　　王戎笙　郭平英　黄侯兴　岩佐昌暲
主　任　高　翔
副主任　崔民选　蔡　震
委　员　（以姓氏笔画为序）
　　　　　王世民　王锦厚　冯　时　李　怡　李晓虹
　　　　　李　斌　周海波　杨胜宽　张剑平　张　勇
　　　　　张　越　赵笑洁　高　翔　崔民选　谢保成
　　　　　彭邦本　蔡　震　廖久明　谭继和　魏　建
主　编　崔民选
副主编　赵笑洁　张　勇（常务）
编　辑　梁雪松　张　宇　王　静　周　文　杨　乐
　　　　　李　斌

目　录

第一篇　研究综述

2013年郭沫若研究述评
　　——兼论近几年郭沫若研究的现状和问题 …………… 张　勇　周　文(3)

第二篇　论文选粹

日本作家村松梢风与田汉、郭沫若交往考 ………………………… 徐静波(17)
东北师范大学中文系中国现代文学教研室与郭沫若往来书信小考 ……… 李二年(29)
"坐见春风入棘篱"
　　——郭沫若流亡期间旧体诗创作论 ……………………………… 蔡　震(37)
郭沫若归国抗战"共产党功不可没"吗 ……………………………… 廖久明(48)
胡风与舒芜的"反郭文"考论 ………………………………………… 蒙　雨(56)
为什么郭沫若许多诗作没有收入《女神》
　　——《女神》的佚作与泰东图书局 ……………………………… 张　勇(66)
论抗战结束后郭沫若对沈从文的批评 ………………………………… 李　斌(75)
谈郭沫若对一篇涉及鲁迅的文艺论文的修改 ………………………… 孟文博(86)
关于郭沫若《〈撒尼彝语研究〉的检讨·结语》 …………………… 李晓虹(91)
关于《南无·邹李闻陶》 ……………………………………………… 王　静(98)
关于郭沫若三封集外书信 …………………………………………… 龚明德(104)
论郭沫若抗战史剧的特征及政治理念 ………………………………… 佟　波(110)
郭沫若伦理思想研究90年 ……………………………………………… 杨兴玉(115)
苏联经验与普通话写作
　　——以郭沫若为中心的考察 ……………………………………… 颜同林(124)
《敝帚集与游学家书》研究札记 ……………………………………… 邓经武(134)
鲁迅、郭沫若"历史小说"新论 ……………………………………… 周　文(142)
郭沫若与中国文学的现代化 …………………………………………… 王小平(157)

郭沫若抗战历史剧的悲剧叙事与现实关怀	刘海洲（168）
试析郭沫若的四川地域认同及其意义生发	邓　伟（175）
关于郭沫若"内在律"理论的再思考	
——兼论现代汉语诗歌形式建设	李卫涛（181）
《女神之再生》神话"重述"的新解	
——兼论郭沫若早期神话观念	张　岩（187）
贯通"中西古今"	
——郭沫若史剧理论的启示	沈庆利（195）
重评郭沫若20世纪50年代的科学诗	
——兼对一种简单化研究视角的分析	逯　艳（204）
论郭沫若和郁达夫自传中自我形象的塑造	张　云（211）
"历史理解"的认同路向及其限度	
——论郭沫若现代史剧的文化值阈	龙永干（218）
被遗忘的角落	
——郭沫若传、评中女性情感的缺失现象及原因探讨	许　涛（225）
郭沫若早期诗论与传统诗学表现理论	赵黎明（231）
知识分子的和谐理想及其文学表达	
——以郭沫若的《女神》为例	哈建军（243）
1925，马克思与孔子对话	
——以郭沫若小说《马克思进文庙》为中心	颜炼军（255）
岛崎藤村与郭沫若诗歌之比较	张秋芳　张　剑（274）
从古典和谐走向近代崇高	
——郭沫若的诗美学范畴及其历史美学逻辑论析	程国君　吴亚娟（279）
《创造十年》问世后的臧否之声	彭林祥（291）
纪实与回忆：论郭沫若、谢冰莹对从军北伐的不同书写	张全之（297）
闻一多与中国新诗同人诗家比较研究	李乐平（306）
《女神》在高校教材中的传播与读者接受	付金艳（317）
天人学与泛神诗学：地域传承中的生态文化观	陈　俐（326）
"时代意识"与郭沫若的《读随园诗话札记》	曾　平（335）
新世纪中学语文对郭沫若诗歌的选用与教学	王　华（343）
论郭沫若与郭启宏历史剧的异同	张　欣（352）
嵇文甫与郭沫若的三次学术交缘	何　刚（362）
杜甫的平民角色与平民情	
——兼论郭沫若对杜甫的评价问题	杨胜宽（370）
1965，"兰亭论辩"的"笔墨官司"	冯锡刚（383）

解释学视野下的《兰亭序》真伪之辨 …………………………………… 刘毅青(388)
郭沫若易学研究的主要特色 ……………………………………………… 谢金良(400)
《释祖妣》与《耒耜考》之比较研究 ………………………………………… 侯书勇(406)
郭沫若辞章视点金文考释方法运用举例 …………………………………… 李义海(417)
一士谔谔,胜于千诺
　　——高二适与郭沫若兰亭论辩 ………………………………………… 尹树人(424)
从《鲁拜集》看郭沫若诗歌翻译中的"通感"策略 ………………………… 毕婷婷(431)
郭沫若摘译《德意志意识形态》述论 ……………………………………… 邱少明(437)
转译之困与惑
　　——谈郭沫若的俄苏著作翻译 ………………………… 王　慧　孔令翠(446)
"艺术是科学创造的亲密伙伴" ……………………………………………… 王文华(453)
不应忘却的三位学者:王国维、本杰明·史华兹和郭沫若 …… [美]欧文·雷文(465)
"奇趣淋漓,使江山增色"
　　——记郭沫若与李可染的书画交往 …………………………………… 郭平英(472)
郭沫若与吴芳吉的"诗友"交 …………………………………… 梁雪松　雨　辰(483)

第三篇　文摘

关于郭沫若对吕不韦的评价问题 ………………………………………… 杨胜宽(491)
读郭沫若《鹧鸪天·吊杨二妹》 ………………………………… 唐　瑛　周洪琳(491)
《起死》与《漆园吏游梁》细读 ……………………………………………… 杨芝明(491)
"我"如何"便是我了"?——浅析《天狗》中"我"的意象生成过程 …… 余　玲(491)
郭沫若替曹操翻案动机再析 ………………………………………………… 何　刚(492)
杜宇化鹃神话与巴蜀文学 …………………………………………………… 颜同林(492)
郭沫若戏剧研究再思考 ……………………………………………………… 祁和晖(492)
文学史阅读中的《女神》版本及文本 ……………………………………… 蔡　震(492)
溯源与重审:新世纪以来的《女神》研究 …………………… 王玉春　胡博雅(493)
《屈原》悲剧冲突的功能性结构解析 ……………………………………… 刘芊芊(493)
从不喜欢《女神》谈起 ……………………………………………………… 陈永志(493)
郭沫若游学家书中的交通文化 …………………………………………… 张建锋(493)
郭沫若与日本文学二题 ……………………………………………………… 蔡　震(494)
郭沫若评惠施论析 ………………………………………………………… 杨胜宽(494)
在诗的有用与审美效应之间——以留日诗人郭沫若、穆木天、
　　田汉为例 …………………………………………………………………… 李　丹(494)
《三个叛逆的女性》配角的异质性体现 …………………………………… 唐　敏(494)

《棠棣之花》的原型意象及位移 ……………………………………… 俞媛媛(495)
早期创造社郭沫若郁达夫等人的"泪浪" …………………………… 张叹凤(495)
绥山馆教育对郭沫若的影响 …………………………………………… 屈 军(495)
在与赵景深交往三琐事中读出郭沫若 ………………………………… 宋 洁(495)
国家话语中的"时代颂歌"——论郭老建国后的诗歌创作 ………… 刘海洲(496)
郭老早期诗歌作品中的神话意象 ……………………………………… 张 岩(496)
澳大利亚学者臧温尼的《女神》研究 ……………………… 杨玉英 骆玉蓉(496)
试论郭沫若的中小学书法教育观及其启示——兼论当前中小学
　书法教育困窘现状及对策 …………………………………………… 钱 超(497)
郭沫若与五四时期的诗歌翻译 …………………………… 赵 霞 李 娟(497)
郭沫若《女神》中的"西方形象" …………………………………… 刘玉峰(497)
略论郭沫若的历史剧 …………………………………………………… 荣 静(497)
轮廓清晰的"天狗"——从莱辛"诗与画的界限"谈郭沫若
　《天狗》……………………………………………………………… 何 睿(498)
论郭沫若早期的科学主义取向——从《笔立山头展望》说起 ……… 王文勇(498)
女性,一个未被充分启蒙的性别 ……………………………………… 李 畅(498)
浅析郭沫若话剧《屈原》的艺术特色 ………………………………… 宁 爽(498)
郭沫若主持的家族出版社 ……………………………………………… 李 红(499)
郭沫若《女神》等诗歌的思想内容和艺术特征 ……………………… 李 艳(499)
郭沫若的中西文化观 ……………………………………… 孟祥祺 石 芸(499)
女性主义视角下的郭沫若"王昭君"形象阐释 ……………………… 陈晓燕(499)
安得翻译双全法,不负原创不负卿——浅谈郭沫若翻译
　思想 ……………………………………………………… 杨 楠 黄 玲(500)
浅谈郭沫若题画诗词的影响 ……………………………… 文 兰 陈欲晓(500)
郭沫若《女神》的浪漫爱情再解读 …………………………………… 李 静(500)
1948年郭沫若香港期间创作的收录与散佚考释 ……………………… 张 勇(501)
《三个叛逆的女性》反面角色塑造的得失 …………………………… 唐 敏(501)
《甲申三百年祭》与"两个务必"的提出 …………………………… 简 奕(501)
再论郭沫若"十七年"外交诗文中的"太阳"意象——以"公共人物"
　为线索 ………………………………………………………………… 逯 艳(502)
"郭老"称谓考论 ……………………………………………………… 谢子元(502)
浅析郭沫若对日本马克思主义经典《社会组织与社会革命》
　的译介 …………………………………………………… 罗 鹏 李海振(502)
论郭沫若新诗理论的形成渊源 …………………………… 臧培培 吴晓川(502)
论郭沫若晚年的文学思想——以《李白杜甫》为例 ………………… 黄曼青(503)

论《女神》文学价值与文学史价值的错位 …………………… 吴正华(503)
通过荒诞完成审美喜悦——郭沫若自传体长卷散文艺术探奥 …… 张叹凤(503)
生态情怀与生命诉求——郭沫若早期创作再考察 ………………… 林荣松(504)
时代风雷起新篇：毛泽东与胡乔木、郭沫若的诗交及其意识形态
　　意蕴——以"文革"前的《红旗》杂志为中心 ………… 黄金魁　李延静(504)
惠特曼与郭沫若诗歌公共性比较 ……………………………………… 赵　明(504)

第四篇　资讯·动态

◇**特别报道**
郭沫若及其时代
　——关于郭沫若的对话 …………………………………………………… (507)
　一　为什么是郭沫若？ …………………………………………………… (507)
　二　郭沫若的文化遗产和当下意义 ……………………………………… (510)
　三　"没有伟大的人物出现的民族,是世界上最可怜的生物之群;有了伟大的
　　　人物,而不知拥护、爱戴、崇仰的国家,是没有希望的奴隶之邦" …… (511)
　四　"我不懂古文字,所以不知道郭沫若的伟大"
　　　——女儿眼中的郭沫若 ……………………………………………… (513)
　五　学术研究是最好的继承 ……………………………………………… (515)
◇**科研课题**
立项重要课题 …………………………………………………………………… (517)
2013年度四川省教育厅人文社会科学(郭沫若研究)立项课题一览表 ……… (518)
◇**出版零讯**
郭沫若生平史料撷拾 …………………………………………………………… (519)
郭沫若传 ………………………………………………………………………… (519)
青春与感伤——创造社与主情文学文献史料辑 ……………………………… (519)
◇**硕博论文**
博士论文:《论"十七年"郭沫若"非政治家"职务写作》 …………………… (520)
硕士论文:《郭沫若的翻译对其创作影响的文艺心理学解读》 …………… (523)
硕士论文:《傅斯年、钱穆、郭沫若之史学方法比较研究》 ……………… (524)
硕士论文:《郭沫若自传散文研究》 ………………………………………… (525)
硕士论文:《郭沫若序跋散文研究》 ………………………………………… (526)
硕士论文:《女神》的诞生 …………………………………………………… (526)
硕士论文:《"三美"理论视角下的郭沫若和黄克孙〈鲁拜集〉译本研究》 … (527)
硕士论文:《郭沫若史剧〈屈原〉文本变迁研究》 ………………………… (528)

硕士论文:《抗战历史文化语境下的郭沫若与〈新华日报〉》 …………………(529)

◇ 文化活动

"纪念郭沫若诞辰120周年系列活动图片展"在中国社会科学院展出 ………(531)
第六届"清明时节缅怀名人走进故居"系列文化活动在京举办 ……………(531)
"20世纪文化名人的中国梦"大型展览在京内外巡展 ………………………(532)
郭沫若纪念馆举办系列文化讲座活动 …………………………………………(532)
"2013端午诗会"活动在郭沫若纪念馆举办 …………………………………(532)
中国社会科学院院长王伟光等到郭沫若纪念馆调研提出"研究立馆、
　人才立馆、管理立馆" ………………………………………………………(533)
"纪念郭沫若《满江红·灵渠》题词50周年暨灵渠文化研讨会"
　在广西兴安举行 ……………………………………………………………(533)
"访文化名人看传统老宅赏古树名木"展览在北京8家名人故居巡展 ………(534)
郭沫若纪念馆赴美学术文化交流 ………………………………………………(534)
"2013金秋重阳诗会"在郭沫若纪念馆举行 …………………………………(535)
中国社会科学院副院长张江到郭沫若纪念馆宣布与历史所分立并进行
　调研 …………………………………………………………………………(535)
"中华名人展"在巴基斯坦举行 ………………………………………………(535)

◇ 成果索引

2013年郭沫若研究成果索引 ………………………………… 秦　红　卿玉弢(537)
　一　2013年郭沫若研究论著(含其他论著中的郭沫若研究章节) …………(537)
　二　2013年郭沫若研究硕博学位论文 ………………………………………(540)
　三　2013年郭沫若研究期刊论文目录索引 …………………………………(541)
　四　2013年郭沫若研究报纸资料 ……………………………………………(553)

编后记 ……………………………………………………………………………(558)

第一篇
研究综述

2013年郭沫若研究述评

——兼论近几年郭沫若研究的现状和问题

张 勇[*] 周 文[**]

2013年有关郭沫若研究成果虽然在数量上与近几年来有关研究基本相当，有突破性的成果也并不多，但是令人欣喜的是，一大批年轻的学者开始持续关注郭沫若研究，加之以往郭沫若研究的前辈专家，从事郭沫若领域研究的队伍开始逐渐形成了老、中、青结合的学术梯队，这一局面的出现对于郭沫若研究未来的发展将具有重要意义。

据中国知网（www.cnki.com）统计，2013年有关郭沫若研究的论文大约有150篇，按照这些研究成果的内容基本上可以分为"生平研究"（主要包括史料考证、史实钩沉、人际交往研究三方面的内容），"文学作品研究"，"史学、古文字研究"，"翻译研究"等四个方面。2013年郭沫若研究的总体状况基本上可以概括为点面结合、稳步推进、方法延续、创新不足等几个主要特点。

一 成果综述

（一）史料方面

2013年郭沫若研究首先值得我们关注的依然还是有关郭沫若历史史料的发现和解析方面的成果。最近几年郭沫若研究最大的突破和成就，就是对于郭沫若生平创作及日常生活方面相关史料的整理和收集，在已经陆续出版的《郭沫若研究年鉴》2010卷、2011卷、2012卷所选用的文章中，史料类的文章占有相当大的比重，如这三本年鉴中陆续选编的蔡震的《〈中国古代社会研究〉及版本的几个问题》、魏建的《郭沫若佚作与〈郭沫若全集〉》、李怡的《郭沫若〈女神〉时期佚诗的文献价值》、周海波的《从〈文艺论集〉的版本看郭沫若文学批评的流变》等论文便是最典型

---

[*] 中国社会科学院郭沫若纪念馆副研究员。
[**] 山东师范大学博士研究生。

代表。

2013年郭沫若研究中有关史料发现和解析的成果，无论是学术水准还是发表刊物的级别都是突出而权威的。

李二年的《东北师范大学中文系中国现代文学教研室与郭沫若往来书信小考》①就是一篇考据扎实、论证有度的佳作。论文由小见大，起点虽只是作者于旧书市场偶得的一封共笺信，但作者却在其后的七八年里进行了学术考古，寻访东北师范大学、吉林大学，求教于高长春、孙中田、吴振武等专家学者，更与郭平英先生邮件交流，可谓付诸良多。更可贵的是，作者在所得资料的基础上尽力还原郭沫若与东北师范大学中文系中国现代文学教研室交往的细节，展现20世纪50年代学术交流之一隅，无过度阐释，推论有理有据，适可而止，其学术研究的方法和结论都值得推广。

徐静波的《日本作家村松梢风与田汉、郭沫若交往考》②通过对村松梢风回忆和相关文献的梳理，还原了村松梢风与田汉、郭沫若交往的诸多细节。作者考证郭沫若是通过田汉与村松梢风相识而非通过内山书店，同时关于郭沫若流亡日本被捕的经过，作者也提供了梢风的不同回忆，为进一步勘察事件的详细经过提供了新的材料。

廖久明《郭沫若归国抗战缘由考》③一文更正了中共在郭沫若归国过程中起主要作用的错误认识，认为帮助郭沫若归国的主要是其友人和为国民党效力的人，所谓"周恩来请求陈布雷为郭沫若归国事向蒋介石进言的说法出自杜撰"。

蔡震《于细微处看历史——从鲁迅书账中的郭沫若著作说起》④考察鲁迅书账等细节，展现鲁迅与郭沫若在学术研究、庄子等方面"同声相应，同气相求"等常见场景、习惯思考之外的历史真实。

袁洪权《开明版〈郭沫若选集〉梳考》⑤认为郭沫若于1950年开始自编自选的开明版《郭沫若选集》"蕴含着丰富的政治内容和历史内容"，"其心情既喜悦又困惑，显示出复杂心态"——在《自序》中贬低自己的"作品"，甚至把自己的作品当作"史料"，但在实际的作品编选中，他还是觉得五四"新文学"有着"优良的文艺遗产"，值得"更好的推广和保留"。作者认为开明版《郭沫若选集》在文学史建构中产生了重要的"影响"：1952年之后，王瑶、丁易、张毕来、唐弢等编写的中国现代文学史著作都可以看到这方面的影子。

张勇《1948年郭沫若香港期间创作的收录与散佚考释》⑥一文对1948年郭沫若香港期间创作的收录与散佚情况做了扎实的梳理与考释，同时还对1947年11月郭沫

---

① 李二年：《东北师范大学中文系中国现代文学教研室与郭沫若往来书信小考》，《新文学史料》2013年第4期。
② 徐静波：《日本作家村松梢风与田汉、郭沫若交往考》，《新文学史料》2013年第1期。
③ 廖久明：《郭沫若归国抗战缘由考》，《中国现代文学研究丛刊》2013年第9期。
④ 蔡震：《于细微处看历史——从鲁迅书账中的郭沫若著作说起》，《平顶山学院学报》2013年第3期。
⑤ 袁洪权：《开明版〈郭沫若选集〉梳考》，《郭沫若学刊》2013年第4期。
⑥ 张勇：《1948年郭沫若香港期间创作的收录与散佚考释》，《鲁迅研究月刊》2013年第8期。

若离沪赴港的原因进行细致的探讨，作者认为1948年的香港生活"划定了"郭沫若"后期政治生活的轨迹"，而造成该时期大量作品散佚的原因是在郭沫若的内心深处，文学审美创作才是他永恒的生命，是放在第一位的，政治的话语和言论仅仅是生存或者说是他人生的另外一种存在形式。

（二）史实方面

史实钩沉也是2013年郭沫若研究中的一个重要方面。郭沫若研究中的史实错乱广为学界诟病，因而有些史料考证虽看似琐碎，但对郭沫若研究的深入和推进至关重要。如邵建新《是给郭沫若的回信吗?》① 纠正了自20世纪60年代以来的一个史实错误：毛泽东在看了郭沫若《再赞〈三打白骨精〉》后曾给郭沫若回信并说了那几句关于"不要剐唐僧肉"的话。作者查阅《建国以来毛泽东文稿》并仔细推敲郭《"玉宇澄清万里埃"——读毛主席有关〈孙悟空三打白骨精〉的一首七律》一文措辞后确信，郭诗经康生转达，而毛的回信也直接回给康生，并未给郭沫若回信。这个错误看似无关紧要，但对还原历史现场，展示当时政治文学互动的细节还是很有帮助的，而由此误折射出的浮躁、不细致的学风更值得深思。魏奕雄《郭沫若三首寺字韵佚诗谈》② 从乐山本地文化的角度对郭沫若诗中的家乡情愫进行文本分析，对理解郭沫若旧体诗词有新的启示；宋洁《在与赵景深交往三琐事中读出郭沫若》③ 阐释虽显稚嫩，但其揭示的郭沫若与赵景深交往的三个片段亦颇具新意。

由郭沫若发起的"兰亭论辩"是建国后的一大学术公案，对这一论辩的考察和梳理在艺术界和文史学界长期受到关注。如金丹的《由〈木方墨迹〉的出土论到〈兰亭序〉的真伪——兼议"兰亭论辩"及驳郭沫若说》④ 一文便根据西晋《木方墨迹》"基本脱去隶意，尚存少量隶意"，进而推测《兰亭序》那种完全脱去隶意的行书不是突然出现的，"行书出现于东汉，有隶意；西晋与东晋之交，隶意明显减少，直至王羲之早期作品，尚存些许隶意，以后便完全脱离了，而《兰亭序》正是其完全摆脱隶意的代表。"此种考论对《兰亭序》的真伪问题和对"兰亭论辩"的深入理解都有积极意义，但当前更为常见的是对"兰亭论辩"各种政治解读，如尹树人《一士谔谔，胜于千诺——高二适与郭沫若兰亭论辩》⑤。冯锡刚《1965，"兰亭论辩"的"笔墨官司"》⑥ 一文试图超越以往"学术其表政治其里"的文化政治解读，认为可以通过郭沫若"主动引介康生和陈伯达所提供的材料及其论点"，乃至引用毛

---

① 邵建新：《是给郭沫若的回信吗?》，《文史杂志》2013年第4期。
② 魏奕雄：《郭沫若三首寺字韵佚诗谈》，《郭沫若学刊》2013年第1期。
③ 宋洁：《在与赵景深交往三琐事中读出郭沫若》，《郭沫若学刊》2013年第4期。
④ 金丹：《由〈木方墨迹〉的出土论到〈兰亭序〉的真伪——兼议"兰亭论辩"及驳郭沫若说》，《荣宝斋》2013年第5期。
⑤ 尹树人：《一士谔谔，胜于千诺——高二适与郭沫若兰亭论辩》，《江淮文史》2013年第3期。
⑥ 冯锡刚：《1965，"兰亭论辩"的"笔墨官司"》，《同舟共进》2013年第12期。

泽东的诗词等来"推测郭沫若的学术精神状态",进一步认为郭沫若"关于中国古代社会历史分期的改换,对秦始皇评价的遽变,对曹操的拔高以及后来对杜甫的酷评等,都是在既定框架内的'发挥'"。相比而言,刘毅青《解释学视野下的〈兰亭序〉真伪之辨》①则超越政治挂帅、"观念先行"的两极叙述和情感渲染,认为"艺术史研究对史料的考证与风格的判断不可能脱离主观的前理解,以及由此而展开的循环论证",但又强调"前理解在艺术史研究中的影响使艺术史研究必须意识到自身方法的限度,从而更客观地探索艺术史研究的方法,更谨慎地下判断。事实也证明,古史辨派的诸多辨伪其实均非古书为伪,而只是现代人不懂得古代的书体。就中国艺术史而言,善意的前见远比彻底颠覆传统的前见更为可靠与有意义"。

  郭沫若与同时代人的交往问题也一直是近些年来郭沫若研究中较为重要的方面,2013年的郭沫若研究中有关这方面的研究也同样出现了多篇论文。如熊坤静《毛泽东与郭沫若的别样诗友情》②与王文华《"艺术是科学创造的亲密伙伴"——郭沫若与钱学森的友谊》③两文分别回忆了郭沫若与毛泽东、钱学森的友谊,描述他们交往的诸多细节与真挚情谊,对读者了解郭沫若多有裨益。在这些追忆文章中,尤以蔡震的《郭沫若与董作宾:十年神交,握手言欢》④最为准确、生动、精练和简洁,该文述及郭沫若与董作宾在甲骨文研究上的"学者之谊",精彩呈现了二人的"神交、文字交"而又丝毫不显专业之晦涩,而由"学者之谊"到"政治臧否"感叹亦颇为真实中肯。

  随着沈从文研究的不断兴起,关于郭沫若对沈从文的批评多为人所言及乃至传讹,但若究其详情却不甚明了。王锦厚的《也谈〈沈从文转业之谜〉(上)》⑤和《也谈〈沈从文转业之谜〉(下)》⑥两篇文章从汪曾祺的《沈从文转业之谜》一文切入,根据《从文自传》等材料所提供的线索,按照时间维度将沈从文创作的道路划分为四个阶段,在每一阶段又以详尽的史料重点揭示了沈从文与以郭沫若为代表的主流文坛的争论和分歧,还原了历史的史实和真相,这对于客观公正地理解和评价郭沫若将会起到重要作用。

  李斌《论抗战结束后郭沫若对沈从文的批评》⑦一文则细致梳理了1946—1948年间郭沫若对沈从文的四次批评,认为"郭沈二人冲突之根本原因在于对于如何建

---

① 刘毅青:《解释学视野下的〈兰亭序〉真伪之辨》,《浙江大学学报》(人文社会科学版)2013年第5期。
② 熊坤静:《毛泽东与郭沫若的别样诗友情》,《福建党史月刊》2013年第9期。
③ 王文华:《"艺术是科学创造的亲密伙伴"——郭沫若与钱学森的友谊》,《郭沫若学刊》2013年第2期。
④ 蔡震:《郭沫若与董作宾:十年神交,握手言欢》,《文史杂志》2013年第1期。
⑤ 王锦厚:《也谈〈沈从文转业之谜〉》(上),《郭沫若学刊》2013年第2期。
⑥ 王锦厚:《也谈〈沈从文转业之谜〉》(下),《郭沫若学刊》2013年第3期。
⑦ 李斌:《论抗战结束后郭沫若对沈从文的批评》,《中国现代文学研究丛刊》2013年第7期。

立民主自由强盛的新中国，以及知识分子为了实现这一目标应该有何作为这一问题的回答不同"，其中的"合理性"与"狭隘和不彻底"应回到历史情境去寻找，而这其中折射出的"近代知识分子对中国命运的思考与相关实践，对当下知识分子思索相关问题仍具现实意义"。相比而言，李斌不局限于人事交往，侧重揭示深层的历史文化内涵，该文引起了学界的广泛关注。

（三）作品风格方面

有关郭沫若作品及艺术风格的研究依然占据了 2013 年郭沫若研究的主要部分。这其中涉及的内容较多，既有文学作品的深入探究，也有史剧研究新的发现；既有文艺思想的总结研讨，也有社会生活因素的探寻。

张武军的《民国机制和郭沫若的创作及评介》① 将"民国机制"引入对郭沫若两极评价的思考，认为"民国机制"不仅有利于还原郭沫若丰富多彩的人生经历，亦可借此窥见中国革命的复杂性，更有利于探讨"民国机制"和郭沫若民国时期独立自由思想之间的互动关系。

赵黎明的《郭沫若早期诗论与传统的诗学表现理论》② 尝试探寻郭沫若"表现"说中的传统诗论质素，一反以往过分援引西方理论的过度解读，转而强调传统诗学在郭沫若"表现"说中无处不在的影响。通过司空图《诗品》和袁枚的《随园诗话》，作者从情感本位、直接表现与"兴"和艺术形式等诸角度，论证郭沫若在中国诗歌从传统到现代的蜕变中起到了一个桥梁作用，意义非同寻常。

郭沫若《马克思进文庙》甫一问世就面临争议，后来学界对其亦重视不够，颜炼军的《1925，马克思与孔子对话——以郭沫若小说〈马克思进文庙〉为中心》③ 却从这篇饱受争议的"游戏之作"中看出马克思主义在中国的传播、接受过程及 20 年代中国知识分子"左转"过程中知识、信仰变迁等复杂内容。作者通过对小说文本的细致分析，揭示了"当时复杂的社会思想交锋图景和郭沫若内心纷争、自我说服的过程"。这种"诗史融合"的解读视角的确是一种"对现代中国思想文化的新观察。"

郭沫若史剧研究如何完成对既有研究范式的超越，发掘和阐释郭沫若史剧独特的历史价值和时代精神一直是学界的期待。沈庆利《贯通"中西古今"——郭沫若史剧理论的启示》④ 可谓是本年度郭沫若史剧研究一次积极而有益的尝试。该文从

---

① 张武军：《民国机制和郭沫若的创作及评介》，《文艺争鸣》2013 年第 5 期。
② 赵黎明：《郭沫若早期诗论与传统的诗学表现理论》，《南京师范大学文学院学报》2013 年第 2 期。
③ 颜炼军：《1925，马克思与孔子对话——以郭沫若小说〈马克思进文庙〉为中心》，《现代中文学刊》2013 年第 1 期。
④ 沈庆利：《贯通"中西古今"——郭沫若史剧理论的启示》，《天津师范大学学报》（社会科学版）2013 年第 2 期。

"史"与"戏"、"科"与"艺"两个维度对郭沫若的史剧观念、"失事求似"的史剧理论及古今"共通"、历史文艺评价等进行分析，认为"郭沫若的过人之处在于，他对中西思维方式与文化传统都有着充分的体察、理解与同情，并能依托自己深厚的国学根底，在不改变西方理论精神实质的前提下，对西方理念加以本土化的解释、改造和利用，从而成功地将那些原本异质的外国理论融化为自己的血肉"。此外，与佟波《论郭沫若抗战史剧的特征及政治理念》[①]强调郭沫若史剧"失事求似"为抗战服务的时代特征不同，龙永干《"历史理解"的认同路向及其限度——论郭沫若现代史剧的文化值阈》[②]一文重新审视郭沫若史剧"失事求似"的创作原则，认为郭沫若的"这种变通与创造并非旨在对抗与颠覆"，而是在价值立场上对历史存在的肯定与认同，是"理解"，而不是"对抗"。郭沫若谨慎地处理历史题材，所写人事也保持着历史的本来面目，但这种谨慎并非一般史学上的客观性的遵循，而是在寻求历史与主体存在的同一，故而历史理解的认同路向，是郭沫若史剧的基本值阈所在。

（四）史学研究方面

史学研究同样应是郭沫若研究中与文学研究并重的研究内容，2013年郭沫若研究中有关史学研究的成果还是相当丰富的。翟清福的《试论〈甲申三百年祭〉的史学方法》[③]对郭沫若"引用大量野史，还用了小说和戏曲的材料"对正史、野史进行考辨的史学方法做了强调，是一种宏观与微观、横向与纵向多维度的创新。郭沫若对历史人物评价的前后反差为后世学者所诟病，杨胜宽《杜甫的平民角色与平民情怀——兼论郭沫若对杜甫的评价问题》[④]和《关于郭沫若对吕不韦的评价问题》[⑤]两文对此进行细致的梳理，既注重呈现郭沫若对历史人物评价的历史细节，考辨其原委，又不为其辩解开脱，可谓实事求是。

王琰的《〈李白与杜甫〉：悼己、悼子、悼李杜的三重变奏》[⑥]一文认为《李白与杜甫》是郭沫若对"文革"惨祸的检讨，是"郭沫若对自己一次无情的解剖，是对自己一生的总结与忏悔，在一定意义上，也是对中国知识分子的解剖"。对这部特殊环境中写出的特殊学术著作，作者未被态度遽变与政治因素的世俗诟病所禁锢，而做理解之同情，"悼己、悼子、悼李杜的三重变奏"可谓独得肯綮。

[①] 佟波：《论郭沫若抗战史剧的特征及政治理念》，《黑龙江社会科学》2013年第3期。
[②] 龙永干：《"历史理解"的认同路向及其限度——论郭沫若现代史剧的文化值阈》，《中国文学研究》2013年第3期。
[③] 翟清福：《试论〈甲申三百年祭〉的史学方法》，《郭沫若学刊》2013年第1期。
[④] 杨胜宽：《杜甫的平民角色与平民情怀——兼论郭沫若对杜甫的评价问题》，《杜甫研究学刊》2013年第1期。
[⑤] 杨胜宽：《关于郭沫若对吕不韦的评价问题》，《郭沫若学刊》2013年第1期。
[⑥] 王琰：《〈李白与杜甫〉：悼己、悼子、悼李杜的三重变奏》，《福州大学学报》（哲学社会科学版）2013年第4期。

谢金良的论文《郭沫若易学研究的主要特色》①在梳理学术界对郭沫若易学评价的基础上，对其巨大影响力做了进一步探讨。在作者看来，"臆测"使得郭沫若易学"获得强烈关注和巨大影响"，但随着学术价值的不断折损，其弊端不断凸显出来，正因如此学界对郭氏易学正面价值正视不足，该文亦从"祛魅""还原""创新""臆测"等角度对此予以强调和说明。

侯书勇的《〈释祖妣〉与〈耒耜考〉之比较》②认真比较了郭沫若《释祖妣》与徐中舒《耒耜考》二文在研究视角、研究方法、治学经历、研究理念和学术渊源上的异同，对这两篇曾经产生巨大影响，但又均被后人超越和修正的学术研究予以充分的理解和肯定。

陈荣军的《金文"标准器断代法"考论》③回应了有学者对郭沫若首创"标准器断代法"的质疑，对吴其昌"历朔断代法"和郭沫若"标准器断代法"在研究方法上的差别进行细致的对比，厘清了二者间的沿革关系，并认为"标准器断代法"可以推定出相对年代，"历朔断代法"有助于绝对年代研究，在研究过程中，"历朔断代法"可以成为"标准器断代法"的补充。

（五）翻译方面

郭沫若一生中翻译了大量的外国文学名家作品，这些作品涉及亚、欧、美等国家众多作者的作品，语言涉及德、英、日、俄等多种语种，由于以前郭沫若的翻译作品在建国后绝大多数未能系统结集出版，有关翻译研究一直未能形成系统性的成果。因此作为翻译家的郭沫若一直未被学界所认知，其翻译的成就也一直未能给予合理的定位和评判。但是近几年来郭沫若的翻译问题逐渐成为研究的热点，2013年就有十几篇有关郭沫若翻译研究的论文出现。

罗鹏、李海振的《浅析郭沫若对日本马克思主义经典〈社会组织与社会革命〉的译介》④对郭沫若移译河上肇《社会组织与社会革命》的原因及由此对郭沫若创作产生的影响进行了分析；而王慧、孔令翠的《转译之困与惑——读郭沫若的俄苏著作翻译》⑤探讨不懂俄语的郭沫若对苏俄文学的翻译问题，详查其中的理想与诉求、艰难与困惑以及出版的诸多细节，更有对由此而产生的翻译理论问题的深入分析；邱少明的《郭沫若摘译〈德意志意识形态〉述论》⑥一文从文献、注释、摘译情况及文艺界论争历史背景等角度谈郭译《德意志意识形态》在文化政治上的影响，相比

---

① 谢金良：《郭沫若易学研究的主要特色》，《福州大学学报》（哲学社会科学版）2013年第1期。
② 侯书勇：《〈释祖妣〉与〈耒耜考〉之比较》，《郭沫若学刊》2013年第1期。
③ 陈荣军：《金文"标准器断代法"考论》，《殷都学刊》2013年第1期。
④ 罗鹏、李海振：《浅析郭沫若对日本马克思主义经典〈社会组织与社会革命〉的译介》，《科技文汇》（中旬刊）2013年第4期。
⑤ 王慧、孔令翠：《转译之困与惑——读郭沫若的俄苏著作翻译》，《郭沫若学刊》2013年第2期。
⑥ 邱少明：《郭沫若摘译〈德意志意识形态〉述论》，《郭沫若学刊》2013年第1期。

以往的论述，邱文在明确具体、客观准确上均有不少进步；杨婷舒的《〈西风颂〉的诗歌特点及其不同译文的探析》①将雪莱《西风颂》三个经典译本——20年代郭沫若的译文，50年代查良铮（穆旦）的翻译，80、90年代傅勇林的译诗进行文本对比分析，认为郭译"语言高度洗练，充满古典美"，但对原诗调整最大，受时代限制，语言相对晦涩；查译语言朴实"平直流畅，严谨又不失自然"，而"傅译的最大特点，是在忠于原文思想、艺术风格与原文的风格贴近的基础上，做了细节改动"，并且还认为各个译文没有高低之分，翻译之经验教训和真正价值自会在时间的反复见证下灿灿生辉；杨玉英《郭沫若自传〈北伐途次〉的英译》②将目光聚焦于国外郭沫若研究，对郭沫若自传《北伐途次》的英译本从对译者的背景介绍、译者对文本标题的翻译、文中的注释、译本的特点以及译文中的误读等几个方面作了较为详细的探讨。

除了有关郭沫若翻译作品本身研究之外，作为诗人、剧作家、学者和革命家的郭沫若，其翻译及与创作的关系的研究也是该领域的重要方面。谭福民的《论郭沫若翻译对其创作的影响》③便是从创作内容自我人格化、情感表达雄浑豪放和形式绝端自由化等方面阐述了翻译对郭沫若创作的影响，对郭沫若"吸纳西学而不伤食"的创新精神作了总结和归纳。

（六）人物比较研究方面

比较法一直是郭沫若研究中的一个重要方法，通过郭沫若与同时期的人或同领域人的比较，可进一步凸显其价值。2013年的郭沫若研究中依然有大量的有关郭沫若比较方面的研究，如张秋芳、张剑《岛崎藤村与郭沫若诗歌之比较》④从岛崎藤村与郭沫若比照中谈中日文学的"浪漫主义""泛神论"，探其渊源，但论者似乎更想强调"郭氏的诗和包括藤村在内的外国诗人的浪漫主义诗作是两种截然不同的品种"，论断颇有新意，值得更深一步探讨。郭沫若历史小说创作一直面临争议，被认为是对鲁迅的一种跟随，周文的《鲁迅、郭沫若"历史小说"新论》⑤通过对鲁、郭二人历史小说的对比分析，认为在历史题材创作上鲁、郭二人有着深刻的对话关系，共识大于分歧，二人的探索和创作对当前的历史文艺创作亦有启示价值。张全之的《纪实与回忆：论郭沫若、谢冰莹对从军北伐的不同书写》⑥从随军的目的、性别、资历、地位等角度比较了郭沫若的《北伐途次》与谢冰莹的《从军日记》这两部以从

---

① 杨婷舒：《〈西风颂〉的诗歌特点及其不同译文的探析》，《文学教育》（上）2013年第3期。
② 杨玉英：《郭沫若自传〈北伐途次〉的英译》，《郭沫若学刊》2013年第2期。
③ 谭福民：《论郭沫若翻译对其创作的影响》，《外语教学》2013年第5期。
④ 张秋芳、张剑：《岛崎藤村与郭沫若诗歌之比较》，《长沙大学学报》2013年第1期。
⑤ 周文：《鲁迅、郭沫若"历史小说"新论》，《鲁迅研究月刊》2013年第2期。
⑥ 张全之：《纪实与回忆：论郭沫若、谢冰莹对从军北伐的不同书写》，《社会科学辑刊》2013年第5期。

军北伐为题材的作品，在文本细读的基础上尝试对"文人参战"展开反思。张欣的《论郭沫若与郭启宏历史剧的异同》[1]认为，郭沫若、郭启宏是历史剧发展历程中前后相接的两个重镇，他们不仅有风行一世的创作，更有较为清晰、系统的历史剧理论。文章从历史剧的本体、功用以及艺术风格三个层面比较了郭沫若与郭启宏的历史剧理论以及相关创作，探讨了他们之间的同中之异。

二 变化与担忧

从整体上来讲，虽然2013年郭沫若研究依然延续着以往研究的思路和方法，但进入2010年后的有关郭沫若研究成果还是有以下几个可喜的变化和令人担忧的问题。可喜的变化主要表现在两个方面：

1. 郭沫若研究不断受到学界和学者的重视。

进入20世纪90年代以来，随着社会思想的不断解放，特别是有关重写文学史呼声的不断涌起，有关郭沫若的历史评价和地位等方面的问题出现了很多争议性的声音和言论，郭沫若的研究一度陷入到了低谷之中。每年度有关郭沫若研究方面的成果不足百篇，而且研究质量和水平也不断下降，有创新性的成果非常少见，这种现象与同时期鲁迅、张爱玲等热点作家的研究成果相比形成了截然相反的两种境况。

但进入2010年后郭沫若研究成果的数量不断增加，每年的研究成果基本上都是在150篇左右，2012年又以郭沫若诞辰120周年为契机，郭沫若研究成果的数量上也出现了很大上升，与张爱玲、沈从文等研究成果基本相当。2011年《郭沫若研究年鉴》、2012年《郭沫若研究文献汇要》等专门整理和收入郭沫若研究成果的资料文献也相继出现。

有关郭沫若研究成果的质量也有相对提升，仅仅从发表论文刊物的权威性上就可见一斑，如《文学评论》《中国现代文学研究丛刊》《新文学史料》《鲁迅研究月刊》等高级别的刊物中不断出现有关郭沫若研究的论文，2013年《中国现代文学研究丛刊》第9期专门开辟了郭沫若研究的专栏；魏建的《〈沫若诗词选〉与郭沫若后期诗歌文献》也获得了《中国现代文学丛刊》2011年度优秀论文奖，这也是近年来有关郭沫若研究成果所获得的比较重要的奖项。

2. 郭沫若研究新人的不断涌现。

进入2010年以来，在老一辈郭沫若研究专家的带领下，一大批新人开始关注并持续从事郭沫若研究，他们以新颖的研究视角、扎实的学术功底，取得了较为丰富的成果，如颜炼军的《1925，马克思与孔子对话——以郭沫若小说〈马克思进文庙〉为中心》、孟文博的《郭沫若对一篇涉及鲁迅的文艺论文的修改》便是这些年轻学者

---

[1] 张欣：《论郭沫若与郭启宏历史剧的异同》，《郭沫若学刊》2013年第4期。

的重要成果。

为了奖掖新人进行郭沫若研究所取得的成绩,郭沫若研究会自2010年开始设立了青年优秀论文奖,用于奖励每一年度中在郭沫若研究领域中取得重要成果的青年学者,该奖励已经举办了2届,共有贾振勇、刘悦坦、周维东、李斌、张勇、何刚、史忠平、刘海洲等8名优秀青年学者获此殊荣。该奖项的设置对于年轻学者积极从事郭沫若研究起到了重要推动作用。

更为可喜的是全国很多高校的硕士和博士研究生也纷纷以郭沫若作为毕业论文的选题,自2010年以来以郭沫若作为硕士和博士选题的毕业论文达到了30多篇。研究内容更是涉及文学、史学、古文字学、考古学、政治学、翻译等各个方面,有些青年学者更是对郭沫若形成了持续性的研究,这对于拓展郭沫若研究的思路将会起到非常重要的作用。

郭沫若研究新人的不断涌现以及研究成果质量和数量的提升固然可喜,但是这毕竟还只是某些方面的变化,在这些可喜的变化中依然还隐含着许多令人担忧的问题,这主要表现在如下几个方面:

1. 郭沫若研究中重复研究的现象较为严重。

自2010年以来郭沫若研究每一年研究成果的数量相对以往来讲有了很大提高,但如果仔细加以考察便会发现,这些成果中重复研究的现象较为普遍,相同的选题、相似的视角形成了郭沫若研究中循环论证的现象。特别是对《女神》这样经典作品的重复研究更是触目惊心,《女神》研究中文学思想和艺术特色成为了永远也绕不开的话题,每一年都会有类似的研究文章出现,观点的复述和方法的重合都使得此类文章的理论价值和意义大打折扣,甚至有些文章题目上的重合率都很高。其实有关《女神》的研究本应是一个永远也说不尽的话题,因为"一千个读者就会有一千个哈姆雷特",每一个读者心目中的《女神》都应该是不同的,都应该是独有的。如何说出自己心目中的《女神》才应是当下研究的关键所在。另外对以《屈原》为代表的历史剧的研究、郭沫若文艺思想研究等类别的研究都存在此类问题。今后的研究中如何能够突破"旧瓶装旧酒"的研究瓶颈将是学者们应着力关注和解决的问题。

2. 郭沫若研究成果发表刊物的档次普遍不高,转载率不高。

郭沫若研究近些年来虽然在数量上有所提升,但是从总体来讲还依然在低谷中徘徊,一个重要的表征便是有关论文成果发表刊物的层次不高,特别是发表在全国中文核心期刊和CSSCI刊物上的文章明显偏少,仅以2013年为例,只有约20篇左右,不足全年郭沫若研究论文的20%。另外我们再以《中国社会科学》《文学评论》《中国现当代文学研究丛刊》《新文学史料》等四份刊物为例,这四份刊物中2013年总共刊载有关鲁迅研究的文章24篇,而有关郭沫若的文章仅仅只有8篇,这也就造成了郭沫若研究论文被《新华文摘》和《人大复印资料》等权威刊物转载的困难。作为一种学术评价体系,虽然核心期刊和转引率并不能代表该研究的全部方面,但是从另一方面来讲，也可以从客观上反映出郭沫若研究目前整体水平不高，权威学者不多，社会影响不强的客观现实。

3. 郭沫若研究重文学思想轻史学考古的现象未有根本改观。

郭沫若先生是"五四"新文化运动以来百科全书式的文化大家，他在文学、历史学、考古学、古文字学、书法以及社会活动等方面都做出了卓越的成绩，留下了丰富的文化遗产。他不仅博古通今、才华横溢，在中国文学、历史、考古、书法等领域留下了宝贵的文化遗产，而且还学以致用、关注现实，为新中国的社会解放建设和科学文化事业的发展做出了卓越的贡献。但目前的研究还不能完全反映出郭沫若的历史定位，最主要的问题便是在郭沫若研究领域中重文学艺术解析轻历史史学考辨，重文艺思想归纳轻考古文字辨析的现象愈发突出。仅就 2013 年郭沫若研究的成果来看，有关史学、考古、古文字等方面的研究成果仅仅只有十几篇，不足全年研究成果的 10%。从数量上来看，郭沫若研究成果的侧重领域明显过于集中，长此以往将会大大削弱郭沫若的历史地位和积极评价。

造成以上问题的原因是多方面的，既有历史的，也有现实的；既有研究者自身的，也有社会政治的。今后的郭沫若研究还应该多出精品，走一条均衡发展的道路。

第二篇

论文选粹

日本作家村松梢风与田汉、郭沫若交往考

徐静波

在近代中日文学关系史上，日本作家与上海新文坛的关系发生，大概肇始于1923年3月末村松梢风（1889—1961）与田汉等的交往。1918年10月，作家谷崎润一郎（1886—1965）自北而南来中国游历，试图在上海寻访中国新文学作家而未果（其时创刊于上海的《青年杂志》已移往北京，北京文坛上开始出现了一些新气象），失望而归。1923年3月末作家芥川龙之介（1892—1927）受《大阪每日新闻》派遣来中国踏访，虽然后来在北京见到了胡适，但在上海还是未能接触到新文坛，只是会见了章炳麟、郑孝胥和李人杰（即中国共产党创始人之一李汉俊）三人。而且与此后大部分日本文人是通过内山书店的媒介与中国新文坛发生接触的情形不同，村松是自己径直寻找到田汉的，日后在田汉举行的家宴上又认识了郭沫若等一批创造社的新锐作家，彼此间的交往，一直持续到1920年代末期。这些活动，国内田汉和郭沫若的年谱传记[①]几乎都没有记述，本文依据早年的中日文原始文献，对这一在上海和日本发生的交往历程做一历史的考察，并对相关的年谱传记等的不足和讹误进行补正。

一

村松梢风，1889年出生于日本静冈县的一个富裕农家，在家乡中学毕业后上东京入庆应义塾大学求学，日后又当过教员、记者，自己也曾办过杂志，但在文笔生涯中一路困顿，至28岁时仍籍籍无名。1917年试着将小说《琴姬物语》投寄到当时执日本杂志界牛耳的《中央公论》，意外地得到了总编辑的赏识，从而一举登上文坛。梢风是一个写故事的好手，但并不是一个具有独特风格、在文坛上卓有影响的大作家，他的大部分作品都只是止于通俗小说的层面，虽然拥有不少读者。从个人习性上来说，他是一个喜欢新奇、有时会沉湎于游乐的人。大正后期的日本，思想政治空气比较沉闷，因此梢风很想到一个未知的世界去体验一下新的生活。他将眼光移向了动荡的中国。1921年芥川龙之介发自中国并陆续刊发在《大阪每日新闻》上的《上海

---

① 比如影响较大的张向华编的《田汉年谱》（中国戏剧出版社1992年版）和龚济民、方仁念著的《郭沫若年谱》（天津人民出版社1982年版）等。

游记》，对梢风产生了不小的诱惑力①，于是在1923年3月22日自长崎坐船来到了上海。

据梢风自己记述，这次上海之行，唤醒了沉潜于他内心的中国情结，在海船初入长江口时，他胸中涌起了当年宫崎滔天（1870—1922）也曾有过的源于文化因缘的深深的感动。②这次旅行，使得他将35岁以后人生中的十几年生涯沉入到了中国之中。③

梢风在上海逗留了两个多月，接触了各个层面，返回日本后，撰写了一篇近6万字的长文《不可思议的都市"上海"》，刊载在1923年8月号的《中央公论》上（此文后来又与数篇记述上海的文字合集成《魔都》一书于翌年出版，时至今日，由梢风创始的"魔都"一词仍是大多数日本人对上海所持有的印象）。梢风此后又十余次来中国，除数度游历上海之外，还在六朝古都的南京、风光明媚的杭州等地留下了履痕处处，此后又南下岭南粤桂，北上北平承德山东，写下了《新支那访问记》（1927年）《支那漫谈》（1928年）《南华游踪》（1931年）《话说上海事变》（1932年）《热河风景》（1933年）等10余本有关中国的著作，还专门撰写了一部以他自己在上海的经历为素材的长篇小说《上海》。

在初次来上海的途中，梢风怀里揣着作家佐藤春夫（1892—1964）为他写给田汉的介绍函，自然，他原本与田汉并不相识。事实上，有一个时期他与佐藤春夫的关系也不算十分和睦。当他在《中央公论》上大量发表作品时，曾遭到芥川龙之介和佐藤春夫的訾议，认为他大众色彩浓郁的通俗小说降低了该杂志的品格。不过彼此间依然还有往来。这次获悉梢风将往上海，佐藤想起了上海有他的熟人田汉，便给他书写了一通介绍函。田汉与佐藤的相识，始于田汉对佐藤的投书和面访。田汉于1916年8月自家乡湖南经上海东渡日本求学，入东京高等师范学校，受世风熏染，钟情于文艺，不久与在九州帝国大学学医的郭沫若等结为同志，1920年在东京创作了《梵娥琳与蔷薇》《咖啡店之一夜》等剧本，并在东京上演。田汉颇慕佐藤春夫的文名，对其《田园的忧郁》等尤为心醉。据田汉的早年作品《蔷薇之路》和佐藤春夫的纪实小说《一旧友》《人间事》④的记载，田汉曾有投书给佐藤，未获回音，后又曾径直造访，未遇。后依约定，于1921年10月16日在东京市外上目黑冰川五九三佐藤的寓所初次与其相会，交谈愉快，后又曾伴同郁达夫数度往访。1922年秋，田汉自

---

① 梢风后来在以第三人称撰写的自传《梢风物语——番外作家传》（载东京新潮社《新潮》杂志1953年2月号）中这样写道，1923年的上海之行，"从某种意义上来说，是受了芥川中国之行的刺激，但主要是他自己想去上海寻求自己人生的新的生路。从这意义上来说，他的意图可谓获得了完全的成功。"

② 村松梢风：《支那漫谈》，骚人社书局1928年5月版，第94—95页。

③ 村松梢风：《梢风物语——番外作家传（二）》，载东京新潮社《新潮》杂志1953年2月号。

④ 《蔷薇之路》1922年5月由上海泰东图书局出版（不知何故，未收入中国戏剧出版社1984年出版的《田汉文集》），《一旧友》《人间事》分别发表于1927年10月和11月发行的《中央公论》，两者后又连成一篇《人间事》收入佐藤春夫的各种文集中，本文此后的引用，仅举《人间事》一名。

日本回国，经少年中国学会的左舜生（1893—1969）介绍，供职于上海的中华书局编辑所，与佐藤间似仍有书函往返。

据《不可思议的都市"上海"》的叙述，到达上海几天后，梢风独自一人找到了田汉供职的中华书局。将名片和佐藤的介绍函递给了门房后，他被引进了会客室。不一会儿，田汉迎上前来，说一口流畅的日语。当得知梢风现居住在西华德路（今长治路）上日本人经营的旅馆"丰阳馆"时，田汉热情地邀请他住到自己的家里来。梢风这样记述了他当时对田汉的印象：

> 我们俩仿佛一见如故。田汉君约有二十六七岁，是一个瘦瘦的高个子青年。长长的头发不是用梳子，而常常是用手指往上挠抓，因此都乱乱蓬蓬地缠绕在一起。苍白的神经质的脸上，一双大眼睛总是忧郁地、似乎有点惊恐地不住眨动着。其身上上下下都穿着浅绿色的棉衣裤。①

下了班后，田汉热情地邀请梢风一起去他在民厚北里的寓所。"折入一条弄堂一直往里走，在尽头处有一扇大门，一丈左右高的木门半掩着。约有门两倍高的围墙将邻家隔了开来，其处有一棵似是朴树的古木枝叶繁茂。田汉噔噔地快步走上了狭窄的楼梯，将我带到了二楼他自己的书房。书房内有一张简朴的床，书架上放满了英文的小说和日文的文学书等，书桌上放着一部文稿的校样。"② 田汉向梢风滔滔讲述了自己的身世和经历，以现在我们所知的田汉的生平事迹来参证，梢风的记述大抵都十分准确。谈话间，话题转到了中国的文坛，田汉向梢风讲述说："现在中国的文坛死气一片。传统的文学几乎都徒具形骸，毫无生命力。现在势力最盛的是在上海出版的通俗文学的杂志和书刊，都是些低级庸俗的东西。我们的一批朋友聚集起来创办了一份《创造》杂志，其中有中国最新锐的小说家郁文（达夫），诗人、剧作家郭沫若，批评家成灏等。什么时候我把他们介绍给你。我自己呢，以前主要是在做翻译，今后想主要从事创作。"③ 两人又谈到中国戏剧界的诸种情形。田汉还向梢风介绍了当年曾与自己一起去日本留学、后来成了夫人的易漱瑜，在梢风听来，易的日语发音似乎比田汉更漂亮。

随后田汉又陪同梢风外出，在电车上兴致勃勃地向他介绍中国的各类民众艺术的种种特点和魅力，说得梢风怦然心动，当晚即央请田汉带他到新世界去观看。在田汉的影响下，后来梢风竟成了大鼓迷，虽然其唱词并不能听懂。他感慨地说：

---

① 村松梢风：《魔都》，东京小西书店 1928 年 7 月版，第 47 页。
② 同上书，第 49 页。
③ 同上书，第 51 页。

最初是从田汉君那里听说了大鼓的妙趣,此后为了听大鼓,我又曾数度到新世界去,慢慢听熟之后,其内含的妙趣也就渐渐能领会了。不过那儿不仅见不到洋人,连日本人的踪影也难以寻觅。夹杂在中国人的人群中,品味只有该国的人才能欣赏的特别的艺术,我觉得自己已经完全融入到了他们的生活中。想到这一点,我感到了一种他人难以体会的愉悦和满足。①

几天之后,梢风接到了田汉的书函,邀请他去家里吃晚饭。梢风带了一名在上海相识的名曰"赤城阳子"的日本女子一起去了。在这次湖南风的家宴上,他认识了郭沫若、成灏、林祖涵等一批创造社的同人。他对郭沫若的印象是"肤色白皙,高度近视眼镜内的一双有点外凸的眼睛中,荡漾着一种艺术家式的纯真和阴郁的苦恼"。席间,郭用一种和蔼而又带些韧劲的语调对他说:"在去日本留学前,我对新文学诸事都不懂,所以大家都进了各种不相关的学科,但自高等学校时代起,我们对文学开始产生了兴趣,进了大学后对文学的热情就更加高涨,虽然勉勉强强在学校毕了业,但现在什么是我们的本职,自己也搞不清了。"② 说着郭笑了起来。饭后,郭又热情地邀请酒酣耳热的梢风到他在民厚南里的家里去坐坐,在这里,梢风认识了"温柔可爱的"郭夫人安娜。

这应是梢风与郭沫若的第一次见面。也就是说,郭是通过田汉认识梢风的。郭在时隔二十多年的1947年写成的《跨着东海》的回忆文中,说及梢风时说"在北伐前,由内山老板的介绍,在上海曾经有过一段的交游"③。这应该是不确切的。内山书店是在1924年从住家独立出来后才逐渐成为中日文化界人士交流交往的场所,1923年的4月,内山书店应该尚未成为这样一种媒介④。梢风自上海回国后,立即撰写了如上记述,当不会有误。确实,梢风后来又多次西渡上海,与郭沫若也有些交往,据梢风的回忆,一直持续到郭南下广东(1926年3月)之前,这一段时期的交往,也许会有内山完造的一同参与。因郭在回忆文中有这样一段文字,因此日后的所有郭沫若的年谱和传记都沿用此说,将梢风与郭沫若的认识说成是经由内山老板介绍的,这一点似乎应该加以更正。

这次家宴之后过了两三天,郭沫若与田汉、成灏一同去看望了住在靶子路(今武进路)上的梢风,并由郭沫若做东,一起到三马路(即汉口路)上的"美丽"酒家去吃四川菜。沿路顺便去了四马路(即福州路)上出版《创造》的泰东书局,梢

---

① 村松梢风:《魔都》,东京小西书店1928年7月版,第59—60页。
② 同上书,第90页。
③ 郭沫若:《跨着东海》,初发表于1947年9月上海春明书店《今文学丛刊》第一本《古旧书讯》,本文据《郭沫若全集》文学编第13卷,人民文学出版社1992年版,第319页。
④ 据高冈博文《内山书店小史》,收录于《上海——交错的网络》,东京汲古书院2000年版;内山完造《上海生活三十五年》(东京岩波书店1949年版),《花甲录》(岩波书店1960年版)等。

风在那里购买了一册郭沫若的《女神》，并在日后撰写的《不可思议的都市"上海"》（即后来的《魔都》）中介绍了郭沫若的新诗，还全文引述了其中的一首《上海印象》。这次在"美丽"举行的晚宴，上次因有事未能参加的郁达夫也赶来了。"于是一下子增添了很多热闹。他实在是一位令人愉快的才子。今日大家都穿了西服，但郁君的模样尤为清新脱俗。他的日语极其流利，语调流畅圆润。"[①] 在这次酒宴上，田汉演唱了一曲湘剧《空城计》。"他唱得很精彩，而且从丹田之中发出的那种悲痛的腔调，最易使人联想起中国古代的故事。"[②]

此后他们之间又曾有数度交往。有一次梢风感慨地说郁达夫真是一位才子，"郭沫若笑着接口说，'真是一位才子，我们之间都把达夫称作为江南才子。'郭君是一位真正的诗人。他出生于四川，现在携妻带子来到了人生地不熟的上海，他对上海喧杂污浊的空气非常厌恶，他真切地对我说，再稍过一段时间想到乡下去生活。"[③] 参照郭沫若这一时期发表的文字和其他有关文献，这一想法应该是郭的真情流露。

期间田汉与梢风一直保持着较为密切的联系，时有信函往返。1926年，梢风将田汉于该年4月26日给他的日文书信全文登在了自己主编的《骚人》杂志上，并撰写了如下的编者按："田汉君目前是支那屈指可数的新进剧作家，同时也是新兴艺术的先驱者之一。他数年前在东京高等师范学校留学，半途中走上了文学道路。当时交往的友人中有秋田雨雀（1883—1962）、佐藤春夫氏等。去年丧失爱妻易氏，现在上海活动。此通信乃是他致我的私人信函。"[④] 田汉在长信中回忆了彼此既往的交谊，谈及自己阅读梢风长篇小说《上海》的感想，也谈到了对最近来上海的谷崎润一郎的看法和近来自己的文学活动。此信若能译成中文发表，亦不失为研究田汉的重要资料。

二

1927年5月，田汉赴南京担任刚刚获取政权的国民政府总政治部宣传处艺术科顾问，主管电影股。6月，以电影股长的身份偕同雷震前往日本访问考察。在田汉同年9月30日发表的《日本印象记》[⑤]中将轮船抵达长崎的日期写为8月21日，不知是排印错误还是田汉笔误，据日本方面当时的媒体记载以及相关人士的当时记述，应该为6月。张向华编的《田汉年谱》记为7月，大概是根据田汉的《我们的自己批

[①] 村松梢风：《魔都》，东京小西书店1928年7月版，第95页。
[②] 同上书，第96页。
[③] 同上书，第97页。
[④] 村松梢风：《上海通信》，载1926年6月1日《骚人》第1卷第3期。
[⑤] 此文刊载于1927年9月30日发行的《良友》画报第19期，刚写到在长崎登陆便戛然而止，未完。此文1984年版的《田汉文集》未有收录。

判》一文的叙述，但该文是刊载在《南国》月刊 1930 年 1 月号上的，约写于 1929 年的年末或 1930 年的年初，恐怕是田汉的记忆有误。

据《日本印象记》记载，田汉在启程前委托内山书店给作家谷崎润一郎和村松梢风发了联系电报。谷崎 1926 年 1 月曾再度来到上海，通过内山完造与田汉等上海的新锐作家有过较深入的交游。1927 年 6 月 22 日田汉抵达神户，居住在此的谷崎带他在关西地区盘桓了数日，本文在此不详细展开，只是稍稍引证《朝日新闻》1927 年 6 月 23 日的一则报道，以证实田汉确为 6 月访日：

> 南支那的新进作家以及作为南国电影公司的新人而闻名的田汉偕同其后援者雷震氏于二十二日下午三时乘坐长崎丸邮船抵达神户。

在知晓田汉来到日本的消息后，梢风于 23 日撰写了《来朝（即"访日"之意——引译者注）的田汉君》一文，发表于两天后的《读卖新闻》。梢风在该文中写道：

> 我与田汉君初识于此时（指田汉供职于中华书局的时期——引译者注），我是带着佐藤春夫君的介绍函去访田君的。田君与易氏在静安寺路安了家，并将老母接来同住，夫妇间还诞生了一个可爱的孩子。当时被视为南中国新兴文坛牙城的《创造》同人，其同志有现在广东大学的郁达夫、成灏，在汉口政府担任政治部长的郭沫若（实际上曾于 1927 年 4 月 29 日被国民党武汉中央任为军事委员会总政治部副主任——引译者注）诸君。……田君在创作之外还从事外国文学的翻译，翻译了莎士比亚的作品作为少年读物的丛书由中华书局刊行，在日本文学中翻译了菊池宽《父归》和其他数篇。田君自己的创作，剧作比小说多，且剧作好像更出色。用日文撰写的发表于《改造》支那专号上的有《午饭之前》。用本国语撰写的作品中，《咖啡店一夜》等似较有名。最近一年多来参与电影公司的工作，主要埋首于拍摄少年电影……在我所交往的支那文学家中，田汉君可谓是最质朴的一个人。他的作品即使拿到日本文坛上来，无疑也是在水平线以上的。①

抵达东京以后的行踪，在田汉《我们的自己批判》中引述的日记中有较为翔实的记述，日本方面较为重要的文献有村松梢风的《骚人录（一）》《骚人录（二）》（分别刊载于 1927 年 8 月和 9 月发行的《骚人》杂志第 2 卷第 8 期和第 9 期），佐藤春夫的《人间事》（先后刊载于 1927 年 10 月和 11 月发行的《中央公论》杂志）和

---

① 村松梢风：《来朝的田汉君》，载《读卖新闻》1927 年 6 月 25 日。

小堀甚二的《佐藤春夫氏和田汉君》（刊载于《文艺战线》1927年12月号）等。参照诸种文献，在田汉访日活动的行程记录上，几乎都是一致的，但每人的角度立场不同，叙述也会有些差异。这里主要考察梢风与田汉的交往。

因梢风在上海期间曾受到田汉等的热情接待，在田汉逗留东京期间，梢风几乎一直陪伴在侧，田汉抵达东京时，他即去车站迎接，后又陪同田汉至下榻的位于东京小石川关口町的佐藤春夫寓所，当日下午与佐藤等一起陪同田汉坐船游览了玉川（河名），随后梢风带田汉去参观了他自己所经营的位于东京神田的骚人社，晚上梢风夫妇在日比谷附近的中餐馆"山水楼"宴请了田汉，山水楼的老板宫田武义早年毕业于上海的东亚同文书院，喜爱中国，请田汉在纪念册上留下墨迹，田汉即兴抒发了下午游览玉川时的感怀：

> 民国十六年六月二十六日，予由京都重来东京。旧友佐藤、村松诸氏，远道相迎，握手驿头，欢悦无量。佐藤氏携其夫人女公子邀游玉川，红灯画舫，绿波容兴。举网得鲇鱼若干，烹而食之，其味至永。村松氏谓予曰：君昨晚在京都，岂料及今日与吾辈网鲇鱼于玉川耶？予慨然曰：予六年前居东京时，曾携予妻易漱瑜氏同游玉川，水边双影，仿佛鸳鸯。岂料及五年后重游玉川，独向水中，悼孤影耶！好事不常，旧游如梦，思之思之，令人泣下。晚与村松氏饮于有乐町之山水楼。楼主宫田先生请留数字，因书今日所感如此。①

翌日（27日）中午梢风与佐藤、田汉等相约在山水楼见面，饮食间，梢风所联系的《读卖新闻》社的文艺部记者至，拍纪念照，并向田汉约稿。然后在小雨中梢风与佐藤带田汉造访了日本大正和昭和前期影响甚大的改造社，社长山本实彦（1885—1952）会晤了他们。改造社自1919年创刊起，就颇为关注中国，就在一年前的1926年7月，《改造》杂志出版了夏季增刊"现代支那号"特辑，收录了田汉和郭沫若等的戏剧和小说作品。因此社长山本对田汉的到来颇感高兴，表示翌日晚上将为田汉举行欢迎晚宴。随后梢风和佐藤陪同田汉参观了《报知新闻》社和《朝日新闻》社。晚上，梢风陪同田汉去筑地剧场观看左翼剧团前卫座演出的美国左翼作家辛克莱的作品《哈琼亲王》。

28日晚，山本社长在赤坂的某家日本料理屋宴请田汉，梢风和佐藤也出席作陪，田汉在宴席上第一次见到了芥川龙之介。29日中午，小说家武者小路实笃（1885——1976）在山水楼为田汉访日举行餐叙会，梢风和佐藤等再次同席。当日晚

---

① 该文刊载于1927年8月《骚人》杂志第2卷第8期；佐藤春夫的《人间事》中也有全文引录。本文标点与原文稍有不同。

上，田汉即离开东京前往关西。

从上述行程可看出，田汉在东京期间，梢风每日陪同他四处参观访问，竭尽地主之谊。田汉回中国后，梢风撰文谈论田汉道：

> 田汉君之事，日前我曾在《读卖新闻》上稍有所介绍，这实在只是一个粗浅的轮廓。总之，这是一个作为一名斗士在支那新兴文坛上大放异彩的人，眼下就任南京政府的艺术顾问，担当电影股长。他的亲密朋友郁达夫君逃离了上海，郭沫若君活跃于汉口政府的政治部，而田汉君却在蒋介石政府内谋得一官半职，似乎有转向之嫌，实状却绝非如此。田君也罢郁君也罢郭君也罢，他们都不是单纯的艺术家，也不是单纯的政治青年。以我所见，他们都是在为艺术而利用政治，同时也在为政治而利用艺术。……因此，田、郁、郭诸君相聚一堂时，他们依然是最好的朋友和同志。①

从现有文献中看，东京一别之后，梢风与田汉之间似乎未再有深入的交往。

三

郭沫若在1926年3月南下广东出任广东大学文科学长，之后又投笔从戎，在北伐军内任政治部副主任。就在郭南下之前，梢风还在上海与其见过面，但南下之后彼此就未再保持联系。1927年郭沫若因发表揭露蒋介石反共面目的《请看今日之蒋介石》等文之后，遭到蒋的通缉，原本准备逃往苏联，后因患病未能赶上去海参崴的轮船，因而不得不在1928年2月流亡日本。

据郭沫若在1947年发表的《跨着东海》和《我是中国人》的记述，他们一家抵达日本时，先是投宿在安娜的朋友花子夫人的娘家、位于东京品川附近的斋藤家，但这里显然不是久留之地，在困顿之际，他想起了以前在上海相识的梢风，便通过《骚人》杂志社的地址，找到了梢风。此后的情形，郭文中有详细的记叙，因是中文文献，国内容易查寻，此处不再引述。同一段历史，梢风在1953年发表的第三人称的自传《梢风物语——番外作家传》中也有出自梢风视角的记述，这里译述如下，虽然有些冗长，但作为史料，也弥足珍贵：

> 昭和三年（1928年）春天，在骚人社突然出现了一个意外的人物。是郭沫若。郭在数年前去广东大学出任文科部长，后参与政治，北伐时从军，担任了北伐军的宣传部长。针对蒋介石的南京政府，以鲍罗廷为领导的共产

---

① 村松梢风：《骚人录（一）》，载《骚人》杂志第2卷第8期，1927年8月。

派发起了所谓的武汉工作，反对南京政府。武汉派向中外揭露了蒋介石的十大罪状。这篇文章便是由郭沫若起草的。武汉工作最后以失败告终。郭和毛泽东、朱德等一起转入农村革命。蒋介石对以极为激烈的文辞揭露其十大罪状的檄文的起草者郭恨之入骨，以五万大洋悬赏他的头颅。梢风在郭前往广东赴任前于上海相会过后便失去了联系。如今，郭突然出现在了骚人社。

郭是一个高度近视眼，原本肤色白皙漂亮的人。可如今却脸色黝黑、瘦削，头发也比原先稀疏了。我差点有些认不出来了。而且耳朵非常重听，声音不响一点他都听不见。梢风叫其他几个职员退出，与郭两人单独谈话。

郭因南京政府的严厉追究，无容身之地而流亡到了日本。郭一个人坐船过来，而妻子小孩则另外坐船过来。两三天前在目黑那边落了脚，但无法在那里长期居住。于是来与梢风商量，看梢风能否想些办法。他耳朵之所以重听，是因为在农村参加革命时患上了严重的伤寒的后遗症。他告诉说，自己曾是医生，知晓高热会导致听力下降。

梢风虽然自己也束手无策，但他二话不说便应允了下来。这时他脑海里立即浮现出来的是一位居住在市川的O姓（郭文中说明是横田兵左卫门——引译者注）绅士。他出生于仙台，是一位东大毕业的法学士，又擅长剑道。但后来患了肺病，好在家有资产，不工作也可过着悠然自得的生活。他是一位讲究义气的人，富于同情心，因某种机缘而与梢风相识，常来造访骚人社。梢风虽一次也未至其府上拜访，但知晓他是一个值得信赖的人。可以开口的另一个理由是，迄今为止梢风还从未接受过他金钱上的帮助。于是赶紧给O氏发了个电报，他马上就赶了过来。梢风将郭沫若的情况告诉了他，请他想想办法能否在东京将郭一家安顿下来，生活费则由梢风来承担。O氏听罢非常爽快地立即答了下来，并说，我附近正好有一处空房，与房东关系很好，今日回去后立即与他签约，明日就可搬过去住，而且千叶县（市川属于千叶县，但距东京很近——引译者注）当局内也有很多朋友，我来跟他们打招呼。于是按照O氏所说的，郭一家住到了市川。恰好那时千叶县的检察官跟O氏是大学的同学，先请那边给予照顾，然后又跟市川的警察署长和小学校长打了招呼，郭夫妇和三个孩子都稳妥地在市川町住了下来，对外以他夫人的姓氏佐藤相称，两个男孩进入了市川的小学。幸好郭的家中都用日语，小孩进日本的学校也毫无障碍。①

参照郭沫若的《跨着东海》，梢风的这段叙述与该文基本上是吻合的，但明显

---

① 村松梢风：《梢风物语——番外作家传（二）》，载东京新潮社《新潮》杂志1953年2月号，第31—32页。

的，也具有梢风的视角。

回忆这段往事的1947年时的郭沫若，似乎已明确具有了阶级意识，他是将写大众文学（或曰通俗小说）的梢风列入封建文人一列的，在事后的回忆中，似乎对他没有多少好感，甚至带着一种轻视的口吻。但在梢风的回忆文中，仍将郭视作旧友，言语中充满着情感。不过，对于郭的入狱及释放经过，郭的回忆和梢风的叙述存在着较大的差异。

根据郭的说法，他抵日本半年后的8月1日，遭到了日本警方的逮捕，期间因搜出的成仿吾给他的信函中对苏联颇多微词，因此警方觉得他并不怎么左倾，再加之安娜的奔走，于是关了三天后被释放了。梢风的叙述与此明显相左，兹译述如下，以资研究者参证：

郭沫若来到日本大概过了半年的时候，有天晚上十二点多梢风回到骚人社时，在宽广的街道上突然被二十来人穿制服和便服的警察围住，要他去警察局走一趟。梢风说自己还穿着夏季浴衣，要换一下衣服，于是走入屋内，这时一个认识的万世桥警署的特高问道："你心里明白怎么回事吧？"他答道："明白。"他立即感到是郭的问题。但却并不清楚郭在日本到底做了什么。但到了警署后却并没有向他进行任何调查，直接关进了拘留所。拘留所里每个房间都关满了人，一个六平米的屋子关了六个人。翌日被叫了出来，两名检察官对他进行了讯问。果然是郭的事情。郭被带到了别的警署。梢风说明了一切，心想说完了应该就没事了，但事实却并非如此。梢风自己也受到了嫌疑。何以会如此，乃是因为在上海日方发现了郭流亡日本的事。于是上海的日本领事馆大为狼狈，赶紧派了警察向本国的警视厅报告，经搜查发现郭居住在市川，于是将郭抓了起来。郭与梢风的关系郭本人也已交代，并且在郭的家里搜出了几封梢风的信函，于是也立即将梢风抓了起来。梢风不大懂法律和国际法，他只是懵懵懂懂地相信，外国的政治犯流亡到某国，只要不在该国参与危险的政治活动，就应加以保护。因此他认为没有理由逮捕郭。特别是郭的情形已经通过O氏向千叶县当局打过招呼，应该可以安心居住，但后来才觉得也许应该再向警视厅方面也打招呼。总之，现在的调查似乎是以梢风为重点在展开的。警方向他出示了他写给郭的批评日本政治制度的信函，梢风也无言以对了。其实他既不是共产主义者也不是共产党员，只是作为一个人，总有自己的想法。梢风的嫌疑若不得消解，郭也无法释放吧。

对于梢风而言，拘留所的情景实在是一次稀有的体验，满足了他的好奇心，但其空间的狭小和肮脏也令他有苦说不出。万世桥的拘留所紧对着神田川（河名），就在窗户底下每天停泊着几艘粪肥船，臭气直冲。而且经过了一两天后，同室的人似乎马上就知道了他为何被关进来，大家都深信他是中国共产党在日本的大佬，口口声声对他尊称为先生，其他牢房里的人每当梢风在面前经过时，都会对他鞠躬行礼。因为即使受到了些压迫，左翼运动也不会停息。梢风只是难以咽下拘留所的饭食，每天向刑警要盖浇饭吃。多少也有些特殊待遇吧。他让骚人社的人把杂志的文稿拿过来，在里面做些编辑工作。

梢风被抓的事让有些人知道了，于是为他的释放四处奔走，结果没能见效。这时梢风突然想到了警视厅书报检查课资格最老的大谷警部（一种中上级的警职——引译者注）。大谷跟他是同乡，虽无私交但为人宽厚，以前杂志遭到禁售时曾帮了好几次忙，对梢风比较了解。于是他向讯问官说："我的事你可问一下大谷警部。"果然大谷数次为梢风作了辩解。原本就没有什么根据，经大谷警部的证明，梢风在过了一星期后被释放了。

出来后梢风立即奔到了警视厅向大谷表示了感谢，然后要求会见外事课长。因为郭的问题尚未解决。梢风向课长原原本本地说清了整个事情的原委，坚称郭在日本没有做过任何违规的事，只是埋首研究金石文字而已，外事课长听了后说："哦，是这样呀，上海（日本领事馆）方面未免把事情说得严重了。"于是立即拿起桌上的电话指示堀留警署释放了郭。①

以上是梢风方面的详细叙述。

郭沫若与梢风的说法哪一种更贴近事实，这里不宜妄下定论，因为都是相隔多年后的回忆。至少梢风的叙述提供了一种还原事实的重要参考。时隔多年之后，读过《梢风物语》的梢风的长子，后来是庆应大学的中国文学教授的村松瑛在读到郭沫若的《流亡十年》的日译本后，颇为梢风感到不平，对梢风说："郭先生似乎对您的态度的突然转变深怀怨恨呢。"梢风听罢说道："从郭先生的立场来看，也许会是这样吧。"据村松瑛的记述，梢风甚至对《流亡十年》的日译本连看都不想看一下②。

尽管如此，在上海及日本与中国文人的交往，对梢风的一生来说都是很重要的。他的长孙，后来成为作家的村松友视于1983年带了母亲到上海来寻访他父亲的最后生活之处，也是他祖父浪游的旧迹后写道："被上海所迷醉的梢风的感动，当然并不只是魔都上海的形象，与郭沫若、郁达夫等中国文人的交往，肯定大大改变了梢风（的一生）。"③ 我想，作为与梢风共同生活了多年的后代写出这样的话，应该不是空

---

① 村松梢风：《梢风物语——番外作家传（二）》，载东京新潮社《新潮》杂志1953年2月号，第32—33页。
② 村松瑛：《色机嫌》，东京彩古书房1989年版，第191页。
③ 村松友视：《上海摇篮曲》，东京文艺春秋社1984年版，第182页。

穴来风。多年后的 1956 年 4 月,应中国人民对外友协的邀请,梢风曾以副团长的身份率领日本的亚洲连带文化使节团访问了新中国。此次访问有否见到田汉和郭沫若,有否畅叙旧情,我目前尚未查到确切的资料。

(原载《新文学史料》2013 年第 4 期)

东北师范大学中文系中国现代文学教研室与郭沫若往来书信小考

李二年

一 信的发现

2005年3月,笔者在吉林省图书馆后旧书市场购得人民文学出版社1957年3月出版的《沫若文集》第三卷一册,内收《卓文君》《棠棣之花》等剧作,品相尚好,扉页印"何善周"朱文行书小藏书章。笔者此前曾于旧书市买过1950年群益出版社版蔡仪《新艺术概论》,扉页亦印"何善周"朱文行书小藏书章,实际上此章正是何善周藏书用章。

我们可以初步判定此书为何善周的藏书,后辗转流入旧书市。至于如何流入书市,有两种可能,一种为何善周旅居国外期间,从其家属手中散出。[①] 另一种,何善周在一篇口述中提到"(长春)市政协成立图书室,我捐出家里的一书架半的现代文学书籍",[②] 这本《沫若文集》可能就在其中,后因政协图书室管理不善等原因而流出。

真正的意外惊喜是,在这本《沫若文集》内夹有一纸,略泛黄,作两对折叠状。展开通读一过,竟是一封东北师范大学中文系中国现代文学教研室与郭沫若往来的共笺信。

二 信的内容

此信笺质地为机制纸,竖笺朱丝栏(共12栏),题头横排左行、红色楷体"东北师范大学"六字。由于年代过久,纸质已略泛黄,信中内容的字体为行书,皆为毛笔手写,墨色神采依旧。现试做释文如下(原文为繁体竖行,现改为简体横行,为排印方便,释文打乱原来每行的字数,个别标点符号径改为通行写法,按语为笔者

---

① 此点蒙原东北师范大学高长春副教授见告。
② 何善周口述、王霆钧整理:《终生无悔》,《长春文史资料》1992年第1期,第63页。

所加)。

　　郭沫若同志（按：原件"郭沫若"三字勾圈）：
　　　兹寄上《中国现代文学》讲义（上册）的草稿乙份。
　　　讲义是本教研室的同志们合写的，由于教学的迫切需要，匆匆草成，不仅在内容上会有许多缺欠或错误，就是在编写的规格上也不尽然统一，现在，正拟讨论修正，作为东北地区中国语文系专修科的教材，因此，我全体同志热切的希望你，能够给我们提一些宝贵的意见（特别是有关讲述你的创作的部分），以便改正。
　　　致
　　敬礼
长春东北师范大学
中国语言文学系
中国现代文学教研室
五六、四、五日

　　在这部分文字后半段的空白处，还有一段文字是穿插在其中的。需要说明的是，这两段文字书写风格并不一致，前者写得相对规矩，温文尔雅；后者行书略带草意，雄劲豪放。实际上如果看原件的话，两者的墨色也是不相同的，前者墨色略发青，后者当是上好油烟墨，神采奕奕，恍惚紫气袭面。现把它单列出来，释文体例同前。

　　　同志们：我只把关于我自己的一部分看了。
　　　有些不确实和夸大的地方我删改了，请你们斟酌。
　　敬礼！
郭沫若
一九五六、四、十

三　关于信内容的讨论

　　通读此信，我们能够知道，当时东北师范大学中国语言文学系中国现代文学教研室编著了一本《中国现代文学》讲义，写信的目的是请郭沫若就讲义内容提一些意见，尤其是讲述郭沫若创作的那一部分，落款时间是1956年4月5日。
　　但是，信的后面为什么会出现一段另外一路书写风格的文字呢？这实际就是郭沫若在看完讲义乙本（主要是他自己的那章）之后写的回信。

先看落款签名，这一形体当是"郭沫若"三字的花押签名。对比郭沫若常见行草书落款①，不难发现，从字形上为"郭"的草写。

其次从字迹看，熟悉郭沫若字迹的朋友对这一路风格的字一定不会感到陌生。在20世纪50年代科学出版社曾出版过郭沫若先生早年的几种古文字学著作的修订版，有些序言就是新增加的，有的页码还有郭沫若的眉批，修正或补充其早年的观点。比如《两周金文辞大系图录考释·增订序记》②，落款时间是1956年十月卅日，与此信的落款时间很近，前后只相差半年，尤其值得注意的是《增订序记》的后半部分，字体近于行草而书写更为流畅，与此回信的字迹风格是相当贴近的。查王继

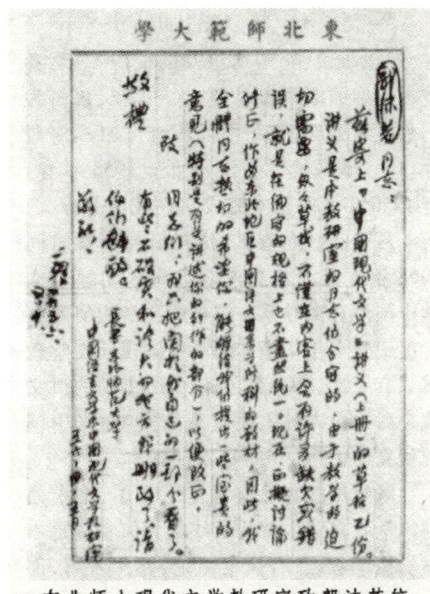

东北师大现代文学教研室致郭沫若信

权、童炜钢《郭沫若年谱》于4月10日没有记事。1956年4月9日，即回信的前一天：郭沫若出席中国、苏联社会科学工作者共同举办的社会科学问题报告会闭幕式，并代表参加会议的中国方面致辞。③ 另龚济民、方仁念《郭沫若年谱》于4月10日同样也没有记事。④ 这至少能说明这一天郭沫若并没有重大的活动。另外从邮寄的速度看，郭沫若在4月10日（或之前）就能够收到信与讲义。郭沫若完全有时间阅读信与讲义（至少是关于他自己的那部分），并对其中"有些不确实和夸大的地方"做了删改，同时回复此信。

说到这里，有一个问题需要谈及，郭沫若在原信上做了回复，这一方式应该如何理解。信开头"郭沫若"三字勾抹，实际是公文处理中的"圈阅"，就是领导人审阅文件后，在自己的姓名处画圈，表示已经看过。从这个角度看，这种回信似乎还有一点批示的意味。考虑到事情本身是学术讨论，虽然是公文的处理流程，但这是由学术讨论对象的特定身份所决定的，跟学术讨论无涉，所以我们还是应该把它看作回信更适合一些。

关于信的后半部分是郭沫若亲笔回信，这一点是可以肯定的。但是这本《中国现代文学史》讲义又是指的哪一种，可曾公开出版发行过呢？这一点显然是很重要的，只有这一点搞清楚了，我们才有机会进一步探究去信的执笔者。

---

① 可参考郭庶英、郭平英、张澄寰编《郭沫若遗墨》，河北美术出版社1985年版。
② 郭沫若：《两周金文辞大系图录考释（一）》，《郭沫若全集·考古编》第七卷，科学出版社2002年版，第5—7页。
③ 王继权、童炜钢：《郭沫若年谱》，江苏人民出版社1983年版，第125页。
④ 龚济民、方仁念：《郭沫若年谱》，天津人民出版社1992年版，第951页。

在50年代，东北师范大学中文系公开出版的中国现代文学教材，只有两部，一部是张毕来的《新文学史纲》，作家出版社1955年初版；另一部是署名为孙中田等著，吉林人民出版社1957年初版的《中国现代文学史》（上卷）。此书前后共出过两版，一是1957年9月第一版，一是1958年1月第二版。第一版印刷册数为43000册，第二版印刷册数为12000册，这两版《中国现代文学史》封面、扉页除去书名"中国现代文学史"外，均有副题"东北师范大学函授讲义"字样。扉页上的署名：孙中田、何善周、思基、张芬、张泗阳。关于本书的撰写、执笔等情况，"出版说明"有详尽的介绍：

"中国现代文学史"分为上下两卷出版。本书为适应东北师范大学的函授教学的需要，是由中文系中国现代文学教研室几个同志合作写成的。它的分工大致是这样：绪论由何善周、张芬执笔；第一章由孙中田、张芬、思基执笔。本书编写工作开始于1955年春，至1956年春季基本完成。其中有关作家作品专章，如"茅盾"，郭沫若的"女神"，在该书编写过程中，即在国内一些杂志上陆续发表过。全书编完后，作为讲义，又曾在校内出版过5000余册，供校内学生、函授生以及其他一些院校使用过。

本书体例，与现已出版的几种新文学史书籍有所不同。我们认为文学史的主要内容应该是作家作品，又因受到作为教科书的限制，所以我们把重点放在一些重要作家重要作品的评述上……

附带说明的：本书作者的名次，是按姓氏笔划排列。

"出版说明"中所谈及的校内本，笔者曾在长春的旧书市见过，大32开，封面为白色道林纸红字，每章前配有作家黑白照片。而"本书编写工作开始于1955年春，至1956年春季基本完成"，在我国北方，阳历4月份已经是春天，这与信的落款时间1956年4月5日相吻合。而东北师范大学中国语言文学系中国现代文学教研室在20世纪50年代集体编写中国现代文学教材只有一次。[①] 简言之，信中所提到的讲义就是后来由吉林人民出版社出版的《中国现代文学史》（上卷）稿本的副本。

既然出版物已经确定下来了，推求信的执笔者自然也就有了线索。何善周是本书的执笔者之一，执笔绪论、郭沫若章，而信又是在何善周的藏书中发现的，很容易让我们联想到何善周就是这封信的执笔者。验证我们推测最简单而直接的办法就是对照何善周的手迹。笔者手头有何善周藏《新艺术概论》，此书内页有其在研读时作的批注，对照字迹可以看出两者相近，与我们所推测的执笔者应该是何善周一致。

我们都知道，何善周原本是在清华大学工作，1950年应吴伯箫之邀来东北师范

[①] 2005年夏，笔者曾就此信拜访孙中田教授，承孙先生面告。

大学任教两年，同年5月来到东北师范大学，6月开始上课。两年期满之后，正赶上1952年6月的全国高校院系调整，清华大学的文科并入北大，加之东北师范大学诚意挽留，何善周就扎根在东北师范大学了。此后的一段时期何善周创建了"中国现代文学教研室"，讲授中国现代文学史、中国学术思想史等课。1957年被打成"右派"，[①] 直到1960年才摘掉"右派分子"的帽子。[②] 但也正因为被定为"右派"，被取消了中国现代文学史的教课资格，此后的教学与科研被迫集中在古代方向（古代汉语、中国古代文学史、古典文献学）。在1955—1956年的《中国现代文学史》编写中，何善周执笔章节是第三章"郭沫若"，其中的部分内容，何善周还曾以《郭沫若的〈女神〉》为题发表。[③] 因此，作为教研室创建人，同时又是《郭沫若》一章

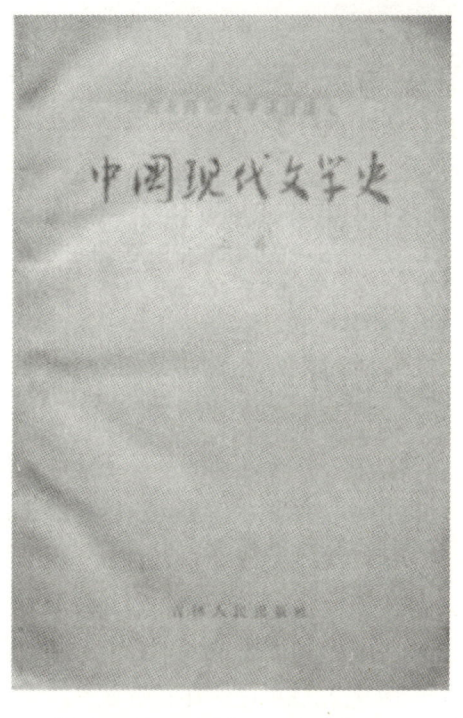

《中国现代文学史》（上卷）书影

的执笔者，由何善周执笔给郭沫若写信是很适宜的，而且在写信的时候还强调了"特别是有关讲述你的创作的部分"。信写给郭沫若看，当然希望他看些讲述他自己的那一部分，还有一点，执笔者也期望能得到郭沫若的批评指正。非常有趣味的是，何善周在《怀念昭琛》一文中还曾提到过这件事：

> 遗憾的是，1957年我被取消讲授现代文学史的资格。1956年郭沫若先生为补充他在北伐途中的事迹寄给我的亲笔信，和他用红笔圈点的我所写的关于他的生平和创作的专章教材，也一并收缴了去，说我没有资格教现代文学史，也不配保存郭老的墨迹。就这样，连我孕育中要写的"郭沫若评传"（包括郭老一生的学术论著和创作）也在襁褓之中被掐死了。[④]

细体文意，"寄给我"实际已经流露出，在何善周的心里这次讲义交流的双方就

[①] 陈益民、江沛主编：《老新闻1956—1962》（珍藏版），天津人民出版社2013年版，第125页。
[②] 王霆钧：《光明磊落信念如磐——记何善周》，《长春文史资料》1991年第3、4期，第164—165页。
[③] 何善周：《郭沫若的〈女神〉》，《东北师范大学科学集刊（语言、文学）》1956年第2期，第48—72页。
[④] 何善周：《怀念昭琛——中国现代文学史的奠基人》，《王瑶和他的世界》，河北教育出版社2000年版，第34页。

是郭沫若和他，虽然署名为"中国语言文学系中国现代文学教研室"。

不过，《怀念昭琛》文中"为补充他在北伐途中的事迹寄给我的亲笔信"的表述颇值得我们留意，其言外之意似乎还应当别有一纸。因此按照何善周这篇回忆中所说，回到长春的两件东西应是经郭沫若批改过的讲义副本和说明北伐事情的信。而按照我们的推想，这两件东西是经郭沫若批改过的讲义副本和这封往来共笺信。显然我们的推测与何善周回忆中提及的并不吻合。关于这一问题其合理的解释有两种可能：一、回到长春的本有三件：讲义、共笺信、补充北伐的另一纸；二、回到长春的有两件：讲义、共笺信，但关于北伐的补充是在讲义上完成的。何善周写这篇纪念文章离1956年已有三十多年，其记忆可能有误，或因行文之便涉误。

还是让我们回头看看郭沫若在这封信后半部分的回复，虽然简略，其实已经把事情说清楚了，因此即便再有一纸，恐怕也只是对于讲义内容的补充，而不会是单独致何善周的信。关于郭沫若北伐的事迹见于《中国现代文学史》（上卷）第三章"郭沫若"中"郭沫若的生活和创作"的"大革命时期"（第277页），通读"郭沫若的生活和创作"一节，相比其他片段，"大革命时期"的叙述确实要翔实得多。郭沫若在回信中已经说明"有些不确实和夸大的地方我删改了"，考虑到修改的具体字数，关于郭沫若北伐事迹的补充应该是在讲义上完成的。换句话说，返回到东北师范大学的应为这封共笺信和郭批本讲义副本。

需要特别引起我们注意的是，《中国现代文学史》（上卷）涉及北伐途中事迹叙述中，对叶挺独立团北进路线归纳极精准，对郭沫若的行迹记述则颇简约。考虑到当时与北伐相关文献刊布的实际情况，非亲历者怕难有如此行文风格。所以何善周印象特别深刻，故回忆时特别强调这一点。这也是目前在没有看到讲义郭批本能够确定是出自郭沫若手笔（润色）的文字。

《中国现代文学史》（上卷）已绝版多年，为省读者翻检之苦，现将关于"大革命时期"的"1926年7月底郭沫若参加北伐军，任总政治部秘书长"之后文字照录如下：

> 北伐军分三路出师，第一路进攻湖南湖北。这一路的敌人是军阀吴佩孚的主力。革命军中由叶挺的独立团首先北进，开辟了北伐军前进的道路。革命军很快地攻克平江、通城，长沙和岳州不战而取，八月底进兵武昌城郊。郭沫若一直随着军队前进，有时到达战场的最前线。武昌攻克后他任政治部副主任。

这一段文字的底本是1958年1月出版的第二版《中国现代文学史》（上卷），其中"八月底进兵武昌城郊"句，在1957年9月第一版中作"于八月底进兵武昌城郊"。对比两版，58版在57版上挖掉"于"字，同时把"八月底进兵武昌城郊"字间距略加大，其余各行文字位置保持不变。推想1958年再版时删掉"于"字应该有所依据，否则何必轻易改纸型呢。其原因究竟何在，有待于将来做进一步讨论，然此中透露出的信息对于我们判定这一段文字出自郭沫若之手是有积极意义的。

关于后一句"武昌攻克后他任政治部副主任"需要说明一下。本来我们抄引的文字截止于"有时到达战场的最前线"，郭平英女士在看过本文后给笔者的电子来函中指出"以往人们叙述郭老就任政治部副主任时间时，多比较模糊，如'先后历任总政治部宣传科科长、政治部副主任等'，不及'武昌攻克后'这五个字来得简单明了，因此怀疑这句话里有郭老校改的成分"。郭女士的意见是正确的。

几种已出版的《郭沫若年谱》《郭沫若传》在涉及郭沫若任政治部副主任的时间时一般都予以巧妙回避，这显然是受此前刊布郭沫若相关史料的限制。而《中国现代文学史》（上卷）说"武昌攻克后他任政治部副主任"，即1926年10月10日以后，时间如此精确，恐怕也只有出自郭沫若手笔方能合于情理。

如今，重睹郭沫若用红笔圈点过的讲义稿本的可能性显然微乎其微，但能推导出这节"北伐途中的事迹"是郭沫若执笔的一段"佚文"，也可谓这次淘宝记的又一收获了。

除了这段文字之外，在目前情况下，是否还可以推知出于郭沫若之手的其他文字呢？《中国现代文学史》（上卷）"郭沫若"章有"女神"一节，而这一节内容，何善周曾以《郭沫若的〈女神〉》为题在《东北师范大学科学集刊（语言、文学）》1956年第2期发表，刊物出版时间为1956年5月。排印时间可能要早于中国现代文学教研室收到郭沫若回信的时间，若此，《郭沫若的〈女神〉》应是保留了何善周原稿的面目。与教材相应章节进行比对可能给我们提供一些有益的信息。不过，经我们一一核对，两者之间除标点、误字，其余完全一致。郭沫若修正的是集中于"有些不确实和夸大的地方"，关于作品解析、思想艺术性评价等方面的修改应该是极少或者没有的。

余 论

一纸之上同有两位名学者的手泽，其内容所涉及又是中国现代文学研究史上研究者与被研究者一段颇有意义的交往，弥足珍贵。笔者虽于中国现代文学研究涉猎无多，不过两位先生的著述，尤其是郭沫若先生在中国古代文史领域的经典著作，却是笔者要经常研读和查阅的，因此怀着真诚和崇敬的心情，不揣浅陋草此小文，一则是为了向两位先生致敬，还有另外的一层意义，前面已经提到，当时一同回到长春的还有郭批本《中国现代文学史》讲义稿本，不过被人收缴了去，不知这份稿本是否尚在人间，倘若真能如愿，期冀本文能抛砖引玉，讲义稿本郭批章节能早日刊布，供更多关心两位先生这段往来逸事的朋友们学习与研究。

【附记】

2013年4月7日笔者承吉林大学吴振武教授告知，郭沫若纪念馆正在收集郭沫若先生的各种手迹书信，吴教授推荐了此信。笔者发出此信的电子照片之后，翻出了当年考证此信的旧文一篇，2005年夏笔者曾以小文就正于东北师范大学孙中田教授，孙先生还告知了一些重要信息。后来由于兴趣转移，这篇小文就搁置在一边了。4月10日笔者收到郭沫若先生女儿郭平英女士的电子邮件，鼓励笔者："把此前写过的那篇文章追忆出来，好让读者了解这信的来龙去脉和您的考证。"考虑到此信可能对于中国现代文学研究者多少有些参考意义，同时也算不辜负吴振武、孙中田两位教授的推意，所以对旧稿加以润色，拿出来供大家参考、指正。需要特别指出的是，郭平英女士在笔者修订小文的过程中数次通过电子邮件提供尽可能多的细致的帮助，在此谨致谢忱。

2005年4月完稿
2013年4月修订
于长春光华学院三教

（原载《新文学史料》2013年第4期）

"坐见春风入棘篱"

——郭沫若流亡期间旧体诗创作论

蔡 震

现代文学史没有对于旧体诗创作的研究,是文学史的一块缺失。

郭沫若旧体诗创作的研究,几乎没有进入到郭沫若研究的视野中,当然也是郭沫若研究的一个缺失。

相对于尚处在待开拓状态的郭沫若旧体诗创作研究而言,关于其流亡日本期间旧体诗创作状况的了解,则可以说就是一个空白点。

一 文献疏理

在进入"郭沫若流亡期间旧体诗创作"这个话题之前,有两点需要厘清。

其一,论及郭沫若的旧体诗创作,必然会涉及其少年时代的一些诗作,两者虽然有关联,但不能混同为一事。[①] 前者是就郭沫若文学创作活动的一个方面而言,后者是郭沫若读书求学期间对于写作旧体诗的学习,应称之为旧体诗写作。其实郭沫若自己是讲得很清楚的:"诗,假如要把旧诗都包含在里面,那我作诗的经过是相当长远的。"但是少年时代在读书期间的读诗、写诗,都是一些"基本工作及练习","虽然也学到了一些旧诗的滥调时而也做过一些到现在都还留在记忆里的绝诗的短章,但是真正的诗的趣味和才能是没有觉醒的"。他称之为"诗的觉醒期",是在进入四川省官立高等学堂后阅读到朗费洛的诗。[②]

其二,就目前已有的不多的关于郭沫若旧体诗创作的研究而言,主要是对于抗战期间、解放战争期间,或是新中国成立后郭沫若旧体诗创作的研究。与之相关的问题是,这在实际上表现为一个基本认知,即以为郭沫若真正的旧体诗创作,开始于抗战期间。这个认知并不符合史实,但却反映了一个事实:郭沫若旧体诗创作活动的文献

[①] 以类同作品集形式出版的郭沫若旧体诗作有《郭沫若少年诗稿》(四川人民出版社 1979 年 10 月),在郭沫若旧体诗创作研究中,这些旧体诗的写作被笼统地视为郭沫若的旧体诗创作。

[②] 郭沫若:《我的作诗的经过》,东京《质文》1936 年第 2 卷第 2 期。

史料严重缺失。

我们来看从1928年2月郭沫若东渡日本，到1937年7月27日他秘密归国的这一期间内，关于其旧体诗创作目前文献记载的情况：

《郭沫若著译系年》①记有10首（另有将写作时间错记3首、挽联2副、戏联1副，不计）；

《郭沫若旧体诗词系年注释》②记为8首（另有将写作时间错记2首、挽联2副、联语1副，不计）；

《郭沫若全集》收录8首（包括"考古编"所录1首）。

这一完全以郭沫若归国之前为时限所做的统计数字中包括了《归国杂吟》中的前3首诗，而《归国杂吟》一组诗，实际上一直是作为郭沫若抗战诗歌作品为研究者关注的。这即是说，在上述文献记载中的郭沫若旧体诗作，被视为其流亡日本期间所作者，实不过五六首而已。这就难怪虽然有关于郭沫若旧体诗的研究，但完全无视了其流亡期间的旧体诗作，因为那是一个可以忽略不计的数字。

然而事实并非如此，郭沫若在流亡期间创作的旧体诗，以我目前发掘整理及所见者，已有45首（包括《归国杂吟》中的3首）③。这45首诗的写作，除1首外，均在1932年之后，也就是说，它们只是郭沫若流亡日本中期开始往后五年间的创作。这从数量上已经是一个值得去关注的文学写作活动，值得去研究的对象。当然更主要的关注点还不在于数量的多寡，这些旧体诗的写作，在郭沫若文学活动运行的轨迹中，应该是具有一些特别意义的。

鉴于郭沫若这些旧体诗作还没为任何一种文献资料全部记录，故将其辑成一简单的创作年表，但为以下行文通畅，将其附录于文末。

这45首诗按其所咏内容，大致可以分为三类：

之一，人际交往：12首。

之二，咏物抒情：15首。

之三，人生感悟：18首。

郭沫若从少年时代直到东渡日本留学之初，都有旧体诗的写作或习练之作，但那是在他还没有开始文学创作活动之前的写作，是新文学、自由体诗歌形式没有出现之前的写作。成为诗人，并且是新诗历史开拓者之一的郭沫若，没有再作旧体诗。他运用古典格律诗词形式写作，而且成为一个延续下去的文学写作方式的开始，应该说是在流亡日本期间。这样的开始，意味着在郭沫若的诗歌创作活动中发生了一个变化：从"绝端"自由的新诗创作转向新旧两种诗体并行不悖的写作状态。这个变化显然

---

① 上海图书馆编：《郭沫若著译系年》，载王训昭等编《郭沫若研究资料》，中国社会科学出版社1986年版。

② 王继权、姚国华、徐培均编注：《郭沫若旧体诗诗词系年注释》，黑龙江人民出版社1982年版。

③ 不包括挽联、联语。事实上郭沫若所作联语，也不止两种文献记载的那几副。

与郭沫若流亡日本期间的生活经历、生存环境与精神心态密切相关。

二　文化怀旧

1932年1月，郭沫若在接连两封写给国内诗歌界同行的信中，都不无遗憾地写道："我久没有作诗"①，"几年来久没有作诗"了②。这是他对于《榴花诗刊》和青年诗人任钩询问自己诗歌创作情况与约稿的回复。从1928年初创作了《恢复》集中的那些诗作之后，郭沫若基本上停止了诗歌写作。直至1936年之前，文献资料上所记载的他的自由体诗作仅有两三首。

有意思的是，不知是否不甘心于这"久没有作诗"的状态，在此之后不久（就在1932年），郭沫若开始连续有旧体诗的写作，虽然并没有拿出来发表。而更耐人寻味的是，又在不久之后（1933年），郭沫若写了一篇记传散文《自然底追怀》，那文中的内容，主要是记述留学之初他与大自然相伴的诗歌写作活动，并抄录了彼时所写的11首旧体诗。文，当然也包括文中所录的诗，是拿去发表了的。③ 这些诗可以算是郭沫若最早发表的旧体诗作。

流亡日本期间，郭沫若的主要精力是在中国古代史和金文甲骨之学的研究方面，但他仍然有大量的文学写作，其中最主要的内容是自传的写作，《自然底追怀》亦为其中一篇。之所以没有新诗创作，与郭沫若此时的生存环境和新诗创作理念有关。从《女神》开始，郭沫若的新诗创作就是一种激情写作，他需要触发灵感的激情体验。而能够触发其诗意冲动的现实人生，都是与青春浪漫联系在一起的。此时的郭沫若青春不复，又拘囿在一方不自由的狭小书斋里，自然难以有新诗写作的欲望涌动。

再就诗歌创作理念而言，自从倡导无产阶级革命文学运动之后，郭沫若就宣称宁愿做一个"标语人""口号人"，而不必一定要做诗人。但即使是做"标语人""口号人"，也是要有条件的，至少要置身在相关的社会现实环境中，才有可能去做诗人的振臂一呼，远在日本当然没有这个可能。

我曾著文专门考察论述了郭沫若在这一时期的自传性写作，认为怀旧情绪，是他开始自传写作的一个重要心理动机。郭沫若的自传性写作，是一种为怀旧情绪左右、驱遣的文学冲动。同样，他开始旧体诗的写作，也与这种怀旧情绪密切相关。

怀旧，一般是随着人的生理年龄渐渐趋近老年而出现的一种心态。流亡时期的郭

---

① 郭沫若1932年1月6日复《榴花诗刊》编辑信，《榴花诗刊》1932年第2期。
② 郭沫若1932年1月19日致森堡（任钧）信，郭沫若纪念馆馆藏资料。
③ 该文以日文撰写，题作《自然への追怀》，发表于日本改造社《文艺》1934年2月第2卷第2期。中文本有三：《自然底追怀》，发表于上海《时事新报·学灯》1934年3月4日；济民翻译，以《自然之追怀》为题，刊载于上海《现代》1934年4月第4卷第6期；《我在日本生活》，刊载于汉口《西北风》半月刊1936年10月第10期。

沫若虽已届中年，但他的怀旧不是年龄的原因。亡命日本之前，郭沫若刚刚经历了人生道路上一番轰轰烈烈而又大起大伏的波澜，时政的原因使他不得不携妻儿蛰居在异国他乡的社会环境和文化环境中。尽管这是他留学时期生活过多年的国度，但再次东渡后的生活环境、人生境遇，都与他留学时代迥然不同，也彻底颠覆了他此前的生活轨迹。在这样一个"孤家寡人"的生存环境里，郭沫若会渴望有一个能够与人进行情感交流和思想表达的机会和空间，但那是难以企及的。他只能在自我的心灵之旅，从过往岁月流逝的履痕中，去寻求心理上的平复和精神上的慰藉，由是而沉浸在怀旧的情态中。

自传写作是郭沫若怀旧情态的一种表现，他是以历史写作的方式回忆过往的岁月。但身为诗人，郭沫若的怀旧情绪还表现为一种文化怀旧的心态，开始写旧体诗则是其突出的表现，因为旧体诗歌这种文体形式本身及其审美表达，都是与传统文化密切相关的。

在本质上是个浪漫诗人的郭沫若，虽然称自己在《女神》之后不再是诗人了，但在现实生活中的郭沫若，总是离不开关于人生、关于自我情感的诗性感悟，离不开诗意方式表达的需要，于是他回到旧体诗的写作。这是一种最适于抒发感兴、寄托情怀的表达方式。

写作旧体诗，对于中国文人而言，与文学创作，与是否为诗人是两码事，所以讲"诗词余事"。但是诗词歌赋的写作之于中国文人的文化传统，又是不可或缺的。它所体现的，是文人的一种情感方式、生活方式，是一种文化涵养、精神境界。

郭沫若为什么会在此时追忆到留学之初，尚未接触自由体新诗写作前写下的那些旧体诗呢？他是在怀念那样一种对于人生古典式的诗性品味吧。他在感喟着"要把自然抓回来"的同时，何尝不是在表达他对于那样一种将人与自然的关系化为诗意表达方式的怀念呢！开始着意于旧体诗的创作，对此时的郭沫若而言，实在是一个很自然的过程。

三　诗书画

郭沫若表现出文化怀旧意识的另外一个原因，与他置身其中的文化学术环境密切相关。郭沫若在流亡期间主治金文甲骨之学，因此，虽然身处异国他乡，他却是活动在一个充满中国古典文化元素和文化氛围的环境里，包括他的人际交往，都多是在与日本汉学家之间。与东京文求堂书店及田中庆太郎的密切交往关系是具有代表性的。

作为一个专门经营汉籍古书的书店，文求堂之于郭沫若几乎就是一方小小的文化"飞地"。仅从留存下来的二百数十封郭沫若致文求堂书简，我们就可以看到他与文求堂交往中与中国古典文化相关的诸多元素：各种中国古代典籍、多用中文书写的信函、题诗唱和、书法、绘画、往来的日本汉学家，乃至小小的信笺，等等。这些实际上为郭沫若营造了一种文化环境，这样的文化环境当然会激发郭沫若创作旧体诗的诗兴，所以，在发掘整理出来的 45 首郭沫若诗作中，会有 14 首诗是写给田中庆太郎及其家人的。

郭沫若流亡期间的文化行旅中有一个内容似乎没有被人们注意到，即他在此期间真正开始了书法活动（创作），而这与他的旧体诗创作又有着连带关系。

书法习练是中国传统教育的一项内容，是中国文人应该掌握的一"艺"。这也同写诗一样，表现为文人的一种文化涵养和质素。青少年时代的郭沫若，有过刻意习练书法的经历，也打下相当的功底，所以从留存的史料中我们可以看到他在 20 年代就曾给他人书写过扇面、联语、题画诗等。但那只是偶一为之，还说不上是有意识地把书法作为一种艺术表达的方式去运用，譬如，他在北伐之际为关存英书录《论语》中"士不可不弘毅"句，为刘海粟题画云："艺术叛徒胆量大，别开蹊径作奇画"等，他的用意主要在书写的内容，而不是怎样书写。

郭沫若之所以会在流亡期间属意于书法，与他的古文字研究应该有着因果关系。金文甲骨之学一个最基本的学术准备，就是文字的释读、书写，中国的书法艺术实际上也是从汉字构成的基本特征与其发展进程中而来。郭沫若所有古文字研究的著述，均为手写，后以影印出版，在这样的学术研究过程中，写字之于郭沫若，显然不再仅仅是文字内容的表达，也成为一个具有审美意义的书写方式的表达。这从他许多释文的手迹和为这些著作手写的篇名即可看出，那多是很用心的书法之作。

在这一时期，郭沫若有许多题诗、题字，它们除了交往应酬的含义，都能称之为专门的书法作品，如：为李春潮书录《庄子·逍遥游》句①、为田中庆太郎书录阮籍《咏怀》三首题扇面②、题赠尾藤光之介七绝《无题》，等等③。在其致文求堂田中庆太郎等人的书简中，亦有许多可称书法之作。郭沫若的书作涉及篆、隶、楷、行、草等各种书体。从另外一些相关的史料中，我们还可以知道郭沫若进入到东京书法（日本称书道）家活动圈子里的史实。④

与书法关联的又有绘画。我们今天可以知道和看到的郭沫若的画作，是出自其流亡日本期间所作。郭沫若的画作很少，但他为人题画之作非常之多，它们亦始自于这一时期。而这些题画之作既是诗作，也为书法之作。

诗书画，在中国古典文化传统中是彼此相通的，在中国文人的文化品性中也是彼此相通的。郭沫若的文化怀旧意识，让他在诗书画三个领域都开始耕耘，这三者又相

---

① 见《郭沫若书法集》，四川辞书出版社 1999 年版，第 3 页。
② 见田中壮吉编《"文求堂"主人田中庆太郎》，1987 年 11 月印行（非卖品）。
③ 参见手迹。另据日本亚非学院图书馆"沫若文库"保存的资料，有若干幅郭沫若的书作，只是没有落款。
④ 日本《书苑》《书道》杂志（两种书法杂志）上发表过郭沫若的文章，《书苑》上刊登过郭沫若参加其活动的合影照片。

辅相成。书与画构成郭沫若流亡时期旧体诗创作中的重要元素。在郭沫若流亡期间创作的目前所能见到的45首诗作中，诗书一体，书赠他人的诗作有15首，诗书画一体（主要是为他人画作题诗，或与画相关）的诗作有8首，两者占到总数的一半。

《金文丛考·自题》一诗，用篆体题写在该书的扉页，郭沫若显然是刻意用了这样一个表达方式。应该说这首诗的创作本身，就是包含了书法形式考虑的，不然，他也可以用另外的语言方式作一个题记什么的。为答谢董作宾"以素缣摹录殷虚陶文惠赠"所创作的七绝，与此相似。诗成后郭沫若用了三种书体书写，书赠董作宾的条幅为行楷，另以篆书、隶书将诗示之于人。

当然书写与诗文创作的关系毕竟不是那么直接，只是说从诗书相互融通的意义上，会对于郭沫若创作旧体诗有一个激发触动的作用。但题画诗的创作与题画这一艺术表达方式的关系就是非常直截了当的。因为画，画面、画意，才有创作诗的灵感、兴味，才有诗文的内容，虽然写成的诗的文本意义或许已在画外了。

所以，与书画相关的郭沫若这些旧体诗创作，其诗文在文本的文学意义之外，实际上还包含了书画艺术元素。这在日后也成为郭沫若旧体诗创作一个值得关注的方面。

四　触摸历史

流亡日本期间的郭沫若深居简出，生活的主要内容就是做学术研究，所以一直以来，其流亡生涯在人们所知、所见中，除了那次在警视厅拘留所的屈辱（《我是中国人》记述了事情的经过）和些许海滨的浪花（《浪花十日》记述了一次夏日避暑的点滴日常生活），似乎就只有一个学者面壁斗室、安贫乐道、苦苦著书那样一个淡定的影像。但是实际情况显然并非如此，那毕竟是一段延续了近十年的生活经历。郭沫若的旧体诗作，为我们了解其流亡生涯提供了丰富的资料，它们包含了许多直接的、感性的、真确的历史信息。

中国古典诗词的一个重要功能是作为人际交往的媒介，郭沫若在这一时期的许多诗作都是为与友朋交往而作。在过往的人生行旅中，郭沫若一直是生活在朋友中间的，他的人生离不开友朋相伴。亡命海外，这种朋友之间的交往之于郭沫若就显得更为重要，从他的诗作中，我们可以了解到诸多这方面的史实。

为傅抱石画题诗、书赠董作宾七绝、答谢《卜辞通纂》印行题赠尾藤光之介、《赠封禾子女士》……它们记述了郭沫若与这些朋友交往的开始和他们之间交往的史事。与郭沫若诗作相关的这样的名字还有许多：石田干之助、田中庆太郎、岭子、田中震二、小原荣次郎、熊子俊、彭泽民、林谦三、陈铭德、邓季惺、吴履逊、郁达夫、于立忱、陈子展，等等。每一个名字、每一首诗，都包含有郭沫若人际交往的史迹。其中有些名字，如熊子俊、江绍原、尾藤光之介、长曾我部木人等，如果不是这些诗作，我们甚至完全不知道郭沫若曾与之交往的史实。

在这样的人际交往关系中，我们还能进一步阅读到关联郭沫若流亡史事的诸多信息：古文字研究中的学术往来种种、与文求堂关系的方方面面、唯一的和歌之作、傅抱石在东京办画展、郁达夫来访、凤子在东京演出《日出》，等等。凡此种种，可以提示郭沫若流亡生涯的许多历史细节、生活实景。它们使得郭沫若十年流亡生涯的那一段历史丰富起来，活跃起来。

与具体的史实、史事相比，郭沫若流亡生涯中更需要被了解，却也更难以解读的，是他所走过的心路历程。这在他不多的回忆散文中几乎难以理出头绪，但从这些旧体诗作中，却常常能够感受，甚至触摸到郭沫若情绪心境、精神心态在不同历史情境中的跌宕起伏、腾挪变化。显然，古典诗歌这种文体形式的写作，更适合于个人抒发感怀，寄托情志。

"呢喃剪新谱，青翠滴清音。对此欣欣意，如窥造化心。"① 这是郭沫若为石田干之助所书一纸条幅上的题诗。石田干之助是东洋文库主任，郭沫若正是得到他的帮助，从查阅文库中收藏的所有甲骨文资料开始，进入了在古文字领域的学术研究。这在他的人生轨迹上是一个重要转折，也可以说是其流亡生涯的一个起点。从诗中我们能真切感受到郭沫若在做出这样一个新的人生选择之后那种充满自信、欣然雀跃的心情。

做学问要耐得住寂寞，安贫乐道。曾经在文坛上、在北伐军旅中叱咤风云的郭沫若，能在异国他乡沉潜于书斋，苦修十年，在精神上也是需要经历一番磨难的。"小庭寂寂无人至，款款蜻蜓作对飞。芍药开残还自谢，荼蘼如醉为伊谁。"② "柔管闲临枯树赋，牢愁如海亦连天"。③ 这样的孤独寂寞感，表达的不仅是青灯黄卷的孤寂，还混合着一个海外流亡者深深的愁绪。耐得住这样的煎熬，也才有成果斐然的学术成就。

"笼中一天地，天地一鸡笼。" 这是郭沫若为傅抱石画《笼鸡图》所题诗，形象地道出了他对流亡生活的整体心理感受。"信美非吾土，奋飞病未能。关山随梦渺，儿女逐年增。五内皆冰炭，四方有谷陵。难甘共鱼烂，矢得一升腾。"④ 这种客居异乡，思念故里，心有所望，却又无可奈何的心境，应该是一直伴随在郭沫若流亡生涯之中的。

不过郭沫若海外十年的心路，并不是一目了然的那样简括、清晰，而总是交织、纠结在不同的思绪、心态中，这也是境遇使然。

---

① 郭沫若：《无题》（"呢喃剪新谱"），据手迹。
② 郭沫若：《荼蘼如醉为伊谁》，载《郭沫若致文求堂书简》第91号，文物出版社1997年版，第278页。
③ 郭沫若：《牢愁如海亦连天》，载《郭沫若致文求堂书简》第91号，文物出版社1997年版，第278页。
④ 郭沫若：《信美非吾土》，载郭沫若《潮汐集·汐集》，作家出版社1959年版，第474页。

"相对一尊酒，难浇万斗愁。乍惊清貌损，顿感泪痕幽。举世谁青眼，吾生憾白头。"① 那应该是一种人生蹉跎、怀才难遇的感叹。而"虽无竹里馆，有月待幽人"② 这样的诗句所表达的，却又似是王摩诘一般清幽、安然的心境。

"有酒且饮酒，有山还看山"，"此意竟何似，悠悠天地宽"。③ 诗虽为题画之作，所寄托的情思当是诗人自己的。以郭沫若那种不失豪放的性情，该是拿得起放得下的人，身陷亡命海外的窘境，能有海阔天空的豁达，实属难得了。而"何时握手话巴山，与君重振旧旗鼓"，④ 已是在与老友重温北伐旧事，抒发企盼重振雄风的豪情壮志了。

海外十年，"归国"的话题，在郭沫若当然是不曾被忘却的，但在这一话题的背后，总会纠缠有时局时政与家庭个人两个方面考虑的矛盾。"故园今是昨朝非，於虎之骘政渐稀。若问缘何犹作客，只因欲劝率滨归。"⑤ 即使在觉得国内的社会政治形势趋向于宽松的情况下，家人家事仍然会让郭沫若在去留之间感到困扰、两难。不过，随着他在学术研究之外更多地参与进左翼文化活动，随着中日之间政治关系的变化，郭沫若在心底已经有了坚持："独对寒山转苍翠，渊深默默走惊雷。"⑥

"卢沟桥事变"爆发，中华民族面临生死存亡的危难之际，郭沫若毅然决然作出抉择：毁家纾难。"又当投笔请缨时，别妇抛雏断藕丝"，⑦ "四十六年余一死，鸿毛泰岱早安排"。⑧ 从这些诗句中，我们不仅能感受到郭沫若爱国情怀的拳拳之心，而且仿佛触摸到真实律动的历史脉搏。

流亡日本的郭沫若，是生活在一段特定的情感经历和一个特定的社会人文环境中，所以他的旧体诗写作，主要是表达其个人情感寄托和人际交往的方式，不是用来发表的。但在这样的写作过程中，他越来越感到古典诗词的形式适宜他的需要。与此同时，在这一生活环境中本来就难以涌出的新诗创作所需要的那种激情冲动，离他越来越远。"编将隐恨成桑户，坐见春风入棘篱"⑨。郭沫若倒是很淡定地面对自己在诗歌创作上的这样一个变化。

---

① 郭沫若：《无题二首》，载《郭沫若致文求堂书简》第76号，文物出版社1997年版，第273页。
② 郭沫若：《寄田中庆太郎"催妆"》，载《郭沫若致文求堂书简》第36号，文物出版社1997年版，第260页。
③ 郭沫若：《题渊明沽酒图》，载郭沫若《潮汐集·汐集》，作家出版社1959年版，第473页。
④ 郭沫若：《无题》（为彭泽民赋失恃之痛），据手迹，载《郭沫若书法集》，四川辞书出版社1999年版，第202页。
⑤ 郭沫若：《步王国维韵替杜鹃解嘲》二首，据手迹，载蔡震《郭沫若流亡日本期间若干旧体佚诗考》，《新文学史料》2011年第3期。
⑥ 郭沫若：《题傅抱石画赠吴履逊》。此句原作"独对苍山看不厌"，载蔡震《郭沫若流亡日本期间若干旧体佚诗考》，《新文学史料》2011年第3期。
⑦ 郭沫若：《归国志感》，载上海《立报·言林》1937年8月3日。
⑧ 郭沫若：《黄海舟中》，载上海《光明》半月刊1937年8月第3卷第5期。
⑨ 郭沫若：《无题》（"老去无诗苦有思"），载《郭沫若致文求堂书简》第224号，文物出版社1997年版，第318页。

于是，转向旧体诗写作的这一过程，实际上也在不知不觉中修正了郭沫若的诗歌创作理念。曾经主张诗歌创作在形式上要"绝端"自由的郭沫若，此时已经在实际上改变了这一极端的理念。当然，诗歌"主情"，仍是他所坚持的。

"朋友们有的劝我不要做旧诗，但我总觉得做旧诗也有做旧诗的好处，问题该在所做出的诗能不能感动人而已。在我的想法，目前正宜于利用种种旧有的文学形式以推动一般的大众，我们的著述对象是不应该限于少数文学青年的。"① 这是郭沫若在1937年归国之初写下的一段文字，既可以看作是他对于流亡时期旧体诗写作经历的一个认定，也预示了抗战期间成为他文学创作一个重要方面的旧体诗词创作的开始。

附录

郭沫若流亡期间（1928年2月—1937年7月）旧体诗作年表②

《无题》（"呢喃剪新谱"）
约作于1930年代初。据书赠石田干之助手迹。

《休心亭即吟》
作于1932年初夏。据手迹。③

《无题》（致田中庆太郎）
作于1932年6月27日，署名魔都耶苦（沫若的日语读音）。见致田中庆太郎信。（《郭沫若致文求堂书简》第22号）④

《金文丛考·自题》
载《金文丛考》，日本东京文求堂1932年8月1日出版。

《狂歌》（和歌）
以日文作于1932年秋。见致田中庆太郎信。（《郭沫若致文求堂书简》第35号）

《画意》
作于1932年秋。见致田中庆太郎信。（《郭沫若致文求堂书简》第35号）

《清江使者出安阳》
作于1932年秋。据书赠董作宾手迹，以及致田中震二信。（《郭沫若致文求堂书简》第73号）

《寄田中庆太郎"催妆"》，
作于1932年10月7日。见致田中庆太郎信。（《郭沫若致文求堂书简》第36号）

《无题》（寄田中庆太郎）

---

① 郭沫若：《由"有感"说到气节》，载上海《救亡日报》1937年8月30日。
② 大部分诗作原无篇题。
③ 由日本伊藤滋提供。
④ 《郭沫若致文求堂书简》，文物出版社1997年版。以下凡出自该书的篇目，均同此版。

作于 1932 年 10 月 30 日，署名王假维。见致田中庆太郎信。（《郭沫若致文求堂书简》第 45 号）

《江亭寂立水天秋》

作于 1932 年岁暮，署名蒙俱外史。见致田中庆太郎信。（《郭沫若致文求堂书简》第 45 号）

《无题二首》

作于 1933 年 2 月 18 日，署名蒙俱生。见致田中庆太郎信。（《郭沫若致文求堂书简》第 76 号）

《为舌祸问题嘲喦老》二首

作于 1933 年 3 月 13 日，署名蒙俱生。见致田中庆太郎信。（《郭沫若致文求堂书简》第 80 号）

《望断鸿图写故乡》

作于 1933 年 3 月。手迹载《星星》1884 年第 5 期。

《无题》（为卜辞通纂成赠尾藤光之介）

作于 1933 年 4 月末。据手迹。

《荼蘼如醉为伊谁》

作于 1933 年 5 月 30 日。见致田中庆太郎信。（《郭沫若致文求堂书简》第 91 号）

《牢愁如海亦连天》

作于 1933 年 5 月 30 日。见致田中庆太郎信。（《郭沫若致文求堂书简》第 91 号）

《题扇》五首

作于 1933 年夏。据手迹。①

《昭君出塞曲》（歌词）

发表于《光芒》旬刊 1934 年 5 月 20 日第 1 卷第 1 期。

《题笼鸡图》

作于 1934 年至 1935 年间。据手迹。

《步王国维韵替杜鹃解嘲》二首

作于 1935 年春。据手迹。

《题自画兰》

作于 1935 年春。据手迹。②

《信美非吾土》

作于 1935 年 5 月。收入《潮汐集·汐集》。③

《题傅抱石画赠吴履逊》

作于 1935 年。据手迹。④

《题渊明沽酒图》

作于 1935 年。收入《潮汐集·汐集》。

---

① 载蔡震《文化越境的行旅——郭沫若在日本二十年》，文化艺术出版社 2005 年版，第 199 页。
② 载郭平英主编《郭沫若题画诗存》，山西教育出版社 1997 年版，第 6 页。
③ 郭沫若：《潮汐集·汐集》，作家出版社 1959 年版。以下凡出自该书的篇目，均同此版。
④ 载郭平英主编《郭沫若题画诗存》，山西教育出版社 1997 年版，第 4 页。

《无题》（为彭泽民赋失恃之痛）

作于1935年。据手迹。

《戏答陈子展》

作于1936年8月22日。发表于9月2日上海《立报·言林》。

《无题》（为林谦三雕胸像作）

作于1936年秋。

《赠达夫》

作于1936年11月15日。收入《潮汐集·汐集》。

《断线风筝》

作于1936年12月16日。收入《潮汐集·汐集》。

《无题》（"老去无诗苦有思"）

作于1937年3月21日。见致田中乾郎信。（《郭沫若致文求堂书简》第224号）

《海上争传火凤声》

作于1937年3月。①

《赠封禾子女士》

发表于1937年6月6日《国民公报·星期增刊》。

《题小原荣次郎作兰花谱》

作于1937年6月10日。据手迹。见致田中庆太郎信。（《郭沫若致文求堂书简》第229号）

《无题》（读《古占卜术研究》）

作于1937年6月15日作。据手迹。

《闻河上肇出狱》

作于1937年6月16日。据手迹。

《写给横滨友人》

作于1937年7月14日。发表于8月4日上海《大晚报》；后作《归国杂吟》之一，收入《战声》（广州战时出版社1938年1月出版），未再另署篇题。

《归国志感》

作于1937年7月24日。发表于8月3日上海《立报·言林》；后作《归国杂吟》之二，收入《战声》，未再另署篇题。

《黄海舟中》

作于1937年7月27日晨。发表于上海《光明》半月刊8月第3卷第5期；后作《归国杂吟》之三，收入《战声》，未再另署篇题。

（原载《郭沫若与文化中国》，中国社会科学出版社2013年版）

---

① 风子：《雨中千叶》，《光明日报》1981年8月16日。

郭沫若归国抗战"共产党功不可没"吗

廖久明

一 问题的提出

就笔者所知，目前在认为共产党在郭沫若归国抗战问题上起过重要作用的文章书籍当中，尤以沈鹏年先生的两篇文章写得最详细、最言之凿凿：祖同亲口告诉我，他"为郭老归国问题从奔走联络到护送抵沪，是阿英的嘱咐和共产党的委托"。关于郭沫若—阿英—金祖同之间的密切关系，在20世纪30年代出版的《秋窗集》（孔另境著）、40年代出版的《风土小记》（金性尧著）以及最近出版的《阿英文集》和《阿英散文集》中得到印证。足见祖同所言非虚。[①]

1937年6月，郭沫若要金祖同回国代办一些事务。金与沈尹默谈了郭的归国问题。沈尹默表示：此事本来可托蔡元培和吴稚晖向蒋说情，但怕潘公展等党棍捣乱破坏，感到为难。金把原委告诉阿英后，阿英立即通过李克农报告周恩来。于是郭的归国问题才获解决。同年7月，周恩来、林伯渠同蒋介石、邵力子在庐山继续谈判。卢沟桥事变爆发后，周恩来要求邵力子和陈布雷协助营救郭沫若归国。7月17日国民党收到《中国共产党为公布国共合作宣言》，不久蒋被迫宣布承认陕甘宁边区。7月20日，陈布雷的直接下级、侍从室第二处第六组秘书王芃生，指派赴日本搞情报的钱瘦铁，由金祖同陪同拜访郭沫若，商定郭归国的具体事项。7月23日王芃生电汇五百元给郭作安家费和归国之用。7月25日钱瘦铁护送郭上船。7月27日上午当郭沫若安抵上海时，陈布雷早已安排行政院政务处长何廉在轮埠恭候。当天下午，由国民政府主席林森、行政院院长蒋介石和司法院院长居正联名，发出宥字第547号对郭"取消通缉"的训令。[②]

根据这两篇文章提供的线索，笔者查阅了"郭沫若与阿英""周恩来与郭沫若"

[①] 沈鹏年：《郭沫若归国问题补正》，载《行云流水记往》（上），上海三联书店2009年版，第176—177页。
[②] 沈鹏年：《共产党功不可没——再论郭沫若的归国问题》，《行云流水记往》（上），上海三联书店2009年版，第183—184页。

方面的文章，结果却大相径庭。阿英之女钱小惠是如此叙述此事的："卢沟桥事变爆发，激起了全国人民的抗日怒潮。7月27日，郭沫若怀着强烈的爱国激情，在友人帮助下，历尽艰险，秘密搭轮来到上海。父亲得到消息，第二天立即赶往沧州饭店看望，一别十年，如今在国家、民族危亡之际又见面，双方都十分的激动。"① 该部分文字告诉我们，阿英与郭沫若归国关系不大，甚至可以说没有关系——阿英只是在得到消息后的第二天"赶往沧州饭店看望"郭沫若。关于"周恩来与郭沫若"的文章有24篇，除农伟雄先生的《周恩来和郭沫若休戚与共至终》②外，其他23篇③都未

---

① 钱小惠：《两个"臭老九"——郭沫若和阿英的革命友谊》，《新文学史料》1998年第1期。
② 农伟雄：《周恩来和郭沫若休戚与共至终》，《文史春秋》1996年第2期。内云："当日本军国主义悍然发动七七事变，全面入侵我国的关键时刻，国、共两党第二次统一战线促成了。由于周恩来在国民党上层卓有成效的工作，南京国民政府终于被迫取消1927年对郭沫若的通缉令，允许他秘密回国，参加全民族抗日战争。"
③ 按发表或出版时间先后顺序为：《领导、战友、知音——怀念周恩来与郭沫若同志》（张颖，《光明日报》1980年1月27日。收入《相遇贵相知·中国共产党领导人与党外人士交朋友的故事》第1辑，辽宁教育出版社1986年版，第122—128页）；《思情日月长——文艺家的挚友周恩来》（张颖著，中国戏剧出版社1987年版，第72—84页）；《周总理和郭老的友谊》（王廷芳，《文汇报》1986年1月8日）；《周恩来和郭沫若情深意长》（《武汉文史资料》1986年第4辑）；《周恩来与郭沫若》（李畅培，《重庆党史研究资料、南方局党史资料合刊》1988年第1期，《郭沫若研究》第8辑转载。收入《周恩来研究文集》，中共重庆市委党史工作委员会，重庆出版社1989年版，第160—176页；《巴渝文化》第1辑，重庆出版社1989年版，第123—139页）；《周恩来》（肖玉编，四川人民出版社1992年版，第40—53页）；《周恩来与郭沫若》（李凤梧主编，《中国现代伟人的家事》，明天出版社1990年版，第220—223页）；《半个世纪的革命友谊——周恩来与郭沫若》（《领导·同志·良师·益友——广交朋友的周恩来》，郑毅涛主编，红旗出版社1991年版，第25—36页，1996年重印版，第24—34页）；《郭沫若与周恩来》（张毓茂，《辽宁大学学报》1992年第6期。收入《阳光地带的梦——郭沫若的性格与风格》，张毓茂著，北京师范大学出版社1993年版，第279—290页）；《知音——周恩来同郭沫若的交往》（许虞东，《党史纵横》1993年第1期）；《郭沫若紧随周恩来五十载》（魏奕雄，《中华英才》1994年第1期，《科技文萃》1994年第6期转载）；《"疾风知劲草 岁寒见后凋"——周恩来与郭沫若》（曹应旺，《伟人诗交》，曹应旺编，中共中央党校出版社1994年版，第163—175页）；《周恩来珍闻·上》（李新芝、刘晴主编，中央文献出版社2007年版，第309—319页）；《高端协力中的周恩来》（曹应旺著，四川人民出版社2008年版，第214—226页，《党史博采》上半月刊纪实版2008年第3期）；《半个世纪的革命友谊——记周恩来同志与郭沫若》（郑毅涛、郑宇，《中州统战》1995年第3期）；《郭沫若与周恩来》（魏奕雄，《名人传记》1996年第2期。收入《人民总理周恩来·下》，郭思敏主编，红旗出版社1997年版，第2156—2169页）；《领导、战友和知音——周恩来和郭沫若》（赵长盛编，《周恩来和党外朋友们》，团结出版社1998年版，第150—158页）；《"疾风知劲草 岁寒见后凋"——周恩来与郭沫若的友谊》（秦川，《郭沫若学刊》1998年第1期）；《周恩来——郭沫若的良师益友》（蔡宗隽，《郭沫若学刊》1998年第1期）；《亲密无间：周恩来与郭沫若》（舒以主编，《百年恩来·上》，中国经济出版社1998年版，第709—714页）；《周恩来与郭沫若》（李培栋，《大江南北》1998年第10期）；《历史巨变中的周恩来和郭沫若》（穆欣，《中共党史资料》第73辑，2000年3月。收入《历史巨变中的周恩来》，穆欣著，中国青年出版社2001年版，第268—299页）；《"鲁迅是新文化运动的导师，郭沫若便是新文化运动的主将"——周恩来与郭沫若》（靳希光著，《周恩来与文艺界名家》，黑龙江人民出版社2000年版，第1—26页）；《郭沫若与周恩来的交往和友谊》（张荣久，《文史春秋》2003年第1期、《山西老年》2007年第1期）；《忠诚与日同辉耀 天不能死地难埋——周恩来与郭沫若半个世纪的情谊》（张宗高，《党史纵横》2004年第2期）；《周恩来与郭沫若的一世情意》（季克良、郭坤亮著，《周恩来与国酒茅台》，世界知识出版社2005年版，第192—195页）；《带着大家前进的向导——周恩来与郭沫若》（赵朕、王一心著，《文化人的人情脉络》，团结出版社2009年版，第298—299页）。也许是因为沈先生的两篇文章都发表在影响很小的南京《爱国报》上，否则，向来喜欢攀龙附凤的中国人完全可能为了渲染郭沫若与周恩来的亲密关系而将沈先生的观点添油加醋地写进与"周恩来与郭沫若"有关的文章中去。现在，沈先生的文章结集出版了，看见人一定会多起来，若不及时正本清源，谁敢保证这样的事情不发生呢？

提及此事。既然沈先生的文章有如此错误，所以郭沫若归国抗战"共产党功不可没"这一主要观点不能不令人怀疑。

由于该问题主要涉及周恩来、陈布雷两个人，所以只要搞清楚他们在西安事变和平解决到郭沫若归国这段时间里的相关情况即可。

二　问题的考证

根据《周恩来年谱（一八九八——一九四九）》（修订本）可以知道，在这段时间里，周恩来与陈布雷见面的时段可能有三个：1937年3月下旬、5月下旬末、7月13日（或14日）—7月18日，现在我们就来逐一考证。

1937年3月下旬

关于周恩来的情况为：

> 3月下旬　由于国共谈判问题已需同蒋介石直接商谈解决，按照中共中央书记处来电要求，飞抵上海。先同宋美龄会晤，将根据中共中央十五项谈判条件拟成的书面意见交宋，请她转交蒋介石。宋表示中共可以合法存在。周恩来在上海还同宋子文、蒋鼎文、东北抗日将领李杜等会晤。①

关于陈布雷的情况为：

> 二月十二由沪赴京，十五日举行三中全会，通过根绝赤祸决议案。……三月中旬由京回慈溪祝外舅杨先生八十寿，献寿言一篇，留慈二日仍返京。三月下旬由京赴杭，四月四日再至溪口助理蒋介卿先生丧事，为蒋公撰祭兄文。②

结合两段文字可以知道，3月下旬到杭州的周恩来与同在杭州的陈布雷存在着见面的可能性。遗憾的是，这种可能性目前找不到其他任何材料证明——包括陈布雷日记。

至于郁达夫1937年5月18日给郭沫若写信的"历史背景"，郁达夫在当天的信件中有非常清楚的说明：

---

① 中共中央文献研究室编：《周恩来年谱（一八九八——一九四九）》（修订本），中央文献出版社1998年版，第366—367页。

② 陈布雷：《陈布雷回忆录》，（台南）王家出版社1989年版，第166—167页。

> 前月底（按：具体时间为4月30日至5月4日），我曾去杭州，即与当局诸公会谈此事，令妹婿胡灼三，亦亟亟以此事为属，殊不知不待伊言，我在去年年底返国时，已在进行也。此事之与有力者，为皖东陈公洽主席，及宣传部长邵力子先生，何廉处长，钱大钧主任，他们均系为进言者。我在前两月函中，已略告一二，因事未成熟，所以不敢直告。大约此函到后，南京之电汇，总也可到，即请马上动身，先来上海。①

从该信可以看出，郁达夫1937年5月18日给郭沫若写信的"历史背景"与沈先生的说法大相径庭：为了郭沫若归国事，郁达夫曾前往杭州"与当局诸公会谈此事"；在陈仪、何廉、钱大钧等人斡旋下，蒋介石才同意郭沫若归国。

5月下旬末
关于周恩来的情况为：

> 5月下旬末　飞上海。在上海、南京停留的数天内，同各方人士谈话，争取中共的合法地位，并酝酿筹办宣传抗日的刊物。同时还会见了中共在上海的部分秘密党员。
> 6月4日抵庐山。②

关于陈布雷的情况为：

> 五月二十日回京，病体仍未痊愈，蒋公闻之，命续假在京静养，以杨济民医生之劝，至鼓楼医院检验身体，知贫血已甚，乃购肝脏制剂饮服且注射焉，疗养匝月，效果殊尠。③

结合这两部分文字可以知道，五月下旬末，尽管周恩来在南京"停留"了数天，但他不可能与同在南京的陈布雷见面，因为陈布雷此时正在"静养"期间，不便打扰。

根据以下文字可以知道，周恩来不但1937年5月下旬末没有与陈布雷见面，就是3月下旬也没有与陈布雷见面：

> 陈布雷过去是听说过这个传奇人物的，这次周恩来以中共中央代表身份

---

① 《致郭沫若》，载《郁达夫书信集》，浙江文艺出版社1987年版，第167页。
② 中共中央文献研究室编：《周恩来年谱（一八九八——一九四九）》（修订本），中央文献出版社1998年版，第373页。
③ 陈布雷：《陈布雷回忆录》，（台南）王家出版社1989年版，第167页。

和林伯渠、秦邦宪等秘密到了南京，准备商议国共合作抗日事宜。传说中周恩来那雍容、大方、睿智的政治家风度，颇使陈布雷折服。陈布雷很想一亲周的风采。①

这段文字首先出现在王泰栋的《蒋介石的国策顾问——陈布雷外史》中，第二、三次出现在《陈布雷传》《陈布雷大传》时一字未改，第四次出现在《找寻真实的陈布雷——陈布雷日记解读》时少了"那雍容、大方、睿智的政治家风度"中的"那"字，将"一亲周的风采"改成了"一见周的风采"。② 由此可知王泰栋对该说法深信不疑。③ 尽管王泰栋在前三部传记作品中都认为郭沫若归国抗战共产党功不可没④，但是他也认为一直到1937年7月初陈布雷都没有与周恩来见面——该段文字是在叙述陈布雷1937年7月初上庐山后的情况时插叙的。由此我们可以肯定地得出这样的结论：一直到1937年7月初，周恩来都没有与陈布雷见面，因而也没有机会委托陈布雷向蒋介石进言。

是否存在这种可能呢？尽管周恩来与陈布雷没有见面，但是他通过其他人请陈布雷向蒋介石进言。这种可能实际上是不可能存在的：首先，周恩来到南京谈判是为了解决有关中国命运的国共合作这样重大的问题，相对该问题而言，郭沫若归国问题不值一提；其次，在这种情况下，如果周恩来还通过其他人请陈布雷向蒋介石进言允许郭沫若归国，说明周恩来对郭沫若归国问题极其重视，既然重视到如此程度，便不可能通过其他人转达；其三，郭沫若1928年到日本后，与中国共产党实际上脱离了关系，此时的周恩来对郭沫若不可能有多么深刻的了解，在这种情况下，做事谨慎的周恩来不可能为了郭沫若归国问题而影响正在艰难进行的国共谈判；其四，在国共谈判的关键时刻，周恩来如果还这样做，很可能会引起人们猜疑，以为郭沫若在共产党内是多么重要的人物，效果完全可能适得其反。

7月13日（或14日）—7月18日

关于周恩来的情况为：

> 7月13日（或14日） 和博古、林伯渠到庐山。随即向蒋介石提交《中共中央为公布国共合作宣言》。
>
> 7月14日 会见张冲。张说，蒋介石提出红军改编后"各师须直隶行

---

① 王泰栋：《蒋介石的国策顾问——陈布雷外史》，中国文史出版社1987年版，第111页；王泰栋：《陈布雷传》，东方出版社1998年版，第134页；王泰栋：《陈布雷大传》，团结出版社2006年版，第185页。
② 王泰栋：《找寻真实的陈布雷——陈布雷日记解读》，作家出版社2011年版，第131页。
③ 尽管笔者对王泰栋这四部传记作品中的不少说法持怀疑态度，对该说法却是相信的：在这四部作品中，后两部作品是作者看了陈布雷日记后写的。如果陈布雷日记中记载了他与周恩来见面的内容，王泰栋绝对会大肆渲染，而不是秘而不宣。
④ 王泰栋在《找寻真实的陈布雷——陈布雷日记解读》中已不提此事。

营,政治机关只管联络"。十五日,周恩来致函蒋介石,说"华北炮火正浓,国内问题更应迅速解决,其最急者为苏区改制与红军改编之具体实施"。指出蒋介石上述要求同六月庐山谈判所谈"出入甚大,不仅事难做通",且"恐碍此后各事之进行"。

  7月17日　洛甫、毛泽东致电叶剑英转周恩来、博古和林伯渠:从大局出发,在谈判中对红军改编后的指挥机关可以承认平时设政训处指挥,朱德为正主任,彭德怀为副主任。但战时不能不设军事指挥部,以资统帅。

  7月18日　将所拟关于谈判的十二条意见,通过宋美龄转交蒋介石。意见的主要内容有:应许各报刊载《中共中央为公布国共合作宣言》,国民党中央发出书面谈话表示赞同;迅速发表陕甘宁边区政府名义,从张继、宋子文、于右任三人中择一人担任正职,由林伯渠任副职,其范围包括现在所辖十八县,其疆界请国民政府行政院和边区政府划定;国共双方派人分赴鄂豫皖、闽浙赣、闽粤赣、湘鄂赣等地联络与传达国共合作方针,对南方红军游击队实行改编;允许中共在延安出版的《解放》周刊在全国发行;对红军改编的具体意见。由于蒋介石坚持红军在改编后不设统一的指挥机关,使谈判陷于僵局。

  △离庐山,赴上海。[①]

关于陈布雷的情况为:

  陈布雷是7月3日上庐山的,他住在牯岭路54号,隔壁就是谈话会的招待所,来访他的客人经常满座……
  ……第二期谈话会是在7月28日开幕的,陈布雷再也待不住了,带着王允默回到南京。[②]

由此可知,周恩来在庐山期间,陈布雷一直在庐山。从地理位置上说,周恩来有条件与陈布雷见面,并请他为郭沫若归国事向蒋介石进言。不过,看看笔者引自《周恩来年谱》中的相关文字便可知道,这种情况不可能存在:一、根据蒋介石"仍不允许中共公开活动"可以知道,周恩来等人在庐山的活动是受限制的,他们不可能随便去拜访国民党要员——包括陈布雷;二、在"华北炮火正浓"的情况下,周恩来希望"迅速解决"的是"苏区改制与红军改编之具体实施"这样重大而急迫的

[①] 中共中央文献研究室编:《周恩来年谱(一八九八——一九四九)》(修订本),中央文献出版社2007年版,第379—380页。
[②] 王泰栋:《找寻真实的陈布雷——陈布雷日记解读》,作家出版社2011年版,第130—132页。

"国内问题",而不是郭沫若归国问题。如果周恩来在这种情况下还在为郭沫若归国问题操心,那么只能说他太不识时务、太不分轻重缓急了。

那么,卢沟桥事变爆发后,到底是谁帮助郭沫若归国的呢?对此,可信度很高的《郭沫若归国秘记》①有非常详细的叙述。其大致情况为:卢沟桥事变发生后不久,跟从郭沫若学习甲骨文的金祖同前来拜访,发现郭沫若心系祖国,并且处境危险,于是动员郭沫若归国。郭沫若"很赞成"金祖同的话,"不过他的脸上还露着一些难堪的表情":"他的踌躇是他走后他的家庭生活很成问题,而且自己能否平安地离开这里,一时那里有把握?"尽管如此,郭沫若还是写了一张《遗言》给金祖同,"以为万一他不能脱身而遇到了意外危险的时候,我可以把这篇东西替他在国内发表"。金祖同将此《遗言》给了时在日本的金石篆刻名家钱瘦铁,钱瘦铁将其寄给了国内的王芃生。② 7月24日晨,钱瘦铁告诉金祖同:"王○○已有电报来了,并且汇来五百元旅费。"7月25日,在钱瘦铁护送下,郭沫若与金祖同一道前往神户,下午五点过平安登上加拿大公司的"日本皇后号"。7月27日下午,郭沫若、金祖同到达上海,行政院政务处长何廉前来迎接:"我们才踏上了埠头,在人丛中骞〔蓦〕地走出两个人来,其中的一个拍着鼎堂的肩儿在轻轻地照呼……"③根据以上文字可以知道,"七七事变"后,帮助郭沫若归国的人有两类:一是郭沫若友人,如金祖同;二是为国民政府效力的人,如钱瘦铁、王芃生、何廉等,他们都与共产党没有关系。并且,从事情发生的先后顺序上说,是钱瘦铁将郭沫若的《遗言》寄给王芃生,然后王芃生寄来500元旅费,而不是王芃生"指派赴日本搞情报的钱瘦铁,由金祖同陪同拜访郭沫若,商定郭归国的具体事项"。

三 结论

如何看待金祖同"亲口"对沈先生说的话呢?首先,笔者向来对死无对证的话持怀疑态度——根据考证可以知道,笔者的怀疑不无道理。其次,即使金祖同的话属实,我们也不能说郭沫若归国抗战"共产党功不可没":如果没有行政院政务处长何廉、福建省主席兼驻闽绥靖主任陈仪、军事委员会委员长侍从室第一处主任兼侍卫长钱大钧、国民党中央政治委员会秘书长兼外交专门委员会主任委员张群等人向蒋介石进言,不管是"阿英的嘱咐和共产党的委托",还是"周恩来同志斗争",都不起作

---

① 留日学者武继平经过考证核实后认为:"金祖同在《郭沫若归国秘记》中涉及的人名、事件发生的时间、地点等等除了偶有记忆错误之外,并无半点虚构。"(武继平:《"日支人民战线"谍报网的破获与日本警方对郭沫若监视的史实》,《新文学史料》2006年第1期)根据笔者掌握的资料,金祖同的《郭沫若归国秘记》尽管有个别错误,可信度却很高。

② 钱瘦铁为"日支人民战线"中方核心成员,王芃生1936年底回国前为中国驻日本大使馆参事。

③ 殷尘(金祖同):《郭沫若归国秘记》,(上海)言行社1945年版,第1—173页。

用。并且，在当时那种情况下，周恩来可能会不顾国共合作这一急事、大事而为郭沫若归国的事情"斗争"吗？他唯一能做的只能是"要求（引者按：应改为'请求'才合乎实际情况）邵力子和陈布雷协助营救郭沫若归国"！阿英则只能"通过李克农、刘少农等同志及时地向周恩来同志报告和请示"！金祖同更只有跑腿的份儿！所以，郭沫若归国抗战"共产党功不可没"的说法至少是夸大其词。更重要的是，根据现有资料可以知道，与周恩来、李克农、阿英等有关的说法都找不到其他证据。

沈先生在文章中如此写道："罗素说得好，'除非历史学家尽最大努力来保持对事实的忠实，否则历史就不值得称赞。'这个问题似乎更应引起治史者深思。"对此，笔者深表赞同。笔者想补充的是：知道罗素的话固然重要，更重要的是将罗素的话贯彻到治史过程中，哪怕为此需要花费大量的时间、精力、金钱等，甚至为此牺牲宝贵的名誉、友谊、生命等！

（原题为《郭沫若归国抗战缘由考》，原载《中国现代文学研究丛刊》2013 年第 9 期，《中国现代、当代文学研究》2013 年第 11 期全文转载。）

胡风与舒芜的"反郭文"考论

蒙 雨

一

"反郭文"一词，出自舒芜发表在2006年3月《新文学史料》上的《舒芜致胡风信》。舒芜致胡风的信件仅存142封，"反郭文"出现在第二封："反郭文五万字，最近弄成，态度颇不'尖头鳗'。本也想'尖'的，写时总不能自已，只好让它去。"对于"反郭文"，舒芜这样自注："指我写的驳郭沫若《墨子的思想》的论文，题目忘记了，后来没有发表。"① 从舒芜致胡风的最初的几封书信中，可看出，舒芜最早受胡风引导而撰写的是一篇反驳郭沫若的墨子研究的文章（下称"反郭文"）。

据舒芜回忆，自己与胡风第一次见面时，就把三篇哲学论文（《论存在》《论因果》和《文法哲学引论》）带给了胡风，之后又将自己研究墨子的论文《释无久》寄给了胡风。胡风对他的三篇哲学论文提出了不少意见，并且，鼓励他就墨子问题撰写一篇反驳郭沫若的文章②。关于"反郭文"，舒芜这样回忆："郭沫若发表了一系列关于中国古代思想史的文章……其中有文章过高评价儒家，大骂墨家。我对郭的做法极为反感。我认为，当时蒋介石正在大搞封建复古文化，学术界也正在乌烟瘴气地闹些'新儒学'、'新理学'的花样，郭沫若以一个进步文化人的身份，好像也配合了这个大合唱，太不应该。胡风对郭沫若这一表现，也很不以为然。他知道陈家康也是喜欢墨学的，所以将我的《释无久》送给陈家康看。"9月间，舒芜接到了胡风转来的陈家康的信，信中对《释无久》给出了意见。不久之后，胡风带舒芜见了陈家康："那天和我交谈最多的还是陈家康。我们都对郭沫若崇儒贬墨的文章非常不满。谈着谈着，最后得出结论，要反驳郭沫若，由我来写一篇与郭沫若论墨学的文章……"③

但同一件事，在胡风的回忆中，又完全不同。据胡风回忆，11月份他搬离赖家桥并入住花朝门后，路翎来看他，并带来了舒芜反驳郭沫若的论墨子文，不久之后，他才第一次见到了舒芜；在与舒芜之后的一次见面时，舒芜带来了三篇论文：《论存

---

① 舒芜：《舒芜致胡风书信全编》，东方出版中心2010年版，第4页。
② 舒芜：《舒芜集》（第8卷），河北人民出版社2001年版，第281—283页。
③ 许福芦：《舒芜口述自传》，中国社会科学出版社2002年版，第126—127页。

在》《论因果》和《文法哲学引论》。后来,胡风才和陈家康、乔冠华提到舒芜,说他写了一篇与郭沫若观点不同的关于墨子的文章,陈、乔二君表示对舒芜很感兴趣,尤其是推崇墨学的陈家康,要求胡风领舒芜来见面。①

双方最大的分歧在于:胡风否认在舒芜撰写"反郭文"中有任何参与。他表示他是在看到舒芜的"反郭文"之后,才认识了舒芜,并将他介绍给陈家康的。如此说来,反驳郭沫若的墨子研究完全是舒芜的个人意愿,"反郭文"应该由舒芜自负文责。而舒芜指出,"反郭文"是在胡风的引导下、陈家康的明示下写成。

二

查胡风致舒芜的信,第一封写于1943年9月11日:"这几天内,看了你的三篇稿子,得到了不少启示……今天,思想工作是广义的启蒙运动,那或者是科学思想发展的评价,或者是即于现实问题(包括现在成为问题的思想问题、历史问题等)的斗争。这是一个工作的两面,过去都没有好好做过。你的这四篇(连上一次的一篇),我觉得是介乎这二者之间的工作。……这三篇,我想这次进城时分别投给中山季刊、中苏季刊等试试看。"②限于篇幅,不能全录。但此信显示,胡风从舒芜的四篇论文中看出了舒芜对当时思想界最新动向和重大理论问题的不敏感,在对四篇文章中的三篇哲学论文提出了切实的意见之后,他承诺推荐发表(后来舒芜的三篇哲学论文:《论存在》《论因果》《文法哲学引论》分别发表在1944年的《文风杂志》《中原》和《中苏文化》上)。对于第四篇论文,胡风信中没有论及,这一篇很可能是舒芜的研究墨子的论文。因为如果第四篇也是哲学论文,胡风为什么不将之与前三篇放到一起评论?胡风对这篇文章不予置评的原因很可能是如以下材料所示:他不懂墨子,已将这篇论文转交给了陈家康。1977年7月18日,仍在狱中的胡风应中央领导要求写了一份《关于乔冠华(乔木)》的交代材料,里面有这样一段:"路翎拿舒芜研究墨子的文章给我看我不懂墨子,转请陈家康看(陈是研究墨子的)。虽然我叫路翎告诉舒芜,我是托一个老先生看,但陈家康看了要我约舒芜见面。我这才和舒芜见面,引他去见陈家康,同时〔和〕乔冠华也见了面。但他们谈些学术问题和学术界情况,我没有插过嘴。"③这份1977年写给组织的材料,应该比回忆录更可信。④胡风既然不懂墨子,他转交给陈家康的应该就是他第一次接触到的舒芜的墨子研究论文。但这里尚未说明胡风转交文章给陈家康的具体时间。而在胡风1943年5月27日致路翎的信中提到"方兄(即舒芜——笔者注)之文已由友人陈君(即陈家康——

---

① 胡风:《胡风全集》(第7卷),湖北人民出版社1999年版,第603—606页。
② 梅志:《胡风传》,十月文艺出版社1998年版,第494页。
③ 胡风:《胡风全集》(第9卷),湖北人民出版社1999年版,第473页。
④ 胡风:《胡风全集》(第6卷),湖北人民出版社1999年版,第504页。

笔者注）转交副刊发表，日内当有消息"①。根据前两则材料以及胡风和舒芜的相关回忆可推知，9月11日之前，胡风手上有舒芜三篇哲学论文（已给出建议并决定推荐发表）和一篇关于墨子研究的论文（转交给了陈家康审阅）。在5月27日致路翎这封信中提到的转交给陈家康的"方兄之文"当然指的是"研究墨子的文章"。那么，这篇文章是不是就是"反郭文"呢？当然不可能，既有"反郭文"，当然先得有"郭文"，而"郭文"在5月份时根本不存在。

胡风1943年9月11日致舒芜的信中说："乡间听郭谈了一次对于墨子的看法，好像比一般流行意见不同。后又谈过一次楚汉间的儒者，补充地说明墨学之中断原因。似乎是从《墨经源流》（？）中之一二意见得到暗示的。"② 信中所说的在乡间听郭沫若谈墨子，应是在8月份。郭沫若的《墨子的思想》发表于9月16日，文末注明的完成日期是8月6日，据郭沫若自陈，他是在7月30日搬到乡下后（即赖家桥）才开始酝酿对古代思想史进行清理，其最初的成果便是《墨子的思想》，之后是《述吴起》《秦楚之间的儒者》和《公孙尼子与其音乐理论》③ 等论文。对此，胡风和梅志都有很深的印象："这一时期，乡下文工会的学术空气很浓。郭沫若主任全家因避暑热，住到乡下文工会前面的几大间住房来了，因此，院里显得很热闹，工作也多了些。郭沫若在这里做了多次学术讲演，胡风每次都去听。除《墨子的思想》外，还有《建安文学》《楚汉之间的儒者》和《公孙尼子及其音乐理论》等……他自己也应邀为同事们讲了两次，一次是《论文艺上的几个基本观念》，第二次是《论创作底过程》。"④ 据胡风回忆，郭沫若讲《墨子的思想》与自己讲《论创作底过程》是"同时"。⑤ 据阳翰笙日记记载，胡风讲《文学上的基本观念》是8月10日。⑥ 而郭沫若讲《建安文学与曹氏父子》是在8月23日，讲《秦汉之际的儒家》的时间是8月30日。因此可推断，胡风听郭沫若讲《墨子的思想》的日期应该是在8月10日至8月23日中的某一天。

综上所述，陈家康所看到的第一篇舒芜的文章，就是胡风转交的舒芜研究墨子的论文。陈家康看到的应该是《释无久》，也许是别的，但绝不会是"反郭文"。需要强调的是，胡风把舒芜这篇论墨子的文章交给陈家康，对墨学推崇备至的陈家康才会对舒芜发生兴趣，其后便托胡风交给舒芜一封信，并约舒芜见面，而这一切，都发生在舒芜撰写"反郭文"之前。

---

① 关于这份材料的可信性，舒芜在《〈回归五四〉后序》中也做过类似评价。见舒芜《舒芜集（第八卷）》，河北人民出版社2001年版，第402页。
② 胡风：《胡风全集》（第9卷），湖北人民出版社1999年版，第211页。
③ 同上书，第473页。
④ 郭沫若：《郭沫若全集》（第3卷），人民出版社1982年版，第468—472页。
⑤ 梅志：《胡风传》，十月文艺出版社1998年版，第492页。
⑥ 胡风：《胡风全集》（第7卷），湖北人民出版社1999年版，第599页。

三

　　至此,"反郭文"的来龙去脉就很清楚了。1943年3月27日,胡风返回重庆,路翎4月就去看望他,[①] 并在5月份的第二次造访时,带舒芜同往,并带去了几篇舒芜的论文:《论存在》《论因果》《文法哲学引论》和一篇研究墨子的论文(这篇也可能是见面之后舒芜寄给胡风的)。胡风审阅了前三篇,并认真地在9月11日致舒芜的信中给出了意见。由于对墨子研究不了解,他将舒芜研究墨子的文章拿给陈家康看。由此,胡风将舒芜引介给了陈家康。胡风将舒芜引介给周恩来的秘书陈家康,明显带有提携新兴理论家之意,但他的用意仅仅是提携新秀吗?

　　从舒芜的回忆以及胡风、舒芜双方的书信往来可推知,胡风得知舒芜对墨学颇有造诣之后,就主动地向舒芜谈起了郭沫若的墨子研究,并对之表示出不赞同的态度。这一点在逻辑上是可以成立的。舒芜当时在国立中央政治学校担任助教,此学校又位处重庆郊区南温泉,因此,舒芜9月份看到郭沫若发表在共产党党刊上的《墨子的思想》的可能性很小,更何况,胡风在9月11日致舒芜的信中,就提及自己在乡间听到的郭沫若讲墨子的内容。除了通过胡风,舒芜也无从了解郭沫若在文工会纪念周的讲座内容。

　　作为文化工作委员会的一员,8月份时,胡风与下乡避暑的郭沫若同住赖家桥。这样一来,胡风就在文工会纪念周讲座中第一时间知道了郭沫若的研究动向,尽管对墨子、墨学一无所知,但在那种交流密切的氛围里,对郭沫若的研究倾向与左翼学界的主流研究倾向相悖这一点却是很清楚的。郭沫若的"崇儒贬墨"在表面上呈现出与国民党在国统区提倡的"尊孔复古"合流之势,完全违背左翼文化界在国统区的话语策略,引起了左翼文化界甚至文工会内部的普遍不满——陈家康当然也是反对者中的一员。

　　1943年春,舒芜20岁。经叔父的介绍,进入位于重庆郊区南温泉的中央政治学校担任黄淬伯教授的助教。舒芜在帮教授们编辑教材时,获得了自由进出图书馆书库的机会。利用这难得的机会,年轻的助教在"国文教材编纂室"里继续进行他的墨学研究。[②] 所谓"继续",是因为舒芜对墨学的研究已经持续很长一段时间了。

　　据《舒芜口述自传》所述,早在1942年下半年,舒芜在四川省武胜县沙鱼桥乡私立建华中学任教时,就阅读了大批关于墨学的书籍。身处国统区,舒芜和很多进步青年一样,想反抗官方倡导的复古浪潮,也希望与"五四"先驱们一样,通过提倡

---

　　① 阳翰笙:《阳翰笙日记选》,四川文艺出版社1985年版,第182—191页。
　　② 对路翎第一次拜访胡风的时间,吴永平与晓风尚有争议。见吴永平《史料在手,也得细读,还须考证新文学史料》,2011年3月,第197—199页。

墨学来撼动儒家的权威的基础；① 受"新启蒙运动"②影响，舒芜又萌发了"用马克思主义研究墨学，以对抗'新儒学''新理学'……来一个第三次墨学复兴"③的宏愿。在舒芜晚年写的《记〈墨经字义疏证〉》一文里，还对此进行了补充："世界上并没有《墨经字义疏证》这么一部书，只是我的抽屉里有这么一部稿子，是五十多年前我妄想著书立说的一个'成果'……着重研究《墨子》书中的《墨经》部分。我从《墨经》中挑出十几个哲学范畴，一一加以疏解，写成系列论文十多篇……其中只有《释无久》一篇，曾在当时的《国立中央大学文史哲季刊》上发表，《释体兼》一篇，曾在顾颉刚教授主编的《文史杂志》上发表，为我发表学术论文的开始，都是黄淬伯教授介绍推荐出去的，此外全都没有发表过。"④依舒芜所述，他对墨学的研究兴趣，是自幼受到的文化教育与时代思潮交相作用的结果；入川之后，先后任教于三处乡场中小学，又接触了一批"以复古求解放"的墨学著作——最终，萌发了"用马克思主义的观点方法"研究墨学，"复兴墨学"⑤的意图。

　　舒芜对自己思想流变的这番自陈，是很合乎逻辑和历史事实的。但怀揣崇高目标，在逃难、流亡的艰苦环境中仍抱着墨学和马克思主义理论刻苦钻研的十六岁少年，仅是舒芜这一历史人物的一个侧面。还有一个一直未被舒芜承认却非常重要的侧面是，舒芜有强烈的"立言"欲望。出生于书香门第的舒芜，自幼敬仰的对象就是自己的曾祖父——师从方东树的理学家方柏堂和外祖父——清末著名经学家马永昶，所以，舒芜幼时的志愿就是成为世人仰慕的理学家、经学家。"立言"首先要著书立说，舒芜在这方面的尝试，一直没有停止过。比如，舒芜回忆自己进入桐城中学后仍在做"经学家"的梦："我就跃跃欲试也想治'经学'，常常弄些白纸来，用线装法装订成册，每装成一册，心里就好像完成一部著作，一页一页在上面写……就这样，我那个小抽屉里塞得满满的，都是'未完成的著作'。"⑥从少年到青年，舒芜的确受

---

① 许福芦：《舒芜口述自传》，中国社会科学出版社2002年版，第110—113页。
② 在此需要说明一下舒芜提供的资料的可信性问题。众所周知，舒芜在1952年之后发表的一系列"反思"文章成为了"胡风反革命集团案"的导火索。所以，舒芜的《〈回归五四〉后序》等文和许福芦据舒芜口述写成《舒芜口述自传》一书自发表以来就受到众多质疑。不少人（如何满子先生）认为舒芜对自己一生思想变迁的叙述是一种巧妙的诡辩，认为他通过这种变形的叙述把自己假扮成为被时代蒙蔽却最终回归"五四"精神的学者，将所有责任推卸给他人、体制与历史，从而抹去其"构陷"师友的"罪名"。但我认为，不少对舒芜的回忆以及口述史的值得重视的质疑来自"胡风反革命集团案"的亲历者或相关人，切肤之痛使他们对舒芜的看法很难不过激。在愤怒的支配下，他们在回忆和描述舒芜言行时，容易把任何细节都与"阴谋""陷害""告密"联系起来。更重要的是，想要论说一个作者的思想的变迁，不得不依赖他公开发表的论文、他的亲朋好友的回忆和他的自述。
③ 舒芜：《舒芜集》（第1卷），河北人民出版社2001年版，第371页。
④ 王彬彬：《〈八一宣言〉、"新启蒙运动"与"左翼"思想在中国的传播》，《渤海大学学报》（哲学社会科学版）2009年5月。舒芜回忆中的在进步书店如饥似渴地阅读的马克思主义读物，就是"新启蒙运动"的成果。
⑤ 舒芜：《舒芜集》（第8卷），河北人民出版社2001年版，第275页。
⑥ 同上书，第197页。

到"文学革命"与"革命文学"等社会思潮的影响,但这些都未颠覆他已经形成的价值取向和个人志趣。从他抗战时期以及之后数年发表的理论文章来看,他的确善于利用马克思主义的一些术语来阐释某一理念、攻击某一现象或与人论辩,但那并不表明他真正信仰马克思主义,或者信仰任何一种他接触到的主义或学说——这些主义和学说却自然地与他"通过诗文获得不朽"的价值取向融合,成为他著新书立新说的燃料和推动力。比如,在阅读了马克思主义和"新启蒙运动"的相关书籍后,他就想成为一个马克思主义理论家;他钦佩王明,因为王明能写出气势磅礴的理论文章;他崇拜斯大林,因为斯大林能用思想改造社会;他阅读《资本论》,是为其高度抽象思维能力所折服……① "新启蒙运动"并没有使他产生"共产主义理想",而是加深了他借思想文化论争解决一切问题的倾向。晚年回忆一生,舒芜对"发表学术论文的开始"②"全国性的报纸上发表文章之始""全国性的刊物上发表文章之始"③ 念念不忘,并自陈自己一直梦想的终身事业就是"写论文、写杂文,做思想研究,做文艺理论的研究"。④ 这话说得很谦虚、平淡,当然,任谁也不会把"渴望名垂青史"这种话讲出来。

当这样一位年方二十,中学西学皆有造诣,且满心表达欲望和成名欲望的青年出现在胡风的视野中时,胡风刚刚返回重庆,正要重新登记刊物并集结作者群。胡风在舒芜身上看到了很多可能性:"广义的启蒙运动""现实问题斗争""通俗工作"(著书取代艾思奇的《大众文学》)⑤ 以及与郭沫若论辩墨子。

四

胡风引导舒芜与郭沫若论辩墨子一举,可以理解为胡风仅是想参与当时墨子研究的学术争鸣吗?当然,与左翼权威论辩,对胡风来说,并不稀奇。且不说30年代在上海时,胡风与周扬等人的激烈论争,两年多以前,胡风就参与了抗战时期国统区最大的文艺论争——"民族形式"问题论争。在《论民族形式问题》一文中,胡风毫不避讳,指名道姓地提到向林冰、叶以群、潘梓年、胡绳、周扬、陈伯达、艾思奇、何其芳、郭沫若等人,并对他们的观点加以批判,笔锋横扫了当时左翼文坛数十位知名作家、批评家。但"民族形式"问题论争与"墨子"问题论争完全不同。胡风在引导舒芜与郭沫若论辩墨子一事上,并不是单纯地想要参与学术争鸣,而是带有比较浓重的宗派情绪的。也就是说,胡风是在借墨子研究这一切入口来挑衅国统区左翼文

---

① 许福芦:《舒芜口述自传》,中国社会科学出版社2002年版,第102页。
② 同上书,第32页。
③ 舒芜:《舒芜集》(第8卷),河北人民出版社2001年版,第197页。
④ 同上书,第274页。
⑤ 许福芦:《舒芜口述自传》,中国社会科学出版社2002年版,第247页。

化旗手郭沫若。因为,首先,墨子以及中国古代思想史从来就不在胡风的关注范围内。胡风1943年8月之前的全部文章中,从来没有论及墨子或墨家,更别说那些对他而言过于艰深古奥的中国古代思想史。胡风突然关注墨子问题,只是因为他希望"功力深厚"的舒芜来反驳郭沫若的墨子研究。他并非对墨子感兴趣,而是对通过墨子研究进行"斗争"感兴趣。其次,在当时的国统区左翼文化界里,站在郭沫若的墨子研究对立面的,不是像胡风这样的"少数派",而是左翼文化界的主流力量。胡风与左翼文艺界主流(用他的话说,即"官僚们")保持一致,尤其在他完全不懂的问题上保持一致,这完全不符合他一贯的与国统区左翼"主流"保持距离的姿态,也有悖于他一贯的略带抵抗情绪的独立意识。胡风在自己完全不懂的墨子研究问题上,一反常态地加入到大合唱里批判郭沫若,这就只能解释为他是出于对郭沫若的敌对情绪了。行文至此,必须解释一下郭沫若的墨子研究究竟是怎么回事和它引发左翼文化界论争的原因。

郭沫若在《十批判书·后记——我怎样写〈青铜时代〉和〈十批判书〉》中谈起自己为什么会在1943年重新研究中国古代思想史。他承认这是"娱情聊胜无的事"[1],是因为没有实际工作做,所以钻到古书中做蠹鱼。1941年,郭沫若因抵制要求第三厅集体加入国民党的命令而辞职,此举导致了第三厅的解体。后在周恩来的斡旋下,国民党成立了从属政治部的文化工作委员会,安置了原来第三厅的大部分人员(也吸纳了原不属第三厅的胡风)。文化工作委员会明令的工作范围是学术研究。"皖南事变"之后,重庆文艺界的活动自由较先前更小,左翼文人一是利用"红白喜事"进行统战活动,二是在戏剧方面打开了突破口。但到了1942年底,戏剧演出方面的自由也被限制得越来越严,文化工作委员会于是频频举办纪念周活动,以学术讲座的方式继续交流,高压之下,学术研究只能转入古代史、思想史,这也就激发了国统区左翼文化界对历史的研究兴趣。

在中国古代史、思想史研究上,国民党和共产党当然是完全对立的。国民党在国统区为了强调自己政权的合法性,推崇孔孟学说,蒋介石更是自诩为修身治国的典范。而延安文化界在整风运动之后,在历史研究方面,出现了一大批用马克思主义理论研究古代史和思想史的成果。而这些成果,在出发点和价值判断上,明显有与国统区分庭抗礼的意图。为了对抗儒家学说,范文澜等延安历史学家就不遗余力地贬儒崇墨,将墨子涂抹为民主的先驱、人民的代表。延安这种倾向,自然影响到国统区左翼文化界,而对于这种倾向,身处国统区的郭沫若并不赞同[2]:"历史研究的兴趣,不但在我一个人重新抬起了头来,同一倾向近年来显然地又形成了风气。以新史学的立场所写出的古代史或古代学说思想史之类,不断地有鸿篇钜制出现。这些朋友们的努

---

[1] 胡风:《胡风全集》(第9卷),湖北人民出版社1999年版,第472—473页。
[2] 郭沫若:《郭沫若全集》(历史编·第2卷),人民出版社1982年版,第466页。

力对于我不用说又是一番鼓励。我们的方法虽然彼此接近，而我们的见解或所得到的结论有时却不一定相同。我不否认我也是受了刺激。"① 深受刺激的郭沫若针锋相对地写出了《墨子的思想》等一系列批驳文章，并认为"不经过严密的批判而轻易倒逆，便会陷入于公式主义的窠臼。在前是抑墨而扬儒，而今是抑儒而扬墨，而实则儒宜分别言之，墨则无可扬之理"②。

郭沫若少年时期对先秦诸子已略有所得，在大革命时期又写过墨子方面的研究文章，流亡日本之后，无奈之下开始钻研殷商甲骨文和青铜器铭文，结果进一步加深了对古代史的认识，1943年7月底，他又重新开始研究墨子。此时他的研究没有直接为政治服务的功利性，而是：一、对学术研究的"较真"，对自己先前研究和思考的捍卫；二、有意与范文澜等延安历史学家以及身边的杜守素等人进行论辩。

胡风他们认为，郭沫若的墨子研究配合了国民党的复古尊孔，但其实不然，郭沫若的研究没有为国民党的"复古逆流"帮腔的意思。郭沫若是中共在国统区树立的左翼文化界领袖，在国统区的中共的话语系统中，郭沫若的地位比鲁迅还高。周恩来发文评价郭沫若，说鲁迅"在满清时代做过事"，在"北洋政府下任过职"，只能算是新旧文化的"桥梁"，而郭沫若已经踏过"桥梁"，成为超越鲁迅的"新文化运动的主将"了。③ 在国统区，国共两党都无法对文化界实现完全控制。郭沫若既已被树立为左翼权威，中共对他一直是尽全力笼络。同时，他作为文化名人，影响很大，国民党也不敢太为难他。所以，郭沫若在言论和学术研究方面的自由度是相当大的，他既无视右翼历史学家的研究，也压根不把范文澜这些延安历史学家放在眼里。所以，《墨子的思想》一开篇就充满了火药味："墨子始终是一位宗教家，他的思想充分地带有反动性——不科学，不民主，反进化，反人性，名虽兼爱而实偏爱，名虽非攻而实美攻，名虽非命而实皈命。象他那样满嘴的王公大人，一脑袋的鬼神上帝，极端专制，极端保守的宗教思想家，我真不知道何以竟能成为了'工农革命的代表'！"④

郭沫若的墨子研究，以及其后的中国古代思想史、社会史研究（后结集为《青铜时代》和《十批判书》出版）运用了马克思主义基本理论对古代史进行了一番梳理，和范文澜等为一时的政治目标服务不同，他是透过自己对马克思主义的理解和对先秦诸子学说的洞悉，并且结合在日本研究甲骨文和铭文的心得，重新发现了"历史"。虽然同样是以毫无东方社会本土经验的马克思主义图解中国历史，同样存在生搬硬套、削足适履的硬伤，但郭沫若较高的理论水平和学养，使他避免了左翼学界在历史研究中普遍存在的偏激和偏狭，其研究明显更符合历史真实且水平更高。

但深受"新启蒙运动"影响的40年代左翼文化界，文史哲各学科都已被机械

---

① 戚学民：《再论〈十批判书〉的撰著动机与论学宗旨》，《历史研究》2007年3月。
② 郭沫若：《郭沫若全集》（历史编·第2卷），人民出版社1982年版，第467页。
③ 郭沫若：《郭沫若全集》（历史编·第1卷），人民出版社1982年版，第614页。
④ 周恩来：《我要说的话（代论）》，《新华日报》，1941年11月16日。

化、庸俗化的马克思主义占据了主流，功利性、实用性的研究为进步文化人所称道。既然国民政府"尊孔"，"独立"的左翼知识分子，当然要反对它并在历史研究领域另立一尊与它对抗，哪怕有悖于历史的原貌。所以，郭沫若的墨子研究当然引起了左翼内部的很大争议。不但在文工会内部，而且在整个国统区左翼文化界都有极大的反应，正如郭沫若所回忆的："《墨子的思想》一文发表了之后，差不多普遍地受着非难，颇类于我是犯了众怒。这些立刻刺激了我。因为假如是不同道的人，要受他们的攻击，那是很平常的事；在同道的人中得不到谅解，甚至遭受敌视，那却是很令我不安。"① 就在此文发表的《群众》周刊的其后几期，就发表了要求与他商榷的文章。

五

胡风对郭沫若的不满，其实由来已久。抗战时期的胡风不仅以鲁迅弟子的身份闻名于文坛，更以鲁迅精神的传人自立于文坛。经过了五年的苦心经营，他创办的《七月》已经是全国知名刊物，他集结的"七月"作者群在诗歌、小说、文艺批评诸方面均有创获。1943年的胡风，已经是国统区文艺界一位颇具实力的理论家、批评家，已如他抗战之初所愿，冲破了郭沫若等人"统治文坛"的美梦②。但胡风在国统区左翼文艺界内部，却没有得到应得的重视。在国统区，中共一方面继续竖起发扬鲁迅精神的大旗，吸引进步青年凝聚在党的周围；另一方面，又将郭沫若塑造成鲁迅的传人，并且是一个已经超越鲁迅的"新文化运动的主将"。郭沫若的进步文化人形象和生花妙笔，不仅壮大、团结了左翼文化界，还能在国共两党的政治博弈中发挥作用。然而，中共对胡风这样一位没有政治智慧又极富个性的鲁迅弟子，却相对冷淡，仅是在鲁迅纪念会或者其他有需要的时候才邀请他出场，向他约稿也是少之又少，这当然使胡风心里很有落差。联系到"两个口号"之争时郭沫若对鲁迅的不恭，甚至更早的"革命文学"论争时郭沫若对鲁迅的侮辱谩骂，胡风对郭沫若一直以来就没有好印象。作为鲁迅晚年和临终前最信任的弟子，胡风对郭沫若自抗战开始，就被包装成新文化运动的继承人并推上高位，而且后来还被中共誉为是超越鲁迅的左翼文化旗手当然极为不满。抗战开始后不久，胡风在"普及与提高""民族形式"等问题进行论争时，都不忘了"扫荡"一下郭沫若。重返重庆后，胡风与乔冠华、陈家康二位南方局领导干部日渐熟识，陈、乔二君在文艺、思想方面都有自己独到的见解，而且对党内的教条主义和公式主义都表示不满，这让胡风看到了联合党内力量对抗文艺界的"官僚们""政客们"的可能性，但刚返回重庆的两三个月，胡风还在为安顿家庭和重新登记刊物忙碌，且手中无刊物，不便展开批评，只好依赖陈、乔二君。在他

---

① 郭沫若:《郭沫若全集》（历史编·第1卷），人民出版社1982年版，第463页。
② 郭沫若:《郭沫若全集》（历史编·第2卷），人民出版社1982年版，第467页。

搬至赖家桥并安顿下来时，便于第一时间获悉郭沫若因墨子研究遭受了前所未有的反对，如此一来，鼓励舒芜撰写"反郭文"就是顺水推舟，毫不费劲的对郭沫若的又一次反击。

按胡风、陈家康的计划，"反郭文"应安排在《群众》周刊上发表。如获发表，肯定是比较轰动的。尽管其文不存，可是舒芜自称："反郭文五万字，最近弄成，态度颇不'尖头鳗'（即 gentleman——笔者注）。"① 可见，是一篇极为犀利的文章。而且，年少气盛的舒芜，根本不把郭沫若的墨子研究放在眼里，他更看重的是对整个哲学史倾向的引导："郭的文章，本身极浅狭，用不着谈。但反映出一种态度，一种方法，直接影响研墨的工作，扩而大之，更影响整个哲学史的研究。"② 可见，此文兼有理论深度。如果再根据舒芜后来发表的《论主观》《论中庸》所引起的轰动效果来推测，那么原定发表在《群众》周刊上的"反郭文"可能引起的后果不会比它们差多少。但不幸的是，此文未见光就被"压死"了。就在他们备发表"反郭文"的那段时间，陈、乔二君由于自作主张地在大后方进行内部"整风"、内部批评，在报刊上频频发表文章鼓吹人的精神力量，以及驳斥左翼理论家的客观主义和"教条"倾向而受到了中共中央的批评，陈家康甚至被召回延安。"反郭文"在《群众》周刊上发表肯定是不可能了，胡风于是将之四处推荐，但一来不少刊物不敢得罪权威，二来那段时间国统区审查较严，最终，这篇用来挑战左翼文化旗手、皇皇五万字的雄文就没有发表。

"反郭文"是舒芜和胡风结识之后，胡风引导并鼓励他写作的第一篇与左翼文坛的"官僚、政客们"论辩的文章。胡风在认识舒芜之后，一直积极地引导舒芜参与左翼文艺界的论争。而渴望留下不朽文名，成为启蒙万千人的理论家的舒芜，也的确十分适合撰写极具批判性的理论文章，他的才能在其后的《论主观》《论中庸》等宏文中，都展示得清清楚楚。但是，作为左翼文艺界"少数派"的胡风能一直引导舒芜并满足舒芜的"宏愿"吗？舒芜在胡风引导所撰写的每一篇理论文章的发表前后都对这个问题做了不同侧面的回答。将"反郭文"的构思、编撰、修改和推荐发表的整个过程做一剖析，不仅有助于理解舒芜、胡风二人一开始就协调而又有些错位的关系，也有助于展示胡风与左翼文艺界主流之间的恩怨和纠葛的一个侧面。

（原载《现代文学研究丛刊》2013 年第 8 期）

---

① 1938 年 7 月 18 日，胡风致梅志信中说："昨天看了郭沫若在《自由中国》上的一篇《抗战与文化》……我气得发抖……也许会闹他妈的一闹的……前天听说老舍都被任为政治部设计委员，这当然是郭沫若冯乃超之流招兵买马的大计划里面的一次。但我看，只要《七月》不死，他们想统治文坛的梦是不容易完全实现的！"见晓风《胡风家书》，复旦大学出版社 2007 年版，第 59 页。

② 舒芜：《舒芜致胡风书信全编》，东方出版中心 2010 年版，第 4 页。

为什么郭沫若许多诗作没有收入《女神》

——《女神》的佚作与泰东图书局

张 勇

《女神》对于郭沫若和中国现代文学史的作用和意义毋庸絮言，但是对《女神》的研究却未能与它的地位相匹配。1921年8月《女神》出版之始，闻一多就认为《女神》："忽地一个人用海涛底音调，雷霆底声响替他们全盘唱出来了"①，自这以后郭沫若《女神》的研究便拉开了序幕。纵观《女神》研究90余年的历史，胡忧、王泽龙在《近三十年郭沫若〈女神〉研究综述》中从思想内容、艺术审美、源流影响、比较研究、文化研究等方面，对改革开放三十年来国内关于郭沫若《女神》的研究，做了较系统的综述和简要评析，这篇文章基本上涵盖了目前国内对《女神》研究的成果和现状。借用这篇文章的研究成果，我们不难发现现有《女神》研究的成果过于注重《女神》文学文本的本身，而忽略了《女神》结集过程及原因的探究。

随着蔡震先生编选的《〈女神〉及佚诗》一书的出版，以往《女神》研究中的所谓"定论"问题又变得具有争议性了，如《女神》时期郭沫若的文艺创作观真的是"浪漫主义"吗？《女神》的价值究竟体现在哪几个方面？《女神》初版本中为什么没有将郭沫若所创作出的诗歌全部都收入呢？即使要淘汰为什么要淘汰这么多呢？因此仅仅只着眼于对《女神》现有文本的研究是远远不够的，要想深入解读《女神》的深刻内涵，必须将同时的佚诗纳入到我们研究的视野之中。目前对《女神》时期佚诗的研究虽然已经出现，但是还未能将《女神》佚诗丰富的价值完全展现出来。②随着笔者对《女神》及其佚诗的反复研读，一个又一个的疑问便接踵而来：为什么郭沫若当时要选这些诗歌编成《女神》？为什么有那么多现在读起来朗朗上口的诗歌创作反而散佚在《女神》诗集之外呢？为什么《女神》在标题之下郭沫若专门加上剧曲诗歌集的注解呢？至少，以上的疑问在目前的《女神》研究成果中还没有给予

---

① 闻一多：《〈女神〉之时代精神》，《创造周报》第4期。
② 颜同林：《〈女神〉时期集外诗作的发掘与郭沫若早期新诗的文学史形象》；李怡：《郭沫若〈女神〉时期佚诗的文献价值》；朱寿桐：《郭沫若早期诗风、诗艺的选择与白话新诗的可能性——论〈女神〉集外散佚诗歌》。

合理的解答。

一 疑问丛生的《女神》——《女神》编选情况的历史回顾

《女神》自 1921 年 8 月 5 日泰东图书局出版以来,到目前为止大约有了 10 个重要的版本①。综观这 10 个版本除了 2008 年 6 月由人民文学出版社出版的《〈女神〉及佚诗》较之最初 1921 年版本的《女神》有较大变动外,其余 8 个版本的变动基本不大。

1928 年 6 月 10 日上海创造社出版部的《沫若诗集》本中删去了《女神》初版本中的《序诗》《无烟煤》《三个泛神论者》《太阳礼赞》《沙上的脚印》和《辍了课的第一点钟里》6 篇诗歌。1944 年 6 月重庆明天出版社的《凤凰》本,删去了《女神之再生》《湘累》《棠棣之花》《序诗》《无烟煤》《三个泛神论者》《太阳礼赞》《沙上的脚印》《巨炮之教训》《匪徒颂》《辍了课的第一点钟里》《上海印象》12 篇诗歌。1953 年 1 月人民文学出版社的《女神》单行本中将初版本中的《夜》《死》《死的诱惑》三首诗删除。1959 年 4 月人民文学出版社的《沫若选集》第一卷中将初版本的《棠棣之花》《辍了课的第一点钟里》《夜》《死》四首诗删除。综上可见,《女神》这几个重要的版本基本上都是郭沫若亲自对初版本的删减以及删减之后的复原。

而从 2008 年 6 月人民文学出版社出版的《〈女神〉及佚诗》一书中,我们惊奇地发现此书较之我们以往所看到的《女神》版本最大的价值便是收录《女神》时期散佚新诗 68 首,特别是截止到《女神》初版的 1921 年 8 月,至少有 52 首作品没有被郭沫若选中,而这 52 首几乎与最初版本中所收录的 57 首作品数量相当。如果从诗歌创作的体式和读者的阅读感受上来讲,没有入选的 52 首诗歌相对于入选的很多诗歌来讲更是严格意义上的诗歌创作。为什么会出现这种情状呢?

二 泰东图书局与《女神》初版本出版的缘起

熟悉现代文学史的读者都知道这样一个历史事实,1921 年 8 月 5 日《女神》由泰东图书局出版发行,而郭沫若和《女神》的研究者们也大都是对这一版本中所刊登的诗作展开论述的,但是在关注这些诗歌剧曲文本本身的同时却忽视了作为出版机构和诗集出版之间的微妙关系。我们以往对《女神》的研究在关注诗歌创作的艺术倾向、思想内容、美学特征及主题倾向等方面之外,对诗歌编选的时间、编选的目的、出版双方的利益分配以及出版情形等方面的论述甚少,即使偶有涉及也仅仅只是

---

① 金宏宇、彭林祥:《郭沫若文学作品版本谱系考略》,《郭沫若学刊》2009 年第 1 期。

历史事实的简单复述。

那么郭沫若在1921年对《女神》的编选及最后的定稿到底用了多长时间，并在怎样的情境下进行的呢？查阅《郭沫若年谱》以及相关的资料，有关《女神》出版信息的记载其实就仅有两条：一是1921年5月26日作《女神》序诗[①]，二是1921年8月5日诗集《女神》由泰东图书局出版，为"创造社丛书"第一种[②]。另外还有一条比较隐晦的信息记载就是：1921年4月11日上午，天气不好，待在旅馆里整理诗稿[③]，按照这一时期有关郭沫若活动事务的记载我们不难推断，所谓整理诗稿就是编选《女神》的初版本。而5月27日郭沫若即由上海返回了日本，而就在郭沫若回日本的前一天，他才作了《〈女神〉序诗》。对于这样我们赋予了"中国现代文学史上第一部具有杰出成就和巨大影响的新诗集"[④]来讲，在出版之前就有这么一点史料的记述，未免有些过于寒酸。

另外查阅相关的文献我们也会非常清晰地发现，从1921年4月3日至5月27日，郭沫若在这一个半月的回国时间中，主要做了三件事：编定诗集《女神》、改译《茵梦湖》和标点《西厢记》，而后两者才是郭沫若这一期间工作的重点。

从以上史料中对于《女神》初版本在出版之前的记述，再结合上文中我们所提到的《女神》历次版本修订中篇目的变化，我们不难推断出以下结论：首先《女神》是在一个并不充裕的时间内编选而成的，其次郭沫若对于1921年泰东图书局的版本中所收录诗歌的篇目基本上都是认同的，再次郭沫若本人可能对《女神》有着不同于文学史的解释和看法，也就是说郭沫若对于《女神》能够成为中国现代文学史上第一部成熟的白话新诗集是没有预料的，郭沫若对《女神》究竟能够在当时文坛产生什么样的冲击作用其实是没有太大把握的，至少从郭沫若的心中《女神》的分量并不是如我们后来所阅读到的文学史叙述中占据如此重要的地位。

由以上的史料看来由于时间紧迫才使得郭沫若在《女神》的初版本中，并没有将自己在1921年8月份之前所有的诗作全部收入，而是有所择取。但是为什么要把这本作品定位在剧曲诗歌集，而不是纯粹的诗集呢？现在看来并不是因为郭沫若当时创作的诗歌数目不够而将第一辑中《女神之再生》《湘累》以及《棠棣之花》用以凑足篇目，而是在这些诗歌之外还有52首诗歌没有被收入其中。那么郭沫若对这些诗歌取舍的标准究竟是什么，他这样做的目的的究竟是为什么呢？

根据上文中的史料我们可以认为因为时间急迫，所以才造成了郭沫若编选《女神》时将很多的诗歌遗漏在外，但是这52首佚诗绝大多数都是发表在1919—1920年的《时事新报·学灯》这份刊物上的，即便是因为时间原因像这样数量众多、发表

[①] 龚济民、方仁念编：《郭沫若年谱》，天津人民出版社1982年版，第99页。
[②] 同上书，第103页。
[③] 同上书，第97页。
[④] 朱栋霖、丁帆、朱晓进主编：《中国现代文学史：1917—1997》，高等教育出版社1998年版，第97页。

时间集中、刊登刊物唯一的这些诗歌是不应该被遗忘的。

由此可见，时间紧迫也仅仅只是郭沫若编选《女神》时出现大量佚诗的表面原因，要对这个问题作深入的解答，必须深入到1921年《女神》出版的社会场域之中来考察，也就是从《女神》的出版机构泰东图书局来进一步探究这个问题的本源。

以上我们看到的都是外界对于《女神》初版本的记忆，郭沫若自己对于《女神》的出版有怎样的历史认知呢？对于《女神》初版本的出版，郭沫若曾多次谈到了这么两句话：一是"作为献给泰东的见面礼"，二是泰东老板觉得自己的"商品价值还不太坏"①。对于这两句话，我们在以往对于郭沫若及其作品的研究中很少提及或关注，即使提起也是作为郭沫若与泰东图书局关系出现罅隙的佐证。但我认为这里面却恰恰隐含了郭沫若初登文坛，出版剧曲诗歌集《女神》的深层因缘。

郭沫若自己对《女神》的最初回忆，大体上有这么两个史料：一是：仅一年时间，《女神》便印了三版，《茵梦湖》印了六版，《西厢》也印了三版。② 二是：至1923年9月，皆将三版。

而在郭沫若担任主编的《创造》季刊中刊登《女神》的广告中："本丛书自发行以来，一时如狂飙突起，颇为南北人所推重，新文学史上因此而不得不划一时代。"由此可见郭沫若最初对于《女神》的关注，并不是这本诗集究竟在"五四"新文学领域中对文学创作产生了多么大的影响力，而主要是关注于《女神》的商品价值和出版数量。郭沫若为什么这么关心《女神》的销量及市场的表现呢？对此我们还应该从郭沫若和泰东图书局的关系来做进一步的考析。通过这两份可以相互印证的材料可以完全有理由推测出郭沫若和泰东图书局之间除了出版者和出版方之间的简单关系外，还一定有深层的关联。

其实郭沫若对于二者关系曾作了公平而公正的评论："更公平地说，我们之为泰东服务，其实又何尝不是想利用泰东。"③ 有很多学者认为这是郭沫若在受到泰东图书局的压榨后所说的气话，但是从《女神》初版本的情形来看这绝非虚言。

三 为什么要合作?《女神》的出版——郭沫若进驻泰东图书局的敲门砖

郭沫若和泰东图书局之间的关系究竟怎样呢？从现有的资料上来看：抱怨、不满、无奈和猜忌成为了双方共同的态度。泰东图书局为郭沫若提供食宿及往返路费，走时也会送一些钱，却既无合同，又无聘书，工作报酬又无确定的数目。很明显，郭

---

① 郭沫若:《创造十年》,《郭沫若全集》第12卷，人民文学出版社1992年版。
② 刘纳:《郭沫若与泰东图书局》,《郭沫若学刊》1998年第3期。
③ 郭沫若:《创造十年》,《郭沫若全集》第12卷，人民文学出版社1992年版。

沫若对赵南公这样一种用人方式是极不满意的,但他没有把问题摊开来谈,只是一再表示要回福冈继续学业,并答应回去后"仍可为泰东做事"。这在出版业已经相当发达的1920年前后还有这种合作的方式显得太不可思议了。对此郭沫若也有过一次发作。据赵南公9月15日日记,"(夜)到编辑所,沫若已吃太醉,其言语间似甚不满于予者,予亦自觉对伊不起也。"①"不满"却并未做认真的交涉,只是借酒醉而流露,我们也能体察出郭沫若当时的心境。

在赵南公的心里对于郭沫若的选择也是心知肚明的,据郭沫若《创造十年》记述,赵南公曾问郭沫若:"你是打算进商务吗?"商务印书馆是上海书业的"老大",赵南公已经看出,以郭沫若的才智、能力和声名鹊起的诗人形象,他该是"高枝儿"上的人,他来泰东做"唱独脚戏"的编辑,是太屈就了。

既然是双方都不信任对方那么为什么还要勉强在一起呢?郭沫若为什么还将《女神》这样一部我们定义为:"郭沫若的第一部新诗集,也是中国现代文学史上第一部具有杰出成就和巨大影响的新诗集",②也交予泰东图书局出版呢?

通过上述郭沫若编选《女神》时遗漏了这么多的作品、编选《女神》紧迫的时间、对《女神》的关注点等方面的史料可以清晰地看出,《女神》并不是郭沫若所看重的作品,至少来讲在《女神》出版之前郭沫若并没有把看成是自己创作生涯中一部举足轻重的作品,一部可以影响历史的划时代的作品。

在最初合作的一个多月和此次再度合作的两个多月里,郭沫若没有与泰东经理赵南公明确"关系"显然是不愿意把事情弄成僵局。好不容易才找到这么个愿为他们印刊物的小书局,即使吃亏上当,郭沫若也仍然要维持住与泰东图书局之间的关系。所谓"关系",从来都是相互的事,郭沫若与赵南公是在相互需要的基础上建立起了合作关系。而《女神》的出版恰恰就是这关系链条中的最重要的一环,甚至来讲是郭沫若和泰东图书局合作的基点。那么这个基点就责无旁贷地由《女神》来充当了,而《女神》在出版领域中的表现也就成为了双方可以沟通的唯一共识了。

通过郭沫若的《创造十年》《郭沫若年谱》等史料的查询,我们可以非常明显地看到,1918年到1921年郭沫若关注的重点就是纯文学社团创造社的成立,创造社成为了郭沫若当时所有活动的中心,而创造社成立的关键就是刊物《创造》季刊的出版。因此就在郭沫若不得不为了即将出世的创造社的刊物《创造》季刊而采取维持态度的时候,赵南公也正迫切地需要拉住郭沫若。

而此时为即将成立的创造社寻找出版机构便是自1918年以来郭沫若心中最大的理想。在郭沫若心中所构建的理想创造社的雏形即是"找几个人来出一种纯粹的文

---

① 赵南公日记,引自陈福康《创适社元老与泰东图书局——关于赵南公1921年日记的研究报告》,《中华文学史料》第1辑1990年6月版。

② 朱栋霖、丁帆、朱晓进主编:《中国现代文学史:1917—1997》,高等教育出版社2008年版,第97页。

学杂志"①。这项策划包括两个方面的内容：找人和出杂志。看来找人不难，东京帝大的郑伯奇、成仿吾、郁达夫等几位同学和京都的几位朋友很快联络起来了，而找出版社则是大难事——上海滩上的大书局都不愿接受由几个留日学生自行操办的前途莫测的刊物。正是在这时候郭沫若恰好碰到了急于振兴的泰东图书局，双方合作的前提就是用郭沫若的诗集来换取创造社刊物的出版。

郭沫若与泰东图书局最初合作的几年，恰是"政学系"不大注意泰东图书局政治倾向的几年。经理赵南公经营书局的目的只是着眼于获取经济利益，重新建构理想的泰东。这给郭沫若提供了一块自由耕耘的乐土，两者目的迥异但矛盾暂时的隐而不彰，于是便有了初期合作的成功，也即是1921年8月《女神》的初版。因此《女神》在市场上反应如何，便成为他们之间能否继续合作的前提和基础。郭沫若对此当然也心知肚明的，为了心目中的理想，为了能够进一步在"五四"新文学的舞台上大显身手，对以往诗歌创作的取舍便成为了关键，那些具有鼓动性的、时代性的以及符合年轻人阅读心理的诗作便成为了首选。

在这种取舍标准的厘定下，郭沫若创作于1921年8月前以《抱和儿浴博多湾》《晚饭过后》《为和儿两周岁作》《葬鸡》《孤寂的儿》等为代表，主要表现自我日常生活为主，并且带有实录特点的诗作，诗味比较淡的当然是首选舍弃的对象；像《两对儿女》《壁上的时钟》《雷雨》《香午》《月光曲》等主要以写景或说理为主的诗，虽然在形式上有所探索，但是感情过于舒缓，而且形式短小，不足以引起读者的兴致，当然也是要舍弃的；更不用说那些以个人情感宣泄为主，带有郭沫若典型的奔放、热情、忘我的特质的诗歌，更是要摒弃在《女神》之外的；因为要面对的是"五四"新文坛时期的白话文读者，那些旧体诗，或半格律体式的，以及带有从旧诗到新诗的过渡特性的诗歌更是不可能收入到《女神》之中的。此外，一些明显地带有郭沫若诗歌创作实验性的诗歌，像散文诗、图像诗、格律化诗歌当然都不在《女神》的初版本之列。

在这种极具用心的前提下，《女神》的出版获得了空前的成功。其实这种成功最初还是来自于市场的反应，对于《女神》的文学价值，至少胡适、鲁迅等新文学的主将们最初是不认可的。《女神》出版后，对新诗集十分关注的胡适也读到了，在日记中写道："他的新诗颇有才气，但思想不大清楚，功力也不好。"寥寥数语，其时也表明了当时文坛对于《女神》的最初印记。但不可否认的是，《女神》的出版得到了市场的充分认可，自从《女神》出版后便风行一时，激起社会，尤其是青年读者的极大反响，郭沫若的诗坛地位由此迅速提高。《女神》的结集出版，在青年读者的公共阅读视野与社会传播中得到了认可，郭沫若作为"五四"新诗人的公众形象与地位得到了全面的历史性呈现与提升，这同时也完成了郭沫若进入泰东图书局出版创

---

① 郭沫若：《创造十年》，《郭沫若全集》第12卷，人民文学出版社1992年版，第47页。

办文学杂志的初衷。

四 合作后如何?《女神》的成功——个人、社团和书局多赢局面的形成

1921年8月《女神》的出版发行最直接的结果便是使郭沫若成为了一位家喻户晓的新诗人,一举奠定了郭沫若在中国现代文学史上的地位。借此郭沫若便成立了中国新文学史上最重要的社团——创造社,实现了多年的夙愿。《女神》的出版除了与郭沫若有着切身关系外是否还有更重要的作用呢?这就要从《女神》的出版与泰东图书局发展之间的关系来考察。

对于《女神》与泰东图书局的关系,根据现有的研究成果能够得出的结论是:《女神》的成功的意义不仅仅在郭沫若,更为重要的是它挽救了处于风雨飘摇的泰东图书局,实现了泰东图书局经理赵南公重建理想泰东的心愿,因此《女神》的出版开启了泰东图书局的生路。但在众多的新文学创作者中为什么单独选择了与郭沫若合作,进而答应出版《女神》呢?《女神》又借助怎样的元素获得了"五四"时期文化市场的认可,得到读者的青睐呢?要解答这一问题我们必须要看到泰东图书局在出版《女神》之前的市场策略的选择,泰东图书局此时一直在试图迎合新文化的潮流并聚拢文人,借此在刚刚兴起的"新文化"运动中占得一席之地,并且与出版《尝试集》的亚东隐隐形成对峙,《女神》的出版便发生在这一格局中。

《女神》出版之前的泰东图书局究竟处在一种怎样的状态之中呢?在泰东图书局工作多年且居于重要地位的张静庐,对泰东图书局的性质作过这样的界定:"泰东图书局的股东多是与政学系有关系的,在民国三年创办这书店时,出版计划注重在政治方面,后来讨袁之役胜利,股东都到北平做官去了,无形中将这家书店铺交给经理赵南公。"[①] 就在这时,泰东经理赵南公已拟订了进一步改革编务的计划,他决心放弃一些"可有可无"的杂志与丛书,而准备把经营的重点放在教科书上。因为在当时的文化市场情境中出版教科书无疑是最赚钱的经营方式,当然这里有个先决条件,就是所出的教科书得被相当数量的学校采用。大概此时赵南公也想到了上海两大书局中华书局与商务印书馆的创业史,它们都曾因出教科书而得到大笔利润,从而使经营事业走向了兴旺发达。但是像泰东图书局这样处于风雨飘摇中的小书局怎能与中华书局和商务印书馆这样实力雄厚的书局争夺教科书的市场份额呢?因此教科书出版的计划并没有带来预想的经济利益,寻找新的经济增长点便是赵南公不得不考虑的问题,这也是赵南公和郭沫若相识并合作的前提之一。

而此时的泰东也面临着进退维谷的艰难时刻,《新晓》杂志的创办,由于编辑王

---

① 张静庐:《在出版界的二十年》,上海书局1938年6月版,第91页。

靖的能力所限并没有取得预想的成绩。加之泰东内部人员关系这时候也变得十分紧张。经理赵南公在1921年7月19日的日记中毫无遮掩地表达出对王靖、沈松泉及张静庐颇为不满的言辞。他认为王靖在职期间的所作所为有失学者风范且污及泰东名誉，沈松泉则身在曹营心在汉，一心专营于书局之外的事物，而张静庐也是一个贪利之人。① 试想作为书局老板的赵南公与泰东的三位最重要人物的关系已经紧张到这种地步了，那么泰东图书局此时在出版界的形象和地位便可想而知了。另起炉灶便是赵南公最好的选择，就在这时郭沫若和《女神》恰如其时地出现了。《女神》的出版果然如赵南公所望，至少在经济上取得了成功，泰东图书局在书局林立的上海终于崭露头角。

亚东图书局因出版胡适的诗集《尝试集》而声名鹊起，这俨然已经成为上海中小书局振兴的模板。泰东图书局想要振兴如果以商务印书馆作为目标显然是不合适的，那么复制亚东图书局的模式并以此来赶超亚东图书局不失为一个比较适中的选择。《女神》便是在这种出版情形和书局的微妙关系中诞生的。

既然亚东图书局与泰东图书局是对峙和超越的目标，那么由它们所出版的诗集当然也时刻带上了对峙和超越的印记。如果单纯地延续《尝试集》的样式，恐怕难以再一次吸引读者的眼光，生性具有叛逆性格的郭沫若更不会步人之后。《女神》在形式上继承的同时，也完成了在内涵上对《尝试集》的超越。虽然从形式上来看胡适的《尝试集》共分为三编，郭沫若的《女神》也分为了三辑，这些有非常相像的地方。但是从内容上来讲《女神》对《尝试集》进行了彻底的颠覆。《尝试集》中的诗作第一编大多是脱胎于旧诗词的作品，第二、三编在运用自由诗体和音韵节奏的改革等方面作了尝试，而这恰恰是郭沫若《女神》所摒弃的内容。我们参阅2008年6月人民文学出版社出版的《〈女神〉及佚诗》一书，截止到《女神》初版的1921年8月，至少有52首作品没有被郭沫若选入《女神》之中，而没有选入的这些诗篇中绝大多数都是与《尝试集》的内容相似。

如对日常生活简单的摹写，《尝试集》中有《四月二十五夜》：

  吹了灯儿，卷开窗幕，放进月光满地。/对着这般月色，教我要睡也如何睡！/我待要起来遮着窗儿，推出月光，又觉得有点对他月亮儿不起。/我终日里讲王充，仲长统，阿里士多德，爱比苦拉斯……几乎全忘了我自己！/多谢你殷勤好月，提起我过来哀怨，过来情思。/我就千思万想，直到月落天明，也甘心愿意！怕明朝，云密遮天，风狂打屋，何处能寻你！

《女神》佚诗中有《某礼拜日》：

---

① 参见《中华文学史料》第1卷，百家出版社1990年版，第40—42页。

我同仿吾，我的好朋友，/一路儿往郊外去遨游。/我们登上一个小山——/阳光儿分外的和暖；/草地儿分外的温柔。我们坐在草地儿上，/戴着头上的阳光，/望着濑户内海的海岸。/海上的山，天上的云，/同在那光明中灿烂。/望不断的一片稻禾，/戴着嫩黄的金珠，/学着那海潮儿在动颤。

如写景或说理为主，感情舒缓，形式较为短小的诗作也是《尝试集》的主要特点，《蝴蝶》一诗便是代表：

　　两个黄蝴蝶，/双双飞上天。/不知为什么，/一个忽飞还。/剩下那一个，/孤单怪可怜；/也无心上天，/天上太孤单。

《女神》佚诗中的《抱和儿浴博多湾》：

　　儿呀！/你快看那一海的银波。/夕阳光里的大海如被新磨。/儿呀！/你看那西方的山影罩着纱罗。/儿呀！/我愿你的身心像海一样的光洁山一样的清疏！

由此可见，亚东图书局所出版的《尝试集》已然成为了郭沫若编辑《女神》时的标杆，《尝试集》的价值取向恰恰是《女神》所反对和摒弃的目标。为此郭沫若不惜舍弃更具诗味、更有诗兴的优美诗篇，他的此种文化出版策略反而取得了意想不到的效果，正是借此郭沫若实现了《女神》在商业市场中的盈利，使得泰东图书局打破了亚东一统诗歌出版的局面，同时《女神》也完成了对中国新诗的历史性变革。

虽然面对的大量佚诗我们可以认为《女神》的出版有舍弃艺术追逐商业之嫌，但是它的出版奠定了郭沫若在文学史上的地位，成就了更为纯正的文学社团，挽救了一个濒临倒闭的书局，从这个角度来看《女神》的历史价值要远远的超过了它的文学美学内蕴。

从目前对《女神》的研究现状看，可谓言说殆尽，一部充满生命流动与激情的《女神》仿佛一下子便凝固起来，但返回起点的探寻将会重新恢复《女神》的生机和张力。《女神》佚诗的价值便是这种张力的外在显现，正是由于《女神》佚诗的存在，《女神》独有的魅力更加完美。

（原载《中国现代文学研究丛刊》2013年第2期）

论抗战结束后郭沫若对沈从文的批评

李 斌

郭沫若与沈从文都是现代文学史上的大家，他们相互批评和指责，不仅持续时间长，且事出多因，牵涉面广，对于不同时段的论争，应分别考察评判，不宜笼统论定孰是孰非。限于篇幅，本文仅考察1946—1948年间郭沫若对沈从文的四次批评。论者述及沈从文改行或郭沫若在文艺界的表现时，屡屡提及此事。[①] 但相关论文大都仅注意到《斥反动文艺》或《拙劣的犯罪》等一二次批评，论述有所不周。且在检讨此事时，无论臧否，或站在时代所认可的正确立场；[②] 或以理性或感性，道德或人格之类抽象概念为出发点，将问题从历史语境中剥离出来；[③] 或将此事局限于个人恩怨或文艺圈内，[④] 而于批评文章及相关背景尚缺认真研读与仔细钩沉。笔者认为，抗战结束后郭沫若对沈从文的四次批评固然是两人长期以来的个人恩怨特别是抗战时期相互指责的延续，[⑤] 但集中表现了郭沈二人对于如何建立民主自由富强的新中国的途径之分歧，不能仅从个人恩怨角度解读，也不是限于文艺圈内的局部事件，而牵涉到国共双方、以民盟为代表的第三方面力量、主要报纸杂志等当时中国具影响力的各种势力，更涉及近代知识分子对中国命运的思考与相关实践，对当下知识分子思索有关问题仍具现实意义，值得仔细描述和评析。

---

① 最典型的是汪曾祺的说法，他认为郭沫若的《斥反动文艺》"对沈先生是致命的一击。可以说，是郭沫若的这篇文章，把沈从文从一个作家骂成了一个文物研究者"。（汪曾祺：《沈从文转业之谜》，见沈从文《花花朵朵 坛坛罐罐——沈从文文物与艺术研究文集》，外文出版社1994年版，第2页。）

② 改革开放以前，郭沫若处于文坛权威地位，大陆的现代文学史家认为郭沫若批评沈从文"对于廓清反动思想的影响起了很大的作用"。（王瑶：《中国新文学史稿（下）》，新文艺出版社1953年版，第240页）新时期以来，人们对沈从文的评价有盖过郭沫若之势，越来越多的学者认为郭沫若的批判简单粗暴，比如说："现在想来，郭沫若批沈从文是不公平的，这是一种政治性贬低。郭为了政治意图一边倒，揣摩上面的意图，他当时批评许多人都是错误的。"（陈徒手：《午门下的沈从文》，《读书》1998年第10期）最近一篇文章竟用"匪夷所思""不在同一层面"，既缺乏"同情之了解，也没有理论说服力"来评价郭沫若的批判。（李扬：《从佚文〈新书业和作家〉看沈从文与郭沫若之关系》，《新文学史料》2012年第1期）

③ 如李扬《从佚文〈新书业和作家〉看沈从文与郭沫若之关系》等文。

④ 如糜华菱《郭沫若和沈从文的文字恩怨》（《新文学史料》2001年第3期）、周文萍《郭沫若与沈从文的"文字情结"》（《郭沫若学刊》1995年第3期）等文大都从个人恩怨出发。

⑤ 如沈从文批评郭沫若及第三厅为"有名无实""空头作家"，郭沫若批评沈从文的反对作家从政等言论为"污蔑"，具体分析参见拙文《现代作家在抗战时期的身份认同与社会位置——以郭沫若、沈从文的关系为出发点》，《抗战文化研究》2012年第6辑。

一

战后郭沫若对沈从文的最初批评，系针对《从现实学习》。《从现实学习》收入《沈从文全集》第13卷时，编者认其为"自传性文章"①。这代表了学界的普遍看法，相关解读文章大都指向沈从文如何坚守纯文学理想。但笔者读后的基本判断是：与其将它看成自传，不如看成政论。

沈从文称当时为"杨墨并进时代"，他既不从墨，也不从杨，因此有不少"责备与希望"，所以特意写作该文，"疏理个人游离于杨墨以外种种"②。"杨墨"仅仅是一种文字修辞，还是确有所指？长期以来学界对此似乎并不在意。③但当时言论界谈及"杨墨"的并非沈从文一人，④当确有所指。综合各种材料，笔者认为，沈从文所谓的"杨"，指"都毫无对人民的爱和同情"的国共两党；"墨"，指的是以民盟为代表的第三方面力量。⑤因此，《从现实学习》并非仅仅自言其社会重造的理想和经历，而是介入了当时的政治纷争。

对国共两党武力相争的批评，是当时知识界大多数人的一致意见，但对民盟为代表的第三方面力量的批评，却颇为独异。这突出表现在他对闻一多毙命和民盟争取国府委员名额两件事的评价上。

沈从文说"对于能变更自己重造自己去适应时代，追求理想，终又因而为愚人一击而毁去的朋友，我充满敬意。""而生者的担负，以及其意义，影响于国家明日尤其重大。"所谓"毁去"的朋友，指的正是不久前惨遭暗杀的跟沈从文同在西南联大文学院任教的闻一多。相比于闻一多，沈从文更看重像他自己这样沉默着的"生者"。值得注意的是，沈从文用"愚者一击"来描述闻一多被特务枪杀的事实。经过长期调查，1946年9月，民盟正式发布《李闻案调查报告书》，以大量确凿证据，确证凶手和主使都是"云南警备总司令部"，要求"课问国民党及其特务机关的责任"。⑥事实既已大白天下，沈从文10月写《从现实学习》却还将闻一多之死说成"愚人一击"。难怪民盟成员，闻一多和沈从文的共同学生，时任西南联大讲师的王

---

① 《从现实学习》编者说明，《沈从文全集》第13卷，北岳文艺出版社2002年版，第380页。
② 沈从文：《从现实学习》，《沈从文全集》第13卷，北岳文艺出版社2002年版，第383页。
③ 北岳文艺出版社2002年版《沈从文全集》第13卷第389页对"杨墨"的注释为："这里是用来指现实中两种对立的人生态度。"
④ 如储安平1947年1月21日致胡适的信中说："我们创办《观察》的目的，希望在国内能有一种真正无所偏倚的言论，能替国家培养一点自由思想的种子，并使杨墨以外的超然分子有一个共同说话的地方。"（程巢父：《储安平致胡适的五封信》，《温故（之一）》，广西师范大学出版社2004年版，第91页。）
⑤ 1947年3月10日上海《益世报》刊出民盟为和谈正式破裂发表宣言的消息，题《民盟主兼爱非攻》。可见时人视民盟为墨家。
⑥ 梁漱溟、田新民：《李闻案调查报告书》，民主出版社1946年版，第25—27页。

康以史靖的笔名发表文章愤怒指出:"沈先生不仅在积极地帮凶,而且消极地一字一句的都在宽恕和抵消反动者的罪过。"① 后来沈从文大概也觉其表达有问题,所以将"愚人一击"改为"反动派当权者爪牙一击"。《沈从文全集》注明所收《从现实学习》来自《大公报》原刊,其实所用乃沈从文建国后改过的版本。

沈从文认为以民盟为代表的第三方面力量努力奔走的目的只是在政府中有官可做。《从现实学习》中提到的"国府委员",正是当时谈判所争焦点之一。1946 年 1 月通过的《政治协商会议决议案·政府组织案》规定,中国国民党在国民大会未举行前,应充实国民政府委员会。国民政府委员会为政府之最高国务机关,委员名额为 40 人。"国民政府委员会所讨论之议案,其性质涉及施政纲领之变更者,须有出席委员三分之二之赞成始得决议。"② 后来国共谈判中国民党只给中共及民盟 13 个名额,而中共和民盟坚持要 14 个名额,后者争取的正是三分之一的否决权。可见,中共和民盟奔走的并非有官可做,而涉及联合政府是否依然属一党专政的重大问题。

闻一多牺牲后,郭沫若先后写作悼念作品达 10 篇以上,积极参加各次追悼会并发表演说。他并不认为闻一多为"愚人"所击,而明确指出系"卑劣无耻的政治暗杀","毫无疑问是有组织有计划的白色恐怖的阴谋摆布"③。同时,郭沫若还出席了政治协商会议,参加了南京谈判,是努力奔走联合政府的第三面力量中的重要一员。

由于立场的截然不同,对于沈从文的相关言论,郭沫若当然有意见,但还留有余地。1946 年 12 月 31 日,郭沫若写作《路边谈话》,不点名批评沈从文说:"既有口谈民主而心想做官者。扩而充之:凡谈民主者皆想做官者也。更扩而充之:凡不谈民主者不想做官者也。更扩而充之:凡反对民主者反对做官者也。我虽然是在做官而却反对做官,故我最清高,最杰出,最不同乎流俗。这是新京派教授的又一逻辑。〔附注〕大学教授亦朝廷命官也,不要忘记。"④ 此文收入人民文学出版社 1961 年版《沫若文集》第 13 卷时,郭沫若在"新京派教授"后注释说:"此人指沈从文。"但当初的不点名无疑为沈从文留有余地。

二

沈从文除了对第三方面力量的牺牲和努力充满偏见外,对其成就也并不认可。其中所体现出的贵族气和等级原则,是对他自己所追求的民主原则的违背,因此受到了郭沫若在《新缪司九神礼赞》中的批评。

在《从现实学习》等文中,沈从文鲜明表达了自己的文学观念,建立起了一种

---

① 史靖:《沈从文批评(五)》,上海《文汇报》,1946 年 12 月 25 日。
② 四川大学马列主义教研室、中共党史科研组:《政治协商会议资料选编》,第 167 页。
③ 郭沫若:《悼闻一多》,《民主》第 41 期,1946 年 7 月。
④ 郭沫若:《路边谈话》,重庆《新华日报》,1947 年 1 月 16 日。

独特的文学秩序。他将小说置于文类的金字塔尖,诗歌、杂文等文类被归于低等级中。沈从文看不起杂文,认为杂文已经消失,"无可追寻"。① 作为文学副刊的编者,他劝写诗的年轻人"最好还是用手中的笔转而写散文,兼及人事的散文"。② 他尽管在不同的场合称赞徐盈、子冈的新闻通讯,但当子冈采访他时,他却对子冈说:"俟国家安定,应该放下记者生活写点久远性的文艺东西,因为'生活不应该这样用法的'。"③

不同的小说所选择的题材和表达的主题是不同的,沈从文对此也有价值等级评判。他希望小说家承担起"观念重造设计"的重任。④ 他的小说主题,多是在"夜深人静,天宇澄碧"下所作的抽象思索。对于正在进行新的实验的解放区小说,他一概否定。

从上述文学观念出发,沈从文认为除表达"抽象观念"的小说家之外的作家学人大多无足观。他批评抗战期间昆明的部分民主人士"在学识上既无特别贡献,为人还有些问题"⑤;认为第三方面力量中很少有人"在最近三十年,真正为群众做了些什么事?当在人民印象中。又曾经用他的工作,在社会上有以自见?"⑥ 批评丁玲等作家去延安是"积极参加改造","是随政治跑的"⑦,"没有什么作品"⑧,嘲笑丁玲"到铁矿上去体验生活,写了文章还要请工人纠正"⑨。

沈从文的这些观点受到文艺界的批评。1946 年 12 月 29 日,中华全国文艺协会上海分会在清华同学会举行辞年晚会,散会前由胡风将名作家意见汇总,作一总检讨,检讨提出了当时文艺界的四种不良倾向,其中第一种倾向是"产生了一种自命清高,但不甘寂寞的人。脱离现实在清高的地位上说风凉话,这种人的代表是沈从文"⑩。

郭沫若因记错时间,没有参加这次会议,看到新闻后补写了《新缪司九神礼赞》,该文声援了文协同人,主要目的是批评沈从文的文学等级观念。

郭沫若说:"关于所谓文艺的范围,我不想把它限制在诗歌、小说、戏剧、批评里面,虽然现今的文艺朋友们,尤其是搞小说的少数温室作家,他们把文艺的圈子画

---

① 沈从文:《从现实学习》,《沈从文全集》第 13 卷,北岳文艺出版社 2002 年版,第 385 页。
② 沈从文:《谈文学的生命投资》,《沈从文全集》第 17 卷,北岳文艺出版社 2002 年版,第 458 页。
③ 子冈:《沈从文在北平》,上海《大公报》1946 年 9 月 19 日。
④ 沈从文:《从现实学习》,《沈从文全集》第 13 卷,北岳文艺出版社 2002 年版,第 390、392 页。
⑤ 同上书,第 387 页。
⑥ 同上书,第 395 页。
⑦ 姚卿祥:《沈从文论作家》,载杨华《论沈从文的〈从现实学习〉》,《文萃》周刊第 2 年第 12、13 期合刊,1947 年 1 月 1 日。
⑧ 子冈:《沈从文在北平》,上海《大公报》,1946 年 9 月 19 日。
⑨ 姚卿祥:《沈从文论作家》,载杨华《论沈从文的〈从现实学习〉》,《文萃》周刊第 2 年第 12、13 期合刊,1947 年 1 月 1 日。
⑩ 《作家团年》,上海《文汇报》1946 年 12 月 30 日。

得很紧，除掉自己的小说之外差不多就无所谓'创作'。他们藐视诗歌，抹杀批评，斥戏剧为'不值一顾'。文艺的天地应该更要广泛。"所谓"少数温室作家"，指的正是沈从文。于"温室"之外，郭沫若在小说、诗歌、戏剧、批评方面举出了骆宾基、路翎、郁茹、马凡陀、绿原、力扬、夏衍、陈白尘、吴祖光、荃麟、杨晦、舒芜、黄药眠等一大群作家的名字。将文艺扩大范围，值得郭沫若列举的就更多了：在学术研究方面的杜守素、翦伯赞、侯外庐、胡绳、于怀、许涤新；"把现实抓得那么牢，反映得那么新鲜，批判得那么迅速"的新闻记者；"机智的锐敏，深刻，丰富而健康"的漫画家；"划破了黑夜的天空"的木刻家；"在杀人的苛重捐税与无形的检查制度之下，拖着沉重的高利贷，作朝不保夕的滴血的奋斗"的戏剧电影家；"在人人的心中作着无声的怒吼"的音乐家。文章最后，郭沫若饱含深情地歌颂了这些文艺家，同时不点名地批评了沈从文："我虔诚地敬礼着这些朋友，这些温室之外的从事小说、诗歌、剧作、批评等文学工作的朋友，从事于古代和近代的史学研究的朋友，新闻界的朋友，漫画木刻界的朋友，新音乐界的朋友，戏剧电影界的朋友。朋友们哟，我想称颂你们为'新时代的缪司九神'，你们真以过人的努力，克服着当前的超级地狱，而在替我们播着火种。说你们没有货色拿出来见人者，那是帮凶者的诬蔑！但你们受着这种诬蔑，也正是你们的光荣。"①

对于郭沫若的上述观点，当时没有不同意见，倒是沈从文的观点，除郭沫若外，还有很多人不赞成。《沈从文年谱》说《从现实学习》"受到左翼阵营作家的激烈批评"②，其实对沈从文的批评来自持各种立场、各种背景的作家学人。这些人倒并非都来自左翼阵营，甚至跟沈从文同在北平的自由主义文人，对于沈从文的观点也不尽认同。

如同郭沫若一样，大多数作家学人对沈从文所谓的杂文"无以为继"持批评态度。王康认为："杂文的极盛时代固然在九一八后的那几年，但杂文直至今天依然有其存在的事实和存在的必要，绝不如沈先生武断的已经'无以为继，无可追寻'。"③杨华在批评沈从文的文章中认为，杂文"其实也并非真的'无可追寻'，这个优秀的传统一直继续到现在；现今，即使是初离中学的青年，只要他对文学感到一点兴趣，大概没有不知道鲁迅先生的《伪自由书》《准风月谈》以及《花边文学》诸书的"④。最值得注意的是，沈从文的好友朱自清，对于杂文也给予了高度评价。1936年鲁迅逝世后，朱自清坦言对鲁迅上海期间的作品看得不多。⑤ 1948年他却特意找出瞿秋白

---

① 郭沫若：《新缪司九神礼赞》，上海《文汇报》，1947年1月10日。
② 吴世勇：《沈从文年谱》，天津人民出版社2006年版，第278页。
③ 史靖：《沈从文批判（三）》，上海《文汇报》，1946年12月23日。
④ 杨华：《论沈从文的〈从现实学习〉》，《文萃》周刊第2年第12、13期合刊，1947年1月1日。
⑤ 李斌：《鲁迅逝世后北平文化界的反响》，《北京社会科学》2009年第6期。

《鲁迅杂感选集》序言来看,[①] 称鲁迅杂文为"更尖锐的战斗武器",并认为"虽然我们损失了一些诗,可是这是个更需要散文的时代"[②]。

沈从文抹杀第三方面人士的成就,也受到了质疑。王康说:"我们要反问沈先生,在谈判中奔走的民主工作者,除了已经出卖了政治生命的以外,那一位在他们一生中没有在社会上有过成绩表现!"[③] 这是符合事实的。民盟领导人张澜、黄炎培,都是著名的教育家、革命家,民盟秘书长梁漱溟是著名的佛学研究者,民盟中央委员闻一多是著名的文学史家、诗人。无党派人士,第三方面重要代表郭沫若在文学创作和学术研究上的成就不仅获得中共和左翼人士的高度认可,就是沈从文周围的自由主义文人,甚至国民政府的官方学术机构,都给予了很高的评价。他顺利当选为中央研究院院士就是很好的说明。这证明沈从文说第三方面人士没有"有以自见"的成绩,的确充满偏见和歪曲。

三

继《从现实学习》后,沈从文写了《新书业和作家》。这篇作品延续了他在京海派论争、《从现实学习》中的观点,轻轻抹杀独裁政府对于自由创作的妨碍,受到郭沫若的严厉批评。

在《新书业和作家》中,沈从文站在"职业作家"的立场,希望能够在政府的帮助下,建立一个健全的、有利于新文学发展的出版市场。沈从文认为自从新文化运动以来,"职业作家"一直生存艰难。他将这一原因归结为新书业和作家之间的"不健全待修正的习惯"。为了改正这一习惯,沈从文要求出版家不要将自己的事业当成"纯粹商业",而应该"想到作家也应算作机构的一个重要部分"。解决这一问题的关键在于经费。沈从文认为政府在这方面已有所作为,关键在于出版部门"在固定版税制度外,肯为作者想点办法。"在讲到创造社时,沈从文认为,创造社"一面感于受当时有势力文学社团压迫,一面感于受出版方面压迫,作品无出路",于是自办出版,"终因为经济方面转手不及,不易维持",最终倒闭。[④]

郭沫若读完这篇文章后,发表了《拙劣的犯罪》,严厉批评了沈从文在创造社历史的叙述中体现的"不顾事实,自我作故的态度"。郭沫若以当事人的身份,认为创造社既没有"受当时有势力文学社团压迫",也没有"受出版方面压迫"。尤其是创造社的结局,它是"遭了国民党的封闭,于是寿终正寝",而并非经济方面的"不易

---

① 朱自清1948年7月2日日记记载:"读完何凝的《鲁迅杂感选集》序言"。《朱自清全集》第10卷,江苏教育出版社1998年版,第514页。
② 朱自清:《鲁迅先生的杂感》,《朱自清全集》第3卷,江苏教育出版社1998年版,第319页。
③ 史靖:《沈从文批判(五)》,上海《文汇报》,1946年12月25日。
④ 沈从文:《新书业和作家》,天津《大公报》,1947年1月18日。

维持"。从创造社倒闭原因说开去，郭沫若认为："书业的不振或不正和作家的受罪，分明是政治问题。一句话总归，政治的不民主使凡百正业崩溃，书业自不能除外，作家也不能除外。"① 这跟沈从文从书业本身找原因，其分歧显而易见。

其实，郭沈二人的说法都有道理，只是各自侧重点不同而已。作家当时面临的困境主要来自两个方面，一是出版业本身的不健全，二是政治的不民主。就郭沈二人的亲身经历来说，也都受到这两方面的困扰。

沈从文尽管强调书业的不健全导致职业作家的困难，但他也受到了政治不民主的困扰。沈从文本希望靠版税过活，事实上却不可能。他的作品遭到苛酷检查。"集子每本都必被扣数篇，致无从出版。"② 检查制度导致他"无法靠合法版税支持最低生活，将来也恐怕无多希望。"只好向胡适求助，看能否翻译成外文在国外打开销路，支持他继续创作。③ 郭沫若尽管强调是政治不民主对出版业和作家的伤害，但他也受到出版业混乱的困扰。郭沫若在流亡日本期间就已经发现了他本人著作的盗版书。郭著侵权到抗战以后越来越严重，1946 年 6 月，郭沫若不得不登报维护版权。④

可见，作为多产作家的郭沫若和沈从文，实际上都受到不民主的检查制度和混乱的出版市场两方面伤害。但由于各自对于重建新中国途径的思考路向不同，所以强调了不同的侧面。创造社究竟倒闭于经营不善还是政府查封，是郭沫若和沈从文本次分歧的出发点。沈从文的说法显然不符合历史事实。但不清楚情况的后来学者，却认为郭沫若拿这件小事做文章"令人匪夷所思"⑤。的确，如何讲述创造社历史事小，但背后体现的政治立场及知识分子对专制统治的态度事大！对于郭沫若来说，政治的不民主是他面临的更严峻的事实，也是他一直奋斗着要求改变的境况。

在写作《拙劣的犯罪》的 1947 年 2 月，正是国民党政府肆意违反政协决定，压制言论自由的法西斯统治时期。而这却被沈从文在文章中所忽略。

沈从文看重北方的报纸副刊，尤其是《大公报》副刊："由综合性转为专门，每周排定日程分别出史地、思想、文学、艺术各刊，分别由专家负责，配合了当时的特约社论，得到新的成功。"⑥ 他认为这"比上海方面用杂文、辱骂、造谣方式吸引读者情形，结果将不同些（可惜其他编者还不大感觉到这个需要）"⑦。其实，南方的副

---

① 郭沫若：《拙劣的犯罪》，上海《文汇报》，1947 年 1 月 27 日。
② 沈从文：《致沈荃（1943 年 1 月 11 日）》，《沈从文全集》第 18 卷，北岳文艺出版社 2002 年版，第 423 页。
③ 沈从文：《致胡适（1944 年 9 月 16 日）》，《沈从文全集》第 18 卷，北岳文艺出版社 2002 年版，第 432、433 页。
④ 《郭沫若启事》，上海《联合日报晚刊》，1946 年 6 月 14 日。
⑤ 李扬：《从佚文〈新书业和作家〉看沈从文与郭沫若的关系》，《新文学史料》2012 年第 1 期。
⑥ 沈从文：《〈文学周刊〉编者言》，《沈从文全集》第 16 卷，北岳文艺出版社 2002 年版，第 448 页。
⑦ 沈从文：《复叶汝琏（1947 年 2 月 14 日）》，《沈从文全集》第 18 卷，北岳文艺出版社 2002 年版，第 479—480 页。

刊，也有过如此尝试。就在沈从文发表上述言论一月之后，郭沫若应徐铸成之邀，主持革新上海《文汇报》副刊。革新后的《文汇报》在形式上学习的正是《大公报》《益世报》等北方报系。其副刊编辑由"专家负责"，内容由"综合性转为专门"。按照沈从文的说法，这正是"专家学人""以个人为单位，竞争表现，在运动规则内争表现"①。但是，1947 年 5 月，因国民政府的查封，《文汇报》副刊革新不到两个月就结束了。

　　沈从文希望"无妨从各方面着手，大家各从不同方式、不同信仰、不同观点作去，有个长时期自由竞争，争表现，所谓文坛会丰富些，思想也会活泼些"②。但事实说明，国民政府不允许专家学人"竞争表现"。而政府对言论自由的压制，沈从文却并无批评。所以郭沫若批评他"一手轻松便把政治的责任推开，而把严重的罪状加在出版家们的头上"，"这简直是超过了帮闲的范围，而死心踏地的帮凶了"③。

四

　　随着分歧的逐渐扩大，批评也逐渐升级，最终出现了《斥反动文艺》这篇最为权威，也较受争议的文本。《斥反动文艺》批评沈从文的部分主要分为两点。第一点批评沈从文的《摘星录》等小说为"文字上的裸体画，甚至写文字上的春宫"。第二点批评沈从文自抗战以来发表的一系列政见，特别是《一种新希望》，"存心要做一个摩登文素臣"④。本文重点探讨第二点。

　　《从现实学习》发表后，沈从文受到郭沫若、王康、林默涵、杨华、文协上海分会、文协香港分会等的严厉批评。但沈从文却认为这些批评"是民盟一方的玩意儿"⑤。1947 年 9—10 月，民盟的处境越来越困难。国民党政府新闻局长董显光一再发表谈话，认为民盟反对内战即为附和共产党。10 月 23 日，民盟在南京的两处办事处均被军警围困，检查出入人员。10 月 27 日，国民党政府宣布民盟为非法团体，要求各地治安机关对于民盟分子一切活动"严加取缔，以遏乱萌，而维治安"。当晚，民盟总部负责人张澜、黄炎培等召开紧急会议，决定总部暂时停止活动。就在民盟处境日益困难的境况下，沈从文于 1947 年 10 月 21 日，11 月 9、10 日先后在上海《益世报》、北平《益世报》发表《一种新希望》。

　　《一种新希望》将"政治上第三方面的尝试"作为"书呆子群收拾破碎，以图补

---

① 沈从文：《政治与文学》，《沈从文全集》第 14 卷，北岳文艺出版社 2002 年版，第 255 页。
② 沈从文：《复彭子冈（1946 年 12 月上旬）》，《沈从文全集》第 18 卷，北岳文艺出版社 2002 年版，第 444 页。
③ 郭沫若：《拙劣的犯罪》，上海《文汇报》，1947 年 1 月 27 日。
④ 郭沫若：《斥反动文艺》，《大众文艺丛刊》第 1 辑，1948 年 3 月 1 日。
⑤ 沈从文：《致阙名朋友（1947 年 2 月 3 日）》，《沈从文全集》第 18 卷，北岳文艺出版社 2002 年版，第 468 页。

救的措施"之一。① "第三方面"具体何指呢？邵荃麟认为指"目前以《大公报》《观察》为中心在宣传的所谓'新的第三方面运动'，实质上却是四大家族和平阴谋的一部分"。② 这一看法影响了后来的史家。但值得商榷。《大公报》《观察》所宣传的"新的第三方面运动"是在 1947 年 10 月底民盟解散以后方才兴盛起来的。沈从文本人亦属于这些学人议政群体的一员，他不可能批评刚刚兴起的自己所属的群体"遭遇挫折"。笔者认为，此处"遭遇挫折"的"政治上第三方面"，指的正是以民盟为代表的调停国共冲突的各民主党派。

沈从文将"政治上第三方面"遭遇挫折的原因归结于"人事粘合不得法，本身脆薄而寄托希望又过大，预收绥靖时局平衡两大之功，当然不易见功"。指责民盟被解散在于民盟自身的原因。其实民盟的被解散，正如香港学者叶汉民所说："此举无异将自由主义民主派完全排斥于主流政治之外，显示出国民党无法容纳西式民主，象征着西式民主运动在中国的边缘化。"③ 沈从文对于手无寸铁追求民主自由的民盟，仅仅因为个人恩怨，便如此落井下石，在原则问题上是非不分，在事实上只能成为独裁政府的"帮凶"。难怪作为民盟成员的邓初民，在郭沫若提到沈从文们时，会义愤填膺地说："硬是要消灭他们才行。"④

国民政府容不下在国统区最高学府任教的留美知识分子闻一多，容不下没有武力却奔走调停的民主同盟，这样的政府当然是独裁专制政府，而沈从文没有一句批评。这虽然并非"有意识地作为反动派而活动着"⑤，但客观上却认可了当局的法西斯统治。所以，笔者认为郭沫若《斥反动文艺》虽然语气过火，但对沈从文的批评是有道理的。但是，郭沫若在 1948 年 3 月是否应该发表这篇以过激的口吻，绝对化地认为沈从文"存心要做一个摩登文素臣"的文章，却值得探讨。

沈从文被批评的言论尽管不合时宜，但并不能说完全没有道理。比如《一种新希望》中倡导"文化思想运动更新的综合"，重新检讨"'五四'运动"，以及"我们作家不是在争'自由'，争'民主'？文学上的自由和民主，绝不是去掉那边限制让我再来统治"⑥ 等言论，都值得认真思考。战后郭沫若一直为民主联合政府而奋

---

① 沈从文：《一种新希望》，《沈从文全集》第 14 卷，北岳文艺出版社 2002 年版，第 279—280 页。
② 荃麟：《二五与小丑之间——看沈从文的"新希望"》，香港《华商报》，1948 年 2 月 2 日。
③ 叶汉明：《从"中间派"到"民主党派"：中国民主同盟在香港（1946—1949）》，《近代史研究》2003 年第 6 期。
④ 1948 年 1 月 3 日下午，郭沫若参加香港文艺界的一个新年团拜会，这次团拜会至少还有邓初民和钟敬文参加。郭沫若说："文艺方面像政治一样，一方面有为人民的文艺，一方面有反人民的文艺"，"反人民的文艺有四种，第一种是茶色文艺。搞这种文艺的一群中，有萧乾，沈从文，易君左，徐仲年等。萧乾比易君左还坏。他们有钱有地盘，更有厚的脸皮。硬是要打击他们才行。"郭沫若讲到这里，"邓初民先生插嘴说：硬是要消灭他们才行。在座的都笑起来表示赞成。"（《一年来中国文艺运动及其趋向》，香港《华商报》，1948 年 1 月 7 日。）
⑤ 郭沫若：《斥反动文艺》，《大众文艺丛刊》第 1 辑，1948 年 3 月 1 日。
⑥ 沈从文：《政治与文学》，《沈从文全集》第 14 卷，北岳文艺出版社 2002 年版，第 253 页。

斗，一直捍卫民主自由的原则。新政权是以新民主主义为标帜，既然是民主，就应该包容异议知识分子，允许不同政见者公开发表意见，不然，跟独裁的国民党政府又有何区分？1946—1947年间，郭沫若处于在野甚至受迫害的地位，其对专制政府及各种为专制政府开脱行为的严厉批评，体现了知识分子的担当和勇气。到1948年春，中国人民解放军取得了战略反攻的节节胜利，国统区经济趋于崩溃，国民党人心丧失，专制政府的垮台已指日可待。郭沫若跟中共领袖关系亲密，在推翻国民党独裁政府中有出色表现，他无疑会成为新政权领导班子的重要成员，郭沫若的身份即将发生重要变化。但他并没有意识到，在身份变化后，如果再像从前一样，以一种绝对的、过激的、不容置疑的口吻在文化界发言，将违背他多年来对民主自由的追求。他此时应该思考的问题，是未来新中国如何建设和发展。在思考这些问题时，他最应该捍卫的，是他多年来一直坚持的民主自由原则。对民主自由原则的捍卫，即便不鼓励，也应该允许异议分子继续发表意见。作为本身不对新政权构成威胁，愿意以一个专家身份努力于社会文化建设的大学教授沈从文，无论之前如何糊涂，如何"帮凶"，但在新的社会中总会有所贡献，郭沫若不应在实力扭转时期对其施以更加严厉的批评。

结 语

郭沫若与沈从文在不同时段的不同论争，由于情况不同，应有不同的分析和结论。本文仅考察战后三年间的郭沈论争，所得出的四点结论不针对1946年之前，也不针对1949年之后。一孔之见，就正于方家。

第一，郭沈二人冲突之根本原因在于如何建立民主自由强盛的新中国，以及知识分子为了实现这一目标应该有何作为这一问题的回答不同。相对于国家，沈从文更注重社会的重造。他将当时有影响力的人分为三类：第一类拥有武力在战场上厮杀，第二类为"政治上卖空头活动人物"，第三类即以"职业作家"为代表的专家学人。沈从文于专家学人寄予厚望，希望他们用"尊严高尚抽象原则"从事"社会重造"，培养大多数人具有"抽象健康观念""高尚情感"[①]及"爱与不忍之心"[②]，"在这种憧憬中，以及憧憬扩大的努力中，一个国家的新生，进步与繁荣，也会慢慢来到人间的！"[③] 相对于社会，郭沫若更注重国家政权的建设。他将建设新中国的方式寄托于由上至下的民主制度的实行，具体方式在于尽快结束国民党一党专政，仿效战后法国等新型民主国家，建立包括执政当局和各在野党及无党派人士在内的民主联合政府。从理论上说，国家和社会可以分头改造，但在实践中，却往往一体两面。没有民主的

[①] 沈从文：《〈文学周刊〉编者言》，《沈从文全集》第16卷，北岳文艺出版社2002年版，第450页。
[②] 沈从文：《〈文学周刊〉开张》，《沈从文全集》第16卷，北岳文艺出版社2002年版，第445页。
[③] 沈从文：《从现实学习》，《沈从文全集》第13卷，北岳文艺出版社2002年版，第390页。

国家政权，社会的改造往往纸上谈兵，没有健全的社会思想，民主的国家政权也不易维持。而在国家政权不民主，社会建设不健全的战后中国，国家与社会的问题更是纠结缠绕，不宜分离。同时，郭沈二人不可能各说各话，而涉及对当时不同政治力量的评说和归依。由于可能诱发实力的介入，因此并非说说就算完事，严厉的论争不可避免。

第二，沈从文在议政中漠视其他力量的努力、牺牲与贡献，客观上推卸了专制政府的责任，违背了他本人所追求的民主原则。为了突出小说家的作用及社会重造的重要性，沈从文漠视闻一多等民盟人士的牺牲，曲解第三方面人士争取国府委员名额等活动的动机，将第三方面人士描述成不学无术之徒，将创作的困境归结为新书业的不健全，将民盟被迫停止活动归结为其内部原因。这些言论一则与事实不符，二则推卸了独裁政府的责任，三则违背了他自己所追求的民主原则。郭沫若就此展开的批评，获得了广大知识分子的支持，具有合理性。

第三，总体上来说，郭沫若对沈从文的批评是合理的，只是《斥反动文艺》发表得不合时宜，违背了他本人追求的民主原则。郭沫若强调尽快结束一党专政，实现国家政权层面的民主化。他高度评价了闻一多等民盟人士在争取民主等方面所做出的牺牲与努力；高度评价并平等对待各种文类与各种文艺形式及历史研究等学术活动所取得的成就；将创作的困境归结为政治的不民主；并质疑沈从文小说的价值，严厉批评了沈从文的各种不实之词与事实上的"帮凶"行为。这些批评总体上是有道理的。尤其是前三次，郭沫若身处在野的甚至受迫害的处境，他对沈从文言论针锋相对的争辩，体现了近代知识分子深入思考其历史使命，担当国家民族命运，捍卫民主原则的可贵精神。第四次，即《斥反动文艺》中对沈从文的批评，虽于事实上部分成立，但发表得不合时宜，违背其一贯坚持的民主原则。充分吸纳沈从文的合理言论，尊重沈从文对社会重造的独立思考，鼓励沈从文的社会重造活动，才是郭沫若对民主原则的坚守。

第四，郭沫若和沈从文的冲突，反映了近代知识分子跨越专业界限，对民主自由与独立富强的新中国的建设途径的深入思考，体现了可贵的担当精神、战斗勇气和使命感，但同时也暴露了他们的狭隘和不彻底。其经验和教训值得我们随时反顾、深入思考、认真总结。

（原载《中国现代文学研究丛刊》2013 年第 7 期）

谈郭沫若对一篇涉及鲁迅的文艺论文的修改

孟文博

1944年6月14日，郭沫若在重庆"为纪念契珂夫逝世四十周年"，写下了《契珂夫在东方》一文，于7月15日发表在重庆的《新华日报》上。这篇文章虽然以纪念契珂夫[①]为名，但是大部分篇幅却是把契诃夫与鲁迅进行对比，因此长期以来也是学界研究鲁迅以及郭沫若与鲁迅关系的一篇重要文献，在以往相关的学术论文与著作中，引用率非常高。

近期笔者在做郭沫若文艺论文的汇校工作，在汇校到此篇文章时发现，郭沫若最初发表在《新华日报》上的原文，与后来收入到《沸羹集》中的文章，以及再后来收入到《沫若文集》的文章，虽然题目相同，但是内容却进行了相当大的修改，修改幅度之大，超过了他的其他所有文艺论文。笔者由此不禁再次查阅了以往引用过这篇论文的研究文献，结果遗憾地看到，所有的学者都是引用《沫若文集》或《郭沫若全集》中的文章，而不是这篇文章的原文，同时也未注明原文与各文集中的文章有何不同，因此可以说，这一点被完全忽略了。

众所周知，我们所有的研究工作都要建立在正确的史料基础之上，尤其涉及郭沫若、鲁迅、契诃夫这样国内外一流大作家的文献，更要谨慎仔细，否则很容易造成结论偏差、以讹传讹的现象。

鉴于这篇文章的重要性，并且篇幅也不长，笔者就先说明一下它的历次收录情况，然后以较为直观的表格对比方式把全文汇校结果列于下面，为最大程度地还原历史，文章内容保留最初的繁体字样式和标点格式，以便学者们参考。

收录情况：此篇文章最早是被收入到上海大孚出版公司1947年12月版《沸羹集》之中，之后此《沸羹集》被群益出版社于1950年、新文艺出版社于1950年代多次印刷出版，其内容与上海大孚出版公司1947年的最初版无异。再之后这篇文章随《沸羹集》被收入到《沫若文集》中，又被郭沫若做了几处修改，这也是郭沫若对它的最后一次修改。因此总的情况可以简单表示如下：

[①] 今译契诃夫，本篇除引文外均使用此名。

《新华日报》中的原文——修改——各版本《沸羹集》——修改——《沫若文集》汇校结果如下表：

原文： 　　契珂夫在東方很受人愛好。他的作品無論在日本或在中國差不多全部都被翻譯了，他的讀者並不少於托爾斯泰或屠格涅夫。	《沸羹集》： 　　契珂夫在東方很受人愛好。他的作品無論在日本或中國差不多全部都被翻譯了，他的讀者並不少於屠格涅甫與托爾斯泰。 《沫若文集》： 　　除"日本或中國"作"中國或日本"，"屠格涅甫"作"屠格涅夫"外，其餘同上。①
原文： 　　主要的原因大約是作品的形式和風格很合乎東方人的口胃吧。東方人於文學喜歡抒情的，有內涵而不傷於凝重的東西。那感觸要像玉石那樣玲瓏溫潤而不像玻璃，要像綠茶於清甜之中帶有點澀味而不像咖啡加糖加牛奶。音樂，繪畫，都要有這種澀味。一切的愛好都重視沉潛的美而比較輕視外表的浮華，喜歡不可名狀的憂鬱，而有點害怕過於宏偉，壓迫得令人窒息的東西。	《沸羹集》： 　　他的作品和作風很合乎東方人的口胃。東方人於文學喜歡抒情的東西，喜歡沉潛而有內涵的東西，但要不傷於凝重。那感覺要像玉石般玲瓏溫潤而不像玻璃，要像綠茶般於清甜中帶點澀味，而不像咖啡加糖加牛乳。音樂的美也喜歡這種澀味，一切都要有沉潛的美而不尚外表的華麗。喜歡灰青，喜歡憂鬱，不是那麼過於宏偉，壓迫得令人害怕。 《沫若文集》：同上。
原文： 　　這種審美感是比較地屬於舊時代的了，但契珂夫卻在這些風味上投合了東方人的感觸，他所有的東方成分似乎多過西方的，他雖然不做詩，但他確實是一位詩人，他的小說是詩，他的戲曲也是詩。	《沸羹集》： 　　契珂夫特別在這些方面投合了東方人的感情，在我們看來他的東方成分似乎多過於西方的，他雖然不做詩，但他確實是一位詩人，他的小說是詩，他的戲曲也是詩。他比屠格涅夫更為內在的，而比托爾斯泰或杜斯托奕夫斯基更有風味。 《沫若文集》：同上。
原文： 　　在中國，他對於新文藝所給予的影響確實是很大的，雖然一向不十分為人所注意。關於這層，我現在想把我們的一位大作家魯迅舉出來和他對比一下，便可以得到比較具體的了解。	《沸羹集》： 　　在中國，雖然一向不十分為人所注意，他對於中國新文藝所給予的影響確是特別的大。關於這層，我們只消舉出我們中國的一位大作家魯迅來和他對比一下，似乎便可以了解。 《沫若文集》：同上。

---

　　① 由于收入到《沫若文集》时改动较少，因此只标注出其与《沸羹集》不同的内容，其余相同部分皆用"同上"表示。

续表

原文： 　　魯迅的作品形式和風格，與契訶夫的，極其相類，徑直可以說是孿生弟兄。假使契訶夫的作品是「人類的無聲而悲哀的音樂」（Still add sad music of humanity）。魯迅的至少可以說是中國人的。他們都是平庸的靈魂的寫實主義。傭人們的類似宿命的百無聊賴的生活使他們感覺悲哀，沉痛，甚至失望。人類儼然是不可救藥。	《沸羹集》： 　　魯迅的作品與作風和契訶夫的極相類似，徑直可以說是孿生的弟兄。假使契訶夫的作品是「人類無聲的悲哀的音樂」（"Still and sad music of humanity"）。魯迅的作品至少可以說是中國的無聲的悲哀的音樂。他們都是平庸的靈魂的寫實主義。傭人的類似宿命的無聊生活使他們感覺悲哀，沉痛，甚至失望。人類儼然是不可救藥。 《沫若文集》： 　　除"徑直"作"簡直"外，其餘同上。
原文： 　　他們都是研究過近代醫學的人，醫學家的冷靜，鎮定了他們的憤怒，解剖刀和顯微鏡的運用，訓練了他們對於病態和癥結做耐心的無情的剖檢。他們的剖檢是一樣地犀利而仔細，而又蘊含着一種潛在的同情。但他們都是只開病症而不肯處方的醫師。	《沸羹集》： 　　他們都是研究過近代醫學的人，醫學家的平靜鎮定了他們的憤怒，解剖刀和顯微鏡的運用，訓練了他們對於病態與癥結做耐心的無情的剖檢。他們的剖檢是一樣犀利而仔細，而又蘊含着一種沉默深厚的同情，但他們卻同樣是只開病历而不處藥方的醫師。 《沫若文集》：同上。
原文： 　　這大約是由於環境與性格都很相近的原故吧，兩人都是患着不治的肺結核症而倒下去的人，單只這一層也很值得我們起着同情的聯想。這種病症的自覺，對於患者的心情，是可能發生出一種同性質的觀感的。內在的無可如何盡可能投射為外界的不可救藥，就這樣，由於內在的投射與外界的反映，便交織成為慘淡的，哀怨的，含淚而苦笑的詩。	《沸羹集》： 　　這大約是由於環境與性格都相近的原故吧，兩人同患着不可治的肺結核症而倒下去了，單只這一點也都值得我們起着同情的聯想。這種病症的自覺對於患者的心情是可能發生出一種同性質的觀感的。內在的無可如何盡可能投射為世界的不可救藥。就這樣內在的投射和外界的反映，便交織成為慘淡的、虛無的、含淚而苦笑的詩。 《沫若文集》：同上。
原文： 　　但兩人都具有着「進步的信仰」。——「進步」，這是近代生物學所證實了的無可否認的鐵的事實。就因為相信「進步」，故對現實生活雖感失望，而並未絕望。是信仰把契訶夫從虛無主義救了出來，也使他沒有陷落到神秘主義的泥沼。他是時時繫念着「三二百年後」人類社會的光明的遠景的。他相信「經過二三百年後，世界上的生活都要變得十分美麗，不可思議的美麗」（「三姐妹」中韋士英語），或者	《沸羹集》： 　　但兩人都相信着「進步」。這是近代生物學所證實了的，無可否認的鐵的事實。故雖失望，而未至絕望。在刻骨的悲憫中未忘卻一絲的希望。契訶夫時時繫念着「三二百年後」的人類社會光明的遠景，他相信「再過三二百年後，全世界都要變成美麗而可愛的花園」（庫普林：契訶夫的回憶，）「經過三二百年之後，世界上的生活都要變得十分美麗，不可思議的美麗」（三姐妹中韋士英所說。）這希望給予契訶夫的作品以潛在

续表

「再過三二百年後，全世界都要變成美麗而可愛的花園」（庫普林「契訶夫的回憶」）。就是這希望給了契訶夫的作品以潛在的溫暖，就譬如儘管是嚴寒的冰天雪地，而不是完全冰化了的死滅的月球。 原文： 　　魯迅的作品也正是這樣。 　　但魯迅的年輩卻使他比契訶夫更佔了便宜。契訶夫早來到世界二十年，而魯迅更遲離開世界三十年以上（註一）。就是這一早一遲，使魯迅得以親眼看見俄國十月革命的成功和中國革命勢力的高漲。光明的前景用不着等待到「二三百年之後」，竟在契訶夫去世後的僅僅二三十年便到來了。 原文： 　　希望成為了現實，明天成為了今天，「進步的信仰」變為了「革命的信仰」。「做得更像樣一點吧！」——在契訶夫所「不能夠高聲地公然向人說出」的（註二），而在晚年的魯迅卻「能夠高聲地公然向人說出」了。契訶夫式的魯迅變為了高爾基。 原文： 　　然而在魯迅的初期深切地受過契訶夫的影響，那是毫無疑問的。 　　因而前期魯迅在中國新文藝上所留下來的成績，我是這樣感覺着，差不多是契訶夫自身所播下的種子。 （註一）契訶夫（一八六〇——一九〇四） 　　魯　迅（一八八一——一九三六） （註二）高爾基評契訶夫的話。	的溫暖，就像儘管是嚴寒的冰天雪地，而不是無生命的月球裏的死滅。 《沫若文集》：同上。 《沸羹集》： 　　魯迅的作品也正是這樣。但魯迅比契訶夫佔了便宜的。是遲來世界二十年，後離世界三十年（註）以上。魯迅得以親眼看見俄國十月革命的成功，和中國革命勢力聯帶着的高漲，光明的前景用不着等待「三二百年之後，」竟在契訶夫去世後僅僅三二十年間便到來了。 《沫若文集》： 　　除"（註）"作"①"外，其餘同上。 《沸羹集》： 　　在這兒魯迅便和契訶夫分手了。希望成為了現實，明天變成了今天，「進步的信仰」轉化為了「革命的信仰」。「做得更像樣一點吧」——在契訶夫所「不能夠高聲地公然向人說出」的，而在後期的魯迅卻「能夠高聲地向人說出」了。魯迅是由契訶夫變為了高爾基。 《沫若文集》：同上。 《沸羹集》： 　　但是毫無疑問，魯迅在早年一定是深切地受了契訶夫的影響的。 　　因而前期魯迅在中國新文藝上所留下的成績，我是這樣感覺着，也就是契訶夫在東方播下的種子。 （註）契訶夫（1860——1904） 　　魯　迅（1881——1936） 《沫若文集》： 除注釋作："①契訶夫（1860——1904），魯　迅（1881——1936）。——沫若注"外，其餘同上。

　　从以上对比可以看出，郭沫若对这篇文章所做的绝大部分修改，均在收入到新中国成立前出版的《沸羹集》时完成，而在收入到新中国成立后出版的《沫若文集》

时，仅仅做了极少调整。这种情况和他对其他文章的修改正好相反。其他文章在收入到新中国成立前的文集时，很少改动，而在收入到《沫若文集》时，由于种种复杂的原因，修改幅度远远大于之前的修改。为何这篇文章如此特立独行？也值得引起学者们的注意。

(原载《鲁迅研究月刊》2013年第4期)

关于郭沫若《〈撒尼彝语研究〉的检讨·结语》

李晓虹

1951年7月至9月间，中国科学院因为一本学术专著序言中的问题引发一场内部思想整顿。此事以陆定一7月23日给郭沫若的信为起始，以郭沫若9月13日的检讨为终结，历时五十天。虽然时间不长，但整个过程中，中国科学院、院长郭沫若和与此书出版相关的中国科学院编译局、语言所所长罗常培以及此书的作者马学良均做了书面检讨，足见这是新中国成立初期发生在科学文化界的一件大事。

事情由语言学专家马学良《撒尼彝语研究》的序文引起。这是一部少数民族语言研究专著，成书于1946年，作者于同年6月5日为此书写了序文，书稿和序文一并由作者马学良所在的中央研究院交商务印书馆待出版，但却始终未获排印。新中国成立后，身为中国科学院院长的郭沫若非常重视包括这本书在内的原中央研究院的研究成果，于1950年1月指示，将原稿拿回来，再行审查一次。经丁声树审查后，3月寄往上海付印。1951年4月，该书作为中国科学院语言研究所编辑的语言学专刊第2种由商务印书馆出版。当时一共印了1000册，出版后，商务印书馆包装了300册，在1951年6月15日运到中国科学院编译局，编译局根据语言研究所提供的名单赠送了55册。①

时任政务院文教委员会副主任的陆定一在读到此书序言后，认为其对法国神甫邓明德的描述存在立场问题②，于7月22日致信中国科学院院长郭沫若。全文如下：

---

① 参见《中国科学院编译局对于〈撒尼彝语研究〉的检讨》，《科学通报》1951年第10期，第1012页。
② 《撒尼彝语研究》的序文中被认为有问题的一段文字："尾则是路南县东南的一个村落，全村居民不足百户，除了五六户汉人外，其余全是撒尼人，所以汉化的程度并不深。尾则虽是一个小村落，但因法国神甫邓明德氏（Paul Vial）在这里传教，卓有成绩，因此这一小村落竟名扬中外。死后土人为纪念他的功德，就在他的墓前立了一块碑文，我们曾在他的墓前凭吊过，并留影纪念。关于邓氏一生的事绩及著述，碑文上有详明的记载，兹移录于下：ّ公讳明德，大法人也。生平性喜耽静，乐善好施，真乃仁人君子。先于西历一千八百年间，自法赴滇，为传天主教，遂委任漾壁开教。五年后，委饬路南路美邑，初立教堂于一千八百九十二年，被匪抢劫，公受重伤十四痕，求医无效，只得回国调治。旋得痊愈，公不弃原职，仍然赴滇，建修各属教堂，又新创村落，曰保禄村，此法大恩人之功也。兼之博学多能，诲人不倦，著书传经，创造法彝字典，特得大法士院优给奖励。迄今奉教者日多，又广设学校，大兴文化，升举司铎，则群贤毕至，少长咸集，非公之功，非功之德欤？'碑文中所谓法彝字典，即一九〇九年在香港出版之Dictionaire Francais-Lolo, dialect gni，该书前部为语法，后部为字典，每字下附注彝文，固不失为一部彝族语文的杰作；但在语法方面，多因袭印欧语法，强为比附，写不出撒尼语法的真精神。字典中所收之语例尚多，可惜标音是用罗马拼音，间出已意，杜撰音符，以是我们不易从他的标音中得到正确的音值。在审音方面，亦嫌粗略……凡此都使我们感到美中不足。"（《科学通报》1951年第10期，第1008页）

郭院长并转常培先生：

中国科学院出版的语言学专刊第二种《撒尼彝语研究》的序文，对法国神甫邓明德的叙述，立场是错误的。为了加强中国科学院出版物的严肃性，提议考虑具体办法，予以补救。今后中国科学院的出版工作中，亦希能有具体办法，使此类政治性的错误不致发生。如何望示。①

郭沫若接信后感到问题的严重性，次日即致函语言研究所所长罗常培，提出补救办法。全文如下：

莘田先生：

附上陆副主任信，阅后请掷还。关于本书具体补救办法，我拟了几条：（1）凡本院编译局、语言研究所赠送者全体收回；（2）通知商务印书馆立即暂行停售，发售以来已售多少，将确数见告；凡已售出之件，可能收回者亦一律收回；（3）该书必须将序文除掉，由马君改写，并将全体内容整饬一遍，再考虑继续出版。以上诸点，我将以回复陆副主任，至于中国科学院出版工作的一般具体办法，当另行商议。②

之后，中国科学院及时采取了补救措施：

1. 紧急处理已经出版的书籍：一方面，通知商务印书馆停止发售，并设法赎回已售出部分；另一方面，将已经寄出的55册赠书，全部收回。经迅速处理，该书未在市场上造成影响，我们今天看到的《撒尼彝语研究》一书，虽然出版时间仍为1951年4月，但却是经过重新编辑后出版的。此书已没有序言，而在全书最后增加"附录二"，是该书著者马学良曾经发表于1951年6月30日《文物参考资料》第2卷第6期上的一篇文章《帝国主义怎样摧残我兄弟民族的文化》。

2. 7月26日，中国科学院做出《关于〈撒尼彝语研究〉的检讨》，指出"我们作为科学工作者的工作，对于'买办的思想'不仅未能肃清，反而在加以'发展'，这确是值得我们深刻地检讨的"。并说：此事"责任不限于作者马学良，科学院的各位负责人，科学院编译局及语言研究所的负责人，都有同样的责任。我们希望有关的负责同志们能深切诚恳地作一番自我检讨，这样来加强科学院出版工作的严肃性，并加强全中国科学出版事业的严肃性"③。

---

① 《科学通报》1951年第10期，第1007页。
② 同上。
③ 《中国科学院关于〈撒尼彝语研究〉的检讨》，见《科学通报》1951年第10期，第1010—1012页，又见《中国科学院史料汇编》1951年。

3. 8月9日，中国科学院召开关于《撒尼彝语研究》错误的院内检讨会议，"本院及编译局负责人、语言所所长罗常培、著者马学良做了自我批评。"① 这些自我检讨经过修改后，全部刊载于《科学通报》1951年第10期《关于〈撒尼彝语研究〉的检讨》专题中。

4. 8月15日，从院内外选出了104位专家分别送去下列信件，征求书面意见，收回复信95件。其中百分之九十的回信中谈到序文的错误，并给予相应的批评。其中一些来信选登在《科学通报》1951年第10期《关于〈撒尼彝语研究〉的检讨》专题中。包括《马坚来信》《李有义来信二通》《王崇武来信二通》《周祖谟来信》《傅懋勣来信》《吴泽霖来信》《魏建功来信》《俞德浚来信》《郑天挺来信》。

5. 郭沫若的文章刊于《科学通报》1951年第10期《关于〈撒尼彝语研究〉的检讨》专题的最后，题为"结语"。

《撒尼彝语研究》的检讨·结语

《撒尼彝语研究》所犯的政治性的错误，首先是应该由我负责来自行检讨的。书在未印出之前，我没有亲自审查，在既印出之后我也没有细加核阅，这样的疏忽实在是万不应该。经过陆定一副主任的指示，使大家得到一个进行思想学习的机会，这对本院说来是很大的一个收获。

陆副主任的指示是七月二十三日接到的，本院立即采取了应急的救济办法，写出了一篇书面检讨。其后，于八月九日本院曾召集了一次院内检讨会议。本院及编译局负责同志、语言研究所罗常培所长、著者马学良同志都进行了严肃的自我批评，坦白地承认了错误。为了扩大这一次的经验教训以免科学界再犯同样的错误，我们认为有更进一步公开检讨的必要。于是在八月十五日，本院从院内外选出了一百零四位专家分别送去下列信件，征求书面意见：

"兹送上中国科学院语言研究所语学专刊第二册马学良著《撒尼彝语研究》的序文一件，请加以审核，并请于本月二十一日以前将书面意见寄掷回本院办公厅，以便定期开会讨论。"

到现在为止，除因本人离京原封退回者四件之外，已收回九十五件，尚余五件未能收回。

在所收回的九十五件中，各人所见到的虽然有偏有全，有深有浅，但有百分之九十发现了原文序中的错误，给予了相应的批评。就中如马坚、李有

---

① 《中国科学院史事汇要》1951年，第60页。

义、王崇武、周祖谟、傅懋勣、吴泽霖、魏建功、俞德浚、郑天挺九位先生的意见，是比较看到问题的全面，并对于邓明德的罪恶，或根据当地的实际情况，或联系当时的历史事实，有了更进一步的阐发的。

邓明德到云南的漾壁是在一八八〇年，这是英法联军入北京（一八六〇）之后的第二十年，正是法帝国主义积极觊觎越南和云南的时期。法帝国主义以一八八三年沦越南为保护国，一八八四年至一八八五年更有中法之战，以一八八五年缔结了所谓《天津条件》。而邓明德的由漾壁转移到尾则村活动也正是一八八五年。这样和当时的历史事实一联系起来，邓明德到云南的任务是丝毫也没有可以怀疑的余地了。

这位披着宗教外衣的强盗在尾则村又有了些什么"功德"呢？他在加紧大利盘剥，强买土地，挑拨民族感情，进行奴化教育，为法帝国主义测勘滇越路和滇桂路的路线。不几年间他使天主堂成为了尾则村最大的地主，使"许许多多的撒尼人和阿西人沦为教堂的农奴"①。还有他的后继者呢？在日寇侵略时期，更是"和日寇有勾结，经常替日寇搜集情报"的②。这些就是邓明德的真正的"功德"。

但值得我们特别注意的，是尾则村"这个教堂已有了六十多年的历史，但教友则只有三人"③。这可见邓明德及其后继者的残刻剥削是怎样伤害着尾则的撒尼人和阿西人的民族感情，而我们的这些可敬可爱的兄弟民族又是怎样热爱着乡土，热爱着祖国，始终没有受到文化间谍的麻醉。"一九四八年三月撒尼和阿西两族的人民在中国共产党领导下，首先在西山、圭山两地武装起义，组织了两族人民自己的武装"④，可见也绝不是偶然的事了。

马学良同志的序中把"武装起义"这一段近事是插入了的，但可惜他在基本上还没有肃清轻视少数民族的大汉族主义的思想。故他把少数民族称为"土人"，把民族地区称为"蛮荒僻野"，把几个民族败类，媚外洋奴为邓明德所建的墓碑误认为"土人为纪念他的功德"。这样是对于兄弟民族的轻易诬蔑。这所犯的政治错误，事实上并不亚于对于文化间谍的盲目歌颂。

少数民族语言研究的工作，在今天是极其庄严的、极其重要的一项政治任务。大汉族主义控制了中国历史一个很长远的年代，使国内的兄弟民族遭受着歧视、压迫、摧残，大多数被迫到硗瘠的偏远的地区，勉强维持着生

---

① 见吴泽霖的书面意见。——原刊注
② 见李有义的第一信。——原刊注
③ 见李有义的第二信。——原刊注
④ 见马学良的原序。——原刊注

存。文化落后了，卫生条件极坏，这并不是少数民族心甘情愿如此，而主要是我们汉民族的祖先所犯下的罪过。今天是我们属于汉民族的人们替祖先赎罪的时候了。中华人民共和国是国内兄弟民族的一个民主的大家庭，我们要努力提高少数民族的文化水平而增进他们的幸福生活，但要达到这一个目的就非锐意研究少数民族的语文不可。语言研究所是以这一工作为主要任务的，政务院更决定了在文化教育委员会之下设立少数民族语文研究指导委员会，这正表明今天的人民政权对于这项工作的如何重视。

国内少数民族的语文研究者不多，像马学良同志这样对于少数民族语文有素养的学者，我们是应该珍惜的。这次所犯下的错误，主要是由于我们负行政领导责任的人帮助不够，但马学良同志却能够认真检讨，接受批评，为我们的学术界树立了一个良好的作风，我们认为是难能可贵的。

毛主席说过："错误和挫折教训了我们，使我们比较地聪明起来了，我们的事情就办得好一些。任何政党，任何个人，错误总是难免的，我们要求犯得少一点。犯了错误则要求改正，越迅速，越彻底，越好。"[①] 我们在这次检讨中，可以说，是实践了毛主席的这个宝贵的指示。但"改正"得是否"彻底"，还要看我们今后大家的努力如何。要肃清旧时代的思想，是一项很艰巨的斗争任务。"错误要求犯得少一点"，非是经常不断地进行刻苦的自我斗争，养成高度的警惕性和锐敏的感受性，是不容易得到保障的。这一真理，我们在这一次的书面检讨中也得到了一项事实上的证明。

上面说过，我们收回了的书面意见九十五封中，有百分之九十是发现了错误的，还有百分之十不仅没有发现错误，反而表现了同性质的或更严重的错误。

其中有三位是自然科学家。他们说：他们不是语言学专家，恐怕是我们寄错了人，把原件退还了。这所表示的便是标准的纯技术观点。这几位朋友不仅不求科学与科学之间的关联，而且对于科学与政策的关联也丝毫不想介意。

又有几位虽然发现了一些枝节上的问题，但把重要的问题却看脱了，或者弄得来轻重倒置。有一位连邓明德没有语言学的根底也加以称赞，说他"因袭印欧语法"，"标音用罗马拼音"，正是他高明的地方。

更还有三位是相当有名的社会科学家，对于马克思列宁主义一般认为是有修养的人，但他们的审核结果是怎样的呢？有一位说"毫无意见"，有一位说"很欢迎"，有一位说"很好"。

---

① 见《论人民民主专政》。——原刊注

这就明显地表示着在我们中国整个学术界中,是有决不容轻视的思想问题存在着。

纯技术观点或"为科学而科学"的朋友们,认识不明确的朋友们,固然需要加强思想学习,学习马克思列宁主义和毛泽东思想,要善于把理论和实际结合,善于掌握政策。就是对马克思列宁主义和毛泽东思想已经有了修养的人也要不断的刻苦学习,才能保证在"和实际结合"上的准确性。

学习是不能有止境的。毛主席的《实践论》告诉我们:"认识从实践始,经过实践得到了理论的认识,还须再回到实践去";"实践、认识、再实践、再认识……循环往复以至无穷"。这是"整个认识过程的继续",也就是整个学习过程的继续。没有得到理论认识的人必须经过实际的检验来以求认识的明确,有了理论认识的人也必须经过再实践来以求认识的深入。

经过这一次的书面检讨,我们认为是有了更进一步的收获的。原先的设想是要在书面检讨之后,再"定期开会讨论的",但我们考虑结果,觉得不如把这次检讨的文件选出比较重要的把它公布出来,这样比采取"开会讨论"的方式可以得到更普遍而明确的效果。因此我们编纂了这辑《撒尼彝语研究》的检讨,印入《科学通报》,更打算把它抽印出来,公诸学术界的朋友们,希望它能成为思想学习的一种参考资料。

假如有了我们的前车之鉴,全中国的学术界都能不再犯同类性质的错误,全中国的科学出版物都能不断地加强它的严肃性,那是我们最大的希望。

让我们共同努力吧,为争取政治性错误的彻底消灭而奋斗。

郭沫若 一九五一年九月十三日

在这一长达三千多字的文章中,郭沫若表示对这一事件承担责任;同时介绍了接到陆定一指示后采取的补救措施;对"序文"存在的问题做了批评;提出要珍惜"马学良同志这样对于少数民族语文有素养的学者",并对他认真检讨、接受批评的态度表示肯定;对科学界抱有纯技术观点、"为科学而科学"态度的学者提出批评;最后提出将这些材料"公诸学术界的朋友们,希望它能成为思想学习的一种参考资料"。今天重读这篇检讨,对于了解新中国成立初期身为中国科学院院长的郭沫若所面临的问题,他对于知识分子的态度以及对于知识分子的思想学习问题的认识都有重要意义。

值得一提的是,这一事件发生在文化界大规模的武训批判之后,在中国科学院和编译局及马学良本人的检讨中都提到武训批判之事。郭沫若本人则因为曾经赞扬武训先后两次在《人民日报》公开检查。①

　　将郭沫若因为武训问题所做的检讨和因为"序文"事件所做的检讨联系起来，可以看出在领导新中国文化事业的同时，郭沫若面临着不小的思想压力。

（原载《郭沫若学刊》2013 年第 1 期）

---

① 《人民日报》1951 年 6 月 7 日发表《联系着武训批判的自我检讨》、1951 年 8 月 4 日发表《读〈武训历史调查记〉》。

关于《南无·邹李闻陶》

王 静

新中国成立之前，郭沫若与中国民主同盟的交往密切，与其中多位盟员保持了深厚的友谊。在邹韬奋和陶行知分别于1944年、1946年因病逝世后，郭沫若曾撰文纪念。1946年李公朴和闻一多遇刺后，他写作了多篇文章声讨暴行。在1948年7月16日出版的《光明报》新1卷第10期上，郭沫若还曾发表一篇题为《南无·邹李闻陶》的文章，来纪念以上四位先生，现录于下：

南无·邹李闻陶

人是很脆弱的。特别处在狂风暴雨的时代，一个人就像一株孤立无辅的树木一样，容易拔倒。这树木不怕就是磐磐大木，也有和根拔倒的时候。并不是风雨的狂暴真是无可抵抗，而是这树木太孤立了。这树木并不是倒于风雨的狂暴而是倒于自己的孤立。

我这一写起头，读者或许会惊讶，以为我感伤得有点脱轨，而且有点轻侮邹李闻陶四先生。好像在说，四先生太脆弱了，太孤立了，那么容易被拔倒。而且风雨无罪，狂暴无罪，脆弱其罪，孤立其罪，这简直有点近于反动了。

不错，我自己一面写，一面就在担心：会引起性急的朋友们这样的忧虑。我应该赶快把我的本意说出来。我认为邹李闻陶四先生是并没有倒的，他们是永远存在。他们不仅不脆弱，而且超度的坚强。他们不仅不孤立，而且永远不愿让明友们[①]孤立。风雨的狂暴真把他们拔倒了吗？那才是错觉呢！

古人已经说过："哀莫大于心死，而身死次之"。今天我们更可以说，生理上的死（即所谓"身死"）并不能算是死，要精神上的死（即所谓"心死"）才算是真正的死了。有的人，生理上并没有死，而精神早堕落了，

[①] 疑似应为"朋友们"。

或者成为走肉行尸,或者成为凶神恶煞,你说他是活着的吗?

但像四先生这样,"富贵不能淫,贫贱不能移,威武不能屈",虽然或死于耳癌,或死于无声手枪,或死于脑充血,但我们能够说他们是死了吗?不!他们并没有死,永远也不会死!像四先生这样的人,他们是超过了死亡线,而达到了永生的疆域了。

我们要问:四先生何以能够做到这样?这应该是最基本的一问:因为我们如要学习四先生,我们就要探得了他们的精神根源,向那根源处学习才有着落。他们的精神根源是在什么地方呢?据我看来,可归纳成重要的三点。

一、紧紧依靠人民,毫无保留地做有益于人民的事,替人民大众服务。

二、发挥超度的自我牺牲的精神,看轻了生死,因而也看轻一切了[①]富贵利禄,暴力淫威,贫困艰难,超过了一切的诱惑和胁迫。

三、知道了不算本事,要身体力行,不作空头的人民八股家,不作伪善的口头先锋队。表里通达,不作阴一套而阳一套的两面人。

这样的人是绝对不会孤立的,他虽然泯却了自我,但他是以人民大众为自我。谁能够把人民大众消灭?任何狂烈的风暴,不曾听见说过能拔倒一座山林。

靠着一个人或少数人的力量,自以为了不起的人并不一定了不起,自以为可以保险的人并不一定可以保险,自以为顶天立地而独立,事实上是踢天踢地而孤立。

希特拉墨索里尼东条英机的例子可以不用举了,像托罗茨基在十月革命的当年,与列宁齐名,煊赫得够可观了,然而后来怎样了呢?

郑孝胥汪精卫周作人的例子可以不用举了,胡适被人称为"圣人",他自己也当仁不让是以"今圣"自居的。他的准备也未尝不周到,学生时代的《留学日记》已经出版行世了,他每天还在用毛笔写着日记,准备在生前或死后好用珂罗版印行。那些太[②]约也就是"行成于内而名立于后世"的圣人之言了。他今天虽然还没有死,但我敢于保证,他的确已经成了"圣人"了。

陈公博,周佛海,张国焘,都曾经做过共产党的领袖。当了共产党,当了共产党的领袖,可谓进步了,进步到极端了,然而也并不能保证他们的将来。

人的确是很脆弱的,在没有把死亡线通过之前,地位愈高,名声愈大,

---

① 疑似应为"看轻了一切"。
② 疑似应为"大约"。

实在是危险愈多。所谓"道高一尺，魔高一丈"倒老实是古人的经验之谈呵。

自己就是一个最大的陷穽，看不破，丢不下，自己就会把自己打倒。一个人的倒下去，自然我是说精神上倒下去，的确不是由于外在的风暴，而是由于自己的脆弱。看不破，丢不下，自己的包袱背得太多也就是自倒的原因，更不必等到风暴。

名气够大了，还要贪图无实的名声。财产够多了，却不肯率先的博施济众。一点芝麻大的虚荣都不肯让人，一点芝麻大的小利都不肯放弃。这样空头的革命家，不怕今天就处在"领袖"的地位，即所谓磐磐大木，事实上也是孤立无辅的，顶顶危险的。

人谁不为自己打算呢？就请朝长远处为自己打算吧。要想自己伟大，就请把自己的小我化为人民，那就再伟大也没有了。要想自己富有，就请把自己的财产化为人民的财产，那就再富有也没有了。这样的财产会被永远保持下去，绝不损失。要想自己的声闻不灭吧，最好让人民写在他们的心里。

当然最好不要为自己打算。谁①够为人民丢掉自己的，自己也就有了。谁能够为人民看小自己的，自己也就大了。人民是绝不会辜负为大众而牺牲自我者的，请看，邹李闻陶不正是我们的好榜样吗？

我愿意学习邹李闻陶，切实使自己落根在人民的土壤当中。我愿意把邹李闻陶作为我的四大精神支柱。我自己也就是一个脆弱者，在我未超过死亡线之前，我自己究竟是成为郑汪周胡，还是邹李闻陶，我自己也不敢保证。

我自己很愿意走自力本愿的路，努力策励自己，但也不敢轻视他力本愿的路，礼请一些精神不死者来支撑着自己。我愿意学和尚念佛，遇着有什么诱惑威逼或自己看不破，丢不下的时候，便这样连连的念，连连的念：

南无·邹李闻陶！南无·邹李闻陶！南无·邹李闻陶！南无·邹李闻陶！南无·邹李闻陶！南无·邹李闻陶！……（一九四八年七月八日）

郭沫若与《光明报》有着不小的联系。他于1947年11月16日由沪抵港，1948年3月《光明报》复刊后，他曾在新1卷第1期上发表了《驳胡适〈国际形势里的两个问题〉》，而后又作《屈原·苏武·阴庆》发表于1948年3月15日《光明报》新1卷第2期，以及《历史是进化的》发表于1948年4月17日《光明报》新1卷第4期。

上面这篇佚文是该期《光明报》"悼念本盟先烈李闻陶杜特辑"中的六篇文章之

---

① 疑似脱落一"能"字。

一,其中"杜"指杜斌丞,他于1947年3月20日在西安被国民党特务逮捕,同年10月7日就义。《光明报》该期社论指出,这四位先生或直接倒在反动派当局的枪口下,或间接死于其恐怖与威胁之下,此时的任务是"展开新政协运动,扩大并巩固民主的统一战线,与各民主党派,人民团体,与一切社会先进,紧紧的携手,共同为结束独裁统治,实现人民的民主新中国",只要"承继李,闻,陶,杜诸先烈生前'和广大人民站在一起'的光荣传统,坚定不移,抬头乐干,我们一定能够冲破黎明前的'黑暗',取得最后胜利",作为告慰诸先烈的奠仪①。

1946年2月10日校场口血案发生时,郭沫若与李公朴同在"庆祝政协成功大会"会场,共同面对特务的袭击,可谓拥有战斗之谊。而郭沫若与闻一多的友谊也颇深,李闻遇刺后他将声讨与哀悼诉诸笔端,写出了多篇文章,学界对它们的研究可观,在此不作多述。

郭沫若与陶行知亦是共同战斗和患难的朋友,陶行知去世后,他写作了《祭陶行知》《痛失人师》《陶行知挽歌》《读了陶行知最后一封信》《记不全的一首陶诗》《陶行知先生最值得学习的地方》,1947年作《行知诗歌集》校后记,称自己将诗集"前后读了两遍",并对其做了校正②。他还曾作一曲词《大哉陶子》,道"以前无陶子,以后万亿陶子"③,表达了自己的尊重之情。

然而郭沫若此文所纪念的"邹李闻陶"四先生与《光明报》特辑所纪念的先烈并不完全相符,他并未提及杜斌丞,而是加入了邹韬奋。这或有两个原因:其一,"邹李闻陶"作为一个整体而被纪念已有先例,《光明报》1947年7月19日新22号曾作"邹李闻陶四先烈纪念特辑",郭沫若将之一起纪念并不出奇;其二,更直接的原因可能是,郭沫若与邹韬奋有所交往,情之所至自然成文。

邹韬奋病逝后,1944年10月1日重庆举办"邹韬奋先生追悼大会",郭沫若为主祭人之一,在会上发表了悼词。1947年,他在《韬奋先生印象》一文中回忆了与邹韬奋在1937年11月27日的相识,当时他们一起坐船从上海撤退。这次"邂逅"给郭沫若留下了极深刻的印象,在他心目中邹韬奋"始终显得是一位青年。不仅他的精神是那么年青,就是他的面貌、风度,也总是那么年青"。他提到二人在船上的谈话:"在开船后,韬奋先生和我在二层的甲板上品排着走来走去,一面走一面谈,谈了将近有一个钟头的光景。"尽管后来二人同在武汉,后又在重庆聚会过,这"同韬奋先生最亲密地谈话的第一次,而且也是唯一的一次"④ 的深谈,"留在我的脑里

---

① 《含悲忍泪,后继前仆——敬悼本盟先烈李,闻,陶,杜诸先生》,《光明报》,1948年7月16日新1卷第10期。
② 郭沫若:《〈行知诗歌集〉校后记》,载《行知诗歌集》,上海大孚出版公司1947年版,第493页。
③ 曲谱《大哉陶子》,郭沫若作词,《陶行知歌曲集》,陶行知研究会1992年编印,转引自《重庆陶研文史》2006年第4期。
④ 郭沫若:《韬奋先生印象》,《世界知识》1947年第16卷第2期。

最深"。1944年郭沫若为邹韬奋作一挽联:"瀛谈百代传邹子,信史千秋哭贾生",其中的"瀛谈"便指这次初遇之谈。

而杜斌丞的革命活动主要集中在陕西,郭沫若在实际中与之并无交往,仅在其回忆录《洪波曲》中提及一次:"他(侯外庐)说,他很感谢当时做着省政府秘书长而今已被反动派陷害了的杜斌丞,是杜斌丞得到消息劝他走开的,而且还照顾到了他的路费"①,这仅有的一句还是转述侯外庐的话。

这篇文章的内容也很有特点。首先,此文将四先生视为一个统一的精神体,他们达到的一致境界是"超过了死亡线,而达到了永生的疆域"。郭沫若写作分别纪念各人的文章时,对逝者的回忆是非常细节的,其描写是具体的,歌颂是热烈的。而《南无·邹李闻陶》出于共同纪念的目的,则没有任何回忆,它所纪念的是一种先烈共同具有的精神。

第二,此文是一篇富有哲理和教育意义的文章。它以"人是脆弱的"为开始,进而称人是孤立的、人的肉体会灭亡,但四位先生"发挥超度的自我牺牲的精神,看轻了生死","毫无保留地做有益于人民的事",因而不孤立,其精神亦不会灭亡。而后又道:"人的确是很脆弱的","自己就是一个最大的陷穽,看不破,丢不下,自己就会把自己打倒","人谁不为自己打算呢?"但他认为若是以某种精神来激励自己,就能够看破丢下。综观1948年郭沫若所作的文章,或为民主而高呼,或在学术上有所建树,面对反动暴行,他曾写道:"是浪头打岩,不是岩头打浪",并引用了苏联电影《宣誓》中的语句:"我们是屹立在狂涛恶浪中的悬岩,暴风雨不断地来打击我们,可是悬岩从不曾被暴风雨打倒过。"②表达出一种坚毅刚强的抗争精神,而在《南无·邹李闻陶》中,号召人们学习四先生的文句却是平静但能深入人心的。

第三,此文还对自我做了检视,他说"我自己也就是一个脆弱者,在我未超过死亡线之前,我自己究竟是成为郑汪周胡,还是邹李闻陶,我自己也不敢保证",这使得文章更加深刻诚恳。

值得一提的是,在1949年7月15日举行的民盟殉难烈士纪念会上,郭沫若做了讲话,《人民日报》报道称:"他指出先烈们是超过了个人的死……在全国就要胜利的时候,我们应该感到这是光荣的日子。郭先生说,前年在上海,去年在香港,他很沉痛的流出了滚热的眼泪。可是今年我们要拿积极进取的精神,自我牺牲,为人民服务,我们没有了悲痛。郭先生接着说明,人究竟是有弱点的,牺牲自我是一件很艰难的事情。套上了自私自利的超度的显微镜就会把原是渺小的个人看得比宇宙还要大,

---

① 郭沫若:《洪波曲》,第9章《反推进》,《郭沫若全集》(文学编)第14卷,人民文学出版社1992年版,第141页。
② 郭沫若:《浪与岩头》,香港《华商报》,1948年4月1日。

把一个人看得比四万万七千万还要多。他要求今后大家要学习先烈们的榜样，把自我看得小一点，再小一点，以便好好地为人民服务。"① 其中提到了香港，也讲到人是脆弱的，因此要放下甚至牺牲自我，可以说与《南无·邹李闻陶》一文的中心是一脉相承的。

（原载《郭沫若学刊》2013 年第 1 期）

---

① 《民盟殉难烈士纪念日　隆重纪念李闻诸先烈　李维汉李济深等均往参加》，《人民日报》，1949 年 7 月 16 日第 1 版。

关于郭沫若三封集外书信

龚明德

1936 年 10 月 24 日致谢六逸

在 1992 年 11 月天津人民出版社印行的龚济民和方仁念合编三卷本《郭沫若年谱》1936 年 10 月 24 日项下，登录的文字为：

> 作《挽鲁迅先生》，云："方悬四月叠坠双星，东亚西欧同殒泪，钦诵二心憾无一面，南天北地遍招魂"。载十一月一日上海《立报·言林》，收一九三七年十月十九日上海文化生活出版社版《鲁迅先生纪念集》。

这里登录的文字既不是严格按《立报·言林》过录的，也不是严格按《鲁迅先生纪念集》过录的。如果逐字逐句严格过录《鲁迅先生纪念集》上的这节文字，在该书的《挽联辞》部分第 23 页是均无标点的如下文字：

> 鲁迅先生　千古
> 方悬四月叠坠双星
> 东亚西欧同殒泪
> 钦诵二心憾无一面
> 南天北地遍招魂
> 郭沫若哀挽

要是严格按照《立报·言林》上刊登的文字过录，应该是：

> 挽鲁迅先生
> 方悬四月，迭坠双星，
> 东亚西欧同殒泪；
> 钦诵二心，憾无一面，

南天北地遍招魂。

一九三六年十月二十四日寄自日本

郭沫若先生来信说:"鲁迅先生逝世,闻耗不胜惊叹,曾撰一联哀挽,写寄上海,今录出之如次。如《言林》可发表亦请发表之。"虽时间性已过,本栏仍乐为刊载。编者附志。

对照两个原始出处的郭沫若文字,可以看出龚济民和方仁念合编的《郭沫若年谱》在这一日郭沫若事迹登录的诸多问题。

比较严重的问题,就是他们把分寄两处的同一挽联的稍有异文的文本和肩题给弄混了。一听到鲁迅逝世就抱病撰写给鲁迅治丧委员会的挽联肩题为《鲁迅先生千古》,主体部分是30字挽联,落款是"郭沫若哀挽"——这是规范的丧事仪礼上的挽联形式。

五天过后,郭沫若病体好转,他又把五天前的新撰挽联抄了一遍,这回是供发表用的,不再用挽联格式了,题为《挽鲁迅先生》。联文补加了标点,也不是像龚济民和方仁念编《郭沫若年谱》该日记事所抄录的那样一逗到底,而是很依照句意地打上标点符号,上下联用分号隔开,最后是抄寄挽联的时间地点。联文正文有一处异文,即改原"叠"为"迭"。这是一处精改,"迭"是接连而来,比"叠"更准确。

根据《挽鲁迅先生》后面的《编者附志》引录的郭沫若原信,可以得知:郭沫若是先写下这封信,而且这短信主要内容就只有被《立报·言林》引录的这几句,略去的仅仅是抬头的称呼和短信末尾的"郭沫若"署名。

读过《立报·言林》的《编者附言》引录的郭沫若短信,龚济民和方仁念编《郭沫若年谱》的该日记事把这副挽联的写作时间定为1936年10月24日是完全不对的,因为郭沫若短信中明明白白说了"鲁迅先生逝世,闻耗不胜惊叹。曾撰一联哀挽,写寄上海,今录出之如次"。

郭沫若在1936年10月24日"录出"的"曾撰一联"附在一封短信的后面,是从日本东京直寄《立报·言林》主编谢六逸的。在中国社会科学出版社1992年12月印行的两卷本《郭沫若书信集》里收了一封只有年份而无月无日的郭沫若写给谢六逸的残简,是从1935年11月5日的《立报·言林》中抄下来的。《郭沫若书信集》的编者却没有往后多查阅一年的《立报·言林》,否则这部两卷本《郭沫若书信集》就会多出一封郭沫若致谢六逸的年月日俱全的短信。

1960年3月8日致钟黔宁

查阅截至目前较为齐全的1992年12月由天津人民出版社印行的龚济民和方仁念合编的三卷本《郭沫若年谱》,1960年3月上旬只有一天即头一日的记事,这一天的记录还是抄录的诗作发表时间，算不得谱主郭沫若的实际行踪。

拜读长沙彭国梁新印的一本随笔集《近楼，书更香》，是2013年1月由海天出版社印行的32开硬精装本。这本小书，由33篇访问记形式的随笔类散文构成，其中一篇题为《两情缱绻，白首相偕——钟黔宁、陈毓琪夫妇小记》，该文以郭沫若一封书信全文作结。郭沫若的这封信，据受信人讲从来未发表过，彭国梁是从手迹逐字过录的。

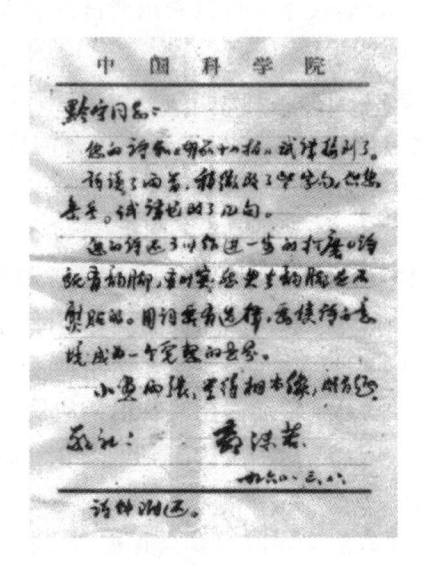

黔宁同志：

　　您的诗和《胡笳十八拍》试译接到了。

　　诗读了两首，稍微改了些字句，供您参考。试译也改了几句。您的诗还可以作进一步的打磨。诗既有韵脚，有时突然韵脚是不熨贴的。用词要有选择，要使诗的意境，成为一个完整的世界。

　　小画两张，学得相当像，颇有趣。

　　敬礼！

　　　　　　　　　　　　　　　　　　　　　郭沫若
　　　　　　　　　　　　　　　　　　　　一九六〇、三、八、

　　诗件附还

受信人"黔宁"即被彭国梁访问的夫妇中的"夫"钟黔宁，早年就读于长沙市第一中学，高中二年级就已经写出五百四十多行的长篇叙事诗，曾在学校发起组织"蓓蕾文学社"，创办油印文学刊物《蓓蕾》。中学毕业不久的1959年4月，钟黔宁已经在北京《诗刊》上发表由八首诗构成的组诗《初升的太阳》。同一年的8月，《诗刊》又同时发表钟黔宁的两首诗。就在这种创作情势和作品发表状况下，20岁刚出头的钟黔宁给时任中国科学院院长的郭沫若寄去了他新写的一百多行的《太阳出来》诗作和一首《胡笳十八拍》的古诗试译。郭沫若的信,就写在他读过钟黔宁的来件后不久。

从郭沫若信中得知,钟黔宁随文字作品寄来的还有送给郭沫若的两幅小画,是"学"着画的,即仿画。

现在不仅将来编印的《郭沫若书信全编》又多出一封完整的郭沫若书信,而且更为齐全的《郭沫若年谱》也多出了至少一天的记事,即 1960 年 3 月 8 日致钟黔宁信并退还"稍微改了些字句"的"诗件"。说"多出了至少一天的记事",是因为写信的前几天例行公务外,郭沫若很可能都在阅读和修改钟黔宁的"诗件"。应该趁钟黔宁健在,把这封信的原始手迹拍照下来,因为彭国梁过录的文字如"有时突然韵脚"等处似乎少了几个字,得看手迹才敢定下来。郭沫若"附还"给钟黔宁的"诗件"上还留有郭沫若修改手迹,如果幸存,也是非常珍贵的。

从彭国梁的文章中得知,钟黔宁是 2000 年退休的,退休前是长沙市剧协主席和编剧。

1960 年 4 月 17 致楼适夷

黄淳浩编上下两卷本《郭沫若书信集》1992 年 12 月由中国社会科学出版社印行,下卷第 321 页收有郭沫若 1960 年 8 月 4 日致楼适夷的一封比较短的书信,是谈剧本《武则天》编印事宜的。其实早前四个月,郭沫若还有一封长一些的书信给楼适夷,也是与出书有关,其中也谈了剧本《武则天》的编印事宜的。下面,先据 2009 年第 6 期第 29 页所刊郭沫若书信手迹全文释读如下,有些漏掉的标点符号为我所补加。

适夷同志:

《诗选》,我实在不能编。往年既由克家、徐迟同志编选,今年可仍旧贯,可以保持一贯的风格。倘使由我来选,那就有不少困难。我是主张极端严格的,但如此不仅与往年不一致,而与其他选集也不能平衡。因此我坚决辞退这个任务,请由徐迟主编。

《潮汐集》,在我看来倒是无足重轻的。同志们那样看重它,倒反而使我有些惶恐了。关于《武则天》，我曾经面说过傅抱石同志，请他也画一两幅，他口头答应了。如果他有画寄来，而且可用或来得及用，我希望能够插入。另外有重要史料若干则，还有关于唐代洛阳的残画图几幅想作为附录，以供读者参考。我不日去上海，等月底回京时再面谈。

  此致

敬礼！

郭沫若 一九六〇、四、十七、

  这封书信，由于郭沫若明确地在信尾写有准确的年月日，所以对他写到的内容，不需要花费太大的气力就可以弄得清清楚楚。

  郭沫若果断"坚决辞退"的"我实在不能编"的《诗选》，把书名写全，就是《1959诗选》。这套前冠年份的《诗选》是1956年年初由中国作家协会组织编选的，自1953年9月第二次全国文学艺术工作者代表大会以来所发表的，被认为"较好的作品"的分类作品选编之一种，如《1953.9—1955.12诗选》《1956诗选》和《1958诗选》，头两本分别由人民文学出版社于1956年2月和1957年6月印行，后一本1959年8月由作家出版社印行。郭沫若说的这套《诗选》"往年既由克家、徐迟同志编选"，与事实稍有出入。《1956诗选》前冠由臧克家署名的《序言》，可以说是以"克家"即臧克家为主完成这一年的"诗选"任务的；但《1953.9—1955.12诗选》却是前冠署名袁水拍的《序言》，说明这两年多的"诗选"是以袁水拍为主完成"诗选"任务的。《1958诗选》的确是由徐迟担任主选任务的，因为《序言》署名徐迟。这套《诗选》1980年前一两年在因"文革"爆发而中止编选之后又接着编选出版，如"诗刊社编"的《一九八二年诗选》，仍由人民文学出版社印行。

  为什么人民文学出版社负责人之一楼适夷突然要在编选《1959诗选》时想到改换编者呢？这是有缘由的。1958年3月22日时任中共领袖的毛泽东在成都会上提倡"搜集民歌"，很快一个全国性的"民歌"创作运动轰轰烈烈展开了。由郭沫若和周扬联名"编"的《红旗歌谣》就是全国新创作出的"民歌"的选本，1959年9月由红旗杂志社公开印行，以后还改换出版社多次重版。而编选1958年以来的全国新诗选本，当然就不再是一个简单的诗歌或者文学问题，而要上升到"政治"高度了，也就是非郭沫若来操作才可以确保方向上不出问题。然而，楼适夷的提议，被郭沫若拒绝了。

  谈《潮汐集》的一句，自然是源于楼适夷来信中反馈的不少欢迎并高度评价该书的赞扬，郭沫若反而持了不同看法，认为"在我看来倒是无足轻重的"。这也是郭沫若的"政治觉悟"的自然显现，应该联系三年前毛泽东《关于诗的一封信》来看。

  1957年1月12日毛泽东给臧克家和《诗刊》社"各位同志"写了一封谈诗的信，最末一段中有："诗当然应以新诗为主体，旧诗可以写一些，但是不宜在青年中提倡，因为这种体裁束缚思想，又不易学。"这些话，在当年断断不可视为是毛泽东个人意见，它就是必须贯彻实施的"最高指示"。而被楼适夷们赞扬的郭沫若《潮汐集》，正巧就是包含了不少"旧诗"即旧体诗词的新体和旧体的诗词混编结集。

郭沫若的《潮汐集》1959年11月由人民文学出版社副牌作家出版社公开印行，也是由楼适夷作为负责人之一的编辑部门操持印行的，因为都是中国现当代文学门类的书。郭沫若表态他对收有不少旧体诗词的《潮汐集》"看来倒是无足重轻的"，是与毛泽东"旧诗可以写一些，但是不宜在青年中提倡"在思想上保持高度一致的政治表态，那个时代的文化人尤其是文化大名人几乎都只能如此。

这封书信谈的最末一件书事，是关于《武则天》这个郭沫若自己刚完工的四幕史剧剧本出版单行本的有关事宜。写这封信的时候，《武则天》初刊该年五月号《人民文学》的发表本还没有见到，再度刚合并到人民文学出版社的作家出版社原负责人之一、亦是现合并后的人民文学出版社负责人之一的楼适夷，就开始忙起《武则天》出单行本的事了。

从郭沫若这封书信中可以得知，人民文学出版社准备尽早出版插图本《武则天》，要另外请大画家画插图。《人民文学》初刊发表本用的是刘继卣的插图，是线条画。郭沫若讲他已跟画家傅抱石"面说过"，傅抱石"口头答应了"。谈过插图之后，是交代附录。但不知什么原因，《武则天》的单行本延迟至1962年9月才出版，还转到了中国戏剧出版社印行。果然有两幅傅抱石的彩色插图，还有附录，跟郭沫若致楼适夷的信中交代的差不多。

当年是计划经济，出书也是政府行为。郭沫若的四幕剧《武则天》在哪个出版社印行，都是有关部门听更上一级领导的，按上级指示办事，公事公办。

这封郭沫若致楼适夷的信，没有收入已经出版的郭沫若著作集子中。郭沫若的这封书信手迹何以流入收藏者手中，《中华读书报》多年前有过一篇长篇报道写潘家园自由市场货源来由，其中曾说及楼适夷办公室在楼适夷被宣布病危时其职务的继任者处理掉楼氏因公因私存放在此的文档的情况——全部当作废物清理，其中不仅有这封郭沫若的书信，还有郑振铎、老舍以及郭沫若等的其他珍贵手迹，郑振铎和老舍等的后代曾去查看过，都说是真迹，但是都说买不起。不过，因为各种原因流入自由交易市场的文档被卖掉也有好处，否则这封郭沫若书信就不会如此快地被公布出来使得我们有利用的可能了。

（原载《郭沫若学刊》2013年第2期）

论郭沫若抗战史剧的特征及政治理念

佟 波

抗日战争的爆发使侨居日本的郭沫若再也不能在书屋里进行学术研究，他毅然决然"别妇抛雏"，回到祖国投入到抗战的洪流。回国后，郭沫若任国民政府军事委员会政治部第三厅中将厅长、文化工作委员会主任。在炮火连天的战斗间隙，郭沫若以笔为武器，连续创作了《屈原》《棠棣之花》《虎符》《南冠草》《孔雀胆》、《高渐离》等六大抗战史剧。这些史剧都创作于1941年12月至1943年春，其时正处于国民党发动"皖南事变"，再次掀起反共高潮，全国人民在共产党的领导下抵抗国民党反动统治的时期。为此，郭沫若创作出了具有现实针对性、政治尖锐性、鲜明时代性的抗战史剧，并以独特的创作手法表达了反对分裂投降、主张团结抗战的政治理念。

一

郭沫若的抗战史剧有着"失事求似"的创作特征。例如，历史中的屈原是因投降卖国派权贵的迫害而被流放的，而史剧《屈原》则改为投降卖国派的代表——南后因出卖祖国和人民的利益，害怕屈原反抗而施以迫害。这样的改动使得抗战与投降、爱国与卖国的对立矛盾更为突出。再如，历史上的聂政是抱着"士为知己者死"的个人情感而刺杀侠累的，而《棠棣之花》中的聂政则是怀揣为国为民之心而刺杀了"勇于私斗，怯于公仇"的侠累和韩哀侯。这样，聂政就从一个"士为知己者死"的不羁游侠变成了爱国英雄。此外，根据主题突出和剧情发展的需要，郭沫若还虚构了一些历史人物，如"《棠棣之花》中的酒家母女、冶游男女、盲叟父女、士长、卫士之群，《信陵君》中的信陵君的母亲魏太妃和侯生之女与朱亥之女，《屈原》中的婵娟、卫士，都是于书无据的。"[①]

由于当时国统区文网森严，动辄得咎，郭沫若不得不采用以古喻今、借古鉴今的手法对历史重新诠释，进而宣传反对分裂投降、团结抗战的时代主题。"失事求似"的创作手法志在隐喻现实、推动现实，用意与鲁迅在散文中掺用杂文、小说中混合

[①] 宋嘉杨：《论郭沫若抗战时期历史剧的创作理念》，《重庆师范大学学报》2004年第6期，第16—17页。

"故事新编"相近。这一特殊的文艺斗争形式给了敌人措手不及的打击。深感威胁的国民党反动派急忙组织反动学者和文人歪曲、攻击这些抗战史剧的主题思想、创作意图、史料运用和人物形象塑造等问题,企图贬低抗战史剧的价值,阻止郭沫若进行抗战救国的政治宣传。面对敌人的威胁与中伤,郭沫若毫不动摇。他多次在各类场合阐述自己"失事求似"的史剧创作主张,并坚持创作史剧的精神与原则。郭沫若说:"历史研究是'实事求是',史剧创作是'失事求似'。史学家是发掘历史精神,史剧家是发展历史精神。"① 可以说,郭沫若是以自己的史剧创作来实践这种精神的。他那丰富的想象力,对材料的精细钻研和对现实的深刻表现力在作品中体现得淋漓尽致,更有效地阐明了"发展历史精神"的史剧家的历史作用。

《屈原》是郭沫若六部抗战史剧中最具代表性的作品。"它的尖锐、强烈、启蒙意识与批判精神通过神圣的仪式化的舞台爆发出炫目的光环。《屈原》的诞生不仅仅是郭沫若的政治理想的寄托和个人情怀,更得力于那个悲壮的全民抗战的年代。"② 在《屈原》中,郭沫若将皖南事变后的"时代的愤怒"复活在屈原的时代里,宣扬了反对分裂投降、反对倒退的政治理念。因此,国民党将《屈原》视为假借历史讽喻现实的"骨鲠",并组织《中央周刊》《中央日报》等报刊对《屈原》进行欲盖弥彰的污蔑。作为反击,共产党则以《新华日报》等进步报刊为阵地竭尽全力宣传《屈原》,还动员左翼作家和文艺界人士开设了持续半年之久的"《屈原》诗词唱和"。国共两党在大后方重庆围绕着《屈原》展开了一场针锋相对的政治较量,由此可以看出郭沫若的历史剧创作深远的政治影响力。以《屈原》为核心,郭沫若六大抗战史剧在特殊的年代有效地形成了文艺斗争的战斗力,使敌人震惊,使革命青年振奋鼓舞。

二

郭沫若的抗战史剧创作具有"人物形象美丑分明,善恶对立"的风格。《屈原》中的屈原、婵娟与南后、宋玉,《虎符》中的信陵君、如姬与魏王,《棠棣之花》中的聂政、聂莹与侠累、韩哀侯,《高渐离》中的高渐离与秦始皇,《南冠草》中的夏完淳与洪承畴,《孔雀胆》中的阿盖与车力特穆尔等人物的冲突对立,深刻揭露了反动统治者、叛徒汉奸以及侵略者贪婪狡诈、专横凶残、自私自利的本质,同时又有力地发掘出英雄义士的爱国情操,热情地赞扬了他们忠贞刚直、爱国爱民、不怕牺牲、大公无私的高尚品德。郭沫若还有意识地让观众从时代背景、人物、事件中体会到彼时与此时的对立关系,以此展示出主人公面对的斗争的艰巨性、复杂性和残酷性。

---

① 郭沫若:《郭沫若论创作》,上海文艺出版社 1983 年版,第 501 页。
② 高音:《〈屈原〉——用戏剧构筑意识形态》,《文艺理论与批评》2006 年第 3 期。

郭沫若抗战史剧都是以历史上动荡激烈的时代为背景，始终贯穿着进步与倒退两大对立路线的激烈冲突。反动统治者为保全自己的统治地位和个人利益，极力维护着落后的腐朽制度，他们和立足于民族前途的志士仁人之间形成了直接冲突，双方矛盾不可调和。郭沫若的抗战史剧把暴虐的、反人道的人和事视为"历史的障碍物"，宣扬反暴政、反侵略、反压迫的反抗精神以及"把人当成人"的民权思想。

郭沫若抗战史剧围绕邪恶与正义、侵略与反侵略以及暴政与仁政进行的描写，无形中与抗击侵略者和反对国民党反动派的斗争产生了内在联系，从而使历史事件和人物具有了某种象征性，突出了历史与现实的相通之处。观众自然而然地将眼前的剧情和抗战现实进行比较，从而引起强烈的共鸣，极大地鼓舞了全国人民反对国民党的投降政策并坚定了抗日的斗志，有力地抨击了国民党反动派的反动政策，从思想上推动了正在进行的民族解放运动。

三

"悲剧精神"是贯穿于郭沫若史剧创作中最为突出的写作风格与特征。被压迫阶级对压迫者的反抗，无论是个人还是团体，在革命尚未成功之前都很容易遭到失败。把这种个人的、团体的失败史形成文章就会自然成为一篇悲剧。《屈原》中合纵输给连横，失去由楚人、由屈原的思想来统一的机会，《虎符》里如姬窃符救赵后壮烈死去，《棠棣之花》里聂政为刺侠累而死等剧情都让观众震撼。

郭沫若认为，"真正的悲剧的发生不是偶然的，而是具有必然性的。"[①] 他的抗战史剧正是在这一点上表现出了深刻性，"体现了民族危亡、国家遭受到侵略的重大的历史冲突，反映出了代表历史进步的新生力量产生和壮大的'历史要求'，以及'这种要求不可能实现'之间的关系，阐明了悲剧产生的必然性。"[②] 郭沫若以这种历史观展开了悲剧的画幅，让观众把握历史发展趋势，聆听时代的呼喊。

强调悲剧必然性的郭沫若最为推崇的是社会悲剧。他的抗战史剧全都是社会悲剧，都揭露出悲剧产生的社会根源。例如"《屈原》《虎符》揭示的悲剧根源在于抗秦的爱国主张与腐朽的统治阶级的私利之间的矛盾，《孔雀胆》揭示的悲剧根源在于阿盖、段功的民族平等、民族团结的要求违背了统治阶级的意愿，《南冠草》揭示的悲剧根源在于夏完淳那改变现实的努力已经难以改变时代发展的趋势，腐朽的明王朝注定要覆灭"[③]。抗战历史剧所揭示的社会根源，与国民党统治区的黑暗相呼应，更

---

① 郭沫若：《郭沫若论创作》，上海文艺出版社 1983 年版，第 428 页。
② 王文英：《论郭沫若抗战时期历史剧的审美价值》，《中国现代文学研究丛刊》1986 年第 2 期，第 50 页。
③ 宋嘉杨：《论郭沫若抗战时期历史剧的创作理念与风格》，《重庆师范大学学报》2004 年第 6 期，第 18 页。

有效地传播了郭沫若的政治理念,起到了启蒙作用。

郭沫若认为,"悲剧比喜剧更具有教育意义……悲剧精神的目的正是在于号召悲壮的斗争,它的作用是鼓舞新生的力量克服种种的困难,以争取胜利并巩固胜利。"①而且他深信,被英雄人物的悲剧感召的观众在伤感之余,会把悲愤的情感转化为斗争的力量,更加牢固地坚定起抗战的信念。

四

郭沫若的抗战史剧有着"英雄主义"的特征。他曾说过"……不自欺与知耻,是勇,然是勇之初步。进而以天下为己任,为救四海同胞而杀身成仁的那样的诚心,把自己的智能发挥到无限大"。因此,占据史剧中心的都是那些爱国豪杰、英雄志士:屈原那民族灵魂般地舍生取义,聂政、高渐离那英雄般地视死如归,夏完淳那英雄气概,美的化身阿盖公主那纯洁无瑕都让观众无比震撼、深受鼓舞。同时,郭沫若构筑了表现英雄们的伟大痛苦和崇高精神的历史舞台,又加重了他们所遭遇的苦难。使英雄主义有更大的宣传效果,让人们被古代的英雄所感动,为今天的英雄所激励,从内心深处认识到抗敌斗争的正义性②。

值得注意的是,深知女性对抗日巨大贡献的郭沫若特意在剧中塑造出了为真理、为正义献身的女豪杰的形象。例如在《虎符》里,魏王的宠妃如姬协助信陵君盗出了虎符,她本有机会逃生,却慷慨赴死,用鲜血诠释了生命的尊严与价值。在《屈原》中,郭沫若笔下的婵娟同样有着崇高的人格,她坚定不移地相信屈原是楚国的灵魂,她凭一弱女子之身同实力雄厚的南后、张仪等抗争,最后从容地代替屈原去死。在《孔雀胆》中,郭沫若为了突出"民族大团结,共同对付邪恶敌人"的主题,创造出了蒙古族阿盖公主的形象,阿盖公主站在民族团结的立场上,与破坏团结、主张妥协的车力特穆尔进行了坚决的斗争,她的勇敢、善良、无私、无畏,使她成为真善美的化身。郭沫若笔下的英雄人物代表着历史的进步方向,有着高尚的操守和完美的品格,在关键的历史转折时刻,为真理而舍生忘死的英雄举动催人泪下、感人肺腑。可以说,郭沫若的抗战史剧鲜明地彰显了英雄主义的历史价值。

在日本生活二十多年的郭沫若对中日之间的强弱关系有着清晰的认识。郭沫若深知,为侵华养精蓄锐几十年的日本,其国力远远超出了军阀林立、一盘散沙、工业落后的病弱中国,中国的军事和军事工业更不能与日本相比。中国在抗战中唯一可以依靠的就是全民一心、不怕牺牲、抵抗到底、至死不当亡国奴的决心和信念。作为一种理想、愿望和期待,郭沫若在"历史人物"中寻找到了像屈原、信陵君、高渐离、

---

① 郭沫若:《郭沫若论创作》,上海文艺出版社 1983 年版,第 428 页。
② 王文英:《论郭沫若抗战时期历史剧的审美价值》,《中国现代文学研究丛刊》1986 第 2 期,第 49 页。

夏完淳、阿盖公主这样能够使人民觉醒的英雄形象,并突出了英雄人物"抵抗到底,不怕牺牲"的抗斗精神,让他们在"最终会失败的定局"面前逆流而上,以身死赴国难,与故国共存亡。可以说,这些英雄人物在历史与现实之间的空旷地带充分发挥出了郭沫若的艺术才情,创造出郭沫若与理想英雄间的价值认同以及政治理念共鸣的条件。

五

郭沫若的抗战史剧总是贯穿着把悲剧转化为喜剧的气势和脉络,有着浪漫主义的特征[①]。六大抗战史剧都有着隐喻光明与胜利的结尾,使观众看到一条光明的前途,寻找到一条斗争的道路,从心中感受到温暖并乐于沿着英雄人物指引的道路前进,对抗战的最后胜利充满信心。

例如,《屈原》中的婵娟为了能让屈原继续领导汉北人民斗争,以死换取了屈原的生命,屈原于是发出了《雷电颂》那样的呐喊:

风!你咆哮吧!咆哮吧!尽力地咆哮吧!在这暗无天日的时候,一切都睡着了,都沉在梦里,都死了的时候,正是应该你咆哮的时候,应该你尽力咆哮的时候!

诗与人物的完美的结合,突出了英雄人物的浪漫主义精神,更暗示了"雷""电"必将冲破黑暗势力,人间即将获得光明的美好结局。又如在《虎符》里,如姬逃离皇宫后,大量群众自发地寻找如姬,卫士还率领群众刺死卫士长。而"《孔雀胆》中阿盖公主在气绝倒地之前,还吟颂着激动人心的诗句:'一切都过去了,让明天清早呈现出一片干净的世界。'"这样的剧情安排让观众在悲悼主人公不幸的同时,又看到了新的希望。虽然剧中代表着正义的力量被摧毁,但是进步力量犹如一粒正义种子,同那些英雄的言行和事迹一样播撒于大地之上,生根发芽、开花结果,感召并鼓舞着人民不懈地进行抗战。使观众不仅看到了一个在血泊和烈火中傲然屹立起来的英雄形象,而且从中感受到历史性转折的伟大契机。

总之,在中国共产党抗战路线的指引下,郭沫若用他战斗的笔,揭露了日本侵略者残忍凶恶的侵略本质,抨击了国民党反动派的丑恶行径。打击了敌人,教育了人民,鼓舞了中华民族的抗战热情。

(原载《黑龙江社会科学》2013 年第 3 期)

---

① 谭洛菲:《抗战时期的郭沫若》,四川省社会科学院出版社 1985 年版,第 187 页。

郭沫若伦理思想研究 90 年

杨兴玉

一 郭沫若伦理思想研究何以可能

经过 20 世纪 80 年代美学思潮的冲击，道德批评在文学研究中一度被人弃若敝屣。在郭沫若戏剧（下简称郭剧）研究中，同样出现了对于道德批评的疏离：这种疏离既是出于对庸俗社会学的拒斥，部分原因亦在于，过度功利化的伦理学体系无力为文学的伦理思考提供应有的学理支持。

税海模（1991）论及郭剧中的英雄人物，曾一针见血地指出："即使是他们中的献身壮举，其实也与新道德新观念'为人民服务'、'一不怕苦、二不怕死'等并无太多的关联。"[①] 前者不难理解，因为贸然将当代道德观念移之于抗战文学，难免陷入错置时代的逻辑谬误。后者尤其显露了当时伦理研究的粗疏谫陋，诚如雷永生所论，将"一不怕苦，二不怕死"写进《中国大百科全书》之举，实在令人"啼笑皆非"[②]。

但是，这既不意味着伦理问题在郭剧研究中无关宏旨，也不意味着学术界对相关的伦理问题毫无发见。从首开风气的王以仁、向培良、顾仲彝以来，郭剧研究就伴随着审美与道德的纠葛。借用文化研究或者意识形态批评的观点，即便在审美自主性追求中也隐含着深刻的政治、伦理意蕴。可见，伦理因素是郭剧研究中不容忽略的现实维度。

从戏剧叙事学角度讲，在郭剧中，不论是源出中国传统戏曲的显在叙述，还是得益于西方表现主义的意象性叙述，拟或最具戏剧本体意蕴的潜在叙述，都不可能脱离其伦理因素[③]。进而言之，郭剧的创作、接受与传播，本身就是一种宽泛意义上的伦理行为。

基于研究阶段的考虑，笔者旨在回顾有关郭沫若伦理思想的研究，有关戏剧伦理的考察将放之另文。迄今为止，仅有陈永志、何益明、吴定宇、丁涛、陈鉴昌等少数

---

① 税海模：《在郭沫若心灵深处》，《郭沫若学刊》1991 年第 1 期。
② 雷永生：《序》，载唐代兴《优良道德体系论》，中国大百科全书出版社 2004 年版，第 1 页。
③ 杨兴玉：《郭沫若史剧的戏剧叙事研究述略》，《郭沫若学刊》2013 年第 4 期。

学者对郭沫若的伦理思想作了整体性思考。

陈永志（1992）在《郭沫若思想整体观》第三章中，"从个人主义与集体主义，爱国主义与国际主义，人生观，人道主义，以及道德理想等五个方面阐述了郭沫若的伦理思想，及其向共产主义伦理思想的转变"[1]。这种研究没有简单照搬当时的伦理体系，但其分析框架仍带有时代局限。

何益明（1994）较早瞩目郭沫若对儒家伦理思想的弘扬[2]。一般而言，但凡触及郭沫若与儒家关系的著述，都可能应景式地涉及郭沫若与儒家伦理的关联，但真正能够如此解蔽其伦理蕴涵的研究却为数有限。吴定宇从宗法伦理（1998）、道家思想（1998）、爱国主义（1998）、儒家文化（1999）等维度进一步解析了郭沫若伦理思想的文化渊薮，其相关成果后来汇入了《抉择与扬弃：郭沫若与中外文化》[3] 一书。

丁涛（2009）探讨了郭沫若不同时期戏剧作品中的"政治道德意义"，陈鉴昌（2009）在《郭沫若历史剧研究》中也涉及了此类问题[4]。严格地讲，这种"以诗证史"的研究，所探讨的只是郭沫若剧作中的"隐含作者"。作为作家思想的一种文学镜像，隐含作者的伦理倾向并不同于作家的伦理思想。

此外，唐美珍在《郭沫若伦理思想初探》（1994）一文中讨论了"为人民服务""爱国主义和革命人道主义"等常见论题[5]，这种研究明显存在此前税海模所批评的问题，即将流行的伦理观念简单套用于郭沫若文学现象，因而难以触及郭沫若伦理思想本身。

大体上，在郭沫若伦理思想研究中存在个性主义、集体主义、爱国主义、人道主义等基本论题。下文的综述将据此展开。

二　个性主义

个性主义的内涵不同于个性，后者是一个常见的道德心理学术语，其拉丁语 persona 最初意指古典戏剧中代表人物身份的面具。根据伦理学家高兆明的界定，人们对个性的把握往往偏重于个人的特殊性或者普遍性，更恰当的做法是"从个人的特殊性与普遍性的联结中把握个性"[6]。有别于此，个性主义是指一种伦理思想倾向，与

---

[1] 陈永志：《郭沫若思想整体观》，上海文艺出版社1992年版，第127页。
[2] 何益明：《弘扬儒家伦理道德的文化品格》，载中国郭沫若研究会《郭沫若与儒家文化》，山东人民出版社1994年版；何益明：《郭沫若的史剧艺术》，湖南文艺出版社1994年版，"3.2 节：赋予悲剧人物伦理道德以儒家的文化内蕴"。
[3] 吴定宇：《抉择与扬弃：郭沫若与中外文化》，中山大学出版社2004年版。
[4] 丁涛：《戏剧三人行》，厦门大学出版社2009年版；陈鉴昌：《郭沫若历史剧研究》，四川大学出版社2009年版。
[5] 唐美珍：《郭沫若伦理思想初探》，《井冈山师范学院学报》1994年第1期。
[6] 高兆明：《存在与自由》，南京师范大学出版社2004年版，第232页。

之相关的术语则有个人主义、个体主义。

正如个性不同于个人或者个体，个性主义、个人主义、个体主义在汉语语义上也有细微区别。鉴于它们本身是对于同一个英文单词 individualism 的迻译，而不是从传统文化母体中生发出来的本土观念，我们不妨将其通称为个性主义，而不必望文生义地纠缠于不同译名之间的"微言大义"。

在具体研究中，黄曼君（1986）将郭沫若的个性主义解释为一种追求"人格本体建构"的思想倾向[1]。该学者摈弃了传统的政治话语，在对郭沫若人格本体的追问中找回了文学研究所应有的美学品格。阎焕东（1990）对郭沫若在五四时期的个性主义思想做了深入考证，他不仅系统地追溯了郭沫若的思想根源，并且合理地阐释了其"表现自我，张扬个性，完成所谓人的自觉"的基本特征[2]。陈明远（2004）对民国文学中的个性主义有所考辨，论及郭沫若，其论述重心集中在他从个性主义到集体主义的转换[3]。这种判断不乏文本基础，但似乎低估了其思想转换的复杂程度。白浩（2008）将郭沫若在 20 年代前期反抗权威、张扬个性的个性主义阐释为"个人无政府主义"[4]，此说持之有故，因而可备一说。周兴杰（2009）从审美现代性角度提出，剧中人物的个性主义与理想主义构成了郭剧的浪漫主义特质[5]。这种观点为理解郭沫若的个性主义提供了新的视角，但研究者所寻获的主要是郭沫若伦理思想的戏剧镜像。

无可讳言，在集体主义至上的社会语境中，个性主义、个人主义或个体主义往往被打入另册。因此，研究者大多热衷于谈论郭沫若从个性主义向集体主义的转变，较少如其所是地看待郭沫若的个性主义思想本身。在这种话语逻辑的支配下，其个性主义思想的鲜活特征与丰富意蕴难免被先入为主的观念所遮蔽。由此，研究者既需要回到郭沫若本身，更需要回到个性主义本身。

姜铮（1991）力图证明，"个性主义的对立面并不是集体主义，而是反个性主义，是螺丝钉主义和工具主义"[6]。这种观点意在反驳对个性主义的贬抑和偏见，但个性主义与集体主义的价值对立，仍然是一种不言而喻的伦理学常识。究其实，真正值得思考的是：郭沫若何以可能从个人主义转向集体主义？刘卫国和陈淑梅（2008）甄别了英美个人主义与欧陆个人主义，进而指出后者本身就蕴含着否定个人主义的集

---

[1] 黄曼君：《中国现代文坛的"双子星座"：鲁迅、郭沫若与新文学主潮》，华中师范大学出版社 1992 年版，第 286 页。

[2] 阎焕东：《凤凰、女神及其他：郭沫若论》，中国人民大学出版社 1990 年版，第 131—151 页。

[3] 陈明远：《人·仁·任》，河南人民出版社 2004 年版，第 234—237 页。

[4] 白浩：《无政府主义精神与20世纪中国文学》，中国社会科学出版社 2008 年版，第 95—122 页。

[5] 周兴杰：《审美现代性的中国式生成：郭沫若戏剧与西方浪漫主义思潮》，《中南大学学报》（社会科学版）2009 年第 6 期。

[6] 姜铮：《人的解放与艺术的解放：郭沫若与歌德》，时代文艺出版社 1991 年版，第 174—175 页。

体主义因素①。这种研究深得政治哲学的精髓,有助于匡正一些似是而非的经验谬误。

个性主义作为一种舶来品,不合于中国传统的伦理观念,由此却推进了五四以来的思想解放。按照李欧梵(2010)的界定,"五四的个人主义或许应该被看作是当时知识分子肯定自我,并与传统社会束缚决绝的一种普遍的精神状态。"② 姜铮提出,"在五四新文化运动中,对人的解放、个性解放呼唤得最猛烈有力的,莫过于郭沫若了。"③ 应该说,对于个性解放的诉求本身是五四精神的基本特征,诸多先驱以不同的方式推进了这场思想解放运动;郭沫若富有高歌猛进的浪漫特质,他对个性解放的吁求的确最富情感冲击力。

三 集体主义及人民本位

与个性主义相比,集体主义思想更具传统文化基础,"中国传统文化中的群体主义、家族主义,更与作为道德原则的集体主义相吻合。"④ 与此同时,它又不乏西方思想根源。根据余亚平等(2005)的研究,在马克思之前,卢梭从社会契约论角度对集体主义作了具有开拓性的论述;在马克思主义产生后(按拉法格的界定),狭义的集体主义成为了共产主义的一种伦理原则,广义的集体主义则相当于共产主义本身⑤。

客观地看,郭沫若对拉法格的论著未必有所关注,他从个性主义向集体主义的思想转变,与他对日本学者河上肇《社会组织与社会革命》一书的翻译不无关系。一般有关郭沫若的传记研究,都会涉及此一思想事件。陈永志(1991)较早从伦理思想角度考虑这一问题,并试图揭示后一种伦理思想对于其史剧风格、悲剧类型的影响⑥。尔后,他结合郭沫若的作品文本,对此问题作了进一步追问。⑦ 此类研究对于理解郭沫若的伦理思想不无裨益,但作者对集体主义与个体主义关系的看待,尚未彻底摆脱非此即彼的二元论话语。

王义军(1994)、李晓红(2004)论及郭沫若的思想转变,都力图从他对先秦儒家思想的接受中寻找其文化根基。所不同者,前者意图揭示儒家"内圣外王"的逻

---

① 四川郭沫若研究中心:《当代视野下的郭沫若研究》,巴蜀书社2008年版,第104—119页。
② 李欧梵:《现代性的追求》,人民文学出版社2010年版,第43—44页。
③ 姜铮:《人的解放与艺术的解放:郭沫若与歌德》,时代文艺出版社1991年版,第173页。
④ 余仕麟:《伦理学要义》,巴蜀书社2010年版,第147页。
⑤ 余亚平等:《政治伦理》,上海百家出版社2005年版,第112—114页。
⑥ 陈永志:《论郭沫若的道德理想:郭沫若伦理思想漫论之四》,载《创造社国际学术研讨会论文集》,北京,1991年版。
⑦ 陈永志:《走向集体主义:郭沫若伦理思想漫论之一》,《郭沫若学刊》1992年第1期。

辑对其独立人格的遮蔽[1]；后者则试图表明郭沫若"所追寻的个性主义本身与集体主义就不是二元对立的状态"[2]。韩升祥（1996）讨论郭沫若文学观的发展，分别将个性主义和集体主义解释为其前后期浪漫主义的思想核心[3]，但他对郭沫若个性主义和集体主义的内涵未做实质性界定。

白浩（2007）从郭沫若与无政府主义的关联切入，他主张郭沫若经历了从个人（无政府）主义向马克思主义的进化，并且不失合理地指出，集体（无政府）主义只是郭沫若思想转向中的一个桥梁，而非其发展终点[4]。与既往的线性发展观相比，对郭沫若思想轨迹的这种描述显得更为细致、缜密。

从根本上讲，集体主义在中国现代文化语境中，首先是一种用以反对个人主义的政治话语。今天看来，"传统集体主义粗陋、简单而武断的话语已经脱离了时代语境"[5]，因而亟待重建。重建集体主义固然需要扬弃现代政治话语，更需要回归集体主义的原初语义。按照黑格尔及马克思的经典界定，真正的集体主义并不排斥个体利益；相反，任何凌驾于个体之上的整体，都是"虚幻的整体"[6]。严格地讲，不论在郭沫若的伦理话语拟或研究者的接受视域中，都不同程度地存在"虚幻的集体主义"，因而还有必要去伪存真。

由于学科性质的差异，作为伦理学概念的集体主义在郭剧研究中只是一个边缘话题；相反，尽管人民本位并不是一个严格的伦理范畴，在郭沫若研究中却是一个不容忽略的基本问题。根据蔡震的研究，郭沫若从个性主义转向人民本位的过程，主要是在他流亡日本、潜心研究中国古代社会的过程中完成的[7]。

30年代初，左翼作家对大众文艺的吁求大多具有鲜明的人民本位性质。当此类问题进入解放区后，它们不再是"单纯的理论问题"，而具有实践斗争的性质。自毛泽东（1942）《在延安文艺座谈会上的讲话》发表以来，人民本位思想逐渐成为一种具有支配性的文艺政策。[8]

这一政治事件不仅影响了郭沫若伦理思想的演化，并且影响了人们对郭沫若伦理思想的接受。他在《文艺与民主》（1945）、《人民的文艺》（1945）、《走向人民文艺》（1946）等多篇文章中阐发了人民本位观念[9]，而《走向人民文艺》一篇影响尤

---

[1] 王义军：《难以摆脱的夔门诱惑：论儒家人格机制对郭沫若的影响》，《中山大学研究生学刊》（社会科学版）1994年第2期。
[2] 李晓虹：《郭沫若与先秦儒家"动的"文化精神》，《郭沫若学刊》2004年第1期。
[3] 韩升祥：《浅谈郭沫若浪漫主义文学理论的发展》，《黄淮学刊》（哲学社会科学版）1996年第1期。
[4] 白浩：《走向"党喇叭"中的郭沫若与无政府共产主义》，《郭沫若学刊》2007年第2期。
[5] 杨楹：《政治：一个伦理话题》，社会科学文献出版社2008年版，第356页。
[6] 高兆明：《存在与自由》，南京师范大学出版社2004年版，第440—441页。
[7] 蔡震：《郭沫若的"人民本位"观念》，《中国现代文学研究丛刊》1992年第4期。
[8] 黄曼君：《中国近百年文学理论批评史》，湖北教育出版社1997年版，第743—745页。
[9] 郭沫若：《郭沫若自叙：我的著作生活的回顾》，山西教育出版社2002年版，第476—483页。

著。此后，在多数情况下，"人民本位"都是郭沫若文学的一种基本阐释框架。

从研究历程看，高国平（1986）①、谷辅林（1988）② 较早论及郭沫若的"人民本位"思想问题，谷辅林对其含义及影响的考证尤为系统。蔡震（1992）指出，人们只注意到郭沫若的个性本位意识（五四时期）的"独特历史个性"，却忽略了他的人民本体观念本身也蕴含着的"文化个性"③。此说不失为通达之论。王文英（1992）、秦川（1993）、魏红珊（2003）等所撰的郭沫若传记，也不同程度地涉及了此一问题④；其中，秦川考辨最详，颇得知人论世之致。近年，刘海洲和崔海妍（2012）将"人民本位观"纳入"民族话语建构"的视域中考察⑤，为这一传统话题增添了时代新质。

此外，郭沫若的人民本位思想对于中国新史学尤其具有深远的影响。对此，历史学界已有深入讨论，无须笔者越俎代庖。

四　爱国主义

中国现代伦理学鼻祖蔡元培（1912）在《中学修身教科书》中尝言："爱国心者，本起于人民与国土相关之感情，而又为组织国家最要之原质，足以挽将衰之国运，而使之隆盛，实国民最大之义务。"⑥ 征之郭沫若的思想历程，这种伦理倾向无疑极为鲜明。阎焕东（1986）根据郭沫若自拟的提纲，在其著作中按图索骥，编成《郭沫若自叙》一书。其中，爱国主义被视为其思想发展的根基。事实上，不论是作家传记或者相关研究，通常都将爱国主义视为郭沫若思想的基石。

楼栖（1959）在《论郭沫若的诗》中，较早论及其早期诗作中的爱国思想⑦。黄侯兴（1981）进而将其称作《女神》的诗魂，认为它贯穿于《女神》对五四的讴歌、朦胧的革命追求、抒情自我，以及对自然的礼赞⑧。此后，王骏骥、王聿修、晓梅、李军等先后著文探讨郭沫若早期或前期的爱国主义思想⑨。王锦厚（1990）将郭

---

① 高国平：《献给现实的蟠桃》，四川文艺出版社1986年版，第14—16页。
② 谷辅林：《论郭沫若的"人民本位"说》，载中国郭沫若研究会《郭沫若研究5》，文化艺术出版社1988年版。
③ 蔡震：《郭沫若的"人民本位"观念》，《中国现代文学研究丛刊》1992年第4期。
④ 王文英：《郭沫若文学传论》，新疆人民出版社1992年版；秦川：《郭沫若评传》，重庆出版社1993年版；魏红珊：《20世纪文学泰斗：郭沫若》，四川人民出版社2003年版。
⑤ 刘海洲、崔海妍：《论郭沫若民族话语建构中的"人民本位观"》，《商丘师范学院学报》2012年第2期。
⑥ 蔡元培：《中国伦理学史》，商务印书馆2010年版，第194页。
⑦ 楼栖：《论郭沫若的诗》，上海文艺出版社1959年版，第9—12页。
⑧ 黄侯兴：《郭沫若的文学道路》，天津人民出版社1981年版，第46—65页。
⑨ 王骏骥：《"五四"时期两个特色鲜明的伟大爱国主义者：鲁迅与郭沫若》，《湖北大学学报》（哲学社会科学版）1985年第2期；王聿修：《郭沫若早期的爱国主义思想》，《西南师范大学学报》（人文社会科学版）1986年第2期；晓梅：《强烈的爱国主义激情　浓郁的浪漫主义色彩：读〈女神〉》，《新疆师范大学学报》（哲学社会科学版）1990年第4期；李军：《略论〈女神〉的爱国主义思想》，《菏泽师专学报》1993年第1期。

沫若的思想历程解释为爱国主义、民主主义、共产主义的进化过程；论及其爱国主义，则考释了郭母、乡贤、保路运动、五四精神等因素的影响①。张毓茂（1993）亦将其概括为反对帝国主义、追求理想社会、社会主义思想为主导等发展过程②。实际上，多数研究者通常将爱国主义视为其思想历程的起点，但这种思想未尝不是纵贯其一生的精神红线。对此，谷辅林、周海波（1984）较早即有中肯的论述③。

毋庸赘言，有关爱国主义的探讨通常带有政治功利性质，这种倾向在20世纪80年代尤为明显。1983年、1984年，研究界先后在乐山、北京召开了郭沫若爱国主义思想的学术研讨会，后一次会议的成果最终结集为《炼狱式的爱国主义者的战斗一生：郭沫若爱国主义思想论集》而出版④。当时，不仅有国内专家学者参与会议，部分政要也以贺电、贺信、题词等方式介入会议。可见，此类会议本身就具有鲜明的政治色彩。

陈永志（1992）在《郭沫若思想整体观》中试图走出这种政治与伦理不分的接受传统，"只把爱国主义作为伦理思想来看待"。他首先将其阐释为郭沫若对家乡、祖国的热爱，以及对反动统治和外国侵略的反抗，进而甄别了其思想在五四前后的转变，以及从小资产阶级向无产阶级的转变⑤。不过，这种论述很难真正摆脱政治话语而成为纯然的伦理思想研究；相反，其言说方式恰恰展现着文学与政治的复杂纠葛。吴定宇（1998）在《论郭沫若爱国主义思想的文化内涵》中，将郭沫若的爱国意识解析为反抗满清的民族意识、胸怀天下的忧患意识、深沉持久的乡土意识、存亡续绝的文化情结，以及瑕瑜互见的爱国新篇⑥。论者从文化心理维度切入论题，反而可能消解源自政治意识形态的宏大叙事话语。

从伦理学角度讲，爱国主义是任何国民都"天然具有的伦理精神"，但是缺乏"理性必然性指导"的爱国主义容易成为"极端民粹主义"⑦。按照程光炜（2006）的观点，郭沫若思想的"着眼点仍专注于偏狭的民族主义"，"当狭隘的爱国主义被现代民族国家巧妙包装和利用后，这种爱国主义势必也走向了末路"⑧。较之毫无反思的认同，这种观点似不失为警策之论。

---

① 王锦厚：《郭沫若学术论辩》，成都出版社1990年版，第13—45页。
② 张毓茂：《阳光地带的梦：郭沫若的性格与风格》，北京师范大学出版社1993年版，第55—72页。
③ 谷辅林、周海波：《郭沫若传记、文学的爱国主义思想》，《陕西师大学报》（哲学社会科学版）1984年第2期。
④ 中国郭沫若研究会：《炼狱式的爱国主义者的战斗一生》，载《郭沫若爱国主义思想论集》，天津人民出版社1985年版。
⑤ 陈永志：《郭沫若思想整体观》，上海文艺出版社1992年版，第86—102页。
⑥ 吴定宇：《论郭沫若爱国主义思想的文化内涵》，《郭沫若学刊》1998年第4期。
⑦ 高兆明：《存在与自由》，南京师范大学出版社2004年版，第437页。
⑧ 杨匡汉：《20世纪中国文学经验》（下册），东方出版中心2006年版，第663页。

五　人道主义

　　与个性主义一样，人道主义在中国现代历史上并不是一种不言而喻的伦理学原理。在20世纪前半叶启蒙、救亡的语境中，人道主义尚不失为多元话语中的一极。既至50、60年代，阶级斗争论横扫一切论敌，人道主义长期成为学术研究的理论禁区。借用朗兹胡特的说法，马克思主义的丰富思想被阐释者"缩小到何等狭小的范围，被'唯物主义地'弄得多么贫乏"。在这种背景下，为人道主义正名，构成了新时期思想解放的重要内容，后者甚至被看作一场"近似于欧洲文艺复兴的思想启蒙运动"。[①]

　　新中国建国初的人道主义论争，主要是从文艺界拓展到哲学、伦理学界的，它不可避免地影响了人们对郭沫若伦理思想的接受。根据郑惠华（1959）的综述，时人对革命人道主义一度持肯定态度，所争的只是阶级社会是否也存在这种伦理精神[②]。一般认为，陈瘦竹、王淑明（1958）的同题论文《郭沫若历史剧研究》，代表了50年代郭剧研究的最高成就。但王淑明对郭剧人道主义思想的称扬，恰恰遭到了阶级论者（唐育寿、刘献彪，1959）的严厉抨击[③]；后者大体代表了这段时期的主流倾向，在此期间，即便郭沫若本人，也同样讳言人道主义伦理。

　　80年代初，郭研界面对当时的人道主义论争一度处于失语状态，有关郭沫若人道主义思想的研究同样乏善可陈。在这段沉寂期之后，韩立群（1987）较早将郭剧人物的意识特征阐释为儒家人道主义[④]，再度开启了对此问题的理性思考。朱寿桐（1988）注意到了郭沫若有关个人主义与人道主义关联的论断，但后者并非其论述重心，因而不免语焉不详[⑤]。

　　迄今为止，陈永志（1991）对此论题作了最系统的探析。在他看来，郭沫若在五四时期的创作以"自我崇拜"的形式，充分表达了"人的解放"这一诉求；他在抗战期间的六大史剧则以"自我牺牲"的形式，继续弘扬了人道精神[⑥]。蔡震（1992）不无深刻地指出，郭沫若的"泛人道主义"思想构成了其人民本位观的深层底蕴[⑦]。宋嘉扬（1997）主张郭剧创作的道德标准是人道主义，其观点并无太多新意。但他提出建国后的郭剧伦理并非人道主义而是英雄主义，对前人的观点有所拓

[①] 黎德化：《新时期人与文化的反思》，百花洲文艺出版社2006年版，第15、30页。
[②] 郑惠华：《关于对曹操评价问题的讨论综述》，《学术月刊》1959年第4期。
[③] 唐育寿、刘献彪：《评王淑明"论郭沫若的历史剧"》，《山东师范学院学报》（现代文学版）1959年第3期。
[④] 韩立群：《论郭沫若史剧中悲剧人物的意识特征》，《学习与探索》1987年第3期。
[⑤] 朱寿桐：《创造社与新文学中的个性主义》，《中国现代文学研究丛刊》1988年第1期。
[⑥] 陈永志：《郭沫若人道主义思想的发展及其渊源》，《郭沫若学刊》1991年第3期。
[⑦] 蔡震：《郭沫若的"人民本位"观念》，《中国现代文学研究丛刊》1992年第4期。

展。吴定宇（2002）考鉴郭沫若对中外文化的吸纳，对此问题亦有一定考辨[①]，但总体上并未超出前人的观点。

诚如伦理学家万俊人（1994）所论，作为伦理原则的人道主义在80年代末就成为了国内学术界的基本共识，但这并不意味着人们对人道主义本身具有"足够的认识"。面临生态危机的冲击，"人类中心主义"立场上的（古典）人道主义已经岌岌可危了；更为合理的人道主义形态，应该是理性存在论意义上的新人道主义。[②] 这种论断对于衡估郭沫若人道主义思想的得失，无疑具有积极的启示意义。

余 论

对包括其伦理思想在内的主体心理的探寻，是郭沫若研究的题中之义。这种研究思路源出孟子所确立的"知人论世"的阐释学传统，并且合于现代通行的社会历史批评范式。尽管郭沫若的伦理思想是一个不容回避的论题，但直到"新时期"以来，它才逐渐成为一个相对独立的研究课题。

从逻辑上讲，郭沫若伦理思想研究有两种基本的路径：一是自上而下的演绎模式，即借助某种相对成熟的伦理学体系以解蔽作家、作品的伦理特征；一是自下而上的归纳模式，即从作家的著述行事中解析作家的伦理思想。大体上，演绎模式以外在于作家、作品的理论为起点，容易将鲜活的文学现象降格为抽象理论的例证，从而导致对其丰富意蕴的遮蔽；反之，归纳模式以文学现象为起点，从现象中抽绎出文学规律，同样无从顾及作家、作品的具体特征。

真正的文学研究，既不应该将文学看作理论演绎的跑马场，也不需要通过"归纳积累而得出它的法则"。在归纳和演绎之外，我们应该"通过在一个个别例子中从直观的角度观察普遍性本质，观察它与普通法则的一致来得出它的法则"[③]。只有通过这种本质直观的现象学方法，才可能克服归纳或者演绎的两难困境，促成伦理学原理与郭沫若思想之间的阐释学循环。

（原载《乐山师范学院学报》2013年第10期）

[①] 吴定宇：《抉择与扬弃：郭沫若与中外文化》，中山大学出版社2004年版，第160—166页。
[②] 万俊人：《伦理学新论》，中国青年出版社1994年版，第348—349、252—253页。
[③] ［德］盖格尔：《艺术的意味》，艾彦译，华夏出版社1999年版，第10页。

苏联经验与普通话写作

——以郭沫若为中心的考察

颜同林

20世纪40年代后期,国共内战角逐以国民党蒋介石集团的失败而告终,共产党以胜利者的身份领导全中国人民建立了统一而集权的新生共和国。这样,经历战乱的中国翻开了改天换地的历史新篇章。在此时代巨变中,也水到渠成地翻开了文学历史的新篇章,文学语言的面貌也焕然一新。整个50年代,由于共和国政体下党和国家领导人的统一筹划与安排,包括文学界在内的文化界积极参与文化重建,出现了力推普通话为标准语的民族共同语的建构与推进这一思潮,普通话写作成为时代的主流。这一思潮、主流的形成与壮大,离不开对苏联语言学资源的借鉴与挪用,也离不开像郭沫若这样的文化领导人的参与和贡献。今天,在新的学术话语中寻思普通话写作的渊源、进程、特征与优劣时,我们不能不发出人为力量在短时期内彻底改变语言之流的沧桑之感。疑问也由此而生,中国新文学向50年代文学发生转折时,究竟是哪些因素构成并决定了50年代文学与语言的内在脉络?苏联语言学理论又是如何深入影响这一进程的呢?具体聚焦于这一时期过问政治最为频繁的郭沫若个案身上,他在50年代又是如何有效参与普通话写作的建构的呢?下面围绕这几个话题逐一展开论述。

一

随着40年代末尾国共三大战役的结束,国共双方实力发生了新的质变。硝烟刚刚散去之后,和平解放的北平古城,迎来了各界知名人士,他们陆续在社会场域中占好位置,开始新的政治生活与职业生涯。与汉语规范化紧密联系的文字改革最先被动议起来,其起点颇高,一动议便牵系到党和国家最高领导人身上。因为语言问题并不是可有可无的芝麻小事,而是涉及一个民族国家的大事。按照马克思主义的观点,共同的语言是民族的重要特征之一。以汉民族为主的新中国以统一的新面貌屹立于地平线上,自然会对民族共同语的建构提出新的要求。这一点,最先被有从事语言运动经验的革命元老们所倚重。1949年8月,一直业余从事语言拼音化运动的革命元老吴玉章写信给毛泽东，请示文字改革问题，信中提出三个原则：一是走拼音化道路；二是以北方话作为标准使全国语言有一个统一发展的方向；三是整理简体字。毛泽东接信后立即转给郭沫若、马叙伦、沈雁冰审议。郭沫若等人在三天后给毛泽东复信表示同意，陈述对于文字改革的意见，一是主张走拼音文字的道路，认为拉丁化的研究者似应注意于北方话的拉丁化方案，使其更完备，同时进行汉字的整理和简化；认为地区的方言拉丁化，一定会成为全国语言统一发展方向的阻力。二是建议成立专门的文字改革机构。[①] 这是新旧政权更替之际较早的关于统一语言、建立机构、走拼音化道路的重要表述。联系到革命元老吴玉章与毛泽东、林伯渠、周恩来等领袖们的私交关系，吴玉章在延安文教界的影响，以及他在延安长期进行新文字改革与运动，我们不难发现吴玉章的主张是一以贯之的。在思想与立场上均得肯定的吴玉章，后来主要负责了文字改革的相关事宜，基本框架与思路大体确定后没有大的改变。特别是在机构设置与人员安排方面，占据要津的各路人马纷纷加入，助推文字改革、汉语规范化进入不断向前推进的历史轨道。譬如专门负责的行政机构上，便及时地由吴玉章、黎锦熙、范文澜、成仿吾、马叙伦、郭沫若、沈雁冰等七人组成专门的委员会，统筹领导安排文字改革一切事宜。后来在建国前后一二年之中，全国文字改革委员会会议召开很是频繁，上至主席、总理，下至语言学家、作家、普通教师等，全都卷入进来。在这一历史进程中，郭沫若身体力行、出谋划策，在大政方针的掌舵方面居功甚大。虽然郭沫若在1941年6月在国统区重庆曾作《今日新文字运动所应取的路向》一文来纪念香港新文字学会成立2周年，认为学习和宣传新文字是"最好的路向"。然而，从高屋建瓴的视野看待新文字问题，要待到50年代。自郭沫若于1949年初由党安排自香港去东北解放区，并在逗留不久后进入北平始，整个50年代，居庙堂之高的郭沫若已是日理万机，是文化人中官职最高者，与文化事业相关的职位有副总理兼文化教育委员会主任、中国科学院院长、人大常委会副委员长等。因此，郭氏虽然不可能亲自具体操办，但总的设计安排是少不了他的。当然，不论是吴玉章也好，还是郭沫若也好，从历史事实的身后来看，他们也还受到毛泽东等领袖人物关于语言、文字等观念的影响，或者说毛泽东反过来也受到他们的影响。譬如早在1940年，毛泽东在《新民主主义论》中指出"文字必须在一定条件下加以改革，言语必须接近民众"，这一点反复被吴玉章等所引述；1951年，毛泽东则指示"文字必须改革，要走世界各国共同的拼音方向"。这些既定的大政方针，在50年代从来没有发生过变更，为后来的汉字改革、汉语规范化，也就是本文中统称为普通话写作运动的发展全局埋下了基石，定下了主调。

另一方面，文字改革，以及尾随于后的汉语规范化，还广泛受到友邦苏联斯大林

---

① 吴玉章：《关于文字改革致毛主席的请示信》以及"毛泽东、郭沫若等的复信"，载《吴玉章文集》（上），重庆出版社1987年版，第655—660页。

言论以及苏联主流语言学的深入影响。不论是30、40年代，还是50年代。30年代"普通话"概念的充实，普通话运动的发展，与瞿秋白不无关系；在延安时期，吴玉章则是领头羊。瞿秋白与吴玉章，则都受益并取决于苏联语言学的资源。1927年国内革命失败后，大批中共党员远走苏联，其中一部分包括瞿秋白、吴玉章等先驱开始了根本改造中国文字的工作。瞿秋白华丽转身兼职成为一名语言学家，著有《中国拉丁化字母》等书，主要观点有以下诸端：一是认为汉字难写难认，必须从简从俗，废掉汉字改成拼音化；同时受苏联语言学家马尔影响，在普通话与方言的关系上，采取语言融合论，因此在瞿秋白的普通话建构理论中，并不看重北京语音与北方话。吴玉章与瞿秋白相比有些共同之处，例如主要关心汉字的难易之转换，从扫除文盲入手，一心作新文字（即将汉字简化或拉丁化）方案之改革。到了50年代，瞿秋白的语言学遗产部分被继承，部分则被删改，删改最显著的是语言融合论；吴玉章则在与时俱进中成为当时普通话运动中的执牛耳者。其中占据普通话运动内核的除简化汉字、文字拼音化之外，则莫过于普通话与方言之关系了。普通话与方言的关系，一直左右摇摆不定，直到50年代初斯大林语言学说发表后被立刻译介到国内，问题被轻易裁决成为定论。1950年7月3日，《人民日报》刊载由齐望曙翻译的斯大林在1950年6月29日《真理报》上的文章《论语言学的几个问题——答克拉舍宁尼科娃同志》；7月11日，《人民日报》又刊发李立三翻译的斯大林文章《论马克思主义在语言学中的问题》，此文原刊同年6月20日的《真理报》，系斯大林对《真理报》语言学问题讨论的总结性发言，其观点包括语言文字不是上层建筑，方言（多种语言）不能融合成为民族共同语，而是以一种地域语言为主体，从其它语言中吸取词汇丰富起来。1950年在国内还及时出版了斯大林的《马克思主义与语言学问题》一书，在当时莫斯科也能听到中国呼喊斯大林万岁的时代里，斯大林的语言观念以马克思主义语言学说名义畅通无阻，从莫斯科直达北京，给中国的新文字工作者关于文字改革理论浇透了一场及时雨。"方言习惯语和同行话只是全民的民族语言的支派，不成其为独立的语言，并且是注定不能发展的。……马克思承认必须有统一的民族语言作为最高形式，而把低级形式的方言、习惯语服从于自己。"正是在这一背景下，国内嗅觉灵敏的语言学者最先附和斯大林的观点，集体改写了方言与共同语的关系。不过，又由于毛泽东在此问题上宁为鸡首、不为牛后的态度，以及由延安带来的屡次重视农民大众的群众语言一类的论述，包括他本人一直强调的是文字通顺、生动、准确、有力等标准，又使得这一问题在50年代一直处理得颇为模糊，形象地说是向斯大林方向走，还是朝毛泽东方向，颇让人难以直接干脆地得出结论。由此可见，当时语言学界在口径上的两难局面，大体同此休戚相关。对方言写作与普通话写作的矛盾性，也存在于此。不过，走拼音化道路，倒是毛泽东肯定过的。汉字简化，为群众简易着想，也是没有歧义的。

　　新中国成立伊始，政治的统一与巩固，内在而强烈地呼唤语言的统一。吴玉章、郭沫若等为代表的中坚人物的首倡，以及苏联语言学资源的大面积介入，加速了语言同一化的进程。在 1950 年代之初，陆续便有各种包括扬弃方言土语、文言，放逐欧化语等规范语言的声音出现。① 在短短几年之间，一种与大一统的政治局面相适应的规范性的民族共同语，呼之欲出，正可谓万事俱备，只欠东风。冬天已经过去了，春天还会远吗？这东风果然如期而至，普通话的提炼、充实与定型，便是 1955 年 10 月全国文字改革会议与现代汉语规范问题学术会议的主要议题。全国文字改革会议虽然立足的是文字拼音化，但在这一趋势不证自明时，提出的过渡形式与现实基础是推广以北京音为标准音的普通话；后者则不是一次普通的学术会议，而是学术与政治的联姻。会议召开前夕，《中国语文》杂志刊登过预告消息，时间定在 8 月中旬，后来推迟到 10 月底，与文字改革会议相衔接。当时传媒对此事有集中的报道，事后又出版论文集——《现代汉语规范问题学术会议文件汇编》。据报道，参加会议的有北京和国内各地的语言研究工作者、语文教育工作者以及文学、翻译、戏剧、电影、曲艺、新闻、广播、速记等方面的代表一百二十多人，其中包括数位来自前苏联、罗马尼亚、波兰、朝鲜等兄弟国家的语言学家。值得补充的是，苏联科学院派遣了汉语研究专家鄂山荫、郭路特等人，另外与会的还有当时就在国内的国务院苏联文教总顾问马里采夫，中国科学院语言研究所苏联顾问格·谢尔久琴柯。罗马尼亚、波兰科学院也派遣了几名语言学家，但从其发言来看，也都是围绕斯大林语言学说而言说。另外，这些外国语言学者除参加这次会议之外，或者与国内最能影响普通话运动的语言学家进行座谈，或者在全国一些大中城市讲学，扩大了国人对语言统一的认识。②

这两次会议就现代汉语规范议题，视其大略有以下诸端：一是明确提出汉语规范的目标、标准；二是以国务院指示推广普通话，为普通话合法化，包括新时期以来的写入宪法与国家通用语言文字法等铺平道路；三是完成汉语拼音方案，为走拼音文字立基，同时审音异读词清理；四是编辑出版以词汇规范为目的的《现代汉语词典》，郭沫若曾经题写书名；五是完成全国汉语方言普查。可以看出在当时这是一次最高规格的带有政治意义的大型学术会议，其影响似乎不亚于之前召开过的两次全国"文代会"。会议讨论的分议题主要有汉语规范化的重要性，语音、词汇、语法以及词典编纂、翻译方面的问题，此外还包括普通话与方言、文学风格与语言规范化的关系等方面的内容。至于基本词汇和语法，当时根据毛泽东、鲁迅、赵树理和老舍四家作品来研究现代汉语的基本词汇和基本语法结构。在大会由科学院语言所正副所长罗常培、吕叔湘联袂所作的报告中，深入探讨了现代汉语规范的迫切性，所要解决的原则问题，怎样进行规范化工作等指导意见，带有定调性质。"在汉语近几百年的发展

---

① 颜同林：《普通话写作的倡导与方言文学的退场》，《广播电视大学学报》2011 年第 4 期。
② 参阅《现代汉语规范问题学术会议纪要》、《在语言科学的研究中体现了深厚的兄弟般的友谊》，载《现代汉语规范问题学术会议文件汇编》，科学出版社 1956 年版，第 226—248 页。

中，已经逐渐形成一种民族共同语，这就是以北方话为基础方言的'普通话'。这种普通话最近几十年得到广泛的传播。"[①] 民族共同语与普通话之间画上等号，焦点集中在普通话的建构上，整个会议可以说议题具体、讨论深入，收到了大大超过预期的效果。换一个角度来看，这次会议内容集中落实于民族共同语与普通话的合而为一，可以互相替换。而且，普通话既是汉民族的共同语、标准语，也是中华民族的共同语，后来全国各少数民族地区也通行普通话。普通话以北方话为基础方言，以北京语音为标准音，是符合汉语的实际情况和历史发展的。在这次会议上，对普通话的定义还不全面。据倪海曙回忆，还是陈望道在刚刚闭幕的全国文字改革会议上提出校正，后来在国务院通知中最终完善。全国文字改革会议主要讨论修改《汉字简化方案》（草案）和决定推广普通话，会议规定普通话以"北京话为标准"。语言学家陈望道发现这一定义不妥当，有逻辑错误，普通话也就是北京话，等于取消了普通话。由此可见，当时对普通话的定义是粗陋的、不成熟的，形象地说是摸着石头过河。1956年2月6日，在《国务院关于推广普通话的指示》中，第一次完整表述了普通话的定义并沿用至今："以北京语音为标准音、以北方话为基础方言、以典范的现代白话文著作为语法规范。"这一定义从语音、词汇、语法三个方面进行了明确的限定。虽然这一定义也有值得反思的地方，譬如北京语音与普通话语音的界限，北方话的范围也十分广泛，内部并不是描述的那样一致，典范的白话文著作也难以厘清，标准难以把握，操作性不强，等等，但毕竟有了光彩夺目的金字招牌。

二

春江水暖鸭先知，随着国家领导人与文化界高层官员的表态与定性，全国文教界各级官员与语言学家最先行动起来，目标瞄准了以文字改革、汉字拼音化、汉语规范化等为议题的普通话运动上。

其中，郭沫若在普通话运动中是十分积极、有所作为的。郭沫若身兼数职，一个身份是古文字学家，对文字改革最有发言权。所以汉字简化，语言规范化，首先是一个专业问题。而且，语言研究所是郭沫若任院长的中国科学院的下辖机构，于公于私，都与郭沫若有切切实实的业务联系。作为一个事关国家前途与发展的宏大议题，语言研究的学术问题在郭沫若等人眼中不断被政治化，并不断被扩大化，成为一个有关于社会主义国家文化、思想建设的上层建筑问题。郭沫若曾经举例说："语言研究在旧时代是一个冷门，是不被重视的。有过一个丑恶的反对分子，曾经大言不惭地这样公开的嘲笑：'只要有十来个书院的学究点缀点缀就够了。'可是，今天的情况是

[①] 罗常培、吕叔湘：《现代汉语规范问题》，载《现代汉语规范问题学术会议文件汇编》，科学出版社1956年版，第5页。

完全不同了，语言研究成为了祖国建设事业的重要一环。"① 积极参与此事的语言学家王力后来也附和此议，说当时所说在 50 年代"中国语言学不再是冷冷清清的少数几个'专家'的为学术而学术的'学问'，而是有巨大实践意义的、为语言教育服务的科学了"②。可见，普通话运动的重要性已不言而喻，关键是如何朝既定的方针努力执行。

其次，语言文字问题，其成败荣辱最终会通过文学艺术的形式具体而形象地呈现起来，郭沫若还是现代文学创作的旗帜，在 30 年代鲁迅逝世后就被延安树立起来了，因此，在文学创作领域，自然会有相应的变动，这一点在本文下一部分中还将重点阐释，这里从略。再次，郭沫若当时置身于党和国家领导人行列，特别是在科教文化领域上位居要职，这都使郭沫若与普通话运动有着难以割舍的联系。就郭沫若当时分管的工作而言，像中国文字改革委员会挂靠于他任主任的政务院文化教育委员会一样，有关普通话运动的革命事业只是其分内工作的一部分。在 50 年代除一直担任全国文联主席外，还有以下比较典型的事件与此密切相关：

> 1949 年 7 月 13 日、14 日，分别出席中华全国第一次自然科学工作者代表大会筹备会，并讲话；出席中国社会科学工作者代表会发起人会议，致开幕词。
>
> 1949 年 7 月 16 日，出席中苏友好协会发起人会议，致开幕词，并被选为副主任。
>
> 1949 年 10 月 20 日，在中国文字改革协会第一次理事会上，被选为常务理事。
>
> 1950 年 5 月 11 日，任学术名词统一工作委员会主任委员，负责统一学术界、出版界常用的翻译名词。
>
> 1952 年 2 月 5 日，出席中国文字改革研究委员会成立会，"建议将来拼音化了的中国文字宜横写右行"。
>
> 1952 年 4 月 23 日，主持奖励祁建华创造的"速成识字法"颁奖典礼，亲授奖状并讲话。
>
> 1955 年 10 月 15 日，出席全国文字改革会议，发表《为中国文字的根本改革铺平道路》的讲话。
>
> 1955 年 10 月 25 日，出席现代汉语规范问题学术会议开幕式，致开幕词。

---

① 郭沫若：《现代汉语规范问题学术会议开幕词》，载《现代汉语规范问题学术会议文件汇编》，科学出版社 1956 年版，第 3 页。

② 王力：《语言的规范化和语言的发展》，《语文学习》1959 年第 10 期。

1956年3月5日，出席政协全国委员会常委会扩大会议，听取吴玉章《关于汉语拼音方案（草案）》的报告，并发表《希望拼音方案早日试用》的讲话。

1957年9月，发表《文字改革答问》，分别载《文字改革》与《人民日报》。

1957年10月24日，在政协全国委员会常委会会议上，代表汉语拼音方案审订委员会作关于汉语拼音方案修正草案的说明。①

以上是郭沫若在50年代繁忙的政务、文化交流、学术等诸多活动之余的一个个侧影。不同条目还有相应的延伸性、拓展性，可以想象郭沫若参加各类会议活动中进行发言、讲话时的身份转换与岗位意识。

不可忽略的是，在50年代所有的活动中，郭沫若的苏联经验也是最为丰富的。为什么说他的苏联经验是有代表性的呢？要回答好这一问题还需追溯到他于抗日战争初期的人生经历。由于地处两国相邻的地缘优势，以及同处社会主义阵营，苏联的很多经验被中国所吸收。就郭沫若而言，当时生活于重庆这一陪都之中，但一直是延安方面在重庆的代言者，有机会常与不同的苏联人打交道。譬如抗日战争期间，郭沫若与苏联驻中国大使馆有较多交往，与苏联驻中国大使、汉学专家费德林等人也有私人联系；每逢苏联十月革命纪念日也有文章发表以示纪念，对以苏联文化名人诸如高尔基、托尔斯泰、马雅可夫斯基等举办的纪念活动也有诗文回应；此外郭沫若还屡次出席中苏文化协会举办的文化交流活动，1945年4月，在被取消文化工作委员会主任一职后，他提任中苏文化协会研究委员会主任一职，巩固与加强了中苏文化交流的关系。1945年6月，在抗战胜利前夕，郭沫若受邀亲赴苏联参加苏联科学院成立20周年纪念活动，在苏联访问了五十多天，广泛深入了解了苏联各个方面的情形。在郭氏的著述系列中，曾有《中苏文化之交流》《苏联纪行》等著作问世。可以说，苏联对郭沫若而言并不陌生，相反，社会主义国家苏联是十分亲切熟悉的，向苏联经验学习也成为郭沫若当时的一种倾向性意见。在50年代郭沫若的工作与生活中，还可以看到苏联经验的自然延伸。在1949年7月的第一次文代会上，郭沫若就曾主张"充分地吸收社会主义国家苏联的先进经验"。②建国前后，由于中苏关系的密切，郭沫若去苏联参加外事活动，或经过苏联外出其他国家更是频繁。向苏联学习、向苏联看齐，成为一种科技、文化、和平等事业上的内容之一。譬如就郭沫若的社会活动与外事活动侧影而言，择出以下：1949年10月，参加文字改革委员会，选为常务理事，一般在会议上发表讲话也成为习惯，后来主张拼音方案，文改会研究会成立，或是答

---

① 以上部分参阅了龚济民、方仁念《郭沫若年谱》（上、下），天津人民出版社1982年版。
② 郭沫若：《为建设新中国的人民文艺而奋斗》，《人民日报》1949年7月5日。

记者问之类。1953年1月，郭沫若在莫斯科参加诸如"加强国际和平"斯大林国际奖金之类的活动之余，与同在莫斯科的宋庆龄受到斯大林的接见，聆听讲话两个多小时，斯大林向郭沫若等问到中国的一些事情，包括"初级教育和高等教育的发展程度、汉字改革的问题，为少数民族创制文字的问题"。①

三

汉字简化、文字拼音化、汉语规范化这些议题交错汇融在一起，在联系到文学作品创作到创作、修改时，郭沫若在50年代也谈到了各个环节的重要性。例如，郭沫若在50年代初谈到儿童读物时，认为要走文字拼音化的道路，并作了有力的辩护："文章不要那么文刍刍的和语言脱离，要尽可能做到说什么写什么的程度。旧文言固不用说，'五四'以来的新文言也不用说，近来的理论文字和文艺作品又显然有新新文言的倾向了。主要恐怕依然是汉字在作怪，用汉字来表达，总想要少写几个字以求效率，因而有意无意之间便不免和语言脱离了。"② 这一立论，继续着瞿秋白在30年代关于"五四"白话不能大众化的论调，继续着四五十年代之交的主流论调，在当时颇具权威性。譬如方言文学的废弃便是一例。方言什么时候成为阻力，什么时候被从群众语言中剥离出来的呢？透过重重叠叠的山头，远在国统区的郭沫若似乎闻到了赵树理小说的语言"全体的叙述文都是平明简洁的口头语，脱尽了五四以来欧化体的新文言臭味"③，这表面是对赵树理小说语言的褒奖，实质是对知识分子腔调的无情嘲讽，呼应了毛泽东所说的群众语言的先进性。又譬如，郭沫若在40年代的香港，曾说过"在若干年之后，中国的国语可能是要统一的，但必然是多样的统一，而决不是单元的划一。因为多种方言是在相互影响，相互吸收之下，而形成辩证的综合。这样，方言文学的建立在另一方面正是促进国语的统一化，而非分裂化。语言的统一才是真的统一，人民的统一"④。在50年代，置身于普通话运动的他，悄然修改了自己的观点。

但是，以上都是枝节性的，最为主要的是在文学创作中有所改动。一言以蔽之则是普通话运动，表面上是几股语言运动，实际上又落脚于文学语言之上，具体反映在50年代的文学创作领域，包括现代文学名作的重版修订上。当时活跃的是语言学家，但语言学家不从事文学创作实践，虽然兢兢业业于本职工作，大会小会也高举过手，但其成效是可疑的。至于汉语规范化的任务要在作家们身上实现，50年代靠边站的

---

① 郭沫若：《参加斯大林葬礼的回忆》，《人民日报》1954年3月5日。
② 郭沫若：《爱护新鲜的生命》，《人民日报》1952年5月31日。
③ 郭沫若：《读了〈李家庄的变迁〉》，《北方杂志》第1、2期，1946年9月。
④ 郭沫若：《当前的文艺诸问题》，载王锦厚等编《郭沫若佚文集》（下册），四川大学出版社1988年版，第212页。

美学家朱光潜有句话说到了点子上,他在现代汉语规范问题学术会议前夕回老舍的信中说:"争取汉语规范化,说到究竟,真正促成语文规范化的还是在群众中有威信的作家。"①而一大批"有威信"的作家们已经摩拳擦掌,"披挂上阵"投入到这一无形的战场里了。在现代汉语规范问题学术会议期间,与会代表中有作家之名分的,除郭沫若外,还有叶圣陶以及当时归属于中国作家协会的五位代表:老舍、欧阳予倩、曹禺、董秋斯、陈翔鹤。此外,建国后基本不从事写作的剧作家丁西林,人民文学出版社做领导工作的楼适夷也在名单之列。这些作家中,除叶圣陶外,老舍最为积极,1956年他还被任命为中央推广普通话工作委员会的七个副主任之一,可谓有名有实。

在整个50年代,郭沫若是重版过去作品集子最多的文人,此外如茅盾、老舍、叶圣陶等作家也有资格不断重版自己的作品。这些当红作家一旦有机会就修改作品的语言形态,并给其他后来者作出示范。郭沫若在大量政务之余,在语言规范化的运动中,自觉进行普通话写作的转变,可谓不遗余力。郭沫若在建国之后重版的数量庞大的著述,大多数经过了自己校阅、增删与润饰。从笔者不完全的考察来看,郭沫若著述的版本变迁,主要是内容与思想方面,譬如作品篇目的增删、文章观念的微调、材料的增补、结构的重组等最为多见,次要的则是文字的调整与改动。这种落实于文字表述层面的变迁,几乎都有对欧化、古化与方言化的通盘考虑,相应做了枝节性的处理。这里不妨从《沫若文集》的出版来略加剖析。1957年到1963年,郭沫若在人民文学出版社出版了《沫若文集》共17卷,其中50年代出版了前12卷。在书前标注的出版社编辑部的"出版说明"中,一般都有交代,说是根据初版本或其他版本校勘,增加一些必要的简注,有些作品曾由作者亲自校阅、修订之类的说明。这一套《沫若文集》在收入过去出版过的作品时,虽然也有编辑在审稿过程中代为加工、整理、润饰的现象,但大多数经过作者修订、处理。不论是诗歌、话剧,还是文艺性论著,其中增加注释,增补文字、去文言化、去方言化、去欧化比比皆是。其中显著的现象便包括增加数量不一的注释工作,如代表性《女神》诗集在50年代之前印刷甚多,1953年重印基数很大,注释数量也很多,主要是外语汉译,或去掉多余的外文单词,进行释义、补充。②比如收入《沫若文集》(第3卷)的《屈原》,"人文本其余的修改基本上是语句或语词方面的润色或调换","进一步使《屈原》语言规范化。"③又如,当笔者将1954年新文艺出版社出版的《虎符》复印一份作为底本,用红笔标识出它与《沫若文集》(第3卷)中《虎符》的差异时,则发现到处是红笔痕迹:以纸本印刷品而言,《虎符》是一个不足十万字的剧本,但修改之处高达一千多处,修改字数达万字以上;有些段落几乎是重写,有些页面修改的文字超过了原来的

---

① 引自《老舍全集》(第15卷),人民文学出版社1999年版,第755页。
② 颜同林:《〈女神〉版本校释与普通话写作》,《广东社会科学》2012年第3期。
③ 金宏宇:《新文学的版本批评》,武汉大学出版社2007年版,第141页。

文字；没有哪一页纸没有改动过，一次删改 30 字以上的部分就有三四十处。

对于郭沫若与普通话写作运动这一议题而言，主要表现在他身先士卒的示范姿态上。他通过对自己大量作品的修改、润饰来达到普通话化，便是这样的典型例子。但是，这一方面的具体情况却往往淹没在他 50 年代所出版的卷帙浩繁的著作之中，难以一一校释清楚。笔者在此补充此点，仅仅作为我刚刚进入此一领域的交代。

结　语

总而言之，普通话运动与 50 年代的普通话写作非常密切，可以说是合而为一。郭沫若置身于普通话运动之中，身体力行，不论是对这一运动的呼吁与支持，还是在旧作重版中的修订，都推动了普通话运动的推进。其中苏联资源的借用，则是关键的环节。

（原载《福建论坛》2013 年第 12 期）

《敝帚集与游学家书》研究札记

邓经武

一

郭沫若的《敝帚集与游学家书》（以下简称《敝帚》）于2012年10月，在中国社会科学出版社出版。全书共计25万字，包含四个部分：一是郭沫若抗战时期亲自编订，却从未出版，亦从未纳入任何"文集"和"全集"面世的，表现对辛亥革命感受的旧体文字《敝帚集》；其二是郭沫若走出乐山之后，在成都、天津、日本等地"游学"的书信——其中写自日本的书信，大多曾经收录于唐明中、黄高彬编注的《樱花书简》（1981）中。这里不再以"樱花"而用"游学"概括命名，就更准确地昭示出所辑录的书信的特点。还有书中另收录的《敝帚集外》和《游学家书》，是在已经出版的《郭沫若少年诗稿》（以下简称《诗稿》）、《樱花书简》（以下简称《书简》）基础上增补、重新校注而成；其三是编著者对该书进行研究与说明的三篇"解读"文章；第四是该书对郭沫若这些作品"注疏"式的具体注释和专门解说。书中还附有郭沫若青少年时代的一些老照片和1912—1923年"游学"期间珍贵的书信手迹影印。于此，郭沫若的早年个性、人生观世界观形成的关键时期心路历程，尤其是他身处辛亥革命大潮荡涤之中的心理活动形态等，通过编著者的探幽发微与学术阐释，进行了一次最集中的全面展示。

其中最值得注意的是《敝帚集》的首次面世。说实话，许多在"郭研界"游走多年的学人，也不知道郭沫若还有这样一本早已编定而"自珍"多年的旧体文字作品集。

其实，《敝帚》的编辑者之一、郭沫若的女儿郭平英早在1982年，曾经透露过《敝帚集》的信息，并进行过具体解说[①]，即：

> 在母亲收存的抗战时期的书信杂稿中，有一迭他人誊写、父亲校改的稿纸。这是父亲早年的旧作，较确切的年代是一九〇六至一九一三，题为

[①] 郭平英：《〈郭沫若早年作品三篇〉几句说明》，《新文学史料》1982年4期。

"敝帚集"。文前有小序:"出蜀以前所为诗文,曩奔父丧返里,于旧纸堆中搜得旧诗七首、文四篇、对联五十二副,虽均幼稚而又陈腐,然亦足以踪迹当年之情绪。爰录为一集,顾曰敝帚,非欲自珍,以明其扫除尘秽之意而已。"我们的祖父逝于一九三九年秋。父亲自当时发现这些旧作后,只作了这样的辑录,未在以后什么地方谈及,更没有发表的意思,这其中定会有其考虑的。推想怕正是他自己所说的,"均幼稚而又陈腐","非欲自珍,以明其扫除尘秽之意而已"的缘故吧。

"敝帚"之说,较早见于《东观汉纪·光武帝纪》的"家有敝帚,享之千金"句。宋代陆游诗《初夏幽居》之二就有"寒龟不食犹能寿,敝帚何施亦自珍"之句。中国文人,常常自谦地把自己的作品命名为《敝帚集》,取其"敝帚自珍"之意,如宋代黄庭坚、清代吴中蕃(当时孔尚任为其作序,称"黔阳之有诗,自吴滋大始",视之为贵州诗歌的开创者)等。20世纪的诗人和"中国新文学研究"学科创始人朱自清、"红学"权威冯其庸等也有同样的作品命名。而郭沫若的《敝帚集》,则并非选取原意,即其"自序"所称:"顾曰敝帚,非欲自珍,以明其扫除尘秽之意而已",也就是说,郭沫若对自己这些"年少之作"的态度,主要意思不在"敝"的弃舍,而在于怀念其"扫除尘秽"仍然有实际功能的"帚"。其实,这里面还是包含着浓郁的"自珍"之意——笔者认为,这是研究者应该注意的。

中国新文学诞生以来的百年学科发展史,新史料的发掘,往往带来对一些重大问题的再认识甚至引发对某段文学史的"重写"。而对"中国新文学史"研究的不断深入,"鲁、郭"等大师级作家研究资料的新发现,常常成为学术界重点关注的对象。具体说来,随着对郭沫若的研究不断深入和拓展学术领域的需要,"史料"问题,愈益受到学界的重视。最典型的,就是2008年在山东济南,由山东师范大学承办的"郭沫若文献史料国际学术研讨会暨IGMA学术年会",会议的主题就是"郭沫若文献资料研究",特别是"围绕'文献''史料'等四个专题进行了热烈而充分的探讨",就集中地体现出这种学术界愈益关注史料问题的研究趋势,即"在郭沫若研究史上,以郭沫若文献史料为中心议题的研讨会尚属首次。本次会议对于郭沫若研究的深入开展将有重要意义"[①]。

于此,我们就看到了《敝帚》出版的重要意义。它汇集了郭沫若青年时期鲜为人知的许多作品,集中展示了一个内陆地区青年面对辛亥革命爆发时的心路历程,同时也凸显出最具有"五四"现代精神特征的郭沫若,在中国传统文化方面深厚积淀以及在旧体文学方面的深厚造诣。它还显示出青少年时期郭沫若对社会变革的思考以

---

① 孔凡元:《郭沫若文献史料国际学术研讨会在济南举行》,http://www.chinanews.com/cul/2010/08-21/2481978.shtml。

及思考特色，这里借用郭沫若在自传《少年时代·序》中话来说，就是"便是通过自己看出一个时代"，可以让人们再次去认识"一个天才的时代"风貌特征。其意义如该书编著者特别指出的："《敝帚集》真实地反映了辛亥革命期间广大民众普遍的思想和情绪，也真实地反映了革命进程中复杂的思想和现实，对客观评价一百年前中国近代史上的这场大革命不无裨益"，"无论对于中国推翻清朝走向共和这段历史的研究，或对于郭沫若的生平与思想研究，想必都具有填补空白的作用"。[①]

二

1939年7月，时任国民政府军事委员会政治部第三厅厅长的郭沫若，从陪都重庆返回故乡乐山，为父亲郭朝沛治丧。居家期间，他把自己置放老家尘封已久的少年时代所作的旧体诗文和对联进行了整理。回到重庆后，他又请人代为誊抄复写成册，并进行了校改订正，题名为《敝帚集》而搁置"自珍"。这一搁置，不料竟然长达70多年。以后，无论是人民出版社、人民文学出版社，四川人民出版社等所推出的各种"文集""全集"——即如"郭沫若著作编辑出版委员会"决定出版《郭沫若全集》时收文原则是"郭沫若生前结集出版的文字"等，都没有收录《敝帚集》。甚至在"郭沫若诞辰110周年"（2002）纪念活动期间，科学出版社、北京出版社、福建人民出版社，河北教育出版社等多家出版单位，纷纷推出一批为学者和各界关注的郭沫若书籍和研究郭沫若的书籍，河北教育出版社还出版了《中国书法家全集·郭沫若卷》，为全面深入地研究"郭体"书法的形成、发展及变化，提供了翔实的材料，其中甚至还包括郭沫若20世纪60年代校订完成的陈端生《再生缘》也获得出版……如此种种，在这样一个难得的"郭研"出版高潮中，仍然未能见到《敝帚集》的踪迹。

新材料的发现，往往会引起学术研究的进步甚至突破，问题是，这些"新材料"的可信度如何？则常常是研究者犹豫徘徊难以决断的困惑所在。汉武帝时期鲁恭王（刘馀）从孔子故宅墙壁中发现古文经籍的"破壁出经"学术公案，[②]至今在学界辩讼不已；又如今天"郭研界"关于"陈明远与郭沫若的通信"材料的真伪辩讼，也是一个让人揪心的问题。因此，学术研究一方面期盼"新材料"的出现，另一方面大家则审慎地考察这些"新材料"的出处。30年前（1982），郭平英女士在《新文学史料》上首次披露《敝帚集》的信息，到2012年，《敝帚集》以完整的面貌呈现于世人眼前。这样一部由作者亲自编定、先后为作者本人和家属珍藏几十年之久的佚

---

① 郭平英、秦川：《郭沫若〈敝帚集〉整理手记》，《中国社会科学报》，2011年10月13日。
② 班固：《汉书》卷53《景十三王传第二十三·鲁恭王馀传》有载："恭王初好治宫室，坏孔子旧宅以广其宫，闻钟磬琴瑟之声，遂不敢复坏，于其壁中得古文经传。"但司马迁《史记》则阙。

诗佚文集，再由家属与专家共同编辑注释出版的集子，其真实性是毋庸置疑的。尤其是编著者之一、温和厚道的秦川先生，常常在学术问题上近乎"固执"的态度，决定了该书在编注方面的学术性，使该书成为学术研究的可靠版本。

中国传统治学方式，注重在各种版本的"编"中，选择最佳的一种，以免误入歧途。前面说过，《敝帚集》的编者是作者本人，并且是在历史学、考古学、古文字学等方面已经获得公认巨大成就的中年人。以郭沫若的学术思维以及研究方式，尤其是中年学者的成熟与睿智，来编订自己的一本旧作，这当然值得信赖。在版本问题解决后，"注"与"疏"问题就成为中国传统学人高度关注的内容。例如中国语言学界研究《说文解字》，虽早有晚唐时期的"大小徐本"以及清代的桂馥、朱骏声、王筠、段玉裁并称"说文四大家"研究成果，但段玉裁"注"的版本，却常常成为学者们的首选，这是因为"段注"体现着截至清代对《说文解字》研究的最高成就。笔者认为，郭平英、秦川编注的该书，至少有以下几个重要特点：

（一）全貌体现。《敝帚》的价值，首先在于集中地全面呈现出郭沫若青少年时期的思想状况和心路历程，充满了一个成长的青少年对自然和社会的好奇与对新型人生的向往。即"自己颇感觉着也就像大渡河里面的水一样，一直是在丛山峻岭中迂回曲折地流着"[①] 的"现场记录"，与其 10 年后写作的《我的童年》《反正前后》《我的学生时代》等"朝花夕拾"式自传文字，可以相互映照，彼此发微。从而更加鲜明和全面地凸显"青少年郭沫若"的形象。

（二）准确纠误。《敝帚》的编著者都是郭研专家，对郭沫若的生平与思想、文献史料，乃至于一些重大的学术问题，都有着深厚的研究积淀，从而厘清了以前一些注释解说的错误。[②] 如该书的《解读之二》指出"研究者在词句注释内容理解上见仁见智或者产生错误，是在所难免的。个别误注误解，既有《诗稿》先入为主的误导，也有客观条件的制约"，"重新细审原稿和作品内容，是再度进行整理、校注的关键"[(P157)] 等。

（三）学术严谨。编著者对材料的注释和研究体现了精深的学术眼光。治学，首先需要一个好的版本，这样才能获得研究的坚实基础。《敝帚集》系郭沫若生前亲自辑录编订，又是被家属一直珍藏，郭平英女士又是大家公认的"郭研界"专家；秦川先生是"郭研界"早享盛名的专家，其代表性论著《郭沫若评传》曾受到学术界盛赞并再版。二位专家联手对本书进行注释和解说，在典故出处、用典释义、作品内蕴等方面的解说与注释，都颇见功底。其中尤其是《文学珍本〈敝帚集〉见证辛亥革命历史》《〈敝帚集外〉旧诗与对联校注》《〈游学家书〉的考订编校》三篇文字，

---

① 郭沫若：《少年时代·序》，载《郭沫若全集》第 11 卷，人民文学出版社 1985 年版，第 3 页。
② 参见卜庆华《郭沫若少年诗稿—补订》（《娄底师专学报》1985 年第 3 期）；伍家伦《漫话郭沫若的青少年时代》，《郭沫若研究》1983 年第二辑等纠错文章。

完全是标准的学术研究论文。

总之，该书对郭沫若后来引述文字的误记，对《诗稿》和《书简》，乃至于诸如《古今作家名联选》等关于郭沫若早年之作的注释错误和创作时间考订不确等，都依据原件进行了纠正。对多年来学术界在郭沫若早期旧体诗词、对联研究的问题，进行了一次集中而系统的清理，作为"早年郭沫若"研究的基础即史料问题，得到了一次正本清源的机会。

三

郭沫若编辑《敝帚集》时，按照惯例在编集时对作品进行校订、考证，对每篇作品都标明了写作时间，对 1906 年至 1913 年共七年时间的作品，依次进行订正。1906 年（时年 14 岁）在嘉定小学堂读书时的作品有《题〈王制讲义〉》二首、《跋〈王制讲义〉》等旧体诗四首；有文《愚者辨》一篇；其余的诗文基本是中学时期——在乐山中学堂、成都高等学堂分设中学就读时所作，即 1907 年、1910 年的旧体诗各一首；1913 年（21 岁）夏的七言长篇《游古佛洞》以及诗后《跋》语等，都是按时间顺序进行排列；还有三篇文章分别作于 1911 年（19 岁）春、1911 年冬和 1912 年（20 岁）1 月初，题为《答某君书》《祭三叔祖文》《寄大兄书》；另有联语一共 52 副，全部写于辛亥革命之后第一个农历新年前夕，是辛亥革命在中国内陆社会引起反响的一个心路案例。但由于那是"一次资产阶级性质的民主革命"，"因为孙中山的领导集团犯了错误"而且是"失败的"[1]，因此辛亥革命长时期得不到正确评价。

20 世纪 80 年代初，创刊（1978）不久的《新文学史料》向郭沫若家属索要"新文学史料"，在刊物的"一再要求"之下，也出于"作为对父亲九十诞辰的纪念"，郭平英向刊物选交了《敝帚集》中的 3 篇作品，其选择标准有三："当年的情绪"；"辛亥前后一个有志青年的所感"；"了解那个社会的一端"。[2] 其原话是：

> 最近，《新文学史料》的编辑同志一再要求我们提供父亲的遗作在刊物上发表，作为对父亲九十诞辰的纪念。我们从这迭旧作中选了三篇。没有得到父亲应允，是于心不安的；但因为它们可以"踪迹"父亲当年的情绪，与《少年时代》中的某些记述相映；又对于通过辛亥前后一个有志青年的所感，去了解那个社会的一端不无益处，便仍然这样做了。

---

[1] 毛泽东：《在中央人民政府委员会临时会议上的讲话》，1954 年 9 月 14 日，http://www.economy.guoxue.com。

[2] 郭平英：《郭沫若早年作品三篇几句说明》，《新文学史料》1982 年第 4 期。

总之，郭平英女士当年所提交并供发表的三篇"史料"，主要还是着眼于"社会认识价值"而非审美价值，时代局限是显然的。值得注意的是，郭平英使用"这选旧作"而有意回避了已经成"集"的事实，个中原因，尚可探究。

笔者认为，《敝帚》展现了青少年郭沫若的文学天才，无论是旧体格律，还是对联，还有游学历程的家书，都体现着高超的文学技巧，这里已经显示出他后来成为20世纪文学大师的必然。这正如他自己回忆的："我自己在小时本来就喜欢念诗，因为母亲从口头教我们暗诵唐宋诗人的五绝、七绝。在国内中学校肄业的几年间，科学方面的教员们通是些青黄不接的资料，不能够唤起科学上的兴趣，我自己也就只好在古诗、古学里消磨。这不幸的几年间，构成了我日后的一个怎么也难克服的文学倾向。"[①]

这当然也得益于旧体文学技巧的严格训练。用郭沫若《我的童年》的话来说，就是"足足受了两三年光景"的"诗的刑罚"，即"就是先生做对子，起初两字到五字，渐渐到七字以上，不但规定字数，还要讲究平仄、音韵与虚实。做不出对子的，轻则不准休息，重则还要挨手心"，"刑具是一两分厚、三尺来往长的竹片。非正式的打法是隔着衣裳、隔着帽子的乱打；正式的打法是打掌心、打屁股"。郭家私塾沈焕章先生用这种方法成功地训练出了郭沫若旧体诗词的深厚功底，这就是巴蜀民间谚语所说的"黄荆条子出好人"。换句话说，我们同意郭沫若关于文学是天才与灵感的体现等说法，但我们还要看到："五四"时期"狂飙突进"般"凫进新文学浪潮"的郭沫若，此前早有一个系统的文学创作阶段作为铺垫。

郭沫若对《敝帚集》的喜爱，不仅表现于在众多自传文字中引述这些作品（如《我的童年》《黑猫》《反正前后》《我的学生时代》等等），并且也体现在多年珍藏这一行为中。他在编辑和校订该集时，对春联部分的由来解说道："沙湾镇居民喜贴长联，每逢春节或红白喜事，竞撰长文联语贴于门楣，不能自撰者则备酒食请镇中读书人代撰代书。因而春节书联为读书人之一繁忙工作，多者百数十副，少亦三二十。辛亥革命之岁，因兄长多在外，余遂得承其乏，成联若干首。"这些话，我们应该特别注意，在沙湾乡民的眼中，在省城读书具有"举人"般身份的"八老师"，能够为自己亲笔挥毫撰写春联，是一件何等荣耀的大事；而作为一个19岁的知识青年，有着叔父在当地的"舵把子"声望背景、有着大哥和五哥"举人"显赫名气却不在家乡而为自己留出的大展才华巨大空间，"舍我其谁"的满腹豪情和凌云壮志，就被新春喜气、国家新生，以及被众多乡民恭维赞誉所激励。后来的郭沫若，不正是一以贯之地呈现着这样的身姿？他撰写的这些联语的风格，自然就显示出磅礴大气和热情洋溢。如对联一：

---

① 郭沫若：《创造十年》，《郭沫若全集》第12卷，人民文学出版社1985年版，第65页。

光复事殊难，花旗蠹树，华盛顿铜像如生，祖国丘墟，哥修孤英魂罔吊。于瞻于仰，或败或成，人力固攸关，良亦天心有眷顾。

边维氛未靖，东胡逐去，旧山河完璧以还，宝藏丰繁，碧眼儿垂津久注，而今而后，载兴载励，匹夫岂无责，要将铁血购和平。

郭沫若在《反正前后》中回忆过他辛亥革命时期的感受："中国的不富不强，是因为清政府的存在，只要把清政府一推翻了，中国便立地可以由第四等的弱国一跃而成为世界第一等的国家，这是支配着当时青年脑中的最有力的中心思想。"① 他又在《黑猫》里回忆说："那时的少年人大都是一些国家主义者，他们有极浓重的民族感情，极葱茏的富国强兵的祝愿，而又有极幼稚的自我陶醉。他们以为只要把头上的豚尾一剪，把那原始的黄色大旗一换，把非汉族的清政府一推倒，中国便立地可以成为'醒狮'，便把英、美、德、法、意、奥、日、俄等当时的'八大强'，当成几个汤团，一口吞下。"这表现在他歌颂民主共和新政体、新国体的第十联：

二千年专制帝国，骤跻共和，盛业赖维持，夸父莫遗追日诮。
廿世纪竞争风云，横锁东亚，建夷今扑灭，诗人好赋出车章。

应该说，郭沫若对那些曾经的"幼稚的自我陶醉"之作，还是难以"敝"弃的。今天看来，一些对联仍然散发着迷人魅力，而被许多研究楹联艺术的专家论及。如：

桃花春水遍天涯，寄语武陵人，于今可改秦衣服；铁马金戈回地轴，吟诗锦城客，此后休嗟蜀道难。
杏花疏雨，杨柳轻风，酒兴匋浓春色饱；沫水澄清，峨眉滴翠，仙人风物此间多。

中外社会知识的充足储备、青春朝气的思维敏捷、天才式的智商灵气等，就被辛亥革命时代浪潮所激活。《敝帚》中的所有文字，是一个"无意识的时代"随心所感，作者当年并未想到自己以后将会在中国文坛叱咤风云；成名之后对这些文字的整理和辑录成集，是为了"踪迹当年之情绪"，再次回味当年的那种青春朝气以及"幼稚的自我陶醉"，"自珍"于其中的"除旧布新"的内容。

笔者认为，在郭沫若的一生文化创造历程中，真正置身于"绝端的自由""绝端的自主"状态之中，没有政治的忌讳，没有经济的压迫，也没有个人身份的顾虑，没有任何现实功利制约的创作阶段不多，产生于如此心态中的《敝帚》，就特别值得

---

① 郭沫若：《反正前后》，《郭沫若全集》第11卷，人民文学出版社1985年版，第203页。

我们重视。

　　相较而言，郭沫若的挚友周恩来20世纪40年代在重庆发表的《我要说的话》，倒是涉及了一个人们至今忽略的问题，即郭沫若青少年时代已经出现一个"舞文弄墨过一番"文学阶段，其原话是："我们也不能把郭沫若看成是两个时代的人物，而应看成是新文化时代的人物，虽然他在少年时代也曾舞文弄墨过一番。"① 换句话说，《敝帚集》的出版，让我们对郭沫若文学创作历程中"早年创作"这一阶段，开始有了清醒的认识。

（原载《中华文化论坛》2013年第5期）

---

① 周恩来：《我要说的话》，《新华日报》1941年11月16日。

鲁迅、郭沫若"历史小说"新论

周 文

关于鲁迅、郭沫若"历史小说"的比较，20 世纪 80 年代曾有过讨论，讨论焦点集中在鲁郭二人的"分歧"和"差异"以及对郭沫若"历史小说"的评价上。[①] 因鲁迅、郭沫若在现代文学史上的特殊位置，讨论未曾全面展开便悄然结束。其中涉及的历史小说创作、历史真实等理论问题亦未能有所突破。在消费主义、工具理性主导下的当今中国，借助大众传媒等形式，历史题材作品云蒸霞蔚、方兴未艾，而历史文学理论界面对各种"戏说""穿越"等只得摇头兴叹，更有文化保守主义思潮推波助澜，这不能不说是一种遗憾。近年来，随着左翼文学研究的深入，对鲁迅、郭沫若的关注似乎有放大二人分歧的趋势，相对忽略二人之间深刻的对话关系。本文认为，仅在鲁郭二人历史小说的问题上，就大有重新清理的必要。这既有助于消除误解和偏见，还有助于澄清中国现代历史文学的一些关键性理论问题，也有助于为当前的文化乱象提供一种解释和借鉴的可能。

一 巧合与共识

1922 年 12 月鲁迅《补天》发表[②]，郭沫若于 1923 年 6 月、8 月分别作《漆园吏游梁》[③] 和《柱下史入关》[④]。之后两人的历史小说创作均出现较长的停顿，直到

---

① 伊藤虎丸在《郭沫若的历史小说》（《郭沫若研究》第 6 辑，文化艺术出版社 1988 年 5 月）一文中赞同向培良批评郭沫若历史剧的观点，认为郭沫若历史小说同样惯于"教训"、完全不是"历史底"，进而认为鲁郭历史小说的异趣是"一个未被自觉的隐藏着的对立点"，同时借此证明尾上兼英"对郭沫若来说，是根据别人思想的立场的如何来决定自己同该人的距离"的观点。对此，黄侯兴《〈故事新编〉与〈豕蹄〉比较研究》（《郭沫若学刊》，1989 年第 1 期）则强调鲁郭论争是客观史实，但不是简单的宗派主义，而"郭沫若对历史小说创作的主张，对典型创造的理解，以及在作品中所显现的独异的艺术风格，乃是他的浪漫主义艺术个性所致"。
② 发表于 1922 年 12 月 1 日《晨报四周年纪念增刊》，原题《不周山》。
③ 发表于 1923 年 7 月 7 日《创造周报》第 9 号，原题《鹓雏》。
④ 发表于 1923 年 8 月 19 日《创造周报》第 15 号，原题《函谷关》。

1935年，二人又几乎都进入创作的爆发期①，且各自小说集《故事新编》《豕蹄》同于1936年先后结集出版。无论是单篇创作还是最后结集出版，郭沫若都紧随鲁迅之后，只晚七八个月的时间，这也让伊藤虎丸和黄侯兴二位先生有郭沫若的历史小说"好像是为了追寻鲁迅的这些作品之踪而写"的猜测。由这种猜测而进一步考察鲁迅、郭沫若的历史文学创作，其背后更为复杂的文化现象已超出"追踪"、先后本身，历史文学创作的诸多理论问题在这里均有不同程度的呈现。

先从《故事新编》和《豕蹄》各自的序言说起。鲁迅在《故事新编》序言中回应了成仿吾《〈呐喊〉的评论》，对成氏推崇《不周山》是"全集第一篇杰作"却认为《呐喊》其他作品"结构极坏""庸俗""拙劣"的批评表示不屑；郭沫若《豕蹄》序言的标题是《从典型说起》，再次讨论了成仿吾在《〈呐喊〉的评论》一文中所言及的"典型"问题，回应的态度是明显的。这就给人造成一种印象，正如鲁郭二人在其他问题上的论争姿态，他们在历史小说方面也存有巨大的分歧。这种印象或者判断本身没有错，无论是具体作品还是整体创作风格，二人的差异都是明显的，但正是这种明显的差异掩盖了二人在历史小说上某些大于分歧的共识。这种共识恰恰为过去的研究所忽视。

关于"历史小说"，鲁迅在《故事新编》序言中说："对于历史小说，则以为博考文献，言必有据者，纵使有人讥为'教授小说'，其实是很难组织之作，至于只取一点因由，随意点染，铺成一篇，倒无需怎样的手腕"②，一般认为，这是鲁迅在讽刺郭沫若的历史小说。③ 用"只取一点因由，随意点染，铺成一篇"来形容郭沫若部分历史文学创作倒并不过分。郭沫若在《豕蹄》序言中关于"典型创造"也曾这样描述："以客观的典型人物为核心，而加以作家的艺术淘汰，于平常的部分加以控制，与特征的部分加以夸张，结果便可以造出比客观所有的典型人物更为典型的人物"④，这种"夸张"往极端了说，即是鲁迅所说的"只取一点因由，随意点染，铺成一篇"的创作"手腕"。问题是，鲁迅的历史小说属于哪一种呢？是"教授小说"吗？凡读过《故事新编》，都不难明白，鲁迅的历史小说文献依据并不突出，言必有据就更难称得上了。在文学虚构上，鲁迅比郭沫若走得甚至更远！单纯地从"博考文献，言必有据"的角度来说，郭沫若在情节上要更尊重"历史"，《豕蹄》不少的篇目如《孔夫子吃饭》《楚霸王自杀》《齐勇士比武》《司马迁发愤》等都可以在文献典籍中找到大段详尽的文本，相比之下《补天》《奔月》源自神话传说，《理水》

---

① 《理水》作于1935年11月，《出关》《采薇》《起死》均作于1935年12月；《孔夫子吃饭》1935年6月，《孟夫子出妻》1935年8月，《秦始皇将死》1935年9月，《楚霸王自杀》1936年2月，《齐勇士比武》1936年3月，《司马迁发愤》1936年4月，《贾长沙痛哭》1936年5月。
② 鲁迅：《鲁迅全集》第2卷，人民文学出版社2005年版，第354页。
③ 伊藤虎丸《郭沫若的历史小说》持此观点。
④ 郭沫若：《郭沫若全集·文学编》第16卷，人民文学出版社1989年版，第195页。

《采薇》《铸剑》等也多是"一点旧书上的根据",情节内容更完全是鲁迅的个人原创。可见,将《故事新编》归为一般意义上符合历史真实、言必有据的"教授小说"是不恰当的,但"教授小说"的精英知识分子姿态却是鲁迅所赞许的,这与鲁迅对"小说"性质的认识和期许密切相关。

鲁迅思想的深刻在表达方式上具体表现为他经常使用"否定之否定"的表述,如《呐喊·自序》中说:(以下括号内文字为本文作者所加)

> 我在年轻的时候也曾经做过许多梦(价值呈现),后来大半忘却了(消解),但自己也并不以为可惜(质疑消解)。所谓回忆者,虽说可以使人欢欣(价值呈现),有时不免使人寂寞,使精神的丝缕还牵着已逝的寂寞的时光,又有什么意味呢(消解),而我偏苦于不能全忘却,这不能全忘的一部分,到现在便成了《呐喊》的来由(反消解,使价值呈现更为坚定)。[①]

这种表述在鲁迅作品中极为常见,是鲁迅式表达的魅力所在,但也为曲解原意和断章取义提供了可能。《故事新编》序言也使用了这种表达方式,鲁迅正是借回应成仿吾的批评来达到消解《故事新编》浅层价值意义的目的,一方面回击了论敌,一方面也提醒自己在创作上的限度。在此基础上再回到序言的真正落脚点——对《故事新编》作品的回顾和总结,揭示作品"存留的余地",作更有力的价值呈现。这种表达显示了鲁迅在历史题材创作上思考的成熟。他一面说"油滑是创作的大敌,我对于自己很不满。我决计不再这样写小说",一面又说"不过并没有将古人写得更死";一面说"至于只取一点因由,随意点染,铺成一篇,倒无需怎样的手腕",一面却说《故事新编》"叙事有时也有一点旧书上的根据,有时却不过信口开河"。简单的将序言末"仍不免时有油滑之处"理解为鲁迅的自谦,实际掩盖了鲁迅对历史小说创作的深刻思考。鲁迅并没有否定"油滑",整部《故事新编》也不是所谓的"教授小说"。在序言中,鲁迅对成仿吾的回应只是他用来"消解"的工具,最后价值的确立是对这种历史文学表达方式的有限度的肯定。

值得一提的是,成仿吾对《补天》的称赞、郭沫若"追寻"鲁迅作《鹓雏》、郁达夫在几乎与鲁迅相同的时间创作《采石矶》(1922 年 11 月 20 日)并于 1926 年作《历史小说论》专门论述历史小说,创造社三巨头都盯上了历史小说创作,这种现象绝非偶然。正是 1923 年,郭、郁、成三人在上海民厚南里过"笼城生活",同吃同住同创作同编刊物。这是创造社最辉煌的时期,也是三人最亲密的时期。三人在历史题材创作上的一致性与其对《补天》所开创的历史小说创作方向的强烈认同密切相关,借用鲁迅的概念来说,在"油滑"上,这帮年轻人显然自信他们比鲁迅做

---

① 鲁迅:《鲁迅全集》第 1 卷,人民文学出版社 2005 年版,第 437 页。

得更出色。正是基于这种态度，成仿吾在"抡板斧"将《呐喊》前九篇与后六篇"砍杀"为二之后，毫不客气地批评前九篇是"再现的""自然主义的"作品，且在赞赏后六篇"表现的"作品时还不忘与"我的几个朋友"相比较，"《白光》一篇使我联想到达夫的《银灰色之死》，可惜表现实在不足，薄弱的很"，如此自以为是令鲁迅记忆深刻，多次回应。尽管成仿吾的"评论"很"冒险"，但其中的一句话却很能代表这几位自负青年的共同看法，"然而有一件事是无可多疑的，那便是我们的作者原来与我的几个朋友是在一样的境遇之下，受着大约相同的影响，根本上本有相同之可能的"①。

成仿吾所言"有相同之可能的"究竟指什么？他们认同鲁迅的又是什么？他们为什么会对鲁迅《补天》另眼相看？鲁迅在历史小说创作上又开创了怎样的新局面新方向呢？《故事新编》序言写于1935年12月26日，是鲁迅对十三年间历史小说创作的思考和总结，自然也包括对成仿吾等（郭沫若亦在其中）的批评和认同的反思。如果要用一个词来说明成仿吾赞同《补天》的究竟是什么，鲁迅在序言中再三提到的"油滑"应该是合适的。从某种意义上来说，正是创造社诸君的加入，鲁迅才选用了"油滑"这样一个带有贬义色彩的词汇来形容他所开创的历史小说创作新路。理解"油滑"是解答问题的关键，那么所谓"油滑"究竟指的是什么呢？

二 "油滑"与"失事求似"

《故事新编》序言中关于《补天》的创作，鲁迅有"从认真陷入油滑"的说法，需要说明的是，这里"认真"和"油滑"并不是异质相对的。鲁迅说，"那时的意见，是想从古代和现代都采取题材，来做短篇小说"，从创作态度上，鲁迅是"很认真的"，而实际创作中所采用的方法"手腕"却和这种认真的态度并不十分吻合，所以鲁迅说"首先，是很认真的"，然后又马上转折说"虽然也不过取了弗罗特说……"。"认真"是创作态度，"油滑"是创作手法，虽然二者并不一致，但却不是非此即彼的对立关系。"油滑"作为创作手法具体指处理历史题材的艺术手段。这一带有贬义色彩的词汇开创了怎样的历史小说创作新局面，又有怎样的限度，只有将其放置在中国小说发展的整体背景之中，才能理解其真正内涵。鲁迅先生的《中国小说史略》正是古典小说研究的开山之作，他对小说的认识和理解就体现在这部著作中，这为我们从理论上认识理解"油滑"提供了可能。

众所周知，文史不分家，我国古典小说从最宽泛的意义上讲很大一部分都可归为历史小说，"小说"这一概念也向来与"史传"纠缠不清。鲁迅《中国小说史略》第一篇"史家对于小说之著录及论述"实际是在梳理传统"小说"概念的历史流变，

---

① 成仿吾：《成仿吾文集》，山东大学出版社1985年版，第150页。

鲁迅对"小说"的理解和看法正寓含其中。在鲁迅看来，古人认为小说"寓言异记，不本经传，背于儒术""其语浅薄""迂诞依托"实际并未脱离小说本质与特征范畴，但鲁迅对将小说归于"史部杂传"并不认同。根据鲁迅的考证，"小说故隶于子"，隋唐前后，小说由"子"入"史"，征史"来论断艺文，本亦史官之职也"，这种观念导致大量小说作品被"史"的标准挡在典籍之外而散佚殆尽。据鲁迅判断，此后"小说之志怪类中又杂入本非依托之史，而史部遂不容多含传说之书"，世人对小说的偏见由此愈加苛严，用"史"的标准来衡量小说创作的观念也在文人士子心中扎根。著名的"三历史七分虚构"与"七分历史三分虚构"的论辩也正是发生在这样的思想基础之上，其分歧不在是否用"史"的标准来衡量历史小说，而在历史、虚构这对立的两者所占分量的多寡，这种论争在今天也时有发生。故而鲁迅在篇末说道，"史家成见，自汉迄今盖略同：目录亦史之支流，固难有超其分际者矣。"可见，在鲁迅看来，中国小说创作欲有所突破，必须超越这种"成见"，才能获得小说应有之独立品格。

这种偏见在新文化运动之后虽有所改变，但文艺一旦关涉历史，传统的"史家成见"便会浮出水面，态度坚决、言之凿凿，其理论制高点不外是千年因袭的"历史真实"。即使在今天，我们也很难说，用"历史真实"来评判历史题材创作不对，但作家分明能感受到这一标准无形中对想象力、创造力的压抑和束缚，况且作为创造主体，作家的经验、情感、态度等主观因素也不可能被挡在作品之外，至于"三七""七三"等量的把握更是仁者见仁智者见智，没有公论。对此，鲁迅的策略是态度上的认真和创作上的"油滑"。在鲁迅看来，"油滑"正是小说本体的回归。有学者在谈到《中国小说史略》第一篇"史家对于小说之著录及论述"时，对鲁迅遗漏了唐刘知几的《史通》表示遗憾，认为《史通》"首次对小说这一概念予以比较系统的总结。在小说发展史上，其重要性不言而喻"，"鲁迅有此疏漏，对理解或阐述中国小说史，特别是中国小说观念的演变是不完整的。"[①]《中国小说史略》是个人研究著述，与现在大兵团规模化史著活动相比，又有时代限制，其疏漏恐怕难免，但换个角度看，有些"疏漏"未免不是态度的表达。梳理说到底是一种选择，选择就有价值判断。综观《中国小说史略》，鲁迅对非史传化、个人化小说的偏好是明显的，不仅开篇明言"史家成见"，在小说分类上选择胡应麟、纪昀，在具体作品上也突出非史传类小说，以所占篇幅最多的元明小说为例，共计八篇，鲁迅大谈《西游记》《封神传》《金瓶梅》《玉娇梨》《好逑传》"三言二拍"等神魔小说、人情小说、市人小说，而对著名的《三国志演义》却所述不多，在讲史小说中所占篇幅也不及《水浒传》。这种态度从鲁迅的创作中也可得到印证，《补天》所沿袭的也是《伊尹说》《封禅方说》《穆天子传》《山海经》《搜神记》《世说新语》《聊斋志异》《阅微草堂

[①] 张兵、聂付生：《中国小说史略疏识》，复旦大学出版社2012年版，第9页。

笔记》这些被"史传"所弃而为读书人所好的古典小说传统,这类小说一贯被认为是"街谈巷语""志怪之作""齐谐""迂诞依托",用鲁迅的话来说就是"不免油滑"。"油滑"作为创作方法,与鲁迅对小说性质、特性的理解密切相关,"油滑"一词不仅在语体色彩上与上述小说观念相承接,更有鲁迅对"史部杂传"小说理念的质疑和解构。他之所以强调"小说故隶于子"即意在摆脱"史"对小说的压抑和束缚,还小说以本来面目。

鲁迅对将传统小说归为"史部杂传"的质疑承接梁启超"小说界革命"的倡导,在确立小说自身独立价值上又前进了一大步。将小说从传统"史部杂传"中解放出来,还小说应有之独立品格,才算是"小说界革命"的真正完成。但实际上,真正完成的过程却是极为漫长的,深层的传统观念不是一两句口号就能急速改变的。考察20年代的小说创作,不难发现,小说之独立价值在新小说、白话小说、通俗小说以及文学革命后大量新文学创作上渐渐被认可,而在与古典小说相近的历史小说创作上却始终根深蒂固,用"历史真实"来衡量评判历史小说是在理论和创作上都未曾突破的禁区。换言之,对小说独立价值之认识只在于挣脱传统"史家成见",从史部挣脱出来而以虚构之名重回"小道",虽曰"开启民智",但仍难登大雅之堂。正是在这样的背景之下,鲁迅《补天》在中国小说史上的价值和意义理应受到格外的重视。

鲁迅从中国小说的源头和发展脉络中探索现代小说的出路,其理论深度多寓含在文学创作、文艺论争的细微处,在一定程度上影响了人们对鲁迅思考的整体把握和理解。郭沫若的相关表述也是零散的,且多与历史剧相关,体裁不同限制了材料的有效使用。郭沫若曾说"我也喜欢用历史的题材来写剧本或者小说"[①],在郭沫若看来,小说与戏剧只是形式上的差别,从对待历史题材的态度上来说二者是相通的。郭沫若关于历史剧"发展历史的精神""失事求似"的原则用在其历史小说同样适用。这一点伊藤虎丸在《郭沫若的历史小说》中也以负面价值予以了说明。鲁迅《故事新编》中也有《起死》这样的历史剧,其实,通过阅读我们不难发现,鲁迅所谓"油滑"和郭沫若"失事求似"在对待历史题材的创作态度上是一致的。

关于"油滑"的产生,鲁迅曾这样回忆,"中途停了笔,去看日报了,不幸正看见了谁——现在忘记了名字——的对于汪静之君的《蕙的风》的批评,他说要含泪哀求,请青年不要再写这样的文字。这可怜的阴险使我感到滑稽,当再写小说时,就无论如何,止不住有一个古衣冠的小丈夫,在女娲的两腿之间出现了。"郭沫若也有多次类似经历的表述,他直言"我并不是故意要把他们漫画化或者胡乱地在他们脸上涂些白粉""时代错误的巧妙的玩弄可以收到不同的效果,便是滑稽"[②]。关于原有计划因写作进行而改变,郭沫若多次详尽记载。从《我怎样写〈棠棣之花〉》可以看

---

① 郭沫若:《郭沫若全集·文学编》第19卷,人民文学出版社1992年版,第296页。
② 郭沫若:《郭沫若全集·文学编》第16卷,人民文学出版社1989年版,第197—198页。

到，郭沫若的写作多次中辍，五卅惨案的触发、广州血花剧社的演出，甚至陷于孤岛不便外出等外在因素亦总让作者产生"并未前定的偶然生出的着想，真真是一个意外的收获"①。在谈到《屈原》的创作时，郭沫若也说：

> 目前的《屈原》真可以说意想外的收获。各幕及各项情节差不多完全是在写作中逐渐涌出来的。不仅在写第一幕时还没有第二幕，就是第一幕如何结束，都没有完整的预念。实在也奇怪，自己的脑识就象水池开了闸一样，只是不断地涌出，涌到平静为止。②

鲁迅的"止不住"与郭沫若的"意想外"是在历史题材创作中作家都必须面对的问题，即创作主体对材料的超越，文学创作不是写历史研究论文，不是演义"历史真实"，而是创造"艺术真实"。这两者间的矛盾在鲁迅那里多以克制、审慎来表现，而在郭沫若那里则表现为"一边倒"。郭沫若著名的历史剧一般都有"后记"，里面罗列大量的原始文献材料，但实际上郭沫若并没有遵守，其之所以写出就是为了显示：

> 剧作家的任务是在把握历史的精神而不必为历史的事实所束缚，剧作家有他创作上的自由，他可以推翻历史的成案，对于既成事实加以新的解释，新的阐发，而具体地把真实的古代翻译到现代。历史剧作家不必一定是考古学家，古代的事物愈古是愈难于考证的。绝对的写实，不仅是不可能的，而且也是不合理的，假使以绝对的写实为理想，则艺术部门中的绘画雕塑早就该毁灭，因为已经有照相术发明了。③

如果说鲁迅用"油滑"这一贬义词来告诫和提醒历史题材创作中艺术虚构的限度，那么郭沫若则发明了"失事求似"来为摆脱"史家成见"的艺术创造正名；鲁迅态度的审慎和认真使得其历史小说成为内涵丰富、极富阐释张力的寓言小说，郭沫若的大胆推进则进一步拓宽了历史题材创作，其历史小说与历史剧创作针砭时弊红极一时，为推动文艺发展进行思想文化批判立下汗马功劳，但时过境迁之后，其技术的粗糙和惯于说教的弊端也暴露在世人面前，值得后人深思。

---

① 郭沫若：《郭沫若全集·文学编》第6卷，人民文学出版社1986年版，第272—274页。
② 同上书，第399页。
③ 同上书，第277页。

三 "历史小说"与"历史的小说"

在明确《故事新编》不是所谓"教授小说","油滑"是一种创作方法之后,还有一个概念有必要澄清,那就是何谓"历史小说"?这是本文尚未明确且难以简单明确的概念。尤其在中国几千年的文学传统中,"小说"隶属史传,本无所谓"历史小说"。若追溯"历史小说"的渊源,则其命名与"小说界革命"有关,1902 年在梁启超主编的《新民丛报》上刊登了《中国唯一之文学报〈新小说〉》一文,首次提到"历史小说":

> 历史小说者,专以历史上事实为材料,而用演义体叙述之。盖读正史则易生厌,读演义则易生感。①

不难看出,梁所谓"历史小说"乃是中国传统的演义讲史小说,这一命名其实是很具体的,是在"小说界革命"的理念下对"史部杂传"小说的类型化,以此普及历史、宣讲政治达到"新民"的目的。1906 年吴沃尧在《历史小说总序》直言:

> 历代史籍,无演义以为之辅翼也。吾于是发大誓愿,编撰历史小说,使今日读小说者明日读正史如见故人。昨日读正史而不得入者,今日读小说而身临其境。②

首次赋予"历史小说"非史化内涵的是周作人,他 1908 年在《论文章之意义暨其使命因及中国近时论文之失》中说"历史小说乃小说取材于历史,非历史而披小说之衣也"③。这一界定从根本上松动了"史"对于历史小说的束缚,将历史小说的重心由"历史"转向"小说",由"史实"转向"虚构"。胡适 1918 年在《论短篇小说》中将周作人的观点再具体为"凡做'历史小说',不可全用历史上的事实,却又不可违背历史上的事实。全用历史的事实,便成了'演义'体,如《三国演义》和《东周列国志》,没有真正'小说'的价值",认为历史小说"最好能于历史事实之外,造成一些'似历史又非历史'的事实,写到结果却又不违背历史的事实"④。可见,新文学的鼓吹者所提倡的"历史小说"和梁、吴及传统的讲史演义小说已有很大的差别。然而,仔细查阅相关文献不难发现,新文艺家提倡的"历史小说"仍

---

① 陈平原:《二十世纪中国小说理论资料》(第 1 卷),北京大学出版社 1989 年版,第 42 页。
② 同上书,第 173—174 页。
③ 周作人:《论文章之意义暨其使命因及中国近时论文之失》,《河南》1908 年第 4、5 期。
④ 胡适:《胡适文存》卷一,黄山书社 1996 年版,第 102 页。

十分强调"历史事实",比如胡适,他一面赞扬古今中外历史小说的虚构,另一面却又说"若违背了历史的事实,如《说岳传》使岳飞的儿子挂帅印打平金国,虽可使一班愚人快意,却又不成'历史的'小说了"①。究竟何为不可违背的"历史事实"呢?

这种复杂的态度其实从另一个角度说明,新文学历史小说在创作上有待突破,理想范式和实际操作如何获得平衡是一个尚未解决的问题。鲁迅《补天》的文体试验和创作突破,在今天看来似乎难以察觉,但在当时的新文学界却是有着强烈共鸣的。且看成仿吾对《补天》的批评:

> 《不周山》又是全集中极可注意的一篇作品。作者由这一篇可谓表示了他不甘拘守着写实的门户。他要进而入纯文艺的宫庭。这种有意识的转变,是我为作者最欣喜的一件事。这篇虽然也还有不能令人满足的地方,总是全集中第一篇杰作。②

在成氏看来,《补天》最值得称道的是"不甘拘守着写实的门户",即历史小说放弃演义历史事实而进行写虚的创造。值得注意的是,成仿吾认为这是鲁迅"有意识的转变",鲁迅是否是"有意识的"暂且不论,可以肯定,成仿吾的确是"有意识的",创造社诸君对历史小说创作显然是有过深度思考的。这一点从郁达夫《历史小说论》(1926)也可得以证明。郁达夫对"历史小说"的界定被认为是"最经典的、也是迄今为止为多数学者认同了的一个概念。"③郁达夫首先强调"历史小说"的"历史"不是广义的"过去的事实","现在所说的历史小说,是指由我们一般所承认的历史中取出题材来,以历史上著名的事件和人物为骨子,而配以历史的背景的一类小说而言。"同时,郁达夫更直言历史小说家"可以以古人的生活,来制造出他的现代的生活体验来了。"④郁达夫这种表述不禁让人想起1921年鲁迅在翻译芥川龙之介《罗生门》附记中"取古代的事实,注进新的生命去,便与现代人生出干系来"的说法。然而,值得注意的是,鲁迅对这种小说的命名是"历史的小说",且特意用括号注明不是"历史小说"⑤。这两者又有何区别呢?

从当前"历史小说"命名现状来看,尽管诸说纷呈,古今中西各不相同,但名为"历史小说史"的专著多是从秦汉叙写到清末,如欧阳健《历史小说史》⑥、侯忠

---

① 胡适:《胡适文存》卷一,黄山书社1996年版,第102页。
② 成仿吾:《成仿吾文集》,山东大学出版社1985年版,第151页。
③ 吴秀明:《当代历史文学生产体制和历史观问题研究》,中国社会科学出版社2011年版,第2页。
④ 郁达夫:《历史小说论》,《创造月刊》1926年4月第1卷第2期。
⑤ 鲁迅:《〈罗生门〉译者附记》,《鲁迅全集》第10卷,人民文学出版社2005年版,第252页。
⑥ 欧阳健:《历史小说史》,浙江古籍出版社2003年版。

义《历史小说简史》① 均是如此，而现当代领域相关理论著作则更愿意用"历史文学"来命名，如吴秀明《当代历史文学生产体制和历史观问题研究》便是如此，而且鲁迅《故事新编》是不是"历史小说"，学术界并无定论。综合《中国小说史略》《故事新编》序言和《〈罗生门〉译者附记》来看，鲁迅所认可的"历史小说"实际是《中国小说史略》中的"讲史小说"，也即《故事新编》序言中的"教授小说"，而《罗生门》《故事新编》等"不免油滑"的作品则被鲁迅称为"历史的小说"，其内涵与当前"历史文学"相当，历史剧（如《起死》）、历史散文等均在其范围之内。在传统文论话语内②，我们不妨说，鲁迅"历史的小说"概念的核心内涵是古典"子部小说"③。所谓"子部小说"，言下之意，小说创作的主体性、个人性得到强调和保障，而在传统"讲史小说"规范下，创作主体必须尽力隐藏以示真实客观，是否符合"史"的标准是小说成败的关键。而"子部小说"可以"齐谐""依托""油滑"甚至"迂诞浅薄"，这对强调"人的觉醒"、以文学救世为志的鲁迅来说其表达张力是极为可观的。因为，"子部小说"除个人化的特征之外，还有一个重要特征，是重"载道"而轻情节。这里的"载道"，在传统小说早期可以说是"依托"附会圣人帝王或代圣人立言，之后又借助阴阳两界、生死轮回、神鬼之道以作道德教化，在鲁迅这里则表现为用现代医学、心理学等西方理论做思想文化批判，是鲁迅"社会批评""文明批评"一部分。

与鲁迅以"人"为核心的思想文化批判相类似的是郭沫若对文学创作主体性的强调。在《〈虎符〉后话》中关于《虎符》与《东周列国志》情节的不同，郭沫若说过这样一段话：

> 《列国志》作者的苦心，我能够体会，但我深自庆幸在写剧本之前没有拿来参考过。如果我参考过，他所虚构的那一套便会成为先入见，会束缚我的独立思考。我的是另外一套，不敢说比《列国志》那一套就怎么好，然而总是我自己费力心思所想出的一套。要说坏，是目无前人，要说好，或许是不落前人的窠臼吧。④

郭沫若的历史文学创作，用他自己的话来说，是用"关于人物之生理、心理的

---

① 侯忠义：《历史小说简史》，山西人民出版社 2005 年版。
② "经、史、子、集"的传统文类划分今天已不再使用，但它对鲁迅、郭沫若等受过传统教育的现代知识分子还是有很大的影响，有些西方文艺理论难以解释的问题，在传统文论的话语体系内却能得到很好的说明。
③ "子部小说"与笔记小说多有吻合处，但这一名称比笔记小说更能揭示其文体内涵，陈文新《"小说"与子、史——论"子部小说"共识的形成及其理论蕴涵》（《文艺研究》2012 年第 6 期）一文将《世说新语》《酉阳杂俎》《阅微草堂笔记》归为"子部小说"，笔者深以为然，并认为《故事新编》《豕蹄》是现代"子部小说"的代表。
④ 郭沫若：《郭沫若全集·文学编》第 6 卷，人民文学出版社 1986 年版，第 560 页。

与社会的、职业的各种特征之抽出与综合"等近世科学的"明灯照耀着去掘发而积聚人性的宝藏"①。如果说郭沫若1923年的"历史小说"创作只是可能有鲁迅的缘由,那么1935年郭沫若重拾"历史小说"创作则可确信是因鲁迅而起的。《孔夫子吃饭》是1935年郭沫若重拾"历史小说"创作的开端,根据杜宣的回忆,左联东京分盟《杂文》第1期出版后他曾寄给鲁迅一本:

> 不久鲁迅就寄来一篇《孔夫子在现代中国》,署名"鲁迅"。我高兴极了,赶快将鲁迅一文寄给郭沫若。不久郭沫若寄来一篇《孔夫子吃饭》,一见署名郭沫若,大家非常高兴。在当时有两位文学大师在(杂文)第二期上同时刊登文章,在国内是没有的,对我们这个小小刊物是莫大鼓舞,在当时文化界也产生了很大影响,销量大增。②

在此之前,郭沫若给《杂文》的《阿活乐脱儿》以"读者是看文章,又不是看名字的"的理由只肯署名"谷人"。有学者考证,"《孔夫子吃饭》与《在现代中国的孔夫子》有着明显的对话、呼应关系:二者均是对孔夫子圣人形象的解构,其锋芒所向,都是国民党的尊孔读经运动。"③对现实的讽喻是郭沫若文学创作主要特色之一,以往肯定和批评者对此都十分强调,以至于有过度阐释的嫌疑。以《孔夫子吃饭》和《孟夫子出妻》为例,很多人认为两篇小说是"用幽默的讽刺笔调刻画这两个'巧伪人'的艺术形象,揭露了他们思想上、道德上乃至人格上的虚伪性"④,"饥时并不择食,性格里也有自私、虚伪、狡诈"⑤。然而有必要说明的是,郭沫若是"比较推崇孔子和孟轲的",认为孔孟"是比较富于人民本位的色彩"⑥,这一点在《王阳明礼赞》和《十批判书》都有过十分明确的表述。而且,回到小说文本,通过阅读也不难发现,郭沫若批判的只是作为"圣人"的孔子,而对作为"人"的孔子,他实际是赞扬的。颜回解围并带回食物,孔子便在心里说"这人是在我之上",在"存心试验"颜回的"虚伪"被证明是误解后,他更"赶快抢着说,'好的,好的,回呀,你实在是一位圣者,连我都是赶不上你的。'他说了这话,又对着弟子们把自己的一片疑心和对于颜回的试验,和盘告白了一遍"⑦。这是一个常人对自我"下意识的安慰",是"见贤思齐"的坦诚,理应受到尊敬而不能简化为只是对统治者的讽刺。可见,郭沫若文学创作对现实的讽喻一直在被过度阐释。作为文学创作,不管作

---

① 郭沫若:《郭沫若全集·文学编》第16卷,人民文学出版社1989年版,第196页。
② 萧斌如:《杜宣在日本结识郭沫若》,《世纪》2006年第3期。
③ 杨华丽:《论郭沫若两篇历史小说与新生活运动的关系》,《现代中文学刊》2012年第5期。
④ 傅正乾:《试论郭沫若历史小说的创作艺术》,《陕西师范大学学报》1981年第3期。
⑤ 张恩和:《鲁迅郭沫若历史小说比较论》,《内蒙古民族师院学报》1990年第1期。
⑥ 郭沫若:《郭沫若全集·历史编》第2卷,人民出版社1982年版,第482页。
⑦ 郭沫若:《郭沫若全集·文学编》第10卷,人民文学出版社1985年版,第173—174页。

者或后人若干年后如何确信其现实动机,所谓"讽喻"也需在文本之内,且多是隐蔽和巧妙的,脱离文本生搬硬套或简单附会都是不可取的。郭沫若对此深有体会,他说"以讽谕为职志的作品总要有充分的严肃性才能收到讽谕的效果。所谓严肃性也就是要有现实的立场,客观的根据,科学的性质,不可以任意卖弄作者的聪明。尤其是取材于史事,是应该有历史的限制的"①。仅从1935年的文学场域来看,郭沫若"追随"鲁迅而创作"历史小说"的确是为了批判国民党"新生活"运动,但如果我们往前追溯,两人在历史文学创作上早有共识,那么不仅郭沫若创作和署名的动机十分明确,而且鲁郭二人在彼此文章中的对话、呼应关系就更不难理解了。

在读完郭沫若《孔夫子吃饭》后,若欲获得一种理性总结和评价,鲁迅《在现代中国的孔夫子》最恰当不过了。关于孔子,鲁迅在《在现代中国的孔夫子》中这样评价道,"固然不免略有欠稳重和呆头呆脑的地方,倒是可爱的好人物""圣人也是人,本是可以原谅的",这几句用来形容《孔夫子吃饭》中的孔子是十分精准恰当的。郭沫若塑造的"孔夫子"是一个彻底的人,一个值得尊敬的"囧"老头(其中甚至不乏郭沫若自己的影子),郭沫若对现实的讽喻正建立在这样亲切可感的形象之上。在所谓"新生活"运动早已被世人忘却的今天,我们重读文本,获得的一个真诚的孔子,而对以前大肆强调的对"圣人"的批判却需要历史来重新告白了,而这正是文学的魅力,外在因素所导致的过度阐释必将随着时间消逝,有最终阐释权的是不变的文本。可惜的是,两大文豪间如此长久的创作对话和互动一直以来却被过度阐释文艺论争的差异分歧所掩盖了。

四 历史"速写"与历史小说

鲁迅在《故事新编》序言中说"后来虽然偶尔得到一点题材,作一段速写,却一向不加整理",说《故事新编》"其中也还是速写居多"。郭沫若《豕蹄》序言也说《豕蹄》"只是被火迫出来的'速写',目的注重在史料的解释和对现世的讽喻,努力是很不够的"。郭文一共五次用到"速写",全部打有引号。"速写"本是绘画术语,后来被引作"新闻速写"即英文"sketch"的中国版,但在1930年代中国文学界,"速写"是当时颇为盛行的一种文体。茅盾1934年在《一年的回顾》中说:

> 这就是一年来特盛的所谓"速写"……由于社会现象的迅速地多变,所谓"速写"这一体也就应了时代的要求很快地成长起来。它是文艺部门中短小精悍的一格,它能够很快地把现实在文艺上反映,它在中型的定期刊内将成为中坚,它在狭小的每天的报纸副刊上活跃,它使得生活忙功课忙的

---

① 郭沫若:《郭沫若全集·文学编》第16卷,人民文学出版社1989年版,第198页。

青年战士不愁没有时间完篇；而它在新进入阵地的生力军的手里，就好象是一时来不及架大炮，就用白刃，用手榴弹应战。①

胡风1935年也在《论速写》认为，"'速写'是杂文的姊妹……是一种文艺性纪事……由形象的侧面来传达或暗示对于社会现象的批判"，同时胡风还给出了"速写"的特征：

> 一、它不写虚构的故事和综合的典型。它的主人公是现实的人物，它的事件是实在的事件。
> 二、它的主人公不是古寺，不是山水，不是花和月，而是社会现象的中心的人。
> 三、不描写世间的细节而攫取能够表现本质的要点。②

在茅盾、胡风看来，"速写"与杂文一样，现实性、战斗性极强，代表作品有茅盾的《大旱》《桑树》《阿四的故事》、吴组缃的《一千八百担》、沙汀的《某镇纪事》、叶圣陶的《某城纪事》《某镇纪事》，等等。这类"速写"主要是对现实进行社会文化批判，历史题材创作不在其范围之内。如此说来，用"速写"这一"新文体"进行历史文学创作和命名，惟鲁迅、郭沫若耳。

如果将以《故事新编》和《豕蹄》为代表的现代历史文学创作称为"历史速写"的话，那么它至少包含两层意思：一、篇幅短小，相对于讲史演义小说等传统历史文学而言，它对历史的依附性要弱许多，艺术手段现代化多样化，主体性个人化特征突出；二、现实性强，重讽喻重"载道"，历史题材、文理知识乃至"齐谐""依托""油滑""失事求似"等艺术手段的最终目的是思想文化批判。"历史速写"是30年代速写文体向历史题材领域的延伸，在渊源上它上承"子部小说"，下启新历史主义小说，是周作人、胡适、郁达夫等人的理论阐述和鲁迅、郭沫若、茅盾、施蛰存等人的文学创作共同努力的结晶，是现代文学（小说）内在独立性的重要组成部分。它偏离传统讲史演义的轨道而向着非史化、重虚构的方向发展，无论是"似历史又非历史""油滑"，还是"失事求似"，都意在表明它对历史的依附已尽可能地降低。

"历史速写"一方面与固有历史叙述保持距离，另一方面通过"注进新的生命去"重新阐释、翻译历史精神，从而达到干预现实参与建构新历史的目的。换言之，"历史速写"通过颠覆、还原、复活已有历史来建构属于自己的历史。以《起死》和

---

① 茅盾：《茅盾文艺杂论集》，上海文艺出版社1981年版，第488—489页。
② 胡风：《胡风评论集》（上），人民文学出版社1984年版，第68页。

《漆园吏游梁》为例，鲁迅塑造的"庄子"和郭沫若塑造的"庄子"都是现代的庄子，是以现代人的体验来重新阐释庄子。郭沫若的庄子叫喊"饥渴着人的滋味"，在哲理深思和理想狂热状态下嚼草鞋麻屑，吻着提着骷髅，飘飘然往大梁找"唯一的知己"惠施，碰壁后又将骷髅"向白云流荡着的青天掷去"，愤愤地喊道"人的滋味就是这么样！"郭沫若笔下的庄子庶几就是尼采笔下已经发疯了的"超人"。作为郭沫若最早的"历史速写"，《漆园吏游梁》（《鹓雏》）和郁达夫《采石矶》一样，表达着怀才不遇、饱经人情冷暖的生存体验，其主体的情感投射和个人化的表白透露出鲜明的创造社诸君早年闯荡上海文化界的情感经历；而鲁迅的庄子则是一个圆滑、无聊的道士，"庄周梦蝶""是亦彼也，彼亦是也。彼亦一是非，此亦一是非"等哲学思辨被解构为世俗的圆滑和简单的相对主义。显然，鲁迅故意将庄子庸俗化、漫画化来表达他对道家的拒绝。①

值得注意的是"骷髅"这一两篇小说共有的核心意象。《漆园吏游梁》中庄子"翻""抱""吻""提""举""掷"骷髅，这一连串的动作与人物的心理变化紧密联系，对"人"的渴望而吻骷髅，对"人"的失望而掷骷髅，作者用这些极端的词汇来表达其情感的强烈。《起死》中庄子将骷髅复活为人显然与"铁屋子"的比喻有着相同的隐喻内涵，启蒙者与被启蒙者在文中都被不同程度质疑与解构。骷髅被复活后并未感激庄子，只向庄子索要衣物，其被"叫醒"后的尴尬让庄子的圆滑、浅薄、无聊暴露无遗。同样有学医背景、同样弃医从文的郭沫若、鲁迅在前后相隔13年里先后用骷髅来表达其对"人"的失望，此时，我们再回到成仿吾"在一样的境遇之下，受着大约相同的影响，根本上本有相同之可能"的论断，就不难理解其言外之意了。

另外，《故事新编》注明"一九三五年十二月作"的有《采薇》《出关》《起死》三篇，其中《采薇》位置靠前，为第四篇，甚至在1926年作的《铸剑》之前，而《起死》却是《故事新编》的最后一篇。我以为这种编排有鲁迅的态度在里面，《起死》是《故事新编》中与郭沫若历史文学创作艺术手法最为相像的一篇，而且通过前述分析，我们不难发现，它有与《漆园吏游梁》对话比较的意味。实际上，鲁迅很清楚，在所谓"油滑""表现"上，郭沫若等更大胆，走得更远，而他则对此保持警惕，作为《中国小说史略》的作者，鲁迅能在艺术长河的流变中恰当地把握艺术虚构、思想批判的限度。郭沫若后来的历史剧创作引发的争论以及后人对其说教的批评证明了鲁迅的顾虑是有必要的。因为，在历史文学发生蜕变的同时，"历史真实"的评价标准始终伴随其左右，影响着作家的创作。向培良批评郭沫若的历史剧"虽然用的是历史上的名字罢，他早已近代化，变作近代的人了。这样的剧本，仍然没有理由叫做历史剧的"，"我们没有权利借历史上的人物来发挥二十世纪的新思想"。正

---

① 高远东：《现代如何"拿来"——鲁迅的思想与文学论集》，复旦大学出版社2009年版，第37—56页。

是秉持这样的理念,在向培良看来,"从陈大悲到丁西林是失败的,而郭沫若也同样失败",所以"我们历史剧的园地还荒凉着,正等待着我们的剧作家开辟呢。"[1] 如果按照向先生的标准来衡量,这"历史剧的园地"到21世纪的今天恐怕仍然是荒芜的。著名学者吴晗在《谈历史剧》坚定地认为:"历史剧必须有历史根据,人物、事实都要有根据。"[2] 可见,"历史真实"一直是评判历史题材创作的标准,在部分学者眼中它是最重要的标准。

但这一标准的误用、滥用所产生的危害是极为严重而深远的。这一标准无视"历史速写"通过解构、重新阐释而重建、复活历史精神的努力,而将之视为当前历史题材创作乱象的源头。在这一"成见"之下,自新文学诞生以来,"合格的"历史小说就再也没有出现过,称得上"教授小说"的恐怕也只有姚雪垠的《李自成》了,然而终究亦未令"方家"满意。当前的历史题材文艺作品充满"戏说"和"穿越",但接受者的热情却始终未减,所谓"投机"也屡试不爽。面对这种现象理论批评界缺乏相应的跟进,究其原因在于观念的陈旧,与其他文艺问题相比,文与史的纠缠是中国特有的文化现象,少有外来理论资源可资借鉴,相关突破还有待学术界从中国文化、文学自身的资源中寻求。

(原载《鲁迅研究月刊》2013年第2期)

---

[1] 向培良:《中国戏剧概评》,上海《狂飙》周刊1927年1月第13期。
[2] 吴晗:《论历史剧》,《文学评论》1961年第3期。

郭沫若与中国文学的现代化

王小平

中国现代文学作为中国文化的现代化的组成部分是不可争议的事实，同样不可怀疑的是郭沫若在中国文学的现代化过程中做出了开创性的贡献。郭沫若生活的20世纪是中国由传统社会向现代社会转型的时代，传统中国社会是家长制、封闭性、等级制为特点，贵族、士绅阶级占主导地位的社会，在文化上以古训、文言、高雅的精英文化为特色，底层民众往往被剥夺了文化的权利，长期处于愚昧、麻木的落后状态。20世纪早期中国文学在"文艺救国"的理想烛照之下肩负了推进中国向现代社会迈进的历史责任，而郭沫若无疑是这个时代潮流的弄潮者之一，无论是他在白话诗歌和历史剧创作上的成就，还是对"文艺大众化"的提倡都说明了他不可替代的位置。因为，现代中国是面临中西方文化碰撞、交流、互渗的国际大背景，不断融入全球化的进程，向民主、自由、平等、世俗化、大众化前进的中国。正如国内有学者评论的：中国文学的现代化"是与本世纪中国所发生的'政治、经济、科技、军事、教育、思想、文化的全面现代化'的历史进程相适应的。并且是其不可分割的有机组成部分，而在促进'思想的现代化'与'人的现代化'方面，文学更是发挥了特殊的作用"[①]。从中国近代历史的角度看，无疑，"五四"新文化运动是中国现代化进程的第一个高潮。而郭沫若是"五四"新文化运动的重要代表之一。

一 "五四"新文化运动中的郭沫若

"五四"新文化运动是晚清文学思潮的延续。晚清开启了中国社会告别传统，推翻偶像，接纳西方文化，"求新求变"的现代化历程，它为"五四"新文化运动做了思想文化上的酝酿和准备，"由晚清以迄民初的数十年文艺动荡，则被视为传统逝去的尾声，或西学东渐的先兆，过渡意义，大于一切。""中国作家将现代化的努力，未尝较西方为迟，这股跃跃欲试的冲动不始自'五四'，而发端于晚清。"[②] 鸦片战争导致的中国的失败，使晚清知识分子认识到立国必须首先立人。早在"五四"之前，

[①] 钱理群等：《中国现代文学三十年》（修订本），北京大学出版社1998年版。
[②] 王德威：《被压抑的现代性·导论》，北京大学出版社2005年版，第9—10页。

严复在看到洋务运动依然不能挽救中国颓势的情况下，主张制度更新，力倡人的思想更新。他认为国家的强大必须首先解决三个问题："一曰，鼓民力；二曰，开民智；三曰，新民德。"① 这是最早的"新民说"。梁启超先生在戊戌变法失败后，也一再强调国民素质和意识觉醒的重要性，认为一个现代国家必须有相应的现代国民，否则，国家终将走向衰亡，他说："凡一国之存亡，必由其国民之自存自亡，而非他国能存之能亡之也。"② 梁启超有感于日本明治维新运动基于国民的改造对国家进步巨大的推动作用，也像严复那样发出了"新民"的呐喊："新民为今日中国第一急务"，他看到，只有"伦理之觉悟"的国民才可能承担起建设现代国家的任务，才能将一个国家引导到自由民主的轨道上去，"然则苟有新民，何患无新制度，无新政府，无新国家。"③ 这个"伦理之觉悟"应是与现代社会相适应的社会政治观念，人生理想和伦理准则的意识总和。

在清代以来文学"经世致用"思潮的长期影响下，到"五四"，文学更是被赋予了"经国之大业"的重任，知识分子的共识是：改变社会在于改变人心，重塑人心在于改变文学的形式，让其顺应时代民主发展的潮流，以更加明白晓畅的形式接近普通民众，通俗的白话文的提倡就成为"五四"新文化运动首当其冲的事。"原来还是文学应当经世致用，现在则是'救国'要靠文学了，过去国家腐败，是因为文学腐败，现在要改变国家，自然也要从改变文学入手，从事为政治的文学创作是'救国'的先决条件。如果说原来还只是相信文学能够'经世致用'，现在则确信文学是'救亡'之必要途径，只有依仗'文学'，才能挽救祖国，避免被瓜分的命运。文学能够救国，能够改造国民，改造社会，这一认识上的转化被社会确认，成为中国近现代的一种文学观念。"④ 正是基于这样的原因，胡适率先在"五四"前夜的1917年，于《新青年》杂志上发表了《文学改良刍议》，提出了文学的"八不主义"主张。⑤ 胡适的文学理论无疑是对中国文学一贯主张的"文必秦汉，诗必盛唐"的传统的"崇古""复古""尚雅"倾向及遵循的规矩的颠覆。胡适主张的"不避俗字俗语"凿开了文学通向通俗化、大众化、平民化的道路。作为对胡适的响应，陈独秀又在1917年2月1日的《新青年》第2卷第6号上发表了《文学革命论》，提出了比胡适更加激进的"三大主义"主张。⑥ 无论是胡适，还是陈独秀，都认识到"一代有一代的文学"，每个时代的文学是与它的经济基础相适应的意识形态的反映，因此文学的变革必然引起社会的变革，国民性的改变。只有吐故纳新，社会和民众才可能告别专制极

---

① 严复：《严复集》（第1册），中华书局1986年版，第27页。
② 梁启超：《饮冰室合集》，中华书局1988年版，第48页。
③ 梁启超：《梁启超选集》，上海人民出版社1984年版，第207页。
④ 陈伯海主编：《近四百年中国文学思潮史》，东方出版中心1997年版，第327页。
⑤ 胡适：《文学改良刍议》，《新青年》1917年第2卷第5号。
⑥ 陈独秀：《文学革命论》，《新青年》1917年第2卷第5号。

权的封建社会，走向更加文明民主的未来社会。"新文化运动倡导者认为，对封建传统文化的总清算，必须同时去除那些作为封建载道工具的旧文学及文言文，于是，极力推动一场旨在反对文言文，提倡白话，反对旧文学，提倡新文学的文学革命。这场革命的先驱者都一身二任，同时又是新文化运动的倡导者，文学革命很自然就纳入新文化运动的轨道，成为新文化运动最坚实有力的组成部分，而且表现出浓厚的思想启蒙的功利色彩。"① 在今天看来，也许新文化运动无不存在偏激、片面的缺点，但其初衷是要"下猛药"疗救旧中国这个积重难返、病入膏肓的躯体，因而才显示出它在中国迈向进步的进程中的历史性的革命意义。正如金耀基先生指出："中国现代化运动是一庄严神圣的运动，它不只忠于中国的过去，更忠于中国的未来，它不只在解救中国历史文化的危亡，更在把中国的历史文化推向更高、更成熟的境地。"②

如果说胡适、陈独秀是新文化运动的理论奠基者，那么郭沫若就是这场运动的文学理论的真正践行者。1918年4月在《建设的文学革命论》中，胡适将白话文学称为"国语的文学"，他说："我们所提倡的文学革命，只是要替中国创造一种国语的文学。有了国语的文学，我们的国语才可算得真正的国语。"在胡适眼里，文言文学是不能完全表现当代人思想情感，与时代脱节的"死文学"，而白话文学是能做到"我手写我口"、"独抒性灵"的"活文学"。因此胡适自己率先垂范，创作白话诗《尝试集》，他以"白话入诗"，倡导"诗的白话化""诗的散文化"，目的是跳出古典诗词的严格的格律要求的窠臼，谋求"诗体的大解放"，但在他的诗歌里还有传统文学的痕迹，保留着"半文半白""半新半旧"的特点。在艺术上，胡适为自己新诗的创作制定了一些新的规则，如："说话要明白清楚""用材料要有剪裁""要抓住最扼要最精彩的材料、用最简练的字句表现出来""意境要平实"等。胡适的白话诗具有"尝试"的意义，具有了白话的外壳和形式，却由于对规则的一丝不苟的遵守，显得过于严谨，激情不足，拘谨有余，诗意匮乏。诗歌在郭沫若那里才做到了语言的真正白话化、口语化、"诗体的大解放""情感的自由化"。郭沫若是一个"主观性诗人"，他在王国维的"写真感情""写情沁人心脾"的观念里吸取营养，而这种情感不是润物细无声的渗透和蔓延，而是以爆发的力量撞击读者的心扉。郭沫若的诗具有浪漫主义的奔放色彩，情感不是遵循儒家"以礼节情"的含蓄，而是无拘无束的豪放。他说："诗不是做出来的，而是写出来的""只要是我们心中的诗意、诗境底纯真的表现，命泉中流出来的 strain，心琴上弹出来的 melody，生底颤动，心底喊叫，那便是真诗，好诗。便是我们人类欢乐的源泉，陶醉的美酿，慰安的天国。"他不但从形式上完成了从文言到白话的革命，而且也做到了用白话去表现对新时代的感悟和

---

① 钱理群等：《中国现代文学三十年》（修订本），北京大学出版社1998年版，第6页。
② 金耀基：《从传统到现代·自序》，中国人民大学出版社1999年版。

激情,歌颂万象更新、狂飙突进的时代。"郭沫若的诗歌唱出了彻底叛逆和热望新生的时代声音,反映了反帝反封建的高昂的革命情绪"。① 郭沫若的《女神》表现了他冲决一切束缚、追求自由平等的时代精神,体现了他对劳动人民——工人农民的深切同情和悲悯的情怀,对阶级社会不平现象的愤慨和叹息,他赞美农民是"全人类的保姆",工人是"全人类的普罗米修斯"。他诅咒黑暗,向往光明,渴望民族的新生以及新世界的到来。王瑶先生高度评价了郭沫若新诗的价值:"在五四新诗发展中间,郭沫若的诗歌创作有如异军突起。他在1921年8月出版了诗集《女神》。这是'五四'以来第一部具有独立特色、影响极为深广的新诗集,在中国现代诗歌创作中,《女神》从形式到内容都具有开创性的彻底革新的精神,为以后诗的发展奠定了良好的基础。"②

二 郭沫若与"文艺大众化"思潮

在中国的20世纪30年代,文学的大众化问题成了紧迫的问题,郑伯奇先生指出:"文学——就连一切艺术,应该是属于大众的,应该是属于从事生产的大多数的民众的,可是这大多数的民众因为生活条件所限没有和文学接近的机会,文学从来只是供资产阶级的享乐,不然便是消费的小资产阶级的排遣自慰的工具。大多数的民众所享受的是些文艺圈外所遗弃的残滓,而且这些残滓又都满藏着支配阶级所偷放安排的毒剂。"③ 而为什么人的问题其实在"五四"时期就已经出现,"当时新文化运动的中心口号是'民主'和'科学',这一方面是为中国民主革命的历史任务所决定的,反映了中国人民对于政治和文化现代化的迫切要求,一方面它也是进行反封建战斗的有力武器,它与封建性的专制主义和蒙昧主义是直接对立的。以'反对旧文学、提倡新文学'为特征的文学革命,就是五四新文化运动的重要内容。文学革命是由提倡白话文开始的,但它的形式不只限于文学的形式表达工具的革新,而是体现了如何能使文学更有效地为人民革命服务这一时代要求的。当时不仅主张白话文是一种完全美的语言,比文言更富有艺术表现力,尤其强调的是白话文能够为一般人所看懂,容易普及,而这就实际上体现了文学与人民群众保持紧密联系的时代要求。"④

"文艺大众化"也反映了中国现代历史和文学发展的必然要求。"五四"启蒙运动的领导者和参与者主要是精英知识分子,人民群众还大多只是"看客",而后的救亡运动的使命必须依靠占人口绝大多数的民众(更多的是指农民)去完成和实现。

---

① 王瑶:《中国新文学史稿》,上海文艺出版社1982年版,第8页。
② 同上书,第76页。
③ 郑伯奇:《关于文学大众化的问题》,载文振庭主编《文艺大众化问题讨论资料》,上海文艺出版社1987年版,第14页。
④ 王瑶:《中国新文学史稿》,上海文艺出版社1982年版,第4—5页。

新民主主义革命的任务就是反帝国主义和官僚资本主义，1927年毛泽东在考察湖南农民运动后指出："宗法封建性的土豪劣绅，不法地主阶级，是几千年专制政治的基础，帝国主义、军阀、贪官污吏的墙角。打翻这个封建势力，乃是国民革命的真正目标，孙中山致力国民革命凡四十年，所要做而没有做到的事，农民在几个月内做到了。"① 所以他认为民主革命的胜利必须依靠乡村的农民，特别是依靠占百分之七十以上的贫农。"没有贫农阶级（照"绅士"的话说，没有"痞子"），绝不能造成现时乡村的革命状态，决不能打倒地主土豪劣绅，完成民主革命。"② 他认为农民运动的实质是"乡村的民主势力起来打翻乡村的封建势力"。它反映的是地主阶级企图保存封建旧秩序与受压迫的农民要求建设民主新秩序的斗争。因此，他说："一切革命的同志须知：国民革命需要一个大的农村变动。辛亥革命没有这种变动，所以失败了。现在有了这个变动，乃是革命成功的重要因素。"③

从文学革命、白话文学、人的文学、平民文学到革命文学组成了中国文化启蒙运动的运行轨迹，王瑶先生对中国现代文学的这一历史进行了总结："'五四'文学革命提倡白话文，本来就是为了适应民主革命的要求，建设平民文学，使文学作品获得更多的读者，普及到群众中去；也就是说有意识地在寻求使文学能够更有效地为人民服务的方法和途径。但由于新文学本身的弱点和群众文化水平的限制，事实上读者的范围仍然很狭窄，这个问题在倡导无产阶级革命文学之初就尖锐地提到历史日程上了。"④ "文艺大众化"问题是20世纪30年代"左联"提出的，也显然是在受到毛泽东关于农民在革命中的地位和作用的影响下提出的，其目的是要求文学服务于当时革命的主要力量：人民群众。"左联"（中国左翼作家联盟）的主要成员有瞿秋白、鲁迅、郭沫若等。领导人是瞿秋白，旗帜人物是鲁迅，推手是郭沫若等人。"左联"的决议指出："为完成当前迫切的任务，无产阶级革命文学必须确定新的路线。首先第一个重大的问题，就是文学的大众化。"⑤ 郭沫若在这场讨论中的贡献是根据列宁的思想，第一是界定了大众的含义，第二是提出"文艺大众化"的精要在于"通俗化"。在"左联"成立之前文学的大众化问题就引起了文艺界的注意，1928年创造社代表成仿吾就指出："我们要努力获得阶级意识，我们要使我们的媒质接近工农大众的用语，我们要以工农大众为我们的对象。"因为此前的旧文学的对象都是贵族有闲阶级，要么是帝王将相，要么是才子佳人，而平民阶层是被文学排挤在外的。1929年，郭沫若批评了上海出现的红绿小说和黑幕小说不是真正的大众文艺，而是像日本

---

① 毛泽东：《湖南农民运动考察报告》，人民出版社1975年版，第6页。
② 同上书，第12页。
③ 同上书，第5页。
④ 王瑶：《三十年代的文艺大众化运动——纪念"左联"成立五十周年》，载文振庭主编《文艺大众化问题讨论资料》，上海文艺出版社1987年版，第434—435页。
⑤ 《"'左联'关于文艺大众化的几次决议（摘要）"》，载文振庭主编《文艺大众化问题讨论资料》，上海文艺出版社1987年版，第3页。

流行的所谓的大众文艺一样,是"把胭脂水粉洗掉,现出的面孔是:在封建时代的遗臭中蒸发着的通俗小说"。郭沫若明确指出无产阶级文艺的大众是"无产大众,是全中国的工农大众,是全世界的工农大众"。"文艺大众化"的观点是在"五四"的启蒙运动归于失败产生的,因为这场运动只是知识分子参加了进去,并没有引起广大的劳苦大众的积极响应。瞿秋白就尖锐地指出了"五四"新文化运动所具有的脱离群众的致命缺陷,"平民群众不能够了解所谓新文艺的作品,和以前的平民不能了解诗,古文,词一样。""五四新文学运动,因此差不多对于劳动群众没有影响。"① 知识分子从古到今都有与大众隔膜生疏的地方,也有故作高深,维护自己文化特权、领导地位,骨子里瞧不起民众的毛病。郭沫若将其称为"高蹈派","从事无产文艺运动的青年,无论是全世界的哪一国,大抵都出自智识阶级(这理由让有空闲的学者去讨究)。智识阶级的通病始终不免的是一个高蹈,不管他是青色的高蹈,白色的高蹈,或者是红色的高蹈,总而言之是高蹈。"② 所谓的高蹈就是清高和傲慢,不能从观念和生活上与普通民众做到真正的心心相印,息息相通。在语言上只求自己能理解,不管民众懂与不懂。在郭沫若看来,所有的高蹈派的缺点都差不多,"红色的高蹈派在中国也很不少,一篇文章中满纸都是新式的'子云诗云',一篇文章中满纸都是'咬文嚼字'。你不知道他在那彩云头里唱的是什么高调,而那高调是在唱给什么人在听!"③ 因此,"高蹈派"的文学在广大工农群众中是曲高和寡,得不到什么响应,更谈不上去启蒙大众的。正是基于这样的原因,为了纠正这种严重悖逆群众实际和需要的现象,郭沫若才强调了"文艺大众化"的根本问题是在内容上做到"通俗化"的问题。他说:"我们所希望的新的大众文艺,就是无产文艺的通俗化。所以大众文艺的标语应该是无产文艺的通俗化。通俗到不成文艺都可以,你不要丢开大众,你不要丢开无产大众。始始终终要把'大众'两个字刻在头上。"④ 郭沫若认为文艺大众化的任务与新文化运动一样,依然是为了启蒙大众、唤醒大众,使之成为革命的先锋,社会和历史的主人,为了这个目的,文学创作就必须运用老百姓能理解的语言,"新式的'子曰诗云'是不济事的,新式的'咬文嚼字'是不济事的,你要去教导大众,老实不客气的是教导大众,教导他怎样去履行未来社会主人的使命。……在清醒的责任观感之下,在清醒的阶级理论之下,你去把被人麻醉了,被人压迫了,被人榨取了的大众清醒起来!"⑤

20 世纪 30 年代"左翼文学"的产生反映了中国革命的历史必然性。1925 年发

---

① 王瑶:《三十年代的文艺大众化运动——纪念"左联"成立五十周年》,文振庭主编:《文艺大众化问题讨论资料》,上海文艺出版社 1987 年版,第 434—435 页。
② 郭沫若:《新兴大众文艺的认识》,文振庭主编:《文艺大众化问题讨论资料》,上海文艺出版社 1987 年版,第 11 页。
③ 同上。
④ 同上。
⑤ 同上。

生的"五卅"惨案是一场帝国主义镇压上海工人的事件,因而激发了国内民众的愤怒和反抗,工人阶级在中国共产党的领导之下形成了有组织的力量。1927年"四一二"政变,蒋介石屠杀共产党和它领导的工人武装。而这种政权的斗争反映到文艺领域就是蒋介石领导的国民党1930年6月在上海成立"六一"社,推行"党治文化""民族主义文化运动",而共产党选择"俄国人的道路",发动工人农民、依靠工人农民推翻蒋介石政权。在文学领域,1930年3月2日在上海成立了中国左翼作家联盟(简称"左联")。左联的指导思想是苏联领导人列宁的思想。列宁在1905年11月发表在布尔什维克的《新生活报》上的《党的组织与党的出版物》一文中指出:"自由的写作不是为饱食终日的贵妇人服务,不是为百无聊赖、胖得发愁的'一万个上层分子'服务,而是为千千万万劳动人民,为这些国家的精华、国家的力量、国家的未来服务。——为什么人的问题,是一个根本的问题,原则的问题,写作为千千万万劳动人民服务,决定着写作的无产阶级性质。"[①]

三 "重写文学史"语境下的郭沫若

郭沫若在中国现代文学史上无论从理论和实践上都做出了不可否认的贡献。然而,随着新时期以来对"文革"政治的否定,在文学、文化领域掀起了"重估一切价值"、重新评价历史和历史人物、"重写文学史"的思潮,曾经卷入"文革"大潮的郭沫若的文学地位遭到了颠覆。1985年第5期《文学评论》发表了黄子平、陈平原、钱理群三人合写的《论"二十世纪中国文学"》,论文突破了传统文学史纯粹以"启蒙""革命""政治"的观点来撰写文学史的思路,将整个20世纪中国文学放在鸦片战争以来的现代化和全球化背景进行理论的概括和总结,提出20世纪中国文学的四大特点:走向世界文学的中国文学;"以改造民族的灵魂"为总主题的文学;以"悲凉"为基本核心的现代美感特征;由文学语言结构表现出来的艺术思维的现代化进程。不可否认,该文对20世纪中国文学的总体特质的评论是精当的并符合历史事实的:"在20世纪的中国,则是社会政治问题的激烈讨论和实践。政治压倒了一切,掩盖一切,冲淡了一切。文学始终是围绕这一中心环节而展开的,经常服务于它,服从于它,自身的个性并未得到很好的实现。除了政治性思想之外,别的思想启蒙工作始终来不及展开。在20世纪中国文学中,'为艺术而艺术'口号始终不过是对现实积极的或消极的一种抗议而不可能是纯艺术的追求,文学在精神激励方面有所得,在多样化方面则有所失。'一切文艺固是宣传,而一切宣传并非全是文艺'。文学家与政治家对社会生活的关注,毕竟角度有所不同。"[②] 作者批评了20世纪中国文学"政

---

① 列宁:《列宁全集》(第13卷),人民出版社1987年版,第97页。
② 黄子平、陈平原、钱理群:《论"二十世纪中国文学"》,《文学评论》1985年第5期。

治"压倒"启蒙",宣传取代艺术,文学被工具化的缺陷。2012年9月黄子平在接受东方早报网丁雄飞访谈时说道:"过往的文学史叙述基本上是一个排他的、压抑的装置("文革"中极致的表述是"从《国际歌》到革命样板戏是一片空白"),是为迫害辩护的,建立了迫害的合法性,本身是迫害的组成部分。我们的核心想法就是找到一个全新的叙事框架,使现代文学中'被侮辱与被损害的人'能够重新发声。这就是'二十世纪中国文学'的'问题意识'的核心。"① 这个"迫害"就是指"文革"时期完全以"政治正确""政治第一,艺术第二"的标准来评价作家作品的行为。在黄子平、陈平原、钱理群之后,1988年上海的陈思和、王晓明在《上海文论》上主持"重写文学史"专栏,提出了"重写文学史"的口号。其目的是显示"一代知识分子借助文学研究来表达其人文理念和社会关怀,并对当代社会政治文化进行介入和参与"。"重写文学史"的立足点在于两点:一是审美的标准,二是要做到对文学史有个人的理解。即他们坚持自己的独立判断,不以原来的文学史作依据,人云亦云。而是以"审美的原则""非功利""写真实"的标准来评价文学史中的作家作品。所谓"非功利",按照王晓明的说法就是将文学从"宣传机器"这种工具角色中解放出来。他们用审美、"纯文学"的话语来消解和对抗传统的"文学政治化"的权威。80年代"重写文学史"的思潮,从哲学上说受到李泽厚的康德美学研究的影响,康德虽然徘徊于"纯粹美"和"依存美"之间,但其心底无疑是推崇"无功利利害"的纯粹美的,因而政治这种功利性、工具性极强的东西在他那里是受贬抑的。康德的美学成为引领80年代中国文艺理论与美学的"圣经",成为"新启蒙"的组成部分。文艺理论上80年代的文学理论带有刘再复对"主体性"强调的色彩,众所周知,在80年代李泽厚和刘再复扮演了"新启蒙"运动的"意见领袖""精神领袖"的角色。在文艺理论上受到美国"新批评"文论的影响,"新批评"强调"文学性"是文学的本质所在。在文艺立场上,强调"批判"的重要性,批判就是指"强调要脱离被拿去做政治工具的文学史,反对教条主义等等"(王晓明)。在这种文艺潮流下"重写文学史"对经典作家("鲁郭茅巴老曹"中的作家除鲁迅和巴金以外)都进行了批判,意图重构他们自己的文学"经典谱系"。

1994年王一川主编的《20世纪中国文学大师文库》小说卷中,金庸排名在第四位,紧随鲁迅、沈从文、巴金之后,排在小说大师之列前10位的有:鲁迅、沈从文、巴金、金庸、老舍、郁达夫、王蒙、张爱玲、贾平凹,而郭沫若在诗歌卷中排名第八位,被排除在大师之列。这种排序的影响是颠覆性的,它改写了从"五四"到1949年建国以后的文学大师的排名,即"鲁郭茅巴老曹"的序列,引起了文学界的强烈"地震"。王一川试图要改变的是以往"政治"对"文学"的强加和干预,"非文学因素对文学评判系统的歪曲或颠覆",改变"在相当一段时期内,20世纪文学史只剩

---

① 丁雄飞、黄子平:《再谈"二十世纪中国文学"》,东方早报网,2009年9月23日。

鲁迅一人,样板戏八部,甚至以鲁迅划线"的现象。强调文学的审美性、自律性,以文学作品本身的价值来评判文学家的地位,纠正"非文学因素对文学评判的干扰"的现象本身没有错,但以某种排序方式来获取对读者的"诱惑力",赢得轰动效应显然是非客观、不尊重历史的,也是大谬不然的。有人把给文学大师重新排序的这种颠覆行为称为"历史叙述",在我们看来不如把它叫作"政治叙述"。这种颠覆和"政治叙述"还常常被冠之为恩格斯所提出的"历史"与"美学"的标准。其目的是以所谓的"纯文学"标准完全否定 30 年代的"革命文学"和"左翼文学"。这样的"历史叙述"依然是片面的、不公正的、不客观的"历史叙述",是用某些人主观的"政治叙述"去取代以往的客观的"政治叙述",用一种"美学权威"叙述来建立自己的话语霸权,颠覆历史的本来面目。在我们看来"历史的叙述"显然应该还原历史的语境,回到那个产生了"革命文学"的历史背景。而"美学"的标准也不能否认作家在当时同行中的历史地位以及做出的开创性贡献。

当然无论是"重写文学史",还是 20 世纪中国文学大师排名,都不是中国内地专家的发明。其始作俑者是美籍华人夏志清。夏志清 1951 年获得美国耶鲁大学英文系博士学位。对内地新时期影响最大的代表作品是他的《中国现代小说史》,该书1961 年在美国出版,中文译本 2005 年由复旦大学出版社出版。正如复旦大学出版社的出版前言的评价那样:"二十世纪七十年代末以还的治中国现代文学的专家、学者几乎都或多或少地受到过这部著作的影响。"自然黄子平、陈平原、钱理群、陈思和、王晓明、王一川都在其影响之列。夏志清自己在中译本序言中指出,他在这本书中的首要工作是"优美作品之发现和评审"。当然他的次要任务是为中国文学史的大师重新排序。香港岭南大学刘绍铭先生说道:"中国现代小说史的'英雄',给夏志清重排座次,出现了不少异数。一些向受'冷落'的作家,自《小说史》出版后,开始受到欧美学者的重视。如萧红、如路翎。沈从文在三四十年代本来就薄有文名,但其作品受到'另眼相看',成为博士论文和专题研究题目的,也是因为《小说史》特辟篇幅,对这位'蛮子'另眼相看的关系。"[①] 夏志清在《中国现代小说史》里大加褒扬了张爱玲、钱钟书,他盛赞张爱玲"对人性弱点的细密临摹","苍凉的历史及美学观",以及"对人无常无奈的生存情境的感喟";他欣赏钱钟书的讽刺艺术,将钱钟书"视其为《儒林外史》的吴敬梓以降最有力的讽刺小说家",称钱钟书的《围城》是中国近代文学中最有趣最用心经营的小说,也是最伟大的一部。但夏先生却只用了很窄的篇幅介绍了创造社和郭沫若,并且对其文学的成就基本都是否定的评价。他说:"创造社是 1921 年夏天由一群留日的中国学生成立的。一开始是一批密友的团体,过了若干年,跟共产主义打了交道,于是这批人成了献身革命宣传的斗士了。就创造社在文学方面的成就之微来说,他们对青年的影响力实在大得出奇,甚至

[①] 夏志清:《中国现代小说史》,夏志清、刘绍铭等译,复旦大学出版社 2005 年版,第 28 页。

在1929年政府叫它解散以后,创造社的精神仍旧支配着现代中国文学的发展。这个社和文学研究会不同。文学研究会认真研究文学,翻译外国文学作品,还能容忍异己;而创造社即使在初期提倡浪漫主义的时候,也喜欢卖弄学问,态度独断,喜欢笔伐。"① 夏志清对创造社的文学成就的贬抑是毫不隐讳的,他说:"《创造季刊》以创造力强自诩,讥讽《小说月报》着重翻译,以及翻译作品的偶有的错误。其实两派文人都有同样根深蒂固的人道主义和民族思想;不过创造社的人假浪漫主义为名,一味狂放,浮而不实,作品没有丝毫规矩绳墨,言过其实。他们的唯美主义仅仅可以说是为了感情的放纵而艺术而已。"② 夏志清不但表现出对创造社文学的不屑一顾,而且对郭沫若的文学贡献也颇有微词,他把郭沫若的《女神》贬低为空洞无物的叫喊,他说,《女神》里的诗句"看似雄浑,其实骨子里并没有真正内在的情感:节奏的刻板,感叹句的滥用,都显示缺乏诗才。"③ 在夏志清看来,郭沫若从事政治活动,担任文化官员纯属一种失败的选择,荒废了他的文学事业,导致了文学地位的急剧下降。"自从共产党政权建立以来,他便只写在文学和文化会议发表的演讲词、报告和应景的诗了。民国以来所有公认为头号作家之间,郭沫若作品传世的希望最微。"④ 当然这样的评价我们不能完全说不公正、不客观,但夏先生的行文中显露出的政治态度也是明显的。夏志清自己坦陈,他的《中国现代小说史》的目的之一在于"检讨'现代中国文学传统中的左翼理念'。对那些立场鲜明的左派作家如郭沫若、蒋光慈、丁玲等殊乏好感,更不提延安时期及以后的左派作家如赵树理、周立波、杨朔等人"⑤。他把"政治第一,艺术第二"的标准颠倒过来,"推崇文学本身的美学质素及修辞精髓,他在《小说史》中不遗余力的批判那些或政治挂帅或耽于滥情的作者,认为他们失去了对文学真谛的鉴别力。在这一尺度下,许多左派作家自然首当其冲,因为对他们而言,文学与政治、教化、革命的目的密不可分,甚至可以为其所用。"⑥ 在那个文学让位于革命,审美被政治"绑架"的时代,过于苛责作家本人是不公允的。"文学政治化""公式化""工具化"是非常时期以及集权政治下的"集体病症",我们应该像英国的乔治·奥威尔那样包容地理解所有的"时代疾病",对"患病者"的非常态行为应该追踪产生这种行为的社会、历史、文化、政治的原因,而不是攻击和挞伐本人。在西方,西班牙画家萨尔瓦多·达利是一个极富争议的艺术家,对他的评价出现两极分化现象。奥威尔说:"问题不在于他是个什么人,而是他

---

① 夏志清:《中国现代小说史》,夏志清、刘绍铭等译,复旦大学出版社2005年版,第68页。
② 同上书,第69页。
③ 同上书,第70页。
④ 同上。
⑤ 王德威:《重读夏志清教授〈中国现代小说史〉》,夏志清、刘绍铭等译:《中国现代小说史》,复旦大学出版社2005年版,第44页。
⑥ 王德威:《重读夏志清教授〈中国现代小说史〉》,夏志清:《中国现代小说史》,复旦大学出版社2005年版,第34页。

为什么那样做。……达利是世界所患重病的征象。重要的不是去谴责他是个应该受到鞭笞的粗坯，也不是把他赞美为不受质疑的天才，而应该去找到他展示特定变态的原因是什么。"① 奥威尔也反对政治侵入文学，取代文学，干预文学，因为它会导致非常严重的后果："作家在承担政治责任的同时，也就使自己屈从于正统和'党的路线'，并且因此变得胆小如鼠、极不诚实。他们在'持续不断的害怕中生活与写作'，小心翼翼地不让自己在思想上犯错误。"② 我们对郭沫若后期的文学创作难道不应该这样去理解和宽容地评价吗？夏志清留学美国期间直接受教于新批评的大师波特、布鲁克斯等人，因而文学评论的标准深受英国F·R·利维斯和美国新批评文论的影响，"利维斯认为一个作家除非先浸润于生命的实相中，否则难以成其大。对他而言，最动人的文学作品无非来自于对生命完整而深切的拥抱。"③ 同样，夏志清反感文学研究成为政治、经济、社会学研究的附庸，认为文学史家的任务应该是发掘、品评杰作。如果他仅仅视文学为一个时代文化、政治的反映，他其实已放弃了对文学及其他领域的学者的义务。夏志清开启了在华人圈内颠覆经典叙述、改写文学史的先河，后来中国内地反叛传统文学史的各位专家无不效仿、得益于他的启示。"重写文学史"的话语方式，刻意要颠覆的内容都可在夏志清这里找到源头。正如他的弟子王德威先生所指出的："早在当今学者正义凛然的干预（interwene）文化政治、大谈'重写'文学史，或'重新协商'（renegotiate）中西小说观前的几十年，夏已经凭一己之力，'干预'、'重写'，及'重新协商'现代中国文学了。"④

（原载《中华文化论坛》2013年第10期）

---

① 徐贲：《奥威尔文学、文化评论的政治内涵》，载［英］乔治·奥威尔著，李存捧译《政治与文学》，译林出版社2011年版，第17页。
② 同上。
③ 夏志清，《中国现代小说史》，夏志清、刘绍铭等译，复旦大学出版社2005年版，第70页。
④ 王德威：《重读夏志清教授〈中国现代小说史〉》，夏志清：《中国现代小说史》，复旦大学出版社2005年版，第35页。

郭沫若抗战历史剧的悲剧叙事与现实关怀

刘海洲

抗日战争时期，中华民族遇到空前的民族危机，对中国社会各个阶级都产生了巨大的冲击，也预示着民族的新生，民族救亡成为时代的主题，每个作家都面临着不同的选择。有学者对20世纪40年代的政治文化氛围这样分析："模式虽然很多，但是总体上，40年代作家文化心态却又表现出强烈的一致性特征。那就是向政治的自觉不自觉地趋附——或者换句话说，在40年代社会中，政治正如一块巨大的磁铁，尽管每个人与它的距离并不一样，所感受到的影响力也不完全一致，但是政治的无形磁力始终是笼罩在作家们心头上的暗影，使作家们的每一个文学和人生选择都与之发生着或深或浅的关系。"[1] 由于特定的政治文化氛围，造成了历史剧创作的繁荣。郭沫若成为历史剧创作的倡导者和实践者，他于1941至1943年间，先后创作了《棠棣之花》《屈原》《虎符》《高渐离》《孔雀胆》《南冠草》等六部历史剧，迎来了文学创作的第二个高峰期。这六部历史剧具有强烈的爱国主义精神，人物形象鲜明生动，在当时起到了巨大的宣传鼓舞作用；同时，郭沫若的历史剧还进行了大胆的艺术创新，提出了"失事求似"的创作原则，对悲剧精神的发掘，成为中国现代历史剧的经典之作。正如学者田本相所言："到了40年代，他的《棠棣之花》《屈原》等更把中国话剧的史剧创作引向高潮。且不论这些历史剧所发挥的震撼反动统治的政治作用，只是就史剧的建树来说，则已是不朽之功绩。每一个伟大的作家都在寻求其揭示现实生活的体裁，就如同鲁迅找到了他的杂文，从而开一代文风一样，郭沫若也找到了历史剧这一体裁，开辟了史剧创作之先河。他在坚持探索史剧创作的过程中，不仅把握了这种艺术形式，而且形成了一套史剧的理论。因此，他的史剧理论和创作都成为中国戏剧史上的珍贵财富。"[2] 郭沫若对中国现代历史剧的巨大贡献，至今无人能及。

---

[1] 朱晓进：《非文学的世纪：20世纪中国文学与政治文化关系史论》，南京师范大学出版社2004年版，第209页。

[2] 田本相、杨景辉：《郭沫若史剧论》，人民文学出版社1985年版，第3页。

一

　　抗战初期，上海诗人发表的《中国诗人协会抗战宣言》，代表着抗战初期整个文艺界的思想状况和创作主题特征："我们要用我们的诗歌，吼叫出弱小民族反抗强权的激怒；我们要用我们的诗歌，歌唱出民族战士们英勇的战绩；我们要用我们的诗歌，暴露出敌人蹂躏我民族的罪行；我们要用我们的诗歌，描写出在敌人铁蹄下的同胞们的牛马生活，我们是诗人也就是战士，我们的笔杆也就是枪杆。"① 抗日战争自1938年进入相持阶段后，国民党的对内对外政策都发生了相应的调整，实行"积极反共，消极抗日"的反动政策，多次对抗日革命根据地发动"围剿"，在国统区限制进步文化人士的集会与言论自由，使广大人民生活在白色恐怖之中。1941年，国民党制造了震惊中外的"皖南事变"，郭沫若闻之悲愤万分地写下了《闻新四军事件书愤二首》，第一首这样写道："危局纵教如累卵，还须群力共撑支。王尊且勉叱驱志，郭大难忘党锢悲。风雨今宵添热泪，山川何日得清时？怅望江南余隐痛，为谁三复豆萁诗？"② 由此可见郭沫若的愤懑之情。郭沫若领导的第三厅由于抗日宣传被国民党解散了，使郭沫若更加认清国民党的反动本质，个人的郁积与民族的郁积一时无法排遣，只好投身于历史剧的创作。批评家刘西渭对20世纪40年代作家的真实心声做过这样的分析："我们如今站在一个漩涡里。时代和政治不容我们具有艺术家的公平（不是人的公平）。我们处在神人共愤的时代，情感比理智旺，热比冷容易。我们正义的感觉加强我们的情感，却没有增进一个艺术家所需要的平静的心境。"③ 现实的政治形势使郭沫若对国民党反动派无比痛恨，对中国共产党和广大人民充满了同情，这是其真实的政治态度与感情倾向，是其历史剧创作的情感基点。以古鉴今的创作手法为中国文人所一贯熟悉，郭沫若对先秦史料的熟悉，使其更倾心于战国时代的"诸子百家，思想争鸣"的历史氛围，六部历史剧中有四部取材于战国时代。

　　郭沫若曾这样谈到过他的历史剧创作缘起："我写《虎符》是在抗战时期，国民党反动派第二次反共高潮——新四军事件之后。那时候，蒋介石反动派已经很露骨地表现出'消极抗战，积极反共'的罪恶行为。我不否认，我写那个剧本是有些暗射的用意。"④ 不仅郭沫若创作的历史剧有强烈的现实针对性，同时期的其他作家也都秉持这一创作宗旨，利用历史剧的创作与演出这一独特形式同国民党反动派进行了针锋相对的斗争。剧作家欧阳予倩在创作历史剧《忠王李秀成》时说过："革命者要有殉道的精神，支持民族国家全靠坚强的国民，凡属两面三刀，可左可右，投机取巧

---

① 苏光文：《抗战诗歌史稿》，四川教育出版社1991年版，第29页。
② 《郭沫若全集·文学编》第2卷，人民文学出版社1982年版，第365页。
③ 刘西渭：《咀华集·咀华二集》，复旦大学出版社2005年版，第115页。
④ 《郭沫若论创作》，上海文艺出版社1983年版，第423页。

的分子，非遭唾弃不可。我写戏举此以为鹄的。《忠王李秀成》也就是根据这意义写的……历史戏也不过是戏，不是历史……所以历史剧不是布置一个梦境似的迷宫，而是要使观众因过去的事迹联想到目前的情况，这就是所谓'反映现实'。"① 正是出于影射现实、服务现实的目的，当时许多剧作家都纷纷选择内部争战不断的"战国时代"和太平天国为创作题材，形成历史剧创作的热点。郭沫若为何独钟情于战国这一历史时段呢？他认为"战国时代，整个是一个悲剧的时代"，"战国时代是以仁义的思想来打破旧束缚的时代……是人的牛马时代的结束。大家要求着人的生存权。""但这根本也就是悲剧的精神，要得真正把人当成人，历史还须得再向前发展，还须得有更多的志士仁人的血洒出来，灌溉这株现实的蟠桃。"② 郭沫若创作的《棠棣之花》《屈原》《虎符》《高渐离》等都取材于战国时代的历史史实，表现了志士仁人的一幕幕悲剧，努力想求得做人的基本权利和尊严，这是现代作家五四启蒙精神在抗战时期的显现，尤其显得可贵。

二

郭沫若充分挖掘历史悲剧精神，融合抗战时期的时代要求，创作的六部历史剧明显带有时代色彩。文学史家唐弢先生认为这六部历史剧的创作有着特殊的时代原因："震惊中外的'皖南事变'后，国民党政府变本加厉地实行法西斯统治，扼杀言论自由，摧残进步力量。作家们不得不改用隐晦曲折的形式暴露现实的黑暗，抨击反动派的倒行逆施。在这种情况下兴起了创作历史剧的热潮。郭沫若是最杰出的代表。他从抗战的现实斗争中深切感受到人民的呼声与时代的责任，从历史回顾中汲取斗争的力量……这些剧作，通过不同的历史人物形象和曲折的故事情节，表现了反对侵略、反对投降、反对专制暴政、反对屈从变节、主张爱国爱民、主张团结御侮、主张坚贞自守的共同主题，无情地鞭挞了贪婪狡诈、专横凶残、卑鄙自私的丑恶灵魂，热烈赞颂了见义勇为、忠贞刚直的高尚品德，给人们以教育和鼓舞"，"收到了极其显著的政治和艺术效果"。③ 郭沫若的六部历史剧都贯穿着"外反侵略，内反专制，坚持抗争，反对投降"的主题思想，塑造了屈原、聂嫈、聂政、信陵君、夏完淳等志士仁人，与之相对的便是卖国投降的南后郑袖、洪承畴之流，通过正反两类人物的交锋，彰显了屈原等历史人物的高贵品质，为祖国和民族慷慨赴难，从容就义，具有一种历史的悲壮美，更能鼓舞和教育广大人民。在《屈原》一剧中，开篇就是屈原给弟子宋玉讲做人的道理，并将自己做的《橘颂》一诗送给宋玉，希望他能像橘树一样挺拔不

---

① 欧阳予倩：《忠王李秀成·序言》，文化供应社1949年版，第2页。
② 《郭沫若论创作》，上海文艺出版社1983年版，第421页。
③ 唐弢：《中国现代文学史简编》，人民文学出版社1995年版，第151页。

屈、荣辱不惊。郭沫若在《屈原》一剧中反复宣扬人的气节问题，具有很强的现实针对性，并借屈原之口说出："在这战乱的年代，一个人的气节很要紧。太平时代的人容易做，在和平里生，在和平里死没有什么波澜，没有什么曲折。但在大波大澜的时代，要做一个人实在不是容易的事。重要的原因也就是每一个都是贪生怕死。在应该生的时候，只是糊里糊涂地生。到了应该死的时候，又不能慷慨激昂地死。"① 在抗日战争这一民族危亡之际，出现了众多卖国求荣的汉奸之流，政客有汪精卫、周佛海之流，文人有周作人、胡兰成等，这些人的行径遭到正义人士的唾弃。郭沫若就是通过历史剧强烈讽刺了这些卖国求荣者，要广大文艺工作者坚持民族气节，不要成为时代和民族的罪人，要多多向屈原、夏完淳等志士学习，不要走南后郑袖、洪承畴等卖国贼之路。正反历史人物的交锋与对比，更易于让广大人民有现实感，发挥历史剧的现实战斗性。

当时的中国不仅面临日寇的侵略，而且还受到国民党反动派的统治，尤其是进入抗战相持阶段之后，国民党的反共独裁的面目更加暴露无遗，对文化实行更加严格的管制，遭到进步文艺界的一致反对。郭沫若在抗战时期逐步提出"人民本位"的历史观，在对先秦诸子的研究中，特别注重"人的发现"，即"每一个要把自己当成人，也要把别人当成人，事实是先要把别人当成人，然后自己才能成为人"。② 郭沫若特别倾心于战国时代，"战国时代是人的牛马时代的结束。大家要求着人的生存权，故尔有这仁和义的新思想出现。"③ 在《虎符》一剧中，这种反专制争民主的思想表现最为典型。《虎符》围绕着信陵君"窃符救赵"这一事件展开，塑造了信陵君与魏安釐王两个对比人物，信陵君注重人民，门下食客三千，急公好义，许多志士愿意为之赴死，深得人民的拥护，如姬冒死为其窃取兵符，就是明显的一个例证。魏王刚愎自用，专制独裁，妒贤嫉能，处处想削弱信陵君的威望与力量，并找机会想将之置于死地。郭沫若借信陵君之口表达了自己的政治思想，其核心是"把人当成人"，依靠广大人民群众的力量，才能最终取得抗战的胜利。郭沫若的每部历史剧都选择社会历史大动荡时期，总有正义与邪恶、光明与黑暗、自由与专制、抗争与侵略、进步与倒退的激烈冲突，通过历史现象的再现，观众可以找到历史与现实的共同之处。对于这一点，郭沫若并不回避，并多次做了说明。关于《屈原》的创作缘由，郭沫若说："我便把时代的愤怒复活到屈原的时代里去了。换句话说，我是借了屈原时代来象征我们当时的时代。"④ 对于《虎符》的创作意图，郭沫若这样说道："我写那个剧本是有些暗射的用意的，因为当时的现实与魏安釐王的消极抗秦，积极反信陵君，

---

① 《郭沫若全集·文学编》第6卷，人民文学出版社1986年版，第299页。
② 《郭沫若全集·历史编》第2卷，人民出版社1982年版，第91页。
③ 《郭沫若论创作》，上海文艺出版社1983年版，第421页。
④ 同上书，第404页。

是多少有点相似。"① 郭沫若通过历史剧这一体裁反映现实，实现了"文艺的内容断然无疑地是以斗争精神的发扬和维护为其先务……现实，最迫切地，要求文艺必须作为反纳粹、反法西斯、反对一切暴力侵略者的武器而发挥它的作用。"②

　　郭沫若的六部历史剧都采用悲剧的形式，他认为悲剧更能激发人们的斗争精神，使广大人民化悲愤为力量，反抗黑暗的现实；因此，悲剧的教育意义远远大于喜剧。关于悲剧，郭沫若有着自己的看法："我对悲剧是这样理解的，譬如方生的力量起来了，但还不够强大，而未死的力量很强大，未死的力量压倒方生的力量，这是有历史的必然性的，这就产生了悲剧。象屈原的遭遇就有这样的悲剧性质。"③ 当时的抗战形势，正是两种力量的搏斗与抗争，也是易于产生悲剧的时代，无数的中华儿女为保家卫国前赴后继，而国民党反动派却对共产党领导的抗日救亡运动百般限制与阻挠，先后制造了一系列惨案。为了打击敌人，教育广大人民群众，郭沫若选择中国历史上的志士仁人的"杀身成仁，舍生取义"的光辉事迹，把时代的悲剧与历史的悲剧融合在一起，使其文化救国的策略得到进一步实现。对于悲剧的教育意义，郭沫若认为："促进社会发展的方生力量尚未足够壮大，而拖延社会发展的将死力量也未十分衰弱，在这时候便有悲剧的诞生。悲剧的戏剧价值不在于单纯的使人悲，而是在具体地激发起人们把悲愤情绪化而为力量，以拥护方生的力量而抗斗将死的成分……悲剧的精神就是这种精神。它的目的是号召斗争，号召悲壮的斗争。它的作用是鼓舞方生的力量克服种种的困难，以争取胜利并巩固胜利。"④ 郭沫若六部历史剧的时代背景都是"悲剧时代"，无论是取材于正义与邪恶对抗的战国时代，还是取材于改朝换代的元末和明末之际，描写了历史上的重大矛盾，表现了正义进步的民主力量受到反动腐朽势力的迫害而走向了失败，具有强烈的悲剧精神。《屈原》中的屈原为实现自己的政治理想，受到南后郑袖与张仪等奸佞小人的暗算，遭受不白之冤，使楚国面临灾难。屈原在《雷电颂》里抒发了自己的满腔悲愤，"你们风，你们雷，你们电，你们在这黑暗中咆哮着的，闪耀着的一切的一切……发泄出无边无际的怒火把这黑暗的宇宙，阴惨的宇宙，爆炸了吧！爆炸了吧！"⑤ 通过艺术性的手法，把屈原的个人悲剧与战国的时代精神融合在一起，使其悲剧具有历史与时空的穿透性，直指抗战时期的中国。《棠棣之花》中聂嫈姐弟慷慨赴死的悲壮场景；《虎符》中的如姬为了争取做人的基本权利，甘愿冒死为信陵君盗窃虎符，最后，为了维护信陵君的仁义之名，不惜自杀身亡，上演了一幕可歌可泣的历史悲剧。《高渐离》中高渐离刺杀秦始皇，也是为了天下的苍生百姓，不惜以身殉国。其他的《孔雀胆》和《南冠草》更是一曲

---

① 《郭沫若论创作》，上海文艺出版社1983年版，第423页。
② 《郭沫若全集·文学编》第19卷，人民文学出版社1992年版，第145页。
③ 《郭沫若论创作》，上海文艺出版社1983年版，第479页。
④ 同上书，第428页。
⑤ 《郭沫若全集·文学编》第6卷，人民文学出版社1986年版，第384页。

爱国主义的悲壮颂歌。郭沫若有感于抗战的黑暗形势，看到了战国时代的悲剧精神，"战国时代是人的牛马时代的结束。大家要求着人的生存权，故尔有这仁和义的新思想的出现。我在《虎符》里面是比较的把这一时代精神把握着了。但这根本也就是一种悲剧精神，要得真正的把人当成人，历史还须得再向前进，还须得更多的志士仁人的血流洒出来，灌溉这株现实的蟠桃。因此聂嫈、聂政姐弟的血向这儿洒了，屈原、女须也是这样，信陵君与如姬，高渐离与家大人，无一不是这样。"①

历史的悲剧在抗战时期的中国又一次次上演了，郭沫若通过这些历史上志士仁人的悲剧命运，唤醒了广大人民的抗争精神，并预示了光明的前景。在郭沫若的六部历史剧的悲剧结尾处都留下了一条光明的尾巴，使其悲剧又充满了悲壮的乐观主义精神。《屈原》中婵娟替屈原饮下毒酒身亡，屈原在卫士和钓者的帮助下，继续从事正义的事业。《棠棣之花》中聂嫈姐弟之死引发了春姑与卫士们的觉醒，刺死卫士长，参加到反抗统治者的行列之中去。《孔雀胆》中的阿盖公主在其临死之前，说道："一切都过去了，让明天清早呈现出一片干净的世界。"② 通过这种光明结局的设置，使广大人民更加坚信光明一定战胜黑暗，正义一定打倒邪恶，从这些历史人物身上汲取战斗精神，为中华民族的独立富强进行不懈的奋斗，这是郭沫若六部历史剧的重大社会价值。正如有学者指出："郭沫若的抗战史剧称得上'艺术的抗日救国策略'，还在于它善于抓住国内阶级矛盾的主要特点来立意，这就是批判剥削阶级大搞专制独裁，践踏人民民主的滔天罪行，歌颂劳动人民反对专制独裁，争取民主权利的正义斗争。这种反专制争民主的政治主张，突出了抗战时期的又一主旋律，为当时如何拯救国家贡献了又一条良策。"③

三

郭沫若的六部抗战历史剧把"戏剧这个抗战宣传和民众动员"的功效发挥到最佳的效果，引起了社会各界的强烈反响，为当时的文化救国提供了重要的借鉴。郭沫若的历史剧把作家、评论家、观众三者都调动起来，形成良好的互动关系，才使戏剧的宣传效果达到最佳。以《屈原》为例，早在《屈原》剧本未创作之前，就有人在元旦的报刊上预言："今年将有《罕默雷特》和《奥赛罗》型的史剧出现。"④《屈原》创作完成之后，即投入紧张的排练之中，动用了当时最为著名的演员阵容。1942年4月2日，《新华日报》《新蜀报》等多家报刊在醒目位置刊出广告："五幕历史剧《屈原》，中华剧艺社空前贡献，郭沫若先生空前杰作，重庆话剧界空前演

---

① 《郭沫若论创作》，上海文艺出版社1983年版，第421—422页。
② 《郭沫若全集·文学编》第7卷，人民文学出版社1986年版，第249页。
③ 陈鉴昌：《郭沫若抗战史剧奉献的救国策略》，《西华大学学报》（哲学社会科学版）2006年第5期。
④ 《郭沫若论创作》，上海文艺出版社1983年版，第380页。

出,全国第一的空前阵容,音乐与戏剧的空前试验。"① 这些极富煽动性的广告,吊足了广大观众的胃口。《屈原》于 1942 年 4 月 3 日正式上演,受到广大观众的热烈欢迎。"许多群众夜半就带着铺盖来买票;许多群众走了很远的路程,冒着大雨来看演出。剧场里,台上台下群情激昂,交融成一片。"② 面对《屈原》的演出盛况,文化界积极响应《屈原》的上映,许多知名人士如董必武、黄任之、沈钧儒等纷纷作诗唱和,以示支持;老舍、孙伏园、翦伯赞等人纷纷在报纸杂志上面发表评论《屈原》的文章,对《屈原》的演出起到了进一步的推动作用。面对《屈原》的巨大成功,周恩来专门召开座谈会谈论其政治意义,充分肯定了其在抗战中的宣传与鼓舞作用,"屈原并没有这样的诗词,这是郭老借着屈原的口说出他自己心中的怨愤,也表达了蒋管区广大人民的愤恨之情,是对国民党压迫人民的控诉,好得很。"③ 在为《屈原》举行的庆功会上,周恩来又明确指出:"在连续不断的反共高潮中,我们钻了国民党反动派的一个空子,在戏剧舞台上找了一个缺口,在这战斗中,郭沫若立了大功。"④ 在《屈原》演出过程中,经常可以听到人们大声朗诵《雷电颂》,发出"爆炸了吧!爆炸了吧!"的怒吼声。在当时的国统区内,掀起了一股反对投降、坚持抗战的高潮,进一步激发了广大人民的抗战热情,引起了国民党反动派的极大恐慌。郭沫若的其他历史剧也出现了类似的轰动效应,充分调动了评论家与广大观众的兴趣,把历史剧的宣传性与战斗性发挥到了极致,对当时的抗日救国起到了巨大的推动作用。

正如一位批评家所说:"一国戏剧兴起的时刻正是一个伟大民族的意志十分高昂的时候,可以这么说,在其内部本身,我们发现其戏剧艺术也达到发展的高峰,产生出其伟大的作品。"⑤ 历史剧在 20 世纪 40 年代抗战相持阶段兴起,有着特殊的时代原因。面对国民党的"消极抗日,积极反共"的政策,广大作家选取历史剧这一形式借古讽今,创作了大量的历史剧,尤以郭沫若的六部历史剧为代表,沉重打击了国民党的反动统治,唤醒了广大人民的抗争精神,使历史剧的创作与时代政治完美地结合在一起,不仅具有高超的艺术性,还具有强烈的现实针对性和战斗性,在当时的抗日宣传中发挥了极其重要的作用。郭沫若的六部历史剧是中国现代历史剧的成熟之作,奠定了其在历史剧的开创地位。对于郭沫若历史剧的重大贡献,毛泽东专门给郭沫若写了一封信,称赞"你的史论、史剧大益于中国人民,只嫌其少,不嫌其多,精神决不会白费的,希望继续努力"⑥。

(原载《重庆社会科学》2013 年第 1 期)

---

① 高音:《〈屈原〉用戏剧构筑意识形态》,《文艺理论与批评》2006 年第 3 期。
② 邹永旺:《屈原与抗战》,《江西师范大学学报》(哲学社会科学版) 1995 年第 3 期。
③ 龚济民、方仁念:《郭沫若年谱》,天津人民出版社 1982 年版,第 402 页。
④ 同上书,第 406 页。
⑤ 费·弗伦退尔:《戏剧的规律》,载《编剧艺术》,文化艺术出版社 1986 年版,第 10 页。
⑥ 《毛泽东同志给郭沫若同志的信》,《人民日报》1979 年 1 月 1 日。

试析郭沫若的四川地域认同及其意义生发

邓 伟

一

不少研究者有这样的思路：先对所谓的巴蜀文化的品格进行体认，从四川特定的地理环境谈及，通过梳理历史上巴蜀文化的种种人文现象，认为巴蜀文化较之中原、江浙等地区具有边缘性的特点，然后再以此为基础，解读郭沫若的情感个性对其创作的影响，以凸显出巴蜀文化对个体作家的影响，并且在对巴蜀地域文化稳定性进行强调，体现出巴蜀文化本身固有的源远流长。

在我们看来，这一"边缘/中心"的结构性立场大可值得怀疑，因为不会有现代作家主要是由地域文化构成唯一的精神资源，地域对主流文化的离心力也有一个限度，更何况这一思路还存在着机械性、片面性的倾向。这种从"先行理念"出发的意向，无疑具有对研究对象"建构"的能力，并能从中读出某种"现象"。因为，观点和结论本身决定了对某些问题的特别关注，从而孤立地寻求一个简单的线性因果联系——以作家个体某种特点与巴蜀文化某种特点建立对应，未能纳入这种对应的方面却往往被视为偶然性因素过滤掉。这就极大地抹杀了对文化开掘本身的多层次性、丰富性。

在刘小枫对舍勒的现代性的研究之中，我们读到这样的内容：心态是世界的价值秩序之主体方面。一旦体验结构转型，世界之客观的价值秩序必然产生根本性变动。现代的体验结构转型表现为工商精神气质，战胜并取代了神学—形而上学的精神气质。在主体心态中，实用价值与生命价值的结构性位置发生了根本转换。舍勒的一个基本论点是：心态（体验结构）的现代转型比历史的社会政治经济制度的转型更为根本。[1] 可见心态也罢，性格也罢，会有超越个体的意义，在晚清以降中国现代性转型的视野之下可能会生发出更为宏大的价值建构。例如，我们时常会谈及在"五四"时期，郭沫若的个性在诗集《女神》之中与时代精神的高度契合。如《女神·序诗》：

---

[1] 刘小枫：《现代性社会理论绪论》，上海三联书店1998年版，第16—17页。

《女神》哟！/你去，去寻那与我的振动数相同的人；/你去，去寻那与我的燃烧点相等的人。/你去，去在我可爱的青年的兄弟姊妹胸中，/把他们的心弦拨动，/把他们的智光点燃吧！①

仍可以引用刘小枫的观点加以诠释："心态、精神气质或体验结构，体现为历史的确定的价值偏爱系统（Wertvorzugssystem），它给每一时代和文化单位打上自己的印记。具体的、实际的心态构成了生活中的价值优先或后置的选择规则，进而规定了某个民族或个人的世界观和世界认知的意向结构。"② 这就启发我们看到本文论及的郭沫若的个性心理与地域，或按照我们的思路，即在郭沫若与其四川地域认同与书写之中，所具有的更为广泛与宏大的意义。

很重要的是，我们对"地域"的理解并不只是一个本质性的实体存在。在相当程度上，"地域"是与作家体验认同之中变动的"文化身份"相连的意义生发体，所以"地域"本身也是不断生长的。斯图亚特·霍尔认为："身份并不像我们所认为的那样透明或毫无问题。也许，我们先不要把身份看作已经完成的、然后由新的文化实践加以再现的事实，而应该把身份视作一种'生产'，它永不完结，永远处于过程之中，而且总是在内部而非外部构成的再现。"③ 赵稀方在理解香港文化身份时，也对斯图亚特·霍尔作了引用："这一问题（香港文化身份）的背后，事实上隐含着这样一个潜在的前提，即认为文化身份是一种固定、统一的东西。斯图亚特·霍尔（Stuart Hall）有关文化身份的论述在此或可给我们启示……霍尔认为，一般讲文化身份定义为一种共同文化，但除了许多共同点之外，还有一些深刻和重要的差异点，它们构成了'真正的现在的我们'，在他看来，身份绝不是固定在某一本质化的过去，而是屈从于历史、文化和权力的不断'嬉戏'，过去的叙事以不同方式规定了我们的位置，我们也以不同方式在过去的叙事中给自己规定了位置，身份就是我们给这些不同方式起名字。"④ 这也提醒我们看到作家身份认同与"地域"联系的生长性、时代性与复杂性，而不能满足于对一个固定客体的不断重复书写。因为，不管作家个体认同也好，所谓"地域文化"也好，都是处于变动不居的，而不是一个不证自明的纯粹客观物。

---

① 郭沫若：《女神·序诗》，《郭沫若全集·文学编》第 1 卷，人民文学出版社 1982 年版，第 3 页。
② 刘小枫：《现代性社会理论绪论》，上海三联书店 1998 年版，第 17 页。
③ 斯图亚特·霍尔：《文化身份与族裔散居》，载罗钢、刘象愚编《文化研究读本》，中国社会科学出版社 2000 年版，第 212 页。
④ 赵稀方：《小说香港》，生活·读书·新知三联书店 2003 年版，第 3 页。

二

将所谓的"郭沫若个性"与其四川地域认同与体验联系起来的，在我们看来，最重要的材料恰好是郭沫若自己的一系列自传，如《我的童年》（1928 年）、《黑猫》（1929 年）、《反正前后》（1929 年）、《初出夔门》（1935 年），等等。我们想探究的是，在郭沫若系列自传之中，其对于四川地域书写的意义生发，这即是说郭沫若在自传回忆之中是怎样展开这份地域的体验与认同，进而又究竟给郭沫若心态带来了怎样的印记，而意义何为。

在郭沫若诗集《恢复》之中，有一首诗题为《峨眉山上的白雪》，略引几句：

"峨眉山上的白雪，怕已蒙上了那最高的山巅？那横在山腰的宿雾，怕还是和从前一样的蜿蜒"，"啊，那便是我的故乡，别后已经十有五年。在今晚的月光之下，峨眉想已化成紫烟"。

诗作是感性"思乡"的"甜蜜的忧郁"，时间的距离使得故乡的景物虚化而成为了一串情感线索。诗作的主体形象似乎是一个经历了沧桑的游子，这样的回眸，是重温内心中珍藏，在所营造的地域宁静纯美的氛围之中，弥漫着一种家园归宿的感觉。

而更多的四川地域书写，在郭沫若系列的自传之中，意义的生发主要在于两个方面：一为指向个人主体的成长完善，系列自传中的地域再现与书写，仿佛是个人发展的阶段性小结；一为指向时代，浓墨重彩地写出清末民初社会巨变在现代四川地域留下的深刻印记。在其中，我们感受到郭沫若的地域书写表现出的不仅是某种历史感，而且还是一种价值论——在时代之中确立与建构地域书写与情感。

郭沫若还在自己的成长历程之中不断反思，不断发掘历史的行进轨迹与规律，并从中汲取力量。这些在郭沫若系列的自传之中都有清晰的表现，甚至在很多的时候，郭沫若不惜在行文的逻辑之外，突然加上自己大段大段的议论。如在《我的童年·前言》中：我的童年是封建社会向资本主义制度转换的时代，我现在把它从黑暗的石炭的阬底挖出土来。我不是想学 Augustine 和 Rousseau 要表述甚么忏悔，我也不是想学 Goethe 和 Tolstoy 要描写甚么天才。我写的只是这样的社会生出了这样的一个人，或者也可以说有过这样的人生在这样的时代。① 写作的态度极为鲜明，乃至于我们发现郭沫若的自传地域书写是建立在民族—国家的历史叙事框架之中，而所谓的"时代"，就是民族—国家的历史性发展，尤其赋予了一个少年成长的价值认同与宏大意义：个人的成长与民族国家互为表里，水乳交融，并没有什么缝隙。在这样的写作之

---

① 郭沫若：《我的童年·前言》，《郭沫若全集·文学编》第 11 卷，人民文学出版社 1992 年版，第 7 页。

中，我们也发现，其实郭沫若并没有给我们提供一个较为完整的现代四川的乡土记忆，而是早就为时代裹挟而去了，富有自己的主观色彩与激情。

在郭沫若的系列自传中，我们触目所及皆为这一地域书写意义生发所开拓的空间，并渗透到细节的部分。如郭沫若写自己出身的时间："这是甲午中东之战的三年前，戊戌政变的七年前，庚子八国联军入京的九年前。我的童年时代不消说就是大中华老大帝国的最背时的时候。"①

这是自觉地个人与中国近代历史的重大变动联系的做法：将出生、童年——本应为非常个人化与自然化的事件纳入到一个宏大意义之中，从而个体自身的意义得以确立。

再如，郭沫若喜欢苏轼的书法，从少年时代就加以练习，"一和苏字接触起来，那种种放满的精神和从工笔画移眼到南画一样了"。在这一似乎只是个人精神气质的爱好之中，但他看到的是：苏字在当时是很流行的，有多少名人大师都是写的苏字……苏字的不用中锋，连真带草，正合于这种的生活方式，所以它也就肩担了流行的命运。② 这种以小见大，对社会的剖析的眼光，贯穿了郭沫若对现代四川社会的叙写，所以个人、地域、社会、时代完全交织在一起，形成了郭沫若微言大义的"自传中的地域书写"。

在相当的程度上，郭沫若还将其所具有的四川地域体验作为了一位历史学家的研究对象。这一身份决定其自传并不只是为了怀旧，而是从中探讨现代四川一域在民族——国家之中承载的意义。在记录近代四川极为重大的政治事件"保路运动"的《反正前后》之中，郭沫若笔下"保路同志军"的形象为："保路同志军军容有的真是滑稽得使你要夸张也夸张不到。所谓同志军，有一部分是平时的土匪，有一部分是各地的乡团。大部分的鸟枪、梭镖、牛交叉、铁锤、铜锤、铁锏、铜锏，虽然陈腐一点，但总还是军器。但有的却拿着锄头、挡耙、扁担、镰刀。而有的更异想天开，把一把菜刀绑在竹竿头上，雄赳赳气昂昂地拿着。"③ 但是，在另一方面，在郭沫若的人民历史观念之下，这一切都具有历史"原动力"的价值：那自然不是蒲殿俊辈所代表的立宪论者，也不是董修武辈所代表的革命党人，而是货真价实的'人民大众'！这种人民大众的威力，我们不要把它轻视了。就是他们，在竹竿头上绑的菜刀，手里拿着的吊刀子，不已成为推倒了赵尔丰的原动力，杀死了端方的原动力，乃至送葬了清廷的原动力吗？"④ 值得提及的是，在四川"保路运动"文学反映的另一重要描绘者李劼人——也是郭沫若的中学同学——对郭沫若的这一基于自身时代意识探讨之下的"保路运动"书写颇为不满："把二十年后的思想行动，生生的装在那时

---

① 郭沫若：《我的童年》，《郭沫若全集·文学编》第 11 卷，人民文学出版社 1992 年版，第 17 页。
② 同上书，第 52 页。
③ 郭沫若：《反正前后》，《郭沫若全集·文学编》第 11 卷，人民文学出版社 1992 年版，第 265 页。
④ 同上。

人的脑里身上",并直言自己的创作不能"弄成郭大头的《反正前后》"。①

三

在20世纪20年代中后期,走上革命道路的郭沫若对于四川地域的认同,发生了新的变化,由新的身份在意义层面对四川"革命"传统作了重新的体认与发掘。这是颇为令人瞩目的另一与时代共同生长的"地域认同",也证明了所谓的"地域空间"所具有动态的生长性。

"四川人是富于革命性的,古云:'天下未乱蜀先乱'。就是说凡起事革命,都是四川人首倡;'天下已治蜀后治',是说四川人只有冲动的革命性。又有人说:'四川人只会当主席',因主席是先上台的,后下台的。不希望四川人只会盲目的革命。"②1940年6月12日,郭沫若撰文《先乱后治的精神》,阐释在抗战的历史条件之下,对"四川"的重新定位:"先知先觉者,每每敢有犯万难,轻生死,作天下之前驱,以诱导变革的行动。行动既已开始,他要困心衡虑,必使改革的趋于至善,天下归于至安。然后他才能够放心。先乱后治的精神应该就是这样。四川人是有这样的精神的,也应该有这样的精神。能够先乱是说革命性丰富,必须后治是说建设性彻底。"③在这样"革命性丰富"的视野下,郭沫若建立了对四川人文传统的正面认识,并对之充满自豪感:"李冰的建设,文翁的教化,诸葛武侯的治绩,杜工部的创作,这些在我们四川庙食百代的伟人,给予我们四川人的感化,不是用数字可以表达出来的。"④而郭沫若对地域认同与体验新的发展的直接动因,毫无疑问则是基于抗战现实对四川一域的需求:"军队陆续的东征,产业陆续的开发,是我们四川人发挥后治精神的时候了。我们要倾倒我们无尽藏的人力物力来拯救国族的危亡,更进而实现民治、民享、民有的新中国。大义所关,责无旁贷。"⑤由郭沫若站在时代的高度的言论,在"大义"之下,现代四川的地域意义再一次被建构生发出来。

1938年5月9日,郭沫若为悼念川军殉国将领王铭章的文章而作《把有限的个体生命融化进无限的民族生命里去》一文,地域在其中的一个重要的视角——"王

---

① 李劼人:《梦痕——辛亥忆旧中的几缕》,《李劼人选集》第4卷,四川人民出版社1984年版,第438页。
② 四川革命同志会编辑部:《革命的欢迎欢送大会》,载《鹃血》半月刊第4期(1926年8月1日)。转引自王锦厚《郭沫若学术论辩》,四川文艺出版社1996年版,第53页。
③ 郭沫若:《先乱后治的精神》,《郭沫若全集·文学编》第18卷,人民文学出版社1992年版,第345页。
④ 同上书,第347页。
⑤ 同上书,第348页。

师长是四川人,我自己也是四川人,因此我想借这个机会来向四川的同胞们再说几句话"①。然后谈道:"我们四川省号称有七千万人口,这七千万的数目和日本的人口数目恰恰相等。论理拿我们四川一省便可以和日本对敌的……王铭章和他的部下,还有在广德阵亡了的饶国华师长和他的部下,以及在前线上阵亡了的或正在作战的其他的四川同胞,他们已经为我们呈出了很好的模范。我们应该以前仆后继的精神,跟踪着前进。要这样,我们才能够真切地担负起民族复兴的使命。"② 在抗战的时代最强音之中,地域和民族交织成为了一片,四川一域以"复兴民族的根据地"得到命名,民族的价值指向完全覆盖了地域,四川地域的意义与此同时也得到完全的升华,回荡着特定历史时期不屈服中国人最为尊严的牺牲与奋斗。

或许,我们最终可以说郭沫若的四川地域认同及其意义生发是其整体思想发展与人生经历在现实之中的全部到场。郭沫若以个体的身份与主观热情诠释与拥抱了属于自己的"四川地域"。这也使得我们从一个特定的角度,即由郭沫若的地域空间的认同与创造,为全面评价郭沫若的个体心态与精神特质提供某种思路,甚至我们也可以从中大致窥见了一个时代之中的情感与性格心态结构之中某些共通性的东西。

在《文学中的城市——知识与文化的历史》一书中,作者查理斯·利罕处理的地域是城市空间,他对自己著作的主题揭示,似乎同样也适合于本文的论述逻辑,是以为结:"每一类人群都提供一种阅读城市的方式。在欧仁·苏所描绘的场景中,观察者可以克服人群的匿名性;而另一个则相反,奥狄芭发现城市难以辨认,它只是一系列自我反射式的符号,自我指涉,把自己封闭在自我的阐释循环中。从笛福到品钦,阅读城市的方式暗示着阅读文本的方式,城市和文学理论之间互为补充。因而,我们可以指望通过城市,从其起源开始,去揭示一种特殊的意义。而这一系列意义或是真实的或者猜测的,就是本书的主题。"③

(原载《当代文坛》2013 年第 3 期)

---

① 郭沫若:《把有限的个体生命融化进无限的民族生命里去》,《郭沫若全集·文学编》第 18 卷,人民文学出版社 1992 年版,第 261—262 页。
② 同上书,第 262 页。
③ 查理斯·利罕:《文学中的城市——知识与文化的历史》,吴子枫译,上海人民出版社 2009 年版,第 11 页。

关于郭沫若"内在律"理论的再思考

——兼论现代汉语诗歌形式建设

李卫涛

一

在当今的时代语境中,读者对郭沫若的诗歌往往会出现"两极阅读"[①] 的现象,同样,学者对郭沫若的诗歌理论和创作也往往会出现贬斥与褒扬对立立场。

在郭沫若的核心诗论"内在律"方面,有学者认为"就诗体解放而言,自称'最厌恶形式'的郭沫若的贡献实在乏善可陈。或者可以说,郭沫若在诗体建设上也对新诗产生了不小的负面影响。他的'自然流露'、'形式绝端自由'、'不采诗形'、'内在律'等理论,中心就是不看重诗体。"[②] 不过,另外有学者却认为"郭沫若最早发现了并在《女神》的创作中成功地运用了诗歌的内在律,这是他对新诗艺术的重大贡献",进而认为"内在律一端联着情绪内容,一端联着语言形式,居于新诗各项艺术成就的核心"[③]。两位学术前辈前者从诗体建设的角度认为郭沫若的理论与实践对于诗体建设多有负面作用,后者则从新诗本体出发认为郭沫若打破了旧诗的束缚,并从理论到实践都建立了一个形式规范。二者的观点针锋相对。

而从对郭沫若主要诗作《女神》的评论来看,郭沫若提出"形式方面我主张绝端的自由,绝端的自主"[④]。从《女神》中收录诗歌来看,语言形式上完全走出了胡适早期白话诗中隐约可见的旧诗歌的因袭,开创了一种新的诗歌样式——句式自由,诗行短长相间,不再追求简单的齐整,押韵也不再规则。从这个意义上讲,郭沫若早期的诗歌创作在形式上似乎确实达到了胡适"有什么话,就说什么话"[⑤] 的诗歌写作观念。也正是因为此,郭沫若的诗歌也被认为是现代汉语自由诗体的代表作。

---

① 温儒敏:《浅议有关郭沫若的两极阅读现象》,《中国文化研究》2001春之卷第1期,第87—91页。
② 吕进:《中国现代诗体论》,重庆出版社2007年版,第6页。
③ 吕家乡:《内在律:新诗艺术成就的核心》,《山东师范大学学报》(人文社会科学版)2008年第3期,第3页。
④ 郭沫若:《郭沫若全集》第15卷,人民文学出版社1990年版,第49页。
⑤ 胡适:《胡适文集》第9卷,北京大学出版社1998年版,第81页。

但是,《百年汉诗形式的理论探求——20世纪现代格律诗学研究》一书曾写到许霆、鲁俊德两位先生认为,在"意群对称停顿节奏"的概念下,郭沫若早期诗歌创作也实践着新格律诗的写作模式。所谓"意群对称停顿节奏"大致是指具有"相对独立的语法意义"的词、短语、词组等有规律的排列,尤其是"对称"地排列而形成节奏,比如《凤凰涅槃》——整体上是自由诗,但是"局部却是意群对称停顿节奏的格律诗"①。

这种看法更加显示出郭沫若早期创作的复杂性——既然他被认为是自由诗、诗体解放的典型,但是为什么有些诗歌又被认为是符合新格律诗的创作模式呢?

这些围绕着郭沫若的对立复杂的看法,恰恰说明关于"内在律"和郭沫若早期新诗创作,还有很多问题值得我们重新审视和解读。比如"内在律"的内涵是什么?郭沫若如何在新诗创作中体现"内在律"?"内在律"是否能够成为现代汉语诗歌形式的一个基础?郭沫若这些新诗实践又会对现代汉语诗歌形式产生什么启发?

二

从时间上来看,郭沫若"内在律"的诗论产生于1920年到1921年前后,主要是发表在《时事新报·学灯》上面的3封谈诗歌的信件。

郭沫若在1920年2月1日发表的致宗白华的信中开篇就说"我想我们的诗只要是我们心中的诗意诗境底纯真的表现,命泉中流出来的strain,新琴上弹出来的melody,生底颤动,灵底喊叫《那便是真诗》……"②在同年2月24日发表的致宗白华另外一封信中,郭沫若又提出诗歌直感的"自然流露"说,并进一步认为"情绪的律吕,情绪的色彩便是诗。诗的文字便是情绪自身的表现(不是用人力去表现情绪的)"③。在1921年1月15日发表的致李石岑的信中最后提出:"诗之精神在其内在的韵律 Intrinsic Rhythm,内在的韵律(或曰无形律)并不是甚么平上去入,高下抑扬,强弱长短,宫商徵羽;也并不是甚么双声叠韵,甚么押在句中的韵文,这些都是外在的韵律或有形律。Extraneous Rhythm 内在的韵律便是'情绪的自然消涨'……内在律诉诸心而不在耳。"④ 这就是我们今天讨论的诗歌"内在的韵律",也就是"内在律"理论。

从"内在律"理论的提出过程可以看出,郭沫若的"内在律"理论初期的大概面貌,就是强调诗歌内在的因素,其主要目的就是要从僵硬的古代诗歌诗律的条条框框中解脱出去,摆脱古代诗歌形式的束缚。

---

① 刘涛:《百年汉诗形式的理论探求——20世纪现代格律诗学研究》,人民出版社2013年版,第355页。
② 郭沫若:《郭沫若全集》第15卷,人民文学出版社1990年版,第13页。
③ 同上书,第47—48页。
④ 同上书,第337页。

其实，胡适在提出"诗体大解放"的理论的同时，也对白话诗的形式有过建议，那就是"自然的音节"。在《〈尝试集〉再版自序》中胡适提出："'诗的音节必须顺着诗意的自然曲折，自然轻重，自然高下的。'再换一句说：'凡能充分表现诗意的自然曲折，自然轻重，自然高下，便是诗的最好音节。'古人叫做'天籁'的，译成白话，便是'自然的音节'。"[①] 胡适提出的"诗意"在郭沫若的理论中更为具体了，变成了"情绪"，配合着"情绪的自然消涨"自然会有一个韵律出现，而自然也会有合适的诗歌形式来进行配合，绝好的诗歌就是这样出现的。

因此，"内在律"的理论核心就是情绪和诗歌形式的问题。按照郭沫若的"内在律"理论，情绪消涨，发而为声，语音自然有所反映，那么诗歌形式也自然会建立起来，这样的模式才是新诗真正的写作规则。

而且郭沫若也在初期新诗创作中实践着"内在律"理论，其经典代表作就是《女神》中的《凤凰涅槃》等新诗作品。

三

《凤凰涅槃》收入《女神》第二辑，这首诗创作于1920年1月20日，与郭沫若提出"内在律"的时间恰好吻合，而在诗歌形式上也可以说基本体现了诗人的理论主张。下面我们就以《凤凰涅槃》这首经典诗歌为例，分析一下它是如何实现了"内在律"的诗论的。

从诗歌文本来看，《凤凰涅槃》由"序曲""凤歌""凰歌""群鸟歌""凤凰更生歌"等5部分组成；从诗句外在形式来看，字数少的有2言，字数最多的有13言，错落不一；从诗句的尾韵来看，有些诗句是有韵的，但更多的是无韵的；从诗句对仗来看，并没有出现古典诗歌中的所谓对仗手法。所以，《凤凰涅槃》彻底摆脱了中国古代诗歌的形式规则，被称为自由诗是实至名归。

但是，我们并不能说《凤凰涅槃》没有诗歌的形式美。这是因为，在这首诗中大量使用了反复、排比、复沓等修辞方法，从而使其在诗体上出现另一种外在的形式美。

首先，反复句在诗歌中大量使用。在"群鸟歌"中第一个出场的是"岩鹰"，诗歌用它的口吻说："哈哈，／凤凰！凤凰！／你们枉为这禽中的灵长，／你们死了么？／你们死了么？／我才欢喜！我才欢喜！／从今后该我为空界的霸王！"[②] 之后接连出场的是孔雀、鸱枭鸟、家鸽、鹦鹉、白鹤等，但是基本的诗句都是反复的"哈哈，／凤凰！凤凰！／你们枉为这禽中的灵长，／你们死了么？／你们死了么？／我才欢喜！／我

---

① 胡适：《胡适文集》第15卷，北京大学出版社1998年版，第88页。
② 郭沫若：《〈女神〉及佚诗》，人民文学出版社2008年版，第37页。

才欢喜！/从今后……！"在"凤凰更生歌"部分的"凤凰和鸣"中，每个基本诗节收尾的都是"火便是你！/火便是我！/火便是他！/火便是火！翱翔！翱翔！/欢唱！欢唱！"最后诗节收尾也存在着反复句："我们欢唱！/我们欢唱！……只有欢唱！/只有欢唱！/只有欢唱！欢唱！欢唱！欢唱！"①

反复句在《诗经》中已经大量使用，它能起到重章叠句、一唱三叹的回环往复之美。在后世的民歌中也经常使用这一写作手法。但是，在古体诗、近体诗中，由于逐步确定了诗歌的形式是以对仗为核心，所以诗句反复在诗歌中不再出现。而在《凤凰涅槃》中，却出现了大量的反复句，确实是诗人有意突破旧诗格律的做法。

其次，排比句也大量出现在《凤凰涅槃》之中。"凤歌"中有这样的句子："你脓血污秽着的屠场呀！/你悲哀充塞着的囚牢呀！/你群鬼叫号着的坟墓呀！/你群魔跳梁着的地狱呀！"②。这就是不太严谨的排比句式，语意层层递进。"凰歌"中也有排比句式："五百年来的眼泪倾泻如瀑。/五百年来的眼泪淋漓如烛。/流不尽的眼泪，/洗不净的污浊，/浇不熄的情炎，/荡不去的羞辱"。③

排比句式在修辞上可以表达出强调的意味，因为形式的要求，在正统的律诗创作中不能存在，只能偶尔出现在歌行和散文中。《凤凰涅槃》作为白话新诗，使用自然语句，具有大量使用排比句的可能，而且刚好也配合诗歌中递进的情感。

另外，复沓句也在《凤凰涅槃》很多地方出现。所谓复沓，又叫复唱，是用更换少数词语的方式，使句子和句子之间获得一种加强节奏、突出情感、分清层次的修辞效果。在"凤凰和鸣"中，第二节之后的诗节都使用了这种方式，其中第二节中有这样的表达"我们光明呀！/我们光明呀！/一切的一，光明呀！/一切的一，光明呀！/光明便是你，光明便是我！/光明便是'他'光明便是火！……"④ 在之后的诗节中，"光明"分别被"新鲜""华美""芬芳""和谐""欢乐""热诚""雄浑""自由""恍惚""神秘""悠久"等词语分别代替。可以说整个"凤凰和鸣"部分就是在这种复沓重唱中走向诗歌的高潮，最终达到一种狂欢和"欢唱"的诗歌效果。

反复、排比、复沓等句式的使用，使得《凤凰涅槃》整首诗歌虽然是自由语句，但却具有一种诗歌的外在韵律美。

按照郭沫若"内在律"的理论，情感情绪自然流露出来，自然就形成一种语言形式，《凤凰涅槃》整首诗正是如此，诗人的感情起承转合自然流露，而诗歌的外在形式也以5个部分自然加以表现。

"序曲"部分是诗歌的情绪铺垫，所以诗句整齐，渲染气氛；"凤歌"侧重诅咒、"凰歌"侧重控诉，诗句在有情感的小高峰期出现不少排比、复沓的应用；"群鸟歌"

---

① 郭沫若：《〈女神〉及佚诗》，人民文学出版社 2008 年版，第 40—46 页。
② 同上书，第 34 页。
③ 同上书，第 35 页。
④ 同上书，第 40—46 页。

侧重群鸟的讽刺口气,诗句整体上使用的反复,每节收尾句使用复沓句突出鸟的不同立场;"凤凰更生歌"中"鸡鸣"部分显示新的诞生,三节使用了复沓手法,感情不断加强;"凤凰和鸣"部分,则是反复和复沓手法夹杂在一起,情感不断强烈,最终收尾于反复"欢唱"。

从内在诗歌的情绪上说,这首诗是先抑后扬;从外在形式上说,诗句的修辞效果也是越到收尾就越集中;从语音方面看,语音的反复、应和也是逐渐增多、集中的。所以,综合起来,这首诗歌是郭沫若诗歌"内在律"的一个典型。

四

虽然如此,但是在后来近百年的现代汉语诗歌创作中,"内在律"作为理论并未取得更多的发展;同样,作为创作实践,《凤凰涅槃》之后在诗歌创作中也很少有同类型的诗歌创作出现。

为什么会这样呢?

从诗情上来说,它带有时代的狂飙突进的情感体验,而且作为一首长诗,有足够的空间让诗人展示自己情绪的起承转合;从诗的语言形式上来说,《凤凰涅槃》激荡的情绪刚好体现在诗人所创作的一系列修辞手法上,也就是上面所分析的排比、反复、复沓句式,从语音效果来说,排比句式层次递进,反复句不断强调,复沓句一唱三叹,这些都和特殊的诗情结合起来。换言之,当诗歌中出现排比句,随着语音的强化作用,那么诗情自然要层层递进,当诗歌中出现反复句,诗情也必须要有强调;当诗歌中出现复沓句,诗情必然要出现或婉转,或回环,或叠加递进。基于这些的特殊性,对于大多数现代汉语诗歌来说,郭沫若《凤凰涅槃》开创的写作手法依然是诗歌特例。

不过,这首诗歌形式所形成的韵律效果,对于诗体建设是非常有价值的。许霆、鲁俊德认为郭沫若的《凤凰涅槃》是一种"意群对称停顿节奏格律诗",就是认为反复、排比、复沓这些句式之中存在的语音重复对称性,是新格律诗的一种写作手法。

当然,更多的学者还是认为郭沫若的《凤凰涅槃》等诗歌还是自由诗体。这是因为这些诗歌除了外在的、借用修辞手法获得的语音效果之外,在诗句层面并没有得到应有的展现,所以诗句整体上显得自由解放。

因此,当强调标准诗行建设的时候,大多数诗体建设者们并不认为郭沫若的"内在律"是正途,也是在这个原因上,闻一多才说郭沫若诗歌"形式十分欧化"。[①]闻一多等人开创的诗歌格律是强调更细致、整齐的诗句组合,而不是郭沫若这种错落句式组成的外在修辞式格律。

---

① 闻一多:《闻一多全集》第2卷,湖北人民出版社1993年版,第118页。

这样矛盾的观点，恰恰说明了现代汉语诗体建设的复杂性。可以说，新诗语言形式建构一方面是需要建立诗行自身的规范性，另一方面是建立诗行之间关系的规范性。而郭沫若的"内在律"及其创作实践正是在诗行之间的规范性建立上。

　　古代律诗转变为现代汉语诗歌，古诗诗行要求对仗的规范性被冲垮，我们只能在不同的口语语句之间寻找诗歌节律。这种节律最大的表现是不再追求中国古典诗歌语句之间的对仗效果，而是追求一种反复、排比、复沓的效果，这种语音效果保留了口语的自然性，同时也强调了语音的反复效果，获得了诗歌的外在形式美。

　　必须要清楚的是，这种外在美也是脆弱的，它必须受到内在诗情的牵制——倘若我们没有这样的情感，就必须接受现代汉语诗歌形式的平白，甚至无趣。

（原载《湛江师范学院学报》2013年第2期）

《女神之再生》神话"重述"的新解

——兼论郭沫若早期神话观念

张 岩

郭沫若曾说要"扔掉旧皮囊,捡起新的太阳",可是他的重要诗歌作品《女神之再生》《凤凰涅槃》《天狗》等却在题材意象上大力借鉴中西方古老的神话传说。他的新诗在诗歌的表现形式上脱掉了古典诗歌的传统形态,然而内容意象上却选择了更加古老的神话内容,这是出于怎样的创作思考和审美追求?郭沫若本人曾说过:"神话是艺术品,是诗。"① 无论是理论研究还是创作实践,我们都可以看到郭沫若笔下神话与诗的高度融合,神话就是诗的又一种表现形态。

一

诗剧《女神之再生》创作于1921年1月,最初发表于1921年2月25日出版的上海《民铎》杂志第二卷第五号,取材于我国古代神话"共工怒触不周山""女娲补天"。诗人在此剧结尾附白,阐明此剧取材于《列子·汤问篇》《说文》《山海经·西次三经》等文。

考察关于共工与颛顼争帝的相关古籍记载,如《淮南子·天文训》云:"昔共工之与颛顼争为帝,怒而触不周之山,天柱折,地维绝,天倾西北,故日月星辰移焉。地不满东南,故水潦尘埃归焉。"《列子·汤问篇》:"天地亦物也,物有不足,故昔者女娲氏炼五色石以补其缺,断鳌之足以立四极。其后共工氏与颛顼争为帝,怒而触不周之山。折天柱,绝地维。故天倾西北,日月星辰就焉;地不满东南,故百川水潦归焉。"可见,在古籍中对于战争场面的记载都极为简略。虽然郭沫若在诗歌中着力描写的是寻找新的太阳的女神精神,然而作家还是精心构筑了一个人间世界,并且将这个世界同女娲再造的新世界之间作了刻意的勾连。郭沫若在《创造十年》中曾做出过解释:"《女神之再生》是在象征着当时中国的南北战争。共工是象征南方,颛顼是象征北方,想在这两者之外建设一个第三中国——美的中国。但我自己的力量究

---

① 郭沫若:《神话的世界》,《创造周报》1923年第27期。

竟太薄弱了，所表现出来的成果仅仅是一副空架子。"① 郭沫若的这一阐释在社会历史层面极大地迎合了作品试图传递的时代情绪。诗人借用老人和牧童的话语来批判战争的灾难性，从民众的视角来看，共工和颛顼都是与创世英雄对立存在的负面形象，都将在创世的壮举中被时代淘汰。诗人巧妙地安插了农叟、牧童、野人之群的过场戏，农叟和牧童控诉了共工、颛顼给人民带来的灾难，指出了他们是"两条斗狗"，具有"时常只解争吃馒头"的掠夺性，野人之群揭露了他们这些地方势力具有"毛头随着风头倒，两头利禄好均占"的卑鄙性。应该说这样的安排对于整部诗作主题的切合，是非常显在的。

然而我们在郭沫若的诗剧中却可以看到一个饶有意味的改编细节。郭沫若创造性地描写了颛顼与共工交锋之前的一段对话。正是这短短的三个回合的彼此叫阵，不但丰富了神话的细节，而且也可以为我们理解诗剧的主题意蕴提供另一种思路。

[颛顼]
我本是奉天承命的人，
上天特命我来统治天下，
共工，别教死神来支配你们，
快让我做定元首了吧！
[共工]
我不知道夸说什么上天下地，
我是随着我的本心想做皇帝。
若有死神时，我便是死神，
老颛，你是否还想保存你的老命？
[颛顼]
古人说：天无二日，民无二王。
你为什么定要和我对抗？
[共工]
古人说：民无二王，天无二日。
你为什么定要和我争执？
[颛顼]
啊，你才是个呀——山中的返响！
[共工]
总之我要满足我的冲动为帝为王！

---

① 郭沫若：《郭沫若全集》第12卷，人民文学出版社1990年版，第70页。

如果没有这段对话的描写，我们的确可以如诗人自我阐释那般认同共工和颛顼在地理位置上分别代表了"南方"和"北方"，并将二者共同地视作同"美的中国"相对立的落后力量。然而诗人精心安排的这段对话却透露出更多的信息，也帮助我们在诗歌的主题意蕴上有新的解读空间。

在这段对话中，郭沫若并不是将二者单纯地界定为两个争夺天下的首领形象，而是赋予了各自独立、彼此差异的意象内涵。通过对颛顼的对白分析，可见他极力强调自己的天赋神命，"我本是奉天承命的人"，"上天特派我来统治天下"，"天无二日，民无二王"，处处以"天"为大，强调自己的天命所归，似乎以此赋予这场战争一个权威的旗号。而共工的对白则呈现出与颛顼截然相反的价值诉求，凸显出强烈的个人意志。面对颛顼对于"奉天承命"的使命感和出师有名的权威感的强调，共工直接而坦率地宣告："我不知道夸说什么上天下地，我是随着我的本心想做皇帝。"在"天"与"人"之间，共工不信天、不顺命，他"要满足我的冲动为帝为王"，即便同样强调君王的唯一性，也要先"民"而后"天"，共工的形象更加鲜明地体现出人的独立意志和主体精神。

对于整部诗剧的主题，之前的研究者从社会历史的视角来考察，大多强调"女神"形象中体现出的"打破旧世界，创造新太阳"的时代精神。而"共工"和"颛顼"之间的斗争则多被忽略，甚至只是被认为是引入核心情节的前导部分。然而通过对郭沫若在这两个人物形象的塑造，我们更愿意相信，郭沫若在这个细节的处理上是匠心独具的，这个情节的描写也是与整部诗剧的中心思想意蕴紧密相连的。通过对"共工"和"颛顼"的角色身份的认定，使得二者之间的斗争被赋予了隐喻的指向性，作为"天定神命"的颛顼战胜了共工，寓意着"神"的意志对"人"的反抗的征服。然而，当"颛顼万岁！皇帝万岁！"的呼声还响在耳畔的时候，败走的共工"怒而触不周之山"，并最终造成了整个世界的"天柱折，地维绝，天倾西北，故日月星辰移焉。地不满东南，故水潦尘埃归焉"，神的统治终因为人的反抗而分崩离析。人终究以自己的牺牲颠覆了神的意志，这也如北欧神话中"神的终曲"一般悲壮惨烈，最终成就了女神重建新的世界。

郭沫若的名作《天狗》中那"吞掉太阳""吞掉月亮""吞掉一切"的力量感给正在经历撕裂般疼痛的现代中国注入了强烈的勇力，在《女神之再生》的"共工"身上也已经可以看到那种毁灭一切、席卷一切的热烈的战斗精神和反抗意志。正如共工那"若有死神时，我便是死神"的宣言，大胆宣告了对于统治权威的反抗，战败的共工没有选择屈辱地活，而是选择用自己的生命奋力一搏，并最终终结了这个混乱的世界秩序。在愤怒的共工身上，我们分明可以看到郭沫若诗歌中常见的"天狗"般吞噬一切的强大的破坏性力量。

二

通过《女神之再生》中郭沫若对于神话的重述与改编，可以了解郭沫若在对原始神话与现实主题的关系上呈现出深入的思考。结合作家发表于1923年11月11日上海《创造周报》第二十七号的专篇论文《神话的世界》，我们可以更进一步理解郭沫若早期的诗歌理论和神话观念，以及二者之间的紧密关联。

（一）神话的起源——"诸神都从诗人产生"

郭沫若在《神话的世界》中提出的主要观点便是："神话的世界是从人的感性产出，不是从人的智性产出。原始时代的诗人——我故意用'诗人'这一个辞——在一切自然现象之前，感受着多种多样的情绪，而把这些情绪各各具象化、人格化，遂使无生命的自然都成有生命的存在。这种具象化的功夫便是诗人创造性想象力的表现，诗人是在自然的镜中投射出自体的精神活动。所以一切神话世界中的诸神都从诗人产生，便是宗教家所信仰的至上神'上帝'，归根也只是诗人的儿子。"① 郭沫若这里所提到的"诗人"不完全等同于文学领域内诗歌创作主体的"诗人"概念。对于诗歌创作而言，其创作主体是具有独立精神意志的个体，表达的是个人对于世界、人生、情感的体验与思考。而对于神话创作来说，它是原始初民集体智慧的表达，并且在流传过程中不断地发生变形，融入了世世代代的理解与阐释。郭沫若借用"诗人"的名称来称呼神话的创造者，更多地关注到神话创作之初人类面临变化万千的世界所表现出的心理状态和情绪体验。

郭沫若曾描述自己创作《凤凰涅槃》时的情绪状态："《凤凰涅槃》那首长诗是在一天之中分成两个时期写出来的。上半天在学校的课堂内听讲的时候，突然有诗的意趣袭来，便在抄本上东鳞西爪地写出了那诗的前半。在晚上行将就寝的时候，诗的后半的意趣又袭来了，伏在枕上用着铅笔只是火速的写，全身都有点作寒作冷，连牙关都在打战。就那样把那首奇怪的诗也写了出来。"② 诗人理性思维的控制与无意识冲动的驱使互为拉扯，共同激发了诗人创作灵感的生发。这种感受也激活了诗人个人主观意愿与人类文化之源之间的纽带，作家个人的生命体验与原始初民借助神话来解读世界的文化经验合而为一，形成一种精神内质化的传承，促发作家寻找到神话原型这种世界性、原发性的主题来表达个性解放、民族振兴的强烈意愿。

---

① 郭沫若：《神话的世界》，《创造周报》1923年第27期。
② 郭沫若：《郭沫若论创作》，上海文艺出版社1923年版，第205页。

原始初民对于世界的神话化感知是非常朴素自然的，这也是郭沫若所强调的诗人对于世界的感知性。正如诗人自身的创作体验，郭沫若创作《女神》时的情绪状态，也是自未经过细致地斟酌和考量，更多地出自本性自然的情绪涌出，将整个原始初民理解世界的方式细化为创作个体的情感奔涌。郭沫若认为当诗人经由自然而产生种种情绪和冲动时，便无法压抑内心的活跃情感，于是借助于想象力和创造力，将自身感受移入到自然之中，为自然赋予了鲜活的生命感。这既是郭沫若对于神话的认识，也是郭沫若对于诗歌的认识。

（二）神话生成的方式也决定了神话的特点

郭沫若认为创作神话的"诗人"在仰观宇宙、俯思大地的过程中，感受着多种多样的情绪，而把这些情绪各各"具象化""人格化"，遂使无生命的自然都成为有生命的存在。神话产生于"诗人"的主观情感，这些抽象的情感通过"具象化"、"人格化"的方式被赋予了可知可感的艺术形象和鲜活生动的人物性格。

郭沫若对于神话的认识是同他的诗歌思想是高度一致的。郭沫若的诗歌创作，特别是《女神》时期的诗歌作品中富含着丰富的自然与人文意象。诗人把囊括了宇宙百态和自然万象在内的整个自然和人文景观都作为自己的抒写对象，《女神》中磅礴壮美的创作气势也正如创世神话中所展现的广阔世界。诗人在创作中体现出的无拘无束、驰骋天地的想象力也正是对原始人神话精神的高度继承。特别是对于神话意象的丰富运用，体现了郭沫若对于古典神话的熟悉与喜爱：《日出》中的亚坡罗，《岸上》中的海神波塞冬，《密桑索罗普之夜歌》中的鲛人，《笔立山头展望》中爱神 Cupid 的弓弩，《地球，我的母亲！》中的普罗米修斯，《新阳关三叠》中的巴克科斯等，而《Venus》《司健康的女神》《司春的女神歌》等更是直接以神话形象命名。正如评论家对于郭沫若《女神》所表现出的直白而热烈的真实情感的高度赞扬："所以白话诗尤其重在思想意境及真实的情绪，因为没有词藻来粉饰他。"[①] 原始初民对于神话的创作源自对于客观现实的真实观察，在对于宇宙自然万象的困惑与思考中尝试将主体的情感态度融入神话的描述之中，构筑出奇妙瑰丽的神话世界。在郭沫若看来，现代诗人创作白话诗也应该象原始初民创作神话一般，质朴坦诚地表露自己的真情实感，并将这种抽象的个人情感具象化，使之融入具有丰富文化属性和广阔意蕴空间的神话意象之中。

（三）对待神话的态度

考察《神话的世界》的创作时间，我们可以发现这篇写于 1923 年左右的论文有

[①] 郭沫若：《致宗白华信》，《时事新报·学灯》1920 年 2 月 4 日。

着特定的时代背景。伴随着对于希腊神话的大量翻译、西方神话学体系的整体引介，许多现代学者和作家日益注重对于本民族神话传统的回溯与重构。同时，由于神话自身独特的神秘、奇幻的风格特色，也引来了极大的争议。而这种争议的焦点主要就集中在：对于高扬民主与科学旗帜的现代中国而言，反封建反迷信是其重要的社会任务，在这样的状态下，对远古"神话"大力的研究是否会对中国现阶段的民族精神的改造任务形成阻碍？

郭沫若在《神话的世界》中提出"对神话的态度"的问题，也正源于这样的时代思想背景。郭沫若认为，对于远古神话的态度，应当保持着一个恰到好处的"度"——既不能盲目地信仰，也不能执意地反抗。盲目的信仰是愚昧无知的表现，毕竟神话是原始初民想象的产物，是缺乏现代科学依据的支撑；而执意的反抗便会导致"一切的神话传说歼灭殆尽"。郭沫若认为神话中蕴含的文化精神和艺术魅力，是极为宝贵的历史财富。神话世界所包含的奇特的幻想和丰富的想象，我们既不能用科学的眼光指责它是"无知的尘冢"，也不能"在抽象的美学中去寻求"，而应该在这具体的神话世界中去领略和学习。古代神话传说反映了原始人的智慧和创造力，但是原始人在同大自然搏斗中，由于还不可能支配自然力，还无法解释大自然的奥秘，于是就展开了艺术性的创造。"原来艺术的作用可以说完全是欺骗的作用：它是要骗人暂时把理智的活动忘记，而纯任感情的输入。譬如戏剧，我们虽明知是假，但我们在观赏时总不免弄假成真，而替戏中人落泪。"① 郭沫若的诗人气质似乎与原始社会的思维结构和生命表现有着天然的亲近性，特别是《女神》时期的诗作中，神话的意象信手拈来，从世界文明的源头寻找到现代言说的新空间，在郭沫若的笔下，"神话是绝好的艺术品，是绝好的诗。我们在这里可以酌饮无量的醍醐，我们在这里可以感受无穷的启迪"②。

（四）各民族神话的近似性

在《神话的世界》中，郭沫若对于各国古代神话传说的近似性产生浓厚的兴趣。"譬如我国有人神化生宇宙之说，而印度也有；有天狗食日月之说，而斯干底那维亚半岛也有。有人是粘土造成之说，而希腊也有。"郭沫若认为这个现象的产生是由于"人类的感受性与表象性相同的结果"，强调了人类祖先观察自然、感受宇宙的方式和结论的近似性之间的紧密关联，这种观点事实上也符合中国现代神话学研究的重要方法——人类学研究的理论思路。尽管各民族神话仍然存有若干方面的差异，但郭沫若更注重于从神话的精神内质方面考察其相通性。神话所反映出的人类处于幼年状态的天真质朴、朝气昂扬的精神，吸引着世世代代的后人回溯到神话的世界中汲取精神

---

① 郭沫若：《神话的世界》，《创造周报》1923年第27期。

② 同上。

和文化之源。

在《女神》中，郭沫若也注意到了中外神话故事的许多共同特征，并在他的文学创作中把这二者凝聚在一起，从而共同形成了郭沫若新诗宏大雄浑的气魄和神奇瑰丽的色彩。这也是郭沫若将神话研究与文学创作相结合的一个独特的价值体现。从神话学的研究来考察，许多现代作家、学者也采纳中西方神话比较研究的思路和视野，也曾关注到中西方神话的近似性特征。然而进入到文学创作领域，唯有郭沫若将这种研究思路纳入到创作之中，将中西神话中的近似性和统一性合为一体，表现出极为开阔的世界性眼光。

《凤凰涅槃》是中外神话典故的概括提炼，无论是中国传统神话，还是阿拉伯神话传说，对于神鸟"凤凰"的意象表现，都是立足于对太阳的崇拜以及由太阳创化生命的赞美。《凤凰涅槃》的副题为"一名"菲尼克司的科美体'"，直接点明以"凤凰神鸟"为题。长诗通篇取材于神话，在诗歌开篇，作者便明确地交代了本诗的题材来源："天方国古有神鸟名'菲尼克司'，满五百岁后，采香木自焚，复从死灰中更生，鲜美异常，不再死。"而对于中国神话中的神鸟"凤凰"与"天方国"的"菲尼克司"之间的关联，郭沫若也作了较为合理的解释："拙诗中以为凤凰即'菲尼克司'底原因：（一）凤与 phoen——字音相近，（二）同为火精，神怪的程度相等，（三）凤本产于南荒，地点与印度天方等相近。"① 通过这段文字的解释，我们可以加深对这一主题的了解：郭沫若的神话思想中对于各民族神话意象的近似性极为关注，从发音、神话意蕴以及地缘关联方面论证了两个民族神话中"神鸟"形象的共通性。郭沫若对于这种民族神话共性的考察，根本目的是为了寻找各民族文化根源的近似性，进而发掘民族性格与文化传统之间的关联，寻找到超越民族、种族以及国家概念之上的文化特质。

《凤凰涅槃》最初发表于 1920 年 1 月 30 日和 31 日上海的《时事新报》的副刊《学灯》，直至今日，依旧被视为新诗返还世界神话创世源头的杰作。创作此诗时，郭沫若尚未回国，仍留学日本。而这也成就了郭沫若虽然远离五四新文化运动中心北京，却可以以更加超然的视角，从世界文明的根源处寻找到神话意象，并且在宏阔的神话谱系中，找到了最适合于表达开天辟地、弃旧立新的凤凰意象。

在五四精神高扬的时代，几乎所有的学者、作家的思考都不自觉地围绕在时代主题周围。在这样的大背景下，郭沫若"神话如诗"的理论观点和创作实践恰恰可以从新的视角阐释复杂和丰富的时代内涵。原始神话出现在郭沫若早期诗歌创作中的现象既具有个体特殊性，也蕴含深刻的社会文化因素和学术内涵。现实体验、诗人的主体情绪与原始神话的精神内核之间的相映成趣，更使得郭沫若早期诗歌创作的意蕴空

---

① 郭沫若：《致宗白华信》，《时事新报·学灯》1920 年 2 月 4 日。

间变得异常广阔。郭沫若对于传统神话精神的深刻理解，使他能够体会到远古神话中蕴含的达古通今的文化精神，在时代主题和神话底蕴之间寻找到对接点，并最终以现代新诗的形态创造出蕴含着现代文化精神的新神话。

（原载《沈阳师范大学学报》（社会科学版）2013年第1期）

贯通"中西古今"

——郭沫若史剧理论的启示

沈庆利

一 "史""戏"混同与中国传统思维

中华民族大概是世界上最看重历史的民族，相对其他民族而言，我们保存至今的各类历史著作不仅名目繁多，而且翔实具体、生动逼真，凝聚了一代代文人士大夫们的无数心血与精力。中国知识精英对历史编撰表现出的热情，连德国哲学家黑格尔都惊叹不已："没有一个民族像中华民族那样拥有数不胜数的历史编撰人员。"[①] 黑格尔的惊叹绝对有道理，但他未必能完全了解中国史学传统的深远及其在整个文化领域内的尊贵地位。梁启超认为，"中国于各种学问中，惟史学为最发达"[②]，可以说，在中国数千年的古典历史中，史官文化几乎垄断了其他所有文化。

中国人为什么会如此重视历史？这不仅仅是因为我们本身的历史无比悠久，还有着更为深层的文化心理动因。众所周知，中国文化缺少一种超验性的精神存在，而寻求意义又是人的基本属性，人不能像动物一样只满足于物质化的需求，他还需要一种精神的寄托，一种自我肯定与评价，也就是说"给自己一个意义"。如果中华民族像西方人那样，"相信冥冥中有一个全知的神，我们就可以让他来评价自己的行为。只要我们相信自己所做的一切，在神的眼中是非常好的，是善良虔诚的，那就够了"[③]。但我们这个民族始终没有产生类似于基督教上帝那样至高无上、全知全能的神，于是，"中国主流文化中评价一个人的任务，就放在了'他人'身上了"[④]。其中，"他人的评价"不仅包括当时的社会舆论，还包括后世的历史评价，而后世的评价往往具有更大的客观性。因此，对历史的看重不仅决定了中国人根本性的价值观与人生观，甚至还是一种不可动摇的"信仰"，一种神圣般的伦理观念。正因如此，中国人

---

① 夏瑞春：《德国思想家论中国》，江苏人民出版社1995年版，第115页。
② 梁启超：《中国历史研究法》，上海古籍出版社1998年版，第10页。
③ 朱建军：《中国的人心与文化》，山西人民出版社2008年版，第74页。
④ 同上。

才最向往青史留名，最担心遗臭万年。

这一文化心理定式对我们民族的正面伦理意义是举足轻重的。因为中国人心目中的历史，至少是一种对现实政治和世俗权力的反抗乃至超越，可以使他们在纷繁复杂的滚滚红尘中，尚能保持相对理性的头脑；在对世俗的功名利禄、荣华富贵之追求中，尚能怀持一颗相对高远的心灵。尤其是当中国人对自己所处的社会政治极度不满与失望的时候，幸亏还有更为久远、更具精神超越性的历史作为最终的评判。正是凭借一种对历史的高度信任与信念，民族英雄文天祥才豪情万丈地写下了"人生自古谁无死，留取丹心照汗青"的千古名句，并得到了后世中国人的深切共鸣。依靠历史"天理昭昭"般的惩恶扬善功能，那些良知未泯的普通百姓才能以豁达与乐观的胸怀，抱定着"相信未来"的坚定信心；而那些在茫茫暗夜中蜗行摸索的仁人志士们，也看到了微茫的希望。中国数千年的封建社会反复证明了这一"历史规律"：我们的古人对于"当今圣上"自然是不敢轻易反抗乃至"非议"的，但对于"前朝"的人与事，却逐渐地会有"历史公论"。甚至连"当今圣上"也出于自己的统治需要，往往加入到对"前朝"人物的评判之中。然而，"当今圣上"们却未必充分意识到：小百姓对自己也绝非"心服口服"，他们把所有的不满、牢骚与愤怒都深埋在心底，他们也有足够的时间与耐心，等到"当今圣上"走进历史的那一天。

与西方哲人明确区分了人与神（上帝）、尘世与天国、物质与精神的界限不同，中国古代的智者往往在模糊和整体思维的作用下，更愿意相信凡人通过修炼可以成仙得道，甚至人人皆可成为尧舜。因此，那逝去的历史也就演化成了现实的样板，众多传说中的历史人物成神（圣）成仙，在国人的心灵天空里任意翱翔。一方面是官方钦定的正史充斥着谎言和欺骗，引发了大量道听途说、扑朔迷离乃至传奇化的民间"野史"四处流传，再加上远古时期"巫史文化"传统的深远影响，历史在中国被全方位地审美化、娱乐化与戏剧化。另一方面是"史"的观念被无限扩大，不仅野史与正史彼此呼应，实录与虚构也常常混同，历史与小说、戏曲等文艺形式纠缠在一起，难分难解。这固然使得小说、戏曲等文艺形式难以从历史中独立出来，沦落为史学的仆役，其虚构特性也被长期忽略，但也由此决定了它们的"亲民性"与大众性。恰恰是那些"引车卖浆者之流"口耳相传的雕虫小技，那些登不得"大雅之堂"的野史小说与戏曲，却在历史的长河中发挥了更大的社会影响。一个最著名的例子就是：《三国志通俗演义》早已在中国家喻户晓，它所依照的蓝本、作为"正史"之一的《三国志》却很少被普通百姓记起。于是雄才大略的曹操等人，也就永远被定格在了戏剧舞台上的"白脸"角色。

二 "科""艺"区别与郭沫若的史剧观念

正是在明晰的分析思维的主导下，西方人对史学与文艺的本质区别很早就产生了明确的认识。古希腊时代的亚里斯多德提出："诗人的任务不在叙述实在的事件，而在叙述可能的———依据真实性，必然性可能发生的事件。"① 这一经典观点言简意赅地道出了文艺与历史的分野。西方主流批评界始终强调的是艺术家在从事历史文艺创作时进行大胆想象和自由虚构的权利。俄罗斯批评家别林斯基就认为："艺术家有时（特别是如果他具有主观的才能）有充分的权利在历史剧中违反历史，只拿历史作为容纳他的概念的框子……他们虽然不忠实于历史的真实，却极度忠实于人类灵魂、人类心灵的永久真实，忠实于诗情的真实。"② 在别林斯基看来，"人类心灵的真实""诗情的真实"虽然与"历史的真实"未必相符，却不能因为它们违背了"历史的真实"而丧失了存在的理由。西方作家如歌德、席勒乃至司各特、莎士比亚等人，从来就没有让所谓的"历史真实"束缚住自己的历史文学创作。那种为了所谓历史真实而牺牲掉作品的艺术想象和艺术个性的作法，他们是绝对不考虑的。郭沫若显然服膺于这些西方作家的真知灼见。童年时他就被英国作家司各特的历史小说吸引："我受 Scott（司各特）的影响很深，这差不多是我的一个秘密。"③ 贯穿于司各特历史小说中的浪漫主义倾向与英雄主义情怀，对郭沫若后来的创作产生了深刻影响，而歌德、莎士比亚等人更直接促成了郭沫若的历史剧创作："我读过了些希腊悲剧家和莎士比亚、歌德等的剧作，不消说是在他们的影响之下想来从事史剧或诗剧的尝试的。"④ 正因如此，郭沫若对文艺作品中"历史真实"的艺术本质，从创作之初就已有清醒的认识。在著名的《历史·史剧·现实》一文中，他针对"写历史剧就是老老实实的写历史，不要去创造历史，不要随自己的意欲去支使古人"的看法，一针见血地反驳说："史剧家在创造剧本，并没有创造'历史'，谁要你把它当成历史呢？"⑤ 这可谓道出了中国史学界与现代文学界针对历史题材创作而争论不休的根本症结。

西方批评界从亚里斯多德开始，就一直对历史文学创作与历史写作孰轻孰重的问题颇为纠结。亚里斯多德在区分了历史学家与诗人（文学家）不同的写作方式后，紧接着又提出了"写诗这种活动比写历史更富于哲学意味，更被严肃地看待（更高）"⑥ 的观点。这显然与柏拉图将诗人驱逐出"理想国"的说法迥异，但诗人何以会比历史学家更高呢？对此，罗念生解释道："古希腊的历史大都是编年纪事，其中的内在联系和因果关系不甚显著，因此亚里斯多德没有看出历史也应揭示事物发展的规律。"⑦ 可见，所谓文学家比历史学家"更高"的观点，其实是由亚里斯多德的

---

① 亚里斯多德：《诗学》，人民文学出版社 1962 年版，第 28 页。
② 别林斯基：《别林斯基选集》（卷一），上海译文出版社 1979 年版，第 337 页。
③ 郭沫若：《沫若文集》（卷六），人民文学出版社 1957 年版，第 114 页。
④ 郭沫若：《郭沫若全集》（卷六），人民文学出版社 1986 年版，第 273 页。
⑤ 彭放：《郭沫若论创作》，黑龙江人民出版社 1982 年版，第 139 页。
⑥ 亚里斯多德：《诗学》，人民文学出版社 1962 年版，第 28 页。
⑦ 同上书，第 106 页。

"历史局限性"所致。但亚里斯多德的这一观点却颇受后世文艺家及批评家的欢迎,如别林斯基就主张:"以虚构为基础的艺术作品高于任何历史史实之上。"① 这一观点传播到中国后,更给了中国现代作家们"借机发挥"的理由。既然作家更接近"历史本质的真实",他们比历史学家"更高"也就自然而然。例如,夏衍就据此认为:"历史家的工作是记述,保存,说某一件事情如此如此,某一个人在什么时候做了什么。而历史剧作者的工作,却是整理这些历史,删除偶然的、表面的枝叶,发现历史的发展法则,说某人某事之间存在着怎样的成因。"② 照此说法,研究历史、"整理"历史的重大责任,倒是落在了文学家的头上。夏衍的说法远不如郭沫若的观点更具说服力:"史家是发掘历史的精神,史剧家是发展历史的精神。"③ 虽然郭沫若对"发掘"与"发展"两个语词的使用,在此也不准确,但他提出的"史学家和史剧家的任务毕竟不同,这是科学与艺术之别"④,却明白无误地阐明了史剧家与史学家的不同分工与属性。尤其是对历史剧之艺术本质的阐述,更显示出可贵的历史先见性。此后,现代文学史上发生的一系列关于历史剧与历史真实的讨论,无不是在这一问题上原地打转。尤其是20世纪60年代初的那场论争,针对吴晗等人的"历史剧既是艺术,又是历史"这一观点,李希凡、王子野等人提出了反驳意见。他们强调的也不过是"历史剧是艺术,不是历史"这一基本常识。而早在40年代,郭沫若对此就已反复申明,只是未得到充分的肯定与重视。历史作为一门科学,自然要求真求实;历史剧是一门艺术,当然离不开想象与虚构。与西方作家一样,郭沫若主张文艺家在历史题材创作时应有充分的虚构与想象自由。如此旗帜鲜明、始终如一,在中国现代文坛上可谓独树一帜。

三 "失事求似"与郭沫若的诗兴智慧

如前所述,中国传统社会有一个深厚的"文(艺)史(学)不分"、史学理念至上的文化语境,那么,西方观念如何与中国传统思维接轨,或者说西方理论如何"洋为中用"的问题,就相当"严峻"地摆在了郭沫若面前。他对此显然非常清醒,在谈到自己"只是借一段史影表示一个时代或主题而已,和史事是尽可以出入"的创作方法时,特意声明"这种办法,在我们元代以来的剧曲家固早已采用"⑤,这已见出郭沫若试图"融合中西"的努力。郭沫若的过人之处在于,他对中西思维方式与文化传统都有着充分的体察、理解与同情,并能依托自己深厚的国学根底,在不改

---

① 别林斯基:《别林斯基选集》(卷一),上海译文出版社1979年版,第503页。
② 夏衍:《边鼓集》,美学出版社1944年版,第67页。
③ 彭放:《郭沫若论创作》,黑龙江人民出版社1982年版,第137页。
④ 同上。
⑤ 郭沫若:《沫若文集》(卷四),人民文学出版社1957年版,第269页。

变西方理论精神实质的前提下，对西方理念加以本土化的解释、改造和利用，从而成功地将那些原本异质的外国理论融化为自己的血肉。

细察郭沫若那些申明自己创作主张的文字，虽然观点鲜明、话语犀利却又不乏圆熟折中，处处显示出中庸、平和等中国传统文化观念及处世智慧。同样，在《历史·史剧·现实》一文中，郭沫若在旗帜鲜明地道出历史研究和史剧创作分属"科学"与"艺术"的本质差别之后，紧接着又强调"史剧既以历史为题材，也不能完全违背历史的事实"①。他认为，史剧家不仅要在"大关节目上"对历史有"正确的研究"，而且"关于人物的性格、心理、习惯，时代的风俗、制度、精神，总要尽可能的收集材料，务求其无懈可击"②，他甚至提出了"优秀的史剧家必须是优秀的史学家"③等颇为苛刻的要求。晚年的他更进一步认为，"史剧创作要以艺术为主、科学为辅；史学研究要以科学为主、艺术为辅"④，相当全面地指出科学与艺术要有一定程度的"结合"。不过，在理论主张的"大关节目上"，郭沫若依然相当清醒而睿智，例如他以雕塑与绘画为例，形象地说明了"艺术是不能离开科学的"这一道理。在西方，好的雕塑家常常要对人体有精深的研究，甚至需要人体解剖的经验；绘画则离不开透视、投影及素描等科学知识。但在中国古代，有些人像雕塑的"比例就不对，死板板的。甚至'泥塑木雕'竟成为死板的代名词"，因而他主张，"今天需要把生命吹进泥塑木雕里，要比活的还要显得活"⑤。不管郭沫若是否意识到，他这一主张的背后依然是以西方科学观念变革传统中国艺术的现代启蒙思路，但他提出的观点依旧富于创见性。例如魏晋到唐宋以后的中国画界逐渐形成一种"弃真求（写）意"的理论，刻意追求所谓空、灵、虚、无的精神境界，强调与客观事物之间的"神似"，而不是细致琐碎的现实模拟和模仿。这种重神似、轻造型的绘画主张，经过顾恺之、谢赫等人的倡导，遂成为文人画家们普遍追求的艺术境界，到苏轼等宋代文人那里，几乎达到了登峰造极的地步。但以现代眼光来看，过于强调"神似"的绘画无疑会产生一定的消极后果，甚至一度出现"以文掩技"的倾向。古代中国画的写实传统未能充分发展起来，不能不说与此有关。而现代画家如徐悲鸿等人的巨大成功，则与他们在传承中国古代绘画神韵的基础上，大胆借鉴西方绘画技巧，为传统国画注入新的生命不无关系。这与郭沫若的主张可谓不谋而合。

"失事求似"理论的提出，称得上郭沫若游刃有余且创造性地穿梭于中西文化观念之间的最佳例证。尽管在精神实质上，"失事求似"是对西方大胆想象与自由虚构的传承，但在语言表述上却凝结了古老中国的诗兴智慧。郭沫若显然比他的西方同行

---

① 彭放：《郭沫若论创作》，黑龙江人民出版社1982年版，第138页。
② 同上。
③ 同上。
④ 郭沫若：《武则天·序言》，中国戏剧出版社1962年版，第2页。
⑤ 郭沫若：《郭沫若同志谈〈蔡文姬〉的创作》，《戏剧报》1959年第6期。

更加注意语言使用的策略与技巧，并注重自己的理论主张与中国现实语境的衔接。"失事求似"中的"失"与"求"不仅互相对接，"事"与"似"更加彼此呼应。这里的"似"，当然不仅指拘泥于史实表面的"形似"，更指内在的、精神气质的"神似"。其思维方法很容易使我们想起中国古代画论的哲学基础———"形神"论。早在先秦时期，中国哲人们就已关注形神关系并展开了深入的探讨。所谓"形"，往往指宇宙天地间的有形之物、生命机体及人的身体等；"神"则指向了有形万物的根本，生命的生理机制与活动机能，以及人的精神等。与西方注重模仿不同，华夏美学重视的是"传神"："千百年来，讲究'传神'，标举'气韵'，推崇'气势'，事实上成了华夏美学纵情讴歌宇宙生命的主旋律。"[①] 而将这一理论借鉴于现代历史剧的创作主张中，用来比拟历史文学与历史史实之间近似"传神"的精神关联，可谓是郭沫若天才般的创见。

作为一个理论术语，"失事求似"还是创造性运用传统比兴思维的直接产物，其背后甚至还打上了中国禅宗文化的烙印。众所周知，以比兴为主要手段的诗性思维在中国极为发达，而以严密的逻辑论证为工具的科学思维则相对落后。郭沫若反复申明的文（艺）史（学）之分别，正是西方科学思维的产物；但他最具创造性的理论贡献，却离不开对传统比兴思维出神入化般的运用。这无疑对遭受西方理论冲击、面临"失语"困境的当今中国文艺理论界具有启示意义。

四 古今"共通"与历史文艺的评价

强调史剧创作的意义在于借古喻今、古为今用，是郭沫若历史剧创作主张的另一侧面。他非常敏感并极力反对将历史剧视为"逃避现实"或"不敢正视现实"的观点，不惜将其斥为"浅薄的庸俗的现实主义观"[②]。在当时以现实主义理论为主导的时代，郭沫若的这一言论显然有争夺话语主动权，以便为自己的创作辩护的意图。但郭沫若的观点绝非没有道理。从广泛意义上讲，为现实服务不仅是历史题材创作的基本原则，也是它的根本宗旨。如同孙悟空跳不出如来佛的手掌一样，历史文艺创作乃至历史研究又怎能脱离"古为今用""以史为鉴"的最终目的？"一切历史都是当代史"在东西方都已成为无可辩驳的公论。问题不在于历史能否为现实服务，而在于如何为现实服务，也就是如何"古为今用"。

人类社会虽然不断进步，但历史进程中却常常出现令人诧异的相似性和共同性，历史事件与历史情境也经常近似于轮回般地重新上演。郭沫若的《屈原》就因成功地将"屈原时代"复活在抗战时期，从而唤起了很多重庆市民的情感共鸣，在当时

---

① 韩林德：《境生象外》，生活·读书·新知三联书店1995年版，第166页。
② 郭沫若：《沫若文集》第11卷，人民文学出版社1961年版，第138页。

产生了强烈的社会反响。但也不可否认,在此后不断"古为今用"的创作实践中,郭沫若也有过令人扼腕的惨痛教训。例如在作于 1960 年的《武则天》中,他将中国历史上不择手段地追求权力的唯一女皇武则天,塑造为鞠躬尽瘁、死而后已、"为国为民"的道德表率,甚至让其道貌岸然地宣称:"为了天下人都能够安居乐业,我不敢一日偷闲。不然,我一辈子在感业寺做尼姑不是更好吗?"① 同样是"古为今用",同样是"失事求似",我们发现《屈原》等剧中那慷慨激昂的英雄崇拜情结,到《武则天》这里已异化为难以掩藏的权势崇拜。那么,"失事求似"之"似"究竟该如何把握?"古为今用"的限度又在哪里呢?

历史不仅是不以人的主观意志为转移的客观存在,还有其自身的规律与法则。正所谓"历史的车轮滚滚向前",在某种意义上,我们所有人既是历史的创造者,更是历史的产物,在历史的长河中常常显得渺小而无能。但可悲的是,身为历史中人的我们却常常看不到这种渺小与无能,反而将历史视为任人揉捏的面团与随意打扮的小姑娘,往往在戏弄历史的同时反被历史所戏弄。在笔者看来,那种单纯将历史看作现实之服务工具的做法,既反映了当代人不可理喻的傲慢无知,又体现了他们难以救药的急功近利。历史文艺创作既不能为史所累,太过拘泥于史实,又不能因为抱定"古为今用"的宗旨,将历史随意地玩弄于股掌之上。相反,优秀的历史文艺作品应该是现实与历史的深度对话,是今人与古人坦诚的心灵沟通。既然是"对话"与"沟通",平等与坦诚自然是不可或缺的基础;让现实完全臣服于历史,或让历史臣服于现实,两者都不可取。坦诚的对话与沟通,甚至少不了讨论和争辩:我们或许完全不能赞同古人的思想主张与价值观念,却不能不对他们怀持一种起码的历史同情与关怀。

笔者认为,历史文艺创作要尽可能地挖掘今人与古人的共识,最大限度地寻求古今相通的心灵与思想文化资源。郭沫若曾认为:"大概历史剧的用语,特别是其中的语汇,以古今能够共通的最为理想。"② 诚哉斯言,可惜他据此讨论的仅仅是语言问题,却未能就此展开作进一步的发挥。事实上,"古今能够共通的"绝非只有语言,还有更宏大深广的历史文化资源,以及包括喜怒哀乐等基本情感在内的古今共通的人情人性。而当前历史文艺创作之乱象乃至批评话语的混乱,与我们这一民族缺乏普遍性的历史共识与历史禁忌直接相关。

所谓"历史共识",不仅指一个民族代代相传、约定俗成的基本历史记忆,还应包括社会成员普遍认可的、对重大历史问题的基本认知与态度。正是那些基本的历史记忆、历史认知与历史观念,在数千年的历史积累中逐渐融会到该民族的文化传统和社会习俗之中,成为民族文化不可分割的血肉和组成部分,有的甚至已上升为不可随

---

① 郭沫若:《武则天》,中国戏剧出版社 1962 年版,第 168 页。
② 郭沫若:《沫若文集》第三卷,人民文学出版社 1961 年版,第 169 页。

意挑衅的道德规范与历史禁忌。需要指出的是，历史共识与历史真实并非一回事。"历史真实"是从西方文化输入的一个概念，它和"艺术真实"一样，都是"生活真实"的派生概念。表面看来，这三个概念的内涵不言自明：生活真实——当下生活中发生的事情；历史真实——过去曾经发生的事情；艺术真实——文艺作品虚构的可能发生的事情。作为西方文化传统和思维方式的产物，（生活）"真实"是基于这样的思维前提而产生的：人的主观能力可以将客观世界如实地转换为某种主观形式，于是思维着的主体与自然存在的客体之间就形成了某种契合的可能性，而这种契合的程度就用"真实"或"真理"来标示。但人的主观能力果真完全可以与客观世界达到"契合"吗？现代西方哲学早已对此进行了深入反思，在胡塞尔、海德格尔等西哲看来，所谓生活真实并非完全的客观存在，相反与人们的主观经验不可分割。在客观事实向人们所把握的"生活真实"的转换过程中，"语言或同类文化符号无疑起着根本性作用"[①]。"生活真实"尚且如此，"历史真实"更易被解构得"体无完肤"："历史真实就是作为主观经验的、曾经的生活真实经过文本化过程流传下来的东西。"[②] 至于"艺术真实"，则是文艺作品达到的一种似真非真、以假乱真的艺术效果，使接受者获得"像真的一样"的主体经验。可见，不论哪种"真实"，其实都离不开人的主观经验，"离开了人们的主观经验谈论生活真实和历史真实都是毫无意义的"[③]。"历史真实"不过是貌似客观实则离不开主观的一个概念，虽然它体现着人们追求客观历史真相的主观努力，但在具体实践中却容易使一些仅仅掌握历史皮相的人自以为掌握了全部的历史真相，仅仅懂得一些历史教条就自以为洞察了一切历史真理，并肆无忌惮地挥舞手中的"真理"大刀横冲直撞。

要求历史文艺创作者们遵循似是而非的"历史真实"，显然有些"文不对题"。而在"历史真实"倒下的地方，恰恰最需要"历史共识"建立起来。如同一个社会如果不能凝聚成一定程度的"社会共识"就可能造成分裂一样，一个民族如果缺少必要的"历史共识"，也可能面临危险的境地。因此，历史共识应最大限度地具有普遍性乃至全民性；历史共识还应如郭沫若所说的"以古今能够共通的最为理想"。要知道，面对历史泥古不化、一味复古固然荒谬，完全站在今人立场，依照所谓"现代"标准对古人加以评判，同样十分可笑。自以为"进步"与"创新"的现代人，如果统统将古人的"见识"视作落后腐朽，自己最终也将被扔进"历史的垃圾堆"。历史文艺创作者们在任何时代与社会都是不能任意胡编乱造的，他们应给自己套上一个"紧箍咒"。不过，这一"紧箍咒"并非所谓的"历史真实"，而是历史共识乃至历史禁忌——笔者在这里借用的"禁忌"一词，并非仅指宗教与民俗学范畴的所谓

---

① 童庆炳：《历史题材文学创作重大问题研究》，经济科学出版社2011年版，第130页。
② 同上。
③ 同上。

"信仰",更是社会学意义上的一种否定性的行为规范。事实上,任何一个民族的历史文化中,都不能没有禁忌;一个完全没有历史禁忌的民族,是不可能很好地保存自己的历史文化传统的。历史禁忌应当是一种文化心理意义上的敬畏,而不应只是一时一地的政治禁忌。但在中国,历史评价却常常与一时一地的暂时性的政治评价融为一体,历史禁忌也经常与政治禁忌混为一谈,于是不可避免地陷入到极端实用性与功利性,乃至"此亦一是非,彼亦一是非"的混乱局面。历史共识的构建与历史禁忌的确立,可谓任重道远。

(原载《天津师范大学学报》(社会科学版)2013年第2期)

重评郭沫若20世纪50年代的科学诗

——兼对一种简单化研究视角的分析

逯 艳

新中国成立以后,郭沫若担任了中国科学院院长、中国科技大学校长、中国科学院哲学社会科学部主任等社会要职。对这时期作为科学界领袖人物的郭沫若和他所创作的有关科学技术的诗歌,前人较少予以研究,偶尔出现的研究也往往只关注这些科学诗"政治性"的内容,以及郭沫若的"政治家"人物身份,而"政治性"之外的其他特质大多被掩盖和遮蔽。究其原因,是把建国后郭沫若及其创作的丰富性简单化了。

一

那么,为什么会出现这样的简单化模式?

首先,源于当时人们的一种思维定式——"政治决定一切"。诚然,建国后的郭沫若以及他的创作有愈发政治化的倾向,然而,政治化又并非郭沫若创作的全部。如果一味聚焦在"政治性"的单一时域,郭沫若创作中除了"政治性"之外的其他特质难免会被遮蔽掉。因此,研究建国后郭沫若创作与政治的关系非常重要,但这绝不意味着只要执其一端便万事大吉。事实证明,这时期郭沫若的创作还有很多非政治性的质素,他20世纪50年代创作的科学诗就是一个明证。

其次,忽视了郭沫若建国前后某些隐性的、一贯性的东西。例如,郭沫若这时期在诗歌创作中表现的"科技"意象,其实是与他的新诗创作同时起步的。早在郭沫若"五四"时期,郭沫若发表的新诗中就出现了"X射线""原子""能量""宇宙"等意象,也就是说,郭沫若"科学技术"的观念和艺术表现由来已久,而并非是成为国家领导人所然。还应该注意的是,郭沫若在这时期创作的科学诗所体现的唯物主义的思想,也是20年代出现、30年代即定型的,并不是因为在担任了诸多社会要职之后才旁生出来。所以,把科学诗与政治简单挂钩同样有失偏颇。

再次,忽视了建国后郭沫若身份的丰富性。1949年以后,郭沫若成为国家领导人,担任全国政协副主席、政务院副总理、全国人大常委会副委员长等要职,可谓一名政治家。但是，这时期的郭沫若依然还是著名的诗人、学者、书法家、外交家、科学家、社会教育家等。也就是说，他具有多重的社会角色和文化身份，而且他一直向往成为一个多方位实现自我的"球形天才"。因此，郭沫若这时期一个更显眼的身份，应该说是"公共人物"。事实上，从1954年郭沫若不再担任副总理以后，他作为政治家的权力是很有限的，即使认定他是一个政治家，也应该关注他的非政治家身份的意义，特别是作为"公共人物"身份的意义。

这里，笔者便以"公共人物"理论为切入点，重新考察作为"公共人物"的郭沫若在20世纪50年代创作的科学诗。

所谓"公共人物"，顾名思义，是指被公众所认知的人物，具体说来是指在一定范围内具有重要影响，为人们所广泛知晓和关注，并与社会公众利益密切相关的人物①。公众人物以社会知名度和社会公共利益相关性为必不可少的构成要件，影响力和约束力缺一不可，也包括自愿进入公众视野，包括相当程度的社会利益的代言和义务。显然，郭沫若深知自己作为舆论界"意见领袖"的影响力，他的创作会借助这种影响力和新闻媒介的力量得以放大。具体到他的科学诗，既有作为国家领导人自觉为政治服务的一面；也有作为非政治家的社会角色，如作为学者、科学家、社会教育家自觉向大众普及科学技术的一面。而后者，恰好显示出郭沫若作为一名典型"公共人物"所具有的最基本的维护公共利益的自觉意识。

二

一般来说，诗歌表现世界，科学认识世界。科学求真，也蕴含着美；诗歌唯美，也包含着真②。科学诗作为一个崭新的文学概念，正如科学文艺一样，人们对它的认识是从新中国成立以后，在诗人们的实践、探索并逐步创新的过程中才被确定下来的③。时至今日，科学诗已经衍生出很多的种类，诸如科学抒情诗、科学哲理诗、科学童话诗、科学幻想诗、科学散文诗、科学叙事诗、科学常识诗、科学寓言诗、科学朗诵诗以及科学民歌等④。

1951年8月29日，郭沫若作了《防治棉蚜歌》一诗，目的是"为了向广大棉农宣传防治棉蚜的科学研究新成果，以便及早拔除其寄生物苦买菜"⑤。乍读此诗，今天的读者可能无法和郭沫若联系在一起的，因为和1920年代写出《女神》诗集相

---

① 洪波、李秩：《公众人物的判断标准、类型及其名誉权的限制——以媒体侵害公众人物名誉权为中心》，《当代法学》2006年第7期。
② 宗介华主编：《中国科学文艺大系·科学诗歌卷》，湖南教育出版社1999年版，第1页。
③ 同上。
④ 同上。
⑤ 龚济民、方仁念：《郭沫若年谱（1892—1978）》（中），天津人民出版社1992年版，第828页。

比，这首诗不仅没有任何激昂的、再创造的"力"的强势鼓舞效果，也没有语言和结构上的大胆创新，甚至基本不具备诗歌的审美性。然而，这首诗又有着诗的显著特点，它有着整齐统一的韵脚，每一节押的韵都是一以贯之的，也就是说，这首诗整体上最大的特点就是读起来"顺溜"，尤其适合文化程度不高的读者。如果就创作实力而言，建国后的郭沫若完全有足够的天分创作出更具有审美性的《防治棉蚜歌》。那么为什么会形成目前这种形式的诗歌创作呢？

1931年3月12日，郭沫若在为《生命之科学》作译者弁言时给出了答案。《生命之科学》是英国威尔士父子和鸠良·赫胥黎三人合作完成的著作。"全书分三册译出：第一册，一九三四年十月初出版，书前有《译者》；第二册，一九三五年十一月初版；第三册（上、下），一九四九年十一月初版，书前有《序》，书后有跋语。第三册第九编《人类生物学》，译者以《人类的展望》为书名，单独译出，一九三七年三月作为'开明青年丛书'，由上海开明书店出版。"[①] 在《〈生命之科学〉译者弁言》中郭沫若提到："原书在主题'生命之科学'下尚有一个副目，是'Asummary of contemporary knowledge about life and its possibilites'（〈关于生命及其诸多可能性上的现代学识之集粹〉），由这个副目我们便可以知道原作者之志趣是想把生物学和生物学有关联的各种近代的智识作一综合化。但这个综合化是以大众为其目标，以文学化为其手段的。"[②] 这里所说的"综合化"，首先突出了"为大众"的意识，所以，为了能够使得大众更好阅读并理解这本书，郭沫若表露出作为一名译者做出的利弊权衡："译者对于作者之原旨，科学之综合化，大众化，与文艺化，是想十分忠实地体贴着的，特别是在第三化。原著实可以称为科学的文艺作品。译者对于原作者在文学修辞上的苦心是尽力保存着的，译文自始至终都是逐字翻译，尽力在保存原文之风貌。但译者也没有忘记，他是在用中国文字译书，所以他的译文同时是照顾着要在中国文字上带有文艺的性格。"[③] 这里所说的"要在中国文字上带有文艺的性格"，也就是说即使国外的科学著作再先进，也必须要结合本国实情，尤其是尊重本国文字文化的传统，在翻译国外科学著作时也必须将其所蕴含的文化习惯和文字表现方式和中国特殊的文化特性相融合，使其真正内化成中国读者可以更好接受的方式。之所以颇为苦心地调和外国科学著作与本国文字和文化之间的异质性，最终还是为了"为大众"的意识，秉持着"为大众"的翻译态度，以便更好地吸引读者并使读者更有兴趣地阅读此书，译者郭沫若还在翻译过程中做了细节上的关注："原书插图注重在引起读者兴会，观其编制大抵每页必有一图，因而图中所表示每与文中所论述不甚相照应。译者遵照其图次，然其插入地点稍稍有所进退。其有完全无所照应之处仍依原次

---

① 郭沫若：《郭沫若集外序跋集》，四川人民出版社1983年版，第317页。
② 同上书，第315页。
③ 同上书，第316页。

插入。"①

　　这样，如果能理解作为译者的郭沫若"为大众"的理念，那么当重看《防治棉蚜歌》时，作为文学家的郭沫若也应该被有所理解。因为作为一名科学界的"公共人物"，尤其是作为影响力较大的"公共人物"，其所作所为直接关系到社会的整体利益②。就在《防治棉蚜歌》创作前的一个月，1951年7月28日，郭沫若在中国史学会成立大会的致词中指出了新中国史学工作者研究的新方向，即："由唯心史观转向唯物史观，由个人研究转向集体研究，由名山事业转向群众事业，由贵古贱今转向注重研究近代史，由大汉族主义转向尊重和研究少数民族历史，由欧美中心主义转向注重亚洲史及其他地区历史的研究。"③ 虽然这看似与诗歌创作没有直接关联，但是就郭沫若指出的史学研究向"集体主义""群众主义"的转变来说，他作为"公共人物"的全局意识便展现出来。当面对建国后中国民众的整体文化水平低下的现状，一方面既要使中国民众享受到先进的科学技术成果以促进中国农业发展；另一方面又必须想办法使这些科技易于被民众接受并应用。这两者的对接与和谐并非易事。所以，如果将尽可能多的科学知识填充到诗歌里，结合最押韵的形式写成供文化水平不高的民众朗读，那么，这样不仅解决了受教育程度低的读者缺少读物的问题，又可以使他们在读诗的时候获得额外的科学知识的学习。这样做，既是作为一名诗人激活诗歌实用性的自觉，更是作为"公共人物"的郭沫若充分意识到社会的全局利益后所显示的一种把控能力。同时，这种科学诗的创作又可以起到引导20世纪50年代诗歌创作方向的转变的示范效果。

三

　　如果说，郭沫若在1931年翻译《生命之科学》时所提到的"为大众"还相对笼统；那么到了1946年5月6日，当郭沫若在重庆谈到对中国学术工作的看法时，他的认识就更加明确了。他说："'五四'以来的课题：实现科学与民主，到今天依然是我们学术工作者急待解决的课题。科学在中国的土壤里并没有生根，学术工作和生活实践依然脱离，学术没有真正科学化，科学没有真正中国化。"④ 然而，"民主与科学，在本质上并不是两种对立的东西，科学的思维与方法用之于实际生活的处理便成为民主。科学的基本要求是利用厚生，为人民服务……以增加人类生活的幸福。科学是始于人民终于人民的，故科学精神实质上也就是民主精神。"⑤ 在现实中，就是因

---

① 郭沫若：《郭沫若集外序跋集》，四川人民出版社1983年版，第316—317页。
② 窦丰昌：《"公共人物"及其认定方法》，《新闻战线》2001年第8期。
③ 龚济民、方仁念：《郭沫若年谱（1892—1978）》（中），天津人民出版社1992年版，第826页。
④ 郭沫若：《郭沫若全集·文学编》第20卷，人民文学出版社1992年版，第68页。
⑤ 同上。

为"好些科学专家,都只精通了他所专门研究的学科的迹象,而忽略了为人民服务的,也就是民主精神的,这种科学的精神。"① 所以,"我们只有一些专门的技术师,而并没有多少真正的科学家。"②

那么,怎样做才能成为"真正的"科学家呢?郭沫若认为首先必须"成为一个切实的为人民服务的民主战士。我们要以科学的武器,来为民主的实现而斗争"③。类似的看法,他在1947年5月17日为《大众科学丛书》作的序言中又作了强调。他认为"科学在今天是我们的思维方式,也是我们的生活方式,是我们人类精神所发展到的最高阶段"④。针对科学被人恶用的事件,郭沫若重申:"科学虽然随资本主义的发达而昌明,但被资本主义的国度恶用于为少数个人服务,即为少数独占资本家服务;因而活人的科学便成为了杀人的科学。在今天科学的分野里确实是起了这样的分化。"⑤ 为此,郭沫若讲:"我们今天需要真正的科学,要使科学回复到为人民服务的本位上来,使它成为不折不扣的人民科学……不仅要使科学知识大众化,而且要使科学精神大众化。"⑥

因此,以"为人民服务"为宗旨的"人民本位"科学观,成为指导郭沫若建国后的科学工作的核心思想。在1950年6月下旬召开的中国科学院第一次扩大院务会议上,郭沫若就一再强调,"中国科学院是全中国人民的科学院,必须打开大门,欢迎一切人民的合作。"⑦ 到了1951年1月7日的《光荣属于科学研究者》一文发表时,郭沫若再一次表明"科学要为人民服务","要有能为人民服务的科学","科学家们自己要把自己的生命放进科学研究里去,国家的科学行政也应该把比较长远的算计放进科学研究里去"⑧。在"科学为人民服务"的科学观指导下,作为"公共人物"的郭沫若在他文学创作理念上不可避免地带有"人民本位"的观念。1956年3月24,郭沫若作诗《学科学》一诗,诗歌写道:……科学并不远/只等我们去探险/只要一步一步不停留/科学就在眼面前……原子能,半导体/炼钢铁,拖拉机/都要为建设来服务/为和平打下万年基。⑨ 正如上文所提到的,郭沫若创作此类的科学诗更注重发挥诗歌的实用价值。虽然研究者们更多地指出了郭沫若此时所表现出的某些政治上的屈从和摇摆,但是,如果从"公共人物"这一角度考察,郭沫若此种行为不仅仅是个人行为,更代表了一种公共行为。作为"公共人物"必须清楚"其言行在

---

① 郭沫若:《郭沫若全集·文学编》第20卷,人民文学出版社1992年版,第69页。
② 同上。
③ 同上。
④ 郭沫若:《郭沫若集外序跋集》,四川人民出版社1983年版,第121页。
⑤ 同上书,第121—122页。
⑥ 同上书,第122页。
⑦ 静远:《记中国科学院扩大院务会议》,《新华月报》1950年第2期。
⑧ 郭沫若:《光荣属于科学研究者》,《科学通报》1951年第2期。
⑨ 郭沫若:《郭沫若全集·文学编》第5卷,人民文学出版社1984年版,第425—427页。

某种程度上对社会公众有很大影响力，关系到社会公共利益"①，"当个人权利和社会利益发生矛盾的时候，个人权利要受到适当的限制。"② 所以，当郭沫若已经走到中国科学界首席领袖的位置上时，诗歌创作已经不再是他的一己抒发诗情、展现才华的事情。这也就是郭沫若自觉让渡诗歌审美性于实用性的一个很重要的因素。

因此，《学科学》诗歌和那时期郭沫若的其他科学诗一样，在具有通俗易懂的同时，也像一种手势，指向"科学大众化"的站点。并且，郭沫若这种将诗歌通俗化的想法最终在《努力实现科学发展的大跃进》一文中成型为"科学的普及"："群众不是科学院所属一个单位内的群众，也不是说全院一万几千人的群众，而是全中国六亿人的大群众。今后我们的革命任务是要六亿人来参加的向地球开战，我们要发动大群众，相信大群众，把科学知识交给群众……科学家应当多作一些普及的工作。"③ 为此，"今后必须大力加强科学的宣传、推广、出版工作。我们很少在报上看见科学家的宣传性的文章。拿文学来讲，差不多是遍地开花，每个地方都有文艺杂志，我们科学界却少得可怜，除科学技术普及方面有一点之外，其它是很少很少。我们既然说要发动群众、相信群众，我们就应该把六亿人的大群众作为我们的对象来普及知识，把知识交给群众。"④ 时至1959年9月29日，郭沫若在总结十年来我国科学事业的成就和经验的同时，再一次明确指出："科学归根到底来源于实践，而又是为实践服务的。千百万劳动人民的生产实践和革命实践是科学发展的源泉。科学的不断创造和发展，都是在人民群众的直接间接参与下完成的。科学一脱离群众，便成为无源之水，无本之木。反之，科学和群众联系得愈密切，便发展得愈快。"⑤ 至此，早在1930年代萌生的"为大众"意识，经过二三十年的体验和探索，到了1950年代已发展成"人民本位"的科学观，并通过诗歌的形式将这种理念内化到文学创作的实践，最终在通俗化的诗歌创作中凝聚出"将科学知识交给群众"的强烈诉求。

综上所述，借助"公共人物"这一理论，我们对郭沫若创作的科学诗的审视具有了新的学术视野。客观来看，这些科学诗从艺术水平上讲，质量普遍不高，但其中的原委又并非一个简单的"政治"所能涵盖。值得注意的是，其实这时期的郭沫若早已看轻了自己作为诗人的社会角色，还在1940年代他就坦率地说："《女神》以后，我已经不再是'诗人'了。"⑥ 这时期，郭沫若更看重的是作为"为人民服务"的"公仆"和作为科学家、学者、社会教育家等相关的"公共人物"的角色。所以，他创作科学诗的时候，较少顾及诗歌的审美追求，而更关注作品的科普效应——适应

---

① 陈忠禹：《论隐私权与新闻自由的冲突与协调——以公共人物的隐私权与新闻自由冲突为视角》，《法制与经济》2009年第12期。
② 窦丰昌：《"公共人物"及其认定方法》，《新闻战线》2001年第8期。
③ 郭沫若：《努力实现科学发展的大跃进》，《人民日报》1958年3月17日。
④ 同上。
⑤ 郭沫若：《科学战线上的巨大胜利》，《人民日报》1959年9月29日。
⑥ 郭沫若：《郭沫若全集·文学编》第19卷，人民文学出版社1992年版，第408页。

以农民为主、文化水平低下的受众群阅读的层次,将科学知识普及到处于生产一线的工农兵那里,让他们可以享用科学的先进成果和知识普及。应该说,这一切都来自郭沫若维护以工农为主体的公共利益的责任感,换句话说,即是由"公共人物"要维护社会公共利益的角色特性所决定的。另外,在这一新的考察视角中我们发现,这样的研究还具有超出郭沫若研究个案的学理意义,因为简单化、单一化的研究模式在这一时期其他人物的研究中同样存在。

（原载《理论学刊》2013 年第 3 期）

论郭沫若和郁达夫自传中自我形象的塑造

张 云

现代文学史上，郭沫若和郁达夫两位作家有许多可比之处，比如他们都有相同的求学经历，同是创造社成员，且都写过自传，等等。本文就郭、郁二人如何在自传中进行有意识的自我形象的塑造作一探讨。

郭沫若的自传有几十万言，是个人经历的详细回忆录，内容完整；而郁达夫的自传只有九个短篇，即使加上一个《所谓自传也者》的序言，才十篇，时间跨度上也不完整，仅记述了郁达夫从出生到日本留学期间的生活经历。为了保证研究的可比性，本文的论述范围主要集中在二人同时记叙的早年生活，即郁达夫自传的全部，郭沫若自传中的《我的童年》《反正前后》《黑猫》和《初出夔门》。

一 完整自我的呈现

从某种角度看，中国的儒教传统对人的要求表现为压抑自我、抛弃自我、美化自我，正所谓"公而忘私""非礼勿言"，礼教规约下的文人，很难坦然地面对自己的私人生活，以及书写私人生活的文字。

然而在郁达夫看来，新文学对传记提出了新的要求。他认为："新的传记，是在记述一个活泼泼的人的一生，记述他的思想与言行，记述他与时代的关系。他的美点，自然应当写出，但他的缺点与特点，因为要传述一个活泼泼而且整个的人，尤其不可不写。所以若要写新的有文学价值的传记，我们应当将它外面的起伏事实与内心的变革过程同时抒写出来，长处短处，公生活与私生活，一颦一笑，一生一死，择其要者，尽量来写，才可以见得真，说得像。"[①] 郁达夫就是这样要求传记的，在自传中，他也以真实的笔调书写自己。与他同时代的郭沫若也是如此。

郭、郁二人都在日本留学多年，深受日本文化的影响，以及以日本为中介的西方文化的影响，尤其受当时最具影响力的文学流派——"白桦派"的熏陶，在二人的精神世界里牢固树立了"我自立法、独抒自我、张扬个性"的概念[②]。具体反映在文

---

① 陈子善、王自立：《卖文买书——郁达夫和书》，生活·读书·新知三联书店1995年版，第313页。
② 刘立善：《日本白桦派与中国作家》，辽宁大学出版社1995年版，第57页。

学的创作上，则"体现了容纳着尊重充实的个性、健全的人性、纯正的人格等内容为主要内涵的、素朴且深刻的人道主义思想"①。且不说本着这种思想进行创作的小说《沉沦》是如何石破天惊，诗歌《女神》是如何发聋振聩，在他们的自传中，他们也试图呈现一个完整的、充满了"长处与短处"的自我，大胆而自然地将自己的私生活（甚至是为世俗所不能容忍的内容）公之于众。

比如说郭、郁二人都写到过各自在青春期对异性的迷恋、性的觉醒，前者的迷恋对象是自己的三嫂②，后者的迷恋对象是邻家的一位赵姓少女③。当然，这还不算大胆、出位，因为很多人在自传中都或多或少有这方面的描述，并且都作为成长过程中的一段珍贵记忆。但是像郭沫若的同性恋自白和郁达夫的出入花柳巷的自述，就不是一般人敢于秉笔直书的了。

在传统礼教的影响之下，中国文人在自传中很少涉及自己的隐秘世界，郭沫若和郁达夫则打破了这一清规戒律，毫不讳言自己的隐私。例如，前者在中学时代曾经密交一位汪姓少年，坦言"我在这儿才感着真正的初恋了，但是对于男性的初恋"④。至于那一段客栈接吻私语，更是描写得惊心动魄⑤。郁达夫则在自传中公开宣告，自己童贞的破灭，是在妓院中和一个卖妇⑥。这样大胆的文字，当时很多人接受不了，骂他是"颓废者""肉欲作家"。

事实上，郭、郁二人以大胆鲜活的笔调描绘自己的七情六欲，展现人生的各个方面，甚至不回避自己的情欲，呈现给读者一个完整的自我，且不论其成就有多高，单从对人的完整性的尊重而言，就值得后人很好地重视他们自传的价值。

不过，不要以为郭沫若和郁达夫尊重人的完整性，就会严守真实的信条，这两个文学巨匠在自传中都以文学化的笔调，精心塑造了自己更为认同的形象，进而展示出了不同的文学化的自我。

二 文学化自我形象的展示

（一）郭沫若、郁达夫自传的文学化倾向

传记本从属于史学，史学的第一要求是真实。但是，在中国，历来都是文史不分家，传记一直有注重文学笔法的传统。而西方的传记和自传到了近代，开始撷取小说设计场景和讲述事件的技巧，使得原来并重的两大元素——真实和虚构——严重失

---

① 刘立善：《日本白桦派与中国作家》，辽宁大学出版社 1995 年版，第 68 页。
② 郭沫若：《郭沫若作品经典》第 5 卷，中国华侨出版社 2000 年版，第 46 页。
③ 郁达夫：《郁达夫全集》第 4 卷，浙江文艺出版社 1992 年版，第 339 页。
④ 刘立善：《日本白桦派与中国作家》，辽宁大学出版社 1995 年版，第 57 页。
⑤ 同上书，第 60 页。
⑥ 郁达夫：《郁达夫全集》第 4 卷，浙江文艺出版社 1992 年版，第 373 页。

衡。结果常导致真实向虚构低头，传记和自传的戏剧性大增，而真实性大减。郁达夫曾指出："传记文学，是一种艺术的作品，要点并不在事实的详尽记载，如科学之类；也不在示人以好例恶例，而成为道德的教条。今人的了解此意，而使传记文学更发展得活泼，带起历史传奇小说的色彩来……"① 可见，在郁达夫眼里，传记更多是从属于文学。事实上，郁达夫自传的文学化倾向是十分明显的。在其九篇自传中，郁达夫对事件的选择、叙述的角度、抒情程度的把握等都非常重视，充分地利用他手中的一支妙笔，浓缩了从其出生到就读于名古屋第八高等学校大约二十年间的生活，完成了自我形象的塑造；而从郭沫若自传的内容来看，也存在与之相类似的、文学化的创作倾向。不过，因为两个人的性格、家庭、遭遇等的差别，他们的塑造方式差别也很大，材料的取舍、结构的安排和语言的运用等都有所不同。从而，不同书写策略的运用，展示出了不同的文学化的自我形象。大体来说，郭沫若的自我形象十分积极，郁达夫的自我形象则偏于消极。以下即就此作一分析。

（二）郭沫若、郁达夫自传不同的书写策略

1. 材料取舍上的不同。郭、郁二人作为文学大家，深知材料的取舍对创作的重要性，抒写自己的传记，可写的材料自然很多，写入自传中的多少是有意为之，目的则多是为了塑造那个自己更为认同的自我形象。

两位作家都写到了自己的出生情况。不过，郭沫若用的是这样的语句："就在那样的土匪的巢穴里面，一八九二年的秋天生出了我。"② 大有英雄横空出世之感；更进一步，郭沫若写道："我"出生时"脚先下地"，"这大约是我的一生成为了反逆者的第一步"③。一般来说，只有积极入世的人才会"反逆"；郭沫若选择出生时"脚先下地"这一材料，为自己波澜起伏的一生定下了基调。这就与郁达夫写自己的出生形成了反差。郁达夫是这样写的："在光绪二十二年十一月初三的夜半，一出结构并不很好而尚未完成的悲剧出生了。"④ 这样写自己的出世，大约只有消极如郁达夫才会如此吧。事实上，在个人所经历事件的选择上，很多时候郁达夫都会有意识地舍弃与消极悲观的自我形象不相符合的材料。据其子郁天民记述，郁达夫和祖母的感情非常好，当祖母和母亲有婆媳矛盾时，郁达夫兄弟总是向着祖母；而从日本和外地回来，郁达夫夜夜都要陪侍在祖母床头；祖母不识字，郁达夫初到日本还亲自绘画寄回来取悦她等⑤。可是，在郁达夫的自传中，对祖母却着墨甚少，是否郁达夫担心如此会影响他想要塑造的自我形象？毕竟，一个有着浓浓的亲情的人，与一个消极悲观的

---

① 陈子善、王自立：《卖文买书——郁达夫和书》，生活·读书·新知三联书店1995年版，第315页。
② 刘立善：《日本白桦派与中国作家》，辽宁大学出版社1995年版，第14页。
③ 同上书，第15页。
④ 郁达夫：《郁达夫全集》第4卷，浙江文艺出版社1992年版，第319页。
⑤ 蒋增福：《众说郁达夫》，浙江文艺出版社1996年版，第228页。

人，两者的距离似乎总是相差甚远的。

2. 叙述形式上的不同。从叙述上来看，郭沫若的自传，其文本中的主体企图建立个人历史，并以这个建构出来的个人历史和客观世界相串接，形成了现实与自我的关系网络，凸显的是一个积极入世、热情奔放、爱国忧民的主体形象。如《我的童年》《反正前后》《黑猫》和《初出夔门》分别写于1928年、1929年、1929年和1935年，这应该是他开始受到马克思主义唯物论影响的时期，在他的自传中，已经出现诸如"因为这件史事在中国社会发展上，它不仅是唯物史观的一个绝好的例证，而且它还明白地指出了中国将来的去向。中国幼稚的民族资产阶级对于当前的敌人封建势力的斗争要算是得到了意外的胜利"[1] 等这一类的话语，凸显出了郭沫若天性中挥之不去的政治色彩。而郭沫若在其自传中借助于对各种社会风云的详细记录，更是塑造出了一个积极活跃的爱国青年形象。譬如《反正前后》中的一段文字："清廷，事实上是到第二年的二月才退位的，但在上海的报纸上，在辛亥年的十一二月便已经崩溃了。四川，事实上是到十一月二十五日才宣布独立的，但在上海的报纸上，省城是老早被保路同志军占领了……湖南是十月二十二日独立的，陕西是二十五日，云南是三十。十一月七日的贵州、广西，八日的广东……象赵尔丰那样倔强的人，他到十一月二十五日，在清廷并未灭亡之前，终竟把政权和平地移交了出来，是很难令人想象的。"[2]

早在1911年辛亥革命前后，郭沫若就是一个精力充沛的社会活动的参与者，其自传中如此详细的社会风云的记录，不仅表明了郭沫若在四川革命活动中参与之深、爱国之切、忧民之真，更与郭沫若要把自己打造成一个关心民族危亡和民生疾苦的、正直的、热血沸腾的青年形象相符合。

郁的自传则既不是按照史籍体例的纪传，也不像郭沫若那样，是个人经历与社会发展的详细回忆录。《所谓自传也者》的第一句话："自传的样式，实在多不过。"[3] 可见郁达夫是有心在自传的叙述样式上独树一帜的。他的九篇自传，虽然在时间上有连贯，但是每一篇都各有中心、各赋标题、相对独立。与郭沫若的自传不同，郁达夫希望在世人眼里他是一个零余者的形象，于是连标题都起得忧伤而浪漫："悲剧的出生""我的梦，我的青春！""水样的春愁""远一程，再远一程！""孤独者""大风圈外""海上""雪夜"，可以说，九个标题，除了第三篇标题"书塾与学堂"比较平实一些，其他八篇都有柔情哀伤的调子。标题已是如此，在这样标题笼罩下的文字忧伤，也就可以想象了，而在这些极富个人色彩的文字下生活的主人公，自然也就不会有《反正前后》中的郭沫若那样的阳刚与豪情了。

---

[1] 郭沫若：《郭沫若作品经典》，中国华侨出版社2000年版，第164页。
[2] 同上书，第182页。
[3] 郁达夫：《郁达夫全集》，浙江文艺出版社1992年版，第316页。

3. 虚构指向的不同。文学的写作与历史的写作相比，最大的区别就是虚构。郭、郁自传中，文学化的虚构色彩是很浓重的，但是在虚构的具体指向上，仍存在着明显的差异。

郁达夫是中国现代文坛上一位非常富有特色的作家，许子东评价他的散文："其意境、其神趣，天然浑成；其文采、其情调，自然流泻。"① 他的自传也有抒情散文的特点，文字功夫极为出色。不过，"他在文学中，总是有意识地将生活中受挫的、不幸的、不谨严的一面加以渲染，经过想象的润色，抹上艺术的油彩。于是他就把自己的生活描绘成'零余者'的悲剧，把自己打扮成很可怜的落魄的人了。"② 而他似乎很难把生活的真实跟文学的虚构分开，一直以来，就有人说他的文学是自传体文学。自传的主体就像他小说中的主人公一样，孤僻内向、多愁善感、抑郁寡欢、才华横溢、钟情山水。

举例来说，郁氏在写到童年时曾说，"儿时的回忆，谁也在说，是最完美的一章，但我的回忆，却尽是些空洞。第一，我所经验到的最初的感觉，便是饥饿，对于饥饿的恐怖，到现在还在紧逼着我。"③ 如果读者不看其他资料，单看他的这段叙述，也许会以为他的家庭是赤贫家庭，吃了上顿没下顿的情况。但是仔细看看其子郁天民所写《说郁达夫的〈自传〉》一文，就会知道，情况也许并非如此糟糕，即便郁达夫的父亲去世之后，他的家中还是有三间住屋、六亩薄田和一部半"庄书"的④，比起祖辈和父辈的生活，这个家庭自然是贫困了很多，但兄弟三人都可以上学读书，还都受了高等教育，比起那些真正贫穷得揭不开锅的家庭，郁达夫"对于饥饿的恐怖"的说法多少是有些夸大了。究其原因，恐怕还是为了让自传的主人公在他预设的贫穷家庭中生活，以便为他性格中的自卑和忧郁做一铺垫。

郁达夫的家乡浙江富阳属于吴文化区域，"吴文化柔媚温婉的审美风尚，使郁达夫在艺术审美风格上孕育了一种江南水乡式的柔性审美观。"⑤ 夸大主人公的不幸，对郁达夫来说，是一种习惯，他的小说如此，他的自传也是如此。也许，这是由于郁达夫个性敏感，在别人看来可以忍受的东西，他却难以忍受。而作为一种书写策略，这样的虚构，则指向了一个在黑暗的天地中四处漂泊的忧郁的自我形象。

相比之下，郭沫若的自传里一泻千里的飘洒文字，连篇累牍的人物对话，不仅常使人有阅读小说之感，其虚构的指向，更是与郁达夫的自传有鲜明的差异。

举个例子来看看就明白了。

——八弟，你们在外边做甚么有趣的玩意？

---

① 许子东：《郁达夫新论》，浙江文艺出版社1984年版，第131页。
② 同上书，第153页。
③ 郁达夫：《郁达夫全集》第4卷，浙江文艺出版社1992年版，第319页。
④ 蒋增福：《众说郁达夫》，浙江文艺出版社1996年版，第222页。
⑤ 吴颖：《郁达夫与吴越文化》，《金陵科技学院学报》（社会科学版）2008年第6期，第68—70页。

——在押诗谜呢，很有趣。五嫂，你不去参加吗？

——有三哥在那儿，我怎好去得？

——三嫂都在那儿呢，你怕甚么？

——你一个人怎么又跑进来了？

——我进来找诗本子。

——你们倒有趣，我一个人在这儿坐得有点害怕了。

——我去把五哥叫进来罢，说你有事叫他。

——不，你不要去叫他。你就让我一个人在这儿坐坐好了①。

相隔十多年的一次对话，一种小说的笔法来做他的自传，从而达到某些他所要达到的效果。比如，上面这个例子，多多少少是在暗示他和五嫂之间的朦胧爱意。这个五嫂和他年龄相当，本来是要定给他的，却阴差阳错和他的五哥定了亲，文中还提到他和五嫂同时生过一场相同的大病，他和这个五嫂平时是互相很避嫌的，但是却在这里详细记载他们之间这一次的夜谈。五嫂这晚对他的评价："……好胜心强的表现，凡事都想出人头地，凡事都不肯输给别人"②，他是很赞同的，这句评语在《黑猫》中他结婚前的晚上又一次提及③。很明显他是想向读者发出一个强烈的讯息，他对五嫂的感情绝非普通的叔嫂之情。但是这种感情：第一，没有得到进一步发展；第二，五嫂已经去世，出于对死者的尊重和避讳，他都不可以表露得太直白，而要采用这种记录详细的对话方式来作暗示。

三 结语

综上所述，不论是积极如郭沫若，还是消极如郁达夫，在写作自传的时候，都是出于对自我的认同，来塑造一个文学化的自我形象。也就是说，自传这种包容了"个人"所能掌握的一切时空和身份的文类，给予了个人超越现状、塑造自我的契机，而郭、郁二人也都不同程度地利用了这个契机，完成了对于各自自我形象的文学化的塑造。故而，读者对于其自传中的事实，就有必要抱持较为审慎的态度。事实上，无论创作主体是否刻意虚构，其创作的目的、文字的传达、读者的期待乃至市场的运作……都可能是形成自传"不真"的因素。不过，姑且不论"真"与"不真"，从创作主体以他的创作给读者带来的思考和理解的角度而言，本文所讨论的这两位作家的自传都是出色的。

---

① 郭沫若：《郭沫若作品经典》，中国华侨出版社 2000 年版，第 89 页。
② 同上书，第 90 页。
③ 同上书，第 219 页。

尊重完整自然的生命，热烈而淋漓地生活，再用一支妙笔记录下来，留给后人一点思考，郭沫若和郁达夫的人生也算过得精彩了。

（原载《金陵科技学院学报》（社会科学版）2013年第1期）

"历史理解"的认同路向及其限度

——论郭沫若现代史剧的文化值阈

龙永干

在现代戏剧的发展过程中,郭沫若的历史剧无疑是一个重要的存在。他以对史剧的持续热情、独有创造、杰出成就与深远影响为戏剧文学的固定与建立作出了重大的贡献①。人们对其史剧的文化值阈虽有过探讨,但往往以其生发语境为依托,指向现代文化与时代精神的塑造,实际上史剧乃至历史题材作品价值的原生点应该是创作主体在时代语境中的"历史理解",因此,我们有必要循此深入,力图对郭沫若史剧予以重新认识。

一

无论文学作品的内容与形式如何,一旦以历史人事为据,创作主体与历史的关涉也就成了基本维度。"历史理解",不仅是这种关涉的基础,更是这种关涉的价值所在。史剧创作中的"历史理解",并非视历史为客观对象而进行的认知活动,也非对对象展开的价值判断,而是人在过去与现在的联系中对存在的敞开,是生命的体验和领悟。正如伽达默尔所说:"真正的历史对象根本就不是对象,而是自己和他者的统一体,或一种关系,在这种关系中同时存在着历史的实在以及历史理解的实在。一种名副其实的诠释学必须在理解本身显示历史的实在性。因此我就把所需要的这样一种东西称之为'效果历史'(Wirkungsgeschichte)。"②"历史理解"是效果历史的生发根本,认同与解构就是两种最为基本的"效果历史"路向。认同导向理解,解构引发对抗,也正是保罗·利科所说:"历史通过一种对抗的意志和一种解释的意志获得生命力。"③而在历史剧中,历史生命与主体的价值立场最为原初地体现在题材的处理与历史人物的塑造上。

---

① 洪深:《现代戏剧导论》,载《中国新文学大系·戏剧集·导言》,北新书局1935年版。
② 伽达默尔:《真理与方法》(上卷),上海译文出版社2004年版,第387页。
③ 保罗·利科:《历史与真理》,姜志辉译,上海译文出版社2004年版,第12页。

过去人们往往对郭沫若史剧在题材处理上"失事求似"的变通与创造予以高度肯定，并认为是其诗人气质与时代精神在突破历史拘囿上的表现，也是其对历史与传统的反叛和对抗的个性精神的表现。的确，郭沫若史剧在历史人事上做了相应的变通和创造，《卓文君》中增加了红箫与秦二的故事，《王昭君》中为昭君平添了一个青梅竹马的义兄，在《屈原》中塑造了一个冰清玉洁的婵娟，在《虎符》中增加了虞姬上坟的剧情，等等。在人物形象塑造上，他也强调自我个性与时代精神的熔铸，"借古人的骸骨来，另行吹嘘些生命进去"①或借人物之口或激荡时流，或借历史"浇自我块垒"，"于我所解释得的古人心理中"，"寻出"与自我内心的契合点，达到"内部的一致"②。但这种变通与创造并非旨在对抗与颠覆，而只是进行适当的调整与改变，是"大关节目上"严谨地遵循着历史的真实③，而非取一点因由的随意点染，所写人事也保持着历史的本来面目，都可从《史记》《元史》《明史》中找到出处。这种处理虽有着个性与时代精神的缘由，有着戏剧艺术创作的依据，但主体对历史的尊重则是显而易见。同时，这种尊重并非一般史学上的客观性的遵循，而是主体在价值立场上对历史存在的肯定与认同，是"理解"，而不是"对抗"，是在寻求历史与主体存在同一性的价值根基。于是，其史剧"主题就是把古代善良的人类来鼓励现代人的善良，表现过去的丑恶而使目前警惕"④，是在张扬与肯定历史人物的爱国精神、崇高气节、仁爱情怀、峻洁人格、执著意志……他不仅热情的歌颂"战国时代……是人的牛马时代的结束"，是"大家要求着人的生存权"⑤的时代，更是把"杀身成仁，舍生取义"的传统精神看作是"千古不磨的金言"⑥。

由上可见，在郭沫若的历史理解中，历史作为一种先在性存在并没有成为主体建构的异化力量，文化作为一种"成见"也没有成为主体颠覆与反叛的对象。面对历史与传统，郭沫若并非从现实的朽败去归罪，也不是从实用角度进行功利性考量，而是从文化有机统一的整体感，精神传统的传承性去面对。可以说，在他那里"传统经常是自由和历史本身的一个要素。甚至最真实最坚固的传统也并不因为以前存在的东西的惰性就自然而然地实现自身，而是需要肯定、掌握和培养"⑦。当下与时代应当对历史与传统进行"肯定、掌握和培养"，从历史的认同与继承下去建构自我的生命，在丰富与发展自我的同时发展与丰富历史。以现代意识建构性地复活历史，是在拓展历史的存在；借鉴与发掘传统，也是在延续历史的存在。传统的生命与价值，不仅是在历史理解中对效果历史持认同与肯定的立场，而且是对历史与传统本身持有希

---

① 郭沫若：《孤竹君之二子·幕前序话》，《创造季刊》第1卷第4期。
② 郭沫若：《郭沫若全集·文学编》第1卷，人民文学出版社1982年版，第238页。
③ 郭沫若：《郭沫若选集》第1卷，人民文学出版社1997年版，第428页。
④ 郭沫若：《郭沫若讲历史剧》，《文汇报》1946年6月26日。
⑤ 郭沫若：《郭沫若选集》，人民文学出版社1997年版，第433页。
⑥ 同上书，第434页。
⑦ 伽达默尔：《真理与方法》（上卷），上海译文出版社2004年版，第363页。

望与信心，是在促进历史的播撒与发展。可以说，对传统的认同与继承是郭沫若史剧理解的根本点与出发点。

二

在个体与历史的关系中，将历史与传统为主体建构资源，并将其作为戏剧审美价值的依托是郭沫若史剧价值的视阈所在。这种认同路向并非主体意向的全部，时代语境，生存境遇与文体要求等多种因素不仅参与到其史剧的创作中，并制约着其对历史认同意向的实现和表现。同时，这种对传统的依托与理解在其史剧创作的不同阶段并不能等量齐观，在文本中的具体存在与史剧审美价值生成的效用上也是各不相同。

郭沫若作为现代文学史上著名的史剧家被人们所接受和肯定，应当是在1940年代创作《屈原》等作品后才得以完成。但早在1920年代就创作了《广寒宫》《孤竹君之二子》《女神三部曲》和《三个叛逆的女性》等史剧，虽得到了洪深等的高度评价，但就他此一阶段作品质量与接受状况来看是较为一般的。对此，人们多认为此一阶段是郭沫若戏剧创作的初级阶段，对创作规律与体裁把握并不成熟导致其创作水准的一般，也有论者认为这是他简单化地把现代的东西装进古人的躯壳中所产生的不良后果。实际上这是他在五四反传统语境中对历史认同所造成的意向与表现，能指和所指，文本与潜文本之间所形成的悖谬造成的。

郭沫若在解释自己启动史剧创作的缘由时解释道：由于耳病的原因"于听取客观的声音不大方便"，"爱驰骋空想而局限在自己的生活里"，因此"爱写历史的东西和爱写自己"[1]。"爱写历史的东西和爱写自己"，让其必定考虑历史和自我之间的有机构成，那么历史和自我之间并不存在保罗·利科所谓的对抗意志，而是一种认同与接受的理解。"借着古人来说自己的话"[2]，是从现实为出发点去建构起当下和历史连贯性和整体性，是"据今推古"[3]；同时，"借鉴于古"[4]，构建历史与当下链接的路向，是发现历史事件与人物精神与当下的相似性，是在将历史与现实进行同构处理或类比设置以取得视界融合。无论如何，历史在他那里是获得增值，是在客观地建构自我和历史的同一性。

但更为重要的是，郭沫若史剧创作的动机除此之外还有激荡时潮，突破藩篱，将自我塑造为五四"时代底肖子"[5]的指向。五四时代是一个否定传统、重估历史、张扬个性、追求创造的时代，其最为显著的特征"是对中国传统文化遗产坚决地全盘

---

[1] 郭沫若：《郭沫若论创作》，上海文艺出版社1983年版，第89页。
[2] 郭沫若：《郭沫若全集·文学编》，人民文学出版社1982年版，第238页。
[3] 郭沫若：《郭沫若论创作》，上海文艺出版社1983年版，第421页。
[4] 同上书，第543页。
[5] 闻一多：《闻一多全集》第3卷，三联书店1982年版，第351页。

否定的态度的出现与持续……是要对传统观念和传统价值采取疾恶如仇、全盘否定的立场"①。《女神》中那种蔑视偶像、尊崇自我、充满破坏与创造的精神,让其喊出了启蒙时代的最强音。与此相应,他在此一时代的戏剧如《女神之再生》《聂嫈》《卓文君》等著作中对军阀混战的批判,对强权暴政的反抗、对个性解放与婚恋自由的追求无不是在表现这个时代的价值原则。但与诗歌中那种诅咒黑暗时代的死去,渴望生命的涅槃不同,其史剧创作是将历史作为创作构架的基础;也与诗歌中那种无所依傍,飙张突进的大自由精神不同,史剧中的浪漫激情最终只能集腋于历史人物的视阈。他并没有如鲁迅那样将历史与传统作为当下的异化力量来看待,而是将两者视为一个有机整体,见到历史与现实的共通处,见到传统与当下精神的谐振与共鸣。那就意味着,其在表现时代精神的价值意向中有着另外一种离散其价值指向的力量存在,那就是对传统的肯定与维护。如果说反叛传统的强度立场应是对历史的颠覆与否定,但他却又在借助历史人物来演绎现代精神;如果说"借古人的皮毛来说自己的话"是在张扬个性与主体精神,但依托古人则又不能不表明这种精神实际上并非现代所独有;如果说"以古鉴今"是以显在的方式张扬着传统与历史的价值,那么"复活古人"则是以隐在的方式肯定历史与传统存在的合理性。这样在价值意向与具体表现,文本与潜文本,能指和所指之间就出现了暧昧不明的状态,并有着内在的裂缝与离散的势能。在这种状态中,需要创作主体有着强度的生命意志,从对传统的缠绕中获得超越;从对历史的同一性存在中进行自审,见到自我历史性存在的限度,但郭沫若在史剧中却没有。

或许有人会说,从文本的整体状况来看,此一阶段郭沫若史剧的主观色彩与浪漫气息是其审美主调,审美情感与艺术表现也较为单纯,并没有形成情感的悖谬与极具张力的犯冲。而之所以如此,是源自他对上述裂缝与离散的填充与缝补。具体来看,则是作者与一般接受者对现代和传统的"误读"。在《女神三部曲》《三个叛逆的女性》《孤竹君之二子》等作品中,聂政反抗暴政的刺杀成了现代民主追求的典范,卓文君对司马相如的倾心成了现代女性觉醒的标志,伯夷叔齐成了个性解放的先驱,现代生命意识与价值信念成了古已有之的东西,当下所为不过是将其予以继承与发扬而已。但实际上,王昭君的远嫁、伯夷叔齐的鄙弃福贵与个性解放,卓文君的婚恋自主与现代生命主体的建构,聂政对暴政的反抗与民主的本质区别是显而易见的,但却在郭沫若那种"寻出"与自我内心的契合点,达到"内部的一致"的调适中被混淆。于是,他的这些史剧中既缺少紧张的戏剧冲突,也缺个性鲜明的人物形象;既缺少强烈的现代意识,也缺少令人震撼的悲剧精神。其浪漫气息与诗性气质主要是借助于人物语言的诗性抒发,甚至是戏剧中诗性场景的加入。这不仅影响着其史剧对时代精神的强度表现,同样也就没有引起剧坛的广泛注意与观众的普遍接受。因此,不是史剧

---

① 林毓生:《中国意识的危机》,贵州人民出版社1986年版,第2—3页。

而是诗歌,不是对历史的发掘与对传统的再现,而是《女神》中那种狂飙突进的激情、高张的生命意志、瑰丽大胆的想象,成了郭沫若20年代文学生命的根本和文学形象的标志。当然,史剧中也存在着个性精神的表现,但只是诗歌激情的余绪,是在历史框架中的"跳舞"。郭沫若在1925年创作了《聂嫈》之后就停止了史剧的创作,有着其人事的缘由,也应该有着他在现代意向与传统视阈之间无法调适的原因。

三

在中断了15年之后,郭沫若在1940年代再次以极大的热情投入了史剧的创作,并在短短的两年时间内创作了《棠棣之花》《屈原》《虎符》《高渐离》《孔雀胆》《南冠草》等六部史剧。这六部历史剧不仅保留着先前史剧的浪漫气质与诗意色彩,而且在冲突设置、形象塑造上取得了极大的成功;不仅拓展了自己的文学才能,而且得到了广泛的接受与高度的好评。特别是其代表作《屈原》,"不仅构成其个人历史剧创作的高峰,也是中国自有历史剧以来罕见的成就","是中国历史剧的传世之作"①。的确,郭沫若1940年代的史剧创作取得了巨大的成功,在文学史上有着重要的意义与价值,但考量这些史剧的审美内涵与价值取向时可以见到,这些剧作之所以取得如此之大的成功,既有其史剧家才情的成熟,更有时代对史剧的召唤伟力的促成,若从主体的创作心理来看,此时他已经摆脱先前现代意向与传统值阈间的悖谬与离散,绝对倾向于对历史与传统精神的发掘与依托。

抗日战争爆发后,中国进入了一个新的转折期,整个时代的价值主流进而为李泽厚所说的"救亡压倒启蒙"。在民族矛盾尖锐特别是遭受外族侵略的情境中,对传统文化与民族历史的认同不仅是民族凝聚力与自信力的源泉,更是对外来侵略一种强有力的抵抗。这种状况反映在文学中,最显著的变化就是人们不再专注于传统的颠覆与民族劣根性的暴露,而是向传统寻找文化认同资源与不竭的精神支撑。老舍、曹禺如此,郭沫若更是如此。1941年,郭沫若在中华民族抗日运动的大潮中,以其独有的敏锐与热情感慨时代是"一幕伟大的戏剧",创作热情高涨,决心创作出无愧于这个时代的"崇高的史诗"②,先前启蒙意向和传统值阈之间错耦与悖谬状态在抗战这一特殊时代中不再尖锐,爱写历史与爱写自我两者获得了统一。因为传统文化中爱国精神、道义情怀、担当意志、团结意识、坚贞气节等在特殊语境中成为了时代与民族的价值主流与最高信条。个体与时代高度统一,历史与现实谐振共鸣,历史和传统在时代生活中获得了极为难得的增值空间。正如丹纳在《艺术哲学》中所论述的那样,社会的精神气候,往往影响艺术风格与流派的发展,并在这种发展中进行"筛选"。

---

① 陈白尘、董健:《中国现代戏剧史稿》,中国戏剧出版社1988年版,第377页。
② 郭沫若:《沫若文集》第12卷,人民文学出版社1959年版,第136—137页。

"精神气候仿佛在各种才干中作着'选择',只允许某几类才干发展而多多少少排斥别的。由于这个作用,你们才看到某些国家的艺术宗派,忽而发展理想的精神,忽而发展写实的精神,有时以素描为主,有时以色彩为主。时代的趋向始终占着统治地位。"①

但郭沫若在创作历史剧的时候并没有率意而为,而是极为小心地选择战国或元明之末作为自己题材的主要源头。《棠棣之花》《屈原》《虎符》《高渐离》题材源自战国,《孔雀胆》《南冠草》取自元明之末。这些时代,是民族矛盾尖锐、时代局势高度紧张的时代,与当时中国社会状况极为相似,利于引发历史殷鉴的思想。同时,这其中更有郭沫若独特而深入的思考,那就是这种年代或能还原传统文化的原初状态,或能让民族矛盾的尖锐淡化人们对传统文化弊病的关注,从而有利于间离现代语境中人们对封建文化腐朽黑暗的"成见",他甚至认为"战国时代是以仁义的思想来打破旧束缚的时代,仁义是当时的新思想,也是当时的新名词"②。但众所周知,无论民族矛盾如何尖锐,传统文化原初状态如何自然与健康,但其在历史流变中的异化,其自身的局限与蜕变,其与既往历史的同一性存在,让其无法成为一种单纯性的精神抽象,其历史的局限性也是显而易见。要获得观众与读者的一致接受,不仅仅是对传统予以高扬,而且要对传统进行"遮蔽",不仅要对历史进行再现,而且要对历史进行"改造"。为了完成这种"遮蔽"与"改造",郭沫若将历史发展的复杂简化为正——邪、善——恶的对立,将传统文化的多样价值判断导向爱——恨、好——恶的情感倾向。从剧本的表现来看,就是充分利用读者与观众既有的阅读经验与接受惯式,将正邪对立、善恶冲突设置成戏剧的根本冲突。《棠棣之花》《高渐离》叙写反抗精神与残暴统治的冲突,《屈原》《南冠草》表现爱国与卖国、峻洁正直与卑劣无耻的对抗,《虎符》描述爱国仁义精神与自私苟安的矛盾。甚至这种冲突直接在戏剧中具化为角色之间的冲突,屈原、婵娟——南后,信陵君、如姬——魏王,夏完淳——洪承畴,高渐离——秦王,聂嫈、聂政——侠累……这种设置不但利于创作主体爱憎情感的倾注,而且利于读者审美接受的顺利进行与价值判断的鲜明抉择。也正因此,郭沫若1940年代的史剧不仅戏剧性极为鲜明,而且获得了前所未有的广泛接受与高度好评。

"历史理解"首先是对人的探索,是对我们生活方式和进入时间方式的不安的询问,是对自我历史性存在的反思,"最终说来,历史试图解释和理解的东西是人",是它"在人类文明中发现或界定的人和价值"③。也就是说理解历史是在认识人的价值的有限性和历史性,理解传统需要突破传统、理解历史需要超越历史,那就需要创

---

① 丹纳:《艺术哲学》,人民文学出版社1963年版,第35页。
② 郭沫若:《郭沫若选集》,人民文学出版社1997年版,第434页。
③ 保罗·利科:《历史与真理》,姜志辉译,上海译文出版社2004年版,第24页。

作主体对历史人物与自我创作的历史性进行反思,有一种"一切都是中间物"的现代性自觉。历史人物是历史性的,"历史理解"也是历史性的。以此看来,即使作为现代史剧的经典的《屈原》,其现代意义上"历史理解"意识的缺乏也是显而易见。作品主要表现的是屈原忠而被谤,贤而被黜,遭人陷害,悲愤苦闷的命运,其敏感热情、单纯率真、才情丰赡的诗人气质,坚贞爱国、皦然不污、磊落光明的崇高人格的确得到了鲜明的表现。但作者将屈原命运悲剧的根由归结为南后的私心,历史与时代的复杂简化为个体龃龉和伦理善恶,这种处理虽有利于史剧爱憎情感的鲜明表现,但史剧深沉广漠的历史语境难以生成,屈原的敏锐清醒与历史发展的必然之间的深沉悲剧也难于获得审美体现。同时,也是最为关键处就是屈原以个体伦理为依据对历史命运拯救的意向的值阈局限并没有在剧本中获得体现。

过去人们往往认为屈原的悲剧精神在《雷电颂》中获得了集中的体现,并将其比作屈原的《天问》。但《雷电颂》中所表现的主要是其对时代的悲愤、黑暗的诅咒与光明的渴望……而《天问》真正的价值应在于屈原对王道历史终极根据的质询,是对既定价值形态的怀疑,是由"遂古之初,谁传导之?"到"天命反侧,何罚何佑?"不断询问的一贯精神所在。当然,郭沫若并没有完全遵循《天问》的精神来表现《屈原》中对屈原的理解,是有着他的认识和理解,最鲜明的就是屈原对传统的质询不仅隐含着对传统的背离,而且是与爱国团结的主题相疏离,不利于戏剧强烈表现力的形成。但这种转换对屈原的理解显然是失之甚多的,因为史剧中缺乏"试图使文学代表人的真正历史意识的恢复",更无法引导读者"介入与世界的本体论对话"①。其史剧视阈局限与欠缺虽在强烈的情感倾向与鲜明的价值判断中搁置,一旦语境转换,其审美内涵与艺术价值就趋于贫乏与弱化。

(原载《中国文学研究》2013 年第 3 期,此文作者在发表原文的基础上略有改动。)

---

① 汉斯·伯顿斯:《走向后现代主义》,王宁译,北京大学出版社 1991 年版,第 25 页。

被遗忘的角落

——郭沫若传、评中女性情感的缺失现象及原因探讨

许 涛

与大多数文学学者不同,郭沫若在文学、政治、历史、书法等领域各有建树,其身份角色有多个侧面,我们单从一个方面对其加以了解有一定的困难。郭沫若研究的逐步深入和角度的逐渐丰富,为我们能够看到一个全方位、多角度的郭沫若提供了一定基础。但由于各种原因的限制,郭沫若生活中的女性与对其文学创作产生的影响仍未能得到应有的重视。本文试图从三个方面来论述。第一,简要叙述郭沫若研究中忽略其情感生活的现象。第二,通过围绕郭沫若一生的三位女性对其创作产生的影响而着重论述我们为何需要重视其情感世界,以及研究这一问题的学术价值。第三则试图剖析在一系列郭沫若传、评类作品中忽视其感情线索对文学创作所产生影响的原因。

一 历来郭沫若研究概略

在早期研究郭沫若的著作中,一部分是由于受时代观念的影响,罕见对其感情的描写,忽视其感情生活对创作的影响,或者完全不提及郭沫若的感情生活。如卜庆华在1986年出版的《郭沫若研究札记》中将郭沫若《抱和儿在博多湾海浴》一诗的产生归结于郭沫若对体育的热爱和重视,而非产生于作者对与安娜的爱情结晶郭和夫浓浓的父子情。另外,鉴于郭沫若的政治角色,以及在新中国建立后他的创造力已经丧失颇多,《"文革"前的郭沫若:1949—1965》一书,主要描写郭沫若在政治上的国务活动。另一部分则是将郭沫若的情感世界在文章中极为简略地一笔带过,如谷辅林在1983年出版的《郭沫若前期思想及创作》,全书共分为八章,第四章讲述郭沫若前期的诗歌——《女神》,分为五小节,第一节主要描写郭沫若作诗的准备阶段,或称是少年时期"诗的修养时代",而对于郭沫若和安娜的恋爱对《女神》的推动描述甚简,"到1916年,由于他同安娜发生了恋爱,这才真正地开始产生了作诗的欲望。用沫若自己的话说'因为在民国五年的夏秋之交有和她的恋爱发生,我的作诗的欲望才认真的发生了起来。'"[①] 这里虽然承认了郭沫若和安娜两人的恋情对诗歌创作的

---

① 谷辅林:《郭沫若前期思想及创作》,山东人民出版社1983年版,第127页。

推动作用，但只占用了很小的篇幅，可见重视程度不够。

随着郭沫若研究的深入，桑逢康所著《郭沫若评传》中有三章专论郭沫若的感情生活，分别为：第二章，结婚受难；第七章，安娜与安琳；第十一章，于氏姐妹。虽然占用了相当的篇幅，但是并未将其感情生活与其文学创作之间的关系做深入探讨，只是用其小说化的叙事让我们对郭沫若一生传奇的感情经历有个大致的脉络把握。秦川的同名著作却"几乎完全忽略了郭沫若的感情世界，对其几次婚姻也作了过淡的处理，这种做法无助于说明是人的成长内因以及诗人之为诗人的独特处，无助于说明诗人的情感体验与创作特色的关联"①。还有一部分专门描写郭沫若婚恋的著作，如《郭沫若的女性情感世界》《郭沫若和他的三位夫人》《郭沫若和他的日本妻子》《无希望的爱恋是温柔的中国现代作家婚恋生活对其创作的影响》（此著作不是专门描述郭沫若，而是从现代作家的婚恋切入，分章节叙述了鲁迅、胡适、郭沫若等著名文学家的婚恋经历对其文学创作的影响及二者之间的关系）。诸多著作洋洋洒洒，为了博得眼球，其中不乏夸张和想象的成分所在，这其实是对待郭沫若婚恋生活的两个极端，要么极力回避，直接不谈，要么迎头而上，自行添加想象。无论哪一种都是偏而不全的，我们要用健康的思想作导引，以郭沫若的感情生活为线索，探讨其与创作之间的关系，才是学术界所务之事。

由上可见，郭沫若的婚恋经历对其创作的影响在历来的郭沫若研究中并未得到应有的重视，但是，我们不能以此否认郭沫若的情感世界对创作的影响，反而应该积极寻找材料，为郭沫若的文学创作提供更多的研究角度。

二　情感推动创作

研究一个作家的感情世界不是为了满足我们的八卦欲望，而是通过研究作家的感情、婚恋、内心来更好地研究其创作的发生。如果单纯只是为了满足我们偷窥名人私生活的欲望而仅仅抓住细枝末节不放，并添加上各种演绎，这是毫无学术价值可言的。

鉴于郭沫若传奇的感情经历，其私人生活也备受关注，其爱情对象的转移，也成为郭沫若饱受骂名的一个原因。但是，再受瞩目的公众人物也是日常生活中平凡的一员，我们允许普通人有正常的情欲爱恋，怎么就看不得公众人物寻找自己的真爱呢？况且，我们如今所能知道的郭沫若的婚恋情况，基本都是通过郭沫若的自叙得知，试问如果一个人不是真正付出感情，又怎能在其作品中一再阐发呢？

文学是人学，而人又是一切社会关系的总和，在社会关系中"人与人之间的，

---

① 刘川鄂：《新的综合新的突破——读〈郭沫若评传〉》，《文艺理论与批评》1995年第2期。

特别是两性之间的感情关系，是自从有人类以来就存在的"。① 很多情况下的文学作品都是描写作者的所见所闻所经历，而作家自身的情感经历又是描写中的重中之重，所以，我们无法否认，许多文学作品都是作家的自叙传。而且又承担着为作家的文学创作提供源泉的重任。在任何一个普通人的世界中，爱情都占有非常重要的地位，当爱情的力量同时作用在文人作家的身上时，就不能不对他们的创作产生影响。文人作家的爱情留给我们的除去文字优美的书信和日记，还会有作家的自传和自叙传类小说。

我们首先来看看在郭沫若的文学作品中因其婚恋生活的参与而对其精神世界造成冲击而留下的作品。如《少年时代》《黑猫》《乐园外的苹果》《落叶》《三叶集》《创造十年》《月蚀》《漂流三部曲》《红瓜》《孤山的梅花》《离沪之前》《由日本回来了》《断线风筝》《回到上海》《洪波曲》等。

《少年时代》便描写过在花园中看到三嫂的身影而产生的"美的念头"，从而想去"触那位嫂子的那粉红的柔嫩的手"。小说《叶罗提之墓》便有嫂嫂的手贯彻始终。这可称之为郭沫若性觉醒的最早经历了。

《黑猫》的创作则是缘起于1912年由郭沫若父母所安排的与张琼华的婚姻，按照媒人叔母的介绍，张琼华与郭沫若门当户对，而且叔母又亲自去看过人，说女子人品好，在读书，又是天足，郭母也在信中说，叔母认为姑娘的人品和三嫂不相上下。在郭沫若的印象中，三嫂是家中最美的人。便禁不住想起了年幼时在竹林下想去触三嫂手掌的心事。而郭沫若又是善于适应环境的，就用幻想来安慰自己，想到她（张琼华）说不定就是深谷中的一朵幽兰，或旷野里的一枝百合，心情变复归平静。然而现实与郭沫若的期望相差太大，婚礼上张琼华走下轿门时映入郭沫若眼帘的先是一朵三寸金莲，而后在掀盖头的时候只是看见了一对露天的猩猩鼻孔。这两点与郭沫若所设想的幽兰、百合实在相差悬殊，便有了"隔着口袋买猫儿，交订要白的，拿回家来才是黑的"，但是郭沫若的不满并非是针对张琼华，而是指向父母包办婚姻的旧式制度。面对这种守活寡的婚姻，张琼华依然尽职尽责地履行着作为一个妻子应尽的义务。从其精心照料郭沫若双亲上可以看到封建时代女子所特有的贤良淑德。另外张琼华所起到的一个不容忽视的作用是细心整理收藏郭沫若的文稿，这为以后《少年诗稿》和《樱花书简》的编辑奠定了基础。

郭沫若在认识安娜后，创作的欲望才真正被激发了起来，对留存在中国现代文学史上的许多优秀篇章，究其创作发生的根源，郭沫若与安娜的感情作用不容小觑。

关于《女神》的基本精神，虽然我们可以赋予其各种宏大的说辞，如"反抗黑

---

① ［德］恩格斯：《路德维希·费尔巴哈与德国古典哲学的终结》，《马克思恩格斯选集》第4卷，人民出版社1995年版，第229页。

暗、追求光明，反对旧社会、向往新中国"①，等等，但是我们不能否认的是作家的直观目的是为了赞扬安娜。这在其自传体小说《漂流三部曲》中已借主人公爱牟之口说了出来："哦，我感谢你！我感谢你！我的爱人哟，你是我的 Beatrice！你是我的 Beatrice！你是我的！……Dante 为他的爱人做了一部《神曲》，我是定要做一篇长篇的创作来纪念你，使你永远不死。啊，Ava Maria！Ava Maria！永远的女性哟！"②单从此看来，郭沫若与安娜的恋爱与同居是推动《女神》创作的主要原因，女神是安娜的化身，没有安娜在郭沫若生命中的出现，也就没有《女神》的存在与流传。

除经典《女神》之外，还有很多优秀篇章是因安娜而作。而且女性主人公大都以一种高洁光辉的形象存在，因为郭沫若与安娜在最初相见的时候就是看到了安娜眉间的圣洁的光辉。如小说《漂流三部曲》中深明大义的晓芙，《湖心亭》中的妻子，《喀尔美萝姑娘》中的妻子，《残春》中的看护 S 姑娘，《落叶》中的日本姑娘菊子；诗剧《棠棣之花》中的聂嫈，《湘累》中的女须；戏剧《三个叛逆的女性》中的卓文君、王昭君和聂嫈以及《屈原》中的婵娟，等等，这些作品被视为郭沫若与安娜初恋经历的艺术再现。

在与安娜一起生活的日子里，郭沫若除了作为一个文人郭沫若留下了许多优秀的自传类文学作品，作为一个学者郭沫若，1928 到 1937 年间与安娜在日本的十年生活中，因着安娜的细心操持，郭沫若得以在一个安静的环境中潜心学术，所以他的学术创作也收获了丰硕的成果。如《中国古代社会研究》《甲骨文字研究》《殷周青铜器铭文研究》《汤盘孔顶之扬榷》《两周金文辞大系》《两周金文辞大系考释》《金文从考》《古代铭刻汇考四种》《古代铭刻汇考续编》《先秦天道观之进展》等。

郭沫若于 1937 年听从安娜的建议回国抗日，并于次年的 1 月份与于立群相识相爱。二人虽然年龄相差悬殊，但是感情却浓烈持久。在余下的 41 年中，郭沫若、于立群风雨同舟，携手共度，也成为一段佳话。

自传体叙述《洪波曲》便是叙述与于立群的相识相爱过程。另外，虽然郭沫若创作的历史剧中都闪耀着安娜的光芒，但存在的另一个事实却是，很多经典历史剧的创作都是在同于立群结婚后（二人于 1939 年补办婚礼结婚）。如创作于 1941 年的话剧《棠棣之花》，创作于 1942 年的《屈原》《虎符》《高渐离》和《孔雀胆》，创作于 1943 年的《南冠草》，创作于 1959 年的《蔡文姬》。在文学创作之外，作为学者，郭沫若也未曾停止研究的脚步。如创作于 1939 年的《石鼓文研究》，创作于 1940 年的《周易的构成时代》，创作于 1945 的《青铜时代》《先秦学术述林》《十批判书》，创作于 1970 年的《李白与杜甫》。虽然于立群对其创作的影响未曾见诸郭老自己的文字，但是于立群的本职工作是戏剧电影，这对郭沫若的史剧创作产生了潜移默化的

---

① 谷辅林：《郭沫若前期思想及创作》，山东人民出版社 1983 年版，第 147 页。
② 乐思蜀：《郭沫若的女性情感世界》，中国致公出版社 2001 年版，第 366 页。

影响。大量的学术著作中必定也浸润着于立群的心血。

三　为何忽视感情的力量

通过以上梳理我们可以看出，在郭沫若的创作生涯中，他周围的女性发挥了重要的作用，但是这一点却多被历来的研究者所忽视甚而刻意回避，其中定有缘由，我们不妨来探讨一二。

首先，我国历来就有"为尊者讳"的传统。所谓"为尊者讳"，本是避讳的一种，指古人要避开尊者的字、号等。那么，何为"尊者"呢？在需要避讳的年代，尊者就是掌权者，也就是封建时代的帝王将相，但随着时代的演替，帝王将相已经退出历史舞台，那现在我们通常意义上所指的尊者就是在某一领域内辈分或地位比较高的人。郭沫若被认为是我国新诗的奠基人，开创了中国的历史剧这一新的艺术形式，另外在历史学、考古学、古文字学等方面均是权威话语的代表者，在政坛上也堪称元勋，郭沫若以一人之力而跨越众多学科并均有建树，这实在是一个不折不扣的尊者。为了维护尊者的声名地位，我们往往对其荣耀加以赞扬，对其负面却往往采取闭口不提的态度。这一点在我国古代的小说中也是屡见不鲜，如《三国演义》中的刘备为了兄弟义气而怒摔阿斗，诸葛亮也被脸谱化、神化，我们看不到诸葛亮的情感世界，人物的存在是为了成全家国天下的大我而丧失了感情世界的小我，多少有些英雄人物脸谱化的特点。

郭沫若的传奇感情经历我们前文已经说过，这是他饱受诟病的所在，也是"骂派"经常占据的道德防线。但是我们需要知道的是郭沫若的情感经历，都是他的真情流露，与张琼华的婚姻虽然有名无实，但郭沫若也正确地认识到了这场婚姻悲剧的主人公是张琼华而非郭沫若本人，是一个较为公正的论断。其后，对于安娜和于立群，都是在沐浴着爱情中度过的，对自己爱的每一个女性，郭沫若都是用真情在爱，而非虚情假意的利用或其他原因。此外，关于郭沫若的多种感情经历，我们都是从他自己所著的文章中得知，郭沫若没有刻意回避而是将自己的多种情绪暴露在读者面前，这并不会降低尊者的地位，郭沫若在我们心中的形象也没有打折扣，反而呈现给我们的是一个坦诚、真性情又多角度的郭沫若，这为我们充分了解郭沫若提供了先行条件。所以，我们可以打破"为尊者讳"的藩篱，对其感情生活不能刻意回避，鉴于感情和创作之间的密切关系，只有正视其感情的发展，才能更好地研究其创作的发生，推动郭沫若研究走向新的阶段，研究出具备学术公信的成果。

其次，上文我们已经提到过《女神》的产生得益于郭沫若与安娜的相恋。但是仍有不少研究者认为将文学名作的产生归结为私人原因会降低一部作品的价值。很多文学家自身是都承认文学作品是作家的自叙传一说，如郁达夫便是这一论调的主张者。郁达夫曾说："我觉得'文学作品，都是作家的自叙传'这一句话，是千真万确的。"① 郭沫若的文学作品也深深践行着这一观点。虽然很多作品都是采用不同化名,但却是以自己的生活为主线描述。

那么,将文学作品的产生归结为私人感情生活上的原因是否果真会降低一部作品的价值呢?我们不妨先举例看一下被视为经典著作的卢梭的《忏悔录》,其中有很多卢梭对华伦夫人的爱情的描写,但是这并没有降低这部作品的价值,反而在一定程度上促进了另一学科文艺理论的发展。其思想的深度非一般作品所能及。

每个作者创作的产生,都是由于情感受到或积极或消极的刺激,而作家舒缓刺激的方式往往诉诸文字。所以"作品首先是作家的私人之物,然后才是公众之物,这个基本事实必须得到尊重"②,因此,研究作者个人情感上的创作缘起,并不会降低一部作品的价值,也不会降低一部作品在社会上具备的重大意义。只有将作者的个人动机明了于心,才能知道作者所处时代的背景和需求,为更好地了解作者作品所蕴含的思想奠基。

通过以上三个方面的论述,我们得知了在以往的郭沫若研究中被忽视的一个层面——郭沫若的情感世界对其创作的影响,并通过与郭沫若关系密切的三位女性——张琼华、安娜、于立群,指出了这方面研究的可行性和必要性,因为激发作者创作作品的往往是作者内心的感情波动。最后简要分析了造成这种研究缺失现象的原因,其中不乏我国传统文化观的影响,但是也不排除研究者本人的因素,在今后的研究中我们需要摆正研究姿态,不能刻意回避任何能够产生学术价值的因素。

(原载《当代文坛》2013年第2期)

---

① 郁达夫:《过去集·创作生活的回顾》,载杨里昂主编《文学名人自述》,花城出版社1998年版,第352—353页。
② 贾振勇:《回归本相——郭沫若研究存在的问题、挑战与可能》,《重庆师范大学学报》2012年第1期。

郭沫若早期诗论与传统诗学表现理论

赵黎明

追溯郭沫若早期诗论的渊源所在，很容易发现的一点就是其来自西方的诗学痕迹，例如华兹华斯"自然流露"说、克罗齐的"直觉—表现"说等，都可以在郭沫若的诗学言述中找到确凿的对应之处。华兹华斯曾说，"一切好诗都是强烈情感的自然流露"①此一经典论述曾被郭沫若反复转引一再强调，他说，"我自己对于诗的直觉，总觉得以'自然流露'的为上乘"②，又说，"抒情诗是情绪的直写"③，其间关系显而易见；克罗齐表现理论在其诗论中也是随处可见，如"诗的原始细胞只是些单纯的直觉"④，"诗的主要成分总要算是'自我表现'了"等⑤，郭氏不仅袭用克罗齐诗学概念，而且深契其精神实质。单就这一事实而言，人们完全有理由说郭氏诗论是外国诗论影响下的直接产物。然而，如果将其诗论置于中国传统诗学的内在脉络之中，我们又会发现问题并不是那么简单：郭氏诗论是否是西方诗学片面影响的产物？其与中国传统诗论存在着什么样的关联？其对中国传统诗论的"表现"说进行了怎样的继承和超越？这些都是需要深入探究的问题。

据郭沫若自述，中国古典诗论中，司空图《诗品》和袁枚的《随园诗话》对其影响非同一般，他说《诗品》"这本书我从五岁发蒙时读起，要算是我平生爱读书中之一"⑥，并强调"一直到现在，我的关于诗的见解大体上还是受着它的影响的。"⑦而对于清代袁枚性灵说也表达了推崇之情，"余少年时尝阅读之，喜其标榜性情，不峻立门户；使人易受启发，能摆脱羁绊。"⑧从这些叙述可以看出，郭沫若对于传统诗论中重性情、崇自然的一脉，进行了某种合乎自我本性的自然汰选。按照刘若愚对中国诗论的划分，郭沫若所偏嗜的诗学一派，正是传统中国传统文学理论中的"表

---

① [英]华兹华斯：《〈抒情歌谣集〉序言》，《西方文论选》（下），上海译文出版社1988年版，第5页。
② 郭沫若：《郭沫若致宗白华》，《郭沫若全集》（文学编第15卷），人民文学出版社1990年版，第47页。
③ 郭沫若：《论节奏》，《〈文艺论集〉汇校本》，黄淳浩校，湖南人民出版社1984年版，第280页。
④ 郭沫若：《郭沫若致宗白华》，《郭沫若全集》（文学编第15卷），人民文学出版社1990年版，第49页。
⑤ 郭沫若：《郭沫若致宗白华》，《三叶集》，上海亚东图书馆1927年版，第133—134页。
⑥ 郭沫若：《与郁达夫书》，见吴奔星等选编《沫若诗话》，四川人民出版社1984年版，第27页。
⑦ 郭沫若：《沸羹集·序我的诗》，载吴奔星编《沫若诗话》，四川人民出版社1984年版，第264页。
⑧ 郭沫若：《读〈随园诗话〉札记·序》，载吴奔星编《沫若诗话》，四川人民出版社1984年版，第423页。

现论"。①

"表现"是五四以后移入的外来词,其在中国古典诗论中很难找到完全对应的语词,如果一定要对应,那么其大体相当于传统诗论中情感的"自然"、抒情方式的"直抒胸臆"以及当下的"感兴"等。在西方,"表现"诗学是在模仿诗学浓荫之下发育起来的不太健全的一棵幼苗。实际上,在西方漫长的诗学历程中,尽管提倡天才、想象和创造的诗论家不乏其人,但真正形成壮阔声势的还是在十九世纪之初。1800年,英国浪漫主义诗人华兹华斯提出"自然流露"说,强调诗歌的抒情性和诗人自我表现的主导作用;此后,诗人雪莱也提出自我表现论,声称诗是"想象的表现","诗人是一只在黑暗中栖息,为了以美妙的歌声安慰自己寂寞而歌唱的夜莺"。②从此,判断诗歌的标准就不再是它是否忠实地模仿世界,而是表现自我情感时是否出于真挚、想象是否高于自然。对"表现"理论系统总结的当属意大利美学家克罗齐,他说,"直觉或表象,就其为形式而言,有别于凡是被感触和忍受的东西,有别于感受的流转,有别于心理的素材。这个形式,这个掌握,就是表现。直觉是表现,而且只是表现(没有多于表现的,却也没有少于表现的)。"③ 这里的"直觉",是一种"心灵综合作用",表象经由心灵综合作用,形成意象并诉诸语言文字就是诗。显然,表现诗学的主要内容包括三大要件,即情感本体、心灵综合(表现)以及艺术形式。下面我们从这三个方面入手,考察郭沫若早期诗论与传统表现理论的内在联系。

一 情感本位与真情决定真诗

诗的职能专在抒情,而抒情就是情绪的直写,这是郭沫若一再强调过的观点。这一直观判断,被后世学者总结为中国诗歌的"抒情道统","中国文学与西方文学传统(我以史诗和戏剧表示它)并列,中国的抒情传统马上显露出来……中国文学的荣耀并不在史诗;它的光荣在别处,在抒情的传统里。抒情传统始于《诗

---

① 美国学者刘若愚运用表现理论观照中国言志诗学,但在梳理中国诗学史时他发现,"诗言志"可谓中国表现理论的最早宣言,但人们对表现对象——"志"的理解却各不相同,"或认为是普遍的人类情感,或认为是个人的性格,或者个人的天赋或感受性,或者道德性格。"原始主义理论在里面找得到源头,实用主义诗论也能在其中找到根据。典型的例子是陆机的《文赋》,一方面"诗缘情而绮靡",表现色彩浓厚,但另一方面却又将表现的感情"复杂化"了,一再强调"理"对于"情"的制衡和消解作用,因此,"陆机的文学概念,事实上并非纯粹只是诉诸感情的。"刘勰也是如此,一方面提出"夫情动而言形",一方面却又"理发而文见","并没有将文学表现只拘限于情感,而是将情与理并列"。这种具有表现色彩的诗论,经过唐宋千余年的"晦暗时期"之后,直到晚明才渐渐抬头,代表人物是李贽诸人以及公安三袁、金圣叹等,中国表现诗学经历了一种"U"字形的发展轨迹。见《中国文学理论》,江苏教育出版社2006年版,第98—122页。
② 〔英〕雪莱:《诗辩》,伍蠡甫编《西方文论选》(下),上海译文出版社1988年版,第51—53页。
③ 〔意〕克罗齐:《美学原理》,见《二十世纪西方美学名著选》(上),复旦大学出版社1987年版,第58页。

经》……"① 汉朝乐府和赋继续在这种道统里光大并推进抒情的趋势，以至于元朝的小说、明朝的传奇、清代的昆曲，都是"抒情品的堆砌"。因此，"就整体而论，我们说中国文学的道统是一种抒情的道统并不算过分。"②

在中国"情史"的发展脉络中考察郭沫若早期诗论，其与传统表现诗论的关系是十分清楚的。就情感在诗歌中地位而言，二者的渊源主要体现在两个方面：

一是对诗歌情感本位的强调。郭沫若说，"艺术的根底，是立在感情上的"；③ 又说，诗歌的本质就是"纯粹的情绪的世界"，④ 宣称诗的创造就是人的创造，"换一句话说，便是感情的美化"。⑤ 这种极力强调情感决定作用的诗观，在明清诗学史上是很容易找到精神源头。有明一代文学倡情者可谓众多，诗歌、小说、戏剧文学品种，多以"情教"相号召，形成了蔚为壮观的"真情文学"潮流。汤显祖曾这样阐述情感之于诗歌的本源意义，"世总为情，情生诗歌，而形于神，天下之声音笑貌大小生死，不出乎是。因以憺荡人意，欢乐舞蹈，悲壮哀感鬼神风雨鸟兽，摇动草木，洞裂金石。其诗之传者，神情合至，或一至焉。一无所至，而必曰传者，亦世之所不许也。"⑥ 明代文学情本余脉在清代不乏回响，袁枚借他人之口说，"诗以言我之情也，故我欲为则为之，我不欲为则不为。原未尝有人勉强之，督责之，而使之必为诗也。是以《三百篇》称心而言，不著姓名，无意于诗之传，并无意于后人传我之诗。"⑦ 还说，"余最爱言情之作"。⑧ 显然，郭氏情论与明清情教是有着明显交集的。

二是真情决定真诗。郭沫若说，"我想我们的诗只是我们心中的诗意诗境底纯真的表现，命泉中流出来的 Strain，心琴上弹出来的 Melody，生底颤动，灵底喊叫；那便是真诗，好诗，便是我们人类底欢乐底源泉，陶醉底美酿，慰安底天国。"⑨ 有意思的是，郭氏此论在中国先秦文献中，就能找到相应的表述。《郭店楚简·性自命出》对于艺术中的"情"是这样描述的："闻笑声，则鲜如也斯喜。闻歌谣，则舀如也斯奋。听琴瑟之声，则悸如也斯难。观赉舞，则齐如也斯作。观韶夏，则勉如也斯俭。养思而动心，胃如也。"⑩ 正因为有了这样的情感，艺术作品才能令人信服，也才能"入拔人心"，"凡声，其出于情也信，然后其入拔人之心也厚。"⑪ 艺术出于至

---

① [美] 陈世骧：《中国的抒情传统》，见《陈世骧文存》，辽宁教育出版社1998年版，第2页。
② 同上书，第3页。
③ 郭沫若：《文艺之社会的使命》，《〈文艺论集〉汇校本》，湖南人民出版社1984年版，第116页。
④ 郭沫若：《文学的本质》，《〈文艺论集〉汇校本》，湖南人民出版社1984年版，第275页。
⑤ 郭沫若：《郭沫若致宗白华》，《郭沫若全集》（文学编第15卷），人民文学出版社1990年版，第49页。
⑥ （明）汤显祖：《耳伯麻姑游诗序》，《汤显祖诗文集》，上海古籍出版社1982年版，第1050页。
⑦ （清）袁枚：《随园诗话》（上），人民文学出版社1960年版，第73页。
⑧ 同上书，第360页。
⑨ 郭沫若：《郭沫若致宗白华》，《郭沫若全集》（文学编第15卷），人民文学出版社1990年版，第13—14页。
⑩ 李零：《郭店楚简校读记》，中国人民大学出版社2007年版，第137页。
⑪ 同上。

情，即使出现偏颇也不算多么糟糕的事情；反之，"不以其情"，即使做得十分精工，也未能取信于人。"苟以其情，虽过不恶；不以其情，虽难不贵。苟有其情，虽未之为，斯人信之矣。"① 既然艺术的极致是"至情"，那么是否"出于情"就成为判断一件作品成色高下的一个根本标准。

再看明代诗论家的类似论述，"夫情能动物，故诗足以感人。"② 诗歌是情感的艺术，是诗人性灵所寄，情感的厚薄直接决定了诗歌的高下。焦竑说，"诗非他，人之性灵之所寄也。苟其感不至，则情不深，情不深，则无以惊心而动魄，垂世而行远。"③ 郭沫若也说，"真正的诗，真正的诗人底诗，不怕便是吐嘱他自己的哀情，抑郁……"④ 非常明显，焦、郭二氏在诗歌表现性情、性情决定诗质这一点上，可谓一脉相承，前后呼应。

由于强调感情本位，由于"诉说一种个我的情怀、一种自我的心灵对外在世界的观、感、思"，⑤ 因此中国言志诗学表现色彩是十分浓厚的，"人们自己在进行诗歌——广而言之，也包括其他艺术——创作阅读时所感受到的那种如饥似渴的感情，其最基本方面，恐怕就是这种自我表现、自我确认情念基因所致。"⑥ 既然作为一种个体自我确认的证明，中国抒情诗天生就具有某种"现代"气质，这也难怪有些学者干脆用"抒情"来规定中国文学的现代性特质，谓在革命、启蒙之外，用"抒情"来"代表中国文学现代性——尤其是现代主体建构——的又一面向"。⑦

然而，中国抒情诗的这种"现代"幼芽并没有得到自然生长，根本原因是来自政教的压抑力量过于强大，具体而言主要是"礼""理"以及"中庸"文化对于情感的控制。汉儒提倡要用强悍的礼来"体情防乱"，"夫礼，体情而防乱者也。民之情，不能制其欲。使之度礼，目视正色，耳听正声，口食正味，身行正道，非夺之情也，所以安其情也。"⑧ 宋代道学家更甚，认为"情之溺人也甚于水"，⑨ 视情为溺人害道的罪魁祸首，"存天理，灭人欲"，必欲灭之而后快。可见，悠久深厚的政教文化，对于来自个体的原始情感之有形无形的压抑是无与伦比的，从某种意义上说，一部中国抒情诗学史，就是一部情感与政教相抗衡的冲突史。诚如一些学者所言，从先秦到唐代，中国诗中的主要矛盾是个人之情与"礼"的冲突；而宋至有清，则主要

---

① 李零：《郭店楚简校读记》，中国人民大学出版社2007年版，第138页。
② （明）徐祯卿：《谈艺录》，【清】何文焕辑《历代诗话》（下），中华书局1981年版，第766页。
③ （明）焦竑：《焦竑诗话》，《明诗话全编》（五），凤凰出版社1997年版，第4897页。
④ 郭沫若：《〈文艺论集〉汇校本》，黄淳浩校，湖南人民出版社1984年版，第255页。
⑤ 蔡英俊：《抒情精神与抒情传统》，见《抒情的境界》，台湾联经出版事业公司1982年版，第106页。
⑥ ［日］松浦友久：《李白诗歌的抒情艺术》，上海古籍出版社1996年版，第10—11页。
⑦ 王德威：《"有情"的历史——抒情传统与中国文学现代性》，《中国文哲研究集刊》（第33期）2008年9月，第77页。
⑧ （汉）董仲舒：《春秋繁露·天道施第八十二》，黑龙江人民出版社2003年版，第318页。
⑨ （宋）邵雍：《伊川击壤集序》，见《中国历代文论选》（二），上海古籍出版社1979年版，第275页。

是情与"理"的冲突,情与礼、理这两种政教因素的分合际遇构成了中国诗学发展的特殊景观。①

诗情须为中庸所节的教诲也充斥了浩瀚的诗学典籍。"乐而不淫,哀而不伤"(《论语·八佾》)之类教条姑置不论,"节情""灭情"言述更是比比皆是,《淮南子》说到情与文的关系时如是说,"情系于中而欲发外者也。以文灭情,则情失;以情灭文,则文失。文情理通,则凤麟极矣,言至德之怀远也。"在诗歌方面,它一方面提出"今夫雅颂之声,皆发于词,本于情",但紧接着又反对"目悦五色,口嚼滋味,耳淫五声,七窍交争,以害其性,日引邪欲,而浇其身",强调诗人要"自养得其节"。历代诗论家大体严守规训,诗中情感被牢牢地控制在政教所允许的范围内,中国的表现诗学显得苍白而又无力。

在这种情势之下,再来考察郭沫若的情感论,意义就显得非同寻常。郭沫若情感论的主要价值就是,这种情是一种现代意义上的个人之情,它既和中国表现诗学中的"情"有相通的一面,但更多的是弘扬和发展。它洗掉了蒙在上面的厚厚的政教泥垢,也不同于后来的阶级情感,而纯粹是"个人主义"的"个人的哀情";它要求"绝端的自由,绝端的自主",②显然也滤去了传统诗学的中道色谱。这种绝对自我的情感,不仅表现在其理论表述中,也完整地体现在诗歌创作中。请看《天狗》中的那个"我":"我如烈火一样地燃烧,/我如大海一样地狂叫!/我如电气一样地飞跑!/……我剥我的皮,/我食我的肉,/我吸我的血,/我啮我的心肝,/我在我的神经上飞跑,/我在我脊髓上飞跑,/我在我脑筋上飞跑。//我便是我呀!/我的我要爆了!"③这个无限膨胀的自我,这个不断动荡的自我,这个追逐自己又拷打自己的自我,这个无情否定自己、又无限崇拜自己的自我,这个最终获得与宇宙同一、获得绝对价值的自我,里面哪有一丝情感异化因素留存的空间呢!"浪漫主义文学是文学自我中心主义,是舍弃更大的世界而强调个人,是自我超越的对立物,是纯粹的自我断言……是极端自我主义和原始主义。"④郭沫若早期的诗论与诗作,将表现论的情感个人性和独立性推向了极致。

二 "直接表现"与"兴"

如前所述,表现理论中的"表现"(expression)就是直觉,其过程大体是诗人感于物,所得素材经由"心灵综合作用"形成意象,最后诉诸语言文字。关于这一点,朱光潜对表现论有完整的论述,"(知的活动)对象只是单纯的未经肯否的意象……

---

① 萧华荣:《中国诗学思想史》,华东师范大学出版社1996年版,第8—9页。
② 郭沫若:《郭沫若致宗白华》,《郭沫若全集》(文学编第15卷),人民文学出版社1990年版,第49页。
③ 郭沫若:《女神·天狗》,《郭沫若全集》(文学编第1卷),人民文学出版社1990年版,第54—55页。
④ [英]以赛亚·伯林:《浪漫主义的根源》,译林出版社2008年版,第22页。

艺术的意象和非艺术的意象应该有一个分别，克罗齐以为这种分别在于有无整一性（unity）。非艺术的意象没有经过美感的心灵综合作用，所以零落错乱，来去无定，这就是通常所谓'幻想'（fancy）。艺术的意象经过美感的心灵综合作用，把原来纷乱的意象剪裁融会成为有生命的有机体，所以杂多之中有整一，这就是通常所谓'想象'（imagination）。非艺术的意象无形式（fomless），艺术的意象有形式（form）。这种形式是心以物为凭借而创造出来的。使本来错乱无形式的意象变为有整一形式的意象，要有一种原动力，这种原动力就是情感……艺术就是情感表现于意象。情感与意象相遇，一方面它自己得表现，一方面也赋予生命和形式给意象，于是情趣、意象融化为一体。这种融化就是所谓'心灵综合'。直觉、想象、表现、创造、艺术以及美都是一件事，都是这种心灵综合作用的别名，它们中间并无若何分别。因此，克罗齐把'艺术即直觉'，这个定义引申为'艺术即抒情的直觉'。"[1]

关于诗歌的本质，郭沫若有着与此相类似的表述，他说，"诗的主要成分总要算是'自我表现'了。"[2] 具体是指哪些成分呢？主要是直觉、情绪、想象和形式等四种，"诗的原始细胞只是些单纯的直觉，浑然的情绪。到了人类渐渐文明，个体的脑筋渐渐繁复，想把种种的直觉情绪分化蕃演起来，于是诗的成分中，更生了个想象出来……直觉是诗胞 Kern（细胞核），情绪是 protoplasma（细胞质），想象是 centrosoma（染色体），至于诗的形式只是 zellenmembran（细胞膜），这是从细胞质中分泌出来的东西。"[3] 这四种要素中，情绪是触物而来的，是前提性存在，形式是全部感知活动的结晶，最能体现诗人创造性的就是直觉和想象了。非艺术的物象转化为艺术的意象，必须经过这个心灵转化器的有机活动才能完成。

这个过程颇为类似于传统诗论中所谓的"兴"，"感物曰兴。兴者，情也，谓外感于物，内动于情，情不可遏，故曰兴，感君臣之德政兴废，而形于言。"[4] 钟惺的这种表述已经接近于表现论了。徐祯卿也曾对这个艺术创造过程进行了诗意化的描述和展示：

> 情无定位，触感而兴，既动於中，必形於声。故喜则为笑哑，忧则为吁戏，怒则为叱咤。然引而成音，气实为佐；引音成词，文实与功。盖因情以发气，因气以成声，因声而绘词，因词而定韵，此诗之源也。然情实眇眇，必因思以穷其奥；气有粗弱，必因力以夺其偏；词难妥帖，必因才以致其极；才易飘扬，必因质以御其侈。此诗之流也。由是而观，则知诗者乃精神之浮英，造化之秘思也。若夫妙骋心机，随方合节，或约旨以植义，或宏文

---

[1] 朱光潜：《文艺心理学》，《朱光潜全集》（1），安徽教育出版社1987年版，第354页。
[2] 郭沫若：《郭沫若致宗白华》，《三叶集》，上海亚东图书馆1927年版，第133—134页。
[3] 郭沫若：《郭沫若致宗白华》，《郭沫若全集》（文学编第15卷），人民文学出版社1990年版，第49页。
[4] （明）钟惺：《气集·晰秘三四》，《明诗话全编》（七），凤凰出版社1997年版，第7503页。

以叙心，或缓发如朱弦，或急张如跃楛，或始迂以中留，或既优而后促，或慷慨以任壮，或悲悽以引泣，或因拙以得工，或发奇而似易。此轮匠之超悟，不可得而详也。①

诗歌的形成过程被描述的十分清楚："因情以发气，因气以成声，因声而绘词，因词而定韵"，诗人感物生情，付诸声音文字，最后形成诗歌形式。这里的创造过程被其称为"造化之秘思"，充满了复杂而又神妙的心灵活动。

问题的核心还不止于这个创造过程，而在于这个过程是如何完成的，即它是天然生成的，还是人为形成的，它是一蹴而就的，还是精雕细刻的。也就是说，这个直觉或表现，是否出于自然。"仰观俯察、遇物触景之会，勃然而兴，旁见侧出，才气心思，溢于笔墨之外。"② 历代诗论家都十分看重"兴"的自然性，"大抵诗之作也，兴，上也，赋，次也，赓和不得已也。我初无意于作是诗，而是物是事，适然触于我，我之意亦适然感乎是物是事。触先焉感随焉，而是诗出焉，我何为哉？天也，斯谓之兴。"③ 这种出神入化的心物相遇也被形容为风水相遭，"凡物色之感于外，与喜怒哀乐之动于中者，两相薄而发为歌咏，如风水相遭，自然成文；如泉石相荡，自然成响。"④ 在这个诗学背景上考察郭氏"诗不是'做'出来的，只是'写'出来的"⑤之类宣言，前后的渊源关系怕是不言自明了。

传统表现诗学还有一个重要的特点，就是诗要直写性情，金圣叹说，"诗非异物，只是人人心头舌尖所万不获已，必欲说出之一句说话耳。"⑥ 并对传统言志诗学进行了一番颇具近代色彩的解读：

> 诗者，人之心头忽然之一声耳。不问妇人孺子，晨朝夜半，莫不有之。今有新生之孩，其目未之能眴，其拳未之能舒也，而手支足屈，口中哑然，弟熟视之，此固诗也。天下未有不动于心而其口有声音者也。天下未有已动于心，而其口无声音者也。动于心声于口，谓之诗，故子夏曰："在心为志，发言为诗"。故"志"之为字，从之从心，谓心之所之也。"诗"之为字，从言从之，谓言之所之。心之所之，谓之言焉。言之所之，斯有诗焉。故诗者，未有多于口中一声之外者也。⑦

---

① （明）徐祯卿：《谈艺录》，（清）何文焕辑《历代诗话》（下），中华书局1981年版，第765—766页。
② （清）叶燮：《原诗》，人民文学出版社1979年版，第47页。
③ （宋）杨万里：《答建康府大军库军门徐达书》，《宋诗话全编》，凤凰出版社1998年版，第5964页。
④ （清）纪昀：《清艳堂诗序》，《纪文达公遗集》卷九，清刊本。
⑤ 郭沫若：《郭沫若致宗白华》，《郭沫若全集》（文学编第15卷），人民文学出版社1990年版，第14页。
⑥ （清）金圣叹：《鱼庭闻贯》，《金圣叹全集》（四），江苏古籍出版社1985年版，第39页。
⑦ 同上。

诗是源自诗人内心的一种情感表达，是一种个体生命的自然需求，只有先"动于心"，才能后"声于口"，它和郭沫若的"抒情诗是情绪的直写"① 有着深刻的联系，"诗底波澜，有他自然的周期，振幅（Rhythm），不容你写诗的人有一毫的造作，一刹那的犹豫，硬如歌德所说连摆正纸位的时间也都不许你有。"②

当然，郭沫若的诗论自有超越传统表现论的地方，一个重要的方面就是他对于诗人想象的强调。毋庸讳言，传统表现诗论在绘声绘色地描述"兴"的状态时，对于诗人艺术创造的核心即想象部分，缺乏必要的关注，这是一个不小的遗憾。在这方面，郭氏倒是提供了新鲜的东西，他对于诗的定义有一个著名的公式，"我想诗这样东西倒可以用个方式来表示他了：诗 = （直觉 + 情调 + 想象） + （适当的文字）"，③想象与直觉及情调被他置于平起平坐的位置，三者的有机作用共同构成了诗歌的内质。他还把直觉等同于灵感，将想象活动看作是诗歌创造的本质，这些都极大地丰富了传统表现诗学的内涵，"我想诗人底心境譬如一湾清澄的海水，没有风的时候，便静止着如像一张明镜，宇宙万汇底印象都涵映着在里面；一有风的时候，便要翻波浪涌起来，宇宙万汇底印象都活动着在里面。这风便是所谓直觉，灵感（Inspiration），这起了的波浪便是高涨着的情调。这活动着的印象便是徂徕着的想象。这些东西，我想来便是诗底本体，只要把他写了出来的时候，他就体相兼备。"④ 他谈及自己"想象力实在比我的观察力强"，⑤ 不论是理论上还是实践上，这种对想象力的倚重也是对传统表现诗学的有益补充。

三 形式"绝端的自由"及诗歌的超功利性

表现诗学的重要维度还在于对于自由形式的强调，亦即判断艺术形式价值和必要性的主要标准，要看其是否有利于最大限度地表现内容。由于形式是内容的外化，形式的存在是以内容的自由表达为必要前提，内容形式密不可分，因此形式被欧美新批评派认为是完成了的内容。在这方面，清代诗论家袁枚有一些朴素的认识，在谈到性情与格律的关系时，他有如下阐述：

> 余作诗，雅不喜叠韵、和韵及用古人韵。以为诗写性情，惟吾所适。一韵中有千百字，凭吾所选，尚有用定后不慊意而别改者；何得以一二韵约束

---

① 郭沫若：《论节奏》，《〈文艺论集〉汇校本》，黄淳浩校，湖南人民出版社1984年版，第280页。
② 郭沫若：《郭沫若致宗白华》，《郭沫若全集》（文学编第15卷），人民文学出版社1990年版，第15—16页。
③ 同上。
④ 郭沫若：《郭沫若致宗白华》，《郭沫若全集》（文学编第15卷），人民文学出版社1990年版，第14页。
⑤ 郭沫若：《论国内的评坛及我对于创作上的态度》，《〈文艺论集〉汇校本》，湖南人民出版社1984年版，第142页。

为之？既约束，则不得不凑拍；既凑拍，安得有性情哉？《庄子》曰："忘足，履之适也。"余亦曰：忘韵，诗之适也。①

杨诚斋曰："从来天分低拙之人，好谈格调，而不解风趣。何也？格调是空架子，有腔口易描；风趣专写性灵，非天才不办。"余深爱其言。须知有性情，便有格律；格律不在性情外。《三百篇》半是劳人思妇率意言情之事；谁为之格，谁为之律？而今之谈格调者，能出其范围否？况皋、禹之歌，不同乎《三百篇》；《国风》之格，不同乎《雅》《颂》：格岂有一定哉？许浑云："吟诗好似成仙骨，骨里无诗莫浪吟。"诗在骨不在格也。②

尽管其立论的前提不可避免地要坚守"格律"的规约，但对于诗人性情与格律形式的同一性已经提出了要求。更进一步，诗人性情是自由奔放、无所拘束的，那么作为性情"镣铐"的诗词格律是否应该予以废除呢？这个推理的结论是由五四新诗人来完成的，郭沫若说，"形式方面我主张绝端的自由，绝端的自主。"③ 与袁枚上述论说联系起来，郭沫若的理论可谓顺理成章。

关于自由形式之于新诗的意义，郭沫若有一段完整的叙述：

我也是最厌恶形式的人，素来也不十分讲究他。我所著的一些东西，只不过尽我一时的冲动，随便地乱跳乱舞的罢了……我自己对于诗的直觉，总觉得以"自然流露"的为上乘，若是出于"矫揉造作"，只不过是些园艺盆栽，只好供诸富贵人玩赏了。天然界的现象，大而如廖无人迹的森林，细而如路旁道畔的花草，动而如巨海宏涛，寂而如山泉清露，怒而如雷电交加，喜而如星月皎洁，莫一件不是自然流露出来的东西，莫一件不是公诸平民而听其自取的……诗的生成，如像自然物的生存一般，不当参以丝毫的矫揉造作。我想新体诗的生命便在这里。④

为什么形式的自由也是表现的自由呢？这还要从诗歌的两大要素即诗质与韵律之间的关系说起。诗质和韵律是诗歌与生俱来的两个基本要素，二者互为依存，不可或缺，"不含有 rhythm（节奏）的诗是不存在的。"⑤ 因为，"诗，基本上是抒情性同韵律性的语言表现，该表现与主体的自我确认和感动相一致。换言之，通过这抒情与韵律的

---

① （清）袁枚：《随园诗话》（上），人民文学出版社 1960 年版，第 3 页。
② 同上书，第 2 页。
③ 郭沫若：《郭沫若致宗白华》，《郭沫若全集》（文学编第 15 卷），人民文学出版社 1990 年版，第 49 页。
④ 同上书，第 47 页。
⑤ ［日］松浦友久：《李白诗歌的抒情艺术》，上海古籍出版社 1996 年版，第 7 页。

语言表现来确认自我之时，也就是我们感受到'诗'确实存在之时。"① 也就是说，抒情也好，韵律也好，都是诗之为诗的前提性存在，是诗人自我确认的必要证明。

基于此，郭沫若重新认识了传统的诗文之辩，"拘于因袭之见的人，每每以为'无韵者为文，有韵者为诗'，而所谓韵又几乎限于脚韵。这种皮相之见，不识何以竟能深入人心而牢不可拔……不知诗的本质，不在乎脚韵的有无。有脚韵者可以为诗，而有脚韵者不必都是诗。告示符咒，也有脚韵，但我们不能说它是诗。诗可以有韵，而诗不必一定有韵。读无韵的抒情小品，人们每每称其诗意葱茏。由此可知，诗的生命别有所在。"② 诗的生命在哪里呢？在于生命的自由表达。他以此自由标准来评价格律诗词，说王维《竹里馆》，"这是我从前最喜欢的一首诗，喜欢它全不矜持，全不费力地写出了一种极幽邃的世界。"③ 他还有时候认为诗歌没有新旧之分，"总之诗无论新旧，只要是真正的美人穿件甚么衣裳都好，不穿衣裳的裸体更好！"④ 诗歌形式存在的唯一理由，就是能否最大限度地为情感内容服务，这是郭沫若对传统表现诗论演绎的基本结论。

关于抒情诗歌与道德功利的关系，也是表现理论的一个重要方面。克罗齐在论述美的定义时，排除了五个"不是"，即艺术不是"物理的事实"、不是"功利的活动"、不是"道德的活动"、不是"科学的活动"、艺术不可分类等。此类论述，在我国传统表现诗论中是不难发现同道者的，叶燮说，"诗之亡也，亡于好名……诗之亡也，又亡于好利。"⑤ 不仅名与利是诗歌的大敌，而且"违心"之作也是导致诗歌灭亡的重要因素，"诗是心声，不可违心而出，亦不能违心而出。功名之士，决不能为泉石淡泊之音；轻浮之子，必不能为敦丽大雅之响。故陶潜多素心之语，李白有遗世之句，杜甫有'广厦万间'之慨，苏轼有'四海弟昆'之言。凡如此类，皆应声而出。其心如日月，其诗如日月之光。随其光之所至，即日月见焉。故每诗以人见，人又以诗见。使其人其心不然，勉强造作，而为欺人欺世之语，能欺一人一时，决不能欺天下后世。"⑥ "心"与"声"的不统一尚且是诗歌大敌，更不要说那些干禄邀功、布道宣德的东西了。

在反对诗歌功利主义这一点上，郭沫若与叶燮如出一辙，"总之我对于艺术上的功利主义的动机说，是不承认他有成立的可能性的。"⑦ 那么，诗歌有无功利，诗歌

---

① ［日］松浦友久：《李白诗歌的抒情艺术》，上海古籍出版社1996年版，第11—12页。
② 郭沫若：《〈少年维特之烦恼〉序引》，载吴奔星等选编《沫若诗话》，四川人民出版社1984年版，第31页。
③ 郭沫若：《创造十年》，载吴奔星等选编《沫若诗话》，四川人民出版社1984年版，第92页。
④ 郭沫若：《〈文艺论集〉汇校本》，黄淳浩校，湖南人民出版社1984年版，第256页。
⑤ （清）叶燮：《原诗》，人民文学出版社1979年版，第53页。
⑥ 同上书，第52页。
⑦ 郭沫若：《论国内的评坛及我对于创作上的态度》，《〈文艺论集〉汇校本》，湖南人民出版社1984年版，第145—146页。

的功利体现何在？他认为诗歌的"功利"当然也有，但那是诗歌本身的质素，是吐露自己的真情，"真正的诗，真正的诗人底诗，不怕便是吐嘱他自己的哀情，抑郁，我们读了。都莫有不足以增进我们人格的。因为诗是人格底创造底表现，或为人格底创造冲动底表现。我们感得了他这种冲动，对于我们的人格上，灵性上不能不生影响。人性是普遍的东西，个性最彻底的文艺便是最为普遍的文艺，民众的文艺。诗歌的功利似乎应该从这样来衡量。"① 至于影响读者"人格""性灵"等客观效果，那是诗外的功夫。那是一种无用之用的效应，"我承认一切艺术，它虽形似无用，然在他的无用之中，有大用存焉。它是唤醒人性的警钟，它是招返迷羊的圣录，它是澄清河浊的阿胶，它是鼓舞生命的醍醐……"② 要之，他是从作者与读者、创作与欣赏两个端面具体分析诗歌功利的，就作者创作活动而言，艺术应当摒弃功利坚持唯美；就读者欣赏而言，功利是无法否认的，但这种功利正是反对功利的结果。"创作家于其创作时，苟兢兢焉为功利之见所拘，其所成之作品必浅薄肤陋而不能深刻动人，艺术且不成，不能更进论其为是否'社会的'与'非社会的'了。要之就创作方面主张时，当持唯美主义；就鉴赏方面言时，当持功利主义：此为最持平而合理的主张。"③ 显然，这种艺术功利二元观点，要比叶燮等传统表现诗论的功利说，来得更为客观辩证。

上述考察使我们认识到，郭沫若早期诗论看起来是西方影响的直接产物，但实际上传统诗学深刻的烙印无处不在起着作用。从中国诗学从传统向现代转换的角度看，郭沫若突出诗歌中的情感因子，激活了抒情主体的个性因子，使抒情诗中本来就存在的现代质素彰显无遗；他强调诗歌的自由表达，直写性情，强调心灵的综合作用，冲破了传统决定论和反映论一统天下的僵化格局；他主张形式的绝对自由，有利于中国诗歌文体革命的顺利进行；他反对诗歌的功利主义，使历时数千年的中国诗歌从政教压力之下解脱出来，呼吸到了艺术自立的新鲜空气，这些因素在中国诗歌从传统到现代的蜕变中无疑起到了一个桥梁作用，意义非同寻常。然而这种表现色彩十足的诗论却很快遭到了他自己的否定，1925 年 12 月，他撰文这样说，"我从前是尊重个性，景仰自由的人，但在最近一两年之内与水平线下的悲惨社会略略有所接触，觉得在大多数人完全不自主地失掉了自由，失掉了个性的时代，有少数的人要来主张个性，主张自由，总不免有几分僭妄。"④ 为了新兴阶级的解放，他宁愿失去创作个体的个性自由。1928 年他更为明确地宣称，"个人主义的文艺老早过去了"，"代替他们而起

---

① 郭沫若：《〈文艺论集〉汇校本》，黄淳浩校，湖南人民出版社 1984 年版，第 255 页。
② 郭沫若：《论国内的评坛及我对于创作上的态度》，《〈文艺论集〉汇校本》，湖南人民出版社 1984 年版，第 146 页。
③ 郭沫若：《儿童文学之管见》，《〈文艺论集〉汇校本》，湖南人民出版社 1984 年版，第 191—192 页。
④ 郭沫若：《文艺论集序》，《〈文艺论集〉汇校本》，黄淳浩校，湖南人民出版社 1984 年版，第 5 页。

的"将是"无产阶级文艺",① 公然宣称文学是阶级服务的工具,这样,早年所坚持的超功利论也被他自己无情地否定了,其追求功利的程度与古代实用主义诗学相比,实在是有过之而无不及。

(原载《南京师范大学文学院学报》2013 年第 2 期)

---

① 麦克昂:《英雄树》,《创造月刊》(一卷八期),1928 年 1 月。

知识分子的和谐理想及其文学表达

——以郭沫若的《女神》为例

哈建军

纵观百年历史,虽说知识分子的命运遭际有过一波三折,但知识分子对社会理想的追求并没有停止过。譬如说魏源、龚自珍以后的黄遵宪、梁启超、康有为、谭嗣同、夏曾佑、蒋智由、丘逢甲等人,他们从政治层面热烈地呼吁社会改良。"五四"前后,时代使中国知识分子站在了一个世纪的门槛上,也从人生的门槛上"觉醒"了过来,这种"醒来之后寻路走"的姿态激起了他们的"创世"意识,使他们心中激荡着强烈的使命感、责任感,志在追求一种理想的人生。社会上回响着他们要求社会"改良"和"革命"的呼声,他们有的致力于给人生塑形,有的着眼于社会改造,有的倾心于宇宙怀想,许多知识人浸入文学表达着他们的理想。如果说晚清时期的文人知识分子侧重对现实社会的反抗和解构的话,那么,"五四"以后的知识分子则是:一边针砭社会现实,一边建构社会新态——这些知识分子追求和构想的新态社会有一个关键词便是"和谐"。"和谐"一方面指由"和谐的心态"营造的"和谐的社会气氛",另一方面指大胆地创造和谐的社会体制(或社会秩序)。中国现代知识分子的这种"和谐"追求集中体现在三个时段:"五四"时期、建国后的"十七年"和"拨乱反正"之后的"新时期",每个时期都有几个活跃的知识分子在张扬着"和谐"之声,每个时期也都可以挑出几部宣扬"和谐"的代表作,正是这些精心创造的作品,在社会的转型与蜕变中审思着家国的未来、设计着民族理想的"彼岸"。

我们先看看"五四"时期郭沫若在《女神》中是如何构想和谐社会的。

有人认为《女神》时期的郭沫若浮躁凌厉、狂热得近乎疯癫,创作时又是发抖、又是打滚,哪有和谐可言!笔者认为,郭沫若在《凤凰涅槃》中鲜明地提出了"和谐"追求,强调了"和谐"是社会转型、人生转折、命运转变的"大势之趋"。"和谐"不仅是《凤凰涅槃》的一大主题,也是《女神》的重要主题之一。"凤凰"意味着"更生","女神"象征着创造,涅槃和创造就是要实现"和谐",这一主旨不该被淹没在其他主题的背后。在此,并非笔者有意苟同或者牵强附会于当下流行的"和谐"思潮,而是因为渴求"和谐"是诗中凸显的一种强烈愿望,它彰显了郭沫若当时激进的国家理想、社会理想。然而,诗人纵情呼唤的这种"和谐"一直没被后来的读者所重视,也没被研究者充分挖掘,这样不仅狭隘化了《女神》的主题与价值,也将近百年来中国知识分子追求的社会理想的主线淡化了。

为什么郭沫若在创作《女神》时渴望"和谐"?笔者认为,郭沫若深受中国传统文化的影响,创作《女神》时已具备一个知识人的忧国忧民情怀,具备了为国献言、为民献身的思想根基。加上自"鸦片战争"到"巴黎和会",中国国力渐衰、屡遭欺凌,他们这些刚刚燃烧出青春活力的留学生便责无旁贷地肩负起了拯救民族的"大任"。而站在异国他乡的留学生们,认识到这半个多世纪的中国不是弱在没有坚船利炮,而是没了精神斗志,民心不齐、民力不聚,涣散了民族凝聚力和为精神自由而战、为"和谐"理想而奋斗的内驱力。回望千年文明古国,要想唤醒民众,要激起民众自强、自立,就要从中国文化的根本精神中寻找"合力",需要从精神上来激活他们、挽救他们。而中华民众最根本的愿望就是和睦相处、和气生产、和谐共荣,过"太平日子",享受"其乐融融";唯有"和谐"是中华民族最核心的,也是出于主导地位的心灵皈依和思维取向,是中华民众中最具公信力的目标,唯有"和谐"才最能服众,最易"立人"。

面对列强各国争相逞强、对中国的恣意瓜分,面对中国的痛苦挣扎,郭沫若呼喊着要"和谐",并以此鼓舞国民的爱国、爱民、爱自己。当然,郭沫若的这一"和谐"和当今流行的"和谐"内涵是不一样的。当下政府提倡的"和谐"之重点是"要协调利益关系",其"着力点在于完善市场、推动市场均衡和健全民主法制"[1]。国家领导人提出:"我们所要建设的社会主义和谐社会,应该是民主法治、公平正义、诚信友爱、充满活力、安定有序、人与自然和谐相处的社会。"[2] 所以,发展社会生产力,"保持经济持续快速协调健康发展,创造更丰富的社会物质财富,使国家的整体实力不断增强,使人民群众的生活水平不断提高,是构建社会主义和谐社会的物质基础。"[3] "努力建立持久和平、共同繁荣的和谐世界,是中国政府倡导的外交新理念"[4],这是国家和谐、世界和谐的愿望。它"以相互安全为前提,以均衡发展为基础,以公认法理为保障,以对话合作为手段,以共同繁荣为目标"[5]。政治理性下的"和谐"追求虽然也"以人为本",但遵循的是"利益共享原则",注重的是社会的"稳定""有序"这一前提。而郭沫若"自下而上"地呼吁和谐,侧重的是精神导向、心理结构,想从认识上、态度上、信仰上确立公信力,凝聚民族的心灵。在郭沫若来看,个体的人"涅槃"、新生了,社会就易于革新、进步;"和谐"需要个体

---

[1] 李松龄、尹斌:《和谐社会的理论探索》,《求索》2007年第9期。
[2] 胡锦涛:《在省部级主要领导干部提高构建社会主义和谐社会能力专题研讨班上的讲话》,载中央文献研究室《十六大以来重要文献选编》,中央文献出版社2006年版,第706页。
[3] 同上书,第708页。
[4] 杨玲:《和谐世界理念:推动国际新秩序的构建》,《求索》2007年第9期。
[5] 胡锦涛:《在上海合作组织成员国元首莫斯科会议上的讲话》,载黄宏《社会主义和谐社会论纲》,广东人民出版社2006年版,第302页。

的人和社会集体共同"策进"。从郭沫若的《女神》看来,"和谐"是一种美的、先进的生命样态,是他当时追求的人生目标、社会理想,也是其宇宙理想,最终指向的是民族精神、社会风貌、社会公信力的建构。

一

《凤凰涅槃》是一部较完整的交响乐章,从"序曲"到"凤凰更生歌"循序了"酝酿——过渡——渲染——高潮——尾声"情感演进,生动地演绎了诗人革除旧我更生新我、焚烧旧世界创建新世界的心声,以及破旧立新的情感律动。"立新"是"凤凰涅槃"的思想动力,"和谐"是情志所归,也是中心目标。为达到"涅槃",诗中聚满了激情,为"和谐"的内涵渲染出了多重层面,如"新鲜""热诚""芬芳""自由"等,均是"和谐"的同义词或近义词。因此说"和谐"是诗中复现率最高的意象。初版的《凤凰涅槃》用了十五个诗节来张扬这种"和谐",1928年郭沫若对《凤凰涅槃》做了"改削",但改诗并没有减弱或改变主旨,"改削"后"和谐"依然是整个乐章的强音。这种基调在《女神之再生》《湘累》《炉中煤》等诗中亦有体现,可以说"和谐"是郭沫若这些年轻知识分子的一大梦想,正如有人说:"郭沫若的全部著作都体现出一种文明成果之间的和谐互补品格。"[①]

《凤凰涅槃》中,实现了"涅槃"就意味着达到了"和谐",凤凰"涅槃"了也就象征着你、我和"一切的一"达到了"和谐"。"涅槃"是达到"涅槃境界"的必要手段,那么"和谐"也即达到"和谐状态"的必要方式。这种从个体的完善推及整体的完美,可以说是整个《女神》贯穿始终的思路和主题。因此说《女神》中的"和谐观"应是:个体的"人的和谐"与整体的"社会和谐"是同理的,也是一致的,甚至是同步的,"我"和"大我"既指所有的"个体",也指涉整个社会、整个世界。凤凰要创造一个"理想的个体",也就等于社会全体期待一个具备"新鲜""净朗""华美""芬芳""挚爱""和谐""自由""雄浑""悠久""欢唱"体制的世界。《女神》告诉我们:人和谐了,社会就和谐了;个体和谐了,世界就和谐了;人需要和谐,宇宙中一切都需要和谐。人的内部世界和外部世界各自是一个完整的整体,就像毕达哥拉斯、董仲舒等所认为的那样:整个天体就是一种和谐;人体也类似于一个小宇宙,也讲求和谐,人体小宇宙的和谐就是一种美的追求。

郭沫若在《国画中的民族意识》一文中列举了几位民族意识极为强烈的人物,如郑所南、王冕、八大山人等,从他们的画中悟到:"元人统治了中国疆土近一百

[①] 祁和晖:《换一种思维看郭沫若——要研究郭沫若的和谐之美》,《郭沫若学刊》2008年第1期;又见四川郭沫若研究中心、四川郭沫若研究学会、中国郭沫若研究会:《当代视野下的郭沫若研究》,巴蜀书社2008年版,第66页。

年，然而统治不了的是中国人的心。"① 他强调"民心"的合力来自共同的价值趋向，"民心"一旦觉悟了会有了不起的力量。用他自己后来的一句话就是"春天来了，一切的花草树木都要迸出新鲜的苗条。即使是被压在巨石下，也有那比铁钻还要坚韧的苗条，从残冰剩雪中迸射出来，响应着光明的节奏，合唱着生命的凯歌。这是战斗，是进步，是发展，是创造"②。郭沫若将"个体"理想和他的民族意识、国家意识联系在一起，就像把"一切的一"和"一的一切"统一在一起一样。故他要"歌颂人类的青春"，要"为人民服务，为进化服务这是我们的信条，我们要抓紧着当前的现实，作思想上、文化上的策进"③。这些表述虽然是40年代发表的，但其思想根基在创作《女神》时就已见端倪了。

"人的和谐"主要指人要有自查、自勉的自省意识，必须经历"涅槃"式的蜕变来自救，才能达到"新鲜""净朗""华美""芬芳"。唯此人的精神追求、道德观念、情感需求、意志和目标才能协调一致，做人的追求才会和所有人的价值追求趋向崇高、趋向久远，社会成员才会共同追求"理想的世界"，创造"新的光明""新的热力"和"新的太阳"。诗中的"涅槃""狂叫""燃烧"等都是他求变、求新、求和谐的情志之强烈的表现，他的反叛和破旧立新是创造新的个体的手段，和谐是他张扬的终极目的。

从《女神》看来，要创造新鲜的个体，要实现"人的和谐"，需要具备以下几个因素。

（一）正视自我的意识

封建主义把人异化为人的奴隶，资本主义把人异化为物或者说把人异化为物的奴隶，在这两种形态的社会里，一部分人通过对物的占有宣扬其优越性，以对物的占有为标准将人按贵贱分级，从而瓦解被控制着的道德意识和平权意志，最终使被控制者不敢正视自己，人格分裂而不觉，"自我"成了"他者"，甚至成了自己的对立面。郭沫若在"五四"中接受了新思想，认为真正的人应该敢于正视自我，正视人与人的差距，正视自己的黑暗，正视人的真实感情和精神需求，正视自己的命运和出路，《女神》选用"自然流露""直抒胸臆"的方式来表达思想感情便是最佳例证。郭沫若和创造社的其他成员当时极力维护的文学要"本着自己的内心的要求而作"的主张与他们审视内心世界、"正视自我"的意识是一致的。正视自我方知自我的和谐要求是合理的，才会找到追求的动力和方向。

---

① 郭沫若：《郭沫若选集》（四），人民文学出版社2004年版，第374页。
② 同上书，第368页。
③ 同上书，第372页。

(二) 争取自由的信念

郭沫若在"五四"时期，受进化论等西方现代思潮的影响，呼唤人性从奴性的桎梏中解救出来，倡导"人的自觉"，认为生物进化、人的发展和社会进步的道理是一致的。进化的目标和表现都是人的解放，是人敢于重新评价历史，大胆地畅想未来，是人真正享有想象世界、想象未来的自由，拥有真正主宰自己、主宰社会的自由。《女神》就是"绝端的自由"与"绝端的自主""不受任何形式的束缚"的代表作，不仅诗歌的形式自由、内容自由，而且做到了语言的自由、情绪的自由、意志的自由、言说的自由。《女神》彰显的就是为自由而奋斗、为自由而"疯狂"的理念。

(三) 坚守平等的观念

为了实现"人的自觉"，郭沫若在诗中给出了几个预设：首先，人与宇宙万物都是"神"，都有"本体"，"本体"无所不在，宇宙是由"本体"创建的。其次，人与宇宙万物都有一样的"本体"，"本体"是平等的，所以人具有共享时空、共处现实世界的实质性权力。第三，具体到每一个"我"都有自己的"本体"，"本体"决定了人对自己理想人格的享有权和建构权，决定了对自己的生存、发展享有选择权。"本体"决定了人的"民主""平等"是不可回避、不可弃拒的，人享有"民主""平等"是"神"的意志，是实现人的自由与和谐的依据，这在《女神》中有不少的实例。

(四) 破旧立新的勇气

破旧立新是《女神》中最大的声音，主张人应该敢于重新整合自己，抛却那些迂腐、落后的东西，抛却懦弱和封闭，摒弃冷漠和自私，积极、大胆地去争取新的人生，向理想靠近，人要勇于"进化"。即人要敢于对自己说"不"，要有"吞食"旧我、重塑自我的勇气，追求敢说敢做、勇敢坚定、热情放达的人格；同时，还要敢于向不合理的社会现实说"不"，追求社会的破旧立新，追求全社会的光明、温暖，要有重建社会体制、重造光明的豪气，有"宁鸣而死，不默而生"的气概。如《女神之再生》中几位女神决定不再炼石补天，而是要重造光明、创建和谐。因此说《女神》一定程度上说就是一部破旧立新、自立自强的宣言书。

(五) 超越现实的豪情

在《女神》中，抒情主人公常常兴奋于超越现实的"情热"中，审美视点活跃于历史、现实和幻想之中，那些跳跃的意象引领读者看历史、看现实、看未来，打破国家、民族的界限，打破"物""我"界限，带领读者大胆地超越现实、超越时空、狂想未来。可以说在《女神》中，郭沫若高昂的激情主要来自于对美好未来的憧憬，来自渴望超越现实的豪情。也正是这种真挚而炽烈的豪情激励着诗人、感染着读者，飙涨着在想象中创造的浪漫主义基调。

上述五个方面也是个体的精神重建、主动"自救"的几个突破口，通过个人积极、勇敢地"自新"活动最终达到个体的和谐。所以，《女神》追求的"人的和谐"包含以下三个层面。

第一，人的情感和意志的和谐。

《女神》展现的情感爱憎分明，且有三大一致性：一是情绪和意志的混容性，二是感性和理性的同调性，三是个人抱负和社会理想的一致性。故可以将主观意向直接外化为"诅咒""哀哭""熔化""欢唱"等行为，表达出诗人对自由、爱的渴望，对"新鲜的太阳"，"创造新的光明、新的温热"，创造新生，回归家园的渴望，表现出对祖国的"眷念"、对自然万物的热爱，以及对宇宙的光明、温暖、和谐的向往。诗人将高昂的激情和远大的志向统一在一起，所以《女神》中的"泛神论"思想、爱国主义思想、破旧立新的思想才会融通在一起，多层次的主题思想的生成与同现主要归结于情感和意志的和谐。

《女神》中为表现情感和意志的和谐，所运用的艺术手法有两种：一是"有感而发"。诗人讲求"自然流露"，强调直觉，重视灵感的作用，其实就是诗人重视"有感而发"的艺术策略：把感触、感慨真实地表达出来，强化成一种熔铸意志的惯性。二是"直抒胸臆"。直接表达内心的要求，"本着内心的要求来创作"，不必含蓄地去暗示，不必委婉地去象征，不必"欲擒故纵"，更不必恪守"文规武律"而"作茧自缚"，应该直抒胸臆。所以诗人显得极为投入，其情其意真实恳切，《女神》喷射给读者的便是意志和情绪融合在一起的冲击力。

第二，人的情感和道德的和谐。

"忠""孝""义"是我们封建时代主要的道德观，到了"五四"时代，中国传统文化和西方现代文化发生碰撞，滋生了反对旧文学、反对旧道德的强劲浪潮。郭沫若、田汉、郁达夫等"五四"青年提倡新的道德观是：忠于自己，本着内心的要求来创作；忠于"人"，任何人都有平等而神圣的"本体"；忠于社会，为社会的光明和谐而"策进"；热爱祖国，国民和国家（民族）要有一致的自尊心和荣辱感；热爱天地万物，热爱生活，做到"物我合一"。这些都是郭沫若这些"五四"青年的"'五四'道德观"，也是他们当时随性情而构建的"伦理"。郭沫若在《炉中煤》《匪徒颂》《晨安》等诗中表达了对草木山河的热爱和对农民、工人的礼赞，就体现了一个主体的人、一个"个体的人"的情感和道德的协和追趋。

第三，人的情感和信仰的和谐。

在旧中国，作为主流的儒家文化提倡"存天理、灭人欲"，提倡"忠""孝""节""悌"，维护"三纲五常"。到了"五四"时代这些信念就不合时宜了。郭沫若通过他的诗作，表现了对"泛神论"的推崇，信仰世间万事万物都有的"本体"，"本体"即神，无所不在。"本体论"决定了人的信仰和情感是和谐一致的，这是实现人的自由、平等、欢乐、和谐的理论依据。虽然后来郭沫若又否定、批判"泛神论"而相信起"阶级论"，但并不能说明诗人对"人的情感和信仰相和谐"的批判与否定，而是说明诗人重新树立了信仰的对象，或者说及时在现实中树立了与情感相一致的信仰，因为推进社会前进的力量已不能仅限于"本体"，一个刚被唤醒的"阶级"已经日渐强壮。

总之，《女神》体现的"人的和谐"首先是"人心的和谐"，即彰显个性、人格创造、精神自救。《女神》告诉世人：人有向上之心，其行也善。胸怀天下，共生共荣，人格定然高尚。个体自强不息，求真理、谋发展，积极主动地引领整体前进，所思所为，不仅可以服众，更可以帅众。人的精神世界"科学"了，才能将情绪、意志、道德统一起来，才能自强而立，发挥各种"力"实现人的自由发展。个体的和谐是社会和谐的前提，社会的和谐是每个"个体"的追求目标。

二

我们从《女神》中看到，人的内心趋于和谐了就会有美的"个体"，就会有人的和谐。而对人的外部世界来说社会体制是主要的，社会体制决定了人要在什么样的秩序中获取"新的光明""新的热力"和"新的太阳"。社会体制是需要不断更新的，且需要"我"和"我们"彻底革新它，而非"改头换面"的"改良"，从而使"人的体制"合情、"社会体制"合理，以共同促成"宇宙体制"的恒久。"人的体制"中"人心"是关键，社会体制中"生产关系"是关键——合乎人性要求、合乎人的生存发展的需求，合乎时宜和进化规律。因此，要实现社会体制导引社会趋于和谐，就需"一切的一"与"一的一切"的同质同构。

那么，如何实现每个"个体"和社会所有"个体"在"一切的一"与"一的一切"上同质同构呢？

首先，是将"物""人化"。这个"物"指抒情主体之外的所有他人和外部世界中一切事物，"人化"主要指将"物"生命化、情感化、主体化，或者说注入人的主体性品格。《天狗》就将狗"人化"了，且把中国的天狗和日本的天狗统一了起来。在中国传统文化中，人们把日食、月食现象说成是"天狗吃月亮"，这是主体的力量受限时产生的一种遐想，也是"人的本质力量对象化"的结果。在日本文化中，天狗亦人亦怪，长着大长鼻子和红脸，背有双翼，穿着修验僧服和高齿木屐，手持羽扇和宝槌，身材高大，具有难以形容的超凡能力。日本共有八大天狗，均是怪人形象。《天狗》中的那只"天狗"已综合了中日文化的神话元素，像凤凰一样拥有自觉、自新的品格。它通过"吞食""燃烧""飞奔""狂叫"等，就达到了像"凤凰涅槃"

一样的程度,变得"人神兼备""物我合一"。获得新生的"天狗"便是一个主体化、人性化了的"人格神"形象。诗人幻想像天狗一样,把宇宙中一切物"吞"了,将物内化为人的自省元素,人就具备了人和物的双重能量,具有了超凡之力。"我便是我了"是说,"我"向往的正是这种"超凡之人"。所以,从"平凡之我"到"超凡之我"的过渡,需要将人和物"合二为一",如此人也就实现了自己,这就是物的"人化"。

《凤凰涅槃》和《天狗》中,都是将物人格化了,物被赋予了人的意志和情感,而且通过"凤(凰)便是火""火便是我(你和他)"以及"我是一条天狗呀"这样的命题,把人与物连成一种"等式"。就像诗剧《女神之再生》中通过"舞台监督"的谢幕词,将山崖壁龛上的神女塑像与现实中的读者、观众连为一体,用的是"你便是我""我便是他"的逻辑。那些走下穴龛的女神与凤凰、天狗等所有具备超凡创新能力的象征物一样,都经历了从无生命到有性灵、从失望悲痛到欣喜欢歌、从凄吟苦唱到狂叫呐喊,都替"我""我们"和"你"阐明了心声,把"你""一切"和宇宙粘合在了一起。"凤凰"想"涅槃",就是"我们要更生","天狗"想自新,就意味着为地球上的一切渴望新生。人具有什么样的理想,更生后的凤凰和天狗就被赋予了什么样的情态。

还有《雪朝》《光海》《梅花树下醉歌》《日暮的婚筵》《地球,我的母亲》《晨安》等诗,都表现出物承担人的意志,执意实现大和谐、大统一,也即宇宙和谐需要物的参与,需要人吸纳物质力量,需要将物"人化",需要物我合一。这是目标,也是宇宙和谐的方式。

其次,是人与物相统一。郭沫若思想中有一点是将"物""神化"、将人"神化",他的"神"一定程度上是指遵循客观规律的信仰,"神化"既可以理解为"本体化""本质化",也可以理解为"信仰化""规律化"。郭沫若接受了中国传统文化中"天人合一"的影响,还吸收了孔孟哲学的精神、老庄哲学中的道、《奥义书》中梵的思想,留学时接受了斯宾诺莎、康德等人的泛神论影响,加入了自己的体悟,形成了自己独特的泛神论思想,并一度以此为武器。郭沫若的"泛神论"视人与自然万物具有同质的神,强调"我即是神,一切自然都是自我的表现"。他说:"一切的自然只是神的表现,自我也只是神的表现。我即是神,一切自然都是自我的表现。人到无我的时候,与神合体,超绝时空,而等齐生死。人到一有我见的时候,只看见宇宙万汇和自我之外相,变灭无常而生生死存亡的悲感。"[①] 郭沫若认为:人的自我与自然的自我统一起来,便具有了同质的"神",便表现为"天与地与在他们周围生动

---

① 郭沫若:《〈少年维特之烦恼〉序引》,载《沫若文集》(10),人民文学出版社1959年版,第178页。

着的力"①，这个力"即是创生万汇的本源，即是宇宙意志"②，也即人的意志和宇宙意志统一了起来，宇宙和谐便是宇宙意志，也是人的意志，是"神"的表现。

诗人指出了宇宙意志包含了新陈代谢的过程，是由低级向高级升化的过程。那么宇宙向什么地方演化、向什么方向"革命"呢？郭沫若在《中国文化之传统精神》中指出："本体天天在向'善'自新着"③。此处的"善"既是道德要求，也是美学要求，主要内涵还是"超绝时空"、万物"等齐生死"的"和谐"之美。

郭沫若的泛神论包含从"神众""众神"到"无神"的转变。"神众"指令万物发见其"神"的本体，"一切的山川草木都被认为神的化身，人亦被认为与神同体"④，这是实现万物协调一致的手段。"众神"是相信一切自然都有神，令其坚信自我的力量、运用自我的力量，是实现自我力量的出发点。而"无神"指宇宙和谐共处，无须争斗，无须再去"吞食"，最终"泛神便是无神"，"无神"才是目的。"无神"是人与人、人与物、人与宇宙和谐统一的结局。世界"大同"了，自然也就不要"神"了。从有神到无神，经历了相信物质世界的神力、集聚并运用物质世界的神力、消除物质世界中的力量失衡与对抗，最终实现"大同"三个阶段，这是一个进化过程，是完善自我、实现和谐的过程，用郭沫若自己的语言就是"新陈代谢"的过程。在郭沫若写《女神》时，创作的一首未收进《女神》中的诗这样表述："宇宙中何等的一大革命哟！／新陈代谢都是革命底过程，／暑往寒来都是革命底表现，／风霆雷雨都是革命底先锋，／朝霞晚红都是革命底旗纛，／海水永远奏着革命底欢歌，／火山永远举着革命底烽火，／革命哟！革命哟！革命哟！从无极以到如今！／革命哟！革命哟！革命哟！日夕不息的永恒革命底潮流哟！……革命底精神便是全宇宙底本体了！"⑤

最后，是"天人一体"化。

在郭沫若看来，"我是全宇宙底 Energy 底总量"并非目的，也即"我"变成"巨炮"摧毁一个旧世界，或变成"天狗"吞食一切星球，或者幻化成一个女神从神龛走下来创造新太阳，甚至"我"变成脱壳的蝉虫，融化在自然的和平运进中，这些均非最终目的，最终目的是要"天下""一切"在"欢唱""翱翔"中享受"和谐"。"吞食""狂叫""燃烧""奔跑""毁灭"和"革命"只是实现这一最终目的的过程和手段。"天下"万物皆可成我，亦可毁我，是"一荣俱荣""一损俱损"。人既要助长惠及众生的那部分人性，又要与天地一理。顺天造化者，人鼎物昌，逆天

---

① 郭沫若：《〈少年维特之烦恼〉序引》，载《沫若文集》（10），人民文学出版社1959年版，第178页。
② 同上。
③ 郭沫若：《中国文化之传统精神》，载《郭沫若全集》（历史编第3卷），人民出版社1984年版，第258页。
④ 同上书，第256页。
⑤ 郭沫若：《宇宙革命底狂歌·革命哲学》，上海泰东书局1921年版，第36页；又见于郭沫若《〈女神〉及佚诗》，人民文学出版社2008年版，第193页。

之运理者，必浸染腐朽与黑暗。秉天理，约人性，才可"天下"一体，关键是要创建"天下一体"、"天下和谐"的体制。"天下"与"宇宙"一方面指世间万物，另一方面指升华生命的道理，同时，"作为一个空间概念时，'天下'意味着天覆地载的最广大的区域；作为一个政治性概念时，'天下'则意味着一个超越了区域和种族的和谐的政治秩序，故'平天下'必然成为儒家政治理想的高点。"① 儒家文化最讲求从人的身上理出"天人一体""天下和谐"的规则，深受儒家文化影响的读书人总会自觉地肩负起"平天下"的使命，实践家庭和睦、社会太平、天下安宁的构想。"学而优则仕"是因为他们最初的"忠""爱""孝""慈"都归拢到了理人间秩序、开万世太平上，知识分子历来对此极为自觉。由于"入仕"者未必都会"存天理"、恤苍生，有的过于"纵人欲"，言行未必都合乎人之情、天之道、命之理，所以才会引起争战和革命，借助革命的火焰来烧毁一切腐朽的个体、腐朽的体制，重建"新鲜""热诚"的"和谐"世界。

《女神之再生》中，走下穴龛的女神之所以要慨然呼告重造太阳、重建宇宙，是因颛顼和共工不仅没有换来新的体制，反而破坏了安宁和光明。《棠棣之花》诗剧中的聂嫈就是为"乌鸦和乱草的世界"而悲怆，为"根本坏了"而悲哀。《匪徒颂》中歌颂了出自不同时代、不同民族、不同地域的各类"匪徒"，诗人歌颂他们，主要是因为他们都大胆地破毁不合理、不合情的秩序和制度。在《心灯》中，诗人希望："空中的太阳，胸中的灯亮，／同是一座公司底电灯一样：／太阳万烛光，我是五烛光，／烛光虽有多少，亮时同时亮。"《登临》中也有："脚上的黄泥！你请还我些儿自由，／让我登上山去！／我们虽是暂时分手，／我的形骸终久是归你所有。"表达的都是"天人一体"的理念。

为实现"天人一体"，就需要大的革新。郭沫若在诗中呼喊："为阶级消灭而战哟！／为民族解放而战哟！／为社会改造而战哟！""政治体制"若合民心、合众志，则"革命"呼声熄矣，这在中国文化传统中十分明显。故斗争、破毁应是为建立一种合理的体制，体现和实践社会人的情志需求；"政治体制"是"社会体制"的关键，"政治体制"合乎人之情、合乎天之理时，也即顺乎人的生存发展的需求时，社会就会合上奔向光明、共享和谐的节律。

三

有了如此明确的追求，才会将《女神》写得亢奋、激越、狂热。那么，"宇宙和谐"的境界是怎样的呢？对此，诗人在《凤凰涅槃》的"凤凰和鸣"中用了"和谐"等14个关键词，反复咏唱在"热诚""净朗"中"自由"地"翱翔"，在"新

---

① 干春松：《世界和谐之愿景：〈中庸〉与儒家的"天下"观念》，《学术月刊》2008年第9期。

鲜""挚爱"中"生动"地"欢唱",在"雄浑""华美"中"悠久"地"芬芳"。这是凤凰涅槃后的样态,也是人与宇宙"和谐"的理想样态。这种"和谐"是"一切的一,和谐",你、我、他和宇宙一切都和谐。

在《晨安》中,诗人激昂地向地球上的一切道晨安,召唤大家一起投入这和谐美好的时光。《地球,我的母亲》表现了"我"与万物拥抱的融合感。《光海》中写道:"到处都是新鲜的情调,/到处都是诗,/到处都是笑……"在《巨炮之教训》中诗人对穷兵黩武极有恶感,以惦家之思表现对和谐的渴望……

可以说,郭沫若的《女神》表现了以人的改造为核心实现"和谐"的情思,包含了三个层面:一是个体的一切与整体的一切的同质同构,在思想、情感、审美价值等方面的高度一致性。二是人与自然万物的通灵感,给宇宙万物赋予生命的体认与彰显生命之光的诉求,使人的内心世界与万物运动互见,达到合情与合律。三是社会制度与人的内心要求的相系相通、内外融贯,人类在新陈代谢、除旧布新中张扬创造精神,就是一方面要毁灭不合理的制度,一方面要建构新的体制。这几个层面是郭沫若当时"和谐"思想的核心,也是其时诗歌创作的一大命脉。

郭沫若一生都在探索和求证着"和谐",只不过随着社会现实的变化内涵就有所不同。在早期的文学中,郭沫若的和谐侧重于人的情感与信仰的和谐;其后诗歌里有情志与爱情的和谐、情趣与道德的和谐,还有情思与政治生命的和谐,他一直在寻求"以文字来表现情绪的和谐"①。"和谐"追求也已渗入到他的作人原则中去了,他既求中庸又不失霸气,既敏感、善变,又善于否定,还善于"崇拜",这是他在《女神》时造就的基本立场。

《女神》的"和谐"追求来自中国传统文化的根本精神,在"五四"时期反映了青年的爱国良知与忧民情怀,代表了中国人正直、责任心的一面,代表了中国传统文化中"善其身"又"济天下"的精神品质,也是中华民族的奋进意识的体现。它给我们留下了如下启示:第一,"一切的一"的和谐与"一的一切"的和谐是相辅相成的,"和谐"需要人的内部世界和外部世界都要经历"涅槃"式的革新;要想内心世界和外部世界的双重"和谐",就需要发展前景明确而且乐观,且符合公众的意愿;社会要"和谐",首先人要有自省的意识、热诚而富有感染力的情绪和坚定的意志;"和谐"是"进化"的目标与趋势,也是个体的人生理想和宇宙的意志。第二,《女神》中的和谐观代表了一代知识分子的"国家理想"——如何建设一个新的国家,如何构建一个和谐的国家,如何统一社会思想。第三,《女神》中的和谐论既是时代预言,也是民主预言。中国当时处于转型时期、新生时期,是从被侮辱、被侵略的境地清醒起来,创建"科学"力量、"自由"观念、"民主"意识形态的时期。郭沫若以《女神》狂想了未来,大胆地预言了一个即将新生的国家如何走向民主和科

---

① 戴望舒:《诗论零札》,《文艺周刊》1944年2月6日。

学,这是郭沫若为一个新世纪喊出的民主理想。第四,郭沫若的《女神》表明人的和谐追求可以在文学中得到最好的表达,为文学积极地参与生活、干涉生活、表现生活,为文学与时代的结合树立了榜样,为文学如何构建和谐社会、构建和谐的意识形态树立了榜样。这些都对我们今天"和谐社会""和谐世界"的建设具有启示意义。

(原载《西北师大学报》(社会科学版)2013年第3期)

1925,马克思与孔子对话

——以郭沫若小说《马克思进文庙》为中心

颜炼军

一

现代中国知识分子担负起了设计未来、解释和改造世界的悲剧性任务,他们在自己的时代肆无忌惮,同时也捉襟见肘。在豪情万丈的秩序构想与纷乱悲苦的现实之间,达成稳妥的结合是如此不易。在20世纪初的几十年里,各种思潮的变易似乎超过了现实的变幻速度,重新命名和解释世界对中国知识分子变得更加迫切。1918年,一战结束,战争前所未有之惨烈,震惊西方学界,迫使他们纷纷重估东西文化传统得失,很多人甚至将东方文明视为西方社会病症的良药。在此契机下,东西文化间发生了新的碰撞。比较著名的例证是:唐诗影响了庞德等西方现代派诗人的转型;泰戈尔、辜鸿铭作为东方文化的代表在西方大受欢迎。西方世界的文化危机感传播到中国,加之巴黎和会之辱加剧了民族激愤,一时间,中国知识界纷纷重释中西文化,稍后的"科学"与"玄学"之争,就是这一潮流的深化。[①]

在所谓"传统"与西学之间设想一种与现实融合的统一性,是晚清以来中国知识分子殚精竭虑所追求的目标之一,而不同时期的处理方式也不同。五四之前,以康有为、章太炎、刘师培等为代表的知识分子虽然观点各异,但基本上都倾向以中国传统的理论资源来处理传统、处理西学。五四运动中兴起的一批有西学背景的知识分子,如章士钊、胡适、傅斯年、梁漱溟、周作人、吴宓等,则多以西学资源阐明"传统"与现时的关系。一战后,中国知识界出现自由主义与文化保守主义的分野。与此同时,马克思主义的暗流也渐渐涌出"水面"。从19世纪末到"五四"时期,先后通过日本和苏俄传入中国的马克思主义为部分中国知识分子描绘了新的知识视野

---

① 1923年3月14日,张君劢在清华大学作《人生观》为题的演讲,引发了科学与玄学之争论,胡适、丁文江、唐钺、吴稚晖等"科学"派著文批判梁启超、梁漱溟、张君劢等"玄学"派。

和世界图景,以经济、生产力和阶级观为枢纽解释中国问题的言论纷纷出现。①"五四运动"前,李大钊、李达等还没有将马克思主义绝对化,他们认为这是一种重要的社会学说,并依此提出很多假想和社会历史分析。20年代中后期开始,由于政治与现实的双重需要,马克思主义在中国渐渐被理解为一种政治理想,成为日益激进的社会变革者所需的信仰支撑。在马克思主义者中,职业革命家的数量也渐渐多于职业知识分子。此时期的马克思主义者在论说马克思主义时,大都急于观点发明,以满足革命需要。比如,20年代中期开始的中国社会史论战和此前的"科学"与"玄学"论战中,现实政治纷争与学术纷争就互相掺杂。在争论中,将中国历史解释为一种激进历程的学者渐渐占据多数,郭沫若堪称典型。他激进的历史归纳,有时甚至不顾材料和史实不足,以致招来同行指责:"他书中最新颖的论点竟是最不易成立的观点。"② 郭沫若式的激进恰恰迎合了现实需要,他们的努力使马克思主义渐渐成为"科学"的代名词。③

虽各持己见,但"国将不国"之际,现代中国秩序的构想者们都需圆融地处理本土文化脉络和意识形态的关系。"中学""东方文明""国故""国学""传统"等概念的先后出笼,显示了不同时期处理态度的更替。在这个问题上,中国马克思主义知识分子的态度,一开始就不同于自由主义知识分子与文化保守主义知识分子。如果说自由主义和保守主义之间的分歧与五四前经今古文学派之间的差异还有某种延续和相似的话④,那么中国马克思主义知识分子处理传统的方式,可以说是革命性的。他们巧妙地消除了二者之间的分歧,同时又采集其长处来支持革命需要。

1925年前后,正在转向马克思主义的郭沫若显示出这种倾向。此前,郭沫若已经从《女神》式的激情中冷静下来。从日本归来后,他蜗居在上海的破楼中,现实与内心的困苦,促使他寻找新的出路。经过种种磨合取舍,郭沫若的文学观念和个人信仰在1925年前后发生了巨大的变化,他渐渐具有了一种自认为可靠的历史感和现实感。与此相关,一个较少被研究界提及的文学史细节值得重新琢磨,即郭沫若此时写就的短篇小说《马克思进文庙》。⑤ 小说没有文学价值可言,但从涉及的内容上看,它恐怕是现代文学史上最早以小说的形式,呈现了作为一种新的知识范式的马克思主

---

① 李大钊、胡汉民、戴季陶、常乃悳、廖仲恺、李达等都曾有关于马克思主义的论著。参阅林代昭、潘国华编《马克思主义在中国的传播》,清华大学出版社1983年版。
② 张荫麟:《评郭沫若〈中国古代社会研究〉》,《素痴集》,百花文艺出版社2005年版,第223页;史学家许冠三总结过海内外史学界对郭沫若的评价,《新史学九十年》,岳麓书社2003年版,第376—412页。
③ 李泽厚:《中国现代思想史论》,天津社会科学出版社2003年版,第44—59页。
④ 汪荣祖:《康章合论》,新星出版社2006年版,第76—77页;傅斯年:《毛子水〈国故与科学精神〉附识》,陈崧:《五四前后东西文化问题论战选》,中国社会科学出版社1985年版,第140页。
⑤ 小说首发于上海《洪水》(半月刊)杂志1925年12月16日第1卷第7期,题为《马克斯进文庙》,1934年收入《沫若自选集》(上海乐华图书公司出版)时改名为《马氏进文庙》。1980年代人民文学出版社版《郭沫若全集》中,更改为《马克思进文庙》,本文统一用"马克思"。

义，在与中国本土知识范式遭遇时面临的问题。郭沫若就此的文体选择及谈论内容，都值得细究。20世纪马克思主义在中国的传播、接受过程异常复杂，而郭沫若是马克思主义在中国本土化的中坚人物，他的工作是马克思主义在中国传播的重要环节。考察这篇小说及其背景，有助于澄清20年代中国知识分子"左转"过程中知识和信仰变迁的复杂性。

二

1920年代，马克思主义带给中国知识分子莫大的激动。美国思想史家罗兰·斯特龙伯格描述过马克思主义曾带给俄国革命者的激动："通俗形式的黑格尔主义几乎也是一种意识形态。它的综合性对那些面对法国大革命后欧洲急速的变化和纷攘的争论而感到迷惑的人有很大的吸引力。俄国社会主义者别林斯基写道：当他读了黑格尔的著作之后，他受到了震撼：世界有了新的意义。历史和世界不再是一片混沌；任何事件都在一幅展开的图中有自己的位置。'对我来说，历史过程再也没有什么事情是任意的或偶然的了'"。① 对于郭沫若来说，1924年翻译完日本马克思主义者河上肇著《社会组织与社会革命》一书之后，历史与现实也不再是一片浑沌，尽管不久后他就对河上肇的观点提出批评，但河上肇版的马克思主义终于使他浩漫的浪漫情怀尘埃落定："我译完此书所得的教益殊觉不鲜呢！我从前只是茫然地对个人资本主义怀着憎恨，对于社会革命怀着信心，如今更得到理性的背光，而不是一味的情感的作用了。这书的译出在我一生中形成了一个转换的时期，把我从半眠状态里唤醒的是它，把我从歧路的仿徨里引出的是它，把我从死的暗影里救出了的是它，我对于作者非常感谢，我对于马克思、列宁非常感谢。"② 1925年的郭沫若对于马克思主义还处于道听途说的阶段，但他此时期的文章证明，他开始以马克思主义来诊释自我和社会困境。

早在1923年，面对苦难深重的中国社会，他就写道："在大多数人完全不自主地失掉自由、失掉了个性的年代，有少数人要来主张个性，主张自由，未免出于僭妄。"他号召"少数先觉者倒应该牺牲自己的个性，牺牲自己的自由，以为大众请命，以争回大众人的个性和自由！"③ 郭沫若的呼吁，"校正"了五四运动的"立人"精神。民族主义情绪鼓励他将启蒙的目的从对个人的解放，转向对集体大众的解放。恰如李泽厚所言："五四时代启蒙与救亡并行不悖相得益彰的局面并没有延续多久，时代的危亡局势和剧烈的现实斗争，迫使政治救亡的主题又一次全面压倒思想启蒙的

---

① 罗兰·斯特龙伯格：《西方现代思想史》，刘北成、赵国新译，中央编译出版社2005年版，第284—285页。
② 郭沫若：《文艺论集续集》，人民文学出版社1979年版，第7—8页。
③ 郭沫若：《〈文艺论集〉序》，《文艺论集》，人民文学出版社1979年版。

主题。"① 这种转变,使得郭沫若生成一种新的自我认同感和社会使命感。"群众"或"集体"引起郭沫若不可抑制的兴奋。不久,郭沫若就成为北伐中的戎马书生。与许多知识分子一样,郭沫若认为大众概念可以等同为民族概念,可以等同于合目的性,似乎民族或国家就是一个单一的无名的实体。② 震惊于"水平线下"百姓之困苦的郭沫若,以他见闻的马克思主义找到了一种对个体之于大众的合理解释,并认同了文艺家与革命家身份的重合③,晚清到五四以来聚拢的激进理想主义,此时已经足以溶解个人意识与群体意识之间的隔阂。萨特意义上的形而上学式的个体自由,一开始就被郭沫若式的现代中国知识分子所漠视。

在研读河上肇的著作期间,郭沫若以马克思主义阶级观念为武器,对欧洲时局作出了自信的解释:"欧战之勃发乃是极端的资本主义当然的结果。远见的思想家在欧战未发以前已断言资本主义之必流祸于人类,伟大的实行家于欧战既发后更急起直追而推翻其祸本。马克思列宁辈终竟是我辈青年所当钦佩的导师。"④ 一战之惨痛使中国知识分子震动万分,并纷纷反思西方文明,尤其针对流行一时的"科学"观念。这种反思是从西方知识界开始的,不少关注西方的中国知识分子承接这种反思,强调中国文明乃至东方文明的优越。当时持类似观点的人不少,就连梁启超在欧洲目睹一战结果后,也把一战归因于科学万能之梦的破产和唯物主义的炽盛。⑤

不过,这类东西文化分类法遭到胡适和郭沫若的激烈批评。1926 年,胡适在一篇文章中有针对性地说:"今日最没有根据而又最有毒害的妖言是贬讥西方文明为唯物的,而尊东方文明为精神的……近年来,欧洲大战的影响使一部分的西洋人对于近世科学文化起了一种厌倦感,所以我们时时听见西洋学者有崇拜东方精神的议论,这种议论,本来是一时病态的心理,却正投合东方民族的夸大狂,东方的旧势力就因此增加了不少气焰"。⑥ 在胡适看来,西洋近代文明也是"利用厚生"的文明,世界各民族文化殊途同归:"当初鞭策欧洲人的环境和问题现在又来鞭策我们了,将来中国和印度的科学化与民治化,是无可疑的了。"⑦ 对一战后的中国形势,胡适比较乐观,他寄希望于"好人政府",但这种政治设想与近代以来所有的改良派一样,与逐渐激进的社会主流思潮相逆。与胡适不同,郭沫若以更激进的逻辑来回应。1923 年泰戈

---

① 李泽厚:《中国现代思想史论》,天津社会科学出版社 2003 年版,第 26 页。
② 参阅卡尔·雅斯贝斯《时代的精神状况》中《对群众的崇拜》一节,王德峰译,上海译文出版社 2003 年版,第 81—82 页。
③ 郭沫若:《革命与文学》,《文艺论集续集》,人民文学出版社 1979 年版,第 31—32 页。
④ 郭沫若:《论中德文化书——致宗白华兄》,《文艺论集》,人民文学出版社 1979 年版,第 11—12 页。
⑤ 梁启超:《欧游心影录》,转引自《五四前后东西文化问题论战文选》,中国社会科学出版社 1985 年版,第 346 页。
⑥ 胡适:《我们对西洋近代文明的态度》,《五四前后东西文化问题论战文选》,中国社会科学出版社 1985 年版,第 685 页。
⑦ 胡适:《读梁漱溟先生的〈东西文化及其哲学〉》,《五四前后东西文化问题论战文选》,中国社会科学出版社 1985 年版,第 551 页。

尔来华访问，初步接受马克思主义的郭沫若，就指责泰戈尔以物质文明与精神文明区别东西方差异的谬误："西洋的动乱，病在制度不良，我们东洋的死灭，也病在私产制度的束缚，病症虽不同，但病因却是一样的，唯物史观的见解，我相信是解决世局的唯一出路。"① 在对"科学"的态度上，郭与他后来的对头胡适一样，皆赞赏科学"利用厚生"的作用，但郭沫若坚决把欧洲的病症归结于资本主义制度。

　　文化批判与社会制度批判是一战后西方知识界自省的两种途径。郭沫若、胡适与其他人的分歧，正是这种分歧在中国的缩影。由于现代中国社会的复杂性，以致不同秩序构想者推导出不同的解决途径。各路知识精英都想重构现代中国独有的历史观念和世界观念，以救济世界现代化格局中后进的中国。相比之下，郭沫若式的回答更能满足革命现实②——推翻不合理的制度，这是郭沫若越来越清晰的政治态度。如将郭沫若 1923 年对一战的看法与毛泽东 1925 年在《中国社会各阶级的分析》中的观点对照，就有趣地发现，毛泽东借重社会学分析③，郭沫若则以推翻文化决定论入手，谈论制度与阶级问题，二者足可互补。不同的是，郭沫若此时感到儒家思想与马克思主义的诸多契合，并有了二者互释的构想——恰如此前康有为在儒家那里找到革命思想源头一样。

　　其实这种构想很早就在中国产生了：1899 年马克思主义刚被介绍到中国时，就被李提摩太和蔡尔康拿来与"大同"相联系，胡汉民和梁启超也注意到了孟子学说与社会主义之间的关系。梁启超认为，"孔子讲'均无贫和无寡'，孟子讲的'恒产恒心'就是这主义最精要的论据"。可他认为中国的社会组织方式没有实行阶级革命的条件④，这与梁漱溟稍后的观点相似。相较之下激烈反孔的陈独秀却认为"儒家要求平等均富限制土地所有权，这都是社会主义的先声"⑤。

　　20 世纪 20 年代马克思主义在中国的传播，并产生巨大的知识和现实效应，与马克思乃至黑格尔对中国的构想形成鲜明对照。在黑格尔和马克思的历史构想中，对东方尤其是中国的特殊性给予了有意味的重视。在马克思著名的"亚细亚生产方式"⑥

---

① 郭沫若：《泰戈尔来华的我见》，《文艺论集》，人民文学出版社 1979 年版，第 149 页。
② 郭湛波于 1936 年有过具体归纳。郭湛波：《近五十年中国思想史》，上海古籍出版社 2005 年版，第 233 页。
③ 《毛泽东选集》第 1 卷，人民出版社 1991 年版，第 3—11 页。
④ 梁启超：《欧游心影录》，《五四前后东西文化问题论战文选》，中国社会科学出版社 1985 年版，第 368 页。
⑤ 陈独秀：《实现民治的基础》，《陈独秀文章选编》（上），生活·读书·新知三联书店 1984 年版，第 431 页。
⑥ 马克思 1859 年在（政治经济学批判）序言》中对其唯物史观进行概括时明确指出：他以前的人类社会已经依次更替地经历了亚细亚的、古代的、封建的、资本主义的四种社会形态。马克思认为，亚细亚生产方式是"土地所有制的第一种形式"。他认为中国、印度、俄国都是从这种形式中发展起来的。他还认为，最令人吃惊的莫过于这种生产方式导致了社会结构的超稳定性。《马克思恩格斯选集》第 2 卷，人民出版社 1976 年版，第 83 页。

中，将中国和亚洲的历史模式排除在自己描绘的历史转动图景之外。而与此相反，20年代的中国马克思主义者却不遗余力地将中国社会纳入马克思主义式的普遍主义视野中。对此，汉学家阿里夫·德里克（Alif Dirlik）在分析马克思主义的中国起源时认为："20年代晚期的马克思主义历史观的兴起及其在中国知识分子中受欢迎程度的增长……一方面，唯物史观在这时的中国知识分子中之所以富于感召力，并不是它在史学方法上的优点，而是因为它与革命性变革这个在20年代逐渐被认识的问题的相关性……另一方面，马克思主义史学理论……在中国的自发普及，又表明其吸引力不仅仅在于其政治上的含义……当'现代主义偶像破坏'毁灭了传统解释的权威性而又没有提供新的替代物时，唯物史观一度为重写中国历史提供了急需的方法论。"[1] 在德里克看来，五四"偶像破坏运动"之后的20年代，中国急需重写历史的方法论，马克思主义恰好满足了这一需求。他认为，20年代中国知识分子对马克思主义史学观的选择，是因为传统历史观已然丧失满足现实需要的阐释力。他指出："儒家历史观尽管受损于新文化运动时期西化思想的攻击，不过，直至由马克思主义所激发的社会史研究的崛起，它才真正面临致命的挑战。"[2] 一战后西方列强重新进入中国，面临新的民族危机和政治危机，五四一代知识分子发现，儒道释诸家已经具有对现实、历史和未来的直接、整体的解释力。偶有章太炎那样的知识分子主张佛教救国，但这种看法在鲁迅等人看来已不合时宜。[3] 中国所需要的知识图像必须满足民族危机下重构历史、现实与未来的需求。从20年代初期开始，社会主义、无政府主义、新乡村运动、三民主义、国家主义等各种思潮纷纭交错，在各种"主义"中，德里克认为，马克思主义的基本知识模式最可以满足上述需求。

德里克没有注意到，20年代马克思主义在中国迅速被许多知识分子接受，除了现实与政治的需求、历史方法论上的"革命"需求之外，还有"本土"原因。许多研究者注意到了这种原因，汉学家谢和耐（Jacques Gernet）较早对此有精要归纳："那种处于一种社会——经济学的辩证法而认为人类由原始共产主义发展到未来社会主义的五阶段论，使人想到了公羊派有关'大同'的末世观点……它也使人联想到17世纪中国哲学的某种历史观，其影响从未中断过……在所有的西方哲学中，马克思主义无疑距离中国思想之基本方向最近。"[4]

在郭沫若的小说《马克思进文庙》中，我们可以读出上述两方面的原因：马克思主义在中国获得的现实政治的支持与传统文化资源的支持。小说不仅展示了1925

---

[1] 阿里夫·德里克：《革命与历史——中国马克思主义历史学的起源1919—1937》，翁贺凯译，江苏人民出版社2005年版，第3—4页。

[2] 同上书，第5页。

[3] 参阅章太炎《俱分进化论》，《辛亥革命前十年间时论选集》（第2卷上册），生活·读书·新知三联书店1977年版；鲁迅在《关于章太炎的二三事》中也有所论及，见《鲁迅散文诗歌全编》，人民文学出版社2006年版，第392页。

[4] 谢和耐：《中国社会史》，耿升译，江苏人民出版社2005年版，第544—545页。

年前后纷乱的中国知识界之冰山一角，也预示了马克思主义在中国的境遇。从中可见，企图将人类历史纳入同一逻辑的马克思主义——以赛亚·伯林（Isaiah Berlin）称之为历史神学[1]，一种主张暴力的现实哲学，在当时的中国催生的现实感和"向后看"的方式——如何对待本土"传统"，一直是20世纪中国最重要的文化问题之一。

三

1925年，国内政治形势时有波澜。五卅惨案和三一八惨案先后发生，使反帝情绪空前高涨。一战期间中国沿海、沿江城市经济的短期发展，为城市群众性运动准备了足够的人力资源，国民党的北伐战争顺应了民族主义激流。始于20年代初期的意识形态论争，经过六七年的荡涤，大致已见分晓，如张东荪30年代初看到的那样："当时支配思想界的，就只有三民主义与共产主义……在这一转变中，治学术的人都不能不有他各自的立场。"[2] 1925年底，身处上海的郭沫若在《马克思进文庙》中显露了自己的立场。他讲述的故事很简单：有一天，孔子偕同众弟子正在文庙里吃冷猪头肉时，几个年轻的马克思主义信徒用大轿子抬着马克思浩浩荡荡地奔往文庙找孔子谈话。[3] 如卡莱尔所言："一个时代的历史中最显著的特征，就是接受伟大人物的方式。"[4] 小说开始，郭沫若就亮出自己的观点：真孔子在中国一直受到冷落；马克思也被当时的中国知识分子误解。郭沫若下这种判断的潜台词是：当时启用"传统"文化资源与西学资源的方式都是有问题的——这恰好是再造中国文明的核心问题。

的确，如郭沫若在小说中提及的那样，晚清以来，西学东渐，科举取消，民族国家观念渐渐深入人心。中国人的世界感和个体感发生剧变，诸多刺激使得孔教天下主义式的政治哲学受到了冲击和怀疑，即便是极力维护儒学普世性的康有为，也迫于新的天下理念，在《大同书》中将儒家"天下主义"修正为黄白二色人种"共同中心"主宰新"天下"的构想。[5] 五四之后，激进知识分子更是对儒学倍加冷落。罗志田对此总结说："其实'政教'之教，与今人所谓'文化'意思相通，正是近代中国士人最为关注的问题，从戊戌变法到新文化运动，学、教、文明、文化、孔家店、传统等在某种意义上都是近义词甚至同义词，表述方式虽然不断转换，实际关怀和思路却一以贯之，其中一个明显的倾向是，这些称谓被提及皆日渐偏于负面的含义。"[6] 虽然中国知识分子在对西学尚未深入了解之时，不断将"传统"负面化，但到20年

---

[1] 参阅以赛亚·伯林《政治判断力》，《现实感》，潘荣荣、林茂译，译林出版社2004年版。
[2] 张东荪：《中国学术史讲话》，江苏教育出版社2005年版，第252页。
[3] 本文引用《马克思进文庙》皆依据《郭沫若全集》第10卷（文学编），人民文学出版社1985年版。
[4] 托马斯·卡莱尔：《论英雄、英雄崇拜和历史上的英雄业绩》，周祖达译，商务印书馆2005年版，第47页。
[5] 孙隆基：《历史学家的经线》，广西师范大学出版社2004年版，第13页。
[6] 罗志田：《裂变中的传承》，中华书局2003年版，第7页。

代，接受过西方文化洗礼的中国知识分子开始反拨这种知识风尚，郭沫若是其中之一。

合璧东西文化一直是许多中国知识分子的理想。康有为试图重新清点儒学知识系统，容纳进化论式的西方历史哲学，同时将儒学宗教化，以恢复其普世性，来应对现实困境和中西文化冲突。然而，如冯友兰后来分析康有为思想得失时指出的：20世纪不是热衷于宗教的世纪，随之而来的科学很快就凌驾于宗教之上。① 再者，中国文化背景颇不利于宗教发展。② 以章太炎为代表的另一派知识分子，则既不愿作为汉族中国日常生活之伦理基础的儒学沦落，也不愿把儒学和孔子神化。他们把儒学理解为一种历史学，以此反对康有为的儒学狂想。但他们也面临着矛盾。章太炎30年代辞世前夕痛苦地承认，经书已由不变的典则变成了历史资料，它们再不能用来规范所有时代的人们的行为。仅仅成了人们研究某一历史时代的文献。在章太炎看来，古代经学在民国时代的不断死亡，是社会腐败不断加剧的重要原因。③

20世纪20年代之前，古文经学和今文经学之间还能以相互否定来维护儒家经典的神圣性，同时为现实变革寻找历史依据。而五四运动后情况彻底发生变化，它们成了"国故"的一部分。康章二人客观上促进了儒学的减魅：顾颉刚就承认，他的"疑古"思想的产生，就受到过康有为著作的启发④；毛子水也认为，章太炎对儒学的"历史"化就已经具有"整理国故"的性质："章君虽然有许多地方不免有些'好古'的毛病，却是我们的一大部分'国故学'经过他手里，才有了现代科学的形式。"⑤ 这大致就是郭沫若一代的儒学处境。

20年代中后期开始，对甲骨文等上古文献的发掘和识读，也促成了儒家依赖的上古史的神圣性的淡化。顾颉刚、钱玄同等人的古史考辨工作，更使古文经学和今文经学所维护的神圣性丧失了依据。在疑古学家看来，它们之间的争论失去了现实意义，四书五经已沦落为一门学问，而不再是信仰。另外，五四时期科学观念开始在知识分子中的深入，也加速了儒学的减魅。周作人对待四书五经的态度，就非常"科学"；1930年周作人建议年轻人应该研读四书五经，但态度已经完全不同于他的老师辈："北京大学应该正式读经，把儒教的重要经典，例如易、诗、书，一部部来读。怎么读呢？"周作人提出了自己的方法："照在现代科学知识的光里，用言语历史学来解释它的意义，用'社会人类学'来阐明它的本相，看它到底是什么东西。"周作人将四书五经和《圣经》作比较，认为中国经书应该用现代知识研究清楚之后才能

---

① 冯友兰：《中国哲学简史》，新世界出版社2004年版，第283页。
② 萧公权：《近代中国与新世界》，江苏人民出版社2007年版，第91页。
③ 章太炎：《论读经有利而无弊》，《章太炎政论选集》（下），中华书局1977年版，第863—868页；列文森：《儒教中国及其现代命运》，郑大华、任菁译，中国社会科学出版社2000年版，第78页。
④ 顾颉刚：《古史辨》第一册自序，上海古籍出版社1982年版，第41页。
⑤ 毛子水：《国故与科学精神》，《五四前后东西文化问题论战文选》，中国社会科学出版社1985年版，第135—136页。

打倒:"现代大家高呼伦理化的时代,固然也未必有人胆敢提出来打倒《圣经》,即使当日真有'废孔子庙罢其祀'的呼声,他们没有好好去读一番经,那么也还是白呼的。"① 周作人对四书五经的重视,与章太炎有所相同,但周作人提倡的读经方式已超越章太炎的痛苦,将四书五经纳入到现代知识逻辑中。

这恰恰是晚年章太炎、吴宓、梁漱溟、张君劢等文化保守主义者,包括之后的新儒家不愿看到的。虽然他们也借用西方的思想资源,但他们旨在重新阐发儒学义理,强调儒学乃至传统经典中超时空的"永恒"内容,重申其日用行常价值,甚至努力从各个层面将西学儒学化,以恢复儒学的现实解释力。

20年代中后期,无论是周作人等自由知识分子、郭沫若等左翼知识分子,还是国内的各种政治势力,都意识到,反传统之后文化与意识形态重建的必要,都试图在古典和现代两种知识系统中找到能切中现实的知识秩序。在整个古典知识系统(世界观、历史观、人生观)被渐渐否定之后,中国需要另一种与民族危机吻合的知识系统来支撑民族精神。甚至周作人也看到:"宗教与主义的信徒的勇猛精进是大可佩服的事,岂普通儒教徒所能及其万一",② 虽然他更倾向于一种比较纯粹的、非意识形态性的知识重建——这是五四"科学"思潮的余绪。因此无论他的方式怎样"现代",仍未能有效呼应多数人的现实需求。

与自由主义者和保守主义者不同,1925年的郭沫若已然对儒家抱有另类情怀。要不他怎么会感叹孔子在文庙里吃冷猪头肉呢?郭沫若这个时期对待儒家的态度,我们可以从他此前的一系列言论中看出。早在1921年,五四运动"反孔"高潮未落的时候,年轻的郭沫若就表达了对儒家以及孔子的心仪:"孔子此言表示我国由公产制度变而为私产制度之历史最明,且道破私产制度为一切争夺之源,此项文献在我国历史上最为有价值而不能磨灭之论"。③ 1922年底,他在日本谈论中国传统文化精神时,继续表达了对孔子的热爱:"我们觉得孔子的思想是很美的。可惜仅仅在名义上奉行他的教义的秦以后之学者,没有把他了解……我们所见的孔子,是兼有康德与歌德那样的伟大的天才,圆满的人格,永远有生命的巨人……孔子的人生哲学是由他那动的泛神的宇宙观出发,而高唱精神之独立自主与人格之自律。"④ 这显然与五四前后流行的激烈反孔态度不同。同年,郭沫若又写文章赞美了王阳明和儒家思想:"佛氏出而不入,老氏入而不仁。孔氏所以异于二氏的是出而能入,入而大仁。"⑤ 他接着指出,儒家的现实主义精神被历代注家误解:"儒家的现实主义精神被埋没于后人的章句,而拘迂小儒复凝滞于小节小目而失于大体。自汉武以后,名虽尊儒,然以帝王之

---

① 周作人:《论八股文》,1930年5月19日《骆驼草》第2期。
② 周作人:《明珠抄六首》,《秉烛谈》,河北教育出版社2002年版,第149页。
③ 郭沫若:《我国思想史上的彭湃城》,《郭沫若佚文集》,四川大学出版社1988年版。
④ 郭沫若:《郭沫若集》,中国社会科学出版社2005年版,第413—414页。
⑤ 郭沫若:《文艺论集》,人民文学出版社1979年版,第46页。

利便为本位以解释儒书,以官家解释为楷模而禁人自由思索。后人所研读的儒家经典不是经典本身,只是经典的注疏。后人眼中的儒家,眼中的孔子,也只是不识太阳的盲人意识中的铜盘了。"① 在1925年的郭沫若看来,儒家吃冷猪头肉的原因,不是儒家思想不能救国、不切合现实,而是因为它得不到正确的理解。因此,在回复一位朋友对《马克思进文庙》的质疑时,郭沫若如此说道:"孔子的思想不见得就是'谁也知道'的。"② 因此,1925年郭沫若特意安排孔子与马克思对话,就不是一件偶然的事情了。

胡适等"整理国故"的主张,不仅遭到文化保守主义者如吴宓和新儒家的反对,也遭到郭沫若的驳斥。1924年,郭沫若撰文指出,"整理国故"不必成为集体行为,因为"整理国故"并不是新生价值的创造。而他相信新的价值创造正在途中,和保守主义者相似,郭沫若也希望从孔子和儒家思想中发明出现代义理,但发明的方式和内容不同。③

在强调孔子被误解的同时,郭沫若认为马克思主义在中国也遭误解。他觉得,"坐轿子"的马克思虽然有很多人"抬",但时人对马克思主义与儒学之间的共同点却视而不见,这大概是对它们最大的误解。所以,小说接下来没有马上写孔子和马克思的对话,而是笔锋稍转,讽刺了当时国人对于马克思主义的一知半解:

> 马克思便满不客气地开起口来——不消说一口的都是南蛮鴃舌之音;要使孔子晓得他的话,是要全靠那几位抬轿子的人翻译。孔子的话,也是经过了一道翻译才使马克思晓得了的。
>
> ……你的主义虽然早传到了中国,但我还不晓得是怎么一回事,因为你的书还一本也没有翻译到中国来啦。
>
> ……
>
> "怎么?我的书还一本也没有翻译过来,怎么我的主义就谈得风起云涌的呢?"
>
> "我听说要谈你的主义用不著你的书呢,只消多读几本东西洋的杂志就行了。是不是呢?你们几位新人!"

郭沫若指出20年代马克思主义原典译本在中国的稀缺,并嘲笑了当时鼓吹马克思主义的人不懂真正的马克思主义,只流于一知半解。1926年初,郭沫若回复朋友对《马克思进文庙》的质疑时,再次透露了对此的客观看法:"其实马克思学说和孔

---

① 郭沫若:《王阳明的礼赞》,《文艺论集》,人民文学出版社1979年版,第47页。
② 郭沫若:《郭沫若佚文集》,四川大学出版社1988年版,第154页。
③ 郭沫若:《整理国故的评价》,《文艺论集》,人民文学出版社1979年版,第56页。

子的思想究竟矛不矛盾……马克思学说并没有充分地介绍过来,一般人脑中的马克思,都是想当然耳以讹传讹的马克思。究竟他的唯物史观是怎么样,他的经济学说是怎么样,他的公产命运是怎么样,不见得就有好几位是真真正正地明白了的,我现在很想费五年功夫把他的《资本论》全译出来,那时候或许我还能够谈得更圆满一点吧。"① 但在当时的社会情境下,郭沫若与很多忙于筹划改造世界的知识分子一样,实践先于理论——如李泽厚所描述的:"马克思主义在中国的第一天所展现的就是这种实践性的品格。"②

　　郭沫若说的是实情:近代中国流行的马克思主义,十月革命之前多来自日本。比如,早期中国留日的李大钊、梁启超、郭沫若等大都曾在日本杂志上读到马克思主义;十月革命之后则多来自苏俄。这两种源头某种程度上决定了20年代中国知识分子对马克思主义的理解程度和方式。郭沫若本人深入研读马克思主义,要到20年代后期。中国共产党与国民党在北伐中决裂后,郭沫若开始其政治流亡生涯。1928年,流亡日本的郭沫若借助王国维、罗振玉在日本的上古中国史研究成果,开始对中国上古社会进行研究。在流亡途中,他开始研读马克思主义原典。不久后,他将唯物史观贯彻到历史研究中,将中国上古历史马克思主义化。王国维《殷周制度论》里认为的"殷周之际,表面上只是一家一姓的兴亡,实质上则是旧制度废而新制度兴,旧文化废而新文化兴",到了郭沫若这里,就被解释为原始社会进入奴隶时代了。③

　　文化保守主义者不愿儒学被当成"国故"而被整理,而郭沫若却将"整理国故"的成果和方法与马克思主义融合,创造出"新价值"。他以自己眼中的现代"科学知识"马克思主义解释产生四书五经的社会,方法上多少借鉴了梁启超、胡适等人"整理国故"的方式,却是与周作人意义上的"现代科学知识"并行的另一种现代科学方法。同时,郭沫若也重新阐发了儒学义理中"永恒"的内容。他用马克思主义唯物史观的强大改造能力,渐渐构造了一套可以解释中国历史、时局、未来的知识系统。1930年,郭沫若《中国古代社会研究》一书的出版,标志着马克思主义唯物史观开始具备深度解剖中国历史的能力,并在社会影响上超过了梁启超、胡适、顾颉刚等细微的学院式考证。这证明,在一个民族苦难深重的年代,历史、未来神话的实用,它们使人相信自己可以脱离现实苦海,也使集体和个人获得基于历史事实的共同方向感。④

---

① 郭沫若:《郭沫若佚文集》,四川大学出版社1988年版,第154页。
② 李泽厚:《中国现代思想史论》,天津社会科学出版社2003年版,第141页。
③ 余英时:《现代学人与学术》,广西师范大学出版社2006年版,第403—404页;另曹聚仁认为,郭沫若的《中国古代社会研究》一书,算得上是对王国维《殷周制度论》的笺释,见《文坛五十年》中《王国维与郭沫若》一节,东方出版中心2006年版。
④ 张灏:《中国近百年的革命思想道路》,许纪霖编:《20世纪中国思想史论》(下),东方出版中心2000年版,第398页。

四

揭示了国人对孔子的误解和马克思的误解之后,郭沫若开始虚构自己理想中的马克思与孔子的对话。如此他就可以借机道出"正解"。对话接着讨论了儒家与马克思主义之异同这一中心话题:

> 马克思说:"我是特为领教而来。我们的主义已经传到你们中国,我希望在你们中国能够实现。但是近来有些人说,我的主义和你的思想不同,所以在你的思想普遍著的中国,我的主义是没有实现的可能性。因此我便来直接领教你:究竟你的思想是怎么样?……"

郭沫若曾说,本拟作一篇名为《马克思学说与孔门思想》的文章,但没作成,就写了这篇"带有几分游戏性质"的小说。① 显然,虚构逻辑与实证逻辑是两件事,小说可表达那些论文说不清的问题。而且郭沫若的文风似乎不适合将两种思想做学理化的对比,更不用说当时他对马克思主义所知有限。小说似乎恰好可以有很多枝蔓掩盖逻辑困难和知识不足。

在引文中,我们感觉到马克思咄咄逼人的姿态:为什么马克思主义不能在中国实现?——这是郭沫若要回答的。首先,郭沫若借马克思之口指出,有人认为在以儒家思想为纲维的中国社会,马克思主义行不通。当时反对马克思主义的知识分子,比如梁启超和稍后的梁漱溟,他们认为马克思主义与中国社会现实不符。胡适更是主张切实解决问题,无需过多的理论构想。② 但他们都没料到,社会现实与社会构想之间的错位可以调整,在现实难以更新的情况下,可以先调整理想或主义本身:"现代历史上一件具有讽刺意义的大事就是:为先进国家的城市工人阶级而创立的马克思主义学说,居然变成了'落后的'农民国家中反对资本主义的革命运动所依据的主要思想体系……马克思主义理论的若干当代翻版恰恰吸收了当年被马克思和列宁斥之为'乌托邦'的社会主义思想和观念。"③ 革命家与知识分子之间的离合,就基于对"错位"的不同调整:革命家自诩可以直接改善世界,知识分子则自诩先要改善语言/知识。属于后者的郭沫若找到丰富的知识证据,证明自己构造的历史图景和现实图景的可靠性——这恰好是革命家亟需。革命家与知识分子在不同层次上调整现实与

---

① 龚济民、方仁念:《郭沫若年谱》上卷,天津人民出版社1992年版,第172页。
② 胡适的"问题主义"态度从20年代开始一直延续到后来。参阅《胡适文存》第1卷,第251页,第4卷,《我们走哪条路》一文,第305页。
③ 莫里斯·迈斯纳:《马克思主义、毛泽东主义与乌托邦主义》,张宁等译,中国人民大学出版社2005年版,第50页。

理想之间的"错位",可以说是现代中国历史上最富深意的合作。

接下来,郭沫若指出了儒家思想的不足之处。他让孔子承认自己的思想中没有什么"统系",没有"科学"和"逻辑":

> 孔子听了马克斯的话,连连点头表示赞意,接着又才回答道:"我的思想是没有甚么统系的,因为你是知道的,我在生的时候还没有科学,我是不懂逻辑的人。假如先把我的思想拉杂地说起来,我自己找不出一个头绪,恐怕也要把你的厚意辜负了。所以我想,还是不如请你先说你的主义,等我再来比付我的意见罢……"

从"孔子"的话中,我们可以回想起近代"西学东渐"过程中形成的一种知识感:中国乃至东方文化缺乏系统性。这种知识感体现了近代以来中国知识分子在西学的"洪水猛兽"中的文化自卑感。但有趣的是,从梁启超、梁漱溟到后来的新儒家,则反以"没有统系"作为东方文明的优长而自得。但文化自卑与自得终归互为表里,都在日益加剧的民族危机中显出脆弱性。小说中的一个细节与此相关:孔子认为,假如先把自己的思想拉杂地说起来,可能找不出一个头绪,就请马克思先说自己的主义,然后孔子再来比附自家的意见。为什么孔子自己不能先说,而是要去"比附"?这里无意中透露出儒学在现代中国面临的困境:儒学不能够在传统的范畴内获得知识资源,来重构一个如马克思主义般具有普世性的价值理念,所以只能够"比附",在被"冲击"后有所"回应"。在后面的对话中可以看到,孔子一直在拿自己的思想比附马克思的思想。这也体现了郭沫若对儒家的态度:五四以及之前的知识分子在谈论儒家与马克思主义时,大多以马克思主义来印证儒家社会理想之正确,郭沫若则渐渐倾向于让儒家思想成为马克思主义思想正确的证词。二者的比附由来已久,但这一颠倒,正是五四之后马克思主义迅速被许多知识分子接受,并渐渐成为主流社会思潮的重要原因之一。因为孔子对马克思的比附,也让具有天下主义情怀的儒家思想的普世性(这是文化保守主义者所向往的),以不同于文化保守主义者的方式得以实现——这对于郭沫若这样的左倾知识分子,是一种重要的精神支撑,就像东方文化论者及新儒家将儒家乃至东方文化的特殊性视为自己的精神支撑一样。郭沫若认为孔子思想中缺乏的"科学"与"逻辑",恰恰是马克思主义"所长",中国的马克思主义者早就知道,马克思主义唯物史观把"历史学提高到科学的地位"。[①] 显然,这正是郭沫若认为孔门思想需要改造的地方,东方文化论者所持重的优点,在郭沫若看来恰好成了需要改造的"缺点"。两种知识逻辑之间的相互否定,实在意味深长。接下来,在孔子的"谦让"下,马克思开始跟孔子谈论各自的"主义":

---

① 李守常:《史学要论》,河北教育出版社2000年版,第7页。

"我的思想对于这个世界和人生是彻底肯定的,就是说我不和一般宗教家一样把宇宙人生看成虚无,看成罪恶的。我们既生存在这个世界里面,我们应当探求的,便是我们的生存要怎样才能够得到最高的幸福,我们的世界要怎样能够适合于我们的生存。我是站在这个世间说这个世间的话。"

马克思刚好把话说完,子路不等孔子开口便先抢着说道:是呀,我夫子也是注重利用厚生之道的人;我夫子最注重民生,所以说'天地之大德曰生'的呀。"

小说中,孔子发现马克思肯定实在的世界人生,鼓吹现世幸福论,远离神秘主义,这正与自己的"利用厚生"之道一致。亦即双方对此在世界的态度相同。20 年代的中国,有主张实业救国者,有主张革命救国者,有主张改良救国者,甚至有主张读经救国者……无论如何纷争,温和派与激进派间的分歧,最终归结为具体社会理想的异同。对现实的不满与共产主义理想的魔力,让郭沫若放弃个人美学追求,在向理想主义迈进的过程中放大自己的形象,获得了改变世界的快感。肯定现实人生,就要探寻此在的幸福,"为这个世间说话"。而面对贫乏悲苦的现实,首要问题是构造一个大部分人都相信的社会理想,让他们抛弃个人得失,参与到改造现实的行动中。这是知识分子乃至一切社会精英相信的革命"巫术"。而改良主义者不革命,因而他们对革命有旁观者的清醒认识亦不管用。因为,此亦一是非,彼亦一是非,"即便完善的改革,也只能改变某些事物,而革命似乎能够改变一切,因为人们并不了解革命将会改善的东西"。① 在现世不幸福的时代鼓吹现世幸福论,就是要使社会理想与社会革命互助,以改变现实。于是,孔子接下来就主动问起了马克思关于理想世界的看法:

"是的",孔子又才接着说下去:"我们的出发点可以说是完全相同的。不过你要想目前的世界适合于我们的生存,那么要怎样的世界才能适合,要怎样的世界才能使我们的生存得到最高的幸福呢?你定然有这样一个理想的世界的。你的理想的世界是怎样的呢?"

"……我是有一个至高至远的理想的世界……我的理想的世界,是我们生存在这里面,万人要能和一人一样自由平等地发展他们的才能,人人都各能尽力做事而不望报酬,人人都各能得生活的保障而无饥寒的忧虑,这就是我所谓'各尽所能,各取所需'的共产社会。这样的社会假如是实现了的时候,那岂不是在地上建筑了一座天国吗?"

---

① 雷蒙·阿隆:《知识分子的鸦片》,吕一民、顾杭译,译林出版社 2005 年版,第 42 页。

"啊哈，是的呀！"这回连庄重的孔子也不禁拍起手来叫绝了。"你这个理想社会和我的大同世界竟是不谋而合。你请让我背一段我的旧文章给你听罢：'大道之行也，天下为公……是谓大同'，这不是和你的理想完全是一致的吗？"

……

但是马克思却很镇静，他好象没有把孔子这段话看得怎么重要的一样，孔子在他的眼中，这时候，顶多怕只是一个"空想的社会主义者"罢……

"大同"的社会理想，是近代中国知识分子回应社会进化论以及马克思主义的最有力的"传统"思想资源之一，也是郭沫若对儒家心仪之处，当马、孔发现，他们对于此在世界与理想世界的看法趋同时，问题就只剩下如何通往理想世界了，郭沫若不但与梁启超、陈独秀一样，在消除"阶级差距"（马克思主义与"均贫富"儒家）之间感到共鸣，而且在儒家与马克思提出的解决途径之间，也找到了某种契合：

"不过呢"，马克思在这一个折转的联接词上用力地说："我的理想和有些空想家不同。我的理想不是虚构出来的，也并不是一步可以跳到的。我们先从历史上证明社会的产业有逐渐增殖之可能，其次是逐渐增殖的财产逐渐集中于少数人之手中，于是使社会生出贫乏病来，社会上的争斗便永无宁日。"

"啊，是的，是的。"孔子的自己陶醉还未十分清醒，他只是连连点头称是。"我从前也早就说过'不患寡而患不均，不患贫而患不安'的呀！"

……

"不对，不对！你和我的见解终竟是两样，我是患寡且患不均，患贫且患不安的。你要晓得，寡了便均不起来，贫了便是不安的根本。所以我对于私产的集中虽是反对，对于产业的增殖却不惟不敢反对，而且还极力提倡……而这力量的形式起初是以国家为单位，进而至于国际。这样进行起去，大家于物质上精神上，均能充分地满足各自的要求，人类的生存然后才能得到最高的幸福……"

"是的，是的！"孔子也依然在点头称是。"我也说过'庶矣富之富矣教之'的话，我也说过'足食足兵民信之矣'的为政方略……我也说过'世有王者必世而后仁'，我也说过'齐变至鲁，鲁变至道'……所以我的思想乃至我国的传统思想，根本和你一样，总要先把产业提高起来，然后才来均分，所以我说'货恶其弃于地也不必藏于己'啦……"

"啊，是的"！马克思到此才感叹起来："我不想在两千年前，在远远的东方，已经有了你这样的一个老同志！……"

郭沫若以儒家的各项社会理想与马克思主义对照，以证明二者之契合——孔子和马克思最终竟发现对方是"同志"！曾有汉学家就马克思主义和儒家思想的各项"指标"做过有趣的对比，在这位学者所归纳的一种思想应该具有的十一项"指标"中，儒家与马克思主义之间有八项是完全相同的，一项近似，两项不同。他认为，儒家和马克思主义在世界主义、人文主义、唯物主义或实在论、进化论或一元论、辩证法、宗教、集体主义、（经济的）伦理决定论、无政府主义等方面的态度或立场是相同的。① 郭沫若所看到的马克思与孔子的共同点，似乎也大致包含在上述"指标"中。对郭沫若来说，以儒家思想底色来完成对马克思主义的认同，又以马克思主义对儒学加以调整，至少有两种作用：一方面维护了近代以来屡被诋毁的儒家思想的神圣意义，抵消现代偶像摧毁之后的文化失重感——这也是新儒家们于乱世中所担心的问题："在思想和文化的领域，现代绝不可与古代脱节……文化或历史虽然不免经外族的入侵和内部的分崩瓦解，但也总必有或应有其连续性。"② 另一方面又将儒家思想纳入马克思主义逻辑中，与反马克思主义的文化保守主义学者分道扬镳，使最"革命"的马克思主义与最"传统"的儒家思想得以融合，满足了社会的连续性与革命性的双重要求，也部分地实现了文化保守主义者的愿望。

五

因循上述思想脉络，后来的郭沫若既是马克思主义者，也称自己是孔子的崇拜者。20世纪40年代，他甚至说道："毛先生的思想哪一点过激呢？土地改革，不正是两千多年前孟夫子想过井田制的兑现吗？毛先生当然是共产主义的信徒，但是共产主义不就是两千多年前所倡导的大同思想的更具体化吗？……就是两千多年前孟夫子，假如生在今天，他也可能是共产党员。"③ 1944年，唯物史观已经深刻影响着中国历史的书写时，甚至会将孔子视为奴隶主阶级的代表时，郭沫若还继续为之辩护，他甚至不惜借助廖季平和康有为的观念，将孔子美化为一个革命者："大体上他是站在代表人民利益方面的，他很想积极地利用文化的力量来增进人民的幸福，对于过去的文化部分整理接受之外，也部分地批判改造，企图建立一个新的体系的封建社会的韧带。"他甚至不惜曲解孔子的原意："孔子是生在这种革命潮流中的

---

① 窦宗仪：《儒学与马克思主义》，刘成有译，兰州大学出版社1993年版，第153页。
② 贺麟：《贺麟集》，中国社会科学出版社2006年版，第1页。
③ 参阅《迎接新中国——郭老在香港战斗时期的佚文》，复旦学报（社会科学版）编辑部，1979年，第53页。

人，事实上他也正参加着新的必然性的控制的，他说他'五十而知天命'，或者就是说他探索了五十年，到这时才自觉到了自然的趋势所赋予他的新使命吧。"①1949年开国大典前后，作为红太阳升起时报晓的雄鸡，郭沫若的《新华颂》一诗歌颂的就是"大同"②，1949年以后，毛泽东还多次对郭沫若膜拜孔子的"痼疾"提出批评。③

1925年的郭沫若未完成的，就是利用马克思主义唯物史观将儒家思想解释为某一阶级的思想，但这在后来更激进的中国马克思主义历史学家手中得到了完成。他们给包括儒家思想在内的所有"传统"找到位置，形成了新的"传统"划分方式——取其"精华"与去其"糟粕"，或者视某种思想为与某阶级的对应意识形态。列文森曾指出："共产主义比一般民族主义能吸收更高程度的反传统主义者，并在感情上或历史感上能为中国人从思想上与中国传统分离提供合法依据。"④他注意到，共产主义者利用马克思主义唯物史观将反传统和排外结合起来：将传统的中国价值判定为"地主的"或"封建的"价值的阶级分析方法，同样把后来的成功者，即西方价值判定为"资产阶级的"价值。若干年后，郭沫若写出《斥反动文艺》《甲申三百年祭》那样的文章时，我们可以看到这种划分方式的威力。但在现代中国，列文森的话其实也可以反过来说，共产主义比一般民族主义更能吸收一部分传统主义者，梁漱溟与毛泽东的友谊就是一个很好的例子。因为共产主义提供的社会理想，可以拿中国"传统"社会理想中的乌托邦来"比附"，这种比附的结果往往使"传统"成为革命意识形态的一部分。30年代开始，马克思主义史学家（马克思主义四老：郭沫若、范文澜、翦伯赞、周谷城）撰写的著作基本都是中国或世界通史著作，这些著作所依赖的革命意识形态，使得这些史学家有着罕见的勇气为中国、为人类重写历史，将历史彻底意识形态化。与此并行的是，艾思奇等知识分子对马克思主义的通俗化宣传，将马克思主义唯物史观、世界观落实到许多青年知识分子的日常生活中："各种人因为地位不同而有各种的哲学，各种哲学中，哪一种才是正确的呢？"艾思奇认为，"自然发生的思想常常将我们引入迷途，因为它们常常不是正确的哲学，不是事实的真理，它使我们看错真相"，为此，他认为青年知识分子要懂得正确的哲学，由此获得稳固的认识，找到正确的方法认识我们周围的一切，解决当前的困难，总之就是要

---

① 郭沫若：《十批判书》，东方出版社1996年版，第223、239页。
② 郭沫若解放后的诗中多次提到"大同"。如《满江红·赞南京路上好八连》："六亿人都学好八连，大同早"。但后来都对它们做了改动。冯锡刚认为："盖1967年批判刘少奇《论共产党员的修养》，毛泽东在审定的批判文章中曾增写过否定《礼运·大同篇》和康有为的《大同书》的文字。"冯锡刚：《郭沫若的晚年岁月》，中央文献出版社2004年版，第395—396页。
③ 解放后毛泽东多次批评很多党内知识分子对孔子的崇拜。参阅陈晋主编《毛泽东读书笔记解析》，广东人民出版社1996年版，第1149—1150页。
④ 列文森：《儒教中国及其现代命运》，中国社会科学出版社2000年版，第109页。

"树立正确的世界观"。① 通过通史的大规模书写和成功的大众哲学书写，马克思意义上的"改变世界"和"改变语言（解释世界）"之间的悖论被消除，这种悖论的消除意味着知识生产者与革命者某种意义上已经合而为一。

雷蒙·阿隆曾说过："革命的神话具有一种既对立又互补的意义：它使人们期待着突破人间正常的进展方式。"② 我们可以对阿隆的论断加以发挥：革命的神话也使人们极力重新命名历史，使革命得以成为历史的合理延续。就像郭沫若做的那样，将革命的乌托邦与历史的乌托邦结合起来，成就一个更加有诱惑力的乌托邦。许多现代中国知识分子都被这个乌托邦巨大的吸引力卷入革命的潮流中。然而，就像儒家的"大同"世界只存在于想象之中，1925年的郭沫若对马克思主义的社会理想在中国的实现，也可能存疑。小说接近尾声时，理想主义者们多少显得有些凄惶：

"哎！"孔子到此却突然长叹了一声，他这一声长叹真个是长，长得来足足把二千多年闷在心里的哑气一齐都发泄出了。"哎！"孔子长叹了一声，又继续著说道："他们那里能够实现你的思想！连我在这儿都已经吃了二千多年的冷猪头肉了！"

对理想的膜拜，本质上是因为它们无法实现，美丽的理论从来都死于丑陋的现实之中。再次被现代中国的"孔子"和"马克思"们调动起民族激情和革命激情，注定将燃烧出超出预想的结果。因此，当孔子和马克思发现对方是"同志"之后，发自肺腑地哀叹理想主义的无助。所以，小说结尾，马克思打算回去了，孔子和徒弟们将继续吃冷猪头肉。即使后来发生诸多变故，但1925年的郭沫若大概不愿这样。这篇小说是郭沫若接受马克思主义的内心写照，在这场内心争辩中，他顺利说服了自己，也希望说服别人。但出乎他意料的，如他的后半生将证明的那样：他在儒家与马克思主义之间找到的通道甚至不容许他一个人通过，而为了这个通道，他付出的代价与所有同时代的理想主义者一样多——每个现代中国知识分子通往理想的道路都是如此的漫长而狭隘。郭沫若在《马克思进文庙》结束之时写下的游戏之语，似乎预示了某种将来：马克思得知中国已经有孔子"同志"在，不但共产，还要共妻，吓了一跳，就匆匆回去了。这玩笑似乎不仅是小说家言。郭沫若在嘲笑国内那些污蔑马克思主义主张共产共妻的人时，无意中透露出困惑：类似的误解是否会继续下去？孔门的冷猪头肉用马克思主义的牙齿重新咀嚼，势必要费一番功夫。郭沫若1925年感到的，正是孔门继续冷落。小说中的马克思，也慑于中国的"特殊性"而"逃回去"，

---

① 艾思奇：《大众哲学》，《艾思奇全集》第1卷，人民出版社2007年版，第450、454页。
② 雷蒙·阿隆：《知识分子的鸦片》，译林出版社2005年版，第34页。

这与19世纪的马克思对东方的判断一致！而年轻的郭沫若像许多年轻的现代知识分子一样，投入到"正解"孔子和马克思的努力中去，要把中国问题转移到一种西方意义上的普世性知识结构中解决。但历史不幸地证明，消除"误解"，只是打开了另一只潘多拉魔盒。

（原载《现代中文学刊》2013年第1期）

岛崎藤村与郭沫若诗歌之比较

张秋芳　张　剑

一

日本近代作家岛崎藤村（1872—1943）和中国现代诗坛名家郭沫若（1892—1978）是中日两国最具代表性的浪漫主义诗人。郭沫若在最具权威的十多位中国现代文学名家的名单排列中，是唯一的浪漫主义诗人。而藤村是日本近代浪漫主义的主要代表人物，他于明治三十年发表的诗集《嫩菜集》被誉为"响亮地吹起划时代近代诗最初的青春号角"。[①]

藤村浪漫主义思想的形成，在国内，得益于北村透谷平民主义思想的影响，认为明治时代一定要经历一场大革命，一定要消灭贵族思想，创立平民思想，并针对明治专制主义政权统治的黑暗现实世界，设想出一个"精神世界"，欲从那里寻求个性、思想的完全解放；在国外，得益于西方浪漫主义作家的影响。藤村于明治二十九年进入明治学院，大量接触歌德、拜伦、雪莱、彭斯、华兹华斯的作品。众所周知，藤村的《嫩菜集》尤以抒情性见长，这当然是因为他对《古今和歌集》的至爱，而和歌的抒情性也是促成《嫩菜集》抒情的一个重要因素。而在西欧浪漫主义思想，特别是华兹华斯作品的影响下，藤村的神教观从信仰走向诗性。华氏把诗描述为"强烈的情感的自然流露"，抒情色彩尤为浓厚，所以法国评论家又把浪漫主义称为"抒情主义"。所有这些，造成了藤村诗歌一个最基本特征——抒情性。

岛崎藤村和北村透谷构建出的"精神世界"与郭沫若自诩"以全部的精神以倾倒于一切"的世界是有那么一点类似的浪漫主义世界。

郭沫若1892年出生于四川乐山，自幼喜爱文学。他的少年时代是旧民主主义革命和提倡所谓"新学"的时代。在他求学之初，便接触到一些近代文化知识，接受了资产阶级民主主义思想的影响。中学时代，他热情地参加了反清、反帝的爱国学生运动，并成为运动中的骨干分子，曾先后三次被学校开除。辛亥革命失败后，他失望而苦闷，为寻找出路，于1914年到日本留学。在日本，他先学医，后来从事文学运

[①] ［日］吉田精一：《现代日本文学史》，齐干译，上海人民出版社1976年版。

动，想借文学这一武器来改造社会。在这期间，日本浪漫主义已经发生扭曲和裂变，他更多接触的是泰戈尔、歌德、海涅等人的作品。五四运动爆发那一年，他又接触到美国民主诗人惠特曼的《草叶集》，于是郭氏长期郁结的民族感情，便在惠特曼粗犷的浪漫主义诗歌的启示下找到了喷火口，产生了著名的诗集《女神》。

　　提到《女神》，谁也无法回避郭沫若的泛神论问题。《女神》问世后，学者们纷纷对此展开了讨论。首先是人们表示同意郭沫若是一个泛神论者。但泛神论是什么呢？"穆木天把郭沫若的泛神论说成是卢梭的自然主义、歌德式的情感主义、老庄和托尔斯泰的虚无主义、印度神秘的梵天、尼采的查拉图的世界"。① 应该说穆木天的说法是很有分量的，他的价值就在于泛神论是一些不同概念的杂糅。对此，郭沫若于1922年写下《少年维特之烦恼》的序引，对歌德的思想介绍颇为详细。以下是郭氏自己对泛神论的阐述：

　　　　泛神便是无神。一切的自然泛神便是无神。一切的自然只是神的表现，我也只是神的表现。我即是神，一切自然都是神的表现。人到无我的时候，与神合体，超绝时空，而等齐生死。人到一有我见的时间，只见宇宙万汇和自我之外相，变灭无常而生生死死存亡之悲感，万物必生必死，生不能自持，死亦不能自阻，所以只见得"天与地与在他们周围生运动的力，除是一个永远贪梦，永远反刍的怪物而外，不见有别的"。此力即是创生万汇的本源，即是宇宙意志，即是物之自身——Dingansich，能与此力瞑合时，则只见其生而不见其死，只见其常而不见其变。体之周遭，随处都是乐园，随处都是天国，永恒之乐，溢满灵台"在'无限'之前，在永恒的拥抱之中，我与你永在"。人之究竟唯求之永恒之乐耳。欲求此永恒之乐，则先在忘我。忘我之方，歌德不求之于静，而求之于动。以狮子搏兔之力，以全身全灵以谋刹那之充实，自我之扩张……以全部的精神陶醉！以全部的精神烦恼！以全部的精神衰毁！一切彻底！一切究竟！②

　　那么郭沫若的泛神论又怎么与藤村的"精神"有类似之处呢？泛神论认为：本体即神，神即自然。换句话说：神即宇宙万物，自然界的一切都是神。再看藤村在《文学界》（2号）中论述："真正的达观之士既不乐天也不厌世，胸中别有无限之青天，天地悠悠，不可言说的风情存在于其间，那是无量、无边、无限、极致、理想、风流、神。这样，月花变为无限之风情，基督是神，流水是理想之神，西行、芭蕉、

---

① 凌宇：《中国现代文学名家研究》，湖南科学技术出版社2001年版。
② 郭沫若：《少年维特之烦恼·序引》，《郭沫若全集》第15卷，人民文学出版社1990年版，第312页。

但丁、莎士比亚都属同列。"(《怀念马上·人世》)① 既然神作为抽象的真理存在于万物之中,那和"自然界的一切都是神"的泛神论又有多少区别?

藤村在咏物诗《常青树》里写道:"尽管百草终会败落,常青树却永不枯黄。啊,多么悲壮!"在诗人笔下,常青树在风雪肆虐,万物凋零的数九寒天,依然傲然挺立,常青常绿,该有多大的"神力"!

描写永盛不衰的自然是日本诗歌的传统,像松尾芭蕉等一些古典诗人,他们栩栩如生地描绘了自然风光,在优美、恬静的自然怀抱中消融了作者自我,描绘出一个自我与宇宙相融的"无我"境界,以此体现佛教禅学的"梵我合一"的世界。这也是穆木天对郭沫若"泛神论"所说的"卢梭的自然主义、哥德式情感主义、老庄和托尔斯泰的虚无主义、印度神秘的梵天、尼采的查拉图的世界"。

总之,藤村的世界观也是众多元素的杂糅。正如吉田精一所说:"不只是西欧,还有日本的古典,尤其是中世的隐者文学,或带中世色彩的思想感情……了解西欧的美与自由的人所持有的理想与日本现实之间的很大背反,使他们在实际人生中清高起来,并带有厌世感伤的哀愁。"② 除了西欧作家对诗人巨大的影响之外,日本的传统文学包括《万叶集》《古今和歌集》等和歌的世界,从源氏到西鹤的小说物语,芭蕉代表的俳谐,近松等的元禄文学,都使藤村从中发现了崭新的世界。

而西欧作家的影响也是至关重要的。尤其在华兹华斯自然观的刺激下,藤村的神教观与诗性形成合流。华兹华斯在《丁登寺》中有言"我感到有物令我掠起……"这几行诗,明显反映了"西方的泛神论观念……"③ 同时,关于泛神主义和原始崇拜主义,不仅可以追溯到印度的古老思想,而且东方的道家思想也具有泛神主义倾向。华兹华斯曾经学习过东方语言,从他的诗歌中可以发现类似的道家思想。而对藤村来说,不仅在华氏那里,也在东方本土上感受到道家思想中的泛神主义。当然,藤村的泛神主义和郭沫若的泛神论不会是相等的但却是异曲同工的。

二

藤村和郭沫若的浪漫主义诗歌的形态和情调,不仅不同工,而且格调迥异,美学风貌判若截然。那么,他们根本的不同点在哪里?以藤村在《落梅集》中一首为人所称道的《椰果》为例,这首诗让我们想起了李白的《静夜思》,它同样以明白如话的语言写出了漂流远客的思乡之情。藤村同李白一样,不追求想象的新颖奇特,也摒弃了辞藻的精工华美。但境是境,情是情,只借用一颗小小的椰果,以小喻大,那么

---

① 肖霞:《论岛崎藤村早期浪漫主义思想》,《山东社会科学》2003年第5期。
② [日]吉田精一:《近代文艺评论史》(明治篇),至文堂1975年版。
③ 李秀莲:《华兹华斯自然诗哲学思想初探》,《外国文学研究》1993年第3期。

逼真，寄托了自己深沉的忧思。一句"捞起椰果放在胸口"，激动的感情和浓郁的诗意沛然而来。整个诗的节奏是舒缓的，语言是朴素的，不像浪漫主义惯用的主体无限扩大，气势如大江狂澜，情境离奇，把想象和夸张的成分写到极致。

而郭沫若的《女神》就是主体无限扩大，把想象和夸张的成分写到极致的浪漫主义诗歌。《女神》中的"我"几乎征服、占有了"一切的一"和"一的一切"：

"我们更生了。我们更生了。一切的一，更生了。一的一切，更生了……我们新鲜，我们净朗，我们华美，我们芬芳，一切的一，芬芳。一的一切，芬芳……"①

郭沫若诗歌中的"我"简直是太神奇了。诗剧《湘累》中的屈原形象实际是诗人自身的化身，他感到自己具有"创造日月星辰"、"驰骋风云雷电"的伟大力量。在《立在地球边上放号》中，"我像北冰洋的晴景一样壮丽，像提起全身的力量来要把地球推到太平洋那样蕴藏着无限神力"。《女神之再生》中的女神，她们最初各持乐器在龛穴中做神，当她们看到世界这般浑浊、昏暗，她们便自觉地肩负起创造新世界的职责："姊妹们，新造的葡萄泥浆，不能盛在那旧了的皮囊。为容受你们的新热、新光，我要去创造个新鲜的太阳！"

在《天狗》一诗中，诗人将自我与神话中的天狗融为一体，那神奇的力量无可比拟："我是一条天狗呀！我把月来吞了，我把日来吞了，我把一切的星球来吞了，我把全宇宙来吞了，我便是我了。"

我们当然能够理解，郭沫若的浪漫主义诗作复活了民族的生机与人的个性生命，从而"崇拜自己的本质，把自己的本质神化"，旨在实践爱国主义和共产主义的理想。但是他岂止是表现自我，而是成千万倍地放大了自我，是自我的绝无仅有的神话。除了"男性的粗暴"以外，还在《女神》中塑造了各种各样超乎寻常的女性形象，有类似于补天女娲的神奇女性，有给人类母亲般深恩厚爱的比观音还要伟大仁慈的女性，等等。《女神》中各色人物的神力，比齐天大圣还要神通广大。神话一般出现在特定的时期，在物质生产不发达的阶段存在，但20世纪20年代仍然产生了《女神》这样的神话，真是奇迹。

一般来说，浪漫型艺术是理念的心灵内容超出了客观的物质形式本身的意义，是精神溢出物质，理念压倒形象，都是以理念中精神内容与物质形式的不协调为特征，只是不协调的程度不尽相同。郭沫若的《女神》，是精神无限地溢出了物质，精神内容与物质形式多不协调；而外国浪漫主义诗人则少有这种不协调的情况，诸如雪莱、华兹华斯，包括郭沫若受其影响颇深的美国诗人惠特曼，遍读他们的诗作，很难见到主体无限扩张的诗篇。现在我们来看岛崎藤村的诗歌。

作为日本《文学界》浪漫主义最丰富的成果的《嫩菜集》，像西洋诗人那样，呼唤着清新的思潮，充满美好的激情。全诗中见不着一丝在主体无限扩张下的"奇人

---

① 郭沫若：《凤凰涅槃》，《时事新报·学灯》1920年1月30日。

奇事奇景"。它只是运用传统诗歌的象征和比兴，即运用比喻和托物起兴的方法描绘事物和表达感情。我们说的"象征"，乃是秋风象征一种巨大的扫荡旧世界的伟大力量。请注意这力量"自西方的海上吹起"，是否可以大胆设想为来自西方的启蒙主义、浪漫主义和以民主自由为核心的现代自由主义。正因为这样，所以作者欣喜若狂，见到了"丛林漫染皆红枫"，感受到了"象早晨的雄鹰拍击着翅膀，日日夜夜在蓝天上飞翔。这萧然劲吹的秋风，它的羽翼有声有力"，因而相信，只要污浊的世界还存在，"秋风断然不肯停息"战斗。所以诗的精神内容与物质形式是协调的，但这不排斥和否定它的浪漫主义因素，因为诗正是以启蒙主义和革命的价值观表达了坚不可摧地对抗旧世界的理想。

再看他的短诗《初恋》，同样朴实，没有奇人奇事奇境，但它歌颂了自由恋爱的理想。只有这样的恋爱，爱情才能够在"这里奔跑"，不愧为爱情至上的宣言。作为对封建婚姻和伪善道德的反叛，这样的"恋爱至上"也不失为一种理想的格局。

三

对两位诗人浪漫主义诗歌的比较，并不意味着是扬藤村而抑郭沫若。必须明确，《女神》是反封反帝反专制的响亮号角，在诗人心目中，旧中国从它的过去到现在一切的一切都必须在烈火中葬送，让"死了的凤凰"重生，有力地表现了对旧世界的否定，因而在当时对革命人民有着无限的感染力和震撼力。只是需要探讨的是，过于扬精神而抑物质是否科学？这种过于张扬的精神就是郭氏在《生命底文学》一文中表现的"唯能论"思想。他说："人类生命中至高级成分便是精神作用。精神作用只是大脑作用底总和。大脑作用的本质只是 Energy（能）底交流。一切物质皆有生命。一切生命皆是 Energy 底交流……"不得不说郭氏的诗和包括藤村在内的外国诗人的浪漫主义诗作是两种截然不同的品种。

（原载《长沙大学学报》2013 年第 1 期）

从古典和谐走向近代崇高

——郭沫若的诗美学范畴及其历史美学逻辑论析

程国君　吴亚娟

从新诗美学发展史的角度来说，在新文学发生之初，郭沫若新诗展现出的以粗犷、豪放、雄浑、壮美为特征的崇高的审美范畴，众所周知，是真正开了一代诗风的：一是它实现了近代以至五四以来中国诗歌美学从"古典和谐走向近代崇高"的转折；二是它以其极富于美学内的诗歌创作引导了中国现代文学与新诗"走向崇高"的基本审美走向，使崇高美成为了新文学与现代新诗的基本美学范畴。郭沫若《凤凰涅槃》《地球，我的母亲》《炉中煤——眷念祖国的情绪》《天狗》《立在地球边上放号》和《笔立山头展望》等 6 首代表性[①]的诗作就因为充分显示了这种美学倾向而成为了新诗史上的首批正典。

郭沫若引领的这种诗美学转向具有深刻的历史美学逻辑——近代中国由弱到强、从解放到复兴的社会历史走向，现代美学以崇高扩展优美，由主体意识、觉醒的崇高体验凸显。认识这种新诗正典构建起来的历史美学逻辑，可以使我们清晰地了解中国现代文学及其新诗的基本美学走向、基本美学面貌及其形成机制，也使我们能够更深入地了解郭沫若五四时期诗学创造的历史转折性意义。事实上，这从美学的角度为我们解读与其美学格调一致的现代革命诗歌及《义勇军进行曲》一类诗歌的历史文化内蕴提供了新的理论依据。为避免论述空疏，以下从具体诗作的分析入手进行阐释。

一

与鲁迅给现代新文学带来的悲剧性审美体验不同，郭沫若给中国现代新文学与新诗带来了崇高在近现代的崛起是人类走向更高文明状态的表现。五四时期郭沫若的《女神》等诗歌创作，就是顺应这种美学方向出现的最佳诗篇。最能体现郭沫若诗歌

[①] 闻一多《现代诗抄》选编的郭沫若的代表作是《天狗》《立在地球边上放号》《笔立山头展望》《夜步十里松原》《灯台》和《新芽》6 首。本文这里采用一般现代文学史和目前最新研究成果中提出的一些基本看法，选用了不同于闻一多的上述 6 首诗歌。这代表了我们的一种历史的美学的视点。

崇高的美学范畴特征的代表性诗作是《凤凰涅槃》。这首诗是"重在思想意境及真实的情绪"的典型作品。它的首要的诗美学价值就在于通过凤凰崇高、悲壮、壮美形象的形塑，充分地表现了"五四"狂飙突进、破旧立新、解放与新生的时代宏大主题。这首不重修辞，不重审美表现，在精炼度、词汇运用和艺术上不甚精湛的诗歌，已经全然有别于古典诗歌含蓄蕴藉、温柔敦厚的美学品格，显示出粗粝、狂放、崇高的美学风范。它的天问式的大无畏气概，天马行空式的气势，蔑视权威、世俗的勇气，是新的"诗意诗境"，是没有崇高、创造体验的岩鹰、孔雀、鸱枭、家鸽、鹦鹉、白鹤等凡俗之鸟无法体验到的"诗意诗境"和审美体验。在这首诗里，郭沫若以鲜明的对比手法（崇高的凤凰与平凡卑下的俗鸟对比），在五四的特定历史文化时期，唤醒了崇高这种国人久违的主体体验，给中国文学带来了新的审美感受，让读者激动，心灵震撼。

名诗《地球，我的母亲》一诗也首先以崇高的审美体验令人感奋。它赋予地球上一切的存在形象（海洋、田地、矿坑、草木、动物、雷霆、雪雨）以通灵、自由、自主、神圣、感恩、奉献、牺牲等伟大的特性，充分肯定了劳动、创造的积极价值，自由、自主、强健的正面意义，凸显了抒情主人公形象——"我"的现代性品行，并以张扬泛神论思想、劳工神圣的时代主题，成为现代文化与新文学、现代新诗的最具美学、思想魅力的精美篇什。该诗最大的思想史魅力还在于它赋予耕作的粗下的农民、煤坑中劳动的"黑奴"以灵性、神性，赋予他们人的尊严，从而体现了现代否定贵族权贵、肯定劳工平民的近代崇高的精神思想的光辉。《炉中煤——眷念祖国的情绪》也是如此，这首新诗史上最优秀的爱国主义诗篇，以"燃烧"、"火热"、"栋梁"、"天光"等青春意象，渲染热烈的高昂的青春的时代的崇高情绪，传达了近代以来弱国子民强烈的爱国情绪，成为了现代文学尤其是新诗中最具有崇高美学体验的经典诗篇。

《立在地球边上放号》书写了无比壮阔的空中"怒涌"的白云、伟大壮阔的北冰洋、太平洋及其滚滚气势的海浪等新意象。该诗以奇特的现代性想象，以大宇宙的现代科学思想取代保守的地球中心论及其僵化意识，大胆歌颂创造新文明的伟力，赞美自然、宇宙力量的伟大，超越优美、简约的辞藻修饰为中心的古典诗学藩篱，极其充分地展现了壮阔、雄浑的浪漫主义文学诗风。《笔立山头展望》被孙玉石先生誉为现代中国最优秀的城市诗。该诗赞美"大都会"及其新文明，对于工业文明为特征的现代都市及其生命存在的状态的书写逼真惟肖，对于近代工业文明的新的景象（黑沉沉的海湾，停泊着的轮船，行进着的轮船，数不尽的轮船，／一枝枝的烟筒都开着了朵黑色的牡丹呀！／哦哦，二十世纪的名花！／近代文明的严母呀！）的描述，尽管从现在生态学的角度看可能有问题，但其激赏的心情却溢于言表，也体现出现代诗美创造的新的美学风范。

《天狗》借神话中的天狗意象，以近乎疯狂的、气吞宇宙的气概，充分传达出了五四时期自我意识、个性解放的新思想，并以伟大的"我"——新个性（"人应该既是他自己，又应该内蕴着全宇宙"）的发现，成了一代人与整个民族觉醒的先声。其"天狗"意象，想象神奇，镜像阔大。"天狗"是郭沫若式的意象，也是典型的新诗意象，同样给以解放为特色的现代中国文学带来异样的大气势与审美感受。

这6首诗代表了现代新诗走向崇高美的新趋向。从这类诗里我们看到，与古典诗词相比，郭沫若诗里出现了以下具有时代气息的4类全新的意象：（1）天狗、凤凰、天上的市街、普罗米修斯等神话意象（它们是旧意象，但郭沫若赋予了全新语意）；（2）女郎、燃煤、"瓶儿"等具有五四个性气质的青春型新意象；（3）地球、北冰洋、太平洋等宇宙型意象（相对于地球中心论它们是新意象）；（4）矿坑、大都会、轮船等都市性文明意象，纯现代性意象。就仅以《女神》的上述6首诗的意象而言，这些意象粗犷、阔大、新奇、简陋、不雅、不秀丽，却代表了新的美学倾向。新的意象造就了新的诗。于是，一种有别于古典诗词的具有全新美学体验的现代新诗便由此诞生了。这与《尝试集》的老气、缠脚气比较，其"新"更为显著，审美感受也完全两样。它们不幽、不驯、不雅，但别具一种宏阔气象，已经是别具一格的具有近代崇高品格的新诗意象了。

为现代崇高的美学思想开启了先声和萌芽的美学家琅吉努斯说："大自然把人放到宇宙这个生命大会场里，让他不仅来观赏这全部宇宙壮观，而且还热烈的参加其中的竞赛，他就不是把人当做一个卑微的动物；从一开始，大自然就向我们人类心灵里灌注进去一种不可克服的永恒的爱，即对于凡是真正伟大的，比我们更神圣的东西的爱。因此，这整个宇宙还不够满足人的观赏和思索的要求，人往往还要游心沉思于八极之外。一个人如果四面八方把生命谛视一番，看出一切事物中不平凡的、伟大的和优美的都巍然高耸着，他就会马上体会到我们人是为什么生在世间的。因此，仿佛是按照一种自然规律，我们所观赏的不是小溪小涧，尽管溪涧也很明媚而且有用，而是尼罗河，多瑙河，莱茵河，尤其海洋。"[①] 琅吉努斯从人的发现与价值出发阐述的这种美学倾向，就是崇高美学范畴的思想。郭沫若在"五四"时期的诗歌创作，就充分体现出这种美学倾向。这得到他同时代的人的激赏！闻一多在《〈女神〉之时代精神》一文的结尾说道："奇怪得很，北社编的《新诗年选》偏取了《死的诱惑》作《女神》的代表作之一。他们非但不懂诗，并且不会观人。《女神》的作者岂是那样软弱的消极者吗？……所以在这里我们的诗人不独喊出人人心中的热情来，而且喊出人人心中最神圣的热情呢！"[②] 郭沫若《女神》的《序诗》、第一到第三辑的诗歌，大多自然、粗狂，热情、奔放，豪迈、激越，呈现出崇高的美学风范与审美个性。

姚姬传在《复鲁絜非书》中说，"得于阳与刚之美者"，呈现的是阳刚之美。这

---

① 朱光潜：《西方美学史》，人民文学出版社1981年版，第114页。
② 闻一多：《闻一多全集》，湖北人民出版社1993年版，第117页。

种阳刚之美,就是崇高的审美风范、美学范畴。郭沫若诗歌的美学范畴当属此类美学范畴。上述6首诗歌,其最大特征就是崇高美学体验的凸显了。归结起来,其主要内涵为以下三点:

首先,"大我"形象的展现、创造与英雄格调。前述《凤凰涅槃》中的《凤歌》,实际上就展示了一个天问者的"大我"形象,也形塑了一个对于宇宙、天地万物发问者、质疑者的崇高英雄形象;《凰歌》尽管音调哀怨,也仍然是对于"大我"的热切呼唤,是对于年轻的光华青春的寻铎声;《群鸟歌》则以岩鹰、孔雀、家鸽等的"实际"、俗气、渺小烘托凤凰的伟大、雄壮与超越的形象;《凤凰更生歌》则歌颂光明、生动、自由,表达对于宇宙的雄浑、悠久、博大永恒的认同。《地球,我的母亲》的抒情主人公,也是一个胸怀世界,感恩宇宙一切,放眼宇宙,同情劳工,热爱劳动,心中惦记全人类,具有牺牲精神的普罗米修斯式的"大我"形象。《炉中煤》一诗,其主人公是《地球,我的母亲》的抒情主人公的具体化,一个伟大而激情澎湃的爱国者的赤子形象跃然纸上。所以,郭沫若的诗歌,以情绪取胜,以宏大的气势感人,有一种"大我者"的胸襟与胆识睿智。《天狗》一诗,可为代表。陆耀东先生对此有精彩的评析。他说,"这首诗以泛神论为支撑。诗的主旨是:人应该既是他自己,又应该内蕴全宇宙。有了这种胸襟,任何大的事业也敢于干,任何困难的关口也敢闯,任何障碍都不能阻挡。有了这种精神,才能容得下大侮辱,才能不理会任何嘲骂和恭维,有胆量有毅力去反对封建偶像,去创造一切。《女神》的浪漫主义的精髓,就在这里"。这是精当的评论。又如《立在地球边上放号》,则展现了一个推倒地球的巨人形象,《笔立山头展望》展示了面对现代文明的一个跳跃着的、汹涌着的创造者的形象。它们都具有这个特征。

就是说,《女神》所写,大多是一些历史创造者型的大人物,英雄式的人物,如第一辑的3个诗剧《女神之再生》《湘累》《棠棣之花》的女神、屈原、聂政姊妹,其他几辑所写的华盛顿、林肯、惠特曼(编者加)、庄子、斯宾诺莎、加皮尔、苏武、贝多芬、托尔斯泰、哥白尼、达尔文、尼采、卢梭、克伦威尔、释迦牟尼、马克司威尼、普罗米修斯等,也是一样。基于一种美学观察、考辨,所以,宗白华认为郭沫若诗歌的"思想意境及真实的情绪",代表了新诗的方向,断言他是"东方未来的新诗人"。

其次,阔大境界,壮观景象。阅读郭沫若诗歌,"我们所观赏的不是小溪小涧,尽管溪涧也很明媚而且有用,而是尼罗河,多瑙河,莱茵河,尤其海洋"这样的大景象。[①] 像《凤凰涅槃》《地球,我的母亲》《炉中煤——眷恋祖国的情绪》《天狗》《立在地球边上放号》《笔立山头展望》和《匪徒颂》等诗歌,写太平洋、大西洋、印度洋等大自然的壮观景象,美好家园;书写澎湃的大海,壮观的日出,创造的气

---

① 蒋孔阳:《美学新论》,安徽教育出版社2007年版,第350页。

象;歌颂自由、光明、民主、爱情、青春,都展现一种大而全的新景象。如前所述,新的意象造就新的诗。郭沫若的诗以这些景象构筑了一种真正意义上的"雄浑的大诗。"这是唯有郭沫若这样的具有现代胸襟的大境界者方能唱出的歌,是崇高、壮美的歌,展现出现代创造的阔大境界。

再次,主体觉醒之上的崇高体验。美学理论家彭锋认为,崇高是美学的基本范畴与形态之一。"从审美对象的角度来看,崇高往往是一些宏大、有力、晦暗等不具备有规则的形式美的事物;从审美经验的角度来说,崇高不只是引起单纯的快感,而是包含痛感以及超越痛感之后的更强烈的快感……崇高的出现,极大地拓展了西方美学的研究范围。"① 崇高或想象的出现,是西方18世纪建立现代美学的标志。按照康德的理论,崇高感的来源不是对象,而是人的主体性与理性,是人意识到自己是人时所体现的那种强大的勇气和自我尊严感。伴随着人的觉醒而出现的"五四"文学及其郭沫若《女神》的创作,便以崇高的名义唤醒自我及其自我尊严感,将具有"自我超越"与至高快感追求的崇高美感带给了现代文学与现代新诗。实际上,《三叶集》的中心谈论的也是这个问题。在这个现代中国最早的半"诗论"集里,宗白华首先肯定的是郭沫若给中国新诗带来的这种崇高感。随着其对于郭沫若等诗人诗歌美学风格的讨论,即宗白华、田汉等人所谓"大"、"雄浑"、"人格美"的讨论和现代美学的许多新兴话题,如创造、表现、天才、纯粹、想象、审美态度和崇高等,不仅被用来唤醒主体觉醒的人格的美与崇高体验美,也被运用到新诗美学建构问题上来了。这是美学家宗白华赏识郭沫若及其《女神》的重要原因,也是郭沫若诗集《女神》的一个重要的美学特征。

二

按照康德的理论,崇高可分"数量的崇高"(如体积的巨大)和"力量的崇高"。在他看来,美是想象力与知性的和谐运动,产生比较平静安宁的审美感受,崇高则是想象力与理性的相互斗争,产生比较激动强烈的审美感受。自然界的某些极其巨大的力量、体积,通过想象力唤起人的伦理道德的精神力量,人与之抗争,在心理上压倒、战胜它,从而产生的愉快就是崇高。王国维在《叔本华与尼采》一文中说:"若其物直接不利于吾人之意志,而意志为之破裂,唯有知识冥想其理念者,谓之曰壮美(崇高)的感情。"② 就是说,崇高美学范畴的出现,"是想象力与理性的相互斗争"的结果,而非"想象力与知性的和谐运动"的结果。由此判断,郭沫若创作出《女神》这样具有雄浑奔放、崇高美的诗篇,就可以这样来理解:近代以来以至

---

① 彭锋:《西方美学与艺术》,北京大学出版社2005年版,第72页。
② 李泽厚:《李泽厚哲学文存》,安徽文艺出版社1999年版,第403页。

"五四"时代的巨变,"意志为之破裂"的抗争意识的出现,人的主体精神力量与超越性的发现,中西文明与思想的冲撞,才激发起"大波大浪的洪涛"和崇高的审美体验,因此,才有如《离骚》《浮士德》和《神曲》风格的《女神》出现。

简而言之,《女神》及其崇高美的美学范畴的出现,具有历史的必然性。宗白华在评价郭沫若诗歌时说:"你对于歌德的观念同我一样,所以我们的思路相同,也不足怪了。我那篇歌德宇宙观极难下笔,我这里歌德的书极少,又没有详细的研究,精密的分析,将来只好就我所自己感觉的写了出来,以待他人的矫正罢了……(你)常同大宇宙的自然呼吸接近,你又在解剖室中,常同微虫的生命接近,宇宙意志的真相都被你窥着了。你诗神的前途有无限的希望啊!"① 宗白华认为,郭沫若诗歌创作具有"雄浑"壮美的格调,乃在于他首先对于"大宇宙的自然呼吸接近"、同"微虫的生命接近",了解了"宇宙意志的真相",有了一种全新的时空感,才把崇高这一近代的审美体验带给了新文学与现代诗。事实也是如此,五四时期,郭沫若留学日本,他的医学与自然科学的研究与学习,使他"观"看世界的眼光发生了巨大的变化,崇尚并倡导崇高,因此,他才率先创作出这种具有崇高审美范畴的诗。

庄严、章涛在《中国诗歌美学史》中说:"近代西方文明,以希腊文化与希伯莱文化为主要成分,而希腊文化的精髓是悲剧精神,希伯来宗教文化中灵与肉、个体与宇宙的分裂更加严重,因而西方的古典和谐美最终已经为崇高美所取代;而中国的古典和谐美,从先秦到明代中叶,走完了一个历史的圆圈,才向近代崇高美靠拢……在南宋以来,宋元明清的爱国主义诗歌中,已经激荡着古代崇高美的巨大声响,也就是说,在我国诗歌史上,长期存在着'中和'与'反中和'的斗争,从西周末年到春秋时,奴隶主和奴隶矛盾的激化,特别是新兴地主阶级的勃兴,由'和'转化为'不和'的观点便逐渐形成。所以我国传统美学才呈现出渐次由古典和谐美转向近代崇高美,并进而发展为近代崇高美和现代崇高美的。"② 金雅也认为,19、20世纪之交,中国美学由古典和谐型向近现代崇高型的发展演化几乎是历史的必然。③ "进入近代社会,对于长期闭关自守、以和为贵的中华民族,一方面是西方列强的炮火撕碎了天朝帝国的一统天下,无情地冲击了中和之美的现实根基;另一方面则是随西学东渐而来的西方科学精神与求'真'理念,有力地震撼着中和之美的精神根基。求真就必须要面对真实的生活与真实的感情,面对生活的缺失、龌龊、险恶、灾难与抗争,面对情感的哀伤、痛苦、绝望、幻灭与冲突。对于理想的呼唤,对于激情的呼唤,对于变革与新生的呼唤,为崇高美进入审美的视野开拓了历史的前提。"④ 在现代文学的开创初期,郭沫若以切实有效的创作实践,顺应这种"历史的前提",实现

---

① 宗白华、郭沫若、田汉:《三叶集》,安徽教育出版社2006年版,第21页。
② 庄严、章涛:《中国诗歌美学史》,吉林大学出版社1994年版,第63页。
③ 金雅:《梁启超美学思想研究》,商务印书馆2005年版,第189页。
④ 同上。

了这种美学转型。所以，如果说梁启超、王国维、鲁迅等率先触及、倡导了崇高的美学意识，并有了初步的审美实践的话，那么，郭沫若及其《女神》的出现，则标志着这种美学范畴的成功实现。

郭沫若在创作《女神》时，援引了歌德《浮士德》的名言"崇高的女性，引人类上升"，作为其基本审美出发点。《女神》里，充满创造精神的女神形象、获得新生的凤凰、天狗式的新自我以及一系列叛逆者形象，都具有全新的"近代精神"和崇高的气象。同时，它的蓬勃向上的青春气息，"五四"狂飙突进的时代精神，不顾一切的大胆的反抗斗争精神，追求光明，歌颂自由，赞美大自然的审美倾向，也是崇高、壮美的审美风范的基本体现。事实上，这也是鲁迅在《摩罗诗力说》里热切地呼唤过"善美刚健"之声在中国出现的标志："上述诸人（指欧洲拜伦、雪莱等8位浪漫主义诗人——著者加），其为品行言行思维，虽以种族有殊，外缘多别，因现种种状，而实统一于一种：无不刚健不挠，抱诚守真；不取媚于群，以随顺旧俗；发为雄声，以起其国人之新生，而大其国于天下"，"今索诸中国，为精神界之战士者安在？有作至诚之声，致吾人于善美刚健者乎？有作温煦之声，援吾人出于荒寒者乎？"[①] 郭沫若《女神》的"雄浑的大诗"，正是鲁迅热切呼唤过的"善美刚健"之声。

"中国古典诗歌在发展中形成了严整的诗体，它以古代汉语、文字、声调、音韵和构词方式为基础，以古人和谐恬淡的审美心态为依据，势必与风云激荡的近代社会和维新变法的思想启蒙产生不可调和的矛盾。"[②] 应时而起的新文学，尤其是新诗，要解决这些矛盾，就需要从上述二端——近代语言的发展和美学趋向的发展相一致的文学的历史的美学的逻辑入手。所以，梁启超在其《夏威夷游记》中就说："余虽不能诗，然尝好论诗。以为诗之境界，被千余年来鹦鹉名士（余尝戏名词章家为鹦鹉名士，自觉过于尖刻）占尽矣……虽然，诗运无绝之时也。今日之革命之机渐熟，而哥伦布、玛赛郎之出世也不远矣。""欲为诗界之哥伦布、玛赛郎，不可不备三长：第一要新意境，第二要语句，而后需以古人之风格入之，然后成其为新诗。不过，如移木星、金星之动物以实美洲，魁伟则魁伟矣，其如不类何。若三者具备，则可以为二十世纪支那之诗王矣。"作为"诗界革命"之倡导者，梁启超提倡的"诗之境界"、"新意境"，实际上就是郭沫若诗达到的"诗意诗境"，或者说郭沫若的"诗意诗境"就是梁启超倡导的"新意境"，鲁迅呼唤的"善美刚健"之声。这种"善美刚健"之声的内涵就是郭沫若"雄浑大诗"的审美内涵：（1）气势磅礴，境界阔大；（2）大我形象，英雄格调；（3）主题觉醒之上的崇高体验。所以，崇高这种美学形态在近、现代文学中的出现，既是自然科学、社会深层次的变革发展的必然要求，也是文

---

① 鲁迅：《摩罗诗力说》，《鲁迅全集》第1卷，人民文学出版社1981年版，第169页。
② 许霆：《旋转飞升的陀螺——百年中国现代诗体流变论》，人民文学出版社2006年版，第25页。

学美学发展的必然规律：从现代汉语发展的角度来说，近、现代语言文字发展的平民化趋向和中西语言融合发展的语言倾向，必然会影响到新文学的语言面貌；从美学发展的角度来说，"古人和谐恬淡的审美心态"被现代崇高的美学形态取代，也是美学与历史的必然。

进一步来说，近代美学——以崇高扩张优美（美学的空间）或崇高超越修辞以及审美经验的现代美学转向，正是郭沫若等现代诗人的美学取向。宗白华"你的凤歌真雄丽，你的诗是以哲理作骨子，所以意味浓深。不像现在有许多新诗一读过就索然无味了。所以白话诗尤其重在思想意境及真实的情绪，因为没有辞藻来修饰它"的判断，也来自这种认识。也正是基于这样的认知，所以在宗白华、田汉和郭沫若的通信合集《三叶集》中，超越修辞以审美高度看新诗的现代诗歌美学的一系列命题，如"主情说"、"自我表现说"、"自然流露说"、诗体解放、新新诗、诗人人格（文艺个性说）、情感美化与雄浑等审美风格的诸多理念，就被充分地讨论。《女神》集也正在这种美学转型的意义上显示了它的现代性价值。它以强烈的时代、社会和历史关注趋向，它以豪放粗粝的诗风和自然罗曼司倾向，超越了传统诗学优美、典雅、以悲愁为美的风习，也超越了以温柔敦厚、含蓄蕴籍为特征的典丽诗风，实现了"由古典和谐向近代崇高"转型的成功转折，促进了新诗美学基本审美形态的形成。这是我们不能否认的诗学事实。

三

由于郭沫若诗歌创作引领的这种美学转向具有深刻的历史美学逻辑，这种逻辑决定的诗美发展路向的拓展，使《女神》成了中国现代诗歌史上第一部真正的诗歌正典，也影响了其他一些新诗正典的美学取向，所以，郭沫若"雄浑的大诗"的诗学意义也在这里：凸显了崇高这一美学范畴，在新诗多样化的美学形态里，使崇高美成为了中国现代新诗及其新文学的美学范畴主型。

这从下述新诗发展事实可以得到佐证。如前所述，中国近、现代以来的社会与时代，是一个需要"雄浑的大诗"的时代。郭沫若的具有"善美刚健"、"至诚之声"内涵的诗集《女神》的"雄浑的大诗"，是时代的产物。换句话说，中国新诗的主流声音、主旋律就是这种"雄浑的大诗"，而郭沫若则引领了现代中国的这种审美新方向。因为从1905到1920年代再到1930年代和1940年代，由现代中国文学独特的启蒙和救亡的双重使命决定，崇高美一直是新文学美学范畴的主类型，殷夫及其以后的主流革命诗人就是沿着郭沫若的路走的：由郭沫若开其端，中经"左翼"及其革命诗歌派的崇高、壮美的政治抒情诗创作（如殷夫、蒋光慈及其中国诗歌会诗人的作品），到第三个十年艾青那深沉悲壮的"太阳"、"大地"之歌，40年代基于生命尊严与沉思出发的冯至、穆旦的庄严的生命之歌以及现代中国革命的领袖毛泽东那一批革命家的创作，都是这种"善美刚健"、"至诚之声"的诗。它们构成了中国"新诗的基本审美风格"①，甚至是新文学和新诗的基本审美范畴。所以，现代诗人闻一多等，对于郭沫若的这种审美创造的现代性意义就相当认同，因而他才说"只有郭沫若的诗，才配真正的新诗呢"！闻一多特别看重的就是郭沫若诗歌的崇高的审美风范，尽管他归属为新月诗人，但他的世界观、人生观却与新月有距离。闻一多是一个一生追求"铿锵之声"的诗人，他的诗歌如《死水》、如《奇迹》等，也就是"善美刚健"的"至诚之声"。他的诗，在美学品格上，与郭沫若完全一致。

对于郭沫若引领的这种美学方向，新文学主将鲁迅一向是肯定的，尽管鲁迅给现代中国文学带来了悲剧性的审美体验，与郭沫若的审美格调迥异。如鲁迅在1936年评价殷夫《孩儿塔》的美学风格时，就充分地揭示了新文学及其新诗美学发展的这一趋向："这《孩儿塔》的出世并非要和现在的一般诗人争一日之长，是有别一种意义在。这是东方的微光，是林中的响箭，是冬末的萌芽，是进军的第一步，是对于前驱者的爱的大纛，也是对于摧残者的憎的丰碑。一切所谓圆熟简练，静穆幽怨之作，都无须来作比方，因为这诗属于别一世界。"② 这"别一世界"的诗，其美学范畴与郭沫若一致，基本美学形态显然是崇高。因此，郭沫若及其《女神》，是深刻影响了现代新诗史上的一批经典的审美取向的。

进一步说，在新文学和新诗发展史上，郭沫若"雄浑的大诗"的超越古典优美而呈现出的崇高美，与新月"三美"为逻辑起点的优美追求，象征派朦胧、怪异为审美追求呈现出的丑、悲剧性的美学范畴的融合，多样审美活动对立统一的审美现代性矛盾运动，是促成了第一个十年新诗美学个性的渐趋成熟的。而后，在"人之觉醒向生之吟唱"转化的第二个十年，以现实主义和现代主义诗歌美学特征的现代新诗却将悲壮、崇高与丑怪、荒诞的多元审美形态发展了起来，并以崇高悲壮作为主旋律。新文学的第三个十年，是新文学及其新诗的主体精神与生命意识深化的时期，内忧外患的现实境遇及其群体抗争激发的主体精神的高扬，使得现代深沉、雄豪、悲壮的审美意向得到强化，崇高的审美形态再次构成新诗的主旋律与主调。所以，整个新文学"三十年"，在美学上郭沫若"雄浑的大诗"呈现的崇高美就一直是其主要形态。

就具体的诗歌作品而言，《女神》集的诗，大多呈现出的是这种崇高的美学范畴。革命诗人殷夫《血字》《别了，哥哥》等诗，也显示了这样的审美格调。1936年，中国工农红军完成二万五千里长征，到达延安，毛泽东创作了《沁园春·雪》，更具有郭沫若诗的"以革命精神为骨，意境开阔，气势雄浑，具有英雄的格调……感情纯真、坦率、狂热，想象奇特，似天马行空"的崇高气度，尽管毛泽东运用了

---

① 周海波：《失落的女神》，《郭沫若与二十世纪中国文化》，福建人民出版社2002年版。
② 鲁迅：《鲁迅全集》第2卷，中国人事出版社1938年版，第1113页。

旧形式。1940年代的"战时"状态,"七月"诗派及其艾青《向太阳》《他死在第二次》,穆旦《赞美》等诗,同样具有郭沫若《女神》崇高的美学形态。崇高美,是这些新诗正典所以为正典的基本内涵特征。《义勇军进行曲》,最是这种美的形态的新诗正典的代表:"起来!/不愿做奴隶的人们!/把我们的血肉/筑成我们新的长城!/中华民族到了/最危险的时候,/每个人被迫着发出最后的吼声!/起来!起来!起来!/我们万众一心/冒着敌人的炮火,前进!/冒着敌人的炮火/前进!前进!前进!进!"这是现代中国最伟大的一首自由诗,已经成了一个民族永恒的声音,它的美学范畴就是崇高、悲壮。这绝非那些优美典雅之作可以比拟。

诗学史家陆耀东先生就认为,郭沫若诗歌是那种具有天马行空似的大精神的大艺术:"以革命精神为骨,意境开阔,气势雄浑,具有英雄的格调……感情纯真,坦率、狂热,想象奇特,似天马行空,打破一切格律形式,放手直书,大笔挥洒,不事雕琢而巧夺天工。"[1] 因此,郭沫若诗歌创作的现代性意义就在于以"雄浑的大诗"的创造,奠定了中国现代文学与现代新诗的基本美学形态,使崇高范畴成为了中国新文学及其新诗的基本美学主旋律。

四

毋庸讳言,对于郭沫若"雄浑的大诗"为代表的崇高美学形态的认识以及对于新诗发生期郭沫若诗歌的这种价值意义,过去、现在,我们一直存在着认识上的误区与尴尬:要么以古典优美的标准权衡它,要么拿自由体诗的幼稚否定它,要么以诗歌辞藻的单调和缺乏创新性攻击它。这种释读的错位,在一些学者和读者那里我们会时时领教,听来也相当刺耳。实际上,郭沫若对于新文学与现代新诗的发展的开拓与启发性的意义,不仅仅在于其表现了时代精神而开了一代诗风,也不仅仅在于其诗的语言方面的自由度和自由体诗诗体实践的探索上——正如有些讨论所言,在这些方面,《女神》无疑是幼稚的,相反,它恰恰在一种代表美学发展方向的崇高美学形态的创造上。郭沫若的诗,是梁启超所谓的真正的"新意境"的诗,鲁迅所谓的"善美刚健"之声,殷夫《孩儿塔》式的美学格调的诗,是充满阳刚之气的"近代"之声。这是其《女神》成为新诗首部正典的首要美学依据,所以,对于郭沫若诗歌及其《女神》的美,我们得具备"复杂性中思维"的逻辑品格,从文学转型的历史的、美学的两种明确的"觉识"来认识,才可以发现,才可以去蔽——克服上述认识上存在的尴尬与误区,从而正确判断郭沫若及其《女神》的美学价值、现代性意义。

---

[1] 朱光潜:《西方美学史》,人民文学出版社1981年版,第253页。

首先，就审美范畴来说，《女神》第三辑的诗歌与第一、第二辑的大多数诗歌还是有很大的区别的。由于受到西方唯美主义思潮及其创作艺术的影响，郭沫若也很赏识那种"纤细、明媚、柔腻和纯粹"风格的诗。如他1920年写给陈建雷的信的"诗论"诗，就是如此："蚕儿呀，你在吐丝！/……哦，你在吐丝/你的丝怎么那样的纤细、明媚、柔腻、纯粹？……你在创造你的'艺术之宫'，/终怕是为得你自己"。（《春蚕》）他的《炉中煤》与第三辑中的《黄埔江口》《晴朝》《霁月》《晚布》等诗，就以清新、优美的格调取胜。但是，从总体上看，《女神》及郭沫若的诗却是"雄浑的大诗"，而且后者还是《女神》集的主体部分，代表了五四后的新文学和现代新诗的一种美学价值新取向，而郭沫若诗歌也正是在这一价值向度上显示了它的美。就是说，郭沫若诗歌及其创作的审美价值，在奔放、粗犷、浪漫的向度上，而不在精致、典雅的意义上；在纯真、自然和崇高的美学形态创造上，而不在优美、幽深和婉转的向度上。宗白华就在这个美学基点上发现了郭沫若，发现了郭沫若诗歌创造的现代性意义，说在中国诗歌史上"你将以此见长"，并赞誉他是"东方未来的诗人"。宗白华当然有理论及其逻辑上的依据，因为从理论上讲，审美形态有优美、崇高、丑、悲剧性、喜剧性等多样存在相态，它们本身没有高低卑劣之分。优美是美，崇高也是美、它们只是并列关系，或者是对立基础上的相互统一关系。郭沫若的诗是"雄浑的大诗"，美学形态上呈现的是崇高。崇高是多元审美形态之一元，毫无疑问不容抹杀与否定，如果混淆否定了这一点，那就无疑否定了郭沫若及其诗歌创作在新诗史上的最主要的价值。

其次，郭沫若《女神》及其五四时期的诗歌创作，以现代美学发展的新的倾向——崇高美（"从古典和谐走向近代崇高"）——超越了胡适及其《新青年》诗人群的白话新诗的语言、修辞学功能和文体革新的新文学实践，实现了新文学和现代诗歌的美学的现代性转向。美学家朗吉努斯说："崇高的意境和热烈的情感对预防辞格引起怀疑大有帮助，妙不可言。巧妙的修辞手段既稍微隐藏在美与崇高的光辉中，便不再显著，从而避免了一切怀疑……雄辩家凭甚么隐藏他的修辞手段呢？显然是凭它本身的光辉。就像在骄阳普照之下爝火无光，周围的崇高意境能隐藏雄辩家的诡谲。绘画中也有与此仿佛的现象。虽则色调的明暗并存在于同一平面上，但鲜明的总是夺目，显得不但玲珑浮突，而且的确近得多。辞令亦如此。热情而且崇高的话更接近我们的心灵，从而，半由于天然的引力，半由于词采的光辉，它往往先得你心，比辞格更使人注目。"[①] 郭沫若《女神》及其诗作，就因为其崇高的美学追求而独辟蹊径地超越了初期新诗的诗歌语言及其修辞角度上的所谓幼稚状态，将新诗推向了审美的现代之途。因此，对于郭沫若这样的诗坛巨人及其《女神》创作，只有放在诗史及其

---

① 朗吉努斯：《论崇高》，《缪朗山、缪灵珠美学译文集》第1卷，中国人民大学出版社1987年版，第99页。

历史语境下，从其具体的审美创造与文本分析的角度，从现代汉诗美学转型等基本的理论与历史原点出发，理解其诗歌美学理念与创作体现出来的崇高感及其审美形态，并有了一种基于"近代精神"的崇高感，才会能够确切的感知。

这恐怕是我们释读郭沫若诗歌及其《女神》这部新诗正典的基本美学前提。

（原载《陕西师范大学学报》（哲学社会科学版）2013年第5期）

《创造十年》问世后的臧否之声

彭林祥

1932年1月初,流亡日本的郭沫若与一位日本朋友K君谈及鲁迅和中国的文艺。从K君处得到了佐藤春夫编辑的《古东多万》杂志第2号,上面刊有鲁迅的《上海文艺之一瞥》。郭沫若阅读了这篇文章,对鲁迅以揶揄讽刺口吻谈及创造社的人和事以及对他们冠以的"才子加珂罗茨基"(即"才子加流氓")十分不满。于是,他决定以创造社发起人的身份来记叙这一社团的历史,取名为《创造十年》。在《创造十年·发端》中,开篇就交代了写作的缘起:

> 创造社自一九二九年二月七日遭了封闭以来,已经满三年了。早就有些朋友要我把它自成立以来的经过追记出来,我也有那样的心事,但总迁延着,一直迁延了三年。我现在终于下了决心,要费点功夫来记录出我所知道的创造社,或者更适切地说,是以创造社为中心的我自己十年间的生活。迁延了三年,使我终于下了决心的,说也奇怪,却要感谢我们中国的大小说家鲁迅先生。

一经决定写作此书,郭沫若写作的速度确实快。尽管期间他还要照顾产妇、研究金文和甲骨文,在本年7月22日写信给叶灵凤时,郭沫若已经与他商量书稿交现代书局出版的事宜了。尽管作者计划写十年间发生的主要事宜,但《创造十年》完成的内容却记叙了1918年至1923年间在日本九州帝国大学医学部的经历,特别详细地记录了弃医从文,酝酿发起组织创造社,出版《创造季刊》《创造周刊》《创造日》,编辑创造丛书的过程及欣喜与苦恼。正文部分共13节,从作者于1918年夏天升入九州帝国大学写起,一直写到创造社与泰东书局的分手,作者离开上海为止。大致以时间为序,详细交代了创造社的发起、《创造季刊》《创造月刊》《创造周报》的创办以及主要成员的分离等。作者全程参与了创造社的建立、刊物的创办、人员的组织等,他以自己的文学活动为中心,兼及其他主要成员的行踪,把创造社前期艰苦卓绝的历史记录了下来。作者在文末《附白》中说:"本书只写完了创造社的前期①，因此和'十年'的名目便稍稍有点不符，'发端'中所寄放在那儿的问题也还没有结束，后期的事情是想在最短期中把它记录出来的。"②

如果说鲁迅的揶揄和讽刺促使作者下定写作此书的决心，而在正文部分则主要是对创造社历史的回顾和反思。可具体概括为三个方面：一是正视听。创造社自遭封以来，一直还没有人对这个社团的历史发展作一全面的梳理，作为社团的创始人之一，郭沫若有责任来承担这任务。在叙述中，作者试图还原历史，还说明了为何会如此，突出了该社团的建立和发展充满各种艰辛和坎坷，既有出版社的盘剥，各种势力的阻扰，但他们还是勇敢地面对困难，忍辱负重，不但使社团建立起来，而且创办了刊物，创造了作品，形成了他们自己独立的文学倾向。二是竖旗帜。作品尽管以作者自己的行踪为线索，但是与自己密切联系的其他成员，在此期间的文学活动也得到了介绍，使得该社团的主要成员的活动脉络得以呈现，突出他们为了一个共同的目的走到一起来的历史事实，但"我们也在谈文学，但我们和别人不同的地方，是在有科学上的基础知识"，表明了创造社是应新文学发展的需要而建立。三是立地位。创造社成立之初就攻击文学研究会，其目的是打破文坛的垄断，争得自己在新文学文坛的独特地位。作者试图证明创造社在新文学建设期间的历史功绩是巨大的，应该得到应有的文坛地位。

1932年9月20日，该书由现代书局出版，前有《发端》，后有《附白》，计十余万字。初版6000册，现代书局曾为促销此书大作广告，在《现代》《申报》上连续刊出了广告多次，内容如下：

> 本书是郭沫若先生最近脱稿的长篇创作，系以创造社之成立及其中心人物的活动为经，而以当时的文坛状况为纬所交织成的巨制。创造社之活动在初期新文艺运动中有不可磨灭之功绩，对于后来新兴文学之勃兴尤多提携的伟力。惟外间对于其发轫的历史颇多讹传及误解。本书则以发动人的立场，以自传的体裁，详细释叙其酝酿与实现的经过，对于作者本人黎明时期的文学生活所叙尤详。记述正确，描写深刻，故不仅为中国新文艺运动中之最重要史料，同时亦为目前荒芜的文艺园地中唯一突破水平线的杰作。卷首冠有万余言的《发端》一篇，对于鲁迅于一九三一年在《文艺新闻》上发表的

---

① 《创造十年》出版五年后，郭沫若才写出了《续编》（初载1937年4月1日至8月12日上海《大晚报》，未完），1938年1月由上海北新书局初版。《续编》涉及的时间是1924—1926年。主要记叙作者大学毕业后，往来于中日两国，继续参加创造社活动的同时，投身五卅运动，创办《长虹》月刊，担任学艺大学文科主任，南下广州就任中山大学文学院长职，直至投笔从戎，参加北伐的过程，其中着重叙述了翻译河上肇《社会组织与社会革命》以及决心译介《资本论》前后自己思想的变迁，和周恩来、毛泽东等共产党人建立的友谊。所以，《创造十年》及《续编》涉及的时间只有八年，但基本上把创造社前后期的情形以及当时文坛、出版界的种种情形有一个清楚的描绘。

② 郭沫若：《附白》，《创造十年》，现代书局1932年版，第272页。

演讲稿《上海文艺之一瞥》其中关于创造社方面各种事实的曲解，有极锐利严肃的解剖与批判。每册实价九角。①

由于是为了促销图书所作的广告，书店还以"一九三二年中国新文坛划时代的杰作"相标榜，显得有些夸大其词。但是，对此书的结构、内容以及历史意义的分析是十分准确的。除了现代书局所刊登的广告外，《读书月刊》第2卷第4号上的一则读后感《不可不读的书——读〈创造十年〉》也对该书给予了很高的评价，文字如下：

> 这是以创造社作中心，取个人传记的体裁，把近十余年的新文学和新文坛上的人物，都叙述得非常清楚。所以与其说它是传记，不如说它是一本新文学史。里面有近代文人正面和反面的描写，有生动的个人生活写真，有文学家创作时的经验和怎样的运用心力。像他述说他自己想写《孤独君之二子》的一段就是一个最有趣的例子。他因为要描写伯夷叔齐饿死时的心里和滋味，就自己实地饿了一天。照这样看来，我们的天才文学家，当他在创作的时候，还要这样的实地的做功夫，又何况我们常人呢！这是一本有志于文学的人，不可不读的书啊！②

在好评问世的同时，对该书进行严厉的批评和指责的书评也见诸报刊。如杨凡写于1932年年底的《评郭沫若的创造十年》就说这部书的内容只能当作作者本人的流水账。"整篇的大部分，都是叙述他个人琐碎的事物。固然这些琐碎的事物是与创造社诞生有很大的关系，但郭先生过于重视他个人的琐事而看轻为什么会产生创造社的时代背景终是事实。"还指责郭沫若"完全是站在主观的立场去叙述创造社的诞生，而不是客观地站在第三者的地位去描写十年"。同时，他还指出郭沫若写作此书的动机，"并不是为了要使中国的一般青年明了创造社产生时的社会背景和创造社在文学史上的意义"，而是以"报复式的心情去创作，毫无问题的会跑到主观的立场而失掉其本身的价值"。最后，作者还建议"郭先生此后少写一点这种骡形的作品，因为中国的青年现在所需要的东西，并不是充满了英雄主义的色彩和离开时代背景的文章，而是需要充满了新的意识新的生活和真正能够呼喊出大众的心声的作品"③。稍后梁秉宪的《郭沫若著创造十年》更是对该书进行了全盘否定。首先，他认为书名还不如改为与内容较为符合的《创造五年》。其次，他认为该书文字的风格是废话连篇，

---

① 广告载《现代》第1卷第6期，1932年10月1日。
② 《不可不读的书——读〈创造十年〉》，《读书月刊》第2卷第4号，1933年1月10日。
③ 杨凡：《评郭沫若的创造十年》，《微音月刊》第2卷第9期，1933年12月。

与文字谨严的历史性书籍差别甚大。再次，作者在书中骂鲁迅、胡适等人，给青年作家开了一个很坏的先例。所以，他认为此书的价值只是画出了作者是心地狭隘和全无主意的人。①

由于郭沫若写作《创造十年》是因鲁迅的《上海文艺之一瞥》而产生的，郭沫若也在近万字的《发端》中对鲁迅的指责进行了激烈回应。所以，又有把《上海文艺之一瞥》和《创造十年发端》两者进行比较分析的评论文章。在周维纲的《〈上海文艺之一瞥〉及〈创造十年发端〉平议》一文中，论者对鲁迅和郭沫若两人的论争方式都进行了批评，认为鲁迅"始终不是辩证法的去把创造社重新估一价值，而只好似和仇敌出气般的痛骂一回，这实在不是懂得社会科学及马克思主义文艺理论的态度！这种态度，其实仍是封建的意识形态在作祟，他在批评成仿吾和叶灵凤的时候更明显地证实这种错误"。而对于郭沫若回击鲁迅的《创造十年》，也认为他的批驳的方式"也学着鲁迅先生的那种谩骂讥嘲，这也不是马克思主义的文艺批评家所应取的方式！因为这样是要伤双方的感情的"。最后，论者引用李初梨的一段话来作为论争的准则："我们的'理论斗争'，要真是'理论'的'斗争'，决不是'意气'的'争执'，尤其是不应'无理取闹'。所以我们的态度应该'光明磊落'正正堂堂，勇敢地，诚恳地，不妥协，不轻浮。"②而晓韦的《读过了〈一瞥〉和〈发端〉》中，论者指出了鲁迅在《一瞥》中的正确和错误之处："在《一瞥》里，鲁迅是冷静的说话，虽然老是用着尖刻的字眼，可是抓着创造社分子的冲动，左倾关门主义来批评，是很对的。不过在这里他有一个错误，就是忽视了创造社转变的客观意义。"对于《发端》，论者认为："在《发端》里所见到的，是无聊的乱骂；首领思想的暴露，感情的冲动到了极点！对于鲁迅，并没有给了一些他理论上的打击，这样子，就是你道理好齐天有什么用呢？郭沫若的发端，全篇充满小资产阶级盛怒的叫骂，尤其是在阶级斗争非常激烈的现在，竟为了这《一瞥》著一本书，并用来争他们小团体的过去的光荣，我们觉得是无意义的。"③

除了对《创造十年》的内容以及写作有臧否之外，还有书评借《创造十年》而重点论及创造社在文坛的影响和地位，可算是借题发挥。如徐雄飞的《创造十年》，除了对该书内容的简要介绍外，作者主要谈及的还是创造社对于中国青年界所发生的影响，"对于一部分思想急进的青年，得着很大的同情，同时创造社有督促他们前进的'功劳'"，他以他的同事T君为例，说明当时许多青年朋友怎样阅读《创造季刊》《创造周报》等创造社系列刊物。"像T君受到创造社那样的感动的，在当时颇不乏人。此外创造社也唤醒了一部分青年的迷梦，虽然这部分青年以后的路向，我们不敢

---

① 梁秉宪：《郭沫若著创造十年》，《图书评论》第2卷第6期，1934年2月1日。
② 周维纲：《〈上海文艺之一瞥〉及〈创造十年发端〉平议》，《出版消息》第8期，1933年3月16日。
③ 晓韦：《读过了〈一瞥〉和〈发端〉》，《出版消息》第8期，1933年3月16日。

追问，但当时确有这样的影响。"① 而王隐芝的《读创造十年》则先对创造社和文学研究会的论战的意义加以评定，认为他们的论战，对于文学理论，渐渐有了明显的眉目，也促进了新文学的创作，"在这样的状况下，产生了不少的作家，而这许多的作家们，因环境的不同，而其创作作品的立场与意识，遂因之而各异"。对于郭沫若写作的这部书，论者也觉得对于新文学的研究十分必要，"在我们这种初步研究现代文学的人，对于这种某一个文学集团的史的叙述，实在亟切地需要的"。② 但是对于此书艺术上的特色他却不给予评价，觉得最好是让读者自己去领受。

在《创造十年》中，郭沫若不但用文字记下了创造社诸君形象，还因与诸多文坛人物的交往而留下了自己对这些人的初步观感。这些带有褒贬的文字被好事者以《郭沫若的作家素描》和《郭沫若眼中的几个人》加以摘录出来，包括成仿吾、郑振铎、沈雁冰、柯一岑、叶绍钧、朱谦之、郑伯奇、沈尹默、穆木天、胡适等。由于郭沫若颇带感情的描写，使得这些文坛人物漫画化了。更重要的是，郭沫若在对有些人物进行素描时明显有好恶，这自然会引起一些文坛人物的反感。如对郑振铎的素描是这样的："我记得他穿的是一件旧了的鸡血红的华丝葛的马褂，下面是爱国布的长衫。他的面貌很有些希腊人的风味，但那时好像没有洗脸的一样，带着一层暗暮的色彩。他伸出手来和我握手的手指，就和小学生的手一样，有很多的墨迹，那时候我觉得他很真率，当得德国人说的 Unschulbing，日本人说的'无邪气'。"③ 而对沈雁冰的描写更是含有骂人的意思："雁冰所给我的第一次的印象却很不好，他穿的是青布马褂，竹布长衫，那时似乎在守制的光景。他的人矮小，面孔也纤细而苍白带着一副很深的近视眼镜，背是微微弓着的，头是微微埋着的。和人谈话的时候，总爱把眼睛白泛起来，把视线越过眼镜框的上缘来看你。声音也带着些尖锐的调子。因此我总觉得他好像一只耗子……"④ 尽管郭沫若声称自己对这些人物只是写的实感，并没有包含骂人的意思，但是这些带有漫画式的人物描写却肯定引起了被描写者的不快，所以才有好事者专门摘录出来加以示众。

尽管《创造十年》是在一种愤激的状态下仓促写出的作品，问世后遭受到猛烈的批评和指责，但是几十年来的历史证明了该书对于新文学特别是对于创造社的价值是不可抹杀的。尽管它的内容与书名颇不相符，书中也不乏谩骂式的愤激之词。但是，《创造十年》及《续编》最大程度地再现了中国新文学发展初期文坛各种派别竞流、文坛人物间的交谊，以及新文学与出版界、报刊杂志与作家紧密关系等各种情形，它为中国新文学的发展，也为中国现代思想史、革命史保存了极为难

---

① 徐雄飞：《创造十年》，《清华周刊》第 38 卷第 12 期，1933 年 3 月 8 日。
② 王隐芝：《读创造十年》，《中国新书月报》第 3 卷第 1 期，1933 年 1 月。
③ 郭沫若：《郭沫若的作家素描》，《出版消息》第 3 期，1933 年 1 月 1 日。
④ 记者：《郭沫若眼中的几个人》，《文学新闻》第 7 期，1933 年 7 月 15 日。

得的史料。① 在现代文学研究特别是关于创造社以及郭沫若的研究中,《创造十年》以及《续编》是必备的参考书。正如李怡所言:"无论是就现代文学发生史还是郭沫若本人的精神史,《创造十年》都可以说是一部经典型的著作。"② 而在读者心目中,《创造十年》也一直被读者所喜爱。该书自问世后,就颇受到读者欢迎。1933年1月20日再版,1933年11月1日三版。1943年7月,重庆作家书屋出了新版。1947年5月,上海海燕书店根据作者的审定,将《学生时代》《创造十年》《创造十年续篇》《北伐途次》《我是中国人》汇辑起来,名为《革命春秋》(即入《沫若自传》第2卷)出版。1958年经作者仔细斟酌、更正和修改,并删去《作者附白》,编入《沫若文集》第7卷,由人民文学出版社出版(以后所出的《创造十年》及《续篇》均依据1958年的修改为准。1979年3月人民文学出版社以《学生时代》(《沫若自传》第二卷,包括《创造十年》《创造十年续篇》)出版了单行本。可见,《创造十年》及《续编》经历了时空的考验,是一部一直被读者喜爱并发生影响的现代文学经典作品。

(原载《平顶山学院学报》2013年第4期)

---

① 由于郭沫若当时写作时,主要仅凭自己的记忆,不及一一核对原始记载之类,故不免有记错之处。陈福康在《郭沫若〈创造十年〉杂考》(《"我的郭沫若观"学术谈论会论文集》,1989年,青岛)中对书中的数则失实之处就进行了考证和纠正。

② 李怡:《〈创造十年〉的三个关键词》,《名作欣赏》2010年第3期。

纪实与回忆：论郭沫若、谢冰莹对从军北伐的不同书写

张全之

1926年爆发的北伐战争，以反抗列强、消灭军阀，实现三民主义、统一中国为目的，顺应了广大民众的普遍要求，因而得到了广泛的响应和支持。在一片喝彩声中，北伐军挥师北上，势如破竹，沿途百姓，箪食壶浆以迎正义之师。不足一年的时间，北伐军占领了大半个中国，兵锋直指华北、东北，给苦难中的国民带来了巨大希望。北伐战争所标榜的为国为民的正当性，也吸引了很多文人的支持与参与。1926年的广州和1927年的武汉，曾经一度成为中国文人的向往之地和会聚之所，形成了继京、沪之后新的文学中心。但从文人参与北伐战争的方式来看，追求革命者虽不乏其人，但真正以军人身份亲临前线的作家文人则屈指可数，其中影响最大的无疑是郭沫若。自1926年7月21日郭沫若随军北上，到1927年3月摆脱蒋介石的控制逃亡南昌为止，郭沫若在近一年的时间里，亲身经历了北伐战争血与火的考验，也目睹了这场战争一步步被蒋介石引向革命反面的过程。他终于在忍无可忍之际，抛出痛批蒋介石的名文——《请看今日之蒋介石》。这篇讨蒋檄文震动朝野，使他成为蒋介石的"通缉犯"。多年以后，郭沫若将此段经历形诸文字，就是我们今天看到的《北伐途次》。这篇回忆性文字，在艺术上并无太突出的特点，却清晰地记录了一位浪漫诗人在戎马倥偬中的思绪与情感，这对研究中国现代文人与战争的关系，对了解战争背景下中国文学的艰难历程，具有重要意义。

在老作家投笔从戎的时候，也有怀揣着文学梦的年轻人加入到北伐将士们的行列，他们用笔记录着这场波澜壮阔的历史壮剧，也在血与火的淬砺中走向成熟。这些人中主要有叶永蓁、孙席珍和谢冰莹。叶于1926年入黄埔军校，很快以学生军的身份入伍，在南昌城下与孙传芳的部队激战五昼夜，攻下南昌。1929年8月，发表以此为题材的自传式作品《小小十年》。该书因鲁迅品题而名声大噪。孙席珍于1926年随林伯渠参加北伐，担任连、营政治指导员和团政治助理，武汉克复后，被调任总政治部秘书，在郭沫若领导下负责主编南昌版《革命军日报》，"四一二"事变后，被调往第三军政治部当科长，参加了南昌起义。后来发表战争题材的系列小说《战争中》《战后》《战场上》等作品。与这二人相比，谢冰莹的影响更大。谢在出征途

中，随手写下了多篇日记，先在《中央日报》副刊连载，引起广泛关注；1928年出单行本，连续印了十九版，很快被译为法、俄、日、朝鲜等文字在国外流传。因此，就反映北伐战争的作品来说，谢冰莹的《从军日记》与郭沫若的《北伐途次》是两部最有代表性的作品。而两位作者之间的性别差异、地位悬殊，也使这两部作品具有了各自鲜明的特点。

一

对郭沫若来说，北伐战争需要他的参与，而对谢冰莹来说，她需要参与北伐战争。这是他们二人之间的根本差异，这种差异，很好地代表了中国现代作家参与战争的两种主要方式。

在北伐战争爆发之前，郭沫若已是名满天下的诗人，无论走到哪里，都带着耀眼的光环，受到人们的拥戴和媒体的追逐。1926年3月18日，郭沫若跟郁达夫、王独清一起离开上海到革命中心的广州，23日到达，随即担任了广东大学文学院院长一职。到广东初期，他见到了毛泽东、周恩来等著名共产党人，受到他们很大影响。在共产党人的斡旋下，郭沫若参加了北伐，担任了北伐军总政治部的宣传科长。很显然，郭沫若参加北伐，一方面出于他的革命热情，另一方面也寄托着共产党人的希望。对郭沫若来说，放弃每月360元的文学院院长职务，跑到前线担任每月240元的宣传科长，是怀有非个人功利性考虑的。作为一位文化名人，他参与北伐，无疑会极大地提高北伐战争的号召力和影响力。其符号意义比实际意义更为重要。与之相比，当时寂寂无名的乡间女子谢冰莹有着和郭沫若完全不同的动因。

谢冰莹参加北伐战争有两个目的，第一，将参与战争看作获取创作素材和灵感的良好机遇。如她二哥所言："她如果想要写出有血有力，不平凡的作品，那就非经过一些不平凡的生活不可！去当兵，正是锻炼她的体格，培养她的思想，供给她文章材料的好机会，这对她，绝对只有益而无害的！"[①] 显然，一向欣赏她、关爱她的二哥，将北伐战争看作是冰莹进行文学创作的良好机遇，他是站在她个人成长的角度，而不是从战争的角度来考虑问题的。第二，将参军看作逃婚的最好途径。谢冰莹自己说："至于我自己，那更不要说了，即使他们都反对，我也要去的！因为这年的冬天，母亲要强迫我出嫁，要想逃脱这个难关，就非离开长沙不可！但是往何处去呢？一个未满二十岁的孩子，身无半文，带着一颗从小就受了创伤的心，能往何处去呢？"[②] 对当时的谢冰莹来说，到部队上去，无疑是最好的出路。等到了部队以后，为国为民的意识就自然产生了，所以她总结说："我相信，那时，女性同学去当兵的动机，十有

[①] 《谢冰莹文集》（上），北京燕山出版社2007年版，第41—42页。
[②] 同上书，第42页。

八九是为了想摆脱封建家庭的压迫,和找寻自己出路的;可是等到穿上军服,拿着枪杆,思想又不同了,那时谁不以完成国民革命,建立富强的中国的担子,放在自己的肩上呢?"① 对这些年轻女子来说,当兵成为"娜拉出走以后"的最好出路,所以以解放民众、打倒军阀为目的的军事事件,成为女性走出封建家庭、摆脱封建婚姻、走向解放的良好契机,使这场战争具有了女性解放的新内涵。

谢冰莹怀着挣脱牢笼的憧憬,顺利考取了中央军事政治学校(黄埔军校武汉分校)。她和同时被录取的年轻人一起,兴高采烈地从长沙奔赴武汉军校接受训练。但到了武汉以后,因为名额限制,在长沙扩招的学生必须有一部分被淘汰,谢冰莹作为学生代表出面抗议,结果她被除名了。情急之中,她化名谢冰莹(原名谢鸣冈),混到北方学生中,争取了一次重考的机会,又顺利被录取。经过短暂的训练之后,1927年5月的一天,军校突然接到命令,要求挑选20名女生组成宣传队,编入中央独立师参加西征。谢冰莹荣幸入选,终于实现了她的从军梦。郭沫若和谢冰莹不同的参战目的,决定了他们在战争中的不同表现。郭沫若随军北伐途中,忙于军务,几乎完全停止了文学创作。与郭沫若不同,此前就迷恋文学创作的谢冰莹,则将这次从军看作是进行文学创作的绝佳机会,所以她一边行军,一边将膝盖作为案头,陆续记下自己的行军经历,寄到汉口的《中央日报》副刊。随着这些日记的陆续刊发,她名气大噪,成为北伐军中最负盛名的"女兵"。

对郭沫若来说,战争使他远离了文学,对谢冰莹来说,战争成全的她的文学梦,使她迅速登上文坛。将《从军日记》与《北伐途次》对比阅读,我们仍然会有很多发现。一个是初出茅庐的年轻女性对战争的实录,一个是资深作家对战争的回忆;一个是军队中的普通一兵,一个是军队核心阶层的领导者;一个是为了拯救自己而走向战场,一个是为了拯救国家而弃文从武。全然不同的参军动机,留下了关于北伐战争的两类文学文本。

二

郭沫若本非军人,他参与北伐战争带有"友情演出"的成分,所以他对北伐战争的观察和思考带有明显的批判性。一方面,作为政治部的宣传科长(后兼政治部副主任等职),他尽心尽力地工作,不辞辛劳地完成自己的使命;另一方面,他更像一位观察家,对战争的过程不断进行反思,有时还以调侃的心态对一些事件进行品评。直到最后,当他发现革命将被蒋介石出卖的时候,便不顾个人安危,挺身而出,揭露蒋介石的反革命嘴脸。与之相比,谢冰莹作为普通一兵,在战争中没有话语权,她能做的就是无条件地服从命令,所以她对战争的记录体验多于思考,其亮点在于她

---

① 《谢冰莹文集》(上),北京燕山出版社2007年版,第42页。

的女兵身份和坚定、执着的献身精神。其体现出来的思想观念,基本停留在军校教科书的水平,这与郭沫若是截然不同的。具体来说,谢冰莹对战争的记录,与郭沫若对战争的回忆,构成了我们理解文人与战争关系的两类文本,使我们能够从不同的视点,观察这场战争的内在复杂性。

郭沫若在北伐战争中,虽然能够恪尽职守,但作为一个文人的习惯一点也没有改变。他一方面服从他的顶头上司宣传部主任邓择生(邓演达)的指示;另一方面,他对邓择生、对其他将军、对正在进行的战事,始终抱着一种质疑、反思甚至是批判的态度。这样一种态度使他看上去有双重身份:他既是战争的参与者,又像是一位旁观者,在他眼里,这场深得人心的战争似乎早已潜伏下了致命的危机。

邓择生是郭沫若的顶头上司,服从命令是军人的天职。所以郭沫若对邓的指示是严格执行的。但另一方面,他又不像一般的军人一样,对上司惟命是从,所以在北伐过程中,他们之间出现过两次摩擦。第一次是奉命离开长沙时,郭沫若和李德谟发现离出发时间还有两个小时,便到附近澡堂洗了一个澡。哪知邓择生决定火车提前出发,由于郭沫若和李德谟没有提前赶到,误了发车时间,邓择生大发雷霆,扬言要枪毙他们。郭沫若自然是一肚了委屈——他哪里知道出发时间提前了呢?他不但没有找邓择生检讨,反而对邓心怀不满。事实上,出于对郭沫若的尊重,邓见到郭沫若的时候,并没有当面批评他。但这事让郭沫若很不愉快。第二次郭沫若听说邓择生私下批评他是"感情家",并怀疑郭沫若和政治部的几个四川人拉帮结伙对抗广东人,这让郭沫若无法忍受,当晚就写了辞职申请,要求离开部队。后经邓择生的当面挽留,方才作罢。这明显看得出,文人当兵,自有文人的个性,与一般的军人是截然不同的。

对身边的将军们,郭沫若也不像一般军人一样,满怀敬畏,而是采用调侃或腹诽的方式对待他们,显得更像个军事观察家。比如对陈铭枢将军的描写,就颇为幽默、诙谐,带有善意调侃的味道:

> 走到了关帝庙,那儿是前敌司令部的驻扎处,从那庙门走过时,陈铭枢含着一支雪茄刚好从左侧大门中走出。我那时候很佩服他,觉得他很沉勇,就像是关帝君显了神的一样。连那在他的后面跟着的两名护兵,也就是周苍和关平。①

碰到独立团团长叶挺的时候,他这样跟他打招呼:

> "喂,赵子龙,怎样?"我这样简单地向他打招呼。我们当时在对外宣

---

① 《郭沫若全集·文学编》第13卷,人民文学出版社1992年版,第61—62页。

传上是称他为赵子龙，他自己很得意，但他却不曾知道奉上这个徽号的便是我。①

对他不喜欢的将军、官僚，郭沫若则十分鄙夷，便有了腹诽之事：

> 我对于詹大悲，特别地感觉着一种先天的不满意。我在肚子里面骂了他好几声的"臭官僚"，"投机派"。我知道湖北省政府委员会里面，是有他的名字的，他这一两天来赶路的热心不外是去抢官做而已。"哼，哼，"我自己冷笑着，"国民革命！不外是让几位投机的烂绅士做做新官僚罢了！"——心里尽管怀着怒气，但也没有说出来。②

郭沫若始终保持着文人的清高，拒绝借革命之机捞取官位。他认为，当时的革命同志"三分来是革命，七分来是做官"，自己要与他们划清界限，所以他说："革命不一定要做官，抱着革命的志趣的人无论到什么地方，无论做什么事情，一样可以革命。"③ 对革命阵营内部，以"策略"之名，行推诿、圆滑之实的官僚作风，他深恶痛绝："我最大的不满意便是万事都讲'策略'。目前革命的胜利只有军事上的胜利，政治上是丝毫也没有表现的。像我们政治部对于民众发出了许多的口号，但是一点也不能兑现。军事上的胜利一半是得到民众的帮助，但是对于民众的迫切要求，我们却万事都讲'策略'。我们对于旧时代的支配势力太顾忌，太妥协了。结果民众是受了欺骗，我们自己会转化成旧势力的继承者，所谓革命只是一场骗局。"④ 郭沫若此言即体现了读书人的直爽和豪气，又切中肯綮，揭穿了高举革命招牌的阴谋家的嘴脸。当北伐战争正在进行的时候，郭沫若就看到这一点，可谓先知先觉，让人油然而生敬意。

对北伐士兵的描写，郭沫若也不是一味地歌颂，而是实事求是地描写他们的临战状态："下面的天地里是采取着散兵线进行着的我们的军队。人人都带着一个严肃的面孔，进行很迟钝，一些下级军官叫破嗓子地在督促着。看那情形的确是可怜的一幅图画，要说是和驱着羔羊上屠场一样，是一点也不过分的。"⑤ 在描写"自己的"军人的时候，采用这样的写法，是十分罕见的。因为北伐战争已经被包裹上了一层厚厚的政治意义和历史价值，每一个参与的军人，都被想象成是勇敢的和高尚的，不可能会出现这种状况。但现实就是现实，这些被驱赶的羔羊，一旦与敌人相接，便奋不顾

---

① 《郭沫若全集·文学编》第 13 卷，人民文学出版社 1992 年版，第 63 页。
② 同上书，第 42 页。
③ 同上书，第 100 页。
④ 同上书，第 101 页。
⑤ 同上书，第 51 页。

身，成为真正的英雄。所以说，英雄不是天生的，而是特定情景下"逼"出来的，这才符合历史的真实。

郭沫若在北伐战争中，依然保持了早期写诗时候那种放浪形骸式的诗人气质，所以在《北伐途次》中两次写到自己撒尿的情景，尤其第二次，似乎更有"文学性"："夫役的一队人把正中处走过了，我自己的尿意来了，便站在那田地中对着武昌城洒尿。尿正洒在中途的时候，又是轰充的一声。这一炮正落在我背后的路上，爆发了；夫役的队尾子混乱了一下。"① 武昌城久攻不下，士兵伤亡惨重，这时的郭沫若对着武昌城洒一泡热尿，引来了敌人的炮弹，身边的夫役们慌作一团，他却岿然不动，继续洒他的尿——似乎他的一泡尿比炮弹还厉害，可以将武昌城冲垮一样——此时的"尿主"不是北伐军政治部的官员，而是《女神》时代不可一世的浪漫诗人，很好地展现了文人从军的另类景象。

对战争过程中发生的种种问题，他也高度敏感。如在围困武昌时，曾一度有消息说，武昌城被攻下，但最后证明是谣传。但郭沫若马上想到："攻进了武昌城的消息不用说完全是假造的。因为谁都相信当晚的夜袭一定可以攻进城，而先攻进城的部队在论功行赏上自会掌握武昌乃至湖北全省的统制权，这便构成了那假造情报的动机和目的。"② 事实证明，郭沫若的感觉是准确的。自9月1日起，北伐军就将武昌城围困起来，但城墙太高，敢死队一次次攻城未果。9月5日，北伐军再次攻城，时任第二师师长的刘峙，长期因为军纪涣散，遭到蒋介石的训斥，所以在攻城的时候，为了抢头功，谎称他的士兵已经攻入武昌城，请求支援，结果使援军遭受重创。③ 郭沫若一眼就看穿了这些将军们的嘴脸，其目光之敏锐，观察之深刻，让人叹服。

在北伐战争的阵营中，郭沫若始终保持着自由知识分子独立思考的能力。对这场战争，他一方面寄予厚望，另一方面也发现了种种可疑的迹象，后来他发现蒋介石背叛革命的时候，拍案而起，怒斥蒋介石的罪行，也就在情理之中了。

当然，《北伐途次》是回忆而非记实，写作时间是北伐战争结束多年以后。这个时候，北伐战争的后果已经看得十分清楚，就无可避免地带有"后见之明"。但从文本来看，郭沫若还是努力将当时的感受和后来的见解区分开来。比如当他在武昌城看到战死的士兵的遗体的时候，他清晰地记录了自己思想的变化轨迹："……但我那时候的感触却是没有流于感伤：因为我觉得他们的死是光荣的，他们的血是有代价的，他们是死得其所，是死而无憾……但在七八年后的现在我写到这儿，我对于当年的夸张的感想，只能够自己对着自己冷笑了。"④ 这说明郭沫若在写《北伐途次》的时候，明确意识到事隔多年之后，自己的情感已经跟当初大不相同，所以他有意识地将这二

---

① 《郭沫若全集·文学编》第13卷，人民文学出版社1992年版，第68页。
② 同上书，第84页。
③ 中央档案馆编：《北伐战争（资料选辑）》，中共中央党校出版社1981年版，第121页。
④ 《郭沫若全集·文学编》第13卷，人民文学出版社1992年版，第119页。

者区别开来,以确保回忆的真实性。这种明确的自我意识,基本保证了回忆的可靠性。

与郭沫若相比,谢冰莹只是地位卑微的女兵,却通过她那纯净稚气、灵动活泼的文字,将北伐战争中的女兵传奇刊布于众,为她赢得了世界性的声誉。

《从军日记》与《北伐途次》相比,有几个方面的优势:第一,它与北伐战争同步发表,这对关注北伐战争的读者来说,有很大的吸引力。1927年夏斗寅背叛革命,进攻防守空虚的武昌,国民政府急调叶挺率国民革命军第十一军二十四师拒敌,同时调遣武汉军事政治学校的学生、中央农讲所学员合编而成的中央独立第一师进剿叛军,并急招在九江、武穴方面的国民革命军第二、第六军回援。谢冰莹就是这次走向前线的。作为女兵,她的职责是救护伤员。在这个过程中,谢冰莹利用行军的间歇,在膝盖上陆续写下了这些断断续续的日记,并及时在《中央日报》副刊揭载,在当时既具有文学价值,也有新闻价值,自然能够引人关注;第二,谢冰莹的女性身份,也是《从军日记》得以火爆的重要原因。在北伐战争之前,中国女性从未在官方的许可下以群体的形式走向战争,北伐时期开始以后,武汉中央军事政治学院开始招生女生,使中国的女性第一次获得与男性一起走向战场的机会。这种开天辟地的行为,必然会引起人们的广泛兴趣。《从军日记》用了相当大的篇幅,描写了百姓看到女兵时的好奇与困惑:

> 我一个人先抵嘉鱼,为了找我们的住址在街上走了好几次。啊呀!女兵来了!女兵来了!这个骑马的女兵恐怕是什么官长罢?一片喊声连关在九层楼上的闺女也通通出来了⋯⋯
> 到了福音堂的门首,我只得下马休息着,因为听说我们住在洋房子里,"这恐怕就是我们的所在罢?"我这样想。进门了,跟随我来的有各种各样的人物约二三百人,他们或她们有叫我做老总的,有叫女先生的,有叫女官长的,还有一个小孩子叫女司令官的。我这时汗流满面,脸上烧得热烘烘地,我真难以为情了,我已经做了西洋镜里的"古董玩器",不,新时代的怪人物。①

其中也不乏让人忍俊不禁的描写:

> 一位持拐杖的老婆婆说:"我长到八十多岁了,从没有见过这样大脚,没头发,穿兵衣的女人。"哈哈哈!她笑出眼泪来了!我也和着大众们笑了。有位四十多岁的婆婆送茶给我喝,我真感谢她,她说了一句使我很难过

---

① 谢冰莹:《从军日记》,光明书局1933年再版,第28—29页。

（其实并不难过）的话。她说："这样年纪轻轻活活泼泼的女孩，假使在战场上打死了，她家里的父母怎么办呢？"①

这种描写，第一次呈现了"女兵"在行军途中遭遇的尴尬，这在中国历史上是从未有过的。正如有论者指出："作者的性别身份，不但为作品增加了某种传奇色彩，而且激发了人们对新时代新女性的好奇与想象，隐含了革命时期人们渴望重新塑造和想象'新女性'的强烈期待。"②

第三，北伐战争像所有的政治事件一样，在凯歌高奏、理想高扬的同时，也必然会夹杂着污秽和丑恶，这是政治运行过程中必然会出现的伴生物。完全纯净的、正义的、完美的政治运动是不存在的。所以郭沫若满怀激情投入北伐以后，也时时会用质疑的眼光，去发现藏在表象背后的龌龊。谢冰莹也同样如此，她不可能看不到那些隐藏在激情背后的灾难性事件，但她显然缺乏郭沫若式的批判意识，她的身份和地位也决定了她只能痛惜而无力批判。从咸宁出发去汀泗桥的时候，谢冰莹坐在火车上，想起她在咸宁道旁看到的七具尸体，其中六具是土豪劣绅，一具是被冤杀的学生。这时谢冰莹记述她当时的思想情感："死了的六个土豪劣绅我到（倒）一点都不可怜他们，虽然他们是被我们同学用五六次枪打死的。因为他不知害死了多少劳苦民众。只可惜的，冤枉打死了一个教导营的学生，他是这次打汀泗桥时被敌人捉去了缴了枪械，他又跑回来报告的。谁知道营长说他临阵退却，一定要枪毙，可怜他一直到了'杀场'，才知道他今天要见阎王了。他哭得很伤心，同学没有一个愿意开枪的。他们都望着这天真年幼的孩子发呆，后来他们都要求营长，审查他的确实情况后再枪决，可是'命令如山'，那里（哪里）容得你讲情，最终枪决了！唉！"③ 凡土豪劣绅，都一定是罪恶累累、害死无数民众的恶魔，都死有余辜。这种"身份决定罪行"的想法是当时主流意识形态宣传的结果，按照这样一种简单化的思路，革命很容易成为江湖仇杀式的"翻身"行动，而不是消灭剥削压迫，解放一切人的事业。作为年轻的女兵，谢冰莹受当时军校教育，严格接受了意识形态的教化。相对于对土豪劣绅的屠杀，她那位同学被冤杀，更显现了战争的残酷和长官粗暴、蛮横的军阀作风。谢冰莹对此颇为痛心，但也只是一声叹息，没有上升到对战争中人性灾难进行反思的高度。事实上，谢冰莹参加西征的时候，郭沫若早已发表了那篇著名檄文，"四一二"大屠杀已经发生，宁汉矛盾已经公开化。但动荡的局势和尖锐的矛盾，对当时在军校里接受封闭式教育的谢冰莹来说，是无法全面了解的。她依然对北伐战争充满希望，激情满怀地走向战场。面对老太太关于战死的提问，她以"背书"的方式做了回答：

---

① 谢冰莹：《从军日记》，光明书局1933年再版，第29页。
② 杨联芬：《女性与革命：以1927年国民革命及其文学为背景》，载陶东风编《中国革命与中国文学》，黑龙江出版社2009年版，第32页。
③ 谢冰莹：《从军日记》，光明书局1933年再版，第21—22页。

"我出来当兵是下了决心的,即使我马上战死了,我是很愿意的。为革命而死,为百姓的利益而死,这是多么痛快的事呀!至于父母当然是舍不得,但我们可不要管他,因为革命是牺牲少数人替大多数人谋利益谋幸福的……"① 这份纯真、勇敢和执着,自有其动人的魅力,也很容易感染读者。但结合后来的革命结果来看,总不免有些悲凉。

在 20 世纪上半叶,战争一直绵延不断,似乎成为中国社会的常态。中国文人也常常积极地投身到这些战争中去。文人,作为天生的批判者,常常会在战争的喧嚣背后发现潜藏的危机,并提出自己尖锐的批评。但并非所有走向战场的文人都能始终保持这份清醒的理性精神,当思想被意识形态的宣传所宰制的时候,或者当现实的压力威胁到文人的生存的时候,这种批判意识就会丧失,成为真正意义上的"普通一兵"。这两种状态,在郭沫若和谢冰莹的身上均得到明显体现,为我们留下了文人参与战争的两个标本。

(原载《社会科学辑刊》2013 年第 5 期)

---

① 谢冰莹:《从军日记》,光明书局 1933 年再版,第 29 页。

闻一多与中国新诗同人诗家比较研究

李乐平

一 闻一多在格律诗派同人中的理论建树和创作实践地位

在中国现代文学史第一个10年中，被朱自清《中国新文学大系〈诗集导言〉》划分的自由诗派、格律诗派和象征诗派的发展持续更替转换，新诗作家更灿若星河。他们的审美追求、创作风格和内容表现或相同，或相近，或同中有异，或异中有同，或迥然不同。虽然格律诗派的同人很多，但闻一多无疑是最重要者。朱自清就认为新诗格律化运动中，"闻一多氏影响最大"。这是因为新诗格律实验作出巨大成就的"徐志摩氏虽在努力于'体制的输出与试验'，却只顾了自家，没有想到用理论来领导别人"，而"闻氏才是'最有趣味探讨诗的理论和艺术'"者。[1] 确实如此。徐志摩虽然宣称"要把创格的新诗当一件认真事情做"，并且和闻一多已经发起的格律诗派同人"共同着一点信心"，相"信诗是表现人类创造力的一个工具，与音乐与美术是同等的性质"，相"信我们这民族这时期的精神解放或精神革命没有一部像样的诗式的表现是不完全"，相"信我们自身灵里以及周边空气里多的是要求投胎的思想的灵魂，我们的责任是替它们构造适当的躯壳，这就是诗文与各种美术的新格式与新音乐的发见"，尤其相"信完美的形体是完美的精神唯一的表现"，相"信文艺的生命是无形的灵感加上有意识的耐心与勤力的成绩"等[2]，但是，徐志摩只是发这感想而已。虽然他创作出诸多很有成就的新格律诗，但却没有系统理论昭世。

然而闻一多却不然。他在格律诗派同人中不仅带头创作出很多能够流传文学史的新格律诗，而且，为实现留学美国时就欲"径直要领袖一种文学潮流或派别"[3] 的雄心大志，更将其三间画室当做"一群新诗人的乐窝"，而且"常常会面，彼此互相批评作品，讨论学理"，并最终借北京《晨报》"副刊的地位，每星期发行一次诗刊，专载创作的新诗与关于诗或诗学的批评及研究文章"。徐志摩、朱湘、饶孟侃、孙大

---

[1] 朱自清：《中国新文学大系〈诗集导言〉》，《朱自清序跋书评集》，三联书店1983年版，第96页。
[2] 徐志摩：《诗刊弁言》，《晨报〈诗镌〉》，1926年4月1日。
[3] 闻一多：《致梁实秋·吴景超》，《闻一多全集》第12卷，湖北人民出版社1993年版，第80页。

雨、杨世恩、刘梦苇、于赓虞等，都曾经光顾过他那极具艺术氛围的殿堂，尤令徐志摩赞叹不已。① 虽然徐志摩是《诗镌》首期主编，但其"刊行已为新诗辟一第二纪元，其重要当与《新青年》、《新潮》并视"②的价值，闻一多贡献最大。因为徐志摩任《诗镌》首期主编是他在《晨报〈副刊〉》的原有工作关系，然而该刊问世的前期工作，却全由闻一多操办。尤其他在该刊发表《死水》诗和《诗的格律》理论，不仅让新诗因此"走进一个新的建设时期"，而更"应该承认这在新诗的历史里是一个轩然大波"。③ 其在中国现代文学史乃至将来文学史上的深远影响，不容置疑。

闻一多最讲究诗的形式。他批评泰戈尔诗"没有形式"时就说："我不能相信没有形式的东西怎能存在，我更不能明了若没有形式艺术怎能存在！"虽然"固定的形式不当存在；但是那和形式的本身有什么关系？"因为"我们要打破一种固定的形式，目的是要得到许多变异的形式"。④ 因此，他在 1926 年 5 月 13 日《晨报〈诗镌〉》发表的《诗的格律》中，就将"格律"等同为 from，即"形式"和"节奏"。在论证诗之格律的原质时，闻一多说，虽然"从表面上看来，格律可从两方面"分析，即"属于视觉方面"和"属于听觉方面"，但他却认为"这两类其实不当分开来讲，因为它们是息息相关"。这是因为，虽然"譬如属于视觉方面的格律有节的匀称，有句的均齐。属于听觉方面的有格式，有音尺，有平仄，有韵脚"等，但如果"没有格式，也就没有节的匀称"，而若"没有音尺，也就没有句的均齐"。如是，闻一多是把视觉和听觉当成一个问题的两个方面，因为饶孟侃此前在《诗镌》发表《新诗与音节》，精细讨论过关于格式、音尺、平仄和韵脚等问题，因此，闻一多《诗的格律》更重视"视觉方面的两个问题"，即"节的匀称"和"句的均齐"。虽然他认为"视觉方面的问题比较占次要的位置"，然而他又说："但是在我们中国的文学里，尤其不当忽略视觉一层"。因为"我们的文字是象形的"，又因为"我们中国人鉴赏文艺的时候，至少有一半的印象是要靠眼睛来传达"，并根据"文学本来是占时间又占空间的一种艺术"，当然要在视觉上引起一种具体的印象情况，这即闻一多"节的匀称"和"句的均齐"阐述。在说明欧洲文字占空间却又不能在视觉上引起一种具体印象的缺憾后，他分析说："我们的文字有了引起这种印象的可能，如果我们不去利用它，真是可惜。"而且，闻一多尤其感谢新诗采用西诗分行手段，因为这让诗人"觉悟了诗的实力不独包括音乐的美（音节），绘画的美（词藻），并且还有建筑的美（节的匀称和句的均齐）"。闻一多兴奋地说："这一来，诗的实力又添了一支生力军，诗的声势更加浩大了。"因此他认为："如果有人要问新诗的特点是什

---

① 徐志摩：《诗刊弁言》，《晨报〈诗镌〉》，1926 年 4 月 1 日。
② 闻一多：《致梁实秋·熊佛西》，《闻一多全集》第 12 卷，湖北人民出版社 1993 年版，第 233 页。
③ 闻一多：《诗的格律》，《闻一多全集》第 2 卷，湖北人民出版社 1993 年版，第 144 页。
④ 闻一多：《泰果尔批评》，《闻一多全集》第 2 卷，湖北人民出版社 1993 年版，第 128 页。

么，我们应该回答他，增加了一种建筑美的可能性是新诗的特点之一。"[1] 这即闻一多诗之格律的"三美"理论。

根据这一追求，闻一多创作出很多格律之诗。《死水》集中的诗作，首首独具特色。尤其《死水》之诗，更是格律的典范。当然，其所以具有神奇魅力，并不仅只恪守"三美"规范，而更体现了闻一多所强调的"浓丽繁密而且具体的意象"和"情感"以及"幻想"等最重要质素方面。如在一系列浓丽繁密而具体意象中展开的作者丰富想象，都真实而又形象地将丑陋不堪的画面呈现在读者眼前。作家的憎恶深沉地贯注在这些充满幻想的奇特意象中，尤其最后两句，诗人在铺排浓丽繁密而具体意象之后，迸发出既出人意料却又在情理之中的情感。这如银瓶乍裂的感情抒发，直如闻一多所说之"真正的诗家，正如韩信囊沙背水，邓艾缒兵入蜀"，为的是"偏要从险处见奇"。[2] 而这憋闷压抑着的强烈情感愤火的迸发，就达到了预期的主题表现和审美效果。朱自清关于闻一多从《红烛》的"最为繁丽，真教人有艺术至上之感"，到"《死水》转向幽玄，更为严谨"，并且"作诗有点像李贺的雕镂而出，是靠理智的控制比情感的驱遣多些"[3] 的评价，实际即指《死水》诗的创作。据此我们就不能简单认为其是现代格律诗的典范之作，而是在格律即"三美"背后，藏掖着更为深层的意蕴和多重原因，是闻一多在深厚艺术功力基础上，建立在"现实的人生底基石上"[4] 的生命表现。

毫无疑问，徐志摩和闻一多都是格律诗派同人中的耀眼明星。徐志摩的诗作崇尚自然，讴歌爱情，更抒写性灵。但无论何种题材，他都努力表现"筋骨里迸出来，血液里激出来，性灵里跳出来，生命里震荡出来的真纯思想"。[5] 徐志摩张扬个性，善用贴切比喻表现奇特想象。由于他留学英伦的特殊经历和感情纠葛，因此康桥情结始终贯穿其诗文之中。《再别康桥》当然是他众多代表作的最佳诗篇。这是因为诗人把自己康桥时代的憧憬，与即将离别的情绪融进康桥的景物描写之中，字里行间流露出的美感，都是他心灵的折射。尤其千般美景境皆如怨，万般情怀总是诗的艺术表现，更能把读者带进诗人充满喜怒哀乐怨的内心世界。而物我一体的情景交融，更给人一种生命感，这即徐诗"是跳着溅着不舍昼夜的一道生命水"缘故。虽然如此，但徐诗毕竟"没有闻氏那样精密，但也没有他那样冷静"。[6] 而且，虽然"《猛虎集》是志摩的'中坚作品'，是技巧上最成熟的作品"，但"圆熟的外形，配着淡到几乎没有的内容，而且这淡极了的内容也不外乎感伤的情绪——轻烟似的微愁，神秘的象

---

[1] 闻一多：《诗的格律》，《闻一多全集》第2卷，湖北人民出版社1993年版，第137—141页。
[2] 闻一多：《〈冬夜〉评论》，《闻一多全集》第2卷，湖北人民出版社1993年版，第69页。
[3] 朱自清：《中国新文学大系〈诗集导言〉》，《朱自清序跋书评集》，三联书店1983年版，第97页。
[4] 闻一多：《泰果尔批评》，《闻一多全集》第2卷，湖北人民出版社1993年版，第127页。
[5] 徐志摩：《迎上前去》，《徐志摩全集》第2卷，人民出版社2005年版，第142页。
[6] 朱自清：《中国新文学大系〈诗集导言〉》，《朱自清序跋书评集》，三联书店1983年版，第98页。

征的依恋感喟追求"。① 虽然这观点颇有酷评之嫌，但若和闻一多的爱国诗相比，徐志摩显然屈居其后。即使极具音律美的《再别康桥》，也难敌《死水》诗的艺术价值。

闻一多倡导"三美"理论尤其创作实践的成功，梁实秋给予高度评价。他认为"这是第一次一伙人聚集起来诚心诚意的试验作新诗"。② 朱自清认为《诗镌》"虽然只出了十一期，留下的影响却很大——那时候大家都做格律诗；有些从前极不顾形式的，也上起规矩来了'方块诗''豆腐干块'等名字，可看出这时期的风气"。③ 即便徐志摩也承认："一多不仅是诗人，他也是最有兴味探讨诗的理论和艺术的一个人。我想这五六年来我们几个写诗的朋友多少都受到《死水》作者的影响。"涉及他自己，徐志摩更说："他的笔本来是最不受羁勒的一匹野马，看到一多的谨严的作品"，这"才悟到自己的野性"，因此承认自己"素性的落拓始终不容"他"追随一多他们在诗的理论方面下过的任何细密的功夫"。④

二 闻一多和自由诗派的胡适以及郭沫若

20世纪20年代中期为何会在中国诗坛出现格律诗派？根本原因是格律诗派同人中国诗学传统精髓意识的根深蒂固。就闻一多本人来说，他其实是欲发扬光大"首首律诗里有个中国式的人格在"的特色，即"均齐""浑括""蕴藉"和"圆满"，坚持认为"中国艺术之特质则不可没"。⑤ 直接原因则是新诗草创乃至发展期自由诗派理论偏颇和诗作艺术缺失。

被闻一多指摘为"始作俑者"⑥ 的胡适虽受美国意象派诗人影响首倡新诗，但只学到皮毛却没领会其精髓。他在《谈新诗》中只认为，"新文学的语言是白话的，新文学的文体是自由的，是不拘格律的"。因为旧诗"形式上的束缚，使精神不能自由发展，使良好的内容不能充分表现"，因此"若想有一种新内容和新精神，不能不先打破那些束缚精神的枷锁镣铐"。只有如此，"丰富的材料，精细的观察，高深的理想，复杂的感情，方才能跑到诗里去"。然而"五七言八句的律诗决不能容丰富的材料，二十八字的绝句决不能写精密的观察，长短一定的七言五言决不能委婉达出高深的理想与复杂的情感"。胡适认为，新诗的发生，"不但打破五言七言的诗体，并且推翻词调曲谱的种种束缚；不拘格律，不拘平仄，不拘长短；有什么题目，做什么

---

① 茅盾：《徐志摩论》，《茅盾论现代作家作品》，北京大学出版社1980年版，第105页。
② 梁实秋：《新诗的格调及其他》，《诗刊》（创刊号），1931年4月1日。
③ 朱自清：《中国新文学大系〈诗集导言〉》，《朱自清序跋书评集》，三联书店1983年版，第96页。
④ 徐志摩：《猛虎集〈序文〉》，《徐志摩全集》第3卷，天津人民出版社2005年版，第393—294页。
⑤ 闻一多：《律诗底研究》，《闻一多全集》第10卷，湖北人民出版社1993年版，第159—166页。
⑥ 闻一多：《致梁实秋·吴景超》，《闻一多全集》第12卷，湖北人民出版社1993年版，第97页。

诗；诗该怎样做，就怎样做"。这就是他所赞扬的中国诗史上"第四次的诗体大解放"。鉴于这种诗学理念，胡适又在专论"音节"一段中，说"押韵乃是音节上最不重要的一件事"，认为"诗的音节全靠两个重要分子：一是语气的自然节奏，二是每句内部所用字的自然和谐。至于句末的韵脚，句中的平仄，都是不重要的事"。胡适所强调者，是"语气自然"和"用字和谐"，这即他所倡导的"自然的音节"。[①] 即诗的自然声调和诗句里面的抑扬顿挫。胡适既倡导新诗理论，又亲自尝试新诗创作。鉴于当时作家对新诗潮必然趋势的认同，因此急于挣脱旧诗格律的束缚，于是纷纷仿效尝试新诗。朱自清就说胡适"这些主张大体上似乎为《新青年》诗人所共信：《新潮》、《少年中国》、《星期评论》，以及文学研究会诸作者，大体上也这般作他们的诗。《谈新诗》差不多成为诗的创造和批评的金科玉律"[②]。沈尹默、刘半农、康白情、俞平伯等，都是当时非常活跃的新诗人。虽然草创期新诗尝试的成就不高，胡适非但不认识其理论导向偏差，更在《尝试集〈自序〉》中强调："诗体的大解放就是把从前一切束缚自由的枷锁镣铐，一切打破：有什么话，说什么话；话怎么说，就怎么说。"[③] 俞平伯则在《冬夜〈自序〉》中说："只愿随随便便的、活活泼泼的借当代的言语去表现出自我"和"在人类中间的我"，而"至于表现的是诗不是诗，这都和"他的"本意无关"。他甚至认为："如果顾念到这些问题，就可根本上无意做诗，且亦无所谓诗了。"[④] 胡适们诗学追求如此，这就万难写出真有艺术价值的诗作。即便定位稳健的朱自清，后来根据学界意见，承认《新诗的进步》格律诗派要比自由诗派强。[⑤]

首先是自由诗派胡适们理论倡导的误区。针对他们"随随便便"的创作理念和实践，闻一多则强调"艺术家喜给自己难题作，如同数学家解决数学的问题，都是同自己为难以取乐"。而"在诗的艺术，我们所用以解决这个问题的工具是文字，好象在绘画是油彩和帆布，在音乐是某一种乐器一般"。闻一多尤其反对胡适诗作"自然音节"的运用。他说，"胡适之先生自序再版《尝试集》，因为他的诗由词曲的音节进而为纯粹的'自由诗'音节，很自鸣得意。其实这是很可笑的事"，因为"旧词曲的音节并不全是词曲自身的音节"。闻一多解释："音节之可能性寓于一种方言中：有一种方言，自有一种'天赋的'音节。声与音的本体是文字里内涵的质素；这个质素发于诗歌的艺术，则为平仄，韵，双声，叠韵等表象。寻常的语言差不多没有表现这种潜伏的可能性的力量，厚载情感的语言才有这种力量。诗是被热烈的情感蒸发了的水气之凝结，所以能将这种潜伏的美十足的充分的表现出来。所谓'自然音节'

[①] 胡适：《谈新诗》，《中国新文学大系〈建设理论集〉》，上海文艺出版社影印，2003 年，第 295—306 页。
[②] 朱自清：《中国新文学大系〈诗集导言〉》，《朱自清序跋书评集》，三联书店 1983 年版，第 991 页。
[③] 胡适：《尝试集〈自序〉》，《胡适论争集》（上），中国社会科学出版社 1998 年版，第 284 页。
[④] 俞平伯：《冬夜〈自序〉》，《俞平伯诗全编》，浙江文艺出版社 1992 年版，第 641 页。
[⑤] 朱自清：《新诗的进步》，《朱自清序跋书评集》，三联书店 1983 年版，第 77 页。

最多不过是散文的音节。散文的音节当然没有诗的音节那样完美。"① 闻一多据此痛诋"新诗底先锋者啊！'始作俑者'，其无后乎？"② 就是因为闻一多认为这种理论指导下创作的"白话新诗过于空洞，过于轻薄，过于贫瘠"，因此缺乏"意象派诗歌个性"，即"深沉而温暖的色彩润饰"③。闻一多甚至将他们的理论称作"诗坛叫嚣，瓦缶雷鸣"，指问"'始作俑者'的胡先生啊！你在创作界作俑还没有作够吗？又要在批评界作俑？"④

这里且不研究他自认为"还脱不了词曲的气味与声调"的《一念》《鸽子》等诗，就单论他认为"极自由，极自然，可算得"他"新诗""进化的最高一步"的《威权》首段：威权坐在山顶上，/指挥一般铁索锁着的奴隶替他开矿。/他说："你们谁敢倔强？/我要把你们怎么样就怎么样！"读罢该诗，谁会认为有丁点诗情诗意？《乐观》也是胡适认为最自由者，我们仍欣赏其首段："这棵大树真可恶，/他碍着我的路！/来！/快把它砍倒了，/把树根也掘去。——哈哈！好了！"这段内容极自由、极自然倒可堪当，却实在就是大白话而非诗。那么，作为胡适自认"渐渐做到'新诗'的地位"，他之"'新诗'成立的纪元"，《关不住了》是为译诗暂或不论，我们且欣赏他认为"近于自然的趋势"一段：一屋子里都是太阳光，/这时候爱情有点醉了，/他说，"我是关不住的，/我要把你的心打碎了！"⑤ 胡适的诗作解放得如此自然自由，单调到如此程度，这就难怪闻一多骂他"徒具肉眼——或竟是瞎眼的诗人——诗底罪人"，忽视了诗之灵魂即"幻想"和"情感"。因此闻一多说："不幸的诗神啊！他们争道替你解放"，把从前一切束缚"你的"自由的枷锁镣铐……打破；谁知在打破枷锁镣铐时，他们竟连你的灵魂也一齐打破了呢！"⑥ 其实，虽然胡适对其《尝试集》沾沾自喜，但他不仅承认很多诗作"实在不过是一些刷洗过的旧诗"，因为"都还脱不了词曲的气味与声调"。而且，更认为他的诗"很像一个缠过脚后来放大了的妇人回头看她一年又一年的放脚鞋样，虽然一年放大一年，年年的鞋样上总还带着缠脚时代的血腥气。我现在看这些少年诗人的新诗，也很像那缠过脚的妇人，眼里看着一班天足的女孩子们跳上跳下，心里好不妒羡"。⑦

胡适自认其诗如此，闻一多诗作实可以音乐美作比。他在《律诗底研究》中就说："律诗之整齐之质，于其组织音节中兼见之，此均齐之组织，美学家谓之节奏。"虽然"诗底价值是以其情感的质素定"。⑧ 然而"诗的所以能激发情感"，却"完全

---

① 闻一多：《〈冬夜〉评论》，《闻一多全集》第2卷，湖北人民出版社1993年版，第73—64页。
② 同上书，第75页。
③ 闻一多：《致亲爱的朋友们》，《闻一多全集》第12卷，湖北人民出版社1993年版，第62页。
④ 闻一多：《致梁实秋·吴景超》，《闻一多全集》第12卷，湖北人民出版社1993年版，第96—97页。
⑤ 胡适：《尝试集〈自序〉》，《胡适论争集》（上），中国社会科学出版社1998年版，第286—289页。
⑥ 闻一多：《〈冬夜〉评论》，《闻一多全集》第2卷，湖北人民出版社1993年版，第76页。
⑦ 胡适：《尝试集〈自序〉》，《胡适论争集》（上），中国社会科学出版社1998年版，第299页。
⑧ 闻一多：《〈冬夜〉评论》，《闻一多全集》第2卷，湖北人民出版社1993年版，第92页。

在它的节奏"。① 闻一多因此在《诗的格律》中将音乐美摆在诗之格律首位。节奏是诗歌具有音乐性的最重要因素,"音尺"概念则是闻一多借鉴欧美诗作的结果。《死水》诗的节奏特点,即"音尺"的一致形成字数的一致。虽然字数一致并不必然节奏一致,但"音尺"一致所形成的节奏一致,必然会让诗歌具有音乐性。在"音尺"规范方面,当然不只《死水》诗,其他诸如《夜歌》《洗衣歌》《罪过》等,同样有着"音尺"的规范,因此读起来都具音乐美。其实,《死水》诗集之诗具有音乐性并不仅表现在节奏方面,还在于诗句重复表现出的回环往复特征。这样的诗就有诸如《你莫怨我》《忘掉她》和《我要回来》等。《你莫怨我》和《我要回来》都在段之首句和段之尾句重复相同诗句,在抑扬顿挫中加强诗歌的情感作用。更在一咏三叹叙述中,使其音乐美声情并茂最终感染读者。闻一多用韵很有特色。除那些常规的首联押韵,其后偶句押韵者外,还有一韵到底者如《一句话》,全诗一气呵成,暗中换韵者如《什么梦》,却让读者感受不到换韵痕迹,更有双声叠韵词语以增添诗歌的节律美。虽然双声叠韵之词并非闻一多刻意为之,因为新诗并不必然要求如此,但却能够增强诗歌的音乐美感。

作为1921年出版中国第一本真正意义新诗集《女神》,浪漫新诗滥觞的创造社魁首,郭沫若当然是中国新诗史上最耀眼的明星之一。郭沫若诗学追求的首要是"自然流露"。他说:"诗之精神在其内在的韵律,内在的韵律、或曰无形率,并不是什么平上去入,高下抑扬,强弱长短,宫商徵羽;也不是什么双声叠韵,什么押在句中的韵文!这些都是外在的韵律或有形律。内在的韵律便是'情绪的自然消涨'。"因此他"对于诗的直觉,总觉得以'自然流露的为上乘'"。这是因为"诗的本职专在抒情。抒情的文字便不采诗形,也不失其为诗"。他说:"自由诗、散文诗的建设也正是近代诗人不愿受一切的束缚,破除一切已成的形式,而专抱诗的神髓以便于其自然流露的一种表示。然于自然流露之中,也自有它自然的谐乐,自然的画意存在。因为情绪自身本具有音乐与绘画二作用故。情绪的律吕,情绪的色彩便是诗。诗的文字便是情绪自身的表现。"郭沫若认为,"不是用人力去表示情绪",而是"要到这体相一如的境地时,才有真诗、好诗出现"。并且"他人已成的形式是不可因袭的东西。他人已成的形式只是自己的镣铐"。因此在"形式方面",郭沫若主张"绝端的自由"和"绝端的自主"②。这是他诗学追求的第二特点。

郭沫若诗之内容和艺术表现我们当然必须肯定。《女神》将20世纪反抗的时代精神,将崇尚自然和表现自我,以及个性解放等融为一体,表现出强烈的破旧立新思想。尤其代表作《凤凰涅槃》那奔腾想象,澎拜激情,神奇夸张,激越音调,瑰丽色彩,强力节奏,更有那美好理想,从而构成浓郁的浪漫风貌,开一代诗风。郭沫若

---

① 闻一多:《诗的格律》,《闻一多全集》第2卷,湖北人民出版社1993年版,第139页。
② 郭沫若:《论诗三札》,《郭沫若论创作》,上海文艺出版社1983年版,第233—244页。

确实彻底挣脱了旧诗的镣铐。因为无论押韵还是章法，乃至语言运用，都别出心裁。虽然如此，郭诗和闻诗相比却有致命弱点，这即结构缺乏变化过于单调，内容缺乏含蓄过于直白，语句缺乏打磨过于原始，更莫说内容和句式的欧化。比较闻郭二人诗作，郭诗犹如连绵的伏牛秦岭，虽虎踞龙盘巍峨壮观，但尚需雕琢。闻诗虽然没有郭诗这大气势，但却像一座别墅群，钟灵毓秀精致美观。即以闻诗的多变形态和郭诗的单调章法比较，闻诗的"建筑"形态显然更具美感。无论"豆腐干"式的《死水》，抑或"倒顶"式的《春光》，无论"参差行"式的《闻一多先生的书桌》，抑或"菱形"式的《我要回来》，乃至"夹心形"式的《忘掉她》，以及"副歌形"式的《洗衣歌》等，均属于玲珑剔透的艺术珍品。更重要者，是这种艺术形式对内容的表达，起着强化作用。既以"倒顶"式的《春光》为例，诗人先在首段以较大篇幅极写阳光明媚下的万千勃勃生机，然而末段两句却是："忽地深巷里迸出了一声清赖：／'可怜可怜我这瞎子，老爷太太！'"这种出人意料银瓶乍裂的呐喊，就借诗行视觉的反差，更为强烈地表现出抒情主人公的内在情感。

虽然闻一多有时"服膺《女神》几于五体投地"，但"这种观念"是因《三叶集》缔结友谊缘故"受郭君人格之影响"。① 其实，他更多则是对郭沫若批评，即以对其《女神》认识来看，闻一多留学初到美国知其文学状况后，就认为郭沫若"是用中文表达西方思想，技巧高明的模仿者"，因为过去"被蒙蔽"，这才"给他过高评价"。② 闻一多诗作讲究加工提炼，因此他对郭沫若的"自然流露"就提出批评，认为"郭君每一动笔我们总可以看出一个粗心大意不修边幅的天才乱跳乱舞游戏于笔墨之间，一笔点成了明珠艳卉，随着一笔又洒出些马勃牛溲"，因此"埋怨他太不认真把事当事做"。对于闻一多的批评，郭沫若也承认"所指摘的错误，处处都是"他的"弱点"，并且他"自己也是不相信的地方"，承认"有些地方更完全是"他"错了"。③ 其实，根据曾经和闻一多"翻脸"者朱湘关于"闻一多刘梦苇最好，汪静之郭沫若次之，徐志摩又次之"的评价。④ 我们就可断定闻诗在他们中间的地位。

三　闻诗是新诗自由格律和象征的集大成者

被称为象征诗派鼻祖"诗怪"李金发的诗因朦胧晦涩而颇受争议，赞成和反对者兼而有之。肯定者"称这种诗是国内所无，别开生面的作品"。⑤ 这大概是因为"《微雨》给我们，并在我们的心坎里，种下一种对于生命欲揶揄的神秘，及悲哀的

---

① 闻一多：《致亲爱的"犯人"》，《闻一多全集》第12卷，湖北人民出版社1993年版，第41页。
② 闻一多：《致亲爱的朋友们》，《闻一多全集》第12卷，湖北人民出版社1993年版，第62页。
③ 闻一多：《莪默伽亚谟之绝句》，《闻一多全集》第2卷，湖北人民出版社1993年版，第103—109页。
④ 朱湘：《寄徐霞村》，《朱湘书信集》，上海书店出版社1983年版，第39—41页。
⑤ 李金发：《从周作人谈到"文人无行"》，《异国情调》，商务印书馆1946年版，第34页。

美丽"。① 贬损者则因李金发诗作难懂,凡"看不懂而必须注解的诗,都不是好诗,只是笨谜而已"。② 因为"是人就得说人话,人话以明白清楚为第一要义"。③ 李金发诗作内容很多。主要是歌咏梦幻死亡,感叹命运悲哀,抒写情爱苦乐,当然也有自然美景描绘。朱自清认为李金发诗之内容表达"没有寻常的章法,一部分一部分可以懂,合起来却没有意思。他要表现的不是意思而是感觉或情感;仿佛大大小小红红绿绿一串珠子,他却藏起那串儿,你得自己穿着瞧"。谈及不足,他认为李金发诗虽"不缺乏想象力,但不知是创造新语言的心太切,还是母舌太生疏,句法过分欧化,教人像读着翻译;又夹杂着些文言里的叹词语助词"。然而尽管"许多人抱怨看不懂",但"许多人却都在模仿"。④

关于象征"自由和格律诗的优劣问题,相对于《中国新文学大系〈诗集导言〉》的"按而不断",朱自清后来却表态"这三派一派比一派强"。新诗如何进步?一派比一派强在哪里抑或强到何种程度?朱自清虽然肯定自由诗派的"启蒙期诗人'怎样从旧镣铐里解放出来,怎样学习新语言,怎样找寻新世界'",并认为"郭沫若先生歌颂大自然,是最特出",但是无奈"白话的传统太贫乏,旧诗的传统太顽固",因此"自由诗派的语言大抵熟套多而创作少,境界也只是男女和愁叹,差不多千篇一律"。还有虽然歌咏男女的新诗"自然和旧诗不同,可是大家泛泛着笔,也就成了套子"。朱自清夸赞"格律诗派的爱情诗,不是纪实的而是理想的……至少在中国诗里是新的;他们的奇丽的譬喻——即使不全是新创的——也增富了我们的语言"。他更明确说"徐志摩,闻一多两位先生是代表"。谈及象征诗派的创作,朱自清肯定其进步"表现的是些微妙的情景,比喻是他们的生命,但是'远取譬'而不是'近取譬'"。他说:"所谓远近不指比喻的材料而指比喻的方法",象征诗派"能在普通人以为不同的事物中间看出同来。他们发现事物的新关系,并且用最经济的方法将这关系组织成诗"。朱自清并且解释,"所谓'最经济的'就是将一些联络的字句省掉,让读者运用自己的想象力搭起桥来"。他肯定地说,虽然"没有看懂的只觉得一盘散沙,但实在不是沙,是有机体。要看出有机体,得有相当的修养与训练,看懂了才能说作得好坏"。⑤ 虽然朱自清所论三派新诗一派比一派强的内容太少并不全面,但毕竟言简意赅地指出问题所在。

朱自清对三派诗作优劣的新断,固然有一定道理,但也有论证的瑕疵。我们肯定格律派诗比自由派诗进步无疑,但若认为象征派诗比格律派诗进步,就可商榷。这并非因作为象征派滥觞的李金发诗作晦涩难懂,那是限于欣赏水平问题,读懂者

---

① 黄参岛:《〈微雨〉,及其作者》,《美育》1928 年第 2 期。
② 胡适:《谈谈"胡适之体"的诗》,《胡适论争集》(上),中国社会科学出版社 1998 年版,第 308 页。
③ 梁实秋:《我也谈"胡适之体"的诗》,《自由评论》1936 年第 12 期。
④ 朱自清:《中国新文学大系〈诗集导言〉》,《朱自清序跋书评集》,三联书店 1983 年版,第 99 页。
⑤ 朱自清:《新诗的进步》,《朱自清序跋书评集》,三联书店 1983 年版,第 77 页。

就不会认为晦涩；也不因其诗缺乏民族性，这属于认识问题。只要真有价值就应该肯定，人们不是常说艺术不分国界吗？而是因李金发诗作包括突出者如《律》《弃妇》和《琴的哀》等，无论艺术价值抑或思想内容，显然都不能和闻一多诗作《春光》《忘掉她》和《洗衣歌》相比。笔者非常赞赏李金发《有感》诗的意境创造和想象空间，但若和闻一多《死水》诗相比，也显然逊色。当然，就李金发的《微雨》诗集和闻一多的《死水》诗集整体相比，无论思想抑或艺术均不可同日而语。

固然，在李金发其后，象征派亦有后期创造社诗人王独清、穆木天和冯乃超等。但他们的诗坛地位，不消说和闻一多相比，即使和徐志摩相比，恐怕未必能够企及。虽然戴望舒诗作被学界认为突破了现代诗艺，但他更多属于30年代的现代诗派。因为被学界认为标志他艺术性完成，代表当时新诗创作成就的《望舒草》出版于1933年。当然，我们并不否认戴望舒发表于1928年的《雨巷》诗之艺术成就，更不否认其借"丁香"意象象征愁怨情绪的艺术价值。虽然朱自清在《中国新文学大系〈诗集导言〉》中，也将戴望舒列为象征派诗人，其实这正是我们所商榷的内容。因为承认他为象征诗人可以，但不能承认其为该派的代表。

还有，朱自清关于"新诗是在进步着的"论断，似乎给人一种误解，即不仅是流派的进步，而且还是先后的进步。即自由诗派最先，格律诗派中间，象征诗派则为最后。其实不然。自由诗派最先不错，但是象征诗派领袖李金发的创作，实际开始于1920年。他的象征诗集《微雨》出版，也比闻一多他们新诗格律化主张早前一年。虽然闻一多1926年以前就实践新诗格律化创作，但是他格律化代表诗集《死水》和徐志摩诗艺最高成就的《猛虎集》，却都出版在1928年或其后。

再说，首先，朱自清将中国现代文学第一个10年的诗坛分为自由诗派、格律诗派和象征诗派，这种定位虽然不无道理，但这种划分却违背逻辑规律。如果将自由诗派和格律诗派这两个概念视做逻辑范畴的"反对"关系，那么象征诗派则和这两个概念均具有"交叉"关系。因为对自由诗派和格律诗派划分的根据，主要是节奏韵律和诗体形式等，然而对象征诗派的认定，则从内容的表现方法着眼。象征诗派所创作者，既可以是自由诗作，也可以是格律诗作。当然，即便自由诗和格律诗这两个概念，也并不真"反对"而具"相容"关系。因为格律诗并非旧的律诗要求，而是新诗的格律化，尤其诗体形式属于规律的自由。即以闻一多为例，他虽然倡导诗的格律，但他并非复古让诗人根据律诗特点创作，而是针对所谓自由诗派的创作散漫，强调新诗创作的规范。关于此，闻一多就说："律诗永远只有一个格式，但是新诗的格式是层出不穷。"第二，"律诗的格律与内容不发生关系，新诗的格式是根据内容的精神制造成"。这是因为，"做律诗，无论你的题材是什么？意境是什么？你非得把它挤进这一种规定的格式里去不可，仿佛不拘是男人、女人、大人、小孩，非得穿一种样式的衣服不可。但是新诗的格式是相体裁衣"。第三，"律诗的格式是别人替我们定的，新诗的格式可以由我们自己的意匠来随时构造"。① 更何况，闻一多也有很多不属于新格律诗要求的自由诗作。其实，闻一多创作的很多格律乃至自由新诗，也具有象征性质。他1920年发表的第一首新诗《西岸》，堪称象征诗作的典型。其实，无论其代表作《红烛》诗和《死水》诗，抑或《红烛》诗集和《死水》诗集，都具有象征意蕴。据闻研专家研究，在闻一多所有诗作中，带有象征艺术倾向者约占1/3。② 当然，闻一多诗作的格律化特征更为明显谁也不会怀疑。但我们却不能因此否认他之格律之诗不属自由和象征之诗。从逻辑角度分析，朱自清自己也承认是"强立名目"。③ 因此他的三派划分，其实是突出当时诗坛的思潮流派特征。但若根据朱自清理论，尤其闻一多诗学追求和创作实践观察，认为闻一多囊括自由、格律和象征三派特色亦不无道理。

四　结语

实在说，诗作也属于系统工程。其既有内在原素，也有外在原素。内在原素即诗的灵魂"幻象"和"情感"，外在原素即诗的妆扮"声与色"。虽然"诗底真价值在内的原素，不在外的原素"，然而"美的灵魂若不附丽于美的形体，便失去他的美"。④ 闻一多诗作和他同期诗人相比，堪称内外原素结合的典范。"建筑"的诗形犹如服装款式，"绘画"的语言犹如布料颜色，"音乐"的节奏犹如血脉流动。这些外在原素包装着内在原素即繁密意象，崇高情感等，就构成闻一多诗作独具特色的浓郁诗意和跳动诗感。作为承前启后的诗人，虽然后来有些模仿闻诗者很难达到他诗作高度，但那因为如胡适倡导新诗只学到美国意象诗派皮毛一样，却没有把握诗之真精神缺乏艺术功力缘故。

根据此前分析，我们应该更正朱自清关于自由、格律和象征三派出现的先后顺序，改为自由诗派、象征诗派和格律诗派，其实很有道理。根据这个顺序，我们就可借用朱自清《新诗的进步》关于"三派一派比一派强"之"新诗是在进步着的"论断。这样，闻一多因其在格律诗派中具有最高地位，因此而在三派中具有最高地位也毋庸置疑。

（原载《社会科学辑刊》2013年第4期）

---

① 闻一多：《诗的格律》，《闻一多全集》第2卷，湖北人民出版社1993年版，第141页。
② 卢惠余：《论闻一多诗歌的象征主义倾向》，《盐城师范学院学报》2006年第1期。
③ 朱自清：《中国新文学大系〈诗集导言〉》，《朱自清序跋书评集》，三联书店1983年版，第95页。
④ 闻一多：《评本学年〈周刊〉里的新诗》，《闻一多全集》第2卷，湖北人民出版社1993年版，第41—42页。

《女神》在高校教材中的传播与读者接受

付金艳

"一个时代的政治文化最能体现在教科书中，尤其是有关人文学科方面的内容，教科书就是一个窗口，从这里我们能够发现一个时代的政治文化是如何改变人们的行为和习惯的。"① "中国现代文学"是高校中文专业的主干课程，其教材相应也成为中国现代文学传播、阐释和经典化的重要媒介。现代文学作家作品在高校文学史教材中的编选、评价过程是和历史诉求、政治、文化、教育体制以及撰写者的价值取向等要素密切相关的。

《女神》是郭沫若在1921年出版的第一部诗集，其在90多年的传播接受过程中，已逐步完成了经典化的道路。新中国成立后《女神》的传播系统就是通过高校讲坛，借助高校教材作为媒介，向高校中文专业的学生进行传播的。本文拟通过对新中国成立后不同历史时期不同版本的现代文学史教材中对于郭沫若作品《女神》的诠释的关键词分析，梳理《女神》的文学接受和传播的历史，还原《女神》经典化的过程和历史途径，评介其传播效果。

一 新中国成立初期的关键词：时代精神、反抗、阶级

1950年5月，教育部召集全国高等教育会议通过了"高等学校文法两学院各课程草案"，其中规定"中国新文学史"是各大学中国语文系的主要课程之一。并对讲课内容进行了具体规定和说明：运用新观点、新方法，讲述自五四时代到现在的中国新文学的发展史，着重在各阶段的文艺思想斗争和其发展状况，以及散文、诗歌、戏剧、小说等著作作家和作品的评述。

基于这样的要求，50年代几种影响比较大的教材做出不同程度的响应，对于《女神》的诠释也各有异同：王瑶先生的《中国新文学史稿》、丁易先生的《中国现代文学史略》、刘绶松先生的《中国新文学史初稿》。

---

① 谢泳：《三十年代太原各中学国文试题》，孔庆东等主编：《审视中学语文教育》，汕头大学出版社1999年版，第365页。

被称为中国现代文学史奠基之作的《中国新文学史稿》（上编）①（1954年版）是王瑶先生把自己1948年在清华大学的讲稿加工修改而成的。在教材中，并没有设立专章介绍郭沫若，只是在第一编第二章"觉醒了的歌唱"的第二部分"反抗与憧憬"中涉及了郭沫若的诗歌。在教材里，他引用郭沫若的原话"惠特曼的那种把一切的旧套摆脱干净了的诗风和五四时代的狂飙突进的精神十分合拍，我是彻底地为他那样雄浑的豪放的宏朗的调子所动荡了"，称"这些话也同样说明了他自己的风格。诗里面有对旧社会的诅咒（如《凤凰涅槃》），也有强烈的反抗精神的歌颂（如《胜利的死》和《匪徒颂》）都喊出了那时的时代精神。"(P68) 王瑶先生只是强调了郭沫若《女神》中狂飙突进的时代精神，教材中提到的郭沫若的作品只有3首。

《中国现代文学史略》② 是丁易先生多年来在各大学讲授中国现代文学史几经修改的讲义稿。在第七章"郭沫若和'五四'前后的作家"中的第一节就是"郭沫若的文学创作"。丁易先生从作家的创作思想出发，强调《女神》中的诗歌的积极浪漫主义精神和对现实的"强烈的反抗情绪"(P232)。教材中涉及的《女神》的作品只有4首。单单以《凤凰涅槃》为例，诠释《女神》中的诗歌"充满了爱国的热情，狂飙的气焰，感情奔放，精神旺盛，有着昂首天外一往直前的气概。他狂暴地诅咒黑暗社会，猛烈地反抗传统的思想"。同时评价这种思想，"无论是反抗还是希望，都有些朦胧模糊，反抗既没有看出黑暗的根源，希望也没有认清应走的道路"。

关于《女神》的艺术特色，教材有褒有贬："在形式方面便是笔致豪放，气势流转，有如骏马下坡，山洪暴发，不可遏止。音节也是雄浑响亮，有狂风暴雨之势，足以震眩读者。但也正因为这样，有时就不免失之单调，抽象，少含蓄，不深入。"(P234)

《中国新文学史初稿》（上下两卷）③ 是刘绶松先生在武汉大学中文系讲授中国新文学史的讲稿。在上册的第二编"第一次国内革命战争时期的文学"的第四章第一节"诗歌"中，刘绶松先生高度评价了《女神》——"《女神》的出现，显示了诗人无比丰富的创作才能，确立了他作为诗人的不朽的地位。""《女神》的意义和价值，还不仅仅在于他体现和代表了作者在某一时期的思想价值，而更重要的在于他体现和代表的作者的思想是具有着巨大的深度和广度，是与时代共同着脉搏，与人民共同着忧乐的。"接着用了大量的篇幅，涉及《女神》中的13篇作品来诠释其思想价值，概括出其"情感节拍与韵律节拍达到了和谐的一致的境界，而那些不拘一格的多样的形式，也正好表达了作者的丰富而多彩的思想与情感"。同时，教材从高度政治化的角度出发，指出《女神》诗歌的缺陷：歌颂自然的诗歌没有把自然看成是人类斗争的对象，在赞美近代文明的诗歌中没有看出资本主义文明外衣掩盖下的阶级矛

---

① 王瑶：《中国新文学史稿》，上海新文艺出版社1954年版。
② 丁易：《中国现代文学史略》，作家出版社1955年版。
③ 刘绶松：《中国新文学史初稿》，作家出版社1956年版。

盾和斗争，语言上采用过多的外国字，损害了诗的民族的风格。"(P151)

其实，这一时期还有蔡仪、张毕来等先生的文学史讲义出版。仅就上面所选的三部教材比较，可看出高校现代文学教材对于《女神》的诠释和评价，从主要选取其中代表雄浑豪放风格的作品，从斗争、反抗的角度，来体现时代和主流意识形态的要求，单纯地选取个体诗篇来体现作家的创作特征，到从内容和形式方面展开诠释，及至后来从文学史地位和美学价值对其给予诠释和评价，《女神》在高校文学史教材中所占的篇幅和比例都逐渐提升，内容也越来越丰富了。然而，受极"左"思想影响，《女神》的诠释过多地注重于其思想价值。

二 新时期转型阶段的关键词：个性解放、浪漫主义

20世纪70年代到80年代，中国进入了文革结束和改革开放的转型期。中国现代文学史教材也经历着巨大的思想观念及艺术审美趣味转换的敏感时期。这一时期，随着郭沫若于1978年逝世，对其悼念的文章大量出现，新的学术研究成果也层出不穷，对郭沫若的研究和评价处在升温时期。该时期同样选取三套教材来进行诠释比较。

第一套教材是唐弢主编的《中国现代文学史》①。由于历史原因，唐弢主编的从60年代初就开始动工的《中国现代文学史》第一、二、三册分别于1979年6月、1979年11月、1980年12月，由人民文学出版社出版。在这套教材里，郭沫若成为鲁迅之后的专章介绍的重点作家。在第三章郭沫若的第二节中，用了13页的篇幅介绍《女神》，对于《女神》的诠释评价更加全面，并添加了很多新的学术研究成果。

"《女神》出版于1921年8月，是郭沫若的第一部新诗集，也是我国现代文学史上一部具有突出成就和巨大影响的新诗集，尽管在《女神》出版以前已经有新诗集出现，但真正以崭新的内容和形式为中国现代诗歌开拓一个新天地的，除《女神》外，在当时却没有第二部。郭沫若实在是中国的第一个新诗人，《女神》实在是中国的第一部新诗集。"(P159)

两个"实在是"进行了文学史意义的诠释：《女神》不仅确立了郭沫若在我国现代文学史上卓越的地位，同时也为中国新诗开辟了一个崭新的时代和广阔的天地。

其次，唐弢版的现代文学史教材从思想和艺术上，更全面地展开对《女神》多首诗歌诠释和评价：以题材内容进行分类，以18首诗为例，从破旧立新、爱国情怀、叛逆自我、歌颂劳工和吟咏自然几个方面来强调其积极的革命浪漫主义精神；该教材阐释的角度也有变化，不仅仅从时代精神和西方影响的角度，还特别注意到《女神》与传统文化的传承关系，指出《女神》的浪漫主义创作风格不仅仅是受到惠特曼、

---

① 唐弢：《中国现代文学史》，人民文学出版社1979年版。

歌德等外国诗人影响，还传承了古代浪漫主义诗人屈原、李白的古典浪漫主义传统。在艺术上除了肯定其自由诗体外，也没有忽略《女神》中也有一部分诗形式格律相当谨严。"例如诗剧《棠棣之花》的歌唱部分采用的是传统的五言诗形式。《晴朝》和《黄浦江口》有着相当整齐的形式和韵律，而《西湖纪游》中的某些短诗则表现了词的小令的风味。这些可以看出诗人是如何善于采用多姿多彩的形式，来抒发自己不同的情感。"(P170)

第二套教材是由林志浩主编的《中国现代文学史》①。这套教材也是集体创作的，60年代初开始编写，在1964年作为内部教材使用，1979年修改后出版。郭沫若在教材中同样是以专章出现的，在第四章"卓越的新诗奠基者——郭沫若"中，第二节专节介绍《女神》，称《女神》为"五四"时期的战斗号角。教材较为片面强调《女神》的思想价值，指出《女神》杰出的历史意义是突出地表现了五四的时代精神。关于郭沫若所受到的"泛神论"和五四宣扬的"个性解放"，由于时代局限，在教材中是被视作缺陷来诠释的。教材中涉及《女神》作品14首。

第三套教材是黄修己独纂的《中国现代文学简史》②。这本教材是作者根据自己20世纪70年代给北大工农兵学员讲课时的讲义，在1984年以《中国现代文学简史》而出版。教材将《女神》是与《呐喊》和《彷徨》相提并论，称为"现代文学的伟大的奠基石"，"现代文学浪漫主义传统的发端"。(P66)这本教材个人观点、学术气息浓厚一些。同样是从思想和艺术两个方面来诠释，但是以"泛神论"创作思想来统领《女神》的内容和形式。特别是从艺术上说，泛神论扩大了诗人表现的范围，赋予万物以生命。至于在诗的表现形式上，有时也受影响。如《凤凰涅槃》最后凤凰和鸣时的诗句正是物我合一的思想所引出的奇特的表达感情的方式。

这三套教材体现出高校教材对《女神》的诠释已经从集体编撰开始向个人学术化转变了。然而，林志浩版的教材更多地延续了新中国成立初期的一些极"左"观念，对郭沫若泛神论思想的复杂性没有更多地关注和客观评价；黄修己版个性十足，表现出一种可喜的创新，对于改变高校文学史教学的思维定势和学术界的研究视角，起到了一定的指导作用。唐弢版的教材关于《女神》的诠释，在王瑶版的基础上尽量吸收了学术界已有的研究成果，采用"春秋笔法"，褒贬从叙述中流露出来，反映出平实稳健的学术特色。

三 90年代的关键词：叛逆精神、创新意识

20世纪90年代是高校教材百花齐放的黄金年代。在重写文学史口号的倡导下，

---

① 林志浩：《中国现代文学史》，中国人民大学出版社1979年版。
② 黄修己：《中国现代文学简史》，中国青年出版社1984年版。

各种版本的高校现代文学史教材应运而生。"重写文学史"所带来的新的视野和新的方法，促使教材史编写者们重新以忠于历史和科学的真实审视自己的研究对象，以实践其教学和研究目标的统一，各种新型的教材史突破传统格局，在观念和体例上进行了一系列的尝试。在各种尝试中，对于《女神》的诠释也发生了比较大的变化。笔者在形形色色的教材中，选取了《中国新文学发展史》《中国现代文学三十年》（修订本）和《中国现代文学史：1917～1997》这样三套影响比较大的教材。

《中国新文学发展史》① 由冯光廉、刘增人主编，十六所院校教师合作编写，1991年由人民文学出版社出版的现代文学史教材。受既是高校教材又是学术专著的编写指导思想指引，《中国新文学发展史》"扬弃线型思维，建构系统思维"，把郭沫若和《女神》和鲁迅的《狂人日记》作为文学创作现象中的"叛逆文学"来相提并论。教材通过内容和形式两个方面进行诠释，称："从内在的气质到表现形式都烙印着反叛精神的《女神》，是时代精神的审美写照，是觉醒了的民族和觉醒了的诗人向封闭、黑暗的封建主义告别和向世界新潮迈进的艺术丰碑。"进而归纳总结："忧愤深广和狂飚突进，从心理开掘的深邃和情感表达的热烈两个相反相成的侧面，共同涂染着现代叛逆文学的基调：冷峻而热烈，凝重又生动，理性思考与热情抒发交错，现实的暗影与理想的光华迭合……组合成早期叛逆文学的动人风采。"(P167)

《中国现代文学三十年》在1987年由上海文艺出版社出版时是四位青年学者合著的：钱理群、吴福辉、温儒敏和王超冰，在1998年由北京大学出版社出版修订本时只有钱理群、吴福辉和和温儒敏三位作者了。由于在修订本中吸收了1987年以后近十年的研究成果以及著作者的研究心得，教材的重点放在对作家的文学成就以及代表性作品的分析，并被选为普通高等教育"九五"教育部重点教材，故本文选取修订本②作为90年代的教材代表来比较。

在教材中，郭沫若作为重点作家在第五章中专章讲授，《女神》占据了四节中的前两节。第一节分析了《女神》的自我抒情主人公形象，在过去强调"大我"形象的同时，又增加了是"诗人自我灵魂、个性的真实袒露"内容。借助对《女神》形象的矛盾性和美学追求的矛盾性体现分析，诠释《女神》的价值所在："它为新诗的发展提供了艺术表现的多种可能性，而不在于它在艺术上达到怎样的水准——《女神》在艺术上远非成熟之作"。(P106)

在教材的第二节具体分析了《女神》的艺术想象力、形象特征与形式。首先，基于早期白话诗想象力、形象性不足的缺陷，教材称"郭沫若是使新诗的翅膀飞腾起来的第一人"，而泛神论思想构成了《女神》艺术想象与形象体系；接着以具体的作品分析来得出形象特征：壮阔性、奇异性与飞动性；最后，"就《女神》总体看，

---

① 冯光廉等：《中国新文学发展史》，人民文学出版社1991年版。
② 钱理群等：《中国现代文学三十年》（修订本），北京大学出版社1998年版。

她的形式是自由的。每首诗的节数，诗节的行数，每一诗行的字数都不固定，押韵没有统一的规律，但在每一首诗中，却要求规律的某种统一"。

《中国现代文学史：1917～1997》[①]是面向21世纪课程教材。教材第五章"20年代的新诗（二）"是专章介绍郭沫若的诗歌创作，第二节专节介绍《女神》。教材称"《女神》是郭沫若的第一部新诗集，也是中国现代文学史上第一部具有杰出成就和巨大影响的新诗集"。

教材吸收了近年的研究成果，首先从版本上介绍《女神》初版和以后版本修改的历史，对于长期被忽略的《女神》第三辑内容也做了简单诠释：

主要是郭沫若早期受泰戈尔影响而创作的一些清新恬淡的抒情小品。它们写爱情、春愁、离绪，写飞禽、新月、松原，还有归国印象和记游。既有感伤颓丧的情绪（如《死的诱惑》），也有青春期感情的真实流露与生活写照（如《霁月》《日暮的婚筵》等），让人窥见了青年诗人渴望爱情，热爱自然，而又不免烦闷寂寞的灵魂。

当然，重点仍然在第一、第二辑上：

"如果说五四以前的这小部分诗作还郁积着诗人的忧伤疾愤，格调哀婉低沉，那么占据《女神》一、二两辑主体部分的五四以后的诗作，则体现了五四狂飙突进的时代精神，格调雄浑豪放，唱出了民主科学的时代最强音。"站在史的立场，评价"《女神》在中国新诗发展史上的意义和贡献在于，集中而强烈地表现了冲破封建藩篱、扫荡旧世界的狂飙突进的时代精神，是鲁迅所张扬的'摩罗诗力'的具体展现。奇特雄伟的想象扩大了新诗的表现领域，创造了全新的现代诗歌抒情主人公的自我形象。诗的抒情性与个性化的本质得到了充分重视与加强。创作形式自由多变，大量采用比喻、象征手法，以人格化的自然为主，也化用了古代神话、历史故事甚至西洋典故，形象选择巧妙、恰切而新颖，证明新诗在艺术上足以充分表现新的时代与生活，在许多方面超过了旧诗词。当然，由于《女神》的创作环境主要是'盲目欧化的日本'，这多少影响了作者对祖国传统文化作'理智的爱'的辩证态度，夹用英文偏多，有些'过于欧化'，有些诗作也稍嫌粗糙"[P103]。

这一时期的文学史教材，既注重史料的收集以及版本的讲究，又注重吸收当前的学术研究成果，研究视野更加广阔，对《女神》诠释评价的更加多样化；但是，受研究语境的影响，教材更多地注重西方文化的影响，而对于《女神》与传统文化的关系的评价失之偏差。同时，《女神》在现代文学史上的地位，通过这些教材的评述，更加趋于定型化。这既是一种可喜的进步，但是也带来今后研究会陷入僵化的危险。

---

① 朱栋霖等：《中国现代文学史：1917～1997》上册，高等教育出版社1999年版。

四 新世纪的关键词：想象力、艺术风格

新世纪的文学史教材选用严家炎高教版《二十世纪中国文学史》、程光炜人大版的《中国现代文学史》和唐金海、周斌的《20世纪中国文学通史》，这三套教材都是面向新世纪的高校教材。

《二十世纪中国文学史》[①]分为上、中、下三册，由著名学者严家炎先生主编，参编作者都是有影响的专家学者和学术带头人，可以说集国内近代和现当代文学研究界之大成，是多方面协同研究所取得的重要成果，该书具有比较丰厚的学术原创性，提出了诸多富有开创性、启发性的论点，有些资料和见解在学术上属于首次发现，带来重要的突破。在这套教材中，"郭沫若的《女神》等诗集"为第七章第二节的内容。

教材中对于《女神》的文学史评价是"继《尝试集》之后，对初期新诗的发展起了重要推动作用的"。并结合作品从内容和形式两个方面加以诠释"具有鲜明强烈的时代精神，正是《女神》在初期新诗中一项无可比拟的成就，也是它对初期新诗所作的一个突出贡献"[P213]。"《女神》对初期新诗所作的另一个贡献，是诗人超拔的艺术想象力。"最后，以《女神》的创作经验总结：诗歌应该力求精致；在诗歌创作中，"自然倾泻"和"精雕细琢"两者都是需要的，不可偏废。《女神》中，既有《凤凰涅槃》《晨安》《匪徒颂》等一泻千里、气势奔腾、很有冲击力的诗作，也有《炉中煤》《地球，我的母亲》这类经过反复孕育、精心锤炼、质朴而较完美的精品。[P214]

上述观点突破了以往教材只注重自然倾泻、狂飙突进的诗歌去世，注意到郭沫若在艺术上较为成熟和精细的诗歌，开始对其诗歌创作的多样性予以关注。

程光炜主编的《中国现代文学史》[②]2000年由中国人民大学出版社出版。该教材更注重在具体诗歌作品细读的基础上得出结论，第六章的第一节名为"凤凰之再生"——郭沫若和《女神》"。教材中对于《女神》是这样诠释的：

《女神》是中国现代诗歌史上最重要的诗集之一。它受到"五四"狂飙突进的时代精神的感召，同时又真正反映了狂飙突进的五四时代。这使《女神》成为一个新的波澜壮阔的大时代的史诗般的作品，也成为创生期的中国现代诗歌的奠基之作。它的崭新的自由体形式，恢弘的想象力和强大的创造力，都标志着白话新诗已完全挣脱了旧体诗的藩篱，开始进入了创造自己的经典化成熟作品的历史阶段……《天狗》《炉中煤》《地球，我的母亲》《立在地球边上放号》等都是郭沫若的名篇，标志着

---

① 严家炎等：《二十世纪中国文学史》，高等教育出版社2010年版。
② 程光炜等：《中国现代文学史》，中国人民大学出版社2000年版。

"五四"诗歌所能企及的历史高度。(P113)

高度评价《凤凰涅槃》,称其是现代诗歌史上具有重要历史地位的诗篇,某种意义上来说是任何诗人包括郭沫若自己都无法再重复的。

对于《女神》的艺术审美价值评价也极高,称五四时期与《女神》相媲美的只有鲁迅的《呐喊》。(P115)

唐金海、周斌主编的《20世纪中国文学通史》① 也是面向21世纪的高校文学史教材。这本教材一如既往地从思想和艺术价值两个方面来诠释《女神》,旁征博引,与中国传统文化、文学、外国文化、文学相沟通,揭示其历史贡献。观点没有多少新意,但是出现了《夜》《辍了课的第一点钟里》这些以往从来没有涉及的作品。

综述:通过上面对于建国后半个多世纪高校现代文学史教材的梳理,对于《女神》的诠释变化并不大。各版教材,无论分期思路、文学史观的分歧有多大,但都以适当的篇幅和文字诠释了《女神》在中国现代文学史上的价值及其在思想和艺术形式上的突出贡献。然而《女神》传播接受效果并不佳,很多大学生拒绝、排斥,甚至拒绝这种主观政治化、程式化解读郭沫若的诗歌的方式,他们追求的是个性化、多元化的解读。

正如一些学者所注意到的那样:"人们谈论郭沫若包括《女神》在内的早期诗作的时候,总是以偏概全,以10多首诗作的风格来代替整个早期诗作的风格。"② 《女神》有57首,但是我们看到各种版本的教材,提到的最多的作品也就只有十七八首,并且一律采用以"狂暴豪放"为核心的"狂飙般的""炸弹般的""气势磅礴、热情奔放""强悍狂暴"这类表述。对于《女神》中那些包括简朴清淡、清新明媚、平和沉静等在内的其他风格,被人们所忽略、视而不见甚至淡忘。更何况"现存于《女神》中的激情澎湃、汪洋恣肆风格,以及清新明媚、平和幽暗风格,都不过是郭沫若在自己早期诗作的基础上提炼、加工、选择、纯化的结果"③。

综观新中国成立以来我国高校现代文学史教材在对郭沫若在文学史的定位方面,虽然从时代精神、开创浪漫主义诗风、艺术形式的突破和创新等方面,评价了《女神》在现代文学史上的地位,但还是有以下不足:一是教材在郭沫若《女神》"当代化"的评价上所做出的努力还比较欠缺,教材往往单向地、孤立地、线性地叙述郭沫若诗歌成就和主要贡献,却忽略了从读者接受心理的角度,在还原历史语境的基础上,更深入、更多向地再现郭沫若受当时的青年大众热烈追捧的历史现象和原因。二是或多或少、有意识或者潜意识地以鲁迅为标杆,将郭沫若与之比较,进行现代文学作家的排名定位。

---

① 唐金海等:《20世纪中国文学通史》,上海东方出版中心2003年版。
② 陈晓春:《〈女神〉文本变异略论》,《四川师范大学学报》2012年第3期。
③ 朱寿桐:《郭沫若早期诗风、诗艺的选择与白话新诗的可能性》,《郭沫若学刊》2008年第1期。

因此，高校现代文学史教材作为主流意识形态的重要传播途径，虽然对于郭沫若的评价颇为高调，然而《女神》在大学生中的传播效果并不佳。《女神》通过高校教材被经典化的过程，反而削弱了《女神》多元化解读的可能性。解读的片面化也导致了《女神》与大学生所疏离和接受的难度。很多大学生拒绝接受远离他们审美趣味的现代经典诗歌，他们追求的是更多元化、个性化的阅读。我们期待今后的教材编写能够以更广阔的的视野，以更多元的方式来诠释《女神》，让《女神》能够为更多的读者所接受。

（原载《郭沫若学刊》2013 年第 2 期）

天人学与泛神诗学:地域传承中的生态文化观

陈 俐

1932年,近代经学大师廖平逝世,他的好朋友,学者兼官员的王树楠为廖平撰写的《墓表》中,开篇即将廖平置于蜀学传承的链条上加以褒扬:

> 四川为西南天险之国,北峙剑门,东扼三峡,连冈叠岭,中贯长江。岷峨、青城、夔巫、玉垒之雄奇,岷雒、青衣、嘉陵、巴泸、大渡之广盱,山川佳侠,是生伟人。汉之司马相如、杨雄、王褒、严遵,唐之李白、陈子昂,宋之三苏、三张、二范,类皆间出之才,咸数十年而一见,或数百年而一见。乃至于今,人才之廖落且千年矣,而井研廖季平先生始继起而承其后。语云,地灵人杰,然亦见山川之钟毓,非偶然已也。①

的确,在近现代蜀学传承和振兴的链条中,不可不提及廖平,他异峰突起,以"非常可骇怪之言论"及治学风格,引起近代经学界的瞩目。毫无疑问,廖平以其平分古今的学术观点,解决了历史上一直争论不休的经学难题;以尊今抑古、素王改制的经学二变,为维新变法运动提供了精神理论资源,以此为蜀学争得了全国性影响和地位。但是从经学三变开始,他构建的"小大之学""天人之学"遭到了强烈质疑,廖平在学界的地位每况愈下。有学者认为:"廖平的孔经人学与孔经天学的差异表明,他的孔经人学贯注着今文经学家强烈地参与现实的精神;他的孔经天学则是逃遁社会现实的一种表现,是由'人'向'天'的逃避。"②

但令人惊奇的是,在他之后不几年,他的乐山同乡,当时名不见经传的青年诗人郭沫若横空出世,以泛神思想作为诗歌的骨架,以另类的面目震惊中国文坛。王树楠在《墓表》中称在蜀学传承的链条上,人才辈出,会"咸数十年而一见,或数百年而一见"的预言在郭沫若身上得到了验证。

在地域传承的链条上疏理这两位学者之间的关系,确实有许多值得探讨的话题。

---

① 王树楠:《井研廖先生墓表》,乐山市政协文史资料委员会编:《乐山文史资料》第七辑(廖季平资料专辑),1989年,第127页。
② 黄开国:《廖平经学六变的发展逻辑》,《四川大学学报》1992年第2期。

在之前研究中，好些学者提到了廖平与郭沫若的相似之处，比如，郭沫若与廖平一样，都具有推到一时、开拓万古的气概，为学多变，讲才情，重感觉等。① 税海模则认为今文经学的治学方法在廖平和郭沫若身上表现得相当突出，比如好翻成案，为学多变，说经放肆等特征。② 确实，在治学方法上，郭沫若与廖平治学路径不谋而合：舍小谋大，重神悟，重想像，为学善变、先信后疑，这些特点都可看作巴蜀学者共有的典型特征。但廖平与郭沫若的共同之处，并不仅仅在于学术气质与治学方法的相似，如果更深一步的探究，我们发现，他们之间，其实最为相通的是关于文化理想和人生境界的追求。廖平为学六变的最终结果是想建立天人合一的"天人学"，郭沫若也将自我、社会、自然融为一体的泛神思想作为人生理想。生态文明成为他们关于人生观和宇宙论的共通理想和审美境界。正是在这一点上的高度契合，才有郭沫若与廖平治学路径出奇地不谋而合。而治学风格和路径的相似，无一不是和他们内在的文化理想和审美追求息息相关。

廖平"天人学"建构意图

廖平曾提出治学须先信后疑，嘉定九峰书院的弟子们曾记下他当时的教诲："读书要疑要信，然信在疑先……笃信专守，则精熟后，其疑将汩汩而启……始即多疑，则彷徨道途，终难入境。"③ 此中的"信"，主要应该指文化信仰。许多学者曾批评廖平的经学六变过程中，唯一不变的推崇孔子和孔经，甚至一步步将其推向极端。如果从治学逻辑来讲，完全可以斥之为荒诞不经。但是文化信仰往往可以不依靠学术逻辑，而是依靠激情。因为对儒家文化为代表的中华文化的固守和信仰，在廖平学术体系中，孔子不是一个单纯的历史人物，而是中国传统文化的象征符号。他是要以孔子及其六经为代表，抗拒西方文化对中国文化的同化和吞噬，因此，他不惜将孔子抬高到素王的地位，认为孔子不仅为中国文化立法，而且是为世界立法，不仅是为一个时代立法，而且是为世界万世立法。正是在这个逻辑基点上，才导致了廖平经学六变的学术之途。

六经注我，通经致用，是廖平治学的最大特色。以学术来回应现实问题，以中国文化为中心，来实现世界大同，以增强国人的文化自信，一直是中国文人追求的政治目标，也是廖平治学的基本出发点。按照修身，齐家，治国，平天下的路径，国运昌盛，天下太平，人类和谐，还只是在廖平所说的人学的范围。对文化的追求，不仅是现实的政治层面，还有人生哲学的层面。当人们仰望星空，想与宇宙相通时，地球生

---

① 曾加荣：《在时风和士风影响下的廖平和郭沫若》，《郭沫若学刊》2009年第4期。
② 税海模：《郭沫若、廖平与今文经学》，《郭沫若学刊》1990年第4期。
③ 廖幼平：《廖季平与嘉定九峰书院》，乐山市编史修志委员会编：《乐山史志资料》，1982年。

存的现实经验显然不够,只有依靠想像和直觉的体验。而且只在经学的层面也无法解决这一虚玄的问题,于是,充满想像和直觉体验的古代经典《列子》《庄子》《楚辞》《山海经》《穆天子传》等,进入了廖平的哲学思考的层面。对于人生之进境的探求,不只现实的人学之世界,还应有与天合一的天学之世界,因此人的修行,就不仅是现实世界的"贤人、圣人",还有更高的境界,那就是"真人、至人"。就物我关系而言,属于人学的现实世界,是"正身而率物",而在属天学的"空言世界",则是人与宇宙真正合一的境界,廖平想像:"将来世界进化,归于众生皆佛,人人辟谷飞身,无思无虑,近人论之详矣。特未知佛即出于道,为化胡之先驱。所言即为将来实有之事,为天学之结果。"①

有学者在基本肯定廖平关于天人学探索的意义的前提下,仍然认为这是"廖平尊孔而发出来的荒唐之说,对孔子的尊崇,使他常失去科学精神,使糟粕与精华含混不清"②。其实,这样一个表述较为模糊的理想,既可以从幻想层面上解释,也可以成为实在之事:今天的宇宙飞船上天,将飞行员送至太空漫游,已成为事实。月球上现在已留下人类的足迹,人类制造的探测仪也已在火星上爬行,焉知廖平描述的人天无碍的境界不会成为现实?就像廖平所预言:"《中庸》所谓'飞于天,鱼跃于渊,为上下察'之止境,周游六漠,魂梦飞身,以今日时势言之,诚为力所不至;然以今日之人民,视草昧之初,不过数千万年,道德风俗、灵魂体魄,已非昔比;若再加数千年,精进改良,各科学继以昌明,所谓长寿服气,不衣不食,其进步固可按程而计也。"③ 在西方科幻文学作品中,大量描写地球人对天外文明的探寻,如果从基督教文化的角度来说,实际上也是他们接近"上帝"的探求之路。西方文化中关于"上帝"的想像因子,使他们的文化充满活力,充满动感,也是他们不断创新科学技术的持续动力。而在我们这样一个激情和想像力为较为匮乏的国度,廖平和郭沫若表达出来的文化信仰和想象的境界很难为国人接受,正因为如此,也才尤为可贵。

在构建天人学体系时,廖平将人的修行分为四个等级,"真人、至人、圣人、贤人",并列表加以详说。他的弟子黄镕(字经华)进一步阐释说:镕按:"定、静、安、虚、得、五等名词,即天学之阶级,必矣人学完备,世界进化统一之后,人物雍熙,恬愉自得,无竞争,无恐怖,而后学业由渐进步,可以乘云御风,游行宇内。未至其时,《诗经》托之梦境,列、庄说以神游。其实飞相往来,遇物无滞,不假修持,众生皆佛,楚词所谓人能登天是也。《大学》学说在人天之交。"④ 黄镕对廖平天学的阐释,表达了一种人生与天地参的大自由,大欢喜的审美境界,这也是中国美学

---

① 廖平:《四益馆经学四变记·四变记》,《廖平学术论著选集》,巴蜀书社1989年版,第555页。
② 参见刘雨涛《廖平天人学探源》,此文认为:廖平"天人学"之精华,在于他继承和发展了中国古代的"天人思想"。但对于廖平想象的天人合一的情形,还是持否定的态度。
③ 廖平:《四益馆经学四变记·四变记》,《廖平学术论著选集》,巴蜀书社1989年版,第552页。
④ 廖平、黄镕:《五变记笺述》,《廖平学术论著选集》,巴蜀书社1989年版,第589—570页。

的最高境界。因此，不管廖平还是黄镕，都将经学五变中描绘的境界视作"空言"，即想象的世界，黄镕反复强调，对于空言世界，应该是先行后知，也就是说，并不是人们一定要行动要实践的，而是一种探究，一种追求。

廖平的经学四变以后将生态平衡作为人类社会最高的境界和理想，他援引各种学说，打破经学与文学、社会科学与自然科学的界限，描述构成一个天人感应，自由飞升的融合状态。在中国的思维模式中，天与人，自然与社会都是浑然如一的。他对"真人、至人、圣人、贤人"修为等级和宇宙天体的分层模式，颇有但丁《神曲》中建构的人类由地狱经炼狱再向天堂探索的渐进模式。黄经华在《五变记笺述·按》中对人的修行层次的介绍也是旨在构建中国美学渐进的层次境界。廖平的经学六变，实际是一个从现实政治，到文化理想，再到美学境界的不断提升，经螺旋式上升后，再回到现实操作的有效路径的探索过程。这样的治学路径正是蜀学乃至乐山学派的一大特色。当然，打破学科壁垒，在严谨的学术逻辑思维引入想像的因素。是许多正统的经学研究者不可理喻的。

郭沫若泛神论对廖平天人学的回应

超越国家、政治的现实世界，沿着不断飞升的人生层次和境界，实现修身齐家、治国、平天下后的现实目标后，在更广阔的宇宙中，人应该怎样生活，怎样与外在的世界相处。这应该是人生探索的更高目标。在探讨人与天如何相通的途径方面，廖平最终走向了中医学，廖平将人的寒热燥湿火，与阴阳五行相对，探讨其平衡的法则，由此获得人的身心健康，人与自然的和谐平衡的状态。而年轻的郭沫若则走向了诗学。当时郭沫若远在日本，通过直接阅读德文原典，郭沫若与德国哲学和文学大师进行对话，再加上与朋友宗白华、田汉等对宇宙论、人生观的热烈讨论特殊语境，催发了郭沫若发现"泛神论"这一包容性很强的哲学概念。

就像廖平为了构建天人学，不惜破除经学的藩篱，将文、史、哲打通，将儒、释、道杂糅一样。郭沫若也将周易的思想，老子的道、庄子的逍遥境界、印度的梵、尼采的强力哲学，柏格森的生命冲动，统统融合成他所理解的泛神思想。郭沫若在较为理性的表述这一思想时，使用了"泛神论"这一概念。（西方的"泛神论"从根本上说，是建立在人与神，人与自然的二元关系的思维模式上。与中国文化同源贯通的天人合一观并不完全相同。）但郭沫若采用以西释中的策略，非常灵活地将其内涵置换为天人合一的生态追求。让中国哲学和美学理想穿上了"泛神论"这一西方话语的外衣。甚至从这一角度阐释孔子的当代价值。他认为真正的孔氏儒学的魅力在于：

> 出而能入，入而大仁。孔氏认出天地万物之一体，而本此一体之观念，努力于自我扩充，由近而远，由下而上，横则齐家治国平天下，纵则赞化育

参天地配天，四通八达，圆之又圆，这是儒家伦理的极致，要这样才能内外不悖而出入自由，要这样才真能安心立命，人才能创造出人生意义，人才能不虚此一行而与大道同寿。①

郭沫若提到"泛神论"的特征时，注重"动"的精神阐发，强调宇宙生命生生不息，流转变化。他的高明之处在于他没有像廖平煞费苦心建立天人学的逻辑体系那样，去抽象地阐释泛神思想，而是将此作为诗歌的哲理骨架，然后天马行空，自由转接，将自我、自然、社会和谐共生的生态理想借助各种诗歌意象表达出来。中国古代神话中，郭沫若对宇宙神话更感兴趣：女娲补天、天狗吞月、牛郎织女、嫦娥奔月等这种天上与人间交互的神话传说，正好作为他的泛神思想的形象载体。他喜欢在天和地、人和神交互广阔的空间中，对这些传统神话进行颠覆性的解读和重写。在他的笔下，女神不是悲悲切切地修补天体，而是雄心勃勃地创造新鲜的太阳；嫦娥不是孤独地守月兴叹，而是一群在天庭活泼可爱、嬉笑打闹的姑娘；牛郎织女不再隔河哀怨，而是牵手天街，幸福相伴。在他的诗歌中，创造了大量物我同一，生命相通的意象：凤凰、天狗、雪潮、光海、心灯、松原、梅花等。可以说，他的诗集《女神》是太阳的诗，《星空》是月亮的诗。《女神》是生命潮涨的涌动，《星空》是生命退潮的宁静。正是这骨子里透出的泛神思想，引起了同样赞同泛神论的哲学家宗白华的高度重视，才有宗白华在《时事新报·学灯》上接连不断地发表郭沫若诗歌的盛举。

郭沫若的泛神思想与廖平的天人学其实是一脉相承的，其精神实质是都是以中国天人合一的思想来构筑其宇宙论和人生观。廖平的失败在于，对属于幻想世界的理想国，却错用求真的逻辑论证方法，其结果是牵强附会，受人诟病。而郭沫若的成功在于：将泛神论的哲理作为诗歌的骨架和灵魂，将天、地、人同一的生命共感作为美的最高境界，生命意识成为郭沫若诗歌最核心、最持久的价值观，因此，那些充满了泛神论灵感的诗与剧才"意味浓深"（宗白华语），才具有当代意义与经典性。

廖平与郭沫若之间的影响中介

新中国成立以来，学界反复探讨郭沫若泛神论思想的来源，认为郭沫若泛神思想的三大来源，一是中国传统文化，主要是庄子和陆王心学等；二是外国文化中斯宾诺莎、歌德、惠特曼等人；三是印度哲学的影响。这些说法无疑是正确的，但是我们还可以追问：身处在杂驳的世界文化海洋中，郭沫若为什么主要选择了具有泛神色彩的文学家和哲学家？为什么在五四时期所有的中国作家中，唯有郭沫若独树一帜，在其

---

① 郭沫若：《伟大的精神生活者王阳明》，《文艺论集》，上海泰东书局1925年版。订正本曾改题为《儒教精神复活者王阳明》。

诗歌创作中如此鲜明表达了天人合一的美学思想。为什么在国内五四时期激烈反传统的主流语境下，郭沫若异同寻常地表达了对孔子极大的尊崇？或许，人们忽略了一个更重要的事实：这些文化大家所具有的鲜明的特色和个性，往往有学术谱系的传承影响。郭沫若在谈到他在日本为什么接近泰戈尔、歌德时，曾强调解释说："或者可以说我本来是有些泛神论倾向，所以才特别喜欢有那些倾向的诗人的。"① 那么郭沫若这"本来是有些泛神论倾向"又是什么时候形成的呢？李保钧先生在《郭沫若接受泛神论思想探源》一文中，将郭沫若泛神论形成追溯到他的少年时期，认为少年时期是泛神论形成的潜伏期。② 这一看法强调郭沫若泛神思想形成的远因。可惜没有更进一步考察其影响中介。

郭沫若泛神思想并不是无源之水，廖平的好些观点和学说，确是通过紧密的师承关系，深刻地影响了郭沫若，而这种影响在某种程度上，已融化在郭沫若的文化血液中。经过历史的沉淀，郭沫若在自传性作品《学生时代》中，细致地疏理他所接受和传承的文化谱系时，回忆说：

> 科举制改革的初期是废八股，改策论，重经义，因此有一个时期乾嘉学派的朴学，就在嘉定也流行过一时。沈先生是不长于这项学问的，有族上的一位长辈郭敬武先生，在成都尊经书院读过书，是王壬秋先生的高足，他在流华溪开馆。我的大哥橙坞先生曾经往那儿去就过学，因此又从那儿把朴学的空气输入了家塾来，教我们抄《说文》部首，读段玉裁的《群经音韵谱》……
>
> 在小学堂里新的东西没有受到什么教益，但旧的东西如国文、讲经、地方掌故之类，却引起我很大的兴趣。帅平均先生的《今文尚书》讲义是我最喜欢的一门功课。帅先生是廖季平先生的的高足，廖先生也是尊经书院出身的王壬秋的门下。帅先生的讲义和我在家塾里所受到的段玉裁的"小学"得到印证，因此特别感觉兴奋。
>
> ……
>
> 在中学里面感觉兴趣的仍然是经学。黄经华先生讲的《春秋》，是维系着我的兴趣的唯一的功课。黄先生也是廖先生的高足，他也很喜欢我，在课外还借了好些书给我看。③

文中提到的黄经华（镕）、帅平均先生是跟随廖平游学最久的学生。从 1892 年，

---

① 郭沫若：《学生时代》，人民文学出版社 1979 年版，第 58 页。
② 李保钧：《郭沫若接受泛神论思想探源》，《文学评论》1980 年第 1 期。
③ 郭沫若：《学生时代》，人民文学出版社 1979 年版，第 3、6 页。

廖平接受嘉州知府邀请，担任九峰书院山长开始，"诸生中从游最久者，有李光珠、黄镕（经华）、帅镇华（平钧）、胡翼、季邦俊等"。①特别是黄镕先生，"少年负岌相从，从九峰到艺凤"，以后又同到国学院任教。廖平的女儿廖幼平说："父亲晚年的著作，好些由他纂录、校刊或作序。有时学术方面的对外酬答也由他代笔，故人称黄先生为井研学派的入室弟子。"②在这里，廖幼平自觉或不自觉地用了"井研学派"这一概念。事实上，以地域命名某种学术体系或派别，是历史上常见的一种现象。强调地域的因素，实际上也就是强调学派形成和产生的地缘因素和场域特征，这几乎成为学术惯例。比如《五变记笺述》的署名：井研廖氏学乐山受业黄镕笺述，就突出了地缘的因素。在学界中，"廖井研"和廖平几乎随时可以置换使用，帅平钧三句话不离"吾师廖井研"就是一个很好的例证。更重要的是，黄镕作为廖平学说最忠实的阐发者，还撰写大量著作，据黄镕本人参与编写的民国《乐山县志·艺文志》记载，黄经华编写的著作有：同门师兄李光殊作序的《春秋经王制传》《书经大统凡例》一卷、《皇帝疆域图表》二卷、《书经弘道编》二卷、《周礼订本略注》六卷、《王制孟子合证》一卷、《左传杜氏五十凡驳例笺》一卷、《左传经证》一卷、《史记百编书序考》一卷、《诗纬新解》一卷、《世界哲理笺释》一卷。③

廖平晚年时期，与黄经华在学术方面融合更加紧密，在六变之中的后三变中，特别是最后两变，黄经华不仅忠实记录廖平的学术观点，而且在此基础上以签注甚至直接为廖平代言的形式，对廖平的观点加以引申和发挥，集中体现在《五变记笺述》中，在此文的后记里，黄经华表示：

> 镕幸与闻盛举，先生不弃菲葑，持《凡例》问《序》。镕赞襄国学学校，相与保存国粹，宗旨合契，爰缀所闻于五译先生者，为之更进一解。将欲大张孔帜，剖雪群疑，不觉言之长也。质之先生，庶采茋乎。中华民国八年冬，乐山黄镕序。④

六变记虽为柏毓东所记，主要也是根据黄经华所撰七十寿序文而作。可以说，黄经华是天人学体系构建中不可或缺的核心人物。

廖平本人也非常重视学术团队的作用，为了更全面深入地阐释自己的天人学，还曾借门生黄镕、帅镇华之名，撰写《答箧室主人书》以和弟子对答的形式来答疑解惑。他的《地球新义》共二十五个题目，包括《答箧室主人书》等，于每一题目下

---

① 廖宗泽：《六译先生年谱》，乐山市政协文史资料委员会编：《乐山文史资料》第七辑（廖季平资料专辑），1989年，第37页。
② 廖幼平：《廖季平与九峰书院》，《乐山史志资料》1982年第1期。
③ 《乐山县志·艺文志》（民国本），成都出版公司1934年版。
④ 廖平、黄镕：《五变记笺述》，《廖平学术论著选集》，巴蜀书社1989年版，第588页。

托名为其儿子及门弟子所作，其实都是廖平自己所作。对于《地球新义》借门生署名一事，廖平曾解释道：

> 当时于《周礼》未能骤通，仅就经传子纬单文孤证，类为一编。不敢自以为著作，故托之课艺，以求正于天下。①

这样做的目的，是想以师生共演双簧戏学术对话，深入地展开自己的观点，以学术团队出场的方式，扩大影响，产生轰动效应。目前，学界还没有充分注意到廖平学说经学后三变中黄经华所起到的重大作用，更没有注意到廖平经学体系构建过程中整个学术团队发挥的整体作用。可以说，在某种程度上，廖平和他的弟子们共同构造了近代经学的乐山学派。

当廖平骇世惊俗地提出经学二变的思想时，郭沫若还是一个刚从私塾跨进新式高等小学的学生。正值世纪之交、新旧教育大转型时期，当时采用的是癸卯学制，学制课程设置中规定开设读经讲经课，于是近水楼台，郭沫若有幸聆听廖门弟子帅平钧对廖平经学观的介绍。其时，正是廖平的经学一变和二变的观点已臻成熟时期。廖平对素王改制的阐释，将《礼记王制》看成是孔子改制的大纲，认为《王制》统帅六经，所载之礼，与六经全合，都是经过孔子的笔削、翻译，因而也就寄托了孔子改制之主张。廖平的弟子帅平均心领神会，在经学课堂上大讲《王制》，郭沫若对帅师的经学课产生了强烈的兴趣，且了然于心，曾有两首诗记下当时的心得。

《题〈王制讲义〉二首》
经传分明杂注疏，外王内圣赖谁传，
微言已绝无踪影，大义犹存在简篇。

《跋〈王制讲义〉》
博士非无述，传经夹注疏。
先生真有力，大作继程朱。②

郭沫若在1940年代亲自选编的《敝帚集》中，只选了青少年时期的旧诗七首，而上述两首被作者排在该集之首，足见郭沫若对当年接受的廖平经学思想熏陶的认同。

---

① 廖平：《四益馆经学四变记·三变记》，《廖平学术论著选集》，巴蜀书社1989年版，第548页。崔海亮在《中西冲突下传统经学的困境》中，认为廖平著《地球新义》假托门生署名是"因其新创非常可骇之论"，廖平不敢自署其名。

② 见郭平英、秦川编注《敝帚集与游学家书》，中国社会科学出版社2012年版。

郭沫若从高小升入嘉定府中学堂后，又有幸受教于黄经华先生，黄先生承担他们的历史课教学，《春秋经》成为黄先生历史课的基本教材。此时，正值廖平经学由前三变转向后三变的重要时期。虽然廖平天人学的大厦正在奠基之中，一些最明晰的观点还没有成熟。廖平为代表的乐山学派倡导的治学思路和方法，却通过师生传承深刻地影响了郭沫若。据郭沫若母校的老校友们回忆，嘉定府中学堂开办之初，头门横匾"中学堂"三字，左右联书"教崇德智体，学通天地人"，① 由此校训可看出，求学的最高境界是天人相通。而且，帅平钧（镇华）老师还主张："人我一体，躯壳虽分，本真不二，古人今人一贯也，东人西人一贯也。平天下只在挈矩，明明德之后继以亲民，谓必视人犹已，共明其明德也。"②

帅平钧、黄经华先生通过学堂教学和课外指导，向郭沫若传授的经学知识和廖平今文经学观点的介绍等，都是以廖平为首的经学乐山学派学术体系中的一部分。廖平学说的核心是在对古代历史的质疑中，去掉历史文化层累的谬误，探索儒家学说的真谛，还原孔子思想所包含的革命性意义，这些都从世界观和方法论上给予郭沫若以深远的影响。正是有少年时期对廖平学术思想的接受和影响，率先形成了对某种思想观念的关注与执著，才有后来在留日时期，有意或无意地与具有泛神论倾向的哲人或诗人产生共鸣。

天人学和泛神论所共同追求的生态理想，当然首先是由蜀地生态环境和典型的农耕文化思维方式所决定。在蜀地这样的气候温和，山川秀丽的自然环境中，在以农耕为主要生产和生活方式的状态下，人与自然平衡和谐的生态系统成为人们的关注中心，所以王树楠特别强调人杰与地灵的关系。但还有一个更重要的原因是：面对西方文化的强势冲击，廖平和郭沫若殊地而归（一个固守在家乡，一个漂泊到日本）共同找到应对的策略和制高点：不纠缠于东西方文化的是非好坏，不纠缠于物质文明和精神文明的孰先孰后，而是直接以生态文明作为全人类的奋斗目标，以此调剂人与自然，个人与社会，自我与他人的紧张关系。他们在不同的话语框架中，同时阐释张扬中国人生哲学和美学的核心价值观。今天看来，在坚守文化信仰，融会圆通天人合一的中国哲学传统，推进生态文明理想方面，廖平构建的天人学和郭沫若的泛神诗学观，仍然有着不可估量的当代意义。

（原载《郭沫若学刊》2013 年第 3 期）

---

① 李承魁：《我住嘉定联立中学校的回忆》，《乐山历代文集》，1990 年，第 335 页。
② 帅镇华：《省产乐山中学四十周年感言》，《乐山历代文集》，1990 年，第 329 页。

"时代意识"与郭沫若的《读随园诗话札记》

曾 平

一

郭沫若的《札记》于 1961 年 12 月 12 日在广东从化温泉脱稿,《人民日报》从 1962 年 2 月 28 日起陆续刊登,相关学术讨论一直持续到 1962 年夏。这段时间对中国知识分子而言,是一段平静美好的时光。钱伯城在《1961—1962 年:知识分子的短暂春天》一文中回忆说:"1961 年的春夏之交,相对前两年绷得紧紧的气氛,上海知识界普遍感到政治空气有了松动,透出了点春意,虽然浓浓淡淡,捉摸不定……松动的迹象之一:从这时开始到次年夏天,没有搞什么新的政治运动,政治学习也不像前两年那样没完没了,夜以继日了……松动的迹象之二:报纸上重又宣传起沉寂已久的'双百'方针,《文汇报》还在理论版上登了个'百家争鸣'的篆字大图案,组织一些学者发表争鸣的文章……松动的迹象之三:'右派'分子摘帽的人数有所增加。……松动迹象之四:1962 年 3 月间,传来了广州会议上周恩来和陈毅为知识分子'脱帽加冕'的消息,脱资产阶级知识分子之帽,加劳动人民知识分子之冕。"[①] 从《札记》我们也可以感觉到当时宽松自由的学术氛围和作者轻松愉悦的心境,故《札记》更多流露了作者的天性及真实的学术思想、美学趣味。

在愉快的旅途中,郭沫若随身所带的消闲之书是他青少年时代的精神偶像袁枚的《随园诗话》。重读《随园诗话》,当年那个单纯热烈的少年已年届古稀,中国社会半个世纪的急剧动荡与政治风暴在他的精神世界打下了深刻烙印,这些因素均使郭沫若在重新与青少年时代的偶像进行精神对话时产生了迥然不同的感受。在《札记》的《序》中,郭沫若和盘托出了自己的这种变化:"袁枚(1716—1797),二百年前之文学巨子。其《随园诗话》一书曾风靡一世。余少年时尝阅读之,喜其标榜性情,不峻立门户;使人易受启发,能摆脱羁绊。尔来五十有余年矣。近见人民文学出版社铅印出版(1960 年 5 月),殊便携带。旅中作伴,随读随记。其新颖之见已觉无多,而陈腐之谈却为不少。良由代易时移,乾旋坤转,价值倒立,神奇朽化也。兹主要揭出

---

① 钱伯城:《问思集》,中西书局 2011 年版,第 265—266 页。

其糟粕而糟粕之，凡得七十有七条。条自为篇，各赋一目。虽无衔接，亦有贯串。贯串者何？今之意识。如果青胜于蓝，时代所赐。万一白倒为黑，识者正之。"①曾经仰视的对象如今却发现不过如此，袁子才崇尚性情、不立门户的通达之见在此时的郭沫若看来也并没有太多新颖之处。借助"时代意识"提供的新尺度、新视角，郭沫若从《随园诗话》中看到了少年时代的自己无法洞察的层面，而写作《札记》的根本冲动不是重新向当年的偶像致意，而是亲手消解偶像的光环，将袁枚的《随园诗话》变成批判和审视的对象。这种向权威挑战的革命精神，既源于郭沫若本人争胜好强的个性，更是"时代意识"给予郭沫若的馈赠。比起青年时期的激烈张扬，老年郭沫若已含蓄低调了许多。他虽然十分肯定《札记》所见远在袁枚《随园诗话》之上，但又谦虚地将这一成绩归功于"时代意识"。那么，什么是郭沫若所说的"时代意识"呢？

其实，在涉及诗歌创作的内在艺术规律时，《札记》与袁枚的相通之处比比皆是。谈论艺术创作个中三昧的文字在《札记》中占了不少篇幅，显示了郭沫若作为文学大家的深厚艺术素养。由于这些文字常常与政治见解、时代精神无关，所以，郭沫若与袁枚的此类对话更像是两个老友的灯下对晤、旅途闲聊，虽有见解的差异，却言笑甚欢，时有惺惺相惜之意。而郭沫若采用了类似于中国传统诗话的札记体形式展开此番与袁枚的对话，颇有客随主便、入乡随俗的意思，本身就包含了对袁枚某种程度的尊重。袁枚的《随园诗话》与郭沫若青少年时代关于诗歌的美好记忆联系在一起，重读《随园诗话》，仿佛是在重温自己的青春岁月，尽管时移世改，但有关青春的记忆又如何能够轻易释怀呢？我们看到，当谈论到纯粹的艺术问题时，郭沫若一直保持着平心静气、风趣温和的态度，颇有传统士大夫中正平和的气质，全无当年进行文学论争时的剑拔弩张、盛气凌人。这类札记尽管发表了有关文学创作的精妙见解，但仍然不脱传统诗话的格局与风味，并不能让我们看到有多少迥异于袁枚的特见。可以肯定地说，让郭沫若自信《札记》"青胜于蓝"的地方绝不在此。

二

进入20世纪以来，采用中国传统诗话的外在形式撰写的学术著作并不多见。最有名的要属王国维的《人间词话》和钱钟书的《谈艺录》。王国维的《人间词话》从外在形式上看与传统诗话并无二致，来自西方的影响只是一股潜流，静静地在地表之下流淌。王国维将叔本华、尼采及康德的思想融入到中国传统诗学之中，使之成为诗话的内在血肉，而不是力图以西学对其进行大刀阔斧的改造。但是，《人间词话》的内在理路仍然大大逸出了传统诗话的思想疆域，比如强调文学的非功利性，强调文

---

① 郭沫若：《郭沫若全集》文学编第十六卷，人民文学出版社1989年版，第305页。

学脱离政治获得独立等，都与儒家精神背道而驰，是受西方哲学影响的结果。

钱钟书的《谈艺录》则立足于中西贯通的广阔学术视野再次刷新了传统诗话的格局与面貌。从小接受了中西合璧式教育的钱钟书，精通多国语言，又兼具作家与学者的双重身份，一直以全面"打通"不同学科、时空、语言、文化之间的界限壁垒作为自己的学术追求。出版于20世纪40年代的《谈艺录》，将钱钟书的这种学术追求付诸实现。《谈艺录》由典雅古奥的文言写成，是一部研究中国古代诗歌的随笔札记。虽是一部以中国传统诗话形式写作的学术著作，《谈艺灵》却具有明显的现代意识，从容自如地将传统诗学理论与西方文学观念融会在一起，涉及西方哲学、美学、文学大师500余人的观点，其中包括精神分析、俄国形式主义、新批评等20世纪上半叶在西方出现的种种现代理论。《谈艺录》的治学方法深受中国传统学术思维的影响，精于训诂、考据与名物阐释，但它又从根本上颠覆了中国诗话的传统，将中国古典诗歌及传统诗学放在中西文化的交汇点上进行审视，放在古今融合、学科贯通的广阔视野之下进行观察，其目的是希望从中国传统诗学出发，进入一个更为辽阔自由的空间，探求人类共同的文化现象、艺术规律。钱钟书在《诗可以怨》一文中说："人文学科的各个对象彼此系连，交互映发，不但跨越国界，衔接时代，而且贯穿着不同的学科。由于人类生命和智力的严峻局限，我们为方便起见，只能把研究领域圈得愈来愈窄，把专门学科分得愈来愈细，此外没有办法。所以成为某一门学问的专家，虽在主观上是得意的事，而在客观上是不得已的事。"[①] 这段话其实暗含了一层意思：虽然研究领域的狭窄是人类智识的严峻局限造成的客观后果，但真正理想的研究状态却是破除这种人为的壁垒，方有可能见到真相和全豹。钱钟书一生的学术努力，正是为了"打通"种种来自文化差异、地域差异、学科差异的无形壁垒，进入更为辽阔广袤的学术空间。

如果说王国维、钱钟书都力图用现代学术精神对中国传统诗话进行改造，那么，郭沫若则是力图用五四以来新的"时代意识"对中国传统诗话进行改造。比较《札记》与《人间词话》《谈艺录》，前者与后两者之间内在的学术追求存在明显差异。早在发表于1928年的《桌子的跳舞》一文中，郭沫若就断言："没有时代精神的作品是没有伟大性的。"[②] 而当五四新文化人普遍反对传统士人"文以载道"的主张时，郭沫若在发表于1930年的《文学革命之回顾》一文中深刻指出，五四学人同样是在"文以载道"，只不过，不同的时代，所载之"道"的内容会发生巨大变化："古人说'文以载道'，在文学革命的当时虽曾尽力的加以抨击，其实这个公式倒是一点也不错的。道就是时代的社会意识。在封建时代的社会意识是纲常伦教，所以那时的文所

---

① 钱钟书：《七缀集》，上海古籍出版社1985年版，第133页。
② 郭沫若：《桌子的跳舞》，载郭沫若著作编辑出版委员会编《郭沫若全集》文学编第十六卷，人民文学出版社1989年版，第53页。

载的道便是忠孝节义的讴歌。近世资本制度时代的社会意识是尊重天赋人权，鼓励自由竞争，所以这时候的文便不能不来载这个自由平等的新道。这个道和封建社会的道根本是对立的，所以在这儿便不能不来一个划时期的文艺上的革命。"① 一直将表现"时代精神""时代的社会意识"作为造就文学作品伟大性前提的郭沫若，在《札记》中同样以"时代意识"作为审视古人的尺度和标准，以自己独特的方式完成了对中国诗话传统的延续与改造。

虽然在创造社初期，郭沫若曾经倡导过"为艺术而艺术"的非功利性文学观，但从总体上看，郭沫若与王国维、钱钟书是非常不同的。他是一个紧跟时代潮流的文人，在更多时候，他不仅赞同甚至极力倡导文学成为政治工具、政治宣传品，成为时代精神的传声筒，成为现实政治的留声机。因此，我们看到，即便是闲云野鹤般的《札记》，它与现实政治的联系仍然远远超过了《谈艺录》和《人间词话》。在《谈艺录》序言中，作者虽然也提及那个时代的社会动荡与战乱硝烟，但从《谈艺录》本身我们却看不到时代风云、现实政治的投影，而在《人间词话》中，我们同样看不到王国维的政治态度和现实社会的风云激荡。比起郭沫若的其他著述而言，《札记》显示出难得一见的恬淡从容气质，但与当下现实政治、社会意识的全方位贴近，仍然是郭沫若写作《札记》的有意追求。这一方面限制了郭沫若的视野，所谓"不识庐山真面目，只缘身在此山中"，另一方面却也因此忠实记录了中国知识人当时的政治处境与心灵历程。从外在形式上看，王国维的《人间词话》是用文言文写作的札记体著作，与传统诗话并无二致，但它内在的艺术理念、美学见解却深受康德、叔本华、尼采的影响，是中国传统士大夫接受西学全面洗礼之后的产物，在精神气质上与传统诗话貌合神离。郭沫若在写于1929年9月20日的《中国古代社会研究·自序》中如此评价王国维："王国维，研究学问的方法是近代式的，思想感情是封建式的。两个时代在他身上激起了一个剧烈的阶级斗争，结果是封建社会把他的身体夺去了。然而他遗留给我们的是他知识的产品，那好像一座崔巍的楼阁，在几千年来的旧学的城垒上，灿然放出了一段异样的光辉。"② 而郭沫若的《札记》虽然在某种程度上保持了传统诗话的外在格局甚至是风韵神采，但"时代意识"却又赋予了《札记》强烈的当下感、现实感，使之最终仍然逸出了传统诗话的框架。

三

《札记》并没有对袁枚进行全盘否定。从郭沫若年青时代的文章看，他对中国传

---

① 郭沫若：《文学革命之回顾》，载郭沫若著作编辑出版委员会编《郭沫若全集》文学编第十六卷，人民文学出版社1989年版，第86页。
② 郭沫若：《中国古代社会研究》，中国华侨出版社2008年版，第4页。

统学术，包括乾嘉学派的学者都保持了某种敬意。在五四以来大力提倡"打倒孔家店"的时代潮流中，郭沫若却再三对孔子给予了高度评价。在《札记》中，郭氏不再附和袁枚对清代考据派的一味批评，反而处处为乾嘉学派正名，甚至自己也身体力行，兴致勃勃地运用现代科学提供的新成果、新观念及最新史学发现对《随园诗话》涉及的考据问题进行二度考证，不再单纯强调诗歌创作的个性、激情与美感，显示出向传统文学观念回归的倾向。在《札记》中，郭沫若和传统诗话的作者一样，文、史、哲不分家，考证功夫与文学鉴赏融为一体，史学眼光与文学趣味打成一片。这一点和钱钟书的《谈艺录》很类似，都旨在打破僵化的学科疆界，以更广阔的视野来看待文学问题。当然，钱氏主要是力图寻求古今中外共有的文心、诗心，而郭沫若则是回归了中国传统文人的学术视野。从个人所扮演的社会角色看，郭沫若比钱钟书、王国维更接近于传统士大夫：他既是政治家，也是文学家；既热衷于考据，又痴迷于论诗研文。郭氏对学术研究、文学创作及现实政治异乎寻常的热情，与中国传统士大夫"铁肩担道义，妙手绣文章"的人生信条高度吻合。

那么，是什么原因，使得郭沫若的《札记》最终还是逸出了传统诗话的格局，焕发出独特的光芒呢？答案是明确的，即郭沫若一再强调的"时代意识"。郭沫若一直致力于用新的时代意识来重新解读、改造传统。他的第一部诗集《女神》就运用了中国传统文化中的大量典型意象来诠释五四时期狂飙突进的时代精神。而他的戏剧作品，几乎是清一色的历史剧，同样是以强烈的时代意识对历史事件、历史人物进行全新艺术诠释的结晶，是献给现实的蟠桃。对当代政治、当下社会的深度介入，使郭沫若对时代意识有一份特别的认同。从青少年时期开始，郭沫若就自觉与时代意识保持高度一致，热衷于做时代的弄潮儿，似乎从未想过要与当下的政治斗争、社会变革、时代浪潮保持某种适当的距离。于是，中国社会的历史变迁、政治动荡总是在郭沫若的内心激起惊涛骇浪，直接促成了郭沫若思想的变化动荡。写作《札记》的时代，所谓的时代意识，累积了中国社会半个多世纪以来政治格局、现实生活、社会意识的急剧变化，内涵极其复杂，既有五四精神的激荡，又有革命风暴的洗礼，更有建国以来主流意识形态的强烈浸染。

"时代意识"究竟赋予了《札记》怎样的特质，使之迥异于《随园诗话》的价值观，并迥异于任何一部传统诗话的价值观呢？1929 年，郭沫若在《中国古代社会研究·自序》中说："谈国故的夫子们哟！你们除饱读戴东原、王念孙、章学诚之外，也应该知道还有马克思、恩格斯的著作，没有辩证唯物论的观念，连国故都不好让你们轻谈。"[①] 在郭沫若看来，即使是谈国故，论旧学，也必须挣脱千百年来中国传统思维模式的束缚。以辩证唯物观为向导，以时代意识为指南，方能为国故研究带来生气与活力。正是基于这一看法，郭沫若的《札记》有意以"时代意识"为评判

[①] 郭沫若：《中国古代社会研究》，中国华侨出版社 2008 年版，第 5 页。

尺度，对袁枚的《随园诗话》进行了一番颇具当下意味的全新解读，使《札记》呈现出有别于传统诗话的独特色彩。

具体来看，"时代意识"给予郭沫若《札记》的馈赠最为突出地表现在以下两个方面：

其一，底层视角与"原罪"意识。

从五四到新中国成立之后，中国知识分子的地位发生了翻天覆地的变化，知识人从民众的精神导师和国民性的批判者，变成了需要接受民众教育的对象。在《札记》写作的年代，知识分子摘掉资产阶级的帽子，加上劳动者的称号，被视为对知识分子的加冕。这是以往任何年代都难以想象的事情。即便是倡导平民文学的五四时期，知识分子之于工农民众，仍然具有潜在的优越感。可到了郭沫若写作《札记》的20世纪60年代，经过历次思想改造运动之后，知识分子普遍具有了强烈的原罪意识，精神上的优越感早已丧失殆尽，工农大众成为需要仰视而不是需要教化的对象。怀着这种强烈的原罪意识，以下层民众的视角，来重新审视以教化民众为己任的传统士大夫，当然会得出迥异于昔日的结论，尤其是对郭沫若这种真心实意认可"时代意识"合法性的知识分子更是如此。用当下的"时代意识"来研究袁枚，这位昔日的精神偶像，自然是千疮百孔，不堪一驳。

底层视角确实带给了《札记》不同于《随园诗话》的全新视野。在《札记》中，我们看到了袁枚所缺乏的对女性命运的深切关注、对下层民众的由衷赞赏、对通俗文艺的热情肯定，一改中国传统知识人自古以来对下层民众的俯视姿态及玩赏女性的轻薄态度。在中国古代，即便是所谓的人民诗人，在对待民众的态度上，也难免有以救世主自居、以民众精神领袖自居的倾向。在郭沫若早年的历史剧中，这种倾向仍然十分突出。如屈原，如聂政，都被作者塑造成了民众的精神领袖，是万人仰慕崇拜的英雄。在《札记》中，我们看到，郭沫若对下层民众的态度发生了根本改变，底层视角取代了早年的精英意识。这种变化，使他对袁枚的自我美化、自我吹嘘、自我膨胀有一份特别的敏感，所进行的批判自然也能一针见血、切中肯綮。士大夫这种过于良好的自我感觉，其实正是郭沫若这一代知识分子当年曾经有过的感觉。对袁枚的批判，实际上也是作为知识分子的郭沫若所做的一次自我反思与自我批判。

在《咏棉花诗》《关心农家疾苦》《马夫赴县考》《青衣之诗》《讼堂养猪》等多则札记中，郭沫若以下层民众的视角来看待与评价诗歌创作的优劣，得出了与传统士大夫完全不同的道德判断、价值判断。诗歌应该表现什么呢？是士大夫的趣味，还是劳动大众的情感？在"时代意识"的支配下，郭沫若给出的答案当然是后者。对《随园诗话》收入"青衣"之诗，郭沫若极为赞赏。但让他感到遗憾的是，袁枚的情感与趣味仍然不出士大夫的范畴，并没有与下层民众打成一片。由于极力要与底层民众的情感保持一致，郭沫若对于诗歌的乡土气息特别欣赏，努力在农民的生产活动中发现诗歌的美感，而且，郭沫若的婚恋观也迥异于传统士大夫。在《马粪与秧歌》

一则中，郭沫若认为，女性嫁给不识字的马夫做妻子远胜于嫁给达官贵人做妾，并赋诗云："与为参领妾，何如走卒妻？炕头逾软榻，马粪胜香泥。村汉骑知骏，秧歌唱入迷。可怜不解事，哀怨报情痴。"[①] 特别有意思的是郭沫若在《枫叶飘丹》一则中对一首深闺少女所作小诗的评价。诗其实写得不错，是说落叶满花径却无人来扫，倒是微风充当了清扫落叶的责任。写到这里，郭沫若大加感叹，认为作者太缺乏劳动意识，连扫落叶这种小事都不愿亲力亲为，是十足的旧时代的寄生虫，鄙夷之情溢于言表："'呼婢扫'三字尤其刺目。自己不能动手吗？何以必须呼婢？实则红叶满苔，正饶诗意，不宜动扫的念头。要扫，也不能袖手依人。"[②] 以这种方式来评价诗歌，在以前的士大夫是不可想象的，完全是"时代意识"使然。所谓"劳动者最光荣，剥削者最可耻"，是五四之后特别是新中国建立后才有的价值观，而中国传统士大夫所信奉的一直都是"劳心者治人，劳力者治于人"的观念。正因为站在劳苦大众的立场上看问题，所以第七十则《讼堂养猪》附录中出现了以生猪饲养为题材的诗作，首次以文学大家的身份为农民眼里的宝贝"生猪"洒墨挥毫，大加讴歌。以"生猪"为诗歌创作的题材，在郭沫若之前之后都是罕见的，而在新中国成立以后郭沫若的诗作中，这类表彰农业生产、农民生活的诗作不在少数。艺术趣味让位于政治需要和时代风向，使郭沫若的后期创作呈现出别样的色彩，这一点也表现于《札记》之中，使之洋溢着中国传统诗话阙如的乡土气息，并在某种程度上沦为现实政治理念的图解。

"时代意识"赋予的底层视角，不仅全面刷新了郭沫若对知识分子与民众关系的理解，也全面刷新了他对旧时代妇女命运的看法。比如针对袁枚想当然地将林黛玉视作妓女的错误，郭沫若一方面指出是由于袁枚对小说这种通俗文艺的偏见造成的疏漏，另一方面又深刻指出这种疏漏正源于中国传统士大夫对女性一以贯之的玩弄心态。在《鸿毛与泰山》一则中，郭沫若同样批判了传统士大夫对女性的玩弄心态，对旧时代的妇女深受夫权、纲常伦理的迫害表示了深切同情，尖锐批判了传统士人对女性的轻薄无情。这种眼光无不来自五四以来追求男女平等、崇尚个性解放、反抗封建专制的时代精神的馈赠。

其二，科学兴趣与阶级意识。

自五四以来，崇尚科学成为主流意识形态。郭沫若早年曾经是科学救国、实业救国的拥趸者，在日本留学期间学的也是属于自然科学范畴的医科。在郭沫若一系列的学术著作甚至是文学创作之中，我们时常可以看到他浓厚的科学兴趣，常常以当年获得的医学知识来解释文学现象和精神现象，包括文艺家的气质、诗人的灵感等。郭沫若曾说："在封建思想之下训练拐坑了二千多年的我们，我们的眼睛每人都成了近

---

① 郭沫若：《郭沫若全集》文学编第十六卷，人民文学出版社1989年版，第364页。
② 同上书，第365页。

视。有的甚至是害了白内障，成了明盲。已经盲了，自然无法挽回。还在近视的程度中，我们应该用近代的科学方法来及早治疗。已经在科学发明了的时代，你难道得了眼病，还是要去找寻穷乡僻境的巫觋？已经是科学发明了的时代，你为甚么还锢蔽在封建社会的思想的囚牢？"[1] 在《札记》中同样也不例外。有多则札记正是从自然科学的角度对《随园诗话》提到的现象进行解释，这种解读方式在中国传统诗话中极为罕见，得益于中国自近代以来对西方自然科学的大力输入，得益于中国近现代以来科学观念的逐渐建立与普及，尤其与五四运动以来中国知识分子对自然科学的普遍崇尚息息相关。

以阶级观念、阶级意识来解读《随园诗话》也是《札记》的特点之一，比如其中的《草木与鹰犬》《黄巢与李自成》《农民与地主》等三则，从小标题上就可看出特定的"时代意识"赋予郭沫若的阶级意识与阶级观念。而在具体的解读过程中，郭沫若下意识地对古代的诗人划分阶级成分，可以看到当时的政治气氛对郭沫若思维方式的巨大影响。虽然从阶级立场、阶级意识的角度对中国古代诗人及其诗歌进行解读分析，未尝不能提供独特的眼光与洞见，未尝不能展开新的视野与思路，但如果以僵化的阶级斗争图式、阶级立场划分来解读诗人，将诗歌片面理解为阶级意识的载体，一方面放大了诗歌的政治功能，另一方面也忽略了诗歌的美学意义，造成诗歌批评的唯政治化倾向，最终使诗歌创作的评价尺度产生严重偏差。

"时代意识"与古代诗话形式的结合，使郭沫若的《札记》不同于任何一部传统诗话，具有鲜明的时代气息，反映了自五四新文化运动以来思想界的巨大变化与知识分子进行自我更新、自我救赎的精神成果。不过，"时代意识"既赋予了郭沫若卓识，使他能够发前人之所未发，见前人之所未见，为读者提供了全新的阅读体验与思想成果，并成功摧毁了袁枚这位曾经的精神偶像，但同时也因"时代意识"的深度介入，妨碍了读者对袁枚及其《随园诗话》进行历史还原的可能性，在一定程度上造成了郭沫若对袁枚诗论的解读落入某种特定的盲区。成也萧何，败也萧何，"时代意识"之于郭沫若的《札记》，亦是如此。

（原载《郭沫若学刊》2013 年第 3 期）

---

[1] 郭沫若：《中国古代社会研究》，中国华侨出版社 2008 年版，第 3 页。

新世纪中学语文对郭沫若诗歌的选用与教学

王 华

21世纪以来,学术界对郭沫若的研究日趋理性和客观,以开放、包容、理解、求实、创新的理念对其《女神》等早期诗歌展开了多角度的考证和阐释,出现了大量卓有成效的研究成果;然而,学术界与基础教育界的疏离使得中小学语文课程对郭沫若诗歌的选用和教学整体滞后。因此,语文教科书和语文教学中如何通过郭沫若作品的教学还原一个真实的郭沫若,培养我国青少年丰富多样的审美观,保持中国文化生态平衡,是语文课程教学中仍然值得重视的问题。

一 教材选用现状与思考

新中国建立以来,郭沫若的诗歌如《凤凰涅槃》《炉中煤》《天狗》《地球,我的母亲》《天上的街市》《静夜》《夕暮》《太阳礼赞》等先后多次为不同版本的中学语文教科书选用,成为我国青少年认识我国现代新诗奠基人、文化名人郭沫若的主要载体。

21世纪进行新一轮基础教育课改,中小学语文教科书也在不断更新。纵观当下各种版本的语文教科书,发现目前郭沫若诗歌的选用具有以下特点:

1. 选文均出自郭沫若早期诗歌的代表诗集《女神》与《星空》,符合教科书选文典范性原则。

2. 选文集中,编者的选文态度谨慎,选文集中在初高中学段的语文教科书。初中语文教科书主要选用诗集《星空》中的《天上的街市》和《静夜》,选文符合初中生的年龄特点、认识水平和审美心理,教学着意于学生想象与联想能力的培养,教学目标定位得当,只是教参对于文本解读的引导略显"政治意识形态"的倾向,对初中生审美心理有潜在的负面影响。高中语文教科书主要选用诗集《女神》第二辑中粗犷豪放的诗歌,如《天狗》等。

新世纪以来,研究者开始注意到郭沫若早期诗歌在审美风格上的多样性,单以《女神》而论,在诗歌的表现内容和形式方面也是丰富多样的,既有平和、冲淡的小诗,也有气势恢弘的剧诗,既表现了阴柔、优美情调,也有狂放、躁动的情绪宣泄。

表现在中学教材的选用上，好些教材注意到郭沫若不同风格的诗歌作品，而且更加倾向于选用具有优美特性的诗歌作品。相对而言，北师大版在此方面做得较好。它的《中国新诗选读》开篇第一单元以"新鲜的太阳"为题，集中选入郭沫若《天狗》《炉中煤——眷念祖国的情绪》《夜步十里松原》三篇不同特点的诗歌，使高中生对郭沫若的诗风有较为全面的了解，也凸显了郭沫若其人其诗在中国新诗史上的重要贡献与特殊地位。我们认为这一悄然变化意味着有高校背景的出版社在教材编选时注意吸纳最新研究成果，较好地体现了客观性的编选原则，在某种程度上实现了教材编制的理性回归。

3. 教科书选用数量和处理方式总体呈现弱化态势。例如，高中语文必修教科书中除沪教 H 版选有一篇《地球，我的母亲》外，其他版本的高中语文教科书处理为选修课程的学习篇目，且一般只选入了一首。少数版本如苏教版不仅高中语文必修教科书中未选用郭沫若诗歌，而且在其选编了中外 38 首新诗的《现代新诗选读》选修模块的教科书中也无一首郭沫若诗歌。现行中小学语文教科书有一定影响的版本中选用郭沫若诗歌的情况，详见下表：

版本	小学段	初中段	高中段 必修	高中段 选修
人教版	无	七年级上册《天上的街市》《静夜》*	无	《现代诗歌与散文选读》模块教材选入《天狗》
苏教版	无	七年级上册《天上的街市》	无	无（《现代新诗选读》模块教材中，选有中外新诗 38 首，无一首郭沫若诗歌）
语文版	无	无	无	教材中《中外现代诗歌欣赏》模块选入《笔立山头展望》
鲁教版	无	六年级上册《天上的街市》《静夜》（五四学制）	无	《现代诗歌选读》模块教材选入《天狗》
粤教版	（暂未编写小学语文教材）	无	无	教材中《中国现代诗歌》模块选入《凤凰涅槃》《太阳礼赞》

续表

版本	小学段	初中段	高中段 必修	高中段 选修
北师大版	无	八年级上册《天上的街市》	无	《中国新诗选读》模块教材第一课"新鲜的太阳"中选入《天狗》《炉中煤——眷念祖国的情绪》《夜步十里松原》
沪教版	无	六年级上册《天上的街市》（五四学制）	H版必修1《地球，我的母亲》（略读课文）	/

说明：获悉2013年秋季人教版发行的七年级上册语文教材已将郭沫若《天上的街市》《静夜》删除。

新世纪以来，郭沫若作品在基础教育教材的选用和教学情况主要受以下原因制约：

1. "去中心"的后现代课程观对语文教科书编选的影响

从宏观看，当下语文课程理念向开放性、多元性和文化性的后现代转型，语文教科书选文时对文学作品的筛选呈现出多元包容的文化态度，尊重不同国家、民族、文化和不同美学风格的作品，试图改变以往对少数作家作品"情有独钟"的做法，鲁迅、郭沫若等人的作品在语文教材中的地位明显下降，加重了我国古典传统文化、其他名家名篇和外国文学作品的比例。

2. 学界乃至民间话语体系对郭沫若其人的争议或误读

20世纪的中国政治风云变幻，郭沫若亦文亦政的双重身份和复杂多变的性格使他成为争议最大、误解最多的现代文化名人，特别是20世纪90年代，不少人难以理解和认同他在一些历史节点上的选择和做法。长期以来语文教材"素有定评"的编选规则和人们以人品定文品的价值观也在一定程度上影响着当前语文教科书的编选。虽然近年来，郭沫若人格研究在学术界日趋理性和客观，但学术界与教育界的疏离，仍难改变郭沫若作品在语文教科书中边缘化的颓势。

3. 编者对郭沫若诗歌风格多样性的认知局限

长期以来，人们认为郭沫若早期诗歌充满了男性粗犷豪放的音调，有着特定时代的意义，似乎不符合小学生的年龄特点和认知水平。人们还认为郭沫若的诗内容浅显直白、形式自由，没有像鲁迅作品那样有深刻的思想，也没有现代诗人徐志摩、戴望舒等的诗作精致典雅的语言、含蓄温婉的情致、丰富悠长的意蕴，难以满足高中生的认知需要和审美诉求，教育价值和审美价值不高。但鉴于郭沫若诗歌在中国现代诗歌史上是一个绕不过的话题，高中语文课标又把《女神》作为课外阅读书籍推荐，因此目前高中语文多将其处理为选修课程内容，有权宜之嫌。而在小学教材中，郭沫若的诗歌则完全没有进入选编者的视野。

二　教学现状与思考

在具体的语文教学过程中，由于对郭沫若诗歌的种种特质把握不当，导致郭沫若诗歌教学视角的单一，文本解读无所用心，教学方法无所适从。大致说来，存在的问题主要表现为以下两方面：一、语文教学滞后于学术研究，二、单一的审美取向影响了人们对郭沫若诗歌的接受。

1. 语文教学滞后于学术研究

长期以来，语文教师对文本解读常常滞后于学术研究，语文教育界以"反映说"文艺观解读文本的流弊，语文教师阅读中的思维惰性，导致郭沫若诗歌解读出现公式化、概念化、泛政治化的倾向。囿于固有的思维模式和认知视野，一提到郭沫若及其诗歌，多数语文教师脑海中的认识是：这是一个喜欢"尖叫"的诗人，其代表作《女神》运用激情澎湃、直抒胸臆的浪漫主义手法，鲜明地体现了"五四"时期狂飙突进的时代精神，表达了反帝反封建、建立新中国的理想。其实，从郭沫若创作与时代关系来看，《女神》创作的时期正处于郭沫若比较倾心于创作"无目的"论的阶段。我们不能简单地将《女神》体现的精神特质与"五四"的时代精神对等看待，《女神》并非完全为应和狂飙突进的五四精神而作，并非为刻意表现某种特定的"时代精神"。目前，学界对《女神》等早期诗歌的研究早已突破歌颂"叛逆、狂飙突进"与"五四时代精神"的单一视角，而从不同角度全面考证和阐释郭沫若早期诗歌（包括《女神》《星空》以及未收入这两个集子的其他诗歌）的不同审美风格。例如《女神》第三辑、《星空》中有大量诗歌具有清新、柔和、明朗、自然的风格，但多数老师仅注意到它是苦闷时期的产物，忽视它们是郭沫若浪漫主义诗风的另一种代表。

目前，学术界对郭沫若早期诗歌的研究呈现多元态势，出现了大量卓有成效研究成果。遗憾的是，由于长期形成的思维定势，中学语文教材和教师却没有很好关注这些成果，并将其作为课程资源有效地吸纳进来。客观上看，好些语文教学参考书落伍、狭隘与封闭，导致教师在文学文本教学过程中受其影响。教参的编写者习惯从意识形态角度，运用"反映说"文艺观，注重从作品与现实的联系看待文学活动，认为文学是作家对现实世界的反映，忽视其生命本真情绪的融合。折射到对郭沫若诗歌导读，就是刻板地认为《女神》反映五四反帝反封建的精神。这种单一、片面的社会学图解，建立起一套强大的、顽固的阐释体系，仍盛行于当下的文本解读和阅读教学中，成为全国通用的话语形式，造成师生对社会人生的线性理解，钝化了教师对作品鲜活性和真切性的感受，钳制了他们思维的丰富性和多元性。

主观上看，是语文教师个体阅读习惯与思维惰性所致。一本教参打天下，习惯用教参或某一流行的观点代替自己的思考，或主观地从自己驾轻就熟的"政治意识形态"视角去阐释文本的意义。固守过往职前专业学习中的知识、视阈，不关注学术前沿信息和最新研究成果，没有主动走进文本、走进作者的内心世界，去体察、感受文本作者力图表达的世界，读出自己的真实的感受与理解，丧失了基本鉴赏能力和批判能力。其实对于诗歌这种抒情性极强的文体，以"表现说"的文艺观视之，更能把握其魅力所在。"表现说"认为文学是作家思想感情、精神和人类需要的直接载体，即"诗言志""诗缘情"。诗人柯勒律治说：诗就是人的全部思想、热情、情绪、语言的花朵和芳香。①

接受美学认为，阅读虽然是个性化的，但每个人对同一文本的阅读容易受定评的影响，而定评所造成的思维定势，常会使我们失去对文本的自我理解。因此，在阅读中调动自己的人生经验去体察文本展示的生命情绪，保持自我的原初感受，用自己的直感去"颠覆"定评，发现新意，重构意义，是每个语文教师面临的严峻问题。

2. 单一的审美取向影响了人们对郭沫若诗歌的接受

新世纪以来，躲避崇高、崇尚阴柔已成为时代流行的审美心理，表现在教学中，那些粗犷豪放的诗歌往往有意无意地被忽略、被边缘化。造成青少年在诗歌鉴赏方面长于优美、短于崇高美的审美倾向，具体到郭沫若诗歌教学设计和教学方法，便是粗糙、随意、无所用心。高中学习阶段，随着年龄的增长和学习的深入，高中生的审美阅历不断丰富、能力不断提高，特别是学习了不少古典诗词，接触了一些内涵丰富、清新隽永的现当代新诗。多数学生对高中语文教科书中的《雨巷》《再别康桥》《错误》《致橡树》《面朝大海，春暖花开》等诗歌喜爱有加。这些诗歌情感含蓄、意象丰富、意境深远、语言典雅、音韵和谐、富有文化底蕴，代表着中国传统美学的基本原则。在这种传统审美文化的感染下，学生们对于诗歌的审美经验、审美能力和审美价值观的取向倾向于优美。

郭沫若的早期诗歌，特别是他创作爆发期的代表作《凤凰涅槃》《天狗》《匪徒颂》《巨炮之教训》《我是一个偶像崇拜者》等，诗歌的"疯狂的热忱"与中国诗歌的"中和之美"相去甚远，表达的爆发性情绪突破了传统审美尺度，富有中国传统诗歌少有的狂放与粗犷。郭沫若笔下飞奔、狂叫、燃烧的"天狗"，它自我无限扩展，既要吞噬宇宙，又要咬啮自我，充盈着强悍、狂躁、紧张的情绪，属于崇高的审美范畴，是我国年青一代的学子在诗歌鉴赏中较为陌生的审美形态。当他们面对这些诗歌时，其审美经验遭遇考验，阅读期待受挫。面对这种"陌生化"的审美形态，

---

① 刘若端：《十九世纪英国诗人论诗》，人民文学出版社1984年版，第75页。

学生已有的审美观、审美经验、审美能力遭遇挑战，难免发出这样的疑问：这样的诗美吗？这就是出自中国 20 世纪诗坛巨星级诗人之手的诗歌吗？进而诗兴阑珊。

目前语文教师把高中生对郭沫若诗歌的认同感和学习热情不高的原因简单地归于郭沫若诗歌本身内容简单、缺少美感所致。不可否认，郭沫若诗歌是中国新诗童年时期的诗歌，有其稚嫩和不成熟之处，但我们认为导致这种学情的深层原因是学生在"中和之美"古典审美观的观照下，审美视野与能力长期囿于优美，对崇高美这种审美形态陌生难以获得审美愉悦感。由于审美经验、审美能力、审美视野的局限，特别是当下与历史现场的隔膜，学生原初理解带有"偏见"是可以理解、不足为奇的。但若教师的后续引导缺位或偏狭，一味迁就学生的审美"偏见"，将导致整个一代人审美情趣的失衡，影响他们对郭沫若其人其诗的认识。

学情分析不到位，势必影响对郭沫若诗歌教学目标的定位和教学活动的开展，对郭沫若诗歌教学做简单、粗糙、随意、浅层次的处理。了解不同审美观、审美风格的作品，正确认识不同审美形态的审美价值和意义，培养学生鉴赏崇高美的审美能力，是我们今天在郭沫若诗歌教学中值得思考的问题。

三　改进方法思考

针对教材编选与教学存在的问题，我们应该从与之相关的两方面加以改进。

1. 注意挖掘适合入选教材的郭沫若诗歌

郭沫若早期诗歌一直未纳入小学语文课程资源开发与利用的视野。其实，从课程资源的角度审视郭沫若诗歌，编者一直没有发现郭沫若诗歌中儿童文学特质。如果从儿童文学这一角度审视郭沫若的《女神》《星空》，我们发现他的好些诗歌虽不是专为儿童而作，但他是以一颗童心来写诗作文，那种纯真的天性往往不自觉地流露出来。他那些被人们认为是浅显直白的诗歌，某种程度上是最具儿童文学特质，富有童真和诗趣，非常适合儿童阅读的作品，不仅具有文学价值，而且具有语文教育的意义。例如《星空·夕暮》

一群白色的绵羊，
团团睡在天上，
四围苍老的荒山，
好象瘦狮一样。

昂头望着天
我替羊儿危险，
牧羊的人哟，

你为甚么不见?

  这首诗以儿童之眼看自然，万物有灵的儿童思维使孩子自然将天上的团团白云想像成绵羊，将四周的荒山想象成瘦狮，绵羊与瘦狮，自然形成一种紧张的关系，即强者和弱者的关系，孩子自然担心羊儿的命运，油然生起对弱者的同情。

  诗人完全化身为儿童，以儿童的视角来观察事物，四周的景色相互作用，构成一幅生趣活泼、浑然天成的自然画面。特别可贵的是诗歌在不知不觉中形成的同情心，是人类道德的基石和价值尺度。作者在不经意的反问中，不知不觉地完成了对儿童的道德和情感的熏陶。

  所以废名盛赞这首诗说："这首《夕暮》我甚是喜爱。新诗能够产生这样的诗篇来，新诗无疑义的可以站得住脚了。诗人的感情碰在所接触的东西上面，所接触的如果与诗感最相适合，那便是天成，成功一首好诗，郭沫若的《夕暮》成功为一代的杰作，便是这个原故。这首《夕暮》，不但显出自由诗的价值，也最显出自由歌唱的诗人的个性，也最明显的表现着自由诗的音乐，可谓相得益彰了。"[①] 废名并没有以郭沫若那些充满了男性粗犷豪放音调的诗歌作为准绳来评价他的成就意义，而是以这些具有童心童趣的诗歌来衡量自由新诗的成熟，其意味是非常耐人寻味的。

  再如《星空·两个大星》

    婴儿的眼睛闭了，
    青天上现出了两个大星。
    婴儿的眼睛闭了，
    海边上坐着个年少的母亲。

    儿呀，你还不忙睡吧，
    你看那两个大星，
    黄的黄，青的青。

    婴儿的眼睛闭了，
    青天上出现了两个大星。
    婴儿的眼睛闭了，
    海边上站着个年少的父亲。

    爱啊，你莫用唤醒他吧，

[①] 废名：《谈新诗》，北平新民印书馆1944年版。

婴儿开了眼睛时，
　　星星会要消去。

　　这是一首摇篮曲，词句简短，旋律舒缓、回环往复，极富音乐性，有利于造成宁静安定的气氛，促使幼儿安然入睡。诗中星星、大海、青天构成的意境，给孩子营造一个温馨、柔和、安宁的氛围，引导儿童进入一种美好的梦幻状态，使婴幼儿的神经放松，在爱的摇篮中逐步进入甜美的梦乡。而且，这首诗内容单纯而不简单，两颗大星象征着父母对孩子的爱。这些诗是爱的乳汁，是孩子健康和谐的身心发育的按摩器。

　　这类富有童真、童趣的作品在郭沫若早期诗歌大量存在，如《女神》中的《光海》《辍了课的第一点钟里》《晴朝》《鹭鸶》，《星空》中的诗剧《广寒宫·张果老》《黎明》等，非常适合儿童阅读，应该引起小学语文教科书编者和小学语文教师的关注，充分认识它们作为小学语文课程资源的价值和意义，矫正对郭沫若诗风的片面性认识。

　　2. 寻找适合郭沫若诗歌的教学方法
　　应试教育下，诗歌鉴赏重讲析、轻诵读，导致郭沫若诗歌教学不仅有违于诗歌文体的特点，而且未考量郭沫若诗风的特点。以读代讲、直觉领悟、整体把握是郭沫若诗歌教学中值得提倡的方法。

　　从上文可知，郭沫若早期诗歌在浪漫主义表现手法上有着不同的特色。一类受泰戈尔诗歌的影响，是清新、自然、冲淡、恬静的浪漫主义，如《天上的街市》《静夜》《夕暮》《光海》《夜步十里松原》等。一类受惠特曼诗歌的影响，是情感直泻、酣畅淋漓的浪漫主义，如《凤凰涅槃》《天狗》《匪徒颂》《太阳礼赞》等。但不管是哪一种诗歌类型，郭沫若的诗歌都是"写出来"的，不是"做出来"的，是灵感的爆发，是"情绪的直写"，是"生命中流出的 strain，心琴上弹出来的 melody，生底颤动，灵底喊叫"。[①] 他诗歌的公式是"诗 =（直觉+情调+想像）+（适当的文字）"[②]，他的创作是以感觉印象为材料，以直觉、灵感为动因，以想象为形式，以"高涨的情调"为内容的形象思维过程。

　　王富仁认为感受郭沫若早期最优秀诗作的方式是："它需要的不是领悟，咀嚼和品咂，它需要的是感受，直接的感受；它不需要你联想什么，不需要你赋予它什么意义，只需要你的心弦随着它的波涛起伏，应着它咆哮跳动……它给你的仅仅是那一刹那的沉醉，但正是这一刹那的沉醉使你感到你自己是完全自由的，在充满巨大、澎湃生命力的，感到你不是卑微的、软弱、草芥般微不足道的，而是一个高扬的人，是世

---

① 郭沫若：《郭沫若全集·文学编》第15卷，人民文学出版社1990年版，第13页。
② 田寿昌、宗白华、郭沫若：《三叶集》，上海亚东图书馆1920年版，第8、57页。

界的主宰，宇宙的主人。"①

因此，郭沫若的诗歌不是看，而是读，通过诵读体会其诗歌表达的情绪。对其冲淡、平和的诗歌，可以通过轻柔的诵读，读出恬静和美好；而对于那些粗狂、豪放的诗歌，则应采用高声朗读、齐声合诵的方式，读出郭沫若诗歌热烈、奔涌、雄浑、宏大的气势，才能真正得其味、入其场。因为他的代表作以不计审美后果的大胆与真诚，冲破了中国古典诗歌的中和之美，摆脱了中国传统文人的老年心态，突破了古典诗歌形式上的外在格律，以内在律支撑全诗。火山爆发式的情绪，激越高亢的诗句，随处可见的排比、反复，非常适合朗读，特别是《女神》第二辑为代表的诗，尤其需要气吞宇宙的狂吼和来自胸腔、而不是来自口腔的呐喊。

如果只是用那种传统诗歌涵咏、品味、把玩、感悟的鉴赏方式，"看"郭沫若的诗，"一切的一，一的一切"不过是文字游戏，毫无诗情画意。教学方法的选用应考虑郭沫若诗风的特点，突现诵读特色，运用直觉思维，以读代讲、整体把握。几年前，笔者在一堂文学课上看到，任课教师一改满堂灌的古板教风，事前授意有一定朗读水平的同学以分角色朗诵和集体齐诵的方式精心演练《凤凰涅槃》。那汪洋恣肆的情绪、排山倒海的气势，回荡在宽敞的阶梯教室上空，"凤凰更生歌"的反复咏叹，烘托出高昂的审美氛围，在场的 200 多位沉醉于新月派和象征诗派唯美诗风的学子为之一震，产生了强烈的情感共鸣，惊叹：啊，这就是诗！它有着别样的美丽！至今 30 年过去了，那雄浑的旋律仍在耳畔"欢唱"！

本文无意于宣扬"郭沫若作品中心"论，我们认同"去中心"的语文教科书编选理念，但我们希望整个语文教育界，从教科书的编写、课程资源的开发到课堂教学设计与实施能找到恰当的说话方式，在各方面给予郭沫若公允、合理的认识与评价。在中小学语文教科书和教学中提倡"返回历史现场，走近郭沫若，'还原郭沫若'"，就是意味着尊重和保护中国文学发展中丰富多样的文化生态。

（原载《郭沫若学刊》2013 年第 3 期）

---

① 王富仁：《他开辟了一个新的审美境界——论郭沫若的诗歌创作》，《郭沫若研究》第 7 辑，文化艺术出版社 1989 年版。

论郭沫若与郭启宏历史剧的异同

张 欣

现代历史剧作为一种舶来品,肇始于20世纪20年代,在40年代、50年代末60年代初、八九十年代曾几度风行,而郭沫若、郭启宏恰恰是这历史剧发展历程中前后相接的两个重镇,他们不仅有风行一世的创作,更有较为清晰、系统的历史剧理论。并且,郭启宏在自述"传神史剧"的来源时,也承认是在继承革新以郭沫若为代表的"写真史剧"基础上发展而来的。因此,将"二郭"放在历史剧发展的坐标中加以前后观照,也许会产生独特的发现。伴随着历史剧创作的甚嚣尘上,评论界也曾经产生四次较大规模的有关历史剧的讨论,归纳起来,对历史剧的关注焦点主要集中在以下三个层面:第一,历史剧本体的思考,即历史剧是史,还是剧;第二,历史剧功用的强调,即在什么层面上古为今用;第三,史剧作家个人创作风格的评介。本文既然要将"二郭"的创作放在史剧发展的坐标中加以观照,就免不了从这三个普适维度入手。

一

在历史剧本体论的层面上,"二郭"都强调历史研究与史剧创作的区别,认为史剧创作在本质上是文学活动,历史只是入戏的材料,在充分搜集史料、鉴辨史料、仔细揣摩古人心理的基础上把握住历史精神,即"失事求似""失料留神",进入以神御物而不滞于物的精神境界,在此境界中进行合理的虚构、想象和形象创造。对此郭启宏在《史剧四题》中就曾坦言:"我很欣赏郭沫若的四字主张:'失事求似'。即不为史实所局囿,不为习见所束缚,但求历史精神之神似。郭氏立论的基点的本质是'剧',而'史'只是入戏的材料。"

但是,"二郭"的真正区分是在操作环节,即以什么样的标准来鉴辨历史、衡量历史人物。郭沫若评判标准有二:一是强调历史观的唯一性,即"作家们是用进步的历史观点阐明过去的历史"[①] 具体体现在作品中就是唯物史观,二是突出情感的一

---

① 郭沫若:《抗战八年的历史剧》,《新华日报》1946年5月22日。

致性，即"于我所解释得的古人的心理中，我能寻出深厚的同情，内部的一致"。① 与"进步"相对的是"倒退"，与"一致""同情"相对的是"不一致""不同情"，这是一种二元对立倾向鲜明的价值判断标准，并且情感道德与理性认知这两个层面是重合的、一维的，即同情、一致的就是代表历史进步方向的，反之则是不道德、不进步。这种认知方式落实到人物关系设置中就是正邪、善恶的对比清晰、戏剧冲突的紧张尖锐：反面角色被有意无意地加以贬损、丑化，如《卓文君》中的程郑、《王昭君》中的汉元帝被丑化为性变态，《屈原》中对宋玉的"不客气"、对子兰"为增加其丑恶更写成了跛子"，等等，这些做法"都是想当然的事，并不是有什么充分的根据的"；② 正面人物则因为自认把握、代言了道德和历史的真理，从而显得高大、自信，屈原在剧中反复地强调"皇天在上，后土在下，先王先公，列祖列宗，你陷害了的不是我，是我们整儿的楚国呵！我是问心无愧，我是视死如归，曲直忠邪，自有千秋的判断"，信陵君则屡次演说着"你把我当成人，我把你当成人，互相的把人当成人，就是克服秦兵的秘诀，也就是治国平天下的秘诀"的救世方略。其实，这种思维方式本身就值得商榷，即历史前进的就一定是有道德的吗？有没有分裂的可能？

这个问题在郭启宏那儿得到了一种新的回应。他给史剧作家做出了理性的定位，即"可以挣脱历史的羁绊，站在历史之外评点历史""不必背负着以某种绝对理念为依据的所谓'历史使命感'"。③ 一方面将郭沫若笔下作家与历史人物情感体验的一致，转变为作家对历史人物、事件的审视，进而导致创作心态的转变，强调"剧作家在批判历史的同时批判自己，要压下眼泪和鄙夷，要铲除心中的火气和偏激"（《史剧四题》），要有一种客观体察的心境和不断内省的意识，另一方面对郭沫若评判历史所依据的绝对理念——进步历史观（唯物史观）进行突破，以"间离"的姿态超越郭沫若史剧中评判标准的单一，强调评判标准的多维度，即"要多尺度分析历史人物，考察历史现象"，这种尺度可以包括审美的、道德的、政治的等方面。转化到在文本中，就是历史前进与道德崇高的一致性神话被解构，历史中的人物呈现出斑驳的影像。

在人物之间的关系上，由二元对立转变为参差对照，如在京剧《王安石》中王安石和司马光并没有被处理成正义与邪恶的对立，相反是在着力突出他们高尚道德人品的同时，指出他们在改革理解上的错位，表露了"求同存异，共赴时艰"的改革理念；《南唐遗事》《天之骄子》更是通过李煜和赵匡胤、曹丕和曹植两组人物的对照，共同揭示了权位与人性之间的矛盾。在具体人物的塑造上，倾向于对反面角色加

---

① 郭沫若：《孤竹君之二子·幕前序话》，《郭沫若全集》（文学卷1），人民文学出版社1987年版，第238页。

② 郭沫若：《写完五幕剧〈屈原〉之后》，《郭沫若全集》（文学卷6），人民文学出版社1987年版，第400页。

③ 郭启宏：《溯洄从之，道阻且长——回顾〈东周列国〉创作兼谈历史剧》，《广东艺术》1999年第4期。

以人性化处理与赋予正面人物以自我反思意识,追求一种说不清是正面人物还是反面人物的人物状态。《李白》中崔仲明、栾泰可以良心发现、表露忏悔,《天之骄子》中曹丕可以感叹帝王权势带来的人性压抑,可以再现兄弟亲情的温馨,《南唐遗事》可以展示封建帝王对远逝青春、爱情的怅惘与留恋等。英雄圣贤则走下祭祀的神坛,通过自我反省来方式来显露他灵魂中平凡的一面,典型的例子就是李白在面对纪许氏的祭祀膜拜时的真诚忏悔:"不!李白不全是那样。他有钢眉傲骨,也有奴颜媚态……李白为了求官,曾经给荆州长史韩朝宗写过什么样的信呵,说什么'生不用封万户侯,但愿一识韩荆州',分明是阿谀奉承!前年,李白入了永王幕府,还写了《永王东巡歌》,为永王歌功颂德!去年,在浔阳监狱,李白为了免罪,替宋康祥代笔,有些话说得也不大老实。李白呵李白,你是个大俗人,俗不可耐的人呵!(声泪俱下)"而这一点又正是圣贤超越凡俗之处,具有一种鲁迅式知识分子的扣问、鞭打自我灵魂的人格崇高。

二

在历史剧功用论的层面上,"二郭"都强调历史剧具有现实性,不是为历史而历史,而是用现实观照历史,以历史鉴辨现实,即"始终是站在现实的立场的""先欲制今而后借鉴于古"[①],"历史剧还是应该对现实有影响,历史只是历史剧的躯壳,灵魂还是剧作者要表达的对当代的思考"[②]。但是,"二郭"用来评断现实性有无的准绳不同。

郭沫若认为:"现实与否,不是题材的问题,最重要的,是作品的主题,作者底存心。在这里,对于历史剧作家提出一点要求。首先动机要纯正,他底作品必须是时代的指针,才是现实主义的作风。历史剧的价值不在于题材而在主题。"[③] 突出作品主题作为时代指针的现实意义,而这里的"时代指针"主要侧重于政治走向,比如说"望和厌分""反对专制""革命道路选择"以及"自我改造"主题等。这种对现实意义上的迫切期待表现在作品创作中就是追求古与今之间点的相似。手法上,常常采用比附、影射、象征,就如郭沫若自己所说"我是借了屈原的时代来象征我们当时的时代"。这些手法的一个最大特点就是将历史事件原本的复杂性拉平,将错综复杂的现实斗争简单化,在两相简化的过程中实现古今的对接,即"据今推古,以古鉴今。""由此而造成的流弊表现为:或者以耳提面命代替哲理的思考,或者以现实功利制约审美的追求。"[④] 表现在读者接受上,他的作品带有很强的时效性,时效性

---

① 郭沫若:《从典型说起》,《郭沫若全集》(文学卷16),人民文学出版社1987年版,第198页。
② 郭启宏:《郭启宏:历史只是历史剧的躯壳》,《北京日报》2009年6月30日。
③ 郭沫若:《抗战八年的历史剧》,《新华日报》1946年5月22日。
④ 郭启宏:《李白梦华录》,《大舞台》1998年第4期。

一方面给郭沫若的作品带来万人空巷的轰动,如《屈原》,但同时也给郭沫若带来了言说的尴尬,比如《虎符》创作之初"暗射的用意"是"当时的现实与魏安厘王的'消极抗秦,积极反信陵君',是多少有点相似",但到了50年代又有人借用《虎符》"把信陵君的'抗秦救赵'比拟今天的'抗美援朝'"。这种读者接受的迁移本不足为奇,但是郭沫若之前所强调的以历史剧象征政治现实的创作宗旨使他惶恐、对政治立场的敏感也使他惊惧,他强烈地表示:"我们的'抗美援朝'是全国一致的空前未有的爱国运动,怎么可以把信陵君当时的'抗秦救赵'拿来比拟呢! 假使可以比拟的话,那么我们可以质问:今天的'安厘王'是谁? 还是蒋介石吗? 他在今天已经不配和安厘王相比了。因此,这一比拟,的确是不伦不类,是反历史主义的做法,是值得我们加以批评的。"[1] 这种色厉内荏、战战兢兢背后隐藏的正是郭沫若这种历史剧创作姿态中由于短暂的比附所带来的言说困境。对于这一点郭沫若也有清醒的认识,他认为俄译本《屈原》"不一定能够受到苏联读者的欢迎"的一个很重要的原因就是它"很快地失掉了象征现时代的那段意义",并且认为"假使我这担心成为事实,自然是该我负责"[2]。但是,作为研究者的我们是不是就应该抓住这一点不放,大加指责呢? 其实,郭沫若历史剧在时过境迁之后仍然具有很高的史料价值,因为他用象征、影射等创作方法所描绘的时代风貌在现实层面上既不同于真实的民众心理,又不同于真实的政治本身,而是策略性地介于两者之间。这种似是而非的微妙关系正是我们研究40年代、五六十年代政治史、文化心理史的绝好参照系。与其说郭沫若的剧作是史剧,还不如说它们是"剧史"。

郭启宏并不将现实性局限在主题现实意义的表层显现,相反,他认为"'历史剧'相对于'现代剧'而言,不过题材有别而已,并未涉及思维定势或创作方法","历史剧与现代剧一样都是当代人的创作,由当代人演出,让当代人观赏的,理应具有'当代意识'","在一个有血有肉的剧作家看来,历史是另一形态的现实人生,写历史依然是反映生活","剧作家总是以当代意识关照历史生活,总是依凭自身对历史的独特的理解,结合自身来自现实生活的感受,去选取或筛汰,去集中、提炼、加工、想象的虚构……"[3] 他围绕历史剧创作、演出、接受的主体运思,阐明了历史剧和现代剧并无二致,强调历史剧先天地就带有现实性。这种对现实性的理解更自然,更包容,政治与社会、心理、文化、道德等一样成为构成剧作大背景的一元,拓宽了主题思想的表现领域,由单义转变为多义;宣传与审美、情感、哲理等多种元素共同构成了戏剧功能的多样性。此外,与郭沫若看重冲突构成、人物关系的政治符号化归纳简化,进而实现古今事件中的直接对接相比,郭启宏更强调现代思维对历史现象的

---

[1] 郭沫若:《由〈虎符〉说到悲剧精神》,《郭沫若论创作》,上海文艺出版社1982年版,第423页。
[2] 郭沫若:《序俄文译本史剧〈屈原〉》,《郭沫若论创作》,上海文艺出版社1982年版,第404页。
[3] 郭启宏:《传神史剧论》,《剧本》1988年第1期。

穿越，即"要透过人物身后的厚重的帷幕去触摸社会的、文化的、传统的大背景"①，从而将现实性由表层的显现化为内敛的启悟，由短暂的点一样的契合转变恒常的线一般的绵延，体现在作品中就是对凝聚在历代文人身上的文化宿命的思考，既有"进又不能，退又不甘"（《李白》《司马相如》）的踯躅，又有"此身非我有"（《南唐遗事》《天之骄子》）的无奈，更有"文人人格理想幻灭"（《知己》）的无奈。这种对现实性的理解，一方面在某种程度上纠正了郭沫若历史剧中过于显露、浓厚的现实功利性和戏剧功能的单一，但另一方面，有些地方也令人担忧，即在千古同悲的宿命中淡化了剧作家的现实针对性和抗争性，沉湎于历史所谓的悲剧规律中，将人的渺小、卑微感放大，充满了无奈和感伤，最终的结局都是从政治、从社会的大潮搏击中退守回个体生命，这种退守的生命姿态背后固然有当代知识分子对以往命运的自我反思，但也折射出知识分子精神的萎缩和无力，缺少郭沫若历史剧中那种"铁肩担道义"、"指点江山，挥斥方遒"的精神人格的高扬。

三

悲剧，这是"二郭"历史剧创作中共同的风格之一。"二郭"的史剧大部分都是悲剧，但却是不同层面上的悲剧：郭沫若注重展现历史前进中的悲剧，弥漫着悲壮、悲慨、壮而不哀的气韵，而郭启宏关注个体（文人）生命的悲剧，充溢着悲思、悲悯、哀而不伤的格调。这种分野主要体现在对如何看待悲剧的诞生、悲剧的意义上：郭沫若认为："促进社会发展的方生力量尚未足够壮大，而拖延社会发展的将死力量也尚未十分衰弱，在这时候便有悲剧的诞生。"也就是历史的必然以及由于历史条件限制所产生的必然不能实现的悲剧。"悲剧的戏剧价值不是在单纯的使人悲，而是在具体地激发人们把悲愤情绪化而为力量，以拥护方生的成分而抗斗将死的成分。""它的目的是号召斗争，号召悲壮的斗争。它的作用是鼓舞方生的力量克服种种的困难，以争取胜利并巩固胜利。"② 这是由于深信真理在握、光明即望而产生的化悲愤为力量继续斗争的革命乐观主义和英雄主义；郭启宏则一贯地讲述着"知识分子的历史命运，带有某种宿命的东西"③——在"道与势"的对峙中、在文人传统与生命本性之间的交锋中，文人被先在的文化、社会处境左右了选择、迷失了自我，呈现出种种异化状态。这种对文化怪圈、特定情境的书写，其目的是要召唤知识分子对自我生命本身的沉思，去寻找剥离了外在规约的真实自我，实现个体生命的自然圆满。这是"痛定思痛，痛何如哉"的自我反思、自我否定的无奈选择。

---

① 郭启宏：《剧作家郭启宏访谈录》，《中国戏剧》2000年第6期。
② 郭沫若：《由〈虎符〉说到悲剧精神》，《郭沫若论创作》，上海文艺出版社1982年版，第42页。
③ 郭启宏：《郭启宏：历史只是历史剧的躯壳》，《北京日报》2009年6月30日。

剧中有诗，这是"二郭"历史剧创作中另一个引人注目的现象。他们的剧作中不仅有诗（诗样的语言），还有诗人，诗是主旨的彰显、人格精神的象征，如《橘颂》《金缕曲》，诗人是戏剧的灵魂，是作家情感的投注对象，如蔡文姬、李白。然而，这些都只是外在的诗，最本质、最关键的就是他们对于文学、对于戏剧本质的理解是诗，如郭沫若认为"诗是文学的本质……诗是情绪的直写……文学的本质是有节奏的情绪的世界"①，"无论表现也好，描写社会也好，替全人类代白也好，主要的眼目，总要在苦闷的重围中，由灵魂深处流泻出来的悲哀，然后才能震撼读者的魂魄"②。郭启宏也认为："戏剧文学的生命力在于文本的诗意。当今绝大多数的戏剧文本是没有诗意的应节上市的樱桃桑椹，只有极少数剧作家的作品里有一种'诗意的回味'，一种'诗的意境'……"③ "有真性情方有真文字，无真性情便无真作家。"④ "二郭"都突出强调了作家情感性情的投入和主体精神的张扬，而这两点正是诗歌创作所必需的前提。

对文学的本体理解是诗，但诗的存在样态却可以有很多种，郭沫若和郭启宏分别代表了主情和主知两种大的倾向。郭沫若认为"诗的本职专在抒情""诗是情绪的直写""诗的创造便是在感情的美化"，这是一种主情主义的诗歌观，并且更欣赏激情倾吐的"生底颤动，灵底喊叫"。为此，他十分欣赏蔡文姬的《胡笳十八拍》，认为"那是多么深切动人的作品呵！那象滚滚不尽的海涛，那象喷发着融岩的活火山，那是用整个的灵魂吐诉出来的绝叫"。"无论在形式或内容上，那种不羁而雄浑的气魄，滚滚怒涛一样不可遏抑的悲愤，绞肠滴血般的痛苦，决不是六朝人乃至隋唐人所能企及的。""感情的沸腾，着想的大胆，措辞的强烈、形式的越轨，都是古代人所不能接受的。"⑤ 其实，这段话恰恰是夫子自道，试看屈原的《雷电颂》：

　　屈原：啊，这宇宙中的伟大的诗！你们风，你们雷，你们电，你们在这黑暗中咆哮着的，闪耀着的一切的一切，你们都是诗，都是音乐，都是跳舞。你们宇宙中伟大的艺人们呀，尽量发挥你们的力量吧。发泄出无边无际的怒火把这黑暗的宇宙，阴惨的宇宙，爆炸了吧！爆炸了吧！
　　……

---

　　① 郭沫若：《文艺论集·文学的本质》，《郭沫若全集》（文学卷15），人民文学出版社1987年版，第352页。
　　② 郭沫若：《文艺论集·论国内的评坛及我对于创作上的态度》，《郭沫若全集》（文学卷15），人民文学出版社1987年版，第227页。
　　③ 郭启宏：《惟其苦闷，所以伟大——从〈苦闷的灵魂——曹禺访谈录〉看曹禺》，《大舞台》2004年第3期。
　　④ 郭启宏：《传神史剧论》，《剧本》1988年第1期。
　　⑤ 郭沫若：《谈蔡文姬的〈胡笳十八拍〉》，《郭沫若全集》（文学卷8），人民文学出版社1987年版，第98、104页。

但是我,我没有眼泪。宇宙,宇宙也没有眼泪呀!眼泪有什么用呵?我们只有雷霆,只有闪电,只有风暴,我们没有拖泥带水的雨!这是我的意志,宇宙的意志。鼓动吧,风!咆哮吧,雷!闪耀吧,电!把一切沉睡在黑暗怀里的东西,毁灭,毁灭,毁灭呀!

洋溢着御使风雷电闪、指斥东皇诸神的诗情,在现实政治中被打压的愤懑与自己对政治理想的坚信,在一压一抗中喷薄而出,不可遏制。极力表现的是情感的热度、浓度和强度,像一阵情感的狂风雷霆万钧而来,没有留下一点时间让你思考,而是裹挟着读者的心灵而去,去体验那种风暴般的高峰体验。

然而,郭启宏却是另外一种诗情,他追慕一种话外的哲思,他感佩"莎剧台词哲理的思考",认为:"莎士比亚台词的魅力,往往在于哲理的思考。时不时扑入眼帘的佳句、丽句、奇句、警句,不仅愉目怡情,而且开阔境界。恍如人行山阴道上,一路美景让你目不暇接,不由得自家'定格',悠悠然领略个中滋味。"① 而对这种境界的追慕源于他对戏剧语言思辨性的理解,进而这种追慕、理解又转化成了他自己的诗剧风貌。郭启宏的历史剧以哲思取胜,他用诗的语言、诗的意象去承载关乎人生际遇、人生选择的大道理,如:

宗琰画外音:"夫子你看长江边的芦苇,风一吹来,芦花随风摆动,聚了又散,散了又聚……聚也是散,散也是聚!"
李腾空画外音:"大悲凉和大欢喜一样叫人满足,就像今晚这满圆的一轮。"(话剧《李白》)
曹操:"(感慨)呵!可以作梁的作梁,可以作柱的作柱,不能作梁不能作柱的可以做柴烧!"
"人世间不过是个小小的茶亭,四面皆空,两头是路,坐片刻不分你我,吃一杯各自西东,是西是东?看阁下脚下!"
曹植:(欣欣然)哈哈!桃花红,梨花白,谁说花开都一个颜色?(《天之骄子》)

芦苇、明月、茶亭、桃李花开这些意象本身就构成了一幅写意画,写意画给人一种平缓的时间感,而这画意背后又饱含着剧作家关于人生去留取舍的思考,含蓄而不直露。在时间和画面的定格中、在诗思与画意的浑然中,令人久久回味。这不同于郭沫若《离骚》《胡笳十八拍》式的恣肆挥洒,而是类似于中国唐宋诗歌所追求的妙悟,在点到即止中任由读者去猜想、体悟,获得意在言外的审美效果。回味所得的启

---

① 郭启宏:《话剧〈李白〉琐记》,《大舞台》2008 年第 1 期。

悟又恰恰是全剧的主旨，营造出一种笼罩全剧的整体氛围——宋诗的理趣和玄言的幽远。

四

"二郭"对文人爱情书写的偏爱也构成了创作的另一个重要特色。但是，他们真正想要表现的并不是爱情本身，而是因为"文人的情爱有着繁复而纷纭的社会的（政治和经济的）和人格的内涵"。"从男女情爱的角度，最能揭示文人的灵魂。"[①]"文士·女性形象系列"的组合其实是他们表达关于中国知识分子命运境遇以及人生选择的一种思考方式。这一思考的历程大致创作可以分为以下五个时期：20 世纪 20 年代《三个叛逆的女性》为代表的知识分子独立抗争期；40 年代《棠棣之花》《屈原》《虎符》《孔雀胆》《高渐离》《南冠草》中所探讨的是乱世中文人如何保持气节、如何提出整合乱世的治国方略；五六十年代《蔡文姬》《武则天》中表现的是作为归来者的知识分子如何自我改造、融入新的环境，在新的革命形势下继续前进；80 年代初中期《司马迁》思考的是被迫害的文人如何忍辱发愤超越苦难，重新获得知识分子人格的独立与崇高，《王安石》写出文人入世改革遇到的诸多阻力，呼唤"求同存异，共赴时艰"的顾全大局的精神，表达"草枯根尚在，薪尽火犹传，我华夏定有人奋起救难"的热切期待；80 年代末 90 年代初《南唐遗事》《李白》《天之骄子》《司马相如》《知己》反思道与势冲突以及文人传统对知识分子生命本性的异化，并由此导致的人文精神的失落与重新抉择。总之，从"二郭"笔下的这一系列历史人物形象的流变中可以清晰地勾勒出 20 世纪中国知识分子的命运史——这是文人精神由高扬到萎缩、文人人格由独立到依附再到失落的发展历程。在这历程中，郭沫若更多地表现为文人入仕、治国平天下政治理想高扬的一面，而郭启宏更多的是站在文人精神消失的地方回首前尘、洞悉文人期待与实际处境的巨大落差。由此形成一个颇为有趣的互文现象：与蔡文姬的归来是为了协助曹操重振文化事业、续修后汉书一样，李白的入幕也是为了实现高远的济世情怀，但是永王的反应却不同于曹操而是认为李白"非廊庙之器"，只是用来以壮声威、润色鸿业的花瓶。这种互文性的效法一方面折射出新中国建立之初中国知识分子热切用世的期待，以及这种热切背后传统文人的入世文化心态的惯性因袭，另一方面也隐含着郭启宏对文人政治幻想的戳破，通过对传统沉疴的发掘暴露了封建统治文化的精神实质，同时也是对以郭沫若为代表的那一代现代知识分子群体悲剧命运的反思。

在爱情书写中的女性其实是不具备独立意义的，她们只是表达作家情感或者思考的一种途径，精神象征意义要大于她的性格意义。郭沫若历史剧中的女性形象是升华

---

① 郭启宏：《〈司马相如〉创作手记》，《上海戏剧》1996 年第 2 期。

的，追随的，政治的。春姑、婵娟、如姬、阿盖、怀清夫人、盛蕴贞等女性，她们爱慕那些文士，不仅仅是因为爱本身，更大程度上是因为那些文士代表了一种崇高的政治理想，她们甘愿为了文士以及文士所代言的政治理想而献身。最明显的例子莫过于婵娟临死前的一段表白，

> 婵娟：（凝目摇头）先生……那酒……那酒……有毒。……可我……我真高兴……我……真高兴！（振作起来）我能够代替先生，保全了你的生命，我是多么地幸运呵！……先生，我是一个普通人家的女儿，我受了你的感化，知道了做人的责任。我始终诚心诚意地服侍你，因为你就是我们楚国的柱石……我爱楚国，我就不能不爱先生……先生，我常常想照着你的指示，把我的生命献给祖国。可我没有想到，我今天是果然作到了。（渐渐衰弱）我把我这微弱的生命，代替了你这样可宝贵的存在。先生，我真是多么地幸运呵！……啊，我……我真高兴！……真高兴！……

在这里，郭沫若将男女的爱情升华到革命理念与革命追随者的层面上，在这种献身举动中暗含着的是知识分子在面对信仰时朝圣般的情感心态，同时也对观众起着一种示范性的宣传、鼓动作用。而郭启宏历史剧中女性形象则是个体的，精神的，自由的。宗琰、腾空道姑、阿甄、阿鸾、卓文君等都是作为独立的个体存在，呈现为一种理想的生命状态。既映照出男性知识分子内在心灵世界的矛盾和分裂，又对男性知识分子的尴尬处境表示充分的理解安慰，同时用自己的生命将这种分裂弥合，引向完满。《李白》中宗琰一针见血地总结了李白，"把自己的生命当作脱手一掷的投枪，年过六十也豪情不减""进又不能，退又不甘"的一生，《天之骄子》中曹植称赞阿鸾"你让我看到天地间还有阳光灿烂的一角！从今以后，我就以诗文终老此生吧！阿鸾，谢谢你！真美！美极了！可以解渴，可以疗饥，可以览胜，可以游仙！一半儿是女人，一半儿是梦！"将阿鸾化身为诗的精魂。知识分子的价值失落在此得到了另一种解决，即昭示着文人只有回归到由女性所象征的生命自然状态，才能获得心灵的宁静。这种女性形象的塑造本身隐含着剧作家自我对话、自我思考，企图自我救赎的用意指向。

我们在关注到"二郭"历史剧创作中的差异的同时，既要看到造就这种创作现象的时代背景的迁移，如郭启宏所说的"从党的十一届三中全会后，尤其是邓小平同志指出'文艺为政治服务'口号的弊端以后，从根本上动摇了'政治工具史剧'和'影射史剧'的理论根基，历史剧作家开始转向（其实是复归）写'人'"，[①] 也就是80年代文学是人学、文学本体论、文学启蒙功用的复兴，但同时更要注意到20

---

① 郭启宏：《新编历史剧的思考》，《戏剧报》1986年第12期。

世纪 80 年代由于时代历史原因所造成的那一代知识分子精神的高扬与失落,以及在"二郭"历史剧创作中一以贯之的对于中国社会现实、中国知识分子精神命运的关注和思考,而这正是"二郭"赋予历史剧创作的最大的精神价值。虽然,郭沫若历史剧由于时代的限制,在主题思想、艺术方式上显现出过于单一、粗糙的倾向,但是作为开创中国现代历史剧正格的一代宗师,他的创作精髓已经深深地渗入到他的后学们身上,用郭启宏自己的话来说,就是"戏曲之父(昆曲)已经将他的生命传到了以京剧为代表的戏曲群体之中,京剧虽然取代了昆曲的地位,却从昆曲身上获取养分,甚至以其艺术规范为自身奋进的楷模,踵事增华,承继绪余,可见昆曲的生命力不衰"[①]。

(原载《郭沫若学刊》2013 年第 4 期)

[①] 郭启宏:《〈司马相如〉创作手记》,《上海戏剧》1996 年第 2 期。

嵇文甫与郭沫若的三次学术交缘

何 刚

真理越辩越明。通过学术批判与学术争鸣，不仅可以推动学术观点的创新和学术思想的进步，而且可以增进学者之间的相互了解和感情。在20世纪30年代初、50年代初、50年代末至60年代初，我国史学界先后分别围绕古史分期、古代社会性质、历史人物评价等中国古代历史研究的几个重要问题展开了比较激烈的学术讨论。嵇文甫与郭沫若的三次学术交缘可视为其中的一抹亮丽的缩影。在嵇文甫去世50周年之际，全面梳理和分析探讨嵇文甫和郭沫若的三次学术交缘，不仅对缅怀老一辈史学家的历史功绩具有一定纪念意义，而且对拓展嵇文甫和郭沫若研究领域也有一定现实意义。

一

1930年3月，郭沫若在《中国古代社会研究》中，以马克思主义唯物史观为理论武器，对中国古代社会的历史进程进行了全新的叙述，并明确指出中国古代社会的历史同样经历过奴隶制社会阶段。作为中国马克思主义史学的开山之作，《中国古代社会研究》一经面世就引起史学界的强烈反响。1931年10月12日，嵇文甫在《大公报·文学副刊》①上发表《评郭沫若〈中国古代社会研究〉》一文，率先站出来对郭沫若的《中国古代社会研究》进行评论，由此开启了他与郭沫若的第一次学术交缘。

20世纪20年代末30年代初，随着马克思主义，特别是马克思主义唯物史观在中国的迅速传播，中国社会现状和中国古代历史研究一度成为学界研究的热点。嵇文甫以敏锐的学术眼光洞察到当时思想学术界的气候变化。他在评论中首先对《中国古代社会研究》的学术价值进行了充分的肯定："那独创的精神，崭新的见解，扫除旧史学界的乌烟瘴气，而为新史学开其先路的功绩，自值得我们的敬仰。"同时，他

---

① 《文学副刊》是《大公报》在民国时期几种专门副刊之一，以介绍批评为职志，虽名为文学，但"范围不限纯文学"。其中，1928年1月至1934年1月期间在吴宓主持下办得有声有色，影响很大。作为《学衡》的主要同路刊物，《文学副刊》十分重视提升自身的学术价值，具有浓厚的学院派风格。

也直言郭沫若的《中国古代社会研究》"实在是粗——粗——粗",字里行间不难看出许多"理论疏舛"和"论证矛盾的地方"。①

奴隶制的有无,以及奴隶制和封建制的分期问题是 20 世纪 30 年代中国古史分期讨论的焦点。郭沫若当时提出,西周是奴隶制社会,奴隶制的下限应在东西周之交,封建制社会开始于春秋。而嵇文甫认为,西周是封建制社会,东周及以后由于贵族没落、富商大贾兴起及土地自由买卖盛行等因素,大致可将其归为商业资本主义社会。在他看来,郭沫若既不承认西周的封建制,又机械地断定在封建制之前必定有奴隶制,从而认为西周是奴隶制社会分期的观点是"最奇特的论断"和"旷世的珍闻"。② 在反对西周为奴隶制社会的同时,他尽管认为郭沫若将母权制度和亚血族群婚说得似乎太过火了,但仍然基本赞同郭沫若认定殷代还处在氏族社会末期阶段的观点,因而也就大体上否定了中国曾经历过奴隶制社会阶段。由此可见,此时嵇文甫同郭沫若在古史分期问题上的分歧是非常大的。

在 20 世纪 30 年代的古史分期争论中,争论各方在理论认识、概念界定等关键问题上各据所见,并没有取得共识。当时就有人观察到,"西周时代的社会是奴隶制度呢,还是封建制度呢?这是现在尚在争论的一个问题。争执的根源,恐怕有一部分是在于名词的界说不一致"。③ 其中,对"封建""封建社会"等词汇的不同理解就是一个比较明显的例子。嵇文甫采用"封建"一词就是取"封土地、建诸侯"的古典意义,认为"封建社会的基础,是建筑在贵族土地私有权上。贵族之占有土地,乃从战争而来。盖部落与部落战,战胜者各占领一部分土地而形成封建社会",而在西周,"当时的平民没有土地,天子垄占了土地而随意分封,平民只是做耕守土地的农奴",所以,实行了领主贵族分封制的西周只能为封建社会。而郭沫若则是从分析社会结构入手来判断一个社会是否为封建社会的。他认为,只有具备"君主专制"的政治建筑和"地主经济"的生产形式的社会方才是封建社会。这对立足于"封建"古典含义的西周封建论者来说,无疑是截然的对立和颠覆,自然会遭到他们的激烈批评,当时的嵇文甫即属此列。这种在对基本概念和理论的理解上尚未取得共识的情形下进行的中国古史分期论争,自然不会有真正的结果,甚至导致以后史学界在此问题上的长期聚讼未决。

1935 年,嵇文甫应曾在北平期间"时相过从"的马乘风之请,为他所著的《中国经济史》作序。他在所作的序中也承认,因为各方没有一个公认的分期标准,此前论战中难免出现各说各话现象,"从前划分社会发展阶段的标准很不一致,有的根据交换关系,有的根据政治形态,随手拈来,并没有确定见解",而现在人们"返回

---

① 文甫:《评郭沫若〈中国古代社会研究〉》,《大公报》(天津) 1931 年 10 月 12 日第 10 版。
② 同上。
③ 匿名:《评〈十批判书〉》,《大公报》(上海) 1947 年 4 月 5 日第 6 版。

头来，重新做起"，出现了"从热烈到冷静，变空疏为笃实"的趋势。他认为，郭沫若在其中起到的推动作用是非常明显的。"郭沫若先生自发表《中国古代社会》以后，专向甲骨金石方向下工夫，如《卜辞汇纂》、《金文丛考》"，"为古史添了许多新材料"。① 在郭沫若的带动下，中国古史研究队伍日益壮大，如吕振羽利用神话和考古学知识对中国史前时期进行大胆的试探；《中国经济》杂志出了两期经济史研究专号；陶希圣的《食货》杂志更是以搜集史料相号召。这些与社会史论战初始阶段那种剑拔弩张的景象已迥然有别。与四年前对郭沫若"理论疏舛"和"论证矛盾"的集中批评不同的是，此时嵇文甫则更多地肯定郭沫若在对晚近发掘的考古资料——甲骨文和青铜器铭文的创造性使用，以及由此开启中国史学界对社会史、经济史等研究领域方面的开拓性贡献。

从嵇文甫与郭沫若的第一次学术交缘看出，在20世纪30年代，郭沫若、嵇文甫等一批史学家筚路褴褛，纷纷走上以唯物史观为指导研究中国古史之路，开启了中国马克思主义史学的初创时期。尽管对某个问题的看法和观点不尽一致，但对唯物史观共同的学术信仰使他们从一开始就相互"刺激与鼓励"，② 从而使马克思主义史学以严肃认真的姿态登上中国史坛，并焕发出朝气蓬勃的生命活力。

二

中国古史研究似乎只是确定社会制度演变标界等具体问题，但实际上必然会涉及中国古代社会性质、特点和发展规律等诸多重要理论问题。20世纪50年代初，我国史学界曾围绕着中国古代社会性质，尤其是中国封建社会为什么能长期延续等问题展开了热烈探讨。其中，嵇文甫和郭沫若在中国古代社会到底存不存在"早熟性"这一问题各执一端，并因此促成他们之间的第二次学术交缘。

1951年，嵇文甫在《中国古代社会的早熟性》一文中，强调要用"早熟性"的视角来观察中国历史进程。他认为，人类历史发展虽然具有一般规律性，然而东方诸国的"文明期"来得较早，其历史进程带有明显的早熟性特征。这种早熟性使东方的历史发展不像西方那样大开大合，程序清楚，而"是在原始阶段中早已奴隶化，在奴隶阶段中早已封建化，前后相函，浑融而暧昧，新的混着旧的，死的拖着活的，遂形成一种漫长的停滞状态"。③ 就中国古代社会性质而言，此时嵇文甫并不否认殷代奴隶制的存在，但他认为殷代是一个早熟的奴隶制社会，并不像希腊、罗马那样典型，因而不能把殷代的社会性质、殷代的奴隶制发展程度估计得过高。他认为郭沫若

---

① 嵇文甫：《中国经济史·序》，中国经济研究会1935年版，第1—5页。
② 侯外庐：《民主·科学·创新——郭沫若在重庆》，《文汇报》1985年12月2日。
③ 嵇文甫：《中国古代社会的早熟性》，《新建设》1951年第4卷第1期。

过去将殷代定位为原始社会母系氏族阶段的做法固然不可取，但也从侧面说明殷代社会确实还保留着浓厚的原始色彩。关于周代的社会性质，嵇文甫根据《诗经·唐风·鸨羽》《左传·哀公二年》等文献记载，反对郭沫若等人将周代"农夫""农人""庶人""众人"全部解释为"奴隶"。由于氏族纽带的作用还非常强劲，这些人实际上是半奴隶状态的"庶民"阶层。而这个"庶民"阶层的存在一方面限制了奴隶制的大规模发展，使中国奴隶制停留在一种低级形态之下，另一方面，促成了封建制的早熟，从而使中国自周代开始便拖拉出一个漫长的封建社会阶段。

1951年6月，郭沫若在《关于周代社会的商讨》一文中回应了嵇文甫提出的"早熟性"问题。他认为，无论是东方还是西方，都没有呈现出"大开大合""程序清清楚楚，前后截然两样"的特征，人类历史进程其实"总是在前一阶段中便孕育着后一阶段的胚胎，在后一阶段中也始终保留着前一阶段的残余"。在郭沫若看来，在中国古代社会性质及其发展进程问题上之所以聚讼不决，并不是因为中国古代社会具有所谓"早熟性"的特征，而是因为研究中国古代社会的材料不够充足和认识不够充分。他承认包括中国在内的各个国家及其各个历史发展阶段都具有各自的特殊性，但他更注重人类历史发展所具有的一般规律性，相信马克思学说所揭发的人类历史发展规律是完全适用于中国社会的。他说："假使经过仔细周到的研究，而中国的古代发展和马克思的学说不尽相符，那便可能是马克思学说有欠妥当的地方。但我们今天能够这样说吗？不能够。为什么不能够？是说马克思学说是教条，不敢违背吗？不是，而是我们的研究根本就还不仔细，不周到"，就不能"急急于想找出结论以求人为的统一，那也会流于武断"。所以，他认为嵇文甫的"早熟性"说是"早熟"的，而且在本质上有取消马克思学说的危险。对于嵇文甫反对将周代农人全部解释为"奴隶"而举出的反证，郭沫若也做出了相应的回应，认为嵇文甫的引证并不能局部否定西周农人是奴隶的论断。①

嵇文甫在20世纪50年代初期提出"中国古代社会的早熟性"问题，是他在遵循马克思主义基本原则下，探寻中国历史发展特殊性的一次宝贵尝试。这方面的探讨在新中国成立前已为一些马克思主义史学家所注重，但新中国成立后的一段时期内，史学界主要任务是发现历史规律，证明马克思主义社会发展理论的正确性，因而较少将唯物史观同中国历史发展的特殊性结合起来作必需的理论探讨。在这种情形下，嵇文甫提出"早熟性"问题，体现了他坚持马克思主义唯物史观，注重探求中国古代社会自身发展规律，反对教条主义倾向的非凡史识。而郭沫若在20世纪50年代初期对历史发展一般性规律的探索，一方面源于他对马克思主义理论及其对中国历史适用性的信仰，并不否认中国社会发展的某种程度的特殊性，另一方面，与新中国成立初期一切都要"从头学起"，大力宣传普及唯物史观的特定时代和学术氛围有关。但

---

① 郭沫若：《奴隶制时代》，人民出版社1973年版，第110—112页。

是，他将嵇文甫提出的"早熟性"说，提升到"取消马克思学说"的高度进行驳斥，显然有简单粗莽和上纲上线的意味。

至于西周农人身份的确定，双方都有各自的解释。尽管嵇文甫的反证尚不充分，未能达到对西周农业生产者的奴隶身份，以及由此确立的西周为奴隶社会这一论断的全面否定，但他对《唐风·鸨羽》和《酒诰》等的解读仍有合理可取之处。而郭沫若为了说明《鸨羽》不是农人作的诗，《酒诰》的诰辞对象也不是农民，给出的理由是当时的农人既不可能有本领来作那样的诗，也不可能有做官的资格。这样的理由似乎太过牵强。例如，如果农人不能作出《鸨羽》这样的诗，那么占《诗经》主体的"风"究竟为谁所作？况且，如果将"王事"解为做官，那么，"王事靡盬，不能艺黍稷，父母何食"一句语义前后矛盾，很难解释顺畅。[①] 而嵇文甫将其解为徭役兵役一类，则更为合适更为自然一些。同时，仅仅因为其与领主的关系，郭沫若将彝族社会里多少有些土地甚至奴隶的管家娃子视为奴隶的说法显然是不合适的。如此一来，人们不禁要问，划分"奴隶"的标准和依据到底是什么？这样做是否存在着将"奴隶"概念泛化的嫌疑？

虽然由于各种原因，两人围绕中国古代社会性质的公开文字讨论没有深入下去，但私下的讨论仍没有停止。例如，1959年夏天，郭沫若到河南视察文物工作时由嵇文甫等人全程陪同。据当时参加陪同的许顺湛先生回忆，在参观碧沙岗文物陈列馆前，两人在一个小接待室就中国古代社会性质问题交谈了起来。其间，两位先生竟相整段背诵《国语》《左传》《尚书》等传世文献，引经据典，边说边议，兴致越来越高，以至于陪同人员因怕耽误其他行程而不得不打断他们的谈话。[②] 如此情形虽远在半个多世纪以前，但在这次围绕中国古代社会性质问题而形成的历时近十年的学术交缘中，我们仍能感受到两位先生对中国马克思主义史学发展进步的执着追求，以及他们身上体现出的民主平等的学术之风。

三

20世纪50年代末，因郭沫若"替曹操翻案"，引发了一场历史人物评价问题的大讨论。嵇文甫积极参与到这场大讨论中，并成就了他同郭沫若的第三次学术交缘。

历史人物评价问题是嵇文甫非常关注的又一问题。早在1951年，他就发表《历史人物的评价问题》一文，这应该是新中国成立后最早系统探讨历史人物评价问题的文章之一了。在文中，嵇文甫认为，在新的历史大变革时代，需要对过去历史人物进行"重新估价"，但不能进行简单的"无原则的翻案"，并提出了历史人物评价的

---

① 郭沫若：《奴隶制时代》，人民出版社1973年版，第113页。
② 许顺湛：《史海荡舟》，中州古籍出版社2008年版，第254页。

"两种偏向""三个标准""四个要点",这在当时均具有很强的现实针对性和理论价值。① 自此以后一直到他 1963 年去世前,他都不时撰文,积极探讨历史人物评价的理论问题,主张要在历史唯物主义的指导下,对历史人物的功过进行具体考察分析,反对"离开具体的活生生的事物内容,而悬空的去讲规律"。②

在 20 世纪 50 年代末的这场讨论中,针对如何正确评价历史人物,特别是封建统治阶级代表人物"帝王将相"的历史作用,郭沫若提出,评价一位历史人物,要以他所处的历史时代为背景,以对历史发展所起的作用为标准,"应该全面来看问题,应从他的大节上来权其轻重,特别要看他对于当时人民有无贡献,对于我们整个民族的发展、文化的发展有无贡献"。③ 这一评价原则确实很有道理,但每一个历史人物所处时代千差万别,矛盾斗争错综复杂,往往还需要在这大原则下作具体的进一步分析。

嵇文甫在讨论中认为,历史是沿着错综复杂、迂回曲折、充满着矛盾的道路发展下来的。就阶级关系来说,在封建社会,除了统治阶级和广大人民之间这一基本矛盾之外,统治阶级内部各阶层和各集团之间也存在着矛盾,这些矛盾交织在一起,并彼此互相推动,互相影响。同时,统治阶级和广大人民的基本矛盾也有互相渗透、互相转化的一面。所以,如果抛开这些错杂复杂的矛盾关系,孤立地来谈封建社会的矛盾斗争,在历史人物评价上就容易把问题简单化,得出片面性的结论。具体到曹操,嵇文甫认为,曹操是封建统治阶级中的杰出代表,在当时起过进步作用,是应该肯定的。但同时,他镇压黄巾起义,屠杀人民,暴露出凶恶的阶级本质。所以,嵇文甫反对"一种似乎要把他的功绩干脆一笔抹杀,另一种却又似乎把他太美化了"的两种极端论调,不同意郭沫若所认为的曹操"虽然打了黄巾,并没有违背黄巾起义的目的",并且加以"组织化","承继了黄巾运动"的观点。他认为郭沫若淡化了阶级斗争观点,而仍应将历史人物放在所属的阶级范畴里进行评价。他质问道:"好像曹操简直从一个黄巾的镇压者,一变而成为黄巾的继承者和领导者,既代表了封建统治阶级,又代表了农民。这样一来,美化曹操还是小事,恐怕要使人把阶级界限弄模糊了吧?"④ 不光嵇文甫这样认为,史学家周一良也说,评价统治阶级历史人物时,要从阶级观点出发来考察,这样才符合我们马克思列宁主义史学的要求,而郭沫若"没

---

① "两种偏向"为:"左"倾的偏向(即"历史否定论")和右倾的偏向(即主张"一切存在的都是合理的,把过去的人都宽容了原谅了")。"三个标准"为:"第一,对于人民有贡献的,有利的;第二,在一定历史阶段起进步作用的;第三,可以表现我们民族高贵品格的。合乎这三个条件都是好的,相反的都是坏的。""四个要点"为:第一,"根据一定具体的历史条件";第二,"要认识历史人物的多面性与复杂性";第三,"站稳阶级立场,反对客观主义";第四,"要配合当前的政治任务"。(嵇文甫:《历史人物的评价问题》,《新史学通讯》1951 年第 1 卷第 2 期)

② 嵇文甫:《就文史教学上试谈所谓"规律知识"》,《学习与生活》1951 年第 2 卷第 11 期。

③ 郭沫若:《替曹操翻案》,《人民日报》1959 年 3 月 23 日。

④ 嵇文甫:《辩证地看待历史人物》,《人民日报》1959 年 7 月 20 日。

有把曹操放在统治阶级人物这一范畴里考虑，忘记了封建统治者的剥削本质，忽略了剥削阶级与被剥削阶级间利益之冲突与矛盾之不可调和"。①

嵇文甫等人在对郭沫若的观点提出质疑的同时，也指出了郭沫若在替曹操翻案时"翻"得有些"过"的地方。但是在笔者看来，他们没有体认到郭沫若替曹操翻案的真正动机。20世纪50年代的中国史学，由于受当时政治形势影响，"左"倾思潮、非历史主义做法不时泛滥。自1958年"史学革命"之后，这些错误愈发严重，给史学界造成了很大的思想混乱。在这种情形下，郭沫若、翦伯赞等老一辈马克思主义史学家对偏离正常轨道的史学思潮和方法，进行了力所能及的批评和反拨，引导学术界和青年学生"重新认真学习马克思主义，踏踏实实地研究些历史问题"。② 郭沫若对曹操这样的历史人物进行重新评价直接推动了史学界的学术讨论，并很快形成了"百家争鸣"的局面。

不得不承认，评价曹操这样的历史人物时，人们往往会遇到两难的境地：如果强调农民起义的正义性，回避封建统治阶级代表人物客观上适合时代要求和人民愿望的事业和历史功绩的话，那么一部二十四史就漆黑一团，毫无进步可言，中国的几千年历史就只能简化为一部农民战争史，这显然违背了历史主义原则；如果要正视肯定帝王将相的功绩，又可能会被人认为丧失了"阶级立场"，这在当时更是一个严肃的政治原则问题。如何实现历史主义观点与"阶级立场"的沟通融合呢？对于这一问题，嵇文甫主张用封建统治者向农民"让步"的观点来化解这一困境。他说，在每次农民战争失败后，改朝换代之初的新王朝往往都能革除前代弊政，对农民采取一些让步政策及相应的措施。农民战争推动历史前进的作用就在这里表现出来。一方面，封建统治阶级利用农民战争作为改朝换代的工具；另一方面，农民却也通过封建统治阶级的政治措施把自己的历史事业向前推进。如果只看见统治阶级镇压农民，利用农民，而完全否定其某些让步措施，那中国农民战争只是一连串的失败，就无从表现农民战争把历史推向前进；反过来，如果过分夸大统治阶级的那些让步措施，认为农民战争的目的不过如此，就未免贬低了其反封建的根本意义。总之，要把"客观的历史分析"和"个人的历史评价"二者关系配合得十分巧妙。③

需要指出的是，早在1951年翦伯赞在《论中国古代的农民战争》一文中提出"让步政策论"时，嵇文甫就对此表示了认同。当时他就明确指出，虽然朱元璋、刘邦等依靠农民起义起家，而后蜕变为封建地主阶级并建立了统治政权，但是他们在新王朝建立初期，为了巩固统治而采取了一系列有利于社会安定和经济发展的措施，"也多少缓和了阶级矛盾，推动了生产力，使中国历史还可以往前走，这便有他一定

---

① 周一良：《要从曹操活动的主流来评价曹操》，《光明日报》1959年5月6日。
② 张传玺：《新史学家翦伯赞》，北京大学出版社2006年版，第197页。
③ 嵇文甫：《辩证地看待历史人物》，《人民日报》1959年7月20日。

的功绩"。① 虽然农民战争无一例外都归于失败,"不得不演成历史悲剧",但是,中国历史总得往前走,不可能停断,其进步和发展的推动力就表现在新王朝所实行的那些轻徭薄赋、休养生息的政策,农民战争就是通过这种方式促使了封建社会的发展和阶级关系的缓和。②

  自投身史学研究事业那天起,嵇文甫就一直致力于中国马克思主义史学理论的探讨和史学理论体系的构建,并提出了许多既具创新价值,又有现实针对性的重要观点。他同郭沫若等老一辈史学家在史学研究中相互激励,常常就一些学术问题展开学术争鸣,不仅推进了中国马克思主义史学的发展,而且增进了相互之间的友谊。

(原载《中州学刊》2013 年第 2 期)

---

① 嵇文甫:《历史人物的评价问题》,《新史学通讯》1951 年第 1 卷第 2 期。
② 嵇文甫:《嵇文甫文集》(下),河南人民出版社 1990 年版,第 19 页。

杜甫的平民角色与平民情

——兼论郭沫若对杜甫的评价问题

杨胜宽

杜甫是唐代最伟大的诗人，也是对后世影响最深远的诗人。他的伟大及深远影响，重要原因之一是他具有历史上许多诗人所不具备的平民意识与情怀。杜甫的平民情怀，主要包括两个方面的含义，一是杜甫作为亲眼见证并亲身经历了唐王朝由盛入衰巨大转折和剧烈动荡的社会一分子，他身不由己地从社会的中层跌入社会底层，体验了社会底层民众的生活艰辛与流离颠沛，这种经历大大增强了他对劳苦大众的感性认识；二是杜甫作为既具有丰富生活经历又具有社会良知与同情心的诗人，他用诗歌这种长于抒情的艺术形式宽视域广角度地反映了那个时代的社会生活，尤其是平民的真实生活，诗人在其中对天下苍生的苦难寄予了深刻的关注和巨大的同情。杜诗历来誉为"诗史"，其意义与价值不仅在于为一个特殊时代的社会现实作了真实和全面的记录，而且在于诗人用饱含感情的诗歌表达形式，生动反映了任何正史都不予重视和无法表现的普通民众的生存状态及悲欢离合。杜甫的生活经历和艺术成功，为现代的文学创作和社会价值重建，提供了多方面的有益启示。

一 郭沫若关于杜诗的"人民性"与杜甫的"地主生活"问题

杜甫其人其诗，在身后的一千多年历史里，轩轾抑扬、喜恶褒贬，几乎没有间断。特别是20世纪初以来，随着社会政治变革、中西文化交流、文学价值观念的变化起伏，对于历史人物和文学遗产的评价尺度与标准，也因不同的时代需要而不断改变。中国的20世纪，是一个非常复杂而特殊的世纪，人们对过往历史因某种需要而幡然改变已有的评价，是十分常见的事情。郭沫若对于杜甫的认识与评价的变化历程，从某种意义上看，就反映了那个时代的典型特征。

郭沫若最早是通过朗诵杜诗而知道历史上的诗人杜甫的。根据他自己的介绍，其接触杜诗大约从五六岁就开始了。他在《我的作诗的经过》中回忆说："读诗、学平仄四声之类，动手得尤其早，自五岁发蒙时所读的《三字经》《唐诗正文》《诗品》之类起，至后来读的《诗经》《唐诗三百首》《千家诗》之类止，都要算是（作诗的）基本工作。"① 《如何研究诗歌与文艺》也说，十岁以前所作的诗歌和文艺方面的教育准备，除了四书五经，居于"副次"地位的，便是唐诗、《千家诗》《诗品》等。② 唐诗之中，郭沫若重点读了哪些诗人的作品，其诗人修养形成过程中，哪些诗人对他产生过较大的影响？我们从郭沫若 1928 年开列的《〈我的著作生活的回顾〉提纲》中可以看出端倪，在"诗的修养时代"部分，首先列出的是"唐诗——王维、孟浩然、柳宗元、李白、杜甫、韩退之（不喜欢）、白居易"。③ 由此得知，首先，郭沫若早年诗歌修养的形成，唐诗起了十分重要的作用；其次，郭沫若阅读了杜甫的一些代表作，受到过杜诗的影响；第三，从郭沫若对唐代诗人的排序看，他最喜欢的是王、孟等山水田园诗，受到的影响也应最大，而李白、杜甫则排在王、孟、柳之后，表明在早年郭沫若的诗歌接受中，山水田园诗要超过李、杜诗，李、杜并提，体现了郭沫若尊重传统评价的意识。第四，郭沫若后来提及的不喜欢的唐代诗人，那时只有韩愈一人，没有表现出对李、杜的爱、憎偏好。

五四运动前后，是郭沫若新诗创作取得辉煌成就的一个重要时期。在当时谈论诗歌创作的一些言论中，他也曾不止一次提及杜甫，可以看出这时郭沫若对杜甫其人其诗的评价态度。1920 年在《论诗三札》中谈到对古代诗人的评价，体现了此时郭沫若评价古代诗人的基本标准：

> 至于我国古代真正的大诗人，还是屈原、陶靖节、李太白、杜甫诸人，白居易要次一等，古来的定评是不错的。因为诗——不仅是诗——是人格的表现，人格比较圆满的人才能成为真正的诗人。真正的诗，不怕便是吐诉他自己的衷情、抑郁，我们读了，都足以增进我们的人格。诗是人格创造的表现，是人格创造冲动的表现。④

这清楚表明，20 世纪 20 年代，郭沫若完全认同传统对杜甫的评价观点，把他列为中国古代一流的大诗人。至于何以如此评价的原因，他自己给出了明确解释，因为杜甫和屈原、陶渊明、李白一样，是人格最圆满的诗人，而只有人格的圆满，才能写出最伟大的作品，这样的作品才足以打动读者，能够使读者完善自身的人格。郭沫若所说的"人格圆满的诗人"，指的是"个性发展得比较完全的诗人"。⑤ 此时的郭沫若，信奉泛神论，张扬自我，注重诗歌的个性表达和抒情本质，是其浪漫主义艺术个性表现最充分的时期。1924 年《关于接受"文学遗产"》一文，谈到整理古代遗产

---

① 郭沫若：《郭沫若论创作·我的作诗的经过》，上海文艺出版社 1983 年版，第 200 页。
② 郭沫若：《郭沫若论创作·如何研究诗歌与文艺》，上海文艺出版社 1983 年版，第 173 页。
③ 郭沫若：《郭沫若论创作·我的著作生活的回顾提纲》，上海文艺出版社 1983 年版，第 160 页。
④ 郭沫若：《郭沫若论创作·论诗三札》，上海文艺出版社 1983 年版，第 234—235、235 页。
⑤ 同上。

与文学创造的价值时,特别提到杜甫诗歌创造的价值:"研究莎士比亚与歌德的书车载斗量,价值抵不上一篇《罕谟列特》和一部《浮士德》在文化史上所占的地位。千家注杜,五百家注韩,也何曾抵得上杜甫、韩愈的一诗一文在我们的文化史上有积极的创造呢?"①其观点是否科学姑且不论,这表明那时的郭沫若极其重视文学创造,认为杜甫的诗歌、韩愈的文章,最有创造价值。看得出,杜诗在郭沫若的心目中地位是非常高的,几乎被作为古代最有价值诗歌的代名词。

在20世纪40年代,郭沫若因为主客观原因,进入集中研究历史人物的时期。他在《十批判书》的《后记》和《历史人物·序》等文章中,都明确提出其评价历史人物的主要标准是"人民本位",并且在这个标准之下来确定郭沫若自己的"好恶"。②值得注意的是,这一时期,无论是作为研究对象还是相关文章,郭沫若都几乎没有提及杜甫其人其诗,就跟从他的记忆中完全抹去了一般。而他花了很多精力研究并以之为原型进行历史剧创作的,是被他称为"人民诗人"的屈原。看来,郭沫若20年代高度评价的四位诗人,在新的评判标准之下因为研究者的主观好恶而出现了明显分化,相比对于屈原的高度重视,杜甫被郭沫若淡化,乃至"遗忘"了。

新中国成立以后,我们能够记起的是郭沫若1953年游成都杜甫草堂,为草堂题写的著名楹联:"世上疮痍诗中圣哲,民间疾苦笔底波澜",表现了郭沫若对杜甫诗歌的高度肯定。但这种高度浓缩的题字性评价,与基于学理性研究所作的科学评价毕竟不完全相同,难免带有某些"应景"的成分。从题字内容看,中心意思依然重在肯定杜诗同情民生疾苦上,而"诗中圣哲"这种看似很高的褒扬,也似乎透露出离"人民诗人"称号犹有一间的"春秋笔法"!有力的证据是郭沫若1962年3月15日发表于《羊城晚报》的《谈诗》谈到"诗的人民性"问题,其中两处谈及杜甫及其诗歌作品,"杜甫的《三吏》《三别》,也只是同情一下人民罢了";"至于唐代的几位诗人,我比较喜欢李白……对杜甫我就不大喜欢,特别讨厌韩愈"。③显然,此时的郭沫若对杜诗的人民性特征不突出是持保留态度的,这一点成为其公开宣称不喜欢杜甫的最重要理由。

但令人不解的是,时隔三个月的1962年6月,郭沫若在纪念杜甫诞生1250周年的开幕式上致辞,后来作者把文章题目改为《诗歌史上的双子星座》,文章着意突出了杜诗的人民性特征,至少有三处从不同侧面谈及这一点:

> 他的生活就和时代的急变一样,仿佛由天上掉到了地下。从七五五年以后一直到他的逝世,十五六年间所渡过的基本上是流浪的生活,饥寒交迫的

---

① 郭沫若:《关于接受"文学遗产"》,载《郭沫若古典文学论文集》,上海古籍出版社1985年版,第27页。
② 郭沫若:《历史人物·序》,载《郭沫若全集·历史编第4卷》,人民出版社1982年版,第3页。
③ 郭沫若:《郭沫若论创作·谈诗》,上海文艺出版社1983年版,第343页。

生活，忧心如捣的生活。但就在这样的生活当中，他接近了人民，和人民打成了一片。

　　他对于人民的灾难有着深切的同情，对于国家的命运有着真挚的关心，尽管自己多么困苦，他是踏踏实实地在忧国忧民。而这忧国忧民的热情，十余年间，始终没有衰歇过。

　　他和人民同命运，共甘苦，既从现实生活中积累了丰富的经验，而又向古代的诗人和民间的诗歌虚心学习，把古代的和民间的语言加以锻炼，而创造性地从事诗歌天地的开拓。①

　　这些话，把杜诗人民性产生的主客观原因阐述得很透彻，不仅在诗歌思想内容上，而且在其艺术表现形式上。同样的评价对象，同样的评价尺度，在短短数月之间，竟有着如此截然的不同！这种迥异的评价态度，在十年后出版的《李白与杜甫》中，更加走向极致。该书1971年12月出版以来，郭沫若对李、杜二人极端的抑扬态度一直饱受争议。他在《关于杜甫》部分的各章节中，全面贬低和否定了杜甫，其中一节的标题即是《杜甫的地主生活》，把杜甫归入剥削人、压迫人的统治者行列。证明的根据是杜甫自己诗中言及草堂栽种树木的种类与数量，郭沫若通过计算，认为达到一百亩的规模，拥有土地上百亩，"要说杜甫过的不是地主生活，那是很难令人首肯的"。② 杜甫后来漂泊到夔州，地方官柏茂琳在东屯把他安顿下来，据说还让他管理百顷公田，杜甫从这些收成中拿到了自己的一份管理"俸禄"；他在夔州还有自己的果园，养了一百只可以治风湿病的乌骨鸡！郭沫若由此判定说："要之，杜甫的生活，本质上，是一个地主的生活。"并且特意批评，那些说杜甫流浪生活很艰苦的评论者，是"人民诗人"的观念在作怪③，明确否定杜甫是人民诗人，完全推翻了他自己十年前对杜诗"人民性"的评价。郭沫若认定杜甫过的是地主生活的观点，研究者普遍不能接受，认为是郭沫若机械地运用了阶级分析方法，甚至是为了达到贬低杜甫的目的而采取的深文周纳手法。因为郭沫若不可能不清楚，土地改革及新中国成立后判定封建社会"地主"的性质，最根本的有两条，一是自有大量土地；二是通过分租土地收取租税满足不劳而获的生活。杜甫无论在成都还是在夔州，其生活都不具备这两个特征，郭沫若硬说他过的是地主生活，的确显得牵强附会。

---

　　① 郭沫若：《诗歌史上的双子星座》，载《郭沫若古典文学论文集》，上海古籍出版社1985年版，第609—611页。
　　② 郭沫若：《李白与杜甫》，载《郭沫若全集·历史编第4卷》，人民出版社1982年版，第396页。
　　③ 同上书，第400页。

二 杜甫的平民角色

人们普遍相信,"安史之乱"不仅改变了唐王朝的命运,也完全改变了杜甫的人生命运。这样的观点本没有错,但它容易产生误导,使研究者和读者的目光只去关注"安史之乱"以后的杜甫,而不同程度地忽视对杜甫早期生活及诗歌创作全过程的深入了解。其实,从社会角色看,贯穿杜甫一生的都是平民化的角色,不仅跟地主生活不沾边,甚至也很少真正进入过统治阶层的行列。通观之,杜甫一生,是由以下五种角色连贯起来的:

第一种,奉儒者。这是早年杜甫的角色定位,反映了其家学渊源、家庭教育观念和未来人生的价值取向。杜甫在天宝十三载(754)所上的《进雕赋表》中云:"自先君恕、预以降,奉儒守官,未坠素业矣。"[①] 说明杜甫自其远祖杜恕、杜预,直至祖父杜审言、父亲杜闲以来,世世尊奉儒家思想,坚持遵照儒家的道德信条立身行事,数百年间坚持不变。言及祖父杜审言,杜甫颇有几分自得之意:"修文于中宗之朝,高视于藏书之府,故天下学士到于今而师之。"[②] 能够在朝廷行修文之事,游藏书之府,作读书人的师表,俨然成为杜甫的职业理想和人生最大追求。他在《壮游》诗中颇为自负地回忆早年的这番经历:"往昔十四五,出游翰墨场。斯文崔、魏徒,以我似班、扬。七龄思即壮,开口咏凤凰;九龄书大字,有作成一囊。"[③] 能够记起且最觉自豪的,是自幼以来的读书作文之事。他在长安希求举荐时也这样推荐自己:

甫昔少年日,早充观国宾。读书破万卷,下笔如有神。赋料扬雄敌,诗看子建亲。

李邕求识面,王翰愿为邻。自谓颇挺出,立登要路津。致君尧舜上,再使风俗淳。[④]

杨伦《杜诗境诠》引范温评云:"自'甫昔少年日'至'再使风俗淳',皆言儒冠事业。"[⑤] 所有这些关于早年的努力与经历及自身才能的称述,都清楚表明,杜甫是一个奉行儒家思想和价值观念的正宗儒生,其行为特征,完全符合传统儒家的职业追求:"游文于六经之中,留意于仁义之际,祖述尧舜,宪章文武,宗师仲尼,以重

[①] 仇兆鳌:《杜诗详注》卷二十四,中华书局1979年版,第2172页。
[②] 同上。
[③] 仇兆鳌:《杜诗详注》卷十六,中华书局1979年版,第1438页。
[④] 仇兆鳌:《杜诗详注》卷一,中华书局1979年版,第74页。
[⑤] 杨伦:《杜诗镜诠》卷一,上海古籍出版社1980年版,第25页。

其言。"① 然而，笃信儒家思想的杜甫，其人生之路却总不顺畅和平坦，"安史之乱"只是造成其人生坎坷的社会原因之一；在此之前，他希望与所有读书人一样，走科举入仕的道路，但每次应考都铩羽而归，科举制度成为儒生杜甫希求入仕的最大拦路虎，因此他时常生出"儒冠多误身"②的喟叹。

第二种，游观者。杜甫于20岁时南游吴越，是他成年以来第一次独自出游江南。《壮游》有云：

> 王谢风流远，阊阖丘墓荒。剑池石壁仄，长洲芰荷香。嵯峨阊门北，清庙映廻塘。
>
> 每趋吴太伯，抚事泪浪浪。蒸鱼闻匕首，除道哂要章。枕戈忆勾践，渡浙想秦皇。
>
> 越女天下白，鉴湖五月凉。剡溪蕴秀异，欲罢不能忘。③

对于在北方中原地区长大的杜甫来说，吴越的历史名胜、自然景观、风土人情，都让他感到新鲜和奇异，他细心感受王谢风流遗韵，追忆吴、越两国的兴衰陈迹，生出无限古今盛衰、世道沧桑的感慨；甚至长洲芰荷的幽香，五月鉴湖的水凉，越女白皙的肤色——一切都让诗人感受强烈，热血沸腾。唐玄宗开元二十三年（735），杜甫自吴越北返，首次参加在洛阳举行的乡贡考试，自感信心满满，"气劘屈宋垒，目短曹刘墙"，相当自负，结果却是不幸"下第"，这个打击让他始料未及，心理上完全不能接受，故用"忤"字形容当时的恼怒心情。为了开解不快的心情，他旋即开始新一轮的游观之行——"放荡齐赵间"。这次被他自己称为"裘马轻狂"的游历，杜甫自述有云："春歌丛台上，冬猎青丘旁。呼鹰皂枥林，逐兽云雪间。射猎曾纵鞚，引臂落鹙鸧。"颇有几分游侠习气，故后世评论者誉之为"游侠少年图"。④ 耐人寻味的是，这次游历表现出来的侠客之风，恰在其落第失意之时，侠客被韩非定义为"以武犯禁"⑤，自古以来就是游走于体制之外，而以为民除害为己任的社会角色，其主要作用之一便是对抗权势，为社会弱势群体打抱不平。杜甫用"放荡""轻狂"的姿态展示一个遭遇入仕打击的侠客血气，自然含有某种对科举的不平情绪和向当权者"示威"之意。

第三种，干谒者。度过八九年的"快意"游历生活以后，杜甫于天宝五载（746）回到长安，即将开始他困居长安十年的酸辛生涯，扮演一个奔走于达官显贵

---

① 班固：《汉书·艺文志》，中华书局1983年版，第1728页。
② 仇兆鳌：《杜诗详注》卷一，中华书局1979年版，第74页。
③ 仇兆鳌：《杜诗详注》卷十六，中华书局1979年版，第1439页。
④ 杨伦：《杜诗镜诠》卷十四，上海古籍出版社1980年版，第698页。
⑤ 司马迁：《史记·游侠列传》，中华书局1982年版，第3181页。

之门、低声下气希求荐用的干谒者角色。杜甫有《今夕行》记录其初到长安的情形及心态：

> 今夕何夕岁云徂，更长烛明不可孤。咸阳客舍一事无，相与博塞为欢娱。
> 凭陵大叫呼五白，袒跣不肯成枭卢。英雄有时亦如此，邂逅岂即非良图？
> 君莫笑，刘毅从来布衣愿，家无儋石输百万。①

诗中描述了诗人初到长安的一腔热血与英雄壮志，但是苦于求告无门，在客舍里无聊至极，只得以博塞为戏自寻"欢娱"。今天的读者可以想见，当时杜甫心境是何等苦恼和烦躁，正经受着干谒权贵前的心理煎熬。经过激烈痛苦的思想斗争，杜甫在除非干谒求进别无良途的情况下，不得不放下儒生的脸面及读书人的自尊，奔走求用。不消说，每一次奔走与求告都是痛苦和屈辱的，他自己对这段人生经历描述为：

> 骑驴十三载，旅食京华春。朝扣富儿门，暮随肥马尘。残杯与冷炙，到处潜酸辛。②

按照其《进封西岳赋表》的说法："退尝困于衣食，盖长安一匹夫耳。"③ 生活十分困难，完全没有自尊自信可言了。在困居长安期间，发生过天宝六载诏天下有一艺者诣阙应试而被李林甫以"野无遗贤"为由悉数摈斥的事件，杜甫再遭摈斥；天宝十载杜甫上《三大礼赋》而得到玄宗赏识，下令待诏集贤院，次年召试文章参列选序；特别值得注意的是，天宝十四载，授甫河西尉，而他推辞不拜。为什么杜甫一直苦苦觅求的入仕机遇，真正官职到手却辞而不拜？诗人在《官定后戏赠》一诗中有所剖白：

> 不作河西尉，凄凉为折腰。老夫怕趋走，率府且逍遥。耽酒须微禄，狂歌托圣朝。
> 故山归兴尽，回首向风飔。④

自言不愿作河西尉，是不想为斗米折腰；接受率府胄曹参军的职位，只是喜欢它

---

① 杨伦：《杜诗镜诠》卷一，上海古籍出版社1980年版，第18—19页。
② 仇兆鳌：《杜诗详注》卷一，中华书局1979年版，第75页。
③ 仇兆鳌：《杜诗详注》卷二十四，中华书局1979年版，第2158页。
④ 仇兆鳌：《杜诗详注》卷三，中华书局1979年版，第244—245页。

的逍遥自由和那点微薄的俸禄，聊以解决生计而已。王嗣奭解诗的末句云："曰'向风飚'，知率府亦非所欲，为贫而仕，不得已也，不平之意，俱在言外。"① 杜甫十年干谒请求，一旦得到官职却不怎么当回事，恰好体现了其作为平民知识分子的当然本色。

第四种，客居者。杜甫被任命为胄曹参军不久，他就启程前往奉先探亲，足见其确实逍遥自由。但随即"安史之乱"爆发，他在鄜州闻知肃宗李亨即位灵武，遂直奔行在，途中陷身叛军，随即侥幸逃身，麻鞋见天子于凤翔，被授予左拾遗。但不久因疏救房琯，诏下三司推问。从至德二年（757）四月获职到次年六月出为华州司功参军，除去被三司推问，他作左拾遗的时间最多只有一年。乾元二年（759），因关辅大饥，百姓纷纷逃难，48岁的杜甫也弃官加入流民队伍，开始了其后半生漂泊不定的客居生涯。《秦州杂诗二十首》其一：

满目悲生事，因人作远游。迟廻度陇怯，浩荡及关愁。水落鱼龙夜，山空鸟鼠秋。

西征问烽火，心折此淹留。②

诗人已经非常清楚，战乱完全改变了他的生活轨道，他将开始的漂泊不定生涯，是自己根本无法预计和支配的，不知道何时是头，何处是归宿。由秦州经同谷，辗转进入相对安定的四川，投奔友人剑南两川节度使严武，在成都锦江边定居下来。关于杜甫的居所，两《唐书》本传均有"结庐"字样，但没有说明其居住的茅屋是杜甫自建还是严武援建，杜甫在秦州已是"负薪採橡栗自给"，③ 生计已极为困难，他没有财力自建居所，应是严武施以援手。《旧唐书》本传对杜甫在草堂的生活有这样的描述："甫于成都浣花里种竹植树，结庐枕江，纵酒啸咏，与田夫野老相狎荡，无拘检。"④ 这一方面揭示了杜甫在成都的客居生活，由于得到严武的照顾，确实相对安定，但同时也说明，正是诗人亲自劳作，尽量自食其力，有了对普通平民生活的真切体验，有机会与田夫野老无拘无束地交往。他作为一个客居的流民，其平民角色特征十分明显。这种角色意识，在《客至》一诗中也有最贴切的体现："舍南舍北皆春水，但见群鸥日日来。花径不曾缘客扫，蓬门今始为君开。盘飧市远无兼味，樽酒家贫只旧醅。肯与邻翁相对饮，隔篱呼取尽余杯。"⑤ 诗歌毕现杜甫舍中待客之道，虽然接待客人不算丰富隆重，但其热情真诚十分到位，也许是客居的身份与感受，让他

---

① 王嗣奭：《杜臆》卷一，上海古籍出版社1983年版，第38页。
② 仇兆鳌：《杜诗详注》卷七，中华书局1979年版，第572页。
③ 仇兆鳌：《杜诗详注》卷首，中华书局1979年版，第6页。
④ 同上书，第3—4页。
⑤ 仇兆鳌：《杜诗详注》卷九，中华书局1979年版，第793页。

备感睦邻友好之珍贵。

严武去世以后，杜甫失去依凭，不能继续在草堂居住，辗转顺江而下至夔州，两年间在赤甲、瀼西、东屯间迁居，其情形比成都草堂差了很远。《客堂》述及严武"累奏资薄禄"的事，说明他在成都生活可以不愁温饱，跟得到一份经严武多次奏请得到的一份检校工部员外郎的朝廷俸禄有直接关系，居夔时没有了这份皇粮，日子顿时拮据起来，加之衰病困扰，漂泊的生活更加艰难。观其"旧疾廿载来，衰年得无足。死为殊方鬼，头白免短促。老马终望云，南雁意在北。别家长儿女，欲起惭筋力"①的诗句，可见诗人晚境寂寥、盼北归而不能的困窘之状。

第五种，卧疾者。从大历三年（768）初出峡到五年（770）秋冬之际卒于耒阳舟中，近三年的时光，杜甫几乎都在荆湘间漂荡转徙，此时的杜甫贫病交加，境况极为凄凉。他本来身体较弱，自言"少小多病"，②四十多岁开始的漂泊生涯，居无定所，衣食难保，多种疾病难以及时调养诊治，随着年龄增长日益严重，流寓夔州时，苦疾、采药、寻方治病的诗就频繁出现："遭乱发尽白，转衰病相婴"；"肺枯渴太甚，漂泊公孙城"③；"万里悲秋常作客，百年多病独登台；艰难苦恨繁霜鬓，潦倒新停浊酒杯"④。多病的悲秋客，连一向喜欢的浊酒也不能消受了。入湘以后，藩镇生乱，诗人生计落空，病情日甚，临死前所作《风疾舟中伏枕书怀三十六韵奉呈湖南诸友》等诗，集中反映了其人生旅程行将终结时的惨状。所谓"生涯相汩没，时物正萧森"；"战血流依旧，军声动至今"。现实世界留给诗人的最后印象，竟是如此疮痍，如此无望！浦起龙评此诗云："公诗本苦多乐少，然未有苦至此者。竟是一篇绝命词！"⑤伟大的诗人在寂寞、贫困和绝望中告别了他为之千愁百结的世界。

三　杜诗的平民情怀

杜甫的一生，无疑是政治失败的一生。科举失败，决定他输在了仕途的起跑线上；求告无门，使他那"自谓颇挺出，立登要路津"的梦想彻底破灭；而"安史之乱"的爆发，则把他完全抛入了流离失所的难民行列。然而，正是其政治上的一路失败，促成了杜甫平民角色的社会定位，及其日益深厚的平民情怀。概言之，亦有五种情怀：

第一，仁爱情怀。这是杜甫作为传统儒生从小培养和形成，并在其后来诗歌中展示最充分的一种人文关怀情怀。儒家的核心思想是"仁者爱人"，并且主张将这种仁

---

① 仇兆鳌：《杜诗详注》卷十五，中华书局1979年版，第1268页。
② 仇兆鳌：《杜诗详注》卷二十四，中华书局1979年版，第2158页。
③ 仇兆鳌：《杜诗详注》卷十九，中华书局1979年版，第1691—1693页。
④ 仇兆鳌：《杜诗详注》卷二十，中华书局1979年版，第1766页。
⑤ 浦起龙：《读杜心解》卷五，中华书局1981年版，第818页。

爱推己及人。杜甫诗歌，当天下未乱将乱之际，则先天下之忧而忧。《同诸公登慈恩寺塔》，作于天宝十三载，诗人眼见天子荒淫，奸佞当道，忧心乱局已成，国将破碎，民将涂炭，故有"自非旷士怀，登兹翻百忧"，"秦山忽破碎，泾渭不可求；俯视但一气，焉能辨皇州。回首叫虞舜，苍梧云正愁；惜哉瑶池饮，日晏昆仑丘"等语，大声疾呼，危言耸听，其中蕴藏的是诗人忧国忧民的深重情怀。浦起龙评此诗有云："顾此诗之作，犹在升平京阙间也。恐所云'秦山破碎''不辨皇州'及'虞舜''云愁''瑶池''日晏'等语，比于不病而呻。故起处先着'旷士''百忧'二语，凭空提破怀抱，以伏寓慨之根。此则匠心独苦者也。"① 诗人自言不是"旷士"，是对其儒生角色的清晰体认；当天下未乱之时，预忧国家动乱给百姓带来的可怕灾难，则根于其时时为国为民分忧的仁爱情怀。次年十月所作《自京赴奉先咏怀五百字》，则是在安禄山叛乱发生的一个月前，诗人看清叛乱随时可能发生，故忧国忧民之情更显急迫，所谓"穷年忧黎元，叹息肠内热"，"朱门酒肉臭，路有冻死骨"，"荣枯咫尺异，惆怅难再述"，"默思失业徒，因念远戍卒"，"忧端齐终南，澒洞不可掇"，三复致意，用心至切。王嗣奭评"许身一何愚，窃比稷与契"二语云："人多疑自许稷契之语，不知稷契元无他奇，只是己溺己饥之念而已。伊尹得之而念尘纳沟，孔子得之而欲立欲达，圣贤皆同此心。"② 对于诗人杜甫而言，想做稷契是否做得成并不重要，重要的是诗人将仁爱之心推己及人的情怀值得感佩。

当天下乱局纷扰之际，则既忧家，更忧国；既忧己，更忧民。乾元二年，诗人自洛阳归巩县，目睹战乱之后国破家亡景象，作《忆弟二首》《得舍弟消息》《不归》诸诗，表达其对亲人的牵挂之情：

> 乱后谁归得，他乡胜故乡。直为心厄苦，久念与存亡。汝书犹在壁，汝妾已辞房。
>
> 旧犬知愁恨，垂头傍我床。（《得舍弟消息》）

没有经过乱离之苦的人，一定难以领会诗人的矛盾心境与痛苦情怀：眼见故乡残破，故劝其弟以他乡作故乡；而彼此悬隔，不知生死存亡，只得饱尝牵挂之苦；睹家书而思亲人，可惜家人离散，早已物是人非；连家犬也感知主人的愁苦，故作垂头无趣之状！从这絮叨婉曲的思亲念亲言辞中，人们不难领会诗人对家人的那份深厚情谊。同年由洛阳返华州途中，诗人作有著名的"三吏""三别"，王嗣奭认为，这些诗"非亲见不能作，他人虽亲见亦不能作"，"目击成诗，遂下千年之泪"。③ 没有亲

---

① 浦起龙：《读杜心解》卷一，中华书局1981年版，第9页。
② 王嗣奭：《杜臆》卷一，上海古籍出版社1983年版，第35—36页。
③ 王嗣奭：《杜臆》卷三，上海古籍出版社1983年版，第83页。

身见闻，固然不能具体描写战乱的惨象，官吏的暴虐，以及百姓的妻离子散，家破人亡；没有杜甫忧国忧民的仁爱情怀，即使见了这些人间惨象也写不出"三吏""三别"，因为言其事而无其情，是根本不能令千百年的读者为之感动下泪的。后来杜甫流寓成都，有茅屋数间聊以栖身。因风破其屋，诗人作《茅屋为秋风所破歌》，其中"安得广厦千万间，大庇天下寒士俱欢颜"之句，最为著名，历来对其解读亦各有不同。其实，诗人是否拥有广厦千万间来大庇天下寒士，并不重要，后人最应该致敬的，是诗人己溺己饥的仁者情怀，王嗣奭说"真有此想头，故说得出"①，是直指心源的最有见地之言。诗人本是一流寓他乡的难民，自然最珍视来之不易的茅屋；而当茅屋被吹破之时，他特别能体会天下寒士没有栖身之所的愁苦，用广厦庇寒士，明明只是一厢情愿的幻想，但这是诗人最仁慈、最具爱心、最感动世人的美丽幻想！

第二，天地情怀。游观天下，对于唐代读书人而言，是自身成长必不可少的"功课"。李白一生好为名山游，创作出了不胜枚举的讴歌名山大川的壮美诗篇；岑参有了不止一次的西北异域生活阅历，才写出了那些奇峻瑰丽的边塞杰作。杜甫科举落第，南游吴越、北游齐赵，虽说当时带有某种"负气"之游的意味，但从诗人增长见识、丰富阅历的角度看，乃是极其重要和必要的，应视为诗人的必然选择。因此，当诗人完成数年的游历作回顾时，他的最大感受是"快意"，留给诗人的回忆是十分美好和珍贵的，诗人获得的体验与感受也是极为丰富与深刻的。善游观者，不仅可以了解各地的山川景物，民情风俗，更可以通过凭吊历史人物和历史遗迹，抚今追昔，感念古今盛衰之道和历史演变规律，甚至可以得自然之气，究天人之理。"气酣登吹台，怀古视平芜"②，诗人在吹台之上，实现了对历史、地理的时空穿越，与古人对话，与天地一气，具备了一种超越时空界限的天地情怀；"荡胸生层云，决眦入归鸟"③，在诗人想象自由驰骋的天地里，是不是身在泰山之巅已经无关紧要，在艺术的想象中一样可以获得身临其境的情感陶冶，其神骛八极的艺术心灵，完全冲决了时空的视域和机械的现实。人为万物之一，天地与我同理，这是中国文化传统对物我关系的普遍认识。欲知人世盛衰之理，必穷万物盛衰之理；欲得世道人伦之情，必得自然万物之情。古人提倡读万卷书，行万里路，须得把扁平、静态的历史记忆与立体、鲜活的现实世界结合起来，才能洞晓事理、体察人情。杜甫具有民胞物与的仁慈之心，并且愿意担荷天下的一切苦难，与他所具备的天地情怀有着密切关系。

第三，酸辛情怀。困居长安的日子，对于诗人杜甫而言，最强烈的感受恐怕是生活的酸辛、求告的屈辱、世态的炎凉。天宝六载，《奉赠韦左丞丈二十二韵》自述"旅食京华"境况，扣富家之门以乞食，随肥马之尘以求进，备受达官显贵与富有之

---

① 王嗣奭：《杜臆》卷六，上海古籍出版社1983年版，第217页。
② 仇兆鳌：《杜诗详注》卷十六，中华书局1979年版，第1448页。
③ 仇兆鳌：《杜诗详注》卷一，中华书局1979年版，第4页。

人的冷遇和白眼，让他真正感受了贫富、等级之间存在的天壤差别。没有切身的困苦经历和真实体验，就难以领略穷困饥饿的滋味，遭人歧视的屈辱。九载，《进封西岳赋表》云："进无补于明时，退尝困于衣食，盖长安一匹夫耳。"① 十载，《进三大赋表》云："顷者，卖药都市，寄食友朋。"② 同年，《秋述》云："杜子卧病长安旅次，多雨生鱼，青苔及榻。"③ 十三载，《进雕赋表》云："臣衣不蔽体，尝寄食于人，奔走不暇，只恐转死沟壑，安敢望于仕进。"④ 读这些接二连三的陈情之词，可以想见诗人越来越艰难的生活窘况和寂寞无助的悲凉处境。这种生活经历与情感体验，对于诗人正视时弊、洞察世情，是必不可少的，他能够在后来的战乱中广泛关注民生疾苦，对社会底层的民众寄予深切同情，甚至有愿意担荷天下全部痛苦的仁慈之心，与他在长安的这段不平凡心酸经历密不可分。

第四，迁徙情怀。杜甫的后半生，是在迁徙不定中度过的。虽然其间的生活境况有好有坏，但迁徙的不确定感、客居的寄寓感，是任何时候都没有消失过的。在被迫迁徙之中，他必须考虑每到一处的生存问题、居所问题等，必须接受自己完全陌生的环境和各种不可预测的复杂因素，必须面对未来生活不可知、不可控的严峻事实。这对一个手无缚鸡之力的儒生而言，命运着实太残酷了。《客堂》诗所谓"死为殊方鬼""南雁意在北"云云，正道出了一个长期漂泊迁徙者的特殊心态与真实情怀。他乡的生活再好，环境再美，在客居者的眼里，始终都是陌生的"殊方"，他无法产生故乡的认同感和亲切感；茫茫无期的漂荡生涯，愈来愈强烈地让人激起回归故土的渴望和需求。《秋兴八首》其一："丛菊两开他日泪，孤舟一系故园心"⑤，在客居者的心中，一草一木，足以触景生悲，一朝一暮，无不备感晚境凄凉。杜甫在迁徙时期特多感兴、遣怀之类的作品，即是这种迁徙情怀的突出反映。从杜甫的创作历程与诗风演变看，不幸的迁徙颠沛生活丰富了他的人生阅历，深化了其平民意识与情感，完善了其艺术表现风格。黄庭坚特别推崇杜甫两川和夔州诗，认为其妙处乃在于无意为文而意已至，实现了《诗经》与《离骚》的巧妙结合，⑥ 则是甘苦有得之言。诗人把他的真实经历、真实感受娓娓道来，不造作、不虚饰，率意真切，诚挚感人。

第五，伤痛情怀。杜甫的伤痛情怀，包括两个层面：一是日臻老境，伴随永无休止的漂泊生活，身体越来越坏，疾病越来越多，给他带来越来越严重的身体痛苦；二是愈到晚年，面对自己人生的穷愁末路和国家日益衰败的矛盾现实，忧国忧民的诗人由对现实和未来的深深绝望而产生的心灵痛苦。二者交互作用，加剧了杜甫晚年诗中

---

① 仇兆鳌：《杜诗详注》卷二十四，中华书局 1979 年版，第 2158 页。
② 同上书，第 2104 页。
③ 仇兆鳌：《杜诗详注》卷二十五，中华书局 1979 年版，第 2208 页。
④ 仇兆鳌：《杜诗详注》卷十七，中华书局 1979 年版，第 148 页。
⑤ 同上。
⑥ 华文轩编：《古代文学研究资料汇编·杜甫卷》第一册，中华书局 1981 年版，第 119 页。

的伤痛情怀。所谓"途穷那免哭，身老不禁愁"①，就是诗人临死之前真实感情的集中表露：苦的岂止是个人的穷通悲喜，实则更主要的还是国家民族的前途命运；愁的也不单是身体的衰病，实则心情的悲凉与绝望更为深沉。浦起龙云："（杜甫）代宗朝诗，有与国史不相似者。史不言河北多事，子美日日忧之；史不言朝廷轻儒，诗中每每见之。可见史家只载得一时事迹，诗家直显出一时气运。"② 诗人所见所闻所感，无不令他揪心绝望。被称为杜甫绝命词的《风疾舟中伏枕书怀三十六韵奉呈湖南亲友》有句云："春草封归恨，源花费独寻；转蓬忧悄悄，行药病涔涔。"③ 人间的桃花源已经无迹可寻，穷愁潦倒而一息仅存的诗人，耗尽了身体的最后能量和忧国忧民的全部情思，带着满腹的遗憾与痛苦，向亲人和世人作了最后的告别。

（原载《杜甫研究学刊》2013 年第 1 期）

---

① 仇兆鳌：《杜诗详注》卷二十三，中华书局 1979 年版，第 2089 页。
② 浦起龙：《读杜提纲》，中华书局 1981 年版，第 63 页。
③ 仇兆鳌：《杜诗详注》卷二十三，中华书局 1979 年版，第 2094 页。

1965，"兰亭论辩"的"笔墨官司"

冯锡刚

1965年春，郭沫若写了两篇涉及书法的文字，一称毛泽东的墨迹"成为了书法的顶峰"，一称《兰亭序》并非出自王羲之手笔。是偶然的巧合，抑或自有其内在的联系？公开发表之后，前者悄无声息，后者郭自谓"四面八方都骚动"。

这年3月，郭沫若写成长达一万六千字的《由王谢墓志的出土论到〈兰亭序〉的真伪》，发表于《文物》6月号。6月10日至11日，《光明日报》全文转载这篇引起文化界特别是书法界震动的翻案文章。郭文的基本观点是：传世《兰亭序》文的作者并非王羲之，则《兰亭序》帖的书者更不可能是王羲之；他是《临河序》的作者，传世《兰亭序》乃后人在《临河序》的基础上窜入140余字而成，与王羲之的思想不合；《兰亭序》帖书者为隋代智永。

王羲之是公认的"书圣"，《兰亭序》被公认为天下第一行书，否定了《兰亭序》的作者，也就在相当程度上动摇了这位"书圣"的地位。尽管郭沫若在文中表示并不否定王羲之在书法史上的地位，承认《兰亭序》帖自有其价值，并称自己至今仍能不依帖而临出全文，但真实情况如他后来所形容的，"文章一出，四面八方都骚动"。

章士钊上书毛泽东，全力推荐书法家高二适的《〈兰亭序〉的真伪驳议》，嘲讽郭沫若"主帖学革命"。陈叔通屡屡驰书沪杭，敦请书界名宿顾廷龙、邵裴子等人撰文反驳。沈尹默在与《光明日报》驻沪记者的谈话中明确表示不同意郭的观点和结论：否定《兰亭序》帖，就否定与他同时代的一大批人，就要重新考虑宋齐梁陈以后书法的传统。沈还称赞唐太宗是很厉害的，他本人懂书法。但这位书界巨擘出于种种考虑，"述而不作"，不愿撰文参与争鸣。

高二适的《驳议》在7月23日《光明日报》发表之后，这场学术争鸣便展开了。就当年发表的文章以及对记者的谈话看，大致可分为三种情况——赞成郭说的名家有顾颉刚、翦伯赞、郑天挺、启功等；不同意的有商承祚、严北溟、魏建功、吴组缃等；认为双方文章论述均不充足的有唐兰、黎锦熙、周振甫、溥雪斋等。郭沫若在读到高二适的《驳议》等文章后，又在8月和11月写了《〈兰亭序〉与老庄思想》《〈兰亭序〉并非铁案》等4篇应战文字，申说自己的观点。

这场关于《兰亭序》真伪的论辩大约持续了五六个月。是年11月中旬，姚文元的《评新编历史剧〈海瑞罢官〉》发表后，文化界的注意力才为之转移。真正的学术争鸣未必会有定论，"兰亭论辩"最终不了了之，原本也属常事。近半个世纪后，回首往事，有两种截然不同的评价。一说在讨论中认真执行了"百花齐放，百家争鸣"的方针，"是曾为学术界称道的一次比较成功的讨论"；一说"是学术其表而政治其里——'对外'称之为'笔墨官司，有比无好'的'百花齐放，百家争鸣'，'内部掌握'的'口径'则是'唯物史观的问题，即主要是阶级斗争的问题'"。前者就学术论学术，以多数参与者的感受，特别较后来的批判《海瑞罢官》（一开始也是打着学术争鸣的旗号），确实因其讨论对象而较具学术气息；后者透过表象，征引某些政要有关这次讨论的材料，得出在当年的大背景下不可能有真正意义上的学术争鸣的结论，可谓见仁见智。笔者所侧重的，在于探究郭沫若撰写此文的心态。

郭沫若为这篇翻案文章取这样一个标题，是告诉人们写作的缘起。陈叔通、沈尹默等人感到困惑的是："南京出土之王谢墓志，自别是一事，与兰亭序无涉……郭公对此忽尔兴发，写此弘文实不可解也。"但这种"实不可解"，在仔细研读文章之后，还是可以见出端倪的。

郭文分为七节，前三节分别介绍与论列王兴之和谢鲲的墓志，并由墓志而及于书法。第四节论《兰亭序》真伪，值得注意的是，作者认为"事实上《兰亭序》这篇文章根本就是假托的"论据，"是最近由于陈伯达同志的介绍，才知道"的。那是清光绪年间李文田的一篇跋文。接着，作者写道："伯达同志已经把他所藏的有李文田跋的影印本《兰亭序》送给了我，我现在率性把李文田的跋文整抄在下边。"不好因人废言，说陈伯达对此不可能有真知灼见，但在当年那种官本位意识十分浓重的背景下，特别标明材料的由来，似乎并非完全出于不敢掠人之美的心态。文章第五、六两节申说"依托说"的补充证据并论证依托的时间与人物。第七节的标题是"王羲之的笔迹应当是怎样？"有破有立，颇关紧要。郭沫若称："关于这个问题，康生同志就文献中作了仔细的探索。他认为'王羲之在唐以前和唐初是以善草隶、隶书、章草著名的'，他收集了资料五条如下。"接着，郭沫若不厌其详地开列康生提供的五则史料，值得注意的是，其中四则史料出于《晋书·王羲之传》。

如果说陈伯达提供的李文田跋文"距今已七十五年"，郭沫若素未闻知，那么，身为史学家的郭沫若对晋书可以说是耳熟能详了，加之要写这样的翻案文章，这些史料在他而言，断不是什么新鲜货色。然而，郭沫若似乎依然不愿掠人之美，指名道姓地告诉世人，这是较之陈伯达见报率和出镜率更为频繁的另一位主管意识形态的政要。

开列五则史料后，郭沫若直接引用"康生同志的结论"："王羲之的字迹，具体地说来，应当是没有脱尽隶书的笔意（着重号为郭所加，郭在文中最为看重而反复涉及的就是这个结论——笔者注）。这和传世《兰亭序》和王羲之的某些字帖是大有径庭的。"郭沫若强调:"这见解非常犀利。"康生纵然作恶多端,已被钉在历史的耻辱柱上,同样不宜因人废言。问题是郭沫若何以如此无所顾忌地等于为当今政要"作注"。这恐怕也就是沈尹默、邵裴子等阅历深广的名宿,始终不愿撰文参与争鸣的原因所在。

事情还并不止于此。时任浙江省文史馆副馆长、年届82岁的邵裴子在复陈叔通的信中,有高二适《驳议》"以郭为'小姐'而以李(文田)为'丫头'"之喻。后来郭沫若看到这封信,以嘲讽的口气很不以为然地说:其实,在他们看来,我郭沫若何尝不是"丫头"?"小姐"另有人在,只是他们没有胆子说出罢了。确实,在当年那样的情势下,是没有人敢于与陈伯达、康生这样重权在握的人叫板的。更何况聪明人也不难悟到,郭沫若借重康生,还有更深的背景。

7月16日,章士钊上书毛泽东,推荐高二适的《驳议》,并以"此人民政权下文治昌明之效"请求"公表"。毛泽东是乐于听到这话的,更重要的是,这对后来发起对《海瑞罢官》的批判而一度让人们产生"学术讨论"的错觉极有好处。7月18日,毛泽东函复章士钊,谈到"大问题是唯物史观问题,即主要是阶级斗争问题"。但这是针对章著《柳文指要》,非指"兰亭论辩"。对高二适《驳议》一文,毛肯定其"草书不会书碑"的论点,至于真、行是否书碑,"尚待地下发掘证实"。但高文主要论点不在此,毛对高的反驳未置可否,只是表示"我当劝说郭老、康生、伯达诸同志赞成高二适一文公之于世"。事实上,郭的论点不但是康生、陈伯达的论点,而且也是毛的论点。这就不难理解,毛在同一天致函郭,指出"笔墨官司,有比无好",而且还将复章士钊函并章信、高文一并寄去,让郭预先了解自己对章信和高文的态度。对于这种并非不偏不倚的态度,郭自然领会。

郭于8月7日作《〈兰亭序〉和老庄思想》,12日作《〈驳议〉的商讨》回应高文,并一再引用毛的"唐宗宋祖,稍逊风骚",对"迷信"唐太宗不无揶揄。此点得到毛的回应,值得注意。8月17日,毛泽东接见出席某次会议的军队干部时,向陪同接见的康生询问:郭老的《兰亭序》官司能不能打赢?康生回答可以打赢,并将郭沫若上述两篇尚未发表的文章大意告诉毛。当天,康生致函郭,转告上述情况,并说毛愿意看到郭的这两篇文章。郭沫若即于当天致函毛并寄上两文的清样。8月20日,毛在退回清样时致函郭:

> 8月17日信及大作两篇清样,均已收读。文章极好。特别是找出赵之谦骂皇帝一段有力。看来,过分崇拜帝王将相者在现在还不乏其人,有所批评,即成为"非圣无法",是要准备对付的。

这最鲜明不过地表达了毛对"兰亭论辩"的观点。后来章士钊——这位以毛的老朋友自居而敢于上书的中央文史馆馆长,亦改变了最初视兰亭论辩只是百家争鸣的

"论学",纯粹是学术问题的观点,深悔上书之举,"一下子又卷进了政治漩涡。这个问题现在不单是学术问题了"。章氏的这种遽变颇有意味,也正从一个侧面昭示学术背后的政治意味。以毛泽东在《沁园春·雪》中所表露的雄视古今,睥睨包括秦皇汉武、唐宗宋祖在内的一切帝王的心胸,以其对书法艺术尤其是草书的酷爱,对在《兰亭序》帖上"迷信"唐太宗的陈见,是完全可能不以为然的。以康生、陈伯达的一贯做派,也不大可能无所依傍地标新立异,进而将这种"新""异"通过郭沫若公之于世。康生的书法功力甚深,毛泽东对他的倚重亦不独以主持起草"反修"文章为限。1960年代以来,在中共高层,毛泽东带有私交色彩的通信对象,最为频繁的便是康生,甚至胡乔木将自己诗作呈送毛泽东阅改亦由康转致。后来康生成为向政治局及其常委传达意旨的角色,绝非偶然。

康生这类人物最擅长揣摩和迎合领袖心思,不但在大政方针上,而且在看似细微类同书法这样的"经纶外"的"余事"上。1959年10月,康生去毛泽东寓所开会,见书桌上有刚刚书写的三首自作诗词《清平乐·蒋桂战争》《采桑子·重阳》《减字木兰花·广昌路上》的墨迹,请而得之,在当天所写题记中有这样的文字:"今经手书,尤为珍贵,可谓光腾万丈,笔扫千军矣……加以装潢,传之后世,诚社会主义文坛一大胜事也。"1964年和1965年春节,康生指令《光明日报》在头版头条刊登的毛词墨迹,即为这三首中的作品。康生作这种超乎常规的安排,显然是出于某种考虑。他还破天荒地指令《文物》杂志,在1965年1月号上刊登毛泽东不久前题写的"遵义会议会址"墨迹。这本向来限于刊登民国以前的文物图片及考证文字的专业性刊物,迫于康生的指令,作出这样"革命化"的安排。

康生以行家的身份如此推崇毛的墨迹,在旁人看来,显然有更大的说服力。与康生过从亲密的郭沫若,也正是在这一时期称颂毛的墨迹成为书法的"顶峰",看来并非巧合。根据康生的指令,《光明日报》继1964年春节又一次在头版登载毛泽东诗词墨迹,这年刊出的是《清平乐·蒋桂战争》。郭沫若照例"高兴地接受"了为之诠释的任务。

与一年前的《"寥廓江天万里霜"》比较,这篇题为《"红旗跃过汀江"》的释文不但篇幅近于前者的三倍,史实考证翔实,更重要的是以行家的眼光评论墨迹本身。这种新的写法拓展了评论的范围,然而问题恰恰出在这个地方:

主席的墨笔字每是随意挥洒的。主席更无心成为书家,但他的墨迹却成为了书法的顶峰。

例如以这首《清平乐》的墨迹而论,黄粱写作"黄梁",无心中把梁字简化了。龙岩多写了一个龙字。"分田分地真忙"下没有了句点。这就是随意挥洒的证据。然而这幅字写得多么生动,多么潇洒,多么磊落,每一个字和整个篇幅都充满豪放不羁的革命气韵。

说"随意挥洒"还不很离谱(这大体上是一个中性词),但要将笔误之类的瑕疵说成玉瑜，终究使人难以接受。然而这位书法大家竟以此为据，证明毛泽东虽"无心成为书家，但他的墨迹却成为了书法的顶峰"。作为诗家和书家的郭沫若当然明白，艺术是不存在顶峰的。只是康生和林彪都鼓吹过毛泽东思想是当代马克思主义的"顶峰"，郭沫若赶的正是这个时髦。

1959年林彪接替被罢官的彭德怀主持中央军委工作，以"高举"治军，用独特的语言，标新立异的"理论"，强劲地推进个人崇拜的势头。郭沫若以毛泽东诗词和墨迹来附会"顶峰"说，正是出于这样的背景。

这便是郭沫若在翻案文章中无所避忌地征引陈伯达和康生提供的材料，甚至直接沿用康生结论的原因所在。这也正是郭沫若一再以毛泽东诗词揶揄唐太宗及"迷信"唐太宗的学术对手的原因所在。

郭沫若曾是一位有创见的学术家，但包括自身的原因限制了这种独创性。对《兰亭序》真伪的论辩，可以透过主动引介康生和陈伯达所提供的材料及其论点，透过毛泽东的持论，来推测郭沫若的学术精神状态。他的关于中国古代社会历史分期的改换，对秦始皇评价的遽变，对曹操的拔高以及后来对杜甫的酷评等，都是在既定框架内的"发挥"。

（原载《同舟共进》2013年第12期）

解释学视野下的《兰亭序》真伪之辨

刘毅青

20世纪60年代中期，郭沫若发表《兰亭序》是后人伪作的文章，掀起了关于《兰亭序》真伪的考据之争。其时，身在台湾的徐复观通过相关杂志了解了这一争辩，写了关于《"兰亭争论"的检讨》一文，对其中相关的学术问题提出了自己的看法。从学术史来看，《兰亭序》所涉及的真伪问题必须由专门的书法史（乃至文学史与思想史）研究来解决；同时，由于论题的限制，本文不拟过多摘引和分析史料，重复论争双方的工作，也无法完整地呈现争论的所有观点与资料。本文的目的并不在于提供对此问题的详细考证，因为学界有关《兰亭序》的研究已经构成了"兰亭学"，它不仅仅关涉《兰亭序》真伪问题，更关涉《兰亭序》在后世的摹本、刻拓及版本问题[①]，而这也并非本文所能解决的。艺术史研究所进行的各种考证与阐释从根本上来说是一种解释学活动。郭沫若《由王谢墓志的出土论到〈兰亭序〉的真伪》一文激起的讨论至今余波未平，这场讨论的学术意义远远超出了关于《兰亭序》真或伪的结论，构成了解释学的一个极佳范例。本文试图从解释学的视角对古史辨方法以及艺术史中的考据方法进行反思，揭示艺术史研究中考据与解释的张力。

一

《兰亭序》的真伪问题是新中国成立后学术界一大公案。《兰亭序》的真伪问题早在清代就有李文田和包世臣提出过，这两位都是学者、书法家与书学理论家。由于缺乏确凿的资料，无从争议。1965年，南京先后出土了与王羲之同时代的东晋王兴之夫妇墓志和谢鲲墓志[②]，由此引发了郭沫若对东晋书法以及王羲之所书《兰亭序》真伪问题的兴趣。郭沫若经过考证后，于当年写出《由王谢墓志的出土论到〈兰亭序〉的真伪》（以下简称《真伪》）一文，先后发表在当年的《光明日报》和《文

[①] "兰亭学"是中国书法史的一门"显学"，它涉及《兰亭序》的各种谱系问题。可参见北京故宫博物院编《兰亭图典》，紫禁城出版社2011年版；毛万宝《兰亭学探要》，安徽教育出版社2011年版。

[②] 王兴之是王彬的儿子，乃王羲之的堂兄弟，与兰亭雅集中的谢安、孙绰均为好友，谢鲲则是谢安的伯父。

物》上。郭沫若的辨伪文一出,在全国书法学界和史学界产生了强烈震动,在一片附和声中,江苏文史馆馆员高二适首先发难,撰写《〈兰亭序〉的真伪驳议》一文,观点鲜明地批评郭沫若的"依托说",认为《兰亭序》为王羲之所作是不可更易的事实。该文于当年7月23日在《光明日报》全文刊登,《文物》第七期影印了高二适"驳文"全部手稿。可以说,郭沫若辨伪文的发表让文史界、书法界掀起了自新中国成立以来前所未有的学术争鸣,影响深远。后文物出版社于1977年出版《兰亭论辨》一书,收入郭沫若、宗白华、徐森玉、启功、史树青、章士钊、高二适、商承祚等正反双方文章共计18篇。如今,学术界一般认为郭沫若的观点缺少有力的证据,在没有新的证据情况下,《兰亭序》的真伪难以定论。

郭沫若对《兰亭序》是伪作的判断主要根据有二:一是新出土的王、谢墓志都是用隶书写成,与王羲之《兰亭序》的行书风格不类。因此,郭沫若认为王羲之的时代还是隶书时代,不可能有《兰亭序帖》那样的行楷书法。二是郭沫若认为现存《兰亭序》文本的后半段文字有悲观论调,与东晋时期崇尚老庄思想相左,因而断言"《兰亭序》是依托的,它既不是王羲之的原文,更不是王羲之笔迹";从而进一步认定"现存王羲之的草书,是否都是王羲之的真迹,还值得作进一步研究"。郭沫若最后认为,其文其书应为智永所依托,智永是王氏的七世孙,为陈代永兴寺和尚。针对郭沫若的观点,徐复观采取将文献资料的考据落实于艺术史、思想史的理路进行了反驳,他的论证具有其"追体验"解释学的特色。

首先,郭沫若与徐复观都支持风格是判断时代的一个标准,但徐复观与郭沫若分歧的焦点在于那个时代的风格是单一的还是多重的,对历史发展脉络有不同的看法。徐复观对史籍中的隶书、楷书等概念进行了内涵上的界定,认为:"自魏晋以迄唐代,把汉隶与今日之所谓楷书皆称为隶书,间或把汉隶称为古隶"。"唐以前隶书一词,实包括汉隶与今日之所谓楷书。"徐复观因此指出:"郭沫若引用王羲之'善草隶'这类资料,以证明王羲之只写汉代人隶书,不写今日之所谓楷书,是完全无效的。"[①] 徐复观认为,郭沫若最大的错误首先在于"他不承认在同一时代中可以有几种书体并行";其次,他不了解汉魏之际书法已发生变化,亦即开始由汉隶过渡到后世所谓的楷书,到了晋代,已经演变成熟。所以,晋代汉隶与后世之所谓楷书并行,是"极自然之事"[②]。

徐复观最有力的论证是通过对西北楼兰出土的晋代竹简和大量历史文献记载的考索指出:"出土实物证明,王羲之的时代,后世之所谓楷书行书,已经发展成熟。而文献上又证明他写的是'今体',则以晋代的书体为立足点,否定右军会写出《兰亭

---

① 徐复观:《"兰亭争论"的检讨》,载《中国艺术精神》附录二,华东师范大学出版社2002年版,第325页。

② 同上书,第328页。

序帖》这种字体，真有些奇怪。"① 郑重也认为，兰亭论辩至今有三十余年，重见天日的墓碑也有三十余通，已经证明六朝的书体在转型之中，不是单一的，是多种书体并存，只是没有发现入碑的草书。这也说明高二适说得对："唯隶生于汉，汉碑无虑数十百种，而竟未见有作草者。"②

其次，徐复观的考据结合了书法史之外的思想史研究。《兰亭序》不仅仅是书法作品，同时也是一篇文学作品，在书法史面临考证困难的时候，从文学史和思想史的角度分析就有着积极的意义。徐复观以其独特的追体验解释学方法，从文学史、思想史角度证明《兰亭序》的后半段与王羲之的性格、生活背景和思想是相符的。徐复观的追体验是落实于具体文献资料的疏解上的，他从《全晋文》所收的"情急书"《杂帖》中摘引了大量的文献资料，说明王羲之"痛哉""悲夫"的生活情景是真实的。他认为，对国家有热情、有骨气的人在死生之际尤其是在自己骨肉死生之际，也会生发悲怆之情，这是"性情中人"的真实表现。"王羲之《兰亭序》后半段文章，有其骨肉生死间的真实背景"③。因此，"新亭对泣""山河之异"、骨肉友朋之死生，让王羲之在"群贤毕至，少长咸集""信可乐也"的欢乐氛围中提笔凝思，由"欢乐中沉潜下去"，抒发生死之感慨，这正是王羲之行文跌宕起伏的大家风范的表现。徐复观指出："若如郭沫若的看法，一个人在某种场合，其心情只能乐而不悲，那恐怕是一种无心肝的人了。"④ 而正是基于这种体验，徐复观认为，相信老庄思想的人在骨肉友朋生死之际也不会无动于衷，如阮籍"尤好老庄""任性不羁"，但却是一个性情中人。更重要的是，在老庄风气盛行之下，"并不是每一个人都必然地非随风气流转不可"。因此，王羲之完全可以有"固知一死生为虚诞，齐彭殇为妄作"的非老非庄言论⑤。

二

郭沫若对《兰亭序》为伪作的判断，在方法上是"将古史辨的观念和方法与自己的史学观念和独特的史学方法（运用历史唯物主义和辩证唯物主义的观念将考古发现与古文献相结合）运用到书学研究的具体体现"。⑥ 在文献内容的解读上，郭沫若则受到清代学者李文田的影响。郭、李二人的论证有两点：一是认为，《临河序》

---

① 徐复观：《"兰亭争论"的检讨》，载《中国艺术精神》附录二，华东师范大学出版社 2002 年版，第 330 页。
② 转引自郑重《回眸"兰亭论辩"》，《文汇报》1998 年 11 月 26 日第 11 版。
③ 徐复观：《"兰亭争论"的检讨》，载《中国艺术精神》附录二，华东师范大学出版社 2002 年版，第 334 页。
④ 同上。
⑤ 同上书，第 339 页。
⑥ 王渊清：《兰亭论辩与二十世纪疑古思潮》，《书法研究》2007 年第 5 期，第 27 页。

比《兰亭序》多40个字，注家无增文之理，从而断定《临河序》是王羲之原作。关于此点，徐复观认为：《世说新语·企羡篇》说，"王右军得人以《兰亭集序》方《金谷诗序》"。《世说新语》著者临川王刘义庆生年早于注者刘孝标，亦即是"《兰亭集序》之名早于《临河序》"，早出的《兰亭集序》之名完全应该能代表梁以前的《兰亭序》，后出的《临河序》之名不能代表梁以前之《兰亭序》[①]。高二适也认为，王羲之写此文时并无标目，其标目乃是同时人及历代录此文者以己意加上去的，故又有《兰亭诗序》《修禊序》《曲水序》等名称，《临河序》其实是注家作了删削的《兰亭序》[②]。第二，又以《兰亭序》比《临河序》"夫人之相与"下多一大段文字，认为是后人依托。徐复观则认为，首先，《兰亭集序》中有"会于会稽山阴之兰亭"一句，但全文无一"河"字，《兰亭序》之名正与序中所述之"兰亭"相合，而《临河序》之名在序中无着落，已被历史"自然地淘汰了"。其次，时人"以《兰亭集序》方《金谷序》"，"乃就其情境及文体而言"，读《兰亭序》，总感到这是一篇文学作品；读《临河序》和《金谷序》，总感到"局促生僵"，"无情致"，感觉不到是一篇文学作品。再次，《兰亭集序》"夫人之相与"以下文字并非如李文田氏所说是"喜述老庄而妄增之"，而完全是"反老庄"的，说明李氏对《兰亭序》"文义全无了解"[③]。高二适的看法则是，《世说》注文"有移动及增减处"。文末40字"是记述禊诗事"，"此或是禊饮中人写的，刘（孝标）既删节右军文，遂不妨给他添上，这也是注家之能事"[④]。

  从根本上来讲，文献的考证所采用的是一种演绎推理，考据论证的有效性主要依赖于所采用的史料是不是直接证据。而从以上辩论可以看出，论辩双方在无直接证据的情形下所采用的都是间接证据。所谓间接证据，即指历史文献没有关于此一问题的直接定论。[⑤] 比如，兰亭论辩中，提出《兰亭序》是假的作者认为，"《文选》未收《兰亭序》文"，"梁武帝与陶弘景论王书时未提及《兰亭序》"，"东晋时期的书法风格中没有与《兰亭序》相似的作品"等，这些都是间接证据。而利用间接证据采取

---

  ① 徐复观：《"兰亭争论"的检讨》，载《中国艺术精神》附录二，华东师范大学出版社2002年版，第332页。
  ② 高二适：《〈兰亭序〉的真伪驳议》，文物出版社编：《兰亭论辨》下编，文物出版社1977年版，第9页。
  ③ 徐复观：《"兰亭争论"的检讨》，载《中国艺术精神》附录二，华东师范大学出版社2002年版，第333页。
  ④ 高二适：《〈兰亭序〉的真伪驳议》，文物出版社编：《兰亭论辨》下编，文物出版社1977年版，第9页。
  ⑤ 也即张荫麟批评顾颉刚古史辨的论证方法时所谓的"默证"，"默证"是"根本方法谬误"。"凡欲证明某时代无某历史观念，贵能指出其时代中有与此历史观念相反之证据。若因某书或今存某时代之书无某史事之称述，遂断定某时代无此概念，此种方法谓之默证。默证之应用及其适用之限度，西方史家早有定论。吾观顾氏之论证法几尽用默证，而十九皆违反其适用之限度。"张荫麟：《评近人对中国古史之讨论》，载《古史辨》第2册，上海古籍出版社1982年版，第271—272页。

的必然是间接论证，间接论证推论的结果就有猜测的成分，难以坐实。更有甚者，是间接证据的连环论证，其结论是从某些间接史料中推理出来的，这样的论证是缺少说服力的。因为在史料与观点之间缺少一种必然的逻辑联系，史料之间的因果关系不成立，即史料并不能推出结论，是主观的推论将其论据导向观点，这也就是多数学者诟病郭沫若的地方，即认为郭沫若在辨伪的论证中过于主观和武断。事实上，郭沫若的这篇辨伪之作之所以未能坐实自己的观点，反而引发了诸多批评，其论证最大的缺陷正是由于他的论断来自连环的间接材料与论证，无法用直接的证据来肯定，如此就流于主观臆断。因此从逻辑上说，考据是归纳与演绎的结合。但考据的归纳是不完全的归纳，考据的演绎不是纯粹的思辨推理，而是将归纳和演绎结合在一起。问题在于，这种结合中间往往缺少直接的史料。同时，归纳法总是要面对反例的出现，有一个反例就证明归纳有问题；推论则要面对其前提的真实性。

　　这说明，从逻辑来说，疑古的考据演绎方法存在诸多漏洞，其问题就在于用推理代替了实证。究其原因就在于考据本身所运用的是一种推论的证明方式，推论过度，考据就变成了索隐和猜谜，多数时候则是想象代替史料本身。由于时代久远，有些关键的史料已经无法再找到，不妨存疑，有时求之过深反而偏离实际，不如用历史常识予以理解。疑古的考据一方面有资料的迷信，另一方面却并未提出更深刻的方法和见解，对基础史料的分析不足。徐复观认为，郭沫若的动机"则在利用地下新资料的出现，创立新说"。"他的自信心，实际是建立在地下出土实物之上。有文献上说世传《兰亭序》是伪托，就是在出土实物信心之上所大胆牵附出来的。"[①] 郭沫若以一条新出土史料为起点，认为"由此推断在王羲之时代，不应有像《兰亭序帖》这种字体"[②]，进而推断《兰亭序》是伪作。郭沫若强调自己的推论符合逻辑："那么，《兰亭序帖》必然是伪造。这样的论断正是合乎逻辑的。"[③] 但郭沫若立说的根本漏洞也在于逻辑，因为考据的推理隐藏了很大的逻辑矛盾。间接的证据往往要多个引证，穷搜力讨，其史料必定来自不同文献，不同时代，惟其如此，才能从侧面证明历史定论的错误。但杂引各种文献，就会出现"杂抄中的互相矛盾"[④]。不仅史料之间矛盾，而且对史料的解读也存在矛盾。要在不同的间接证据之间建立起整体的关联就需要逻辑，但逻辑能否成立，需要实际史料才能验证。《"兰亭争论"的检讨》一文中，徐复观的出发点则是依靠可靠的基本史料。他认为："杂抄了一百个'近人的考证'，

---

　　① 徐复观：《"兰亭争论"的检讨》，载《中国艺术精神》附录二，华东师范大学出版社2002年版，第327页。
　　② 同上书，第330页。
　　③ 郭沫若：《〈驳议〉的商讨》，文物出版社编：《兰亭论辨》上编，文物出版社1977年版，第38页。
　　④ 徐复观：《有关周初若干史实的问题》，载《两汉思想史》第1卷，华东师范大学出版社2002年版，第208页。

但若与一条可信的基本史料发生矛盾,则任何人的考证,都成废话。"① 他极力反对历史考据中"不肯在基本史料自身上用功,不把基本史料的内容了解清楚",而一味强调新史料的研究方法,认为这样会造成对所关涉的史料根本没有了解清楚,其研究是在"摆出一套空架子"②。

三

郭沫若的考证无法避免的缺陷莫过于观念居先。王渊清认为,郭沫若的考证有"很大的疑问"。首先,在认为《兰亭序》是后人"依托"的前提下,考证南京新出土的东晋墓志与王氏家族及王羲之本人的种种关联,以及诸墓志与王帖尤其是《兰亭序》书风的迥异之处(主要是隶书的有无),并由此援引大量的古文献(郭氏一文中援引古文献达十多种)综合推出《兰亭序》文及帖皆为后人伪托,且伪托人就是智永。其次,郭氏花费了大量笔墨考证东晋诸墓志,却没有将其与同为考古发现的敦煌文书、楼兰遗书及东晋简牍书综合研究。再次,虽然他也知道"碑刻与尺牍之类的性质不同",但他并未深入探究其有何不同,为何不同,而将东晋诸墓志孤立研究,并为己所用③。这样的考据最容易陷入一种解释学的循环。论点与论据的逻辑关系是研究者的先见,这就是一个解释学的循环。有了观点,就去找证据,然后用证据来证明,这样证据与观点的逻辑关系就存在问题,也就是史料不能真正证明其观点。实际上,辨伪的前提假设已经包含了解释学的循环,辨伪都是先有假设,然后找史料,史料来证明设想,这种考据和论证推论其实是从假设出发。间接史料之间的关联通过逻辑与推理联系起来,这种推理的逻辑依赖主观想象。如此一来,由于推理过程中想象的成分太多,考据往往容易流于猜谜。孤证的推理最容易使这种逻辑推论变成主观臆想,证据多一些也只能使推论变得更有把握,并不能完全保证避免主观臆测。从考据本身来说,郭沫若的最大问题在于以孤证立说,以一个新的出土发现证明自己的论点。正如王渊清所说,郭氏在《真伪》一文中使用了南京新出土的几块东晋王谢墓志,并结合古文献论证,看似运用了"二重证据法"④,但问题在于郭沫若在证据的采用时仅取对自己有利的,而有意忽视和不采取不利于自己观点的史料⑤。

疑古采取的是一种批判的方向,是以局部论证来得出大的结论,整体与局部的关

---

① 徐复观:《有关周初若干史实的问题》,载《两汉思想史》第1卷,华东师范大学出版社2002年版,第215页。
② 同上。
③ 王渊清:《兰亭论辨与二十世纪疑古思潮》,《书法研究》2007年第5期,第35页。
④ 同上。
⑤ 王渊清与徐复观等众多论争者都指出过这一点。

系颠倒了，推论的逻辑决定了疑古是从局部向整体的发展思路。疑古是从局部攻破之后，就推向大结论，但由局部推翻整体结论在逻辑上也是有风险的。对史料的分析本身就需要一种整体的历史视野，要将史料放在历史脉络中予以分析，仅仅从局部去推翻整个结论，这在逻辑上需要更可靠的直接证据，而不能仅仅依靠间接史料的推论。而这也是困难的，正因为历史文献没有发现有关的直接证据，才促使我们从习见文献之外去寻找材料。为此，疑古需要从考古地下史料那里获得直接证据，而事实是出土的文献反而证明了疑古所判定的伪书其实并不伪。徐复观在批评训诂考据的演绎方法时指出："所谓'训诂学之演绎法'者，乃不待上下文句之参证，不由有关资料之归纳、勾稽，而仅以由某字之原形、原声所得之义，为推论之根据。"这就是以局部字词推论整个判断，以局部的观点推导出整体结论。在徐复观看来，"训诂学之演绎法"的问题一在于忽视文字之字义常在引申演变之中，另一在于由上一步推下一步，其中仅有可能性而无必然性，故尚待资料上之归纳证明①。而辨伪的考据所遵循的逻辑亦复如此，其弊端也如出一辙。

辨伪的考据演绎法是一种线性的逻辑，而对古籍的考证中，多重归纳要更为切合史实，更接近思想史的真实，因为多重归纳对思想的解释更具体，包含更多的层面。历史的解释总体而言来自归纳，而不是形而上学式的思辨的推理。资料之归纳更需进行细致考据工夫之外的历史事实作为佐证方能确定，而不只是演绎的推理所能够解决的。推理、演绎从结论来看，"仅有可能性而无必然性"，即逻辑上推理的仅仅是可能性，而不是必然性，也就并不能代替事实本身。而辨伪考据的演绎推论会忽视思想史本身是"变化的"，因此，徐复观强调必须要有"史的意识"②。这种史的意识乃是指研究首先必须要有整体的历史视野。

四

有关《兰亭序》真伪的辨析，辩论双方都无法直接证明自己的观点，都面临文献不足，都需要进行推论。因为缺乏直接证据，因此要讨论作者问题，在文献考证层次上无法获得圆满的解决。此种情形下如台湾学者朱文光所说的："必然要借助于哲学史或思想史的诠释进路，也就是根据义理思想在发展脉络上所呈现的'轨迹'来推断它在思想光谱上的位置，然后才开始讨论'作者是谁'的问题。其次，所谓的'轨迹'，经常就是由文献中被解读出的若干在思想上可能具有关联性的文字来作证（这是一种论证上的吊诡？）。因此，学者们所进行的研究，往往就是透过各种'可能

---

① 徐复观：《评训话学上的演绎法》，《中国思想史论集》，上海书店出版社2002年版，第176页。
② 同上。

性'彼此相互结构或靠拢的思维方式来运作。"[①] 因此,文献的考据最终要走向思想史的解释。所谓解释,在郭沫若和徐复观那里都是借助了书体与风格发展的脉络,通过与文献引证结合来论证自己的观点。而就进一步的争论而言,如有论者指出的,目前为止,争辩双方都很难在文献上发现有力的直接证据来支持自己的观点。如果以现有的文献不足以说服对方,那么,从艺术作品本身出发还是从文献出发,成为艺术史研究者不得不面对的一个首要问题[②]。郭沫若考证的基础乃在于书法史所依靠断代的是书体和风格,以及对《兰亭序》思想与其时思想史旨归之间关系的判断。从艺术的风格学来看[③],我们可以将单个的作品放置于整个书法史(乃至文学史和思想史)的整体脉络中去比照分析,从而为作品进行断代和定位。但从解释学的角度来看,首先只有当研究者对艺术的整体历史风格有一个解释的架构之后,才能根据这种对风格的辨识来对具体作品进行历史的断代和定位,而我们对艺术的整体艺术风格的解释架构的形成又是从具体作品而来,有时具体作品也扩大了我们对时代风格的看法乃至定位。由此可见,风格研究本身并不能摆脱这种整体与局部的解释学循环。在风格学和思想史的脉络中,依然面临着对史料与整个思想背景之间局部与整体关系的理解。有论者已经指出:"艺术史研究中最主要的两个方面或许是:确定基本的事实,如关于作品的断代、归属等问题;将基本事实归类或加以组织,即,把基本事实构建成一个逻辑的序列。""前者主要借助考证,而后者,更多解释意味——解释效力越强越说明其客观性。当然这两者实际上互相渗透,许多时候呈现为一种循环:基本事实的澄清是展开解释的基础,反过来,解释的框架又往往成为确定基本事实的依据。"[④] 因此,对于艺术史来说,对解释学循环的突破仍然需要考据的支持,也更依赖于坚实的史料。

从书法史来看,郭沫若的疑古动机有其合理性,而其所用的艺术史方法与其争论者(包括徐复观)有一定的共识,即他们都同意书法家的书法风格和体例与其所在的时代之间是有直接关系的。而双方观点之所以相反,就在于对史料的解读以及史料之间关系的建构有不同导向,也在于他们推论的前提不同:信古还是疑古。

从考据的逻辑来说,疑古是以后人的眼光来怀疑前人的定见,而如欲推翻古人定见,则须将自己的论证建立于直接证据之上才能有说服力,这就如同法律上提起诉讼

[①] 朱文光:《考证、典范与解释的正当性——以〈大乘止观法门〉的作者问题为线索》,《中华佛学研究》1997年第1期,第203页。
[②] 张传旭:《〈兰亭序〉真伪之争的核心问题》,《文艺研究》2006年第1期,第149页。
[③] 虽然郭与徐所指的风格与晚近海外中国美术史家高居翰和方闻所指的风格学有所不同,但他们的解释学循环论证方式则是类似的。
[④] 张晓剑:《"结构分析"与中国画风格史的重构——论方闻〈心印〉中的风格研究》,《新美术》2010年第2期,第86页。

的一方必须首先提供直接证据①。也就是说，同样是采取间接论据和论证，维护古人定见在逻辑上比质疑者具有证据的优先权。因此，辨伪所面临的逻辑困境在于：推翻过去有关历史的结论所采取的证据大都只是间接证据，而不是直接证据。而就考据的意义而言，恰恰是因为历史上并无直接的证据能够证明自己的观点，所以只能采取间接证据，通过推理来论证。这在作者归属问题的辨伪上尤其典型，它是要推翻既定的成见，往往依赖于对漏洞的寻找，通过提出一个反例来推翻。但如果我们对待史料都抱着这种态度的话，就会像廖名春所指出的："我们对传世文献之间的矛盾怎么看，以顾先生为代表的，基本采取的是否定的态度，是打的办法，用一个史料去否定一个史料，最后四大皆空。但是新证派是把不同的史料的矛盾去化解，去进行互相发明，用新史料去救活旧史料，使旧史料的矛盾得以合理的解决。我们现在做初始史料的时候，用这种方法我们的路会越来越宽；如果我们用简单的否定的方法，我们的路会越走越窄。"②

另一方面，疑古对现有历史观点的质疑必然导致要不断地往上追溯到源头去找史料，越古越好，越古越有说服力。现存的文献资料就无法满足疑古这种无限追溯的要求，因为已有史料已经被搜集得相当充分了，这就使疑古高度依赖考古的发现。"作为一门以遗存物为依据进行追本溯源的科学，考古实际上是人类的一种实证式的追忆活动，它通过发现与解读遗存物来穿越时间，接近源头和他者。但是，正如一切实证科学不可能达到那个绝对的源头一样，考古学也不可能以自己的方式发现或达到那个绝对的源头。"③而从逻辑上来说，"正如要否证任何考证研究中的假设，总是必须使用到'至少预设了一个以上的命题'的检验工具，而这些命题恰好与考证研究中的假设一样被卷入否证的程序中（因为假设本身也是由其他假设去检证的）"④。也就是说，疑古的假设无法达到一个绝对的源头。这就类似哲学中的本体论问题，无法证明，只能付诸信仰⑤。而实际的情况却是，兰亭论辩的参与者中不少人已知道利用考古发现，但大多数并不懂得如何运用，往往是将自己的主观臆断强加在出土物上，这也正说明考古的材料运用本身也依赖解释。

---

① 正因如此，梁涛将辨伪的这种逻辑称为"有罪推理"，他指出古史辨是对古代文献进行"有罪推定"，一概存疑。见梁涛《疑古、释古与重写思想史》，载《二十一世纪》2005 年第 87 期，第 135 页。顾颉刚是这样说的："从此以后，我对于无论哪种高文典册，一例地看它们的基础建筑在沙滩上，里面的漏洞和朽柱不知道有多少，只要我们何时去研究它，就可以在何时发生问题，把它攻倒。"见顾颉刚《古史辨》第 1 册《自序》，上海古籍出版社 1982 版，第 48 页。
② 佚名：《对话：走出"疑古"还是将"疑古"进行到底》，《光明日报》2006 年 11 月 28 日，第 B07—B08 版。
③ 黄裕生：《考古学：一种实证方式的追忆——一次"考古游"之后》，《中华读书报》2003 年 11 月 12 日，第 6 版。
④ 朱文光：《考证、典范与解释的正当性——以〈大乘止观法门〉的作者问题为线索》，《中华佛学研究》1997 年第 1 期，第 231 页。
⑤ 同上。

朱文光在比较圣严与牟宗三有关《大乘止观法门》的作者归属判断问题时指出，圣严与牟宗三两人运用的基本文献实无太大差别，而最终获致迥异的看法[①]。在他看来，所谓的"考证"就有失去客观判定思想发展过程的功能危机。

考据的危机说明两点：首先，史料或者说历史事实的意义是在历史研究者的整体编排中显现出来的，历史研究不单是依靠新的史料，还要将零乱的史料整合为有机的整体，显示出历史内在的意义，因为历史自身并不会自动呈现出意义来。纯粹客观的历史研究只能建立在研究者对自身局限性的认识基础上，只有不断反省才能接近。其次，一系列的相关史料只有构成可理解、有意义的历史图景，才能成为真正意义上的历史学。倘若史实自己会说话，就不会有历史研究了，正因为史料需要人们的阐释，才使人们不断地重写历史。通常我们要求历史文本传达历史真相，但即使每一个对事实的陈述都是真的，也并不能保证由真的叙述构成的整体画面没有片面和歪曲的可能。因此，单纯的文献考据并不能还原出历史的真相，通过文献我们能够得到的只是在历史长河中所遗落的碎片。如何将这些史料的碎片拼贴出完整的观念和思想，使之呈现为具体的思想，就不仅是考据的工作，更需要思想家的解释。实际上，任何考据都离不开解释，考据与解释之间存在着张力。"考证是一种理解与建构历史的方式；而且，没有任何史学工作可以避免'解释'与'假设'。因为：证据的建构隐含对资料的看法与解释，包括鉴别史料真假的辨伪考证在内，都可以看成是一套理解系统（文化符号系统）。"[②] 更重要的在于历史文本书写本身都带有主观性，历史文本也是一种建构。

五

对经典理解的不同来自解读文献的差异，以及对文献之间关系解释的差异。而文献间的逻辑关系是建构起来的，要依赖于解释，从中发现其内在关联性，但这种发现能力常常与研究中的主观理解有关。徐复观对傅斯年和胡适考据研究的批判突出了历史研究中阐释的意义，强调历史研究中必然带有主观价值倾向，这就是解释学的前理解。徐复观指出《兰亭序》为王羲之时代所必有时认为，清代李文田的否定是受当时今古文之争的时代影响，主张今文的学者要将古文之重要典籍全部推翻而后快。同时，李文田为了达到"尊碑抑帖"的目的，便力图把"居南帖王座"的《兰亭序帖》加以否定。徐复观与高二适等反对郭沫若说的学者所掌握的史料与郭沫若大致相同，其结论有差异就在于对史料进行解读的视角和态

[①] 朱文光：《考证、典范与解释的正当性——以〈大乘止观法门〉的作者问题为线索》，《中华佛学研究》1997年第1期，第203页。

[②] 同上书，第229页。

度，这说明对史料（包括考古材料）的解读不可能离开研究者基于自身学术主张的认知。

而正如廖名春在批判顾颉刚有关老子研究的错误时指出的："顾先生关于老子的东西为什么会错呢？疑古本是一种科学精神，我们研究的实践就是要拿出怀疑精神来，问题是顾先生疑古是有价值倾向的，而不是客观中立的，是以疑为荣，很多错误，都是这种价值观念造成的。"[①] 可见，疑古与信古的学术取向背后有各自的价值取向，对中国文化的立场存在差异。"辨伪考证呈现的是一种'历史'与'寓言'在文化空间里展开的时间争夺战，同时也是在世存有者（文化符码）对历史起点（真理）的遥远呼唤。"[②] 正是在这种意义上，对于传统文化研究而言，善意的前见远比彻底颠覆传统的前见更为可靠与有意义。正如有学者指出的，而事实也证明，古史辨派的诸多辨伪其实均非古书为伪，而只是现代人不懂得古代的书体[③]。换言之，当我们面对古书而发生疑问时，不是应当由我们来确定古书的真伪，而是应当让古书改变我们的观念[④]。既然传统辨伪学所据以判别真伪的标准多不能成立，那么就从方法上否定了古史辨派的疑古工作；既然古书真伪难以判断，那么也就在整体上否定了疑古派的学术方向。

就《兰亭序》而论，张廷银认为，因为古人作品及作品集前的序往往并非作者亲自所写，而是编者根据传说或史载有关该文写作的情形另外所加的。如《文选》所选扬雄《羽猎赋》《长杨赋》前的序，就不是扬雄自己所作，而是编者从《汉书·扬雄传》中抄录的有关此两赋创作缘起的记载；张溥辑《汉魏六朝百三名家集·挚虞集》中《思游赋》之序，就与《晋书·挚虞传》里关于挚虞写作该赋缘由的记述完全一样。以此类推，则编集《兰亭诗》的人就完全有可能将其时有关兰亭诗会情况的说明文字移入其《序》中，甚至根据有关传说另外加进一些说明性文字也都很有可能，这就更见出《临河序》为最后定稿的本子。如果有人

---

① 佚名：《对话：走出"疑古"还是将"疑古"进行到底》，《光明日报》2006年11月28日，第B07版。
② 朱文光：《考证、典范与解释的正当性——以〈大乘止观法门〉的作者问题为线索》，《中华佛学研究》1997年第1期，第229页。
③ 张京华：《一些足以破解疑古思想的论述——现代学者关于古代书体书例的总结》，《湘南学院学报》2006年第6期，第34页。
④ 比如《山海经》，胡厚宣说："当时据疑古学派看来，《山海经》是伪书，有人说作于东汉时，《尚书·尧典》亦后人所作，顾颉刚先生甚至认为作于汉武帝时。"换言之，一些疑古史家认为是后出甚至可能是伪造的史籍，经与地下材料印证，"并非荒诞不经之作，而确实保留有不少早期史料"。参看胡厚宣《我和甲骨文》，载张世林编《学林春秋》，中华书局1998年版，第274—275页。近些年大量战国古籍的出土发现使人们认识到古书的形成往往经过了较长的时间。同时，很多书在写定前还有一段口传的过程，除了少数书籍立于学官或有官本外，一般都会经过改动。同时，由于古人没有类似后世的著作权概念，古书的"作者""述者"和"撰人"的间隔时间可以很长。因此，古书形成时间的远近与历史真实之间并没有必然关系。参看李学勤《对古书的反思》，载复旦大学历史系编《中国传统文化的再估计》，上海人民出版社1987年版，第548—553页；李零《从简帛发现看古书的体例和分类》，载《中国典籍与文化》2001年第1期，第25—34页。

怀疑《兰亭序》不是王羲之所写，那么就更应该怀疑《临河序》也不是王羲之所作①。

（原载《浙江大学学报》（人文社会科学版）2013年第5期）

---

① 张廷银：《〈兰亭序〉真伪及〈兰亭诗〉创作的文化意义》，《中国典籍与文化》2000年第1期，第89页。

郭沫若易学研究的主要特色

谢金良

郭沫若（1892—1978年），在中国现代学术史上颇负盛名，对中国易学的研究也颇有成就，被认为是运用马克思主义唯物史观研究《周易》的第一人。郭沫若对《周易》的研究，主要体现在两篇长篇论文：一篇是作于1927年的《〈周易〉的时代背景与精神生产》，后改名为《〈周易〉时代的社会生活》（编入《郭沫若全集·历史编》第一卷，人民出版社1982年版，第32—89页）；另一篇是作于1935年的《〈周易〉之制作时代》（编入《郭沫若全集·历史编》第一卷，人民出版社1982年版，第377—404页）。尽管这两篇文章都出自郭氏，且创作时间相距仅有八年，但前后观点不一。因此，如何更客观准确地评价郭沫若的易学研究，也是一个值得注意的学术话题。

一 学术界对郭氏易学的评价

郭沫若的易学研究作品不多，但影响不小，因此学界也把他的易学研究看作一个流派，简称为郭氏易学。毋庸置疑，在中国易学史上，郭氏易学是很有特色的。尽管不是好评如潮，但也不是一无是处，总起来看学界的看法是褒贬不一的。

郭沫若在《中国古代社会研究》之"一九五四年新版引言"中评价自己的研究时说："这是'用科学的历史观点研究和解释历史'的草创时期的东西，它在中国古代的社会机构和意识形态的分析和批判上虽然贡献了一些新的见解，但主要由于材料的时代性未能划分清楚，却轻率地提出了好些错误的结论。这些本质上的错误，二十几年来我在逐步地加以清算。"[①]

"郭先生这篇研究《周易》的论文，上篇的缺点是在他的方法不精密与幼稚，然而多少还有点可取；下篇却简直不像话了，其荒谬可说是无以复加。"[②]

"他是首先用马列主义的眼光来研究中国古代史的一个，他天才地一个一个地解

[①] 郭沫若：《郭沫若全集·历史编》第一卷，人民出版社1982年版，第3页。
[②] 李星可：《周易的时代背景与精神生产——评郭沫若所论并抒己见》，《中法大学月刊》1935年第6卷第4期。

开了那些古代的神秘的谜，为我们的理性开辟了一条通到古代人类社会的大道，不管它或许包含着一些缺点，甚至个别的错误，然而它的成果，毫无疑义地成为一切后来研究的出发点。"①

董作宾曾评价郭沫若的研究说："不用说，大家都知道的，唯物史观派是郭沫若的《中国古代社会研究》领导起来的……他把《诗》、《书》、《易》里面的纸上材料，把甲骨卜辞、周金文里面的地下材料，熔冶于一炉，制造出来一个唯物史观的中国古代文化体系。"②

"史学界的同志们，无论是否同意郭老的观点，无论是否有独到的创获，但没有例外，都是随着郭老开辟的道路，随着郭老首先在史学领域举起的马克思主义旗帜前进。"③

现代著名易学研究专家李镜池先生不仅跟郭沫若经常书信来往切磋易学，还专门撰文对郭沫若一生的易学观点，予以系统的质疑和反驳，证明其说是不能成立的。④

"对《易传》和孔子的关系，我同意范文澜同志《中国通史简编》和郭沫若同志1927年所写的《周易时代的社会生活》的看法（郭老1935年所写《周易之制作时代》的说法，我所不取）。"⑤

"其实，从易学研究的立场说，郭氏的这两篇论文，除第一篇还有一些'范式'的意义外，第二篇基本上就没有多少可取之处。"⑥

"郭沫若的《周易》研究以'新兴科学的观点'来审视《周易》，在古史辨（笔者按：原文误作"辩"）派的基础上，深入到了古代的思想及制度，使传统的经学研究一变而为社会的、文化的和哲学的研究，他不仅开辟了《周易》研究的新领域，而且也成为用《周易》打开认识'古代真实'大门的第一人。这也正是郭沫若《周易》研究的价值所在。但同时郭沫若的《周易》研究也存在不足，如对材料的时代性未能划分清楚，得出了错误的结论；以传解经的错误；疏于考证，有臆测成分及趋时、片面的批评，这也是评价郭沫若的《周易》研究时不可回避的部分。""从总体上来看，郭沫若的《周易》研究的成就是巨大的……我们后来的研究都是沿着他开拓的道路前进的，这是我们总结20世纪的易学史时所必须承认的。"⑦

以上简要列举了一些学界对郭氏易学研究的看法与评价。不难发现，郭氏易学的成就与不足都比较明显，但其影响力显然是巨大的。就其巨大的影响力而言，笔者认为郭氏易学研究也是应该值得重视的，仍有深入研究的必要。

---

① 李初梨：《我对郭沫若先生的认识》，《解放日报》1941年11月18日。
② 谢保成：《郭沫若学术思想评传》，北京图书出版社1999年版，第107页。
③ 白寿彝：《深切悼念开辟新史学的伟大旗手》，《光明日报》1978年6月29日。
④ 李镜池：《论周易的著作时代——答郭沫若同志》，《华南师范学院学报》1982年第4期。
⑤ 黄寿祺：《从〈易传〉看孔子的教育思想》，《齐鲁学刊》1984年第4期。
⑥ 杨庆中：《二十世纪中国易学史》，人民出版社2000年版，第120页。
⑦ 魏晓丽：《成就与不足——浅议郭沫若的〈周易〉研究》，《周易研究》2002年第4期。

二　郭氏易学研究的主要特色

关于郭沫若研究《周易》的主要特色，已有不少学者论及。这里，也简要谈谈笔者的一些看法。主要有四方面：

1. 祛魅。祛魅，是郭氏易学研究的目的。《周易》，在当代人看来依然是充满神奇的魅力。可想而知，在九十年前的旧中国社会，《周易》在人们看来是如何的神秘。《周易》的神秘，跟其文本内容渊深古奥和占卜功能奇特巧妙等是分不开的，当然还有许许多多的附加因素。也许正因为如此，郭沫若研究《周易》的目的就是试图祛魅，揭开真相。问题的关键是，如何才能有效地祛魅呢？在他看来，"神秘作为神秘而盲目地赞仰或规避都是所以神秘其神秘。神秘最怕太阳，神秘最怕觌面"[①]。《易经》这座神秘的殿堂是由一些神秘的砖块——八卦——砌成的，而八卦又是由阴爻和阳爻两种符号组成的。那么，要祛魅就得从八卦和阴阳符号开始。在《〈周易〉时代的社会生活》中，他首先认为可以很鲜明地看出八卦的根柢是古代生殖器崇拜的孑遗，画一以象男根，分而为二以象女阴，再逐步演化出一系列与阴阳相关的观念；再进一步联系到数字，得出八卦所具有的二重秘密性：一是生殖器的秘密，二是数学的秘密。紧接着，他联系一些相关史料的阐说，论证传说中伏羲、神农、文王、周公等圣人与《周易》草创的关系是不可靠的。在《〈周易〉之制作时代》中，他又根据一些发现和心得，果断得出"八卦是既成文字的诱导物"的结论。由此试图推翻历史传说，而达到为《易经》乃至早期社会生活祛魅的目的。

我们知道，《易经》除了卦爻符号外，还有大量的卦爻辞文句。因此要为《易经》祛魅，就必须对这些片言只语、艰深古奥的卦辞爻辞作出合理的解释。对此，郭沫若的观点和研究方法是很明确的，他认为："这些文句除强半是极抽象、极简单的观念文字之外，大抵是一些现实社会的生活。这些生活在当时一定是现存着的。所以如果把这些表示现实生活的文句分门别类地划分出它们的主从来，我们可以得到当时的一个社会生活的状况和一切精神生产的模型。让《易经》自己来讲《易经》，揭去后人所加上的一切神秘的衣裳，我们可以看出那是怎样的一个原始人在作裸体跳舞。"[②] 深入解读文本，根据文本内容来认识其真相，无疑是为之"祛魅"所必不可少的路径和方法。在以往的易学研究中，人们往往囿于"崇圣尊经"的樊篱，不敢跨越雷池半步，总是在不求甚解的文辞解释中摸爬滚打，以致经典文本的神秘性因素越来越浓厚！平情而论，郭沫若为《易经》祛魅的目的是正确的，方法也是颇为可取的。但是，问题就在于，《易经》的文本本身存在许多问题，它不是一堆凝固不变

[①] 郭沫若：《郭沫若全集·历史编》第一卷，人民出版社1982年版，第32页。
[②] 同上书，第38页。

的活化石，无法被简单地作为标本进行客观科学的解剖和实验。《易经》的卦爻辞，作为语言文字的载体，不论是其形成的过程，还是其本身字句的阐释，都有许多悬而未决的谜题。在这些谜题大多难以破解的前提下，试图从中还原出某种真实的社会生活图景，难免要得出许多错误的结论。理解了这一点，我们也就不难理解郭氏易学研究会有种种的不足。当然，我们也能因此明白郭氏易学研究的价值和意义所在。祛魅是必须的，但应该脚踏实地，实事求是，注重事实依据。

2. 还原。还原，是郭氏易学研究的方法。在《〈周易〉时代的社会生活》中，郭氏主要的工作就是想还原历史，即借助《易经》的文本内容，通过分门别类，试图还原出一个《周易》时代的社会生活图景——生活的基础，如"渔猎""牧畜""商旅（交通）""耕种""工艺（器用）"；社会的结构，如家族关系、政治组织、行政事项、阶级等；精神的生产，如宗教、艺术、思想等。这项工作看似简单，其实极其繁杂，必须涉及训诂、典故等问题。郭氏的做法大致是，先确定一类主题，再从卦爻辞中找出与之相关的文句来，罗列在一起，然后再对其中的疑难问题加以分析说明。这样的工作多少有些粗糙，但无疑能够说明一些问题。但由于卦爻辞语句的解释难度很大，所以要以此达到历史真相的还原，仍然是相当困难的。除此之外，郭氏还专辟一章"《易传》中辩证的观念之展开"，深入探讨《易经》的思想在《易传》中是怎样展开的。首先，试图规定《易传》的时代性；其次是分节探讨《易传》的思想观念——"辩证的宇宙观""辩证观的转化""折衷主义的伦理""《大学》《中庸》与《易传》的参证"。在这里，郭氏不仅仅是在分析总结《易传》的主要思想观念，而是想借此进一步论证《易传》的产生时代不是在春秋末期的孔子时代，而可能是在战国时代。在该文原创时，郭氏是认为："总之孔子是研究过《易经》的，他对易理当然发过些议论，我们在《易传》中可以看出不少的'子曰'云云的话，这便是证据。大约《易传》的产生至少是如象《论语》一样，是出于孔门弟子的笔录吧。"[①] 这样的观点是令许多人信服的。然而，后来在修改和重版时，郭氏的加注完全与原来的观点相反——果断认为："这是错误。孔子并不曾读过《易经》……《易传》中的'子曰'的'子'，可能就是荀子。"[②] 这也是郭氏《〈周易〉之制作时代》一文得出的主要结论。

3. 创新。创新，是郭氏易学研究的价值。创新，对郭氏易学而言，在思维上应该是值得肯定的，而其创新所得出的结论到目前为止还看不出有什么价值。所以，我们对郭氏易学在创新意义上的价值评估，主要是注意到他在思维方式上对易学研究所起的推动作用。郭氏易学的创新，集中体现在《〈周易〉之制作时代》中，该文凡十二部分，论题依次是："序说""八卦是既成文字的诱导物""《周易》非文王所作"

[①] 郭沫若：《郭沫若全集·历史编》第一卷，人民出版社1982年版，第68页。

[②] 同上。

"孔子与《易》并无关系""《易》之构成时代""《易》之作者当是馯臂子弓""《易传》之构成时代""《彖传》与荀子之比较""《系辞传》的思想系统""《文言传》与《彖传》之一致""《易传》多出自荀门""余论"。这些小题目，大多也是郭文所得出的最新结论，很能见出郭氏在很多问题上的别出心裁与自成一家之说。但是，学术研究上的创新始终离不开实证研究。我们发现，郭氏在这一点上把握得很不好。也许是"祛魅"过头，试图还原历史真相的学者也变得晕头转向，郭氏在没有充分理据而得出结论"八卦是既成文字的诱导物"，就因此否定以往有关卦画和《易》书来源的传说，并根据自己的判断对一些重大问题重新作出自己的解说。只顾创新，而对一些关键环节有所忽略，导致错误的结论一个接着一个。这样的研究，当然是失败的。但是，从学术研究的论证过程上看，我们只要与相关的易学研究成果相比，可以发现郭氏在思维形式上还是力图创新的，并有许多创新的结论（即使大多是不令人信服的），可以说是因此构成了郭氏易学研究的一大特色。

4. 臆测。臆测，是郭氏易学研究的不足。臆测，就是缺乏实证，主要凭借个人的臆断来猜测，是治学不够严谨的体现。也许是时代的局限，也许是郭氏的个性使然，臆测使得郭氏这位天才式学者的学术成果，在获得强烈关注和巨大影响之后，其学术价值就大打折扣，甚至是让人觉得一文不值。相比较而言，在《〈周易〉时代的社会生活》中，郭氏的论证尽管不失轻狂，但学究气还是相当浓厚的，所得的结论也较为中肯公允；而在《〈周易〉之制作时代》文中，为能证明自己的若干新结论是正确的，郭氏经常以自己的臆测想法代替历史事实。例如，因臆测"八卦符号是于既成文字加以某种改变或省略而成的"，进而得出："由既成文字所诱导出的八卦，它们的构成时代也不能出于春秋以前。"[①] 这个结论是非常重要的，可以说就是该文立论的基础。可惜，该结论不是纯粹实证的结果，而是带有很大的臆测成分。郭氏似乎发现了大部分八卦卦名的汉字与卦符有某种联系，非但不进一步深思卦名是否在卦符的基础上形成的，反而想以此来推证卦符是根据卦名的汉字形体诱导出来的，并借此把八卦符号出现的时间论定在春秋时期以来，这种做法明显是违背时间逻辑和历史逻辑的，明显是一种主观臆测。如此臆测得出的结论，使得他开始信誓旦旦地想推翻《汉书》"人更三圣，世历三古"的说法，于是在一些似是而非的历史材料面前，他果断地采取"利己"的思路，尽可能为自己的错误结论作辩护，以致一错再错！在该文中，还有许多臆测的事例，限于篇幅，不再一一列举说明。总之，过于相信臆测的结论，并在此基础上考证历史，不但没能更好地还原真相，使《易经》得到祛魅的效果，反而使问题变得更加复杂。这无疑就是郭氏易学研究的最大不足！

任何研究都不可能是完美的，即使存在不足也未必就是一无是处。本着这样的标

---

① 郭沫若：《郭沫若全集·历史编》第一卷，人民出版社1982年版，第380页。

准,重新看待郭氏易学,我们仍然应该切实看到郭氏易学在中国现代易学史上的地位和价值,也能很客观地看到郭氏易学的主要特色,尤其是他的不足之处更应该引起我们学术研究者的警惕和改正。

(原载《郭沫若学刊》2013年第1期)

《释祖妣》与《耒耜考》之比较研究

侯书勇

郭沫若（1892—1978）、徐中舒（1898—1991）先生皆是著名的古文字、古史研究大家，郭氏名作《释祖妣》撰成于1929年夏，徐氏代表作《耒耜考》发表于1930年5月，同作于20世纪20年代末，在学界有很大影响。虽然二者研究的问题不同，一对祖妣作了新考释，一为考察古代农具的起源和发展演变，但二者皆不局限于对称谓和器物本身的研究，而是借此进一步研究中国古代社会。二者研究问题的视野开阔、方法新颖，在今天仍有值得我们借鉴之处。适值郭沫若先生120周年诞辰之际，笔者不揣谫陋，试就《耒耜考》与《释祖妣》作一比较，以窥二者治学思想与方法之一斑。

一 研究视角和思路

《释祖妣》和《耒耜考》属于传统的名物研究，即对称谓和器物的考订，既继承传统的考据学方法，又融会了时代所赋予的新材料、新知识、新思想和新方法，其研究问题的视角和思路值得重新予以梳理。

《释祖妣》通过对卜辞中祖妣的释读，考察了与之相关的一系列问题，即其著《中国古代社会研究》第三编"卜辞中的古代社会"第二章"上层建筑的社会组织"诸问题[①]。文章先从文献和金文两方面指出，"古人常语妣与祖为配，考与母为配"，"考妣连文为后起之事"；继而指出王国维《女字说》"诚揭破三千年来之秘密"，但其以"美称"解"某母""某父""不免囿于郑、许二君之旧说而出以盖然之臆测"，郭氏则将这一问题置于中国古代"家族进化之历史"及婚姻演进"一定之邮程"中加以考察。这是基于恩格斯《家庭、私有制和国家的起源》及其摘录的摩尔根《古代社会》，认为古代社会经过"杂交"到"血族群婚"到"亚血族群婚"再到"一夫一妇"婚姻制度的演进，中国古代社会亦当经历这一过程，并以舜娶尧二女（娥皇、常羲）事为证。受王国维"帝俊与帝喾为一人"即殷人祖先观点启发，郭氏进

---

① 郭沫若：《郭沫若全集・历史编》第1卷，人民出版社1982年，第217—237页。

一步论证了"帝舜与帝喾亦当为一人",则"可知《天问篇》中何以叙舜、象事于夏桀之后,于殷先王之前或其间","眩弟并淫"为舜弟象事。他认为,"帝俊、王亥、王恒、上甲微等胥于卜辞有征,余意娥皇、常羲之名亦所应有",指出卜辞中所祭之妣名为䎽即娥皇,䎽当从罗振玉释为羲京,即"常羲若常仪之初字"。那么,"舜妻二女而弟象与之'并淫',则是殷代先人犹行亚血族群婚之古习","在此群婚制下,自男女而言为多夫多妻,自儿女而言为多父多母",并从卜辞中作了证明,则"母权与父权之交替即当在殷、周之际"。据此可知,"男字何以均可称父,女字何以均可称母之所由来。盖当时之为儿女子者均多父多母,故称其父均曰'父某',而称其母均曰'母某'"。对"某母""某父"作了新解之后,郭氏又据字形、字音考察了"祖妣之朔","曰祖妣者牡牝之初字也"(妣字甲骨文作匕、𠂉、𠤎、𠨖诸形,牡字作𤘒、𤘴、𤙈、𤙉诸形,而甲骨文祖不从示作且、𠄎、𠄌、△诸形,妣不从女作匕、𠂉、𠤎、𠨖诸形,则牡牝所从之⊥、即祖妣之省,实牡器和牝器之象形),"则祖宗崇祀及一切神道设教之古习亦可洞见其本源",即"生殖神之崇拜"。对此,郭氏从神事之字所从之示(丅,实⊥之倒悬,"盖示之初意本即生殖神之偶像也")、"以牝为神者"(甲骨文祭有作𤔔、𤖻者,从匕从示同意;甲骨文賓有作𡧇、𡨄者,所省为方作𠂆形,"盖古人于内外皆有牝神,祀于内者为妣,祀于外者为方,犹牡之祀于内者为祖,祀于外者为土〔社〕也"),人事中母(卜辞作𠁁即"生殖崇拜之象征",另有作𡔁、𡔂、𡔃、𡔄形字,罗振玉以为赫字,郭氏认为与母为一字,"此字形与欧洲各地所出土之生殖女神象'奶拏'〔Nana〕颇相似。'奶拏'之象均特大其乳,或以两手护其下,以为生殖崇拜之象征")、后和毓(卜辞作𠂤、𠂥、𠂦、𠂧诸形,赞同王国维产子说而认为其采许书后为继体之君说则非,"后若毓必王者之称谓之至古者","后乃母权时代女性酋长之称谓"),以及士、王(𠆢、𡈼、△、⊥、𡈼、𤣩,吴大澂释金文𤣩从二从𠂇、𠂆为火字,罗振玉从其说,郭氏认为若△、⊥实即且若士之变,与"土、且、士实同为牡器之象形"。"其在母权时代用毓以尊其王母者,转入父权则以大王之雄以尊其王公")和卜辞中帝之初字(甲骨文作𣎳、𣏟,赞同王国维释帝为蒂之初字,认为"帝之兴必在渔猎牧畜已进展于农业种植以后,盖其所崇祀之生殖已由人身或动物性之物而转化为植物")等方面作了论证。最后,由已考证祖妣之义通读古书古义(《墨子·明鬼篇》),并以之与祖妣之解释互证①。

郭氏甲骨文研究"大抵依据罗王二家之成法"②,而"目标却稍稍有点区别",他"要从古物中去观察古代的真实的情形,以破除后人的虚伪的粉饰——阶级的

---

① 郭沫若:《释祖妣》,《郭沫若全集·考古编》第1卷,科学出版社1982年,第19—64页。
② 1929年9月19日郭氏致容庚信,曾宪通编注:《郭沫若书简——致容庚》,广东人民出版社1981年,第10页。

粉饰"，研究问题的方法是以恩格斯《家庭、私有制和国家的起源》为"向导"，"于他所知道的美洲印第安人，欧洲的古代希腊、罗马之外，提供出来了他未曾提及一字的中国的古代"①。这是郭沫若《释祖妣》研究的视角和思路，如下图所示：

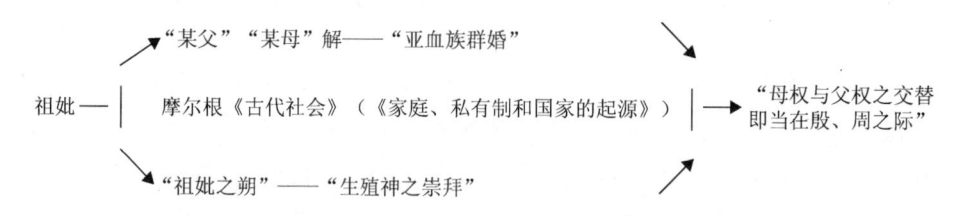

祖妣——
　　→ "某父""某母"解——"亚血族群婚" ↘
　　 摩尔根《古代社会》(《家庭、私有制和国家的起源》)│→ "母权与父权之交替即当在殷、周之际"
　　→ "祖妣之朔"——"生殖神之崇拜" ↗

《耒耜考》的研究思路相对清晰，可从文章所分七节标题看出："一、文字上的耒"；"二、耒的形制"；"三、文字上的耜及其形制"；"四、耒耜通行的区域"；"五、耒耜名称的混淆"；"六、古代耕作状况"；"七、牛耕的兴起与耒耜的遗存"。由于"古代史料如此缺乏"，徐氏充分利用古文字象形的特点从字形及仿农具的古钱币等实物资料考察了耒和耜及其形制，继而辨析了耒、耜各自通行的区域及其名称混淆的缘由，最后分析了中国古代耕作的状况。对于"文字上的耒"，徐氏举出耤（甲骨文作 、、，从昔声，偏旁耒作 、、、、，"当是象耒之形"）、耒（金文作 、、，象手秉耒形）、男（甲骨文作 、、等，从田从力，力字即象耒形，惟省出下端歧出形；力耒古同来母，于声亦通）、劦或荔（甲骨文作 、、、、，金文作 、、，从三力，或从口劦声，当读为荔，荔亦耒母）、丽（甲骨文和金文作 、、，从两耒；小篆作 ，古文作 ，即耒形笔误）或麗（金文作 、、，从两耒两犬，麗亦来母，即从耒声）、男或勒（金文作 、、和 、，从力之字或从耒）、加（金文作 、等，从力）或嘉（金文作 、、，从耒）、静（金文作 、、，从生从井从耒），耤、麗、耒三字耒形下端皆作歧出状，又可以利（甲骨文金文作 、、，所从之 、诸形即力形之变，象用耒端刺田起土之形；小篆利或从刀，但古文利及从利之黎、梨、犁诸字仍从 ，可证从力）、勿（甲骨文金文作 、、、、、等，所从之 或读勿，勿、利古韵脂部字，故得相通）、方（甲骨文金文作 、、、、、、，"象耒的形制犹为完备"）为证。那么，"以上文字上耒，偏旁耒，及从耒形孳乳之字，其耒形上端钩曲，下端分歧（除力字外），均属一致。以此推测古代耒的形制，当无大谬"。与之相关的实物资料，徐氏先举出东汉武梁祠石室所刻神农手执耒耜图，与古文字中耒之形制合，但据郑玄《考工记·匠人》注及贾公彦疏知此为东汉通行之形式，不能据以"为古代耒下端分歧的证据"。徐氏则从传世古钱币入手，认为古钱币中圆足布（）、

---

① 郭沫若：《中国古代社会研究》，《郭沫若全集·历史编》第1卷，人民出版社1982年，第9、195页。

方足布（▨）、尖足布（▨）等皆古农具的仿制品（举宜子犁、王小铁钱、中山币及亲字空首布等为证），其演变之迹为圆足布→方足布→尖足布→空足布→空首布（从"与甲骨铜器诸文字不合"及反是"为不自然的演变"两方面作了论证），则其足形演化之迹为：▨→▨→▨→▨→▨→▨→▨。由此可推断，"耒的演变，由木制变为金属制，由歧头变为平刃，由平首变为空首"。同样，由甲骨、铜器中目（古文借为以字，金文作▨、▨、▨）、台（金文作▨、▨）、以（或以始为之，金文作▨、▨、▨、▨）诸字可推测耜的形制，由铜器中戍（金文作▨、▨）、必（金文作▨、▨）诸字，可证"耒与耜为两种不同的农具。耒下歧头，耜下一刃，耒为仿效树枝式的农具，耜为仿效木棒式的农具"。实物资料则举日本奈良正仓院藏子日手辛锄、古坟中所见之锄、日本社会现今使用之锄尤其是中国古钱币中的磬币和桥币为证，且由桥币可知最初的犁即为此种耜形的放大。关于耒、耜通行的区域，徐氏从《管子》《方言》等文献所见、仿制耒耜古钱币的流通区域及殷与夏、周、秦为分居东西的不同民族及其与农业有关的祖先传说等方面作了论证，认为"耒为殷人习用的农具，殷亡以后，即为东方诸国所承用"，其形制逐渐由耒演变为锹臿；"耜为西土习用的农具，东迁以后，仍行于汧渭之间"，其形制也逐渐由耜变为耕犁。进而从字形的讹变（铜器中目及从目诸字，或有从▨者，▨即耒之倒文，此可由铜器中𦬒、𧄼、𧄼、𥻬及从力的嗣、爵与从▨的司、嗣等诸字可证）和耒耜使用区域的变化分析了耒耜名称混淆的原因，并指出"此事看来虽是一两个名称含义的演变，而实是古代社会生产上一大变革"。文章最后讨论了古代耕作状况及牛耕的兴起与耒耜的遗存，即古代农耕由耦耕到犁耕的发展演变。

《耒耜考》运用古文字和实物资料将古文字考释、名物考辨、农史及中国古代社会研究结合起来，如徐氏所说："虽是一两件农具的演进，有时影响所及，也足以改变全社会的经济状况，解决历史上的困难问题。"[①] 其研究的视角和思路可如下图所示：

```
          ↗ 古文字和实物资料上的耒及其形制 ↘
耒耜  | →通行区域及耒耜辨名→古代耕作状况及牛耕的兴起→| 古代"农业演进的消息"（由耦耕到犁耕）
          ↘ 古文字和实物资料上的耜及其形制 ↗
```

二　异同之比较

《释祖妣》和《耒耜考》所研究的问题不同，郭、徐二老治学经历和背景及研究

---

① 徐中舒：《耒耜考》，《徐中舒历史论文选辑》，中华书局1998年版，第72—127页。

初衷和理念亦有别,然而它们同作于20世纪20年代末,在学术渊源、史料运用及研究视野等方面也有相通之处,通过对二者的比较可见他们在名物及古史研究方面的继承与开拓,也可见这一时期学术发展趋向之一斑。

先看其不同之处。

(一)治学经历和背景有别

郭氏1897—1906年在家接受私塾教育并得大哥教读段玉裁《群经音韵谱》和《说文部首》,1906—1914年间相继入嘉定高等小学堂、嘉定府中学、成都高等学堂分设中学接受新式教育,但最感兴趣的还是今文经学家廖平(1852—1932)高足帅平均讲《今文尚书》和黄经华讲《春秋》,1909年暑期在家中闭门"读完《史记》及《皇清经解》若干种",打下了深厚的传统学术基础,1914—1924年留日十年间所学为医但对文学及革命事业兴趣浓厚并取得卓著成绩,其转向中国古代社会研究是第一次国共合作失败于1928年2月流亡日本之后,在此之前并未深涉这一领域,而且作为国民党的通缉犯即使僻居日本乡下依然受到日本刑士、宪兵的监视,活动不自由,研究所需资料困乏[①],如1929年12月13日致容庚(1894—1984)信中即谈道:"弟苦材料缺乏,复无可与谈者,殊闷闷也。"[②] 徐氏小郭氏6岁,亦主要接受新式教育,其中1914—1917年在安庆初级师范学校所受"中等教育"是其"一生最重要的阶段",这期间他"将绝大部分时间和精力都集注于国文课",为"以后的学业规定了方向和范围",在这里受"桐城派要义理、词章、考据三者并重"影响而自觉"从三个方面充实自己",又因读严复"用桐城家法来翻译"的《天演论》《社会通诠》《群学肄言》,接受了"社会进化论和物竞天择优胜劣败的理论,从前所接受的封建教育,也就有些动摇了",1921—1925年在上海任家庭教师期间一方面"研读清代汉学家的著述,段玉裁、王念孙、孙诒让所著的有关文字训诂的书",一方面"学习甲骨钟鼎,读罗振玉、王国维所著的甲骨书籍",至1925年9月—1926年6月就读清华大学国学研究院又亲承王国维之教[③];作为王氏高弟1929年被傅斯年网罗到中央研究院历史语言研究所(下简称史语所),而史语所为国民党中央政府所属科研机构,待遇优厚,资料丰富,犹有傅斯年、董作宾、李济、丁山等众学者可资商讨,研究条件相对优越。

(二)研究初衷和理念不同

郭氏之所以转向中国古代社会研究,是大革命失败后"因对未来社会的待望逼迫着我们不能不生出清算过往社会的要求",其"清算"的理论即唯物史观,主要是恩格斯的《家庭、私有制和国家的起源》,"研究的方法便是以他为向导,而于他所

---

① 郭沫若:《郭沫若全集》(文学编)第11、12卷,人民文学出版社1992年版。
② 曾宪通编注:《郭沫若书简——致容庚》,广东人民出版社1981年版,第35页。
③ 徐中舒:《我的思想检查》,《人民川大》第65期第4版,1952年7月14日。

知道的美洲的印地安人、欧洲的古代希腊罗马之外,提供出来了他未曾提及一字的中国的古代",是"想运用辩证唯物论来研究中国思想的发展,自然也就是中国历史的发展,反过来说,我也正是想就中国的思想,中国的社会,中国的历史,来考验辩证唯物论的适应度"①,有很强的为现实服务的政治考量。在对《易》《诗》《书》的时代性及其可靠性产生了怀疑后,始转向甲骨文、金文等出土材料研究,《释祖妣》即撰于此时,成为其《中国古代社会研究》第三篇《卜辞中的古代社会》第二章所分析的"上层建筑的社会组织"的基础②。徐氏则一生不涉政事,所作研究皆为纯学术性的,不过如他所说:"传统的尊经观点,我是没有了……我把以前所受到的封建教育与资产阶级社会教育结合起来为新汉学奠定了基础"③。这里所说的"封建教育"与"资产阶级社会教育"指传统的文史训练、"社会进化论"及受西方影响的新史学尤其是梁启超新史学思想等。徐氏在清华国学研究院听过梁氏《中国历史研究法》和《中国文化史》课,1927年6月发表的《从古书中推测之殷周民族》即引用梁氏《中国文化史》"论古代阶级"④。而《耒耜考》开篇即反问:"我们的历史,只要有几个帝王卿相的号谥,也就可以表示我们文化之古了?"显系受梁启超所痛斥中国历史只是一家一姓之帝王家谱影响,而其选择一两件农具作为研究对象则有意拓展中国古代社会研究的范围。

再看其相通之处。

(一)学术渊源上,二者皆深受王国维的影响

在代罗振玉所作《观堂集林序》中,王国维谈到其治学"最近歙县程易畴先生及吴县吴愙斋中丞。程君之书,以精识胜,而以目验辅之。其时古文字、古器物尚未大出,故肩涂虽启,而运用未宏。吴君之书,全据近出之文字、器物以立言,其源出于程君,而精博则逊之。征君具程君之识,步吴君之轨躅,又当古文字、古器物大出之世,故其规橅大于程君,而精博过于吴君,海内新旧学者咸推重君书无疑辞"⑤。"古文字、古器物"是王氏治学的核心,也是其立论的根基。徐氏早年研读王氏论著后又亲承其教,受其影响自不待言,1947年作为第一届"中央研究院""院士候选人资格之根据"即为"用古文字与古器物研究古代文化制度"⑥,故学界有"静安一贯

---

① 郭沫若:《海涛集·跨着东海》,《沫若文集》第8卷,人民文学出版社1958年版,第312页。
② 《卜辞中的古代社会》1928年10月草就,但至1929年9月20日始改定脱稿,其间故因"牵于人事",但亦当与他对甲骨文研究逐步深入有关,"稿成全部更易者已四五次"。《郭沫若年谱·上》,江苏人民出版社1983年版,第249—255页。
③ 徐中舒:《我的思想检查》,《人民川大》第65期第4版,1952年7月14日。
④ 徐中舒:《徐中舒历史论文选辑》,中华书局1998年版,第30页。
⑤ 罗振玉:《〈观堂集林〉序一》,《王国维遗书》第1册,上海古籍书店1983年影印版。
⑥ 无论是自评抑或他人评价,皆说明其治学特色得到学界认可。可参看徐亮工《从"书"里到"书"外:徐中舒先生的学术与生平》,《古今论衡》第11期,第125—138页。

有薪传"之誉①;郭氏也多次强调"目前欲论中国的古学,欲清算中国的古代社会,我们是不能不以罗王二家之业绩为其出发点了"②,其研究"大抵依据罗王二家之成法"③,"处理商周古文字之方法上,得之王氏者为最多"④。古文字、古器物也是郭、徐二氏治学的核心,为其中国古代社会研究立论的根基。

(二)研究视野相似

虽然二氏所据理念不同,但同受新文化运动的洗礼,他们的尊经观念早已不复存在,而是在继承王氏"二重证据法"治学思想和方法基础上尽力汲取新知识、新思想以开拓新视野。郭氏因政治上崇奉马、恩而以唯物史观研究中国古代社会,尤其借重恩格斯著作中所摘引的摩尔根《古代社会》人类学的视角,这在他此后研究中经常出现,如《释干卤》运用非洲朱庐族土人、丁加族、亚洲岛民所用盾形等人类学资料考证中国古代的盾,《释黄》利用"欧洲古代与原始民族之'布络奇'(brooch佩饰)颇多下作三垂,上呈环形"考证黄字等⑤。这一点张荫麟早在1932年即指出:"郭沫若先生的《中国古代社会研究》是一九三〇年我国史界最重要两种出版品之一(其余一种不用说是顾颉刚先生的《古史辨》第二册)。它的贡献不仅在若干重要的发现和有力量的假说……犹在它例示研究古史的一条大道。那就是拿人类学上的结论作工具去爬梳古史的材料,替这些结论找寻中国记录上的佐证,同时也就建设中国古代社会演化的进程。"⑥徐氏则受梁启超以来新史学思潮影响,在研究中亦用比较视野如用日本社会所用农具佐证耜的形制,以"社会学家"所说原始人如非洲波希曼人、爱斯基摩人财产的观念考证"耜所从之台",后来他在总结自己治学经验时说:"我研治中国古史六十余年,就是这样走过来的:围绕中国古史这一中心,由古文始,进而扩展到古文字学,进而扩展到考古学,进而扩展到民族史。即基础——初步研究;扩充基础——进一步研究;再扩充基础——较深入地研究,如此往复不停,方可在自己所学的领域内有较全面的了解,在研究中才能体会到左右逢源之乐。"⑦民族学、人类学、考古学等是郭、徐二氏研究中共同借重的重要领域。

(三)史料运用方面

因"古代史料如此缺乏",郭、徐二氏皆尽量扩大史料利用范围,除了上述人类

---

① 马曜先生为纪念徐先生百年诞辰所赋诗,四川大学联合历史系编《徐中舒先生百年诞辰纪念文集》,巴蜀书社1998年版,第1页。
② 郭沫若:《中国古代社会研究》,《郭沫若全集·历史编》第1卷,人民出版社1982年版,第8页。
③ 1929年9月19日致容庚信,曾宪通编注《郭沫若书简——致容庚》,广东人民出版社1981年版,第10页。
④ 郭沫若:《甲骨文字研究序录》,《郭沫若全集·考古编》第1卷,科学出版社1982年版,第15页。
⑤ 郭沫若:《郭沫若全集·考古编》第4卷,科学出版社2002年版。
⑥ 张荫麟著,李洪岩编选:《素痴集》,百花文艺出版社2005年版,第215、216页。
⑦ 徐中舒:《我的学习之路》,《文史知识》1987年第6期,第4、5页。

学理念及材料外，尽量利用传世或出土的实物资料，如徐氏利用传世的仿农具古钱币及日本尚存之锄具等考证耒耜形制及其分布区域，郭氏利用"欧洲各地所出土之生殖女神像"佐证中国古代生殖崇拜等。其时由中国人自己主持的考古发掘在安阳殷墟才刚刚起步，可资利用的材料不多，但二者对此皆给予足够的重视，在此后研究中成为重要的凭藉。犹为重要的，郭、徐二氏皆充分利用中国古文字象形的特点，以之作为史料，将古文字考释与古代社会研究结合起来，如郭氏对祖、妣及与之相关的士、王、土、帝、祭、宾、后、毓、 等系列字的考释，以佐证中国上古曾有过生殖崇拜及社会组织的演变，徐氏对耒、耜及相关的耤、藉、男、劦、目、丽、麗、男、勒、加、嘉、静、麗、勿、方、台、㠯、戊、必、叜、叝、叜、孳、嗣、爵等系列字的考释，成为考察耒耜及其形制演变与讹误的重要支撑，他们的考释或有可商之处（详后），但这一研究思路仍值得我们重视。

郭、徐二氏分居日本和中国，二者治学经历、学术背景、研究初衷各异，也没有学术交集，但几乎于同时撰写的《释祖妣》和《耒耜考》在治学理念上多有相通之处，由此可见学问大家心同理同和当时学术发展趋势之一斑。

三 治学思想与方法启示

《释祖妣》和《耒耜考》并非完美无瑕，其中仍有不少值得商榷甚至错误之处。郭氏1952年在《甲骨文字研究·重印弁言》中谈道，"我在二十几年前曾经有过很错误的看法，便是把殷代看成金石并用时代和原始社会的末期"[①]，这时郭氏已放弃"母权与父权之交替即当在殷、周之际"的看法，认为殷代作为奴隶制时代或青铜时代[②]；他对于士、王、土、皇的解释也较少得到学界认可，甲骨文中释为母的 字学界已多从张政烺先生释为毓[③]。徐氏《耒耜考》因所见考古学和人类学材料有限，对于耒耜的起源、分布区域等问题的认识还存在不足，后来有学者根据新的材料又做了进一步的研究[④]。但不可否认，置于20世纪20年代末期学术发展背景中考察，《释祖妣》和《耒耜考》研究问题的视野开阔、思路新颖，在治学思想与方法上仍有值得我们今天借鉴之处。

前面已谈到，郭氏甲骨文研究"大抵依据罗王二家之成法"而稍有不同，他

---

① 郭沫若：《甲骨文字研究重印弁言》，《郭沫若全集·考古编》第1卷，科学出版社1982年版，第8、9页。

② 郭沫若：《青铜时代》，《郭沫若全集·历史编》第1卷，人民出版社1982年版，第598—610页；《十批判书》，《郭沫若全集·历史编》第2卷，人民出版社1982年版；《奴隶制时代》，《郭沫若全集·历史编》第3卷，人民出版社1982年版。

③ 可参看于省吾主编《甲骨文字诂林》（全4册），中华书局1996年版；李孝定：《甲骨文字集释》，"中央研究院"历史语言研究所1965年版。

④ 汪宁生：《耒耜新考》，《古俗新研》，敦煌艺文出版社2001年版，第40—66页。

"是想通过一些已识未识的甲骨文字的阐述,来了解殷代的生产方式、生产关系和意识形态"①。《释祖妣》借对祖妣的考察阐发了他对殷代社会形态、宗教观念的看法,他对生殖崇拜与中国古代宗教的起源的解释影响深远,闻一多即谈道:"此问题郭沫若先生在其《释祖妣》中首发其凡,余继之作《高唐神女之分析》,宜加推阐,孙君作云作《九歌山鬼考》及《中国古代之灵石崇拜》,亦续有发明,梦家此文最后成而发明亦最多。"② 郭著《中国古代社会研究》日译者藤枝丈夫在1937年所著《现代中国的根本问题》中也指出:"王国维、罗振玉、孙诒让、商承祚、王念孙、王引之以至日本的林泰辅等诸人的注解(指甲骨文字和金石文字),到了郭沫若先生,以新史学的方法再整理一番,对古代社会给了一幅鲜明的图画……将来在郭先生的批判和反批判中,一定可以使问题更加透澈。那时古代东洋的秘密,真的只有靠东洋人才能发见的了。"③ 1932年张荫麟虽结合人类学最新发展情况指出郭氏利用摩尔根《古代社会》多处错误,但也指出郭氏的研究"例示研究古史的一条大道"。从研究问题的视野看,郭氏已不仅仅继承王国维以古文字、古器物为中心的"二重证据法",而是融会唯物史观、人类学、考古学等新知识对所研究领域作了新的开拓。徐氏亦然,《耒耜考》虽然仍以古文字、古器物为中心,但已开始重视民族学、人类学、考古学的视角和资料,如他后来所总结的民族学、考古学等在其研究中占据越来越重要的位置,以致有学者将其研究方法总结为"三重证据法"。④ 创办史语所并任所长的傅斯年(1896—1950)谈道:"一个人思想的路途,总受其环境之影响,而其成绩正靠其特有之凭借。"⑤ 傅氏在1928年10月所撰《历史与语言研究所工作之旨趣》中强调,"现代的历史学研究,已经成了一个各种科学的方法之汇集",要"保持亭林(顾炎武)、百诗(阎若璩)的遗训","扩张研究的材料","扩张研究的工具","地质、地理、考古、生物、气象、天文学等,无一不供给研究历史问题者之工具"。⑥ 如果说王国维在总结清代"纸上之旧学问"基础上融会"土中之新学问"而以"二重证据法"将后者提升至研究的核心位置,开拓了新的学术区域⑦,那么20世纪20年代后期以来进一步扩张研究的新材料、新知识以拓展研究的范围已成为古史研究的一种趋势。如陈寅恪先生所说:"一时代之学术,必有其新材料与新问题。取用此材料,

---

① 郭沫若:《郭沫若全集·考古编》第1卷,科学出版社1982年版,第7页。
② 闻一多:《〈高禖郊社祖庙通考〉跋》,《清华学报》1937年12卷3期,第465页。早在1920年致宗白华信中,郭氏即通过比较古代埃及、古希腊罗马神话传说,以人类学、历史学、比较神话学观点分析中国古代神话传说,见《郭沫若书信集》,中国社会科学出版社1992年版。
③ 转引自何干之:《中国社会战问题史论》,《何干之文集》第1卷,北京出版社1993年版,第311页。
④ 周书灿:《"古史三重证"的提出者考论》,《中华文史论坛》2010年第2期。
⑤ 傅斯年:《"城子崖"序》,陈槃校订:《傅斯年全集》第3册,(台北)联经事业有限公司1970年版,第206—211页。
⑥ 傅斯年著,陈槃校订:《傅斯年全集》第4册,(台北)联经事业有限公司1970年版,第253—266页。
⑦ 参看拙文《〈最近二十年中国旧学之进步〉作者考辨:兼论其学术史意义》,《齐鲁学刊》2012年第3期。

以研求问题，则为此时代学术之新潮流。治学之士，得预于此潮流者，谓之预流（借用佛教初果之名）。其未得预者，谓之未入流。此古今学术史之通义，非彼闭门造车之徒，所能同喻者也。"① 而能"预流者"必具远见卓识，善于把握学术发展之趋势，《释祖妣》和《耒耜考》之价值正体现于此，反映了郭、徐二氏善于汲取时代所赋予的新材料、新知识、新思想和新方法以开拓研究的新领域，提出新见解，既承继又进一步推动了这一学术发展趋势。

再就《释祖妣》和《耒耜考》治学思想和方法具体体现而言，可从陈寅恪（1890—1969）先生对沈兼士（1887—1947）1935 年撰成的《"鬼"字原始意义之试探》所作评价视角考察，即"依照今日训诂学之标准，凡解释一字即是作一部文化史。中国近日著作能适合此定义者以寅恪所见，惟公此文足以当之无愧也"。② 沈文不同于"随文解义"的古代训诂，也有别于区分"《说文解字》为本义"与"其他训诂书为引申假借之义"的清代小学家，而是承继晚近学者所知"《说文》尚不足以代表文字之原始意义"及"每字之原始意义亦不尽具于一般之训诂书中"之识，认为"文字意义之溯源，恰如考古家之探检遗迹遗物然，重要之目的物，往往深藏于地层之下，非施行科学的发掘，不易觅得。故探检文字之原，亦需在古文献及古文字中披沙拣金，细心搜讨。文献方面应直接观察其历史情形，玩味其文句解释，文字方面应从形音义三面证发其当然之义类"，沈氏即以此法据"古文献"和"古文字"探得鬼字的"传统解释"非其"原始意义"，而疑鬼之原始意义为"古代一种类人之动物，其后鬼神妖怪之义，均由此概念引申发展"，并探讨了"鬼字之字族分化系统"。陈氏正从此角度评价沈文为"解释一字即是作一部文化史"，不过沈氏仅就鬼的原始意义及其引申分化作了探讨，未再深入一步探析鬼观念之变化，不若"始悟于民国二十二三年间"而大部分写成于抗战前的《性命古训辨证》视野开阔，傅斯年认为他所撰"此书虽若小题而牵连甚多……以语言学之立点，解决哲学史之问题，是为本卷之特点，在中国尚为初创"③，此文利用新材料甲骨文、金文并对旧材料进行严格审辨而突破清代学者阮元《性命古训》对先秦性字的古训，在借鉴西方语言学、哲学、宗教学基础上对先秦时期性命之说作了新的阐发。④ 顺上述两文考察，《释祖妣》亦是通过对祖妣本义及与之相关的"父某""母某"的考察以探讨殷代的社会形态和宗教观念（意识形态），《耒耜考》则是通过对耒、耜及与之相关的一系列字本义的考辨并结合实物资料考察耒耜的形制及其演变，藉此探讨中国古代"农业演进的信息"。二者涉及文献考订、古史传说研究、古文字考释、实物资料及人类学参证

---

① 陈寅恪：《金明馆丛稿二编》，上海古籍出版社 1980 年版，第 236 页。
② 沈兼士著，葛益士、启功整理：《沈兼士学术文集》，中华书局 1986 年版，第 186—202 页。
③ 傅乐成：《傅斯年先生年谱》，《傅斯年全集》第 7 册，（台北）联经出版社事业公司 1971 年版，第 2644 页。
④ 参看拙文《由〈性命古训辨证〉看傅斯年的治学思想与方法》，《齐鲁学刊》2010 年第 3 期。

等多方面，就是视野来看较沈、傅二文更为开阔，故亦可将其视为通过名物考证所作文化史研究。今天的考古学、人类学等远较郭、徐二老所处的20世纪20年代为发达，如何借鉴二老治学思想与方法，利用相关学科知识以研究中国古代社会值得我们认真思考。

(原载《郭沫若学刊》2013年第1期)

郭沫若辞章视点金文考释方法运用举例

李义海

在"字词—语句—篇章"这一主流传统考据范式的影响下，基于对商周铭刻理解的文化考古学，不仅取得了骄人的成就，也遗留下了大量歧释甚至未释的疑难字词。这些疑难字词，是商周文化考古学长足发展必须突破的瓶颈。

在这一背景下，基于对金文及其时代的整体感知，进行由"篇章—语句—字词"的考释，可以解决某些疑难字词的释读，深化语句与篇章的整体理解，发掘商周时期的文化真相。

这一治学范式，在古文字研究领域，由深受文学创作影响的郭沫若先生开其先河。郭先生自发地运用辞章视点进行文本考释[1][2][3]，极大地丰富了文化考古学的学术成果，形成了中国商周文化考古的学术高峰。

受郭沫若、唐兰、杨树达、陈梦家等学术前辈治学范式的影响，我们自90年代起开始整理先秦汉语书面文献与出土文献修辞格式或行文条例，并以辞章为视点检讨学界关于商周出土文献的考释，关于"钲"族字的新释、《多友鼎》《兮甲盘》《班簋》考释的补充，以及《曾姬无卹壶》的颠覆性释训，都有幸得到学界的好评；2008年起开始以行文条例为单位进行两周铭文的考释，《先秦时期汉语中的合叙与铜器铭文的释读》（《修辞学习》2008年第6期）、《体用同称与西周金文释读举隅》（《中国文字研究》2010年第13辑）、《别白行文视点下的割匜铭文补释》（《华东师范大学学报》2011年第4期）、《体用同称与郭沫若辞章视点金文考释的当下意义》（《闽江学院学报》2011年第4期）等习作，都得到了学界的鼓励支持与好评。

在学习商周金文并对其疑难词语进行辞章视点的尝试性释读时，我们也发现了几点前人未及的文化元素。今董理旧文，条录于后，以求教于方家。

---

[1] 李义海：《郭沫若对古周金文修辞研究的贡献》，《商丘师范学院学报》2009年第1期。
[2] 李义海：《郭沫若西周金文修辞研究及意义管见》，《信阳师范学院学报》2009年第2期。
[3] 李义海：《郭沫若西周金文修辞研究及意义管见》，载中国郭沫若研究会《郭沫若研究三十年》，巴蜀书社2010年版，第1页。

一 墨刑有面部整体施墨与两侧施墨两种类型

1975年2月陕西岐山县董家村出土的㣄匜，经过唐兰、李学勤、程武、盛张、来因、吴镇烽、庞怀清等先生考释之后①②③④⑤⑥⑦，虽然其文献价值已经有了基本统一的认识，但由于没有考虑到"别白"这一行文条例⑧，以致"鞭鞭"与"黥鞭"的训释还没有形成共识。

为了便于从篇章上予以分析，谨将原篆依其行款隶定于下：

> 隹三月既死霸甲申，王才豐上宫。白扬
> 父廼成𩽾。曰："牧牛，鼓！乃可湛，女敢以乃
> 师讼。女上忎先誓，今女亦既又𢀳誓。尃、
> 㚔、啬、睦、㣄造，亦兹五夫，亦既𢀳乃誓。女
> 亦既从辞从誓。弋，可。我义便女千，鞭鞭
> 女，今我赦女。义便女千，黥鞭女，今大赦
> 女。便女五百，罚女三百锊。"白扬
> 父廼或事牧牛誓曰："自今
> 余敢扰乃小大事。""乃师或以
> 女告，则𠈁乃便千，鞭鞭。"牧
> 牛则誓。埽以告吏蚍、吏智
> 于会。牧牛辞誓成，罚金。㣄
> 用乍旅盉。

铭中的"鞭鞭"一词，唐兰先生曾以别白辞格予以观照，做过精彩的考释：鞭鞭，"即䵷䵹，是墨刑之一。鞭字应从黑殳声，殳字与𢦏字，一从殳，一从戈，当是同一字的不同写法。䵷字从黑殳声，《说文》屋字的古文作㞇，上面所从的肙，就是这里的声，此又从殳，与从刀的剸通，所以定为䵹字。䵷䵹两字都从黑，当是墨刑。

---

① 唐兰：《陕西省岐山董家村新出重要铜器铭辞的译文和注释》，《文物》1976年第5期。
② 程武：《一篇重要的法律史文献——读㣄匜铭文札记》，《文物》1976年第5期。
③ 盛张：《岐山新出㣄匜若干问题探索》，《文物》1976年第5期。
④ 吴镇烽：《㣄匜铭文》，《陕西日报》1979年8月22日。
⑤ 李学勤：《岐山董家村训匜考释》，载中国古文字研究会《古文字研究》，中华书局1979年版，第149—156页。
⑥ 来因：《我国法律史上的一篇重要文献——西周青铜器㣄匜铭文》，《法学杂志》1981年第2期。
⑦ 庞怀清：《对西周铜器梁其鼎及㣄匜王年的推断》，《考古与文物》2002年第5期。
⑧ 李义海：《别白行文视点下的㣄匜铭文补释》，《华东师范大学学报》2011年第4期。

《说文》：'黥，墨刑在面也'，或作剠，从刀从黑。其实剠字是墨刑的原始字，像用刀刻人面的形状。《书·吕刑》和《周礼·司刑》都有墨刑，那末，黥只是墨刑的一种罢了。……此铭既有𩈻䭱，又有黜䭱，显然在䭱之中，又分两种。《易·鼎》九四说：'共形渥'，有很多别本作'其刑剭'。晁说之《易诂训传》引京房说：'刑在頯为剭。'頯是脸上的颧骨。《玉篇》：'䭱，刑也，或作剭。'大概就根据京房本，所以《广韵·一屋》就说：'䭱，墨刑也。'据此铭则西周已有䭱字了。黥刑在古书中大都解为凿额，与此刻颧骨的剭刑略有不同。至于𩈻，古书没有这个字，应与幦通，《说文》：'幦，盖幭也。'《管子·小称》说齐桓公死时，'乃援素幦以裹首而绝'，可见幦是盖头的巾。幦字与幪字声近相通，《方言》四：'幪，巾也。'《说文》：'幪，盖衣也。'意义也是一样。那末，𩈻就是《尚书大传》'下刑墨幪'的'幪'无疑……据此铭则𩈻䭱是在剭刑的基础上再加盖幦的，即先用刀割颧骨处，再用墨填，而又使他蒙黑巾的双重刑罚……"①

关于"黜䭱"，唐先生作了下面的考释："黜字从黑从虫（音聘，与虫字不同）。虫字甲骨文作𧈧，上半与止字同，下像虫身。《说文》误为从屮，作蚩。古书无黜字，当即黜字。虫和出声近，形亦相类（出字本亦从足形的止，《说文》也误从屮）。黜字《说文》：'贬下也'，是废逐，罢免的意思。过去对于黜字为什么从黑是讲不出道理来的，现在知道黜也是墨刑，就好懂了。黜䭱只是罢免官职，比𩈻䭱要轻。"②

此后，李学勤先生与马承源等先生也有大致相似的考释。李学勤先生认为："'𩈻䭱'、'黜䭱'是同义词。䭱字从首声，为古祭部字，疑读为劓。《史记·张耳陈余列传》训劓为刺。𩈻字右半上面从之，下面从虫略省，应读为鼓，《说文》云：'刺也。'与劓同义。䭱字从屋，即训墨刑的䭱字。墨刑是先刻其面，然后在伤处填墨，如后世的刺青，故称为劓䭱、鼓䭱。"③马承源等先生认为："𩈻䭱：𩈻䭱字书所无，𩈻字从𦥑、𦥑即𤰞省声，梦字之所从。与幪为声转义通字，《说文·巾部》：'幪，盖衣也。'所以𩈻就是《尚书大传》'下刑墨幪'之'幪'。䭱，铭字上部所从之声旁与《说文》屋字古文𡴝上部相同，铭字又从殳，与从刀之剭通，应即剭字。《玉篇·黑部》：'剭，乙角切，刑也，或作剭。'晁说之《易诂训传》引京房云：'刑在頯为剭'。頯是颧骨，剭刑在面，也就是墨刑。《周礼·秋官司寇·司刑》'墨罚五百'，郑玄《注》：'墨，黥也。先刻其面，以黑窒之。'杨倞《注》：'世俗以为古之重罪以墨涅其面而已，更无剭刖之刑也。或曰：墨黥当为墨幪，但以黑巾幪其头而已。'𩈻䭱是一种象征性的墨刑。""黜，字书所无，字从黑从虫，从黑当是墨刑的一种，义

---

① 唐兰：《西周青铜器铭文分代史征》，中华书局1986版，第511—512页。
② 同上书，第512页。
③ 李学勤：《岐山董家村训匜考释》，载中国古文字研究会《古文字研究》，中华书局1979年版，第113页。

未详。"①

按：诚如唐先生所说，"此铭既有黥骥，又有黜骥，显然在骥之中，又分两种。"因此，"骥"是墨刑的公名；在"骥"刑之中"又分"出的"两种"墨刑也就是"黥"和"黜"则具有别白的性质。

僭哉"黥骥""黜骥"对举，而"骥"又是墨刑的公名。"黥"与"黜"当各是一种墨刑的专名。

在"黥""黜"两字结体中，字素"黑"诚如马承源等先生所说，"是墨刑的一种"，那么，它们分别表示的专属义，便应存乎其声符"蒙（幪）"与"蚩"之中。

用以别白的"黥"，根据唐先生的考证，应是"下刑墨蒙"的"蒙"，它不仅作为"下刑"而是墨刑的一种，而且还有"裹首"的意义。因此，它可能是头被墨刑蒙覆。如果这种推测成立，蒙也就是"黥"指的是整个面部都施以墨刑。

"黜"的声符"蚩"，甲骨文作蚩。甲骨文蚩字，罗振玉释"它"，学人风从；裘锡圭先生改释，读为"害"②，不可易。"害"与"介""丐"音近，经籍中的"用丐眉寿"之"丐"，西周金文偶用"害"与"介"。又《诗·小雅·小明》："神之听之，介尔景福。"闻一多《古典新义·诗经新义》："匄、介同祭部，乞在脂部，最相近，故三字通用。匄、乞皆兼取、与二义，介字亦然。"③

介，本指疆界、界限。《说文·八部》："介，画也。从八，从人。人各有介。"徐灏《说文解字注笺》："古疆界字祇作介。"《诗·周颂·思文》"无此疆尔界"，陆德明释文"界"作"介"。引申为侧畔。《字汇·人部》："介，畔也。"《楚辞·九章·哀郢》："悲江介之遗风。"

因此，"黜"当指在人面部的两侧施墨刑。

二　缩酒指用酒器将酒灌沃束茅之上

缩酒，祭祀仪式。见《左传》与《周礼》，前贤有释而未详，我们以为，当是用酒器将酒灌到成束的菁茅之上。④

1976年陕西扶风县云塘村10号墓出土的史丧尊，具铸铭三行十二字："史丧乍丁公宝彝孙子其永备。"内中第二行"孙"与第三行"子"字，《商周金文资料通鉴》（下称《通鉴》）⑤与《殷周金文集成引得》（下称《引得》）⑥均因失照而漏释；

---

① 马承源：《商周青铜器铭文选》，文物出版社1990年版，第186页。
② 裘锡圭：《释害》，载裘锡圭《裘锡圭自选集》，河南教育出版社1994年版，第17—26页。
③ 汉语大字典编纂委员会：《汉语大字典》，四川辞书出版社1986年版，第104页。
④ 李义海：《体用同称与郭沫若辞章视点金文考释的当下意义》，《闽江学院学报》2011年第4期。
⑤ 吴镇烽：《商周金文资料通鉴》（光盘），2005年。
⑥ 张亚初：《殷周金文集成引得》，中华书局2001年版。

就通读而言，《殷周金文集成释文》（下称《释文》）未加标点①，《通鉴》《引得》于"彝"下逗断，《商周金文数字化处理系统》（下称《系统》）则在"彝""永"和最末一字之后读断②。

铭末⿰字，《通鉴》隶作"䞿"读为"赐"，《释文》与《引得》视为"赐"；赵平安先生引金祥恒先生说释"匜"③，《系统》从之。

按：该字如果读为赐，则铭末的"孙子其永赐"不合西周金文表达希冀的习惯，更何况"永赐"除本铭外不见金文。

该字见于《前》6·42·8，《乙》2266，金祥恒先生以为该字"正象奉匜注水于盘"，赵平安先生从字形演进与甲骨文语例两个方面证成字当从金说，并对史丧尊铭末的"匜"作了如下的考释④：

> 从文例看，"孙子其永匜"与"孙子其永宝"相同。此处的"匜"，古籍中作施，多解释为延。《诗·大雅·皇矣》："施于孙子。"笺："施，犹易也，延也。"《淮南子·修务训》："名施后世。"注："施，延也。"《庄子·在宥》："夫施及三王。"《释文》引崔注："施，延也。"《列子·天瑞》："施及州闾。"《释文》："施，延也。"段玉裁《说文解字注》："施即延之假借。"因此，"孙子其永匜"就是"孙子其永施"，也就是"孙子其永延"的意思。

今按：赵文读"匜"为"施"虽然有律可依，"施"也"多解释为延"，但并没有举出"此处的'匜'，在古籍中作施"用例。因此，将史丧尊铭末的"匜"读为"施"训为"延"，从理论上讲，还有可以商榷的必要与余地。再者，"孙子其永施""孙子其永延"此类意义的表述，在金文中也是没有实例的。因此，赵文虽然证成了这个歧释字确实为匜，但却没有对它做出令人信服的训释。

我们认为，居于本铭末尾的工具名词"匜"，位于副词"永"的后面，记录着一个动作，存在着工具名词亦即"体"与凭之施行的动作亦即"用"同称的可能性，可以先根据"（用+工具名词+）工具名词所表事物的功用"的模式来理解。⑤

我们所做的这种推测，也就是在铭末标明器物的功用这种体例，在西周金文中经常以套语"永宝用""永保用""永用""永宝用之""永保用之""永用之""用之"的形式出现。器物的这种"用"，除了在礼器铭文中经常体现得非常充分的"享"之

---

① 中国社会科学院考古研究所：《殷周金文集成释文》，香港中文大学中国文化研究所2001年版。
② 华东师范大学中国文字研究与应用中心：《商周金文数字化处理系统》，广西教育出版社2003年版。
③ 赵平安：《释易与匜——兼释史丧尊》，《考古与文物》1991年第3期。
④ 同上。
⑤ 李义海：《文言文阅读理解模式概览》，中国青年出版社2001年版，第69页。

外，还有其具体的记录，如同属西周中期的《邢叔钟》(《集成》1.356)"鼓乐此钟"与《癲钟》(《集成》1.244、245、246、247)"癲其永宝日鼓"的"鼓"与"乐"。

自西周晚期之后，匜这种器物的功用开始在铭文中出现，如《叔毄匜》(《集成》16.10219)"万年用之"、《蔡叔季匜》(《集成》16.10284)"永宝用之匜"。

匜是一种盛水或酒的器具，形状如瓢而有鋬（相当于今天所说的抓手），其功用在于下注所盛的水或酒。《说文·匚部》："匜，似羹魁，柄中有道，可以注水。"使用者执鋬注水以服事尊者。《仪礼·公食大夫礼》："小臣具盘匜，在东堂下。"郑注："为公盥也。公尊，不就洗。"其功用，在于沃盥。《左传·僖公二十三年》："秦伯纳女五人，怀嬴与焉。奉匜沃盥，既而挥之。怒，曰：'秦、晋，匹也，何以卑我？'公子惧，降服而囚。"《礼记·内则》："父母舅姑之衣、衾、簟、席、枕、几不传；杖、屦祗敬之，勿敢近；敦、牟、卮、匜，非馂莫敢用。"郑注："卮、匜，酒浆器。敦、牟，黍稷器也。"贾疏："此一节论父母舅姑所服用之物，子妇不得辄用，所恒饮食之馔，不得辄食……卮，酒器也。匜，盛酒浆之器，故《春秋》僖二十三年《左传》云'怀嬴奉匜沃盥'，是也。"

匜可以盛酒，与盛酒礼器尊一致。尊为盛酒器。《说文·酋部》："尊，酒器也。"又指盛酒。《仪礼·士冠礼》："侧尊一甒醴，在服北。"郑注曰："置酒曰尊。"《礼记·礼器》："夫奥者老妇之祭也，盛于盆，尊于瓶。""尊""盆"对举。孔颖达疏："盛食于盆，盛酒于瓶。"

据前引《仪礼·公食大夫礼》可知，匜可以将所盛服事尊上。据史丧尊铭文"史丧乍丁公宝彝"可知，史丧尊的制作目的在于献酒于丁公，这正是服事尊上。这说明，史丧尊铭末的"匜"的功用，与该尊的制作目的完全一致。

至于本铭所载像用匜沃盥一样用尊沃酒献祭，可能是周代"缩酒"这一祭祀仪式的反映。《左传·僖公四年》提供了灌酒祭祀的信息："尔贡包茅不入，王祭不共，无以缩酒，寡人是征。昭王南征而不复，寡人是问。"杜注："包，裹束也。茅，菁茅也。束茅而灌之以酒为缩酒。"孔疏："《郊特牲》云：'缩酌用茅。'郑玄云：'泲之以茅，缩去滓也。'《周礼·甸师》：'祭祀，共萧茅。'郑兴云：'萧字或为茜，茜读为缩。束茅立之祭前，沃酒其上，酒渗下去，若神饮之，故谓之缩。缩，渗也。故齐桓公责楚不贡包茅，王祭不共，无以缩酒。'"

匜盛水时可以沃水，当然盛酒时也可以沃酒，虽然前者是为了盥。尊这一酒器在祭祀缩酒时"沃酒其上""灌之以酒"的行为方式恰恰与用匜沃水相似。因此，史丧尊铭的"匜"也就具有了"沃酒"或"灌酒"的意义。这大概正是史丧尊虽为酒器而却用水器匜实施"灌""沃"功用以实现向丁公献祭酒酌的原因。

如果前述关于史丧尊铭末"匜"的理解无误，则史丧尊铭文"其永匜"便可以理解为希望永远用它来通过灌沃的方式献祭酒酌。

因之，缩酒这一祭祀仪式，当是用酒器将酒灌到成束的菁茅之上。

我们相信，随着辞章视点金文考释的逐步开展，商周青铜器所载具的文化信息将进一步呈现，郭沫若先生研究方法得以延续的同时，中国文化考古学也会取得相应的进展。

我们的这种尝试，将提供郭沫若研究的有关成果得以应用的系列个案，形成郭沫若考据研究的学术增长点。郭沫若考据研究成果的学术应用，对于闻一多、陈梦家、钱钟书、施蛰存学术研究的深入开展，可能会提供研究案例或借鉴，因为他们与郭沫若一样，都兼具文学名家与考据大师的双重身份。

（原载《郭沫若学刊》2013 年第 3 期）

一士谔谔，胜于千诺
——高二适与郭沫若兰亭论辩

尹树人

司马迁的《史记·商君列传》中有这么一段话："千羊之皮，不如一狐之腋；千人之诺诺，不如一士之谔谔。武王谔谔以昌，殷纣墨墨（默默）以亡。"说的是三种表现：谔谔，直言争辩；诺诺，卑恭顺从；默默，沉默不语。1965年，郭沫若的《由王谢墓志的出土论到兰亭序的真伪》一文发表后，知识界的反应多为诺诺或者默默，书法大家高二适则率先表示谔谔，奋然提笔，写出《兰亭序的真伪驳议》一文，向郭沫若提出质疑。

不作寒蝉

郭沫若的文章应该算是一篇有关文物考古和书法史的学术文章，文章袭用了清代李文田等人的观点和当时发现的地下文物资料，对号称"古今第一法帖""天下第一行书"的兰亭序来了个大翻案，说王羲之的兰亭序帖皆伪，是后人依托所为。

郭老惯写翻案文章，本无足奇。奇的是这篇文章的发表方式，以及文中提到的两位当代政治人物——康生和陈伯达。郭文先载于专业性的刊物《文物》1965年6月号，后又于6月10日、11日转载于非专业性的报纸《光明日报》上。文章引用了陈伯达提供的重要学术资料，征引了康生关于王羲之书法的观点。当时，在有过多次学术争论演化为政治批判的经历后，知识界许多人早已噤若寒蝉，而两位政界权威的参与和支持，更加使人感到郭沫若文章的分量和威力。于是，诺诺或默默者众多，亦是很自然的。

高二适敢于谔谔，他在自己的文章中不仅驳郭沫若，还点了康生的名。他的精神和勇气，赢得了世人的赞誉。然而，在这赞誉声中还有不少误解。例如，曾有文章说"高二适对当时的政治显得相当'陌生'。常言道'无知者无畏'，他不知道或未领略过政治的厉害，所以才不怕政治有可能带来的种种后果。"其实这是对高二适的误解，他对这场论辩可能引发的政治后果是有清醒认识的。

几年前，有一批高二适致章士钊先生的信函被发现，其中有若干信函即写于兰亭论辩展开之时，内中不少信息透露，高二适和章士钊对当时的政治并不陌生。例如，在信中高二适表示："唯前途有否，以论学为重，一时得失为轻"，"适人微言轻，知文坛有人把持，顾为书艺兴废，不甘作寒蝉，所以才求公将鄙文呈献政府，冀待采纳，非有他望也"。

高二适在信函中还对当时文化界的一些现状深感痛心。"国人懦弱，今尚畏一种高位人而自卑，不为千秋公论，斯可戒也。""夫已民为当今国士、天下士而厚诬古人蔑视来者之于此极，适真有创巨痛深之思。""抑再有陈者：今世为学，少有发明，浅见谀词，蜚声坛坫，适诚中心耻之"。

从高二适这批信函中，人们可以看到对他现状的不满和对国人的批评。他明知自己人微言轻，却仍以论学为重，为了书艺兴废，以一时得失为轻，置前途有否于不顾，敢于公开反对厚诬古人蔑视来者的所谓"国士""天下士"。在许多人噤若寒蝉之际，高二适却"不甘作寒蝉，发出嘶哑的鸣叫。面对这些信件，我们怎么能说他"无知者无畏"呢？

有意思的是，在当今新版的有关当年兰亭论辩的资料中，高二适的文章一字未动，原文照排。而郭沫若的文章则遭多处删削改动，原先重点段落中陈伯达和康生两人的名字已经不见踪影，而以"有人"代替，让今人无法完整理解当年的政治环境。

笔墨官司，有比无好

当年，高二适的文章写成之后却无处发表，只得寻求谊兼师友的章士钊先生帮忙，也亏得章士钊与毛泽东的特殊情谊，终于获得"笔墨官司，有比无好"的"最高指示"。于是，《兰亭序真伪驳议》全文先后发表在《光明日报》和《文物》上，享受了与郭沫若文章同等的待遇。这样的发表方式，还引发了两场误会。

第一场误会是章士钊误以为郭沫若很有度量，竟然将高文在《文物》上影印发表。而郭沫若却对《光明日报》记者说："高二适的文稿，《光明日报》不加修改，《文物》影印发表，是'示众'，可是读者未必了解，高二适他们也许以为太看重他们的书法哩。"

第二场误会则是发生在康生、陈伯达之间，据说当时康生不在北京，《红旗》总编陈伯达代管文化工作。陈看到毛泽东给郭沫若的信后，就指示发表高二适的手迹。康生回到北京，对陈的做法很不满意。陈说：今后不再管文化部的事了。

可以说，没有毛泽东的指示，高二适的文章肯定发表不了，所谓兰亭论辩肯定也辩不起来。高二适的文章发表于1965年7月，已是"文革"前夕。当年11月，姚文元的《评新编历史剧〈海瑞罢官〉》发表，敲响了"文革"的开场锣，兰亭论辩只不过延续了半年左右，就基本歇火了。及至1972年，郭沫若又就新疆出土的晋人写本《三国志》残卷，前话重提，重申七八年前关于兰亭序真伪问题的观点。当时，高二适曾撰文予以反驳，可惜此时已无机缘再得最高指示的支持，文章自然无从发表。郭沫若这回只是唱了一出独角戏，而高先生的这篇写于1972年10月的文章，直到他去世后的1982年，才以《兰亭序真伪之再驳议》为标题发表在《书法研究》第一期上。由此可见，没有最高领袖的最高指示，根本不可能出现所谓兰亭论辩，笔墨官司也打不起来。而真正的笔墨官司，又岂能只靠最高指示的支持。

有了最高指示，高二适的文章得以发表。可以说，高二适是通过章士钊走了一个大后门，而毛泽东又给了章士钊一个大面子。但准确地说，毛泽东支持的是高文公开发表，仅此而已，他并不支持高二适文章的观点，恰恰相反，毛泽东支持的是郭沫若。

高文公开发表以后，毛泽东一直关注着这场论辩。1965年8月，在一次接见部队干部的会议上，他曾关切地询问参加接见的康生："郭老的兰亭序官司打得怎样了？能不能打赢？"康生立即转告郭沫若，郭立即送呈自己两篇反驳高二适的文章清样请毛泽东阅示。毛泽东在给郭的回信中说："8月17日信及大作两篇清样，均已接读。文章极好。特别是找出赵之谦骂皇帝一段有力。看来，过分崇拜帝王将相在现代还不乏其人，有所批评，即成为'非圣无法'，是要准备对付的。"

郭沫若两篇文章之一是《〈驳议〉的商讨》，文中引证清人赵之谦批评唐太宗推重二王书法的一段话，也就是毛泽东所说的"找出赵之谦骂皇帝一段有力"。郭沫若在文章中挪揄高二适："与赵之谦的'妄言'相比，高先生的《驳议》却是在绝对信仰唐太宗及其群臣。""高先生之信仰唐太宗，似乎比唐初群臣有过之而无不及了"。郭沫若已经把高二适作为"过分崇拜帝王将相者在现代还不乏其人"中的第一人予以认真对付了，这深合毛泽东的主张，从而也得到了"文章极好"的评价。

《〈驳议〉的商讨》见报后，高二适在致章士钊的信函中曾予评论："郭文未肯休止，可谓都在兰亭真伪本题之外，他不信晋书（唐太宗）又引用之，也不全信李文田（前言欣赏），既用赵之谦一妄人（越缦堂评赵）的诽谤帖学，又加自明误解赵魏汪客甫题跋。要唐文皇学马列，引我主席词语压人。"最后一句话是指郭沫若文中引用了毛泽东词句"唐宗宋祖，稍逊风骚"。

高二适还在信中表示："他既称'商讨'，适就该作《读〈驳议的商讨〉再驳议》以反击之，且要叫他撤销（是他开场语）那种说法，在中国文化界谢罪。"在另两封信中，高二适说："兹适答郭老文已成矣，分三节，计万余字。""12日寄呈答驳议的商讨一稿"。

遗憾的是，高二适先生这篇万余字的答郭文不仅未能发表，至今仍然下落不明。

康生组织围攻

为了打赢这场笔墨官司，康生可谓竭尽全力，亲自组织围攻高二适，支持郭沫若。

　　上海博物馆副馆长汪庆正回忆：高二适的《驳议》一出，康生即授意组织文章，支持郭老。北京虽然写了几篇，都不满意，特别是对赵万里的文章有意见，说他只写了巴掌大的文章。于是又派人来上海，请徐森玉写文章。徐时为国务院古籍整理三人领导小组成员，上海博物馆馆长，古文物鉴定权威。当时徐森玉、谢稚柳和汪庆正三人在一个办公室工作，三人讨论认为支持郭老容易，驳倒高二适难。最后由汪庆正为徐森玉代笔写了一篇绕圈子的文章，既支持郭老又避开和高二适辩论。汪庆正还说："写这种文章何其难也，才一夜白了少年头。"黄苗子也透露过一个内幕：当时的历史博物馆馆长龙潜十分起劲，写的文章发表在报纸上，杀气腾腾，后听阿英说，这是代表康生的论调。这位龙潜就是《陈寅恪的最后二十年》中提到的那位中山大学党委书记，他撰写的文章题目叫《揭开兰亭序帖迷信的外衣》，发表在当年第 10 期《文物》上。赵万里的《从字体上试论兰亭序的真伪》和徐森玉的《兰亭序真伪的我见》都发表于第 11 期《文物》上。

　　在致章士钊的那批信函中，高二适先生多次提及康生所组织的这些文章，并曾撰文予以反驳，尤其是反驳徐森玉的文章，更是与章士钊在信中详加讨论。高二适在信中说："适敢狂言，本文公表后，即再出个千千万万的郭徐二公，也无置喙余地！"

　　同样令人遗憾的是，高二适先生的这些文字也都是下落不明。

　　在被组织动员写文章围攻高二适的人中，最有趣的当属启功。关于此事，他自称是被拉了壮丁。在《启功口述历史》中，启功回忆了阿英受郭沫若之托动员他写文章支持郭的全过程，本文不再赘言。值得一说的是，启功在"文革"结束后自编文集《启功丛稿》的前言中有一段话："昔郑板桥自叙其诗钞有言：'死后有托名翻版，将平日无聊应酬之作，改窜阑入，吾必为厉鬼，以击其脑。'夫有鬼无鬼，为变为厉，俱非吾之所知；唯欲借此申明，凡拙作零篇，昔已刊而今不取者，皆属无聊之作耳。"启功的那篇《兰亭的迷信应当破除》恰恰没有收入《丛稿》。显然，启功已将之列为无聊之作，并为自己的违心之作而痛悔。

兰亭论辩的判决

　　近年来，不少学者都在研究兰亭论辩是怎样一场笔墨官司。例如，《人民政协报》的纪红就曾提出："既称'官司'，就应当有'官司'的基本特点：论辩双方地位平等，都可以依据事实为自己的论点作充分自由的辩护，胜负则由读者来裁决。而且'笔墨官司'还不同于真正的法律官司，双方尽可以坚持自己的观点并不存在由于'终审裁决'带来的'强制执行'。这样的'笔墨官司'正是中国知识分子梦寐以求的局面：在争鸣中尽享自由思想、增进学术的乐趣。"

　　当年的兰亭论辩，当然不可能出现这样的局面。所以，高二适的第一篇文章艰难发表，遭到围攻以后的反驳文章则无从发表。穆欣在《办〈光明日报〉十年自述》中曾详细地介绍了兰亭论辩的情况。他说到当时章士钊也有文章想拿出来，但是由于同郭沫若常见面，怕伤感情，另一个原因是听到一些风声，感到此事一下又卷进了政治漩涡，于是警觉起来，这个问题不单纯是学术问题了。章士钊的秘书王益知刚给《光明日报》寄上一份稿子《兰亭序真伪辩》，不几日又给报社连打两个电话索回原稿，且从此没有下文。穆欣估计，"该同这里所说的'风声'不无关系吧"。

在那"突出政治"的年代里，一切学术问题都逃避不了政治化的解读。文物出版社1973年编辑而直到1977年10月才出版发行的《兰亭论辨（辩）》文集，可以算得上是对这场笔墨官司所作的"政治判决"。

《兰亭论辨（辩）》共收入18篇文章，上编15篇文章，即郭沫若以及与之观点一致的文章；下编仅3篇文章，即高二适、章士钊和商承祚三人。郭沫若一边的文章，郭沫若自己就占了6篇，近一半。还有至少4篇是康生或郭沫若组织别人写的。这本文集存在着严重的取舍不当的问题，它不能客观反映兰亭论辩的真实情况。例如，学者唐风和严北溟都有文章反对郭沫若的意见，而且极具代表性，但没有收入。而这样的编辑取舍方式，不过是为了证明该文集出版说明中的"报刊上发表了不少文章，多数文章赞成郭沫若同志的意见，支持他以辩证唯物主义的批判态度推翻历代帝王重臣的评定"这段话而已。

《兰亭论辨（辩）》的出版说明中最耐人寻味的是这样一句话："应当指出，这种争论反映了唯物史观同唯心史观的斗争。"

这句话出自毛泽东关于兰亭论辩这场笔墨官司的另一封信。众所周知，"笔墨官司，有比无好"，这是毛泽东接到章士钊1965年7月16日关于高二适《驳议》一文的推荐信后写给郭沫若的信中的话。该信写于7月18日，同一天，毛泽东还先写了一封给章士钊的信。信的后半部分谈兰亭论辩："又高先生评郭文已读过……但争论是应该有的，我当劝说郭老、康生、陈伯达诸同志赞成高二适一文公诸于世。"而信的前半部分则是谈章士钊晚年的大作《柳文指要》。毛泽东直言不讳地指出《柳文指要》存在问题，而"大问题是唯物史观问题，即主要是阶级斗争问题"。还说，"嗣后历史学者可能批评你这一点，请你要有精神准备，不怕人家批评。"

章士钊除了在7月16日的推荐信中高度评价高二适的书法成就外，他还在《柳文指要》中，多处采用高二适的文章并赞赏高二适的学术水平，引为知己与同道。毛泽东是审读过《柳文指要》的，章士钊的"大问题"，又何尝不是高二适的"大问题"，"即主要是阶级斗争问题"。

平心而论，1973年正当"文革"进行时，《兰亭论辨（辩）》的出版说明所作的"政治判决"，应当说已经是很客气的了。

20世纪九十年代，有人写文章回眸兰亭论辩时，写到高二适看到《兰亭论辨（辩）》的出版说明时，"有些愤愤地说：'看来，我是唯心主义了！'"这情景虽绘声绘色，但纯属想象，因为《兰亭论辨（辩）》虽编于1973年"文革"之中，但其出版发行却在1977年10月，而高二适已于当年3月15日病归道山了。

关于这场"笔墨官司"的动因究竟如何，当然还有许多问题值得研究，所以有文章说兰亭论辩是"迷雾重重"。但从《广东商报》上署名"岳子"的题为《一场波及刘少奇和毛泽东的兰亭序真伪之争》一文（昆明《滇池晨报》1998年10月17日转载），我们却看到一种独特的说法："1964—1965年间，刘少奇同志请著名画家黄胄在家里教画。交谈中，少奇同志开始注意到中国书法问题。后来在一次会议上，讲到应当继承传统文化中的精华时，谈到了中国历史上的书圣王羲之，并说，他留下了最宝贵的墨迹是兰亭序。据说，康生、陈伯达听了很反感，认为：他怎么也谈起了兰亭序？他懂什么兰亭序？于是找到郭沫若，叫郭老写篇文章，就说兰亭序不是王羲之的！"

资料来源似欠稽考，权当茶余饭后的谈助吧。

巍然一硕书

高二适撰写《兰亭序的真伪驳议》时的身份是江苏省文史馆馆员，而他所挑战的对象却是一些"大人物"。章士钊在呈送毛泽东的信中是这样介绍这位"小人物"的："兹有读者江南高生二适，巍然一硕书也。""硕书"一词出自柳宗元的文集。章士钊在他的《柳文指要》中解释"硕书"即"大书家也"。"巍然"，按《汉语大字典》的解释，是"高大雄伟貌"，"亦形容名次等级高"。"巍然一硕书"，就是"顶级大书家"。我们知道，毛泽东本人就是一位大书法家，章士钊对高二适敢作如此评价，绝对不是常见的恭维客套，更不是那种满天飞的纸糊高帽，绝对是这位老人郑重其事地发自内心的看法。

今日，高二适的书法艺术，连同他的人品和学问，受到越来越多的宠爱与推重，南京和姜堰先后建立了高二适纪念馆。尤其值得一提的是，《兰亭序真伪之再驳议》原稿由高二适子女捐赠给南京求雨山的高二适纪念馆后，已经被评定为国家一级文物。由此不得不令人想起，那件曾由《文物》影印发表的第一篇《驳议》手稿，不知尚在何处漂流。

在高二适的《再驳议》这篇文章中，有一句极为精辟的话，值得我们仔细回味："夫逸少（王羲之）书名之在吾土，大有日月经天、江河行地之势，固无须谁毁之与谁誉之！"今天王羲之及其兰亭序在中国书法史上的地位，经历过那场"论辩"之后，似乎更加牢固了，我们不能不佩服高二适的坚定信念。

高二适在他读的《杜诗镜诠》上，有一段批语："吾尝谓中国文化史中有三大宝物，即史迁之文、右军之书、杜陵之诗是也。"在给章士钊的一封信中，高二适更是自承：对于兰亭序真伪的争论，"适于此不发则已，一发则不能收，心头热血，举非凡俗，所堪解此，如适读龙门之、杜陵诗，临习王右军，胸中都有一种性灵所云神交造化者是也。"而在他所临习的《十七帖》上，更有一段这样的题跋："二适，右军以后又一人而已。右军以前无二适，右军以后乃有二适，固皆得其所也。"这段话坦承自己就是王羲之的传人，充满了自信，同时也非常谦卑地指出没有王羲之就没有高二适。

对宝物，既热爱又敬畏；对继承，既谦恭又自信，这就是高二适对中国优秀文化传统所持的态度。回顾兰亭论辩，千万不要忘记这些！

（原载《江淮文史》2013年第3期）

从《鲁拜集》看郭沫若诗歌翻译中的"通感"策略

毕婷婷

一 引言

随着对外国诗歌的了解越来越深入,诗歌译者越来越不满足于不反映原诗形式的翻译,要求尽可能传达原诗内容与形式的一切信息。然而,过分强调忠实于原诗的内容与形式必然会忽略影响译诗的其他因素,以至于画蛇添足,造成译诗精神的流失。郭沫若以新诗震撼文坛,作品直抵人的内心深处,他认为"诗的生命,全在它那种不可把捉之风韵"[①],因此在《鲁拜集》的翻译过程中,他没有刻意追求内容与形式的对等,而是运用了"通感"的策略,以求不失原作"风韵"。"通感",在文学创作中就是指把不同感官的感觉沟通起来,借联想引起感觉转移,"以感觉写感觉",在翻译中尤其表现为不同主体间感觉的互通,"以感觉译感觉"。如此一来,郭氏不仅要以创作家的身份走进原诗,仿佛他就是原作者,亲自经历原诗中的一事一物,既感慨原作者的情感,同时还要以翻译家的身份走出来,以另一种语言,甚至另一种方式将其所体验到的感觉跃然纸上。这一过程贯穿于原诗的选取、诗歌内容和诗歌形式的翻译之中,本文将从这三个方面对郭译《鲁拜集》中的"通感"策略进行描述性研究,以期总结该策略的运用方法,为诗歌、散文等"美化文学"翻译实践提供指导思想。

二 "通感"策略在原诗选取上的体现

"以感觉译感觉"是"通感"策略运用于翻译过程中的最大特色,它要求"译者与作者心灵相通、志趣相投、情感相宜,同时又与作品思想吻合、爱憎共生、审美一

---

① 陈福康:《中国译学理论史稿》,上海外语教育出版社2000年版,第260页。

致"①。郭沫若从开始翻译活动起,就选择那些与时代和自己思想相吻合的作家作品,将时代的需求和自身的个性、情感寄托于翻译作品之中,作者与译者间感觉的互通,原诗与译诗情感的交融,无疑使翻译作品堪称一绝。

《鲁拜集》是郭沫若译 Rubaiyat 所用名,原为波斯诗人莪默·伽亚默所著,后由英国文人菲茨杰拉德译出,郭沫若所译《鲁拜集》使用的就是菲茨杰拉德英文译本的第四版。作为公认的创造社领袖人物,郭氏尤其强调译者主观感情的投入。早在日本留学期间,他就广泛接触西方的文学作品,涉猎了浪漫主义及包括唯美主义等在内的世纪末思潮,追求民主自由,解放个性,张扬自我,更是对祖国充满了美好幻想,然而"五四"以后,中国社会黑暗腐败,回国后的郭沫若陷入歧路的彷徨,对现实中的一切都感到憎恶和痛恨。伽亚默的生活与郭氏有所相似,"他坚持宣扬自由思想,反对教会的烦琐哲学和神秘主义,处境变得越来越困难,现实的黑暗加之反动势力的猖獗,使伽亚默产生了浓重的悲观厌世情绪"②。无论是郭沫若的彷徨,还是伽亚默的厌世,都源于对现实社会的失望无助,此时他们二人内心苦闷的心境是一致的,惆怅的感觉是互通的,郭氏很容易就走进了伽亚默的内心世界,接受其悲观心理,和他产生共鸣。这种高度的契合,也就是译者与作者间"通感"的体现,译者带着自身的感觉体验原作者的感受,以原作者的感受渲染自身的感觉,从而"以感觉译感觉",创造出与原文精神和风格一致的译作。

"要翻译一部作品,必须明了作者的思想;还不够,更须自己走入原作中,和书中的人物一同哭一同笑"③,郭沫若除了与伽亚默在思想上产生"通感"外,还从其作品《鲁拜集》中找到了内心苦闷宣泄的方式——翻译,实现译者与原作的"通感"。《鲁拜集》所宣扬的是反对宗教迷信的主题和狂放不羁的浪漫主义风格,而这与郭沫若要求个性解放的叛逆精神不论是在思想情调,主题指向,还是文体风格上,都十分合拍。郭氏的思想、情感,甚至生活体验都在诗中找到了最适合的印证,内心世界不禁为之一颤,无限的情感随即悄然而至,支配了译者的思想,从而有了翻译的冲动,原诗的情感化作译者此时的内心感受跃然纸上。《鲁拜集》是我国现代翻译史上第一部完整译出的抒情诗集,同时,也是第一本以新诗形式译出的诗集,郭沫若成功地将"通感"策略运用于翻译过程之中,一方面使自身的苦闷得以淋漓尽致地发泄,另一方面也让读者从真正意义上领略到了原作的风采并产生了心灵的共鸣。因此,就《鲁拜集》的翻译选材来说,译者与作者及原诗间的"通感"无疑博得了众人的认可,在诗歌翻译理论及实践中别树一帜。

---

① 杨平、谭春林:《论译者的移情——以郭沫若的翻译和创造为例》,《北京第二外国语学院学报》(外语版),2007 年第 6 期。
② 袁荻涌:《郭沫若为什么要翻译〈鲁拜集〉》,《郭沫若学刊》,1990 年第 10 期。
③ 茅盾:《"媒婆"与"处女"》,罗新璋:《翻译论集》,商务印书馆 2009 年版,第 421 页。

三 译诗内容的"通感"

英文词汇所创造的意境和中文词汇所创造的意境相差甚大，因此诗歌翻译若要忠实于原著，是很难完全重复原文的语境的。况且一个词汇在不同语境下亦有多种含义，往往不同语种之间，很难把词汇延伸都翻译到，如果精确于词义，必然会造成其他方面的损失，最终影响到原诗意境的传达。郭沫若的"通感"策略在诗歌内容的翻译中似乎巧妙地避开了这一正面交锋，他曾强调"风不是从天外来的，诗不是从心外来的，不是从心坎里流露出的诗，通不是真正的诗"①，可见，郭沫若在诗歌翻译过程中所重视的除了忠实，更多的是一份心与心的交流，正是在这份交流之中，郭沫若的"通感"策略开始发挥作用。《鲁拜集》中似乎存在不少这样的词眼：

> Wake! For the sun, who scatter'd into flight,
> The Stars before him from the Field of Night,
> Drives Night along with them from Heav'n, and strikes,
> The Sultan's Turret with a Shaft of Light.
> 醒醒啊！太阳驱散了群星，
> 暗夜从空中逃遁，
> 灿烂的金箭，
> 射中了苏丹的高瓴。②

短短一节诗中，似乎已流露出了无限情感，"群星""逃遁""灿烂""高瓴"这些词眼蕴含着丰富的感情色彩，这于原诗的单个词语是无法体现的，然而，这些情感又是原诗字句的背后所要表达的。此时，郭沫若的"通感"策略恰到好处地解决了这一问题，原诗隐形的情感激起了其内心的情绪，而变得一触即发，不可收拾。正是诗歌所传达的内容与郭氏此时的心境相互交融，难分彼此，译者以彼时的感觉译原诗的感觉，所创造的意境才加铸了原诗风韵的升华。又如"醒醒啊！"一词，极具力度，饱含情绪，犹如鲁迅口中的"呐喊"，足以唤醒麻木的民众，冲出铁铸的屋子，仿佛原诗就是为当时的民众精心创作一般。

这样的"通感"词眼通篇皆是，再如以"唱酡"译原文的"incarnadine"、以"春阳"译"Spring"、以"飘堕"译"falling"、以"酣战"译"bluster"，以及以"深梦"译"sleep"等等，这些词语个个都感情丰富，丝毫不因语言的转化而丧失原

---

① 郭沫若:《〈雪莱诗选〉小序》，载罗新璋《翻译论集》，商务印书馆2009年版，第405页。
② 郭沫若译:《鲁拜集》，人民文学出版社1958年版，第31页。

诗的意境，并且这些精心翻译的词语无一不与诗人内心的真实情感紧密相连。而郭氏也恰好借此诗将自身的情感记录了下来，他将原诗的情感经过理解，融合到自己的情感中，又将自身的感受寄于原诗表达出来。这种无意识的"通感"在这些满腹色彩的词语上得到充分体现，让读者临近，感受，沉醉。

郭译《鲁拜集》的"通感"策略似乎在中国传统文化中也有所客串。原诗的精妙，经过他的思考，脱胎换骨，以最能体现译入语语境的语言展现出来。其中，他的这份思考，自然融入了两种不同文化积淀下语言的互通，才得以成形，毕竟原诗极具异国特色的情调是不能轻易动辄的。不过，他的这种"通感"式处理总体上还是将原诗主旨和读者心灵沟通到了一起：

> Each morn a thousand roses brings, you say:
> Yes, but where leaves the rose of yestedray?
> 君言然哉：朝朝有千朵蔷薇带来；
> 可是昨日的蔷薇而今安在？①

"君言然哉"这种说法经过中国传统文化的千年熏陶已被赋予了特殊的情愫，读者犹如见了一位学识渊博的哲人，思虑着人生的变迁。原诗"you say"虽貌似平淡无奇，但联系语境，诗人亦是想表达圣人感慨之意。如此一来，原诗与译诗的交流在传统字眼"君言然哉"上找到契合点，从而流露出无限的情怀。同样，"而今安在"这种传统说法，也是郭沫若"通感"策略的折中之果。他根据语境，由"leaves"一词找到"而今安在"，一面释译着原诗的哲理，一面倾诉着自身的无奈，这种用心译出的文字诗意更浓、更烈。

> Whether at Naishápúr or Babylon,
> Whether the cup with sweet or bitter run;
> 莫问是纳霞堡或在巴比伦，
> 莫问杯中的是苦汁或是芳醇；②

"莫问"一词又是中国传统文化的精粹。从言语层次上看，它与异域地名"纳霞堡""巴比伦"安排在一起，略显刺眼，有点奇怪。然而从情感层面上细啄，恰恰是"莫问"二字才将诗意抬高。郭沫若之所以采取"通感"策略是因为他关注全诗的情，此时便不由自主地使用了这些中国独有的传统辞藻，而这些辞藻又加深了诗中的

---

① 郭沫若译：《鲁拜集》，人民文学出版社1958年版，第11页。
② 同上书，第10页。

情感，使译诗同样成为一首真正的诗，不为原诗所羁绊。

四 译诗形式的通感

菲氏 *Rubaiyat* 之所以成功，除内容的绝妙，还恰恰得益于"形似"，即引进了具有东方色彩的 Rubaiyi 来做具有异国情调内容的载体。而郭沫若译《鲁拜集》的成功，似乎只在"神似"，不求"形似"。

> And, as the Cock crew, those who stood before
> The tavern shouted—"Open then the door!
> You know how little while we have to stay,
> And, once departed, may return no more."
> 四野正在鸡鸣，
> 人们在茅店之间叩问——
> "开门罢！我们只得羁留片时，
> 一朝去后，怕就不再回程。"①

原诗是一首典型的英语四行诗，它的格律是每首四行，每行由十个音节构成五个音步，而且音步大多由先轻后重的两个音节合成，此外，诗中一、二、四行末尾单词"before""door""more"押一个韵，句式整齐，节奏明朗，独特而严谨的 *Rubaiyat* 因此而独具一格。郭沫若翻译《鲁拜集》自然清楚 *Rubaiyat* 的形式特点，不可能忽略这一奇特之处，然而纵观郭氏的译诗，的确是"不拘于形式"的翻译，向着自身所推崇的"自由诗"发展。虽然行数与原诗等同，但每行的字数悬差较大，而且原诗较为引人注目的尾韵在郭氏的译诗中也失去了踪影。人们不禁质疑郭氏的翻译是否丧失了原诗的特色。然而，"汉语诗歌中的停顿与英语诗歌中的音步或顿并不相同，汉语里面一个字一个音，但在停顿方面五言诗又是二二一的停顿，这与英语中十音节形成的抑扬五步有了根本的不同"②，因此，迁就形式的翻译并不会比用现代白话自由体翻译更能接近原诗。相反，郭沫若对原诗透彻理解，以感觉译感觉，自然无缚的行文译出的文字画面感更强，意思更加明确，从而原诗的情感更有力度。再者，郭沫若对于原诗形式的把握，感性地将其译成或自由或文言或离骚的诗体，强调的是译者的主观感觉，感觉对了，原诗的感情自然也就随着译者的笔尖流露出来，形式只能服务于原诗情感，成为一个助推器，而不是绊脚石。此外，《鲁拜集》的"通感"策略

---

① 郭沫若译：《鲁拜集》，人民文学出版社1958年版，第51页。
② 咸立强：《译坛异军——创造社翻译研究》，人民出版社2010年版，第236页。

在形式的处理上还兼顾着译者的审美效果和读者的接受效果：

> 树荫下放着一卷诗章，
> 一瓶葡萄美酒，一点干粮，
> 有你在这荒原中傍我欢歌——
> 荒原呀，啊，便是天堂！①

这里，郭沫若的自然章写刻画了一幅美好的场景，不仅传达了原诗中的和谐氛围，还营造了一种无形的"形"，这种"形"也可以称为一种美，画面美、音韵美、和谐美。郭氏认识到了原诗中的这些美，但中文的形式会在这些美中掀起一丝涟漪，破坏这份诗味。王宏印曾在《文学翻译批评论稿》一书中提到，"完全丧失诗味的译诗，即使格律体制与原诗一模一样，严丝无缝，语义句句准确，和原诗丝毫不爽，也是没有多少文学价值的"②。为了顾及原诗的情，自身对美的遐想以及读者对这份美的接受，他只得换种形式，而恰恰是原诗形式的牺牲，才换来了另一番青出于蓝的风貌。可见，郭沫若的"通感"策略在形式的取舍上打了漂亮的一仗。

五 结束语

诗歌翻译中的"通感"策略强调的是以译者此时的感受传达出原诗的神韵，这就必然要求译者充分投入自身的主观感情，与原诗、原作者互相沟通，互相感染。从《鲁拜集》的译文来看，郭氏与伽亚默的相同处境，郭氏需求与原诗精神的一拍即合发挥了至关重要的作用，郭沫若的主观思想经过一番徘徊挣扎，最终舍了局部，换来了全局的风韵，使译诗成了真正的诗，足以打动人心的诗。因此，在翻译诗歌的过程中，忠实的只是必要而非唯一的标准，译者应立足于翻译的实际，充分发挥自身的主观能动性，把握原诗的精神，再以最自然流畅的文字将原诗重现出来。郭沫若在《鲁拜集》中的"通感"策略值得重思，以纠正当前诗歌翻译实践中强调一味忠实的偏激思想。

（原载《西昌学院学报》（社会科学版）2013 年第 3 期）

---

① 郭沫若译：《鲁拜集》，人民文学出版社 1958 年版，第 14 页。
② 王宏印：《文学翻译批评论稿》，上海外语教育出版社 2006 年版，第 52 页。

郭沫若摘译《德意志意识形态》述论

邱少明

1938年11月，言行出版社初版发行了郭沫若于20年代末译就的《德意志意识形态》（出版时的书名即《德意志意识形态》）。郭沫若当年翻译时是用苏俄马克思恩格斯研究院首任院长李亚山诺夫（今译为梁赞诺夫）主编的《马克思恩格斯文库》做底本的。郭沫若版的《德意志意识形态》内容涵盖《关于费尔巴哈的提纲》《德意志意识形态》序言及第一章《费尔巴哈，唯物主义观点与唯心主义观点的对立》。这为中国首次用《马克思恩格斯文库》第一卷德文原文做蓝本的节译之单行本。郭沫若版单行本的面世，对于中国马克思主义思想理论界产生广泛而深刻的影响，对于当时宣讲普及唯物史观起到了强力助推作用。要知道，我国至1960年以阿多拉茨基版为蓝本的《马克思恩格斯全集》中文第一版第三卷翻译出版发行之前，在这20多年的历史阶段中，郭沫若版单行本始终为马恩《德意志意识形态》的主导版本，中间历经许多次的再版及翻印，比如，上海群益出版社于1947年3月将其再版发行，又分别于1949年4月、1950年7月和1950年9月出版发行第二、第三、第四版。

一 郭沫若对《德意志意识形态》的摘译情况

（一）最早倡导对《德意志意识形态》开展文献学研究

苏联马克思恩格斯研究院于1926年在梁赞诺夫的领导下，正式开始编辑著名的《马克思恩格斯文库》。他们首次用德文原文登载了《德意志意识形态》第一章。他们的编辑原则和方法是把马恩手稿的修改过程原封不动地排成铅字，如实地回归当初原貌。换言之，他们是将马恩的每次修改、每次删除的内容亦直切印于正文里。他们的该种编辑原则和方法对后世《费尔巴哈》章的编辑具有重要而深远的影响。郭沫若摘译了《德意志观念体系》的第一章（即《马克思恩格斯论费尔巴哈》），他非常认同梁赞诺夫的编辑原则。郭沫若主张勘校学上的功夫，如果不去探究原稿本身则意义全无。他倡导以影印的形式发布原稿，用原稿做最终范本，把对功用、意蕴的决定权奉送原著者。为什么呢？因为我们深知，编译者的每个判读均"不可能保其必无千虑之一失"①。根据笔者考证，郭沫若乃中国最早的开展《德意志意识形态》文献学研究的专家。令人遗憾的是，他所竭力主张的把文本受众带回文本的编译原则并未激起多大的社会回应。这的确与当时我国马克思主义理论研究的不成熟和不科学相关联，与当时中国马克思主义哲学的一元化阐释模式相关联，与当时盛行的马克思主义哲学的过分体系化相关联。很长时间以来，中国的《德意志意识形态》之文献学研究，表现出"跟着走"倾向，即尾随同一阶段的世界主导版本亦步亦趋，但是自身并没有建构"一种有独立意义的重要版本"②。上述状况的深层诱因乃在于：我国根本无马列主义原始文本，亦并没有狠下大决心，投入大气力，将所有文献全都拷贝（copy），以获得独立而不依赖原始文本的文献资料来源。在现代科技背景下，要实现这个目标，或许不是难于上青天，尤其是当下则更可实现。早于70多年之前，郭沫若便竭力主张让读者回归原始文本的文献学研究路径，今天看来，不能不说他具有的非凡的学术先觉力、前瞻力和预见性。

（二）对于《德意志意识形态》之研究，郭沫若是集中凸显于注释之中

据笔者考证，郭沫若是用注释之路径首开中国《德意志意识形态》理论研究之先河。下面，笔者就郭沫若对《德意志意识形态》的一些注释进行研究、考证和阐释。

首先，郭沫若关于马恩意识、观念和物质关系的注释，其原文为：

意识不外乎是意识着的存在，而人之存在即其实际的生活过程。假如在全部的观念体系中人类与其诸关系就如在照相机中一样是倒现着的，那么这个现象是从他们的历史的生活过程发生出来，刚好就像网膜上的物像之颠转是由于他们的直接的物理的生活过程。③

经过自己的体悟，郭沫若版本的注解为：

物像在眼底本是倒立的，然由人之实际的经验在脑识中复颠转之而成正立。此处所说之"颠转"（Umdrehung）即是脑识中之颠转。以喻观念本立足于物质之上，然由历来的习惯反看成倒立。④

自某种维度考量，马克思上述论断是其实践生存论之经典话语。我们知道，传统

---

① 马克思、恩格斯著，郭沫若译：《德意志意识形态》，群益出版社1950年版，第4页。
② 王东：《马克思学新奠基：马克思哲学新解读的方法论导言》，北京大学出版社2006年版，第439页。
③ 马克思、恩格斯著，郭沫若译：《德意志意识形态》，群益出版社1950年版，第53页。
④ 同上书，第54页。

形而上学存在论是抽象存在论（即为超验性的和实体性的），而马克思实践生存论目标为具体的人之实际生活过程，重视的、高扬的为生活过程之经验直观，其本真精神和理论特质是感性现实性。郭沫若指出，观念原本是基于物质的上面，观念于这里已经非摆脱人的现实生存之抽象性的"自我意识"，而应该为基于物质上方的"真正的知识"。毋庸置疑，传统之习惯即指习惯的观念论者的概念、范畴、宗教、思想等实体意识。这些传统的习惯不过为人之实际存在的颠转或异在表征罢了。从一定维度考量，郭沫若对马恩《德意志意识形态》里实践生存论学说的析论，深度关联于他早期翻译之经典作品代表作《查拉图司屈拉钞》（现译作《查拉图斯特拉如是说》，作者为著名存在主义哲学家尼采）。正是尼采《查拉图司屈拉钞》里的存在论之精神，让郭沫若对马恩《德意志意识形态》里实践生存论的领会更全面、更系统、更深刻。这种阐释《德意志意识形态》的实践生存论之智慧之光，被后来铺天盖地的认识论诠释所阻挡，即便在当下，也还是没有被某些学者深刻体悟，这的确是一件历史之缺憾。

其次，郭沫若对马恩《德意志意识形态》里偶然性的阐释，原文为：

> 人性的个人对于阶级个人之差别，诸生活条件对于个人之偶然性，是随着一个阶级之出现才现出，那一个阶级，其本身便是布尔佐亚汜之一生产品的。个人们相互间之竞争与战斗把这种偶然性才作为偶然性而产出，而发展。所以在观念中，个人们在布尔佐亚汜统治之下比以前更要自由，因为他们的诸生活条件是偶然的，而在实际上不消说他们是更不自由，因为更是隶属于客体的势力之下。①

关于"偶然性"，郭沫若的注解是"偶然性与必然性相反，在此可理解为不受制驭性。"② 笔者认为，这是比较中肯的。在郭沫若的视阈里，在人类的文明史中，不管于奴隶社会抑或于封建社会，众所周知，有一种情形是不靠个体人意志管控的必然性，该种情形为：世代相袭的个人身份地位及生活条件。于这个历史时期，必然是这个面相：人处在人之束缚之中。时至资本主义统治时期，由于生产力水平的进一步上升，导致前资本主义历史阶段带有必然性的事物，此时又带有了偶然性，换言之，人自人之约束下得以解放而实现自由。然而，收获该种自由的代价和学费却是致人落进物的桎梏里。因此，郭沫若主张，我们人类唯有于真正的共同体之环境里，每一个个体借助彼此帮扶和互相联合，而且凭借这种帮扶和联合重新管控和规整众多"物的力量"，从而真正让人类自己获得发展之偶然性。

---

① 马克思、恩格斯著，郭沫若译：《德意志意识形态》，群益出版社1950年版，第122页。
② 同上。

再次，郭沫若对马恩《德意志意识形态》对"向来的革命中营为之种别"的阐释：

> 在一切向来的革命中营为之种别总是丝毫不减，所变的只是求这种营为之另一种分配，求把劳动重新另行分配于别人，共产主义的革命则不然，它是变革向来的营为之种别，要把劳动撤废，要把阶级之统治和着阶级的本身一并扬弃，因为它是由一个阶级所执行出来的，那在这个社会里面再说不上阶级，不被认为阶级，它是现社会内所有一切的阶级，国民性等，之解消之表现。①

在郭沫若看来，"即劳心劳力之别"②。在这里，郭沫若用我国古代传统文化里的思维方式、语言风格及精神资源来综合与阐述马克思恩格斯之阶级思想，换言之，他是把马克思恩格斯阶级斗争学说参照、比对和契合于我国生生不息的阶级抗争之光荣实践传统。在笔者看来，严格说来，比对马克思恩格斯阶级斗争理论，我国传统文化和古代思想里的"阶级斗争"话语，本质上是非马克思主义的。假如我们尚没有对二者开展严谨、深入、细致的学理探讨与理论透析，便把双方加以简单地、牵强附会地对照，非常容易导致误解、曲解科学的马克思主义阶级斗争理论，历史事实亦反复证明了这个道理。

最后，《德意志意识形态》关于唯物主义论述为：

> 这种自我活动之基本形态自然是物质上的，而与其他一切精神上的，政治的，宗教的，等等紧相关联。物质的生活之种种不同的形成，自然是始终依存于已发展了的诸多欲望，而且这些欲望之产生与其满足本来便是一种历史的过程，这种过程在羊犬之类是绝对没有——斯迭讷（今译为施蒂纳）之反对人类的偏颇的主要论证——不过羊犬在其现在的姿态之内不消说，但不是它们的本意，是一种历史过程之产物。③

郭沫若的注释指出：

> Stirner 于其所著《唯一者及其所有》中，论及人类向来标榜着理想，使命，当为等等以求精神的文化的欲望之满足，乃没却自性，乃人类之堕

---

① 马克思、恩格斯著，郭沫若译：《德意志意识形态》，群益出版社1950年版，第79—80页。
② 同上书，第79页。
③ 同上书，第127页。

落，反不如毫无理想之羊犬等之不失其本然云云。故此即针对其说而驳斥之。①

在当时的历史时期（即于20世纪30年代），不管是鲍亦尔（现译成鲍威尔）抑或费尔巴哈还是斯迭讷（现译成施蒂纳），他们的文章作品均还没有踏进国门，当时中国思想界、理论界关于所谓唯心之个人主义和马克思主义如何对立以及怎样辩正"并不是很明了"②。难能可贵的是，郭沫若将斯迭讷的《唯一者与其所有》序言翻译出来，替当时思想界、理论界廓清唯心的个人主义与马克思恩格斯唯物主义之边界奉献了文本依据和理论支撑。在注解中，郭沫若深刻而又鲜明地解读了斯迭讷"唯一者"哲学抨击所有普遍性范畴的错误性和迷惑性。换言之，郭沫若点明：斯迭讷用独一无二的"唯一者"置换费尔巴哈的作为人抽象概念的"类"，从而亮出了他自己的所谓思想体系（即"唯一者"哲学）。然而，斯迭讷的所谓"唯一者"本质上仍旧为一类抽象之本体，因为，他的"唯一者"乃不受所有羁绊的、凌驾一切的、绝对自由之主体，乃世界之主宰、万物之核心及真理之标则。概言之，在斯迭讷的视阈里，"唯一者"乃最高、最大、最全、最透之存在。郭沫若强调，在马克思看来，唯有依据事物的具体实际面相以及变化、发展之状况，方可真正做到认知和把握事物。所以，马克思拒斥空谈，竭力把哲学问题自思辨领域移转至经验的历史领域。

二 郭沫若对《德意志意识形态》的摘译之关涉因素

（一）密切关联于当时文艺界关于文学新现实主义的论争

众所周知，马恩的《德意志意识形态》一再强调必须基于现实的、有生命的个人本身，将人的意识视为无论何时都只能为被意识到了的存在，可是人们的存在却是他们自身实际的现实生活历程。郭沫若在论及文艺之现实主义时，尤其呼吁文艺之真实性。他一再声明，现实主义并非单纯的写实主义，艺术的真实并非等同于现实的真实，必须深刻体悟到艺术之真实，其实较"现实的真实有时还要真实"③。正是在《德意志意识形态》一文中，郭沫若深刻解读了文艺的新现实主义，他竭力倡导文艺工作者，须自省，须自审，须改造，须沉入乡村，须迈进工场，须契合亿万百姓，须体悟他们实际的生活、希冀、语言、习俗、内心、外形等，用来改造重塑自我的生活，将自我回归至人民之本位。事实上确实如此，正是《德意志意识形态》里马克思新哲学世界观对郭沫若深度的浸润、影响和引领，使他实现了现实主义与浪漫主义

---

① 马克思、恩格斯著，郭沫若译：《德意志意识形态》，群益出版社1950年版，第128页。
② 同上书，第6页。
③ 郭沫若：《沫若文集》第12卷，人民文学出版社1959年版，第85页。

相贯通，从而为马克思主义文艺理论事业做出了非常重大的历史贡献。

同时，郭沫若对《德意志意识形态》的摘译，密切关联于那时文艺界关于民族形式问题的大讨论。《德意志意识形态》指出，人们对现实的描述的真正知识只不过是从对人类历史流变的审视中提取出来的最一般结论的浓缩，我们根本无法写出能够解答每一历史时代的通用药方或万能公式，并且假如其脱离了具体现实的历史则无一点功用，其仅仅可对每一时代的个人现实生活之过程及活动中生发显现。在文章里，郭沫若则主张世界万物无不是进化的，世界各国的历史均不原貌再现。每一时代无不具每一时代之样式，所有已逝时代之样式尽管为永不磨灭的典型亦不可能原貌再现。其原因就是由于产生其的"那个时代的一切条件是消失了"①。郭沫若认为应该从中国现实的具体实际起步，大步迈进火热现实生活的熔炉里，要自中国文艺遗产、"五四"新文艺遗产、外国文艺精华里萃取优良营养，可是一定要进行很好的消化，将众多养分转成自身的血、肉、骨等，进而新造出一种崭新的事物，正像蚕吃桑叶而吐丝，尽管同属纤维，但是经历了一道产生新东西的过程。从上可见，郭沫若对马恩《德意志意识形态》中辩证唯物论的阐释是十分精当的，他将辩证唯物论的真精神用于民族形式的理论思考亦是非常成功的。实事求是地说，假如郭沫若没有对《德意志意识形态》进行研读、摘译、阐释和宣讲，就没有他对马克思主义文艺民族形式的深广体悟，更没有他对马克思主义文艺思想的现实实践所达到的非凡成绩。

（二）密切关联于当时文艺界对马克思主义人民大众的文艺观之学术辩论

马恩《德意志意识形态》认为人为能动的有理想旨趣的"现实的个人"，并且强调，恰是这样的"个人"书写了人类自身的历史，恰是这样的"个人"建构了"市民社会"，恰是"市民社会"所进行的"现实的运动"，才把人类社会体现为一段自然的、历史的发展嬗变进程。马恩的《德意志意识形态》主张，一个社会中的统治阶级，它既是占统治地位的物质力量，亦为占统治地位的精神力量。尽管一个社会中占统治地位的思想愈发带有普遍性样态，而且将它本身形容为唯一的合理性、具普遍价值之思想。然而，实际上，一个社会中的占统治地位的思想只不过为占统治地位的物质关系于观念上的表征体露罢了，只不过为用思想的样态展示出来的占统治地位的物质关系罢了。

郭沫若当时认为，伴随阶级的产生，人类社会产生统治者和被统治者，每个阶级社会里，统治者的思想肯定要统领当时社会。每个阶级社会里的统治者肯定要借助涵盖文艺于内的每个抓手来服务自身实际利益。毋庸置疑，人民的文艺本归于人民，然

---

① 郭沫若：《"民族形式"商兑》，载王训昭、卢正言：《郭沫若研究资料》（上卷），中国社会科学出版社1986年版，第297页。

而统治者却经常借助它来实现"自己的目的，使其改变了性质"①。很明显，郭沫若的人民本位文艺观鲜明展示了辩证唯物论之哲学精神特质。完全能够这么说，正是郭沫若对《德意志意识形态》的研读、翻译和把握，体悟了辩证唯物论的真精神，进而精准地解读了马克思主义文艺观（即他所倡导的人民本位思想）。

笔者认为，郭沫若借助摘译《德意志意识形态》，更加丰富、充实及提升了他的马克思主义思想理论素养。全民抗战时期，郭沫若秉持历史唯物主义，用历史剧及史论做载体，高举一面抗战文化的灿烂大旗而声名显赫。在当时，立于时代思想巅峰之上的郭沫若，灵活应用他于翻译马列文献时所掌握的唯物史观之理论、方法和原则，并与抗战具体现实相契合，先后创作了6部著名的历史剧（即《屈原》《棠棣之花》《虎符》《孔雀胆》《高渐离》《南冠草》），这6部著名的历史剧，不仅为郭沫若马克思主义文艺创作上的一个巅峰，而且时至今日，大家于历史剧的创作上，就创作量之多、现实性之强、知名度之广和技巧性之高来讲，"还没有出其右者"②。抗战之中，郭沫若又重新拾笔来继续一度暂停的学术研究，继他于东瀛10年创造性地用唯物史观探究我国古代社会性质及古文字学之后，又以其深透把握的唯物史观进一步专心研读我国古代历史及先秦诸子百家。他陆续撰就了《甲申三百年祭》《青铜时代》《历史人物》与《十批判书》等名篇佳作……这既为马列史学的丰硕成果，亦为马克思主义中国化的丰硕成果。

（三）深度契合当时如火如荼的抗战现实社会实际

郭沫若当时基于抗战的具体现实的迫切诉求，应对、解决了时代提出的新课题、新期待、新目标及新任务。我们深知，抗日战争的全面爆发，社会实情的深广剧变，中华民族被逼到了亡国灭种的紧急关头。因此，从文化维度考量，之前全部的本位文化或一律欧化的那些空洞论争和抽象言辞，必须立即将它们抛到九霄云外。当时文化领域里，深受欢迎和震撼人心的，乃抗日言论、抗日电影、抗日诗歌、抗日书籍、抗日歌曲、抗日戏剧、抗日评书、抗日漫画、抗日木刻等所有于抗日斗争过程激发人心之精神活动。于当时历史阶段，最受拒斥、最遭唾弃的乃抗战之前风靡一世的搞笑情趣及庸俗媚俗之"'反差不多'运动的那种潮流"③。这一时期，激情四射的郭沫若竭力倡导，抗战文化的目标指向和实践，要求不一定须高深、复杂、卓越和阳春白雪，但一定须深具感染力、亲和力、战斗力和通俗易懂。换言之，抗战文化工作亟需充分的大众化、通俗化、群众化，特别要做到多出成果、出好成果。这里，我们清晰

---

① 文天行：《郭沫若抗战时期的文艺思想》，郭沫若研究学会（乐山）、重庆地区中国抗战文艺研究会：《抗战时期的郭沫若》，四川省社会科学院出版社1985年版，第58页。
② 谭洛非：《抗战时期的郭沫若》，四川省社会科学院出版社1985年版，第13页。
③ 郭沫若：《抗战与文化》，载王训昭、卢正言《郭沫若研究资料》，中国社会科学出版社1986年版，第290页。

可见，郭沫若之抗战文化阐释即对马恩《德意志意识形态》里告诫读者应立足于社会现实而不是"由观念去说明现实，是由物质的现实去说明观念构成"① 的精准实践诠释。毋庸置疑，抗战文化深植于当时具体的对日斗争现实，抗战救亡图存之急切实践诉求。而且我国传统文化心理中强调实际、实用、现实而鄙视空谈、抽象、无用的特质，建构了我国抗战文化的群众性、实用性、通俗性、感染性与鼓动性。正像马克思于《〈黑格尔法哲学批判〉导言》里所告诫的，一个国家中理论的实现之程度，从来都是取决于"理论满足这个国家的需要的程度"②。郭沫若关于抗战文化的思想原则绝非脱离具体实际的虚无缥缈的玄思妙想，而是深深根植于当时国情实际之"真正的知识"。完全可以说，抗战文化确为抗日战争时期"时代精神的精华"。本人大胆假设，郭沫若假如没有研读、摘译《德意志意识形态》而透彻体悟马恩历史唯物主义之精神内蕴，那么他一定不可能变成历史时代之弄潮儿，进而为助推马克思主义中国化做出重要历史贡献。

三 郭沫若摘译《德意志意识形态》的历史评价

必须强调，在我国长达 22 年（自 1938 年 11 月至 1960 年 11 月）的历史时期之内，郭沫若的《德意志意识形态》摘译本始终为我国各地《德意志意识形态》之主导性权威性版本。应该承认，这对我国唯物史观的认知、宣传和普及起到了有力促进的积极作用。不过，囿于时代条件、历史因素等，郭沫若版本亦具有若干局限性。第一，郭沫若的《德意志意识形态》摘译本在我国承受了和其底本梁赞诺夫所辑之《马克思恩格斯文库》在苏联一样待遇，即一直未被列入经典著作领域，一直未获取和自身所含思想相称的青睐。应该指出，郭沫若的《德意志意识形态》摘译本，作为学术性特别严谨的经典范本，于当时马克思主义中国化的历史进程中，思想群众化和哲学大众化的时代主旋律，亿万工人群众的特定受众目标，这就必然决定了要被束之高阁而备受冷落的历史必然性。凭心而论，与其讲郭沫若摘译《德意志意识形态》是生不逢时，倒不如讲是国家、历史和人民交付承接者以更重、更多的学术求索及学术使命。第二，郭沫若摘译《德意志意识形态》，其本初动因乃替现实的、急切的马列主义在我国的具体实践提供行动指南和理论支撑。所以，郭沫若摘译时，缺乏时间，来不及对文献进行仔细研读、消化、汲取及内化，因而，不管是于原著体悟抑或于词句考证，还是于本真精神的阐释上，均存有若干谬误。不过，话说回来，大家不可苛求前人，因为，对于马恩《德意志意识形态》这样一部晦涩深奥的经典著作，欲真正做到全面、完整、系统、深入和精准的体悟，确实非常之艰难。第三，我们知

---

① 马克思、恩格斯著，郭沫若译：《德意志意识形态》，群益出版社 1950 年版，第 80 页。
② 同上书，第 11 页。

道，郭沫若的版本并非苏联梁赞诺夫《德意志意识形态·费尔巴哈》之全译本。郭沫若不但没有翻译出梁赞诺夫原先于导言之后撰写的特别关键的一文（即"原始手稿与文本编辑工作"），而且又非常随意、自拿主意地删除了若干他以为的"无关宏旨的文字和注释"。[①] 必须指出，在翻译工作中这样的不全面性、不完整性及随意性，非常不利于当时读者乃至后人全面、准确地领会马克思恩格斯思想流变和心路历程之真实历史轨迹，容易引起大家对马克思恩格斯文献内蕴阐释的简单化和相对性。众所周知，马克思恩格斯的《德意志意识形态》一译介进国门，马上便被应用至当时具体的各项实践中去，来彰显发挥其"改造世界"之重要威力，却缺乏一个必要的较长时间的咀嚼、消化、汲取和内化的研究历程。不过，郭沫若此时翻译《德意志意识形态》，不是仅仅地就翻译来翻译，而是把翻译和研究相交融、相贯通。

（原载《郭沫若学刊》2013年第1期）

---

① 大卫·梁赞诺夫版，夏凡译：《德意志意识形态》，南京大学出版社2008年版，第199页。

转译之困与惑

——谈郭沫若的俄苏著作翻译

王　慧　孔令翠

一　转译之故

　　十月革命的成功大大鼓舞了仍处在深重灾难中的中国人民。一批有志之士开始把目光从欧美、日本转向俄苏，矢志从俄苏寻找救国救民的真理。在这样的背景之下，一部分知识分子为了宣传马克思列宁主义，宣传俄苏文化与文学，开始译介俄苏著作，包括文艺作品。由于当时懂俄语的人很少，很多翻译只好通过从英语、德语或日语本转译成中文。郭沫若就是在这样的时代背景了开始了转译俄苏文艺作品的工作。

　　由于受到日益高涨的革命形势鼓舞，郭沫若的思想开始发生转变。他虽然还没有完全摆脱个性主义的影响，但已开始初步具有从争取个性解放为目标发展到以争取社会解放为目标的思想。在这样的思想基础指导下，他的翻译选择发生了重大改变，从以前的浪漫主义抒情文学作品的翻译转向社科著作和现实主义文学作品的翻译。不懂俄语的郭沫若依靠其他语种转译或合作翻译俄苏著作，先后转译或合译了屠格涅夫揭露俄国社会黑暗的《新时代》、布洛克等人的《新俄诗选》和托尔斯泰的《战争与和平》一部分，尤其是《战争与和平》，虽然不能做到善始善终，但在文学翻译史上的地位却值得称道。而这些作品的翻译，又进一步强化了他的思想意识，使他从政治上一步一步转向马克思主义和共产主义，行动上积极投入到具体的革命运动中，同时也使他的文艺思想和创作方向有了相应的改变。他开始逐渐重视文艺的社会功用，把文学革命与社会革命结合起来，用文学的力量去推动社会革命。

二　转译之路

（一）翻译《新时代》，憧憬新时代

　　《新时代》（今译《处女地》）是俄国19世纪著名的批判现实主义作家伊凡·谢尔盖耶维奇·屠格涅夫创作的小说。郭沫若据德译本并参照英译本转译屠氏的这部小

说，1925 年由商务印书馆出版，译者署名"郭鼎堂"，1927 年 5 月再版。

屠格涅夫是郭沫若在日本接触的第一位俄苏作家，受其影响较深。据郭沫若自述，1921 年 4 月 1 日他与成仿吾一同乘船，途中读了成仿吾随身携带屠格涅夫的德译本小说《父与子》和《新时代》。由于与《新时代》的主人公涅暑大诺夫产生了共鸣，诱发了他后来对该书翻译的兴趣。他在谈到翻译《新时代》的感受时说："《新的一代》这书，我现在所深受的印象，不是它情文的流丽……也不是其中主要人物的性格，却是这里所流动着的社会革命的思潮。"① 他认为，《新时代》这部小说能给予中国读者的，除了"这书里面所流动着的社会革命的思潮"以外，还可以把它当作中国社会现实的一面镜子，"看那俄国的官僚不就像我们中国的官僚，俄国的百姓不就像我们中国的百姓吗？"② 他在翻译后也对原书的不足提出了自己的意见，强调中国社会下一步的发展方向是"列宁的俄罗斯"③。与今译名《处女地》相比，郭沫若的《新时代》这个中译名无疑更具有象征意义，寄托了译家对未来美好中国的憧憬。

早期郭沫若的很多翻译都是在贫困中进行的，是摆脱生活重压努力的一部分。翻译《新时代》亦不例外。他曾说过："屠格涅夫的《新时代》、河上肇的《社会组织与社会革命》、霍普特曼的《异端》、约翰沁孤的《戏曲集》、高斯华绥的《争斗》，都是在这前后先先后后化成了面包的。"④

除了翻译《新时代》外，郭沫若还翻译了屠格涅夫的其他作品。1921 年 1 月，他翻译了屠氏 1878 至 1888 年在《欧洲导报》连载的小品文。此外，1928 年出版的《沫若译诗集》收录了他 1921 年翻译、发表在《时事新报·学灯》的一组图氏诗，有《睡眠》《即兴》《齐尔西时》《爱之歌》《遗言》等，取名《图尔格涅甫之散文诗》。他在《〈图尔格涅甫之散文诗〉序》中对其诗大加称赞说："此诗集最脍炙人口。"⑤ 屠格涅夫作品的翻译不但影响了郭沫若的思想，还影响了郭沫若的诗歌与小说创作，这从他的《拟做〈我的著作生活回顾〉》的"五、向小说的发展"中反映出来。

（二）翻译《新俄诗选》：希望推动时代潮流

随着苏联社会主义思想在中国的广泛传播与接受，郭沫若对翻译苏联文学作品十分向往。他在 1929 年再一次借助转译翻译了由苏联诗人布洛克等 15 位俄国诗人的

---

① 郭沫若：《孤鸿——致成仿吾的的一封信》，《郭沫若全集·文学编》第 16 卷，人民文学出版社 1959 版，第 6 页。
② 郭沫若：《新时代》，上海商务印书馆 1925 版，第 1 页。
③ 同上。
④ 郭沫若：《郭沫若自叙》，黄淳浩编，团结出版社 1996 年版，第 169 页。
⑤ 郭沫若：《郭沫若集外序跋集》，四川人民出版社 1983 年版，第 239 页。

23首诗作辑成的《新俄诗选》(又名《我们的进行曲》)。上海光华书局初版，1930年4月再版。该诗选为我国汉译出版的苏联早期诗歌集，郭沫若因此而成为最早译介苏联革命诗歌者之一，顺应了我国文学革命和社会革命的潮流。

这本译诗集是译家与李一氓根据巴比特·道希、亚莫林斯基共同译编的《俄罗斯诗歌》(Russian Poetry)第二部合作翻译出版的。郭沫若在该诗集翻译时起的作用类似于林纾。由于语言障碍，译稿先由李一氓译出，后由精通诗歌创作的郭沫若对照英译本严格改润。他对合作者的贡献给予了充分的肯定："一氓兄的译笔很流畅，造语也很有精妙的地方，读他的译诗多少总可以挹取一些原作的风味"[①]，而且还公开说，有好几首诗，如柏里的一首、叶贤林的一首等，他差不多一字未改。[②]

1927年大革命失败后，国民党反动派实行白色恐怖，与苏联断交，不许出版关于苏联和社会主义的书刊。郭沫若只好想尽办法规避，在署名和书名两个方面做文章。署名为L.郭沫若译，其中"L"为仍在国内的李一氓姓的首字母。之所以不敢用真名，是因为被迫寄居日本的郭沫若出于保护处在白色恐怖下的李一氓的人生安全。为了避免国民党当局的查禁，1936年7月，上海大光书局为易名为《我们的进行曲——新俄诗选》继续再版，内容一字未改。卷首有郭沫若的小序。

郭沫若在《新俄诗选》的序文中指出，《诗选》收录的诗，虽然还"不足以代表苏联的精华"，但读者从中还是可以看出"一个时代的大潮流和这潮流所推动着前进的方向"；当国内读者渴望读到十月革命后苏联崭新的文学作品时，人们如果把这本《诗选》同旧时代的诗相比较，那么，"除诗的鉴赏外总可以得到更重要的一个什么。"[③] 鉴于当时的出版环境，这个"什么"的具体所指郭沫若不便明说，但读者是完全可以领悟到的。

郭沫若弃用原诗集名《我们的进行曲》而改用《新俄诗选》，足见郭沫若多么希望此译诗集能够起到推动时代大潮流和让读者明确该潮流所指引的方向之作用，但是由于原诗集艺术水准的制约，它实在难以担当起译家寄于的重任！

翻译马雅科夫斯基诗形为楼梯形的《我们的进行曲》使他对诗歌翻译有了新认识。他在1962年3月15日在谈到马雅科夫斯基的"楼梯式"诗歌时发表了自己对诗歌翻译的意见："外国诗如果是白兰地，那么，就应该把它译成茅台；不要译成白开水，而且还加上一些泥沙。"[④]

附带补充一下，在俄苏诗歌翻译方面，郭沫若还翻译了俄国诗人都布罗柳波夫的《死殇不足伤我神》，收入《沫若译诗集》。

[①] 郭沫若：《郭沫若集外序跋集》，四川人民出版社1983年版，第291页。
[②] 同上书，第292页。
[③] 同上书，第291页。
[④] 郭沫若：《郭沫若论创作》，上海文艺出版社1983年版，第34页。

（三）翻译《战争与和平》：体验一波三折

托尔斯泰是 19 世纪俄罗斯文学写实主义的代表作家，公认的最伟大的俄罗斯文学家之一。托翁的《战争与和平》是卷秩浩繁的长篇小说。这部巨著以史诗般的广阔与雄浑的气势，生动地描写了 1805 年至 1820 年俄国社会的重大历史事件，特别是 1812 年库图佐夫领导的反对拿破仑的卫国战争，歌颂了俄国人民的爱国热忱和英勇斗争精神。

早在 1920 年，还在日本留学的郭沫若就在《巨炮之教训》中刻划了托尔斯泰的形象。20 世纪 30 年代初，郭沫若动手翻译托尔斯泰的这部巨著。虽然翻译介绍托尔斯泰并非从他开始，林纾就翻译过《现身说法》，但是《战争与和平》还没有人完整翻译过，以致鲁迅 1928 年时还发出了"至今无人翻译"的感叹。[①]

郭沫若是中国翻译这部列宁称为"了不起的巨著"的第一人。尽管不懂俄语，但是他在大革命时期的从军经历在当时的翻译家中极为罕见，这使他仍然成为最理想的译者。他翻译的《战争与和平》在托尔斯泰翻译史上有很高的地位，而且从我国翻译介绍欧洲长篇小说来看，也是较早的一部。[②]

郭沫若在《初会瞿秋白》中介绍了翻译的背景，一是出于解决吃饭问题："当时生活十分窘迫，上海的一家书店托人向我交涉，要我翻译这本书，我主要的是为了解决生活，也就答应了。"[③] 二是应瞿秋白的邀请："秋白劝我翻译托尔斯泰山的《战争与和平》。他说那部小说的反波拿巴主义，在我们中国有绝对的必要。"[④]

《战争与和平》最早为郭沫若独自据德译本并参照英、日译本转译，1931 年由上海文艺书局出版，但只译了三个分册，自 1931 年起由上海文艺书局出版。后来出版社因经营方面的原因而停止出版，故郭沫若未能把全书译完。郭沫若在 1940 年 1 月 23 日为《战争与和平》第一部的《序》中介绍了翻译这部世界巨著的情况以及中途停译的原因。

《战争与和平》第一分册（上）1931 年 8 月 5 日上海文艺书局出版，第一分册（下）1932 年 1 月 15 日上海文艺书局出版。第一分册（上、下合）1932 年 10 月 10 日第 3 版。第一分册 1934 年 2 月 10 日第 4 版，第二分册 1932 年 9 月 25 日出版和 1934 年 2 月 10 日再版。第三分册 1933 年 3 月 15 日初版，1934 年 2 月 10 日再版。上海中华版为合订本，出版年月不详。上海光明书局 1935 年 10 月出版 1—3 分册合订本。1939 年 8 月上海中华书局发行。1941—1942 年重庆五十年代出版社出版，首次联合署名。上海骆驼书店 1948 年 1 月初版，1948 年 8 月出第 3 版。

---

① 李今：《三四十年代苏俄汉译文学论》，人民文学出版社 2006 年版，第 295 页。
② 孟昭毅、李载道：《中国翻译文学史》，北京大学出版社 2005 年版，第 157 页。
③ 郭沫若：《战争与和平》第一部·序，重庆五十年代出版社出版 1941—1942 年版，第 1 页。
④ 郭沫若：《初会瞿秋白》，《郭沫若文集》第 7 卷，人民文学出版社 1958 年版，第 125 页。

虽然郭沫若不懂俄语，但是他的翻译还是非常严肃和负责任的。他依据 Reclam（即德国莱克拉姆出版社）版的德译本转译（郭沫若谓之"重译"），同时用英译本和日译本参照。在翻译过程中，他发现了 Reclam 版的德译本省略得太厉害了，于是便放弃德译本而改用加内特（Garnett，英国女翻译家）的英译本为蓝本转译。他在翻译时发现"号称是从原文直译的"（1941—1942：1）米川正夫的日译本，事实上也是加内特英译本的转译，这就坚定了郭沫若用加内特的英译本继续翻译的决心。

郭沫若经常强调，翻译的一个重要作用，并不是鼓励大家去读译作，而是刺激大家去学外文，同时也刺激自己去学外文。他对这部书"本来是十分爱好，并十分希望把它完整地介绍过来的"①。

在他众多的译作中，郭沫若是第一次，也是唯一一次用"十分爱好""十分希望"的措辞来评价。俄语能力的不足也曾刺激他想把俄文学好，将《战争与和平》彻底改译。学好俄语是郭沫若思想转向以后内心思想的真实写照，从过去的着重于欧美的翻译转向以苏联文学为代表的无产阶级革命文学的翻译。但由于工作太忙，年纪偏大，俄文基础较差，虽然尝试过，但"时辍时续地终就没有成器"②，彻底的改译最终也未能如愿以偿。

郭沫若和这部著作的翻译再次联系在一起是由于抗日战争期间一位叫高地（即高植）的青年写信给郭沫若，表示愿意把这部小说译完，用他们两人的名义出版。郭沫若答应了，于是由郭沫若、高地合译的《战争与和平》就由重庆的五十年代出版社出版了。

在此之前，郭沫若在日本时有一位叫邢桐华的年轻人俄文水平比较高，他曾经对郭沫若表示想把这书继续译完。郭当时十分高兴，积极鼓励他趁早动手翻译。于是，邢桐华1937年春在东京出版的质文杂志上刊登了翻译预告，但在他尚未着手迻译之前却遭了日本警察的迫害，把他抓去拘禁了一段时间，并强迫出境。邢桐华回国后不久"卢沟桥事变"爆发，先是参加抗战后是因为疾病，《战争与和平》的翻译也就一直没有着落。

眼看就要成为泡影之时，郭沫若意外地收到了高植的信："最近我从原文将托尔斯泰的《战争与和平》全部译成，约一百万言。先生的译文从前拜读过，有些地方与原文小有出入……因为本书的前部有很多的地方用了先生的译文，甚至可以说是试验的校补，所以我很愿意和先生以合译的名义出版，假如我的名字不至影响先生的威望，在我是十分荣幸的。"③

高植批评了郭译与原文"有些地方与原文小有出入"。这很正常，因为依据的文

---

① 郭沫若：《战争与和平》第一部·序，重庆五十年代出版社1941—1942年版，第1页。
② 同上书，第2页。
③ 同上。

本不同，郭沫若依据的是英译本，而高植依据的是原著，所以这"出入"的责任未必就是郭沫若的。但郭沫若对高的批评不但丝毫没有怪罪之意，而且还认为他的态度谦和，特别是能帮他了结一桩多年的心愿，自是喜不自禁，立即回信支持他迅速出版。高植由于参考了郭沫若的译本，于是邀请他在译著上联合署名，郭沫若除了表示"十分荣幸"外，还劝他不要如此客气，坚持认为"有些不妥"。不妥的原因是会窃取高植的美誉，因此他诚恳地向读者谦虚地奉告："我在此次的全译上丝毫也没有尽过点力量，这完全是高君毅仁的努力的结晶。假使这里面的前半部多少还保存了一些我的旧译在里面，那也只是经过高君淘取出来的金屑，金屑还混在沙里面的时候，固是自然的产物，但既经淘取出来，提炼成了一个整块，那便是完全是淘金者的产物了。"①

其实郭沫若也不是"丝毫也没有尽过点力量"。他仔细阅读了译稿，认为高植译笔简洁忠实。他还从译者个人的性格讨论翻译的关系，觉得高植的性格谦充缜密，适合翻译这部巨著。他对高植"在目前军事扰攘的时期，高君竟有了这样的毅力来完成这样宏大的一项工程，并且工作态度又那样有责任心，丝毫也不敢苟且。这怎么也是值得令人佩服的。"② 高植是邢桐华的朋友，翻译《战争与和平》，也算了却了邢桐华的一桩宏愿。

据李今介绍，为了统一不同译者的语言风格，高植对郭译部分进行了校补，去掉了原译较为文雅的色彩而使译文显得直白一些。

如果说此前与钱潮和李一氓之间的合作是在同代人之间进行的话，那么这次应邀与高植的合作则是两代翻译家之间的对话，体现了老一代翻译家的胸怀和关切，也体现了年轻一代翻译家的努力与景仰。两代人之间的取长补短在总体上保证了对原作理解的基本正确和表达的基本传神，因而自然受到许多读者的欢迎，1947 年骆驼书店的再版就是证明。不过由于董秋斯对郭沫若"列名"的批评③，1951 年文化生活出版了单独署"高植"名的新译本。

郭沫若与高植合译这部巨著是在抗日战争最艰苦的 1940 年进行的。国民党政府的抗战意志在发生动摇，全国军民也处在极为困难的时候。这部作品的适时翻译有利于鼓舞全国军民万众一心夺取抗日战争最后胜利的决心和信心。同时，该巨著的翻译在中国现代文学翻译史上具有重要的意义。④

1932 年，新文艺书店出版了郭沫若译的苏联作家爱伦堡（1891—1967）等著《黄金似的童年》，但相关资料十分匮乏，本文难以深入研究。

---

① 郭沫若：《战争与和平》第一部·序，重庆五十年代出版社 1941—1942 年版，第 4 页。
② 同上书，第 3 页。
③ 董秋斯：《战争与和平》译者序，中国人民大学出版社 2004 年版，第 12 页。
④ 查明建、谢天振：《中国 20 世纪外国文学翻译史》，湖北教育出版社 2007 年版，第 428 页。

三　转译之困与惑

　　由于不懂俄语，郭沫若翻译的俄苏作品都是通过其他语种译本转译而成。尽管也下了很多功夫，参考了多种译本，但是翻译质量未必尽如人意。高植曾批评郭译与原文"有些地方与原文小有出入"。原因主要在于依据的文本不同，郭沫若依据的是英译本，而高植依据的是原著。茅盾的批评很不客气，认为"此书译笔颇多费解之处"①，主要是因为用了过多"美丽"的文言字眼，归化的色彩太浓。

　　郭沫若本人也认识到转译的艰难与困惑。他深知翻译《新俄诗选》这类非一流诗人作品的困难，何况还是转译，这使得这项工作难上加难："原来译诗是一件很难的事体，况这本书又是重译，这里当然含有不能令人满意的地方，不过国内的人很渴望苏联的文学作品的翻译，所以目前在便宜上也只好以重译的办法来疗慰一般的渴望。"② 生活压迫更使得转译质量雪上加霜："更加以书店要急于出版，我是边译边寄，书店也就是边印边出，因此连那书里面的人名地名（据高地君的统计有八百多）都译得前后参差，译文的草率自无庸说了。"③ 造成这些问题的原因，与其说是译者本人，还不如说是社会：译者为生活所迫，出版商抢译抢出，无视翻译规律。

　　翻译就意味着损失，没有任何一种译本可以完全反映原作的精神。转译本本身良莠不齐，译者尽管可以参考多种译本，但仍然无法彻底把握原作本质。这不但给翻译本身带来巨大的挑战，就是在原文意义的转达方面，也可能渐行渐远，甚至背道而驰。转译的次数越多，译作的质量也就越难以得到保证，后来被依据原文翻译的作品所取代也就理所当然了。这告诉我们，除非万不得已，尽可能不要转译。郭沫若以他诗人的气质和才华弥补了《鲁拜集》转译之不足，而其转译之俄苏作品则给译界、读者甚至译家本人都留下了难以破解的困惑。

（原载《郭沫若学刊》2013 年第 2 期）

---

① 茅盾：《汉译西洋名著》，中国文化服务社 1936 年版，第 193 页。
② 郭沫若：《郭沫若自叙》，黄淳浩编，团结出版社 1996 年版，第 291 页。
③ 郭沫若：《战争与和平》第一部·序，重庆五十年代出版社 1941—1942 年版，第 2 页。

"艺术是科学创造的亲密伙伴"

王文华

我没有考证这个题目是哪位贤哲说过的话,但我觉得用在郭沫若与钱学森(1911—2009)之间是比较贴切的。郭沫若长期担任中国科学院院长,而钱学森又长期担任中国科学院力学研究所所长,1958年郭沫若与钱学森共同倡议并创建了中国科学技术大学,郭沫若任校长,钱学森任近代力学系主任……到1978年郭沫若逝世,郭沫若与钱学森合作共事长达23年。郭沫若与钱学森可以说是20世纪中华民族最富传奇色彩的两位巨人,改变民族的命运和振兴民族的时代激流又将他们紧紧地联系到一起。

一

1995年,金色的十月,火红的枫叶映衬着北京湛蓝的天空。北京友谊宾馆友谊宫内,科学与艺术研讨展示会正在举行。参加会议的科学界人士有朱光亚、朱丽兰、张玉台、怀国模、李政道、汪德昭、何祚麻、冼鼎昌、叶铭汉、李竞等,艺术界人士有吴冠中、靳尚谊、常莎娜、柳冠中、杜大恺、刘巨德、李延声、广军、张立辰……[1]

这个名人荟萃的盛会有两位特邀嘉宾特别引人注意,一位是钱学森的堂妹,中国人民大学教授钱学敏。一位是郭沫若的小女儿,北京郭沫若纪念馆馆长郭平英。这看似巧合,其实是科学与艺术发展的必然。两位嘉宾分别在会上介绍了郭沫若和钱学森的艺术修养和科学探索。郭沫若曾经这样讲过:"科学是讲求实际的。科学是老老实实的学问,来不得半点虚假,需要付出艰巨的劳动。同时,科学也需要创造,需要幻想,有幻想才能打破传统的束缚,才能发展科学。"[2] 钱学森也曾说过:"文学艺术在整个现代科学技术体系中,虽有其特点和特殊的地位,但其内容、思维方式与科学技

---

[1] 孙伟林、曹乐嘉、陈辉:《科学与艺术的对话》,《人民日报》,1995年11月20日。
[2] 郭沫若:《科学的春天》,载郭沫若、徐迟等《科学的春天》,百花文艺出版社1979年版,第2—3页。

术是互相贯通、互相促进、融为一体的。"①

钱学敏教授的发言，使人更了解了钱学森这位著名科学家的文化艺术素养和艺术情趣。在钱学森的心目中，不仅拥有一个广阔无垠的科学世界，而且拥有一个绚丽多彩的艺术世界。在艺术世界里，他对文艺理论、音乐、诗歌、戏剧、绘画、书法等，都用心体味过，深深地热爱着，并有独到的见解。钱学森大力倡导科学与艺术的结合和交叉科学的创建。他曾深情地说过，我们大家所熟悉的只不过是许许多多世界中最普遍的一个。科学家心目中还有十几二十个世界可以描述，等待着艺术家们用他们那些最富于表达能力的各种艺术手法去创造出前所未有的文学艺术。它将我们引向高处，引向深处，引向远处……

郭平英馆长以《"球形发展"与科学艺术化》为题，介绍了新中国首任中国科学院院长、一代文豪郭沫若在科学与艺术相结合方面的不懈努力。郭沫若在五四时期就将天才人物归纳为两种类型：一种是直线形，一种是球形。直线发展塑造出的是纯粹的哲学家、科学家、艺术家、文学家，而球形发展则是这个人所具有的一切天才"同时向四面八方，立体地发展"。青年时代的郭沫若，就在自然科学的文艺化方面进行了富有特色的探索和实践。在他担任中国科学院院长的 29 年中，一直重视和倡导自然科学与人文社会科学的联盟和交叉发展。

"让科学与艺术联姻吧，那将会创造奇迹！"② 郭沫若和钱学森成功的事业，正是科学与艺术结合的最好佐证。

倡导科学与艺术结合、自然科学与社会科学联盟，这是郭沫若与钱学森共同的主张，也是郭沫若与钱学森建立友谊的一个方面。而他们的友谊更多的则是在为了中华民族的强盛，为了发展新中国的科学技术事业的长期合作共事中建立起来的。

二

早在 1949 年新中国成立前夕，郭沫若主持筹备成立中国科学院之初，就致信时任美国加州理工学院"古根海姆喷气推进研究实验中心"主任的钱学森教授，邀请钱学森回国共同领导祖国的科学事业，钱学森收到郭沫若的信件决定以探亲名义提前回国。1950 年，钱学森归国受阻，9 月 7 日美国当局非法逮捕了钱学森。中国科学院院长郭沫若听到美国政府无理拘捕申请回国的钱学森博士、赵忠尧教授和钱学森的学生罗时钧博士时，极为愤慨地说道：钱学森、赵忠尧既是中国人民的儿子，他们自然有权回到母亲的怀抱，献身祖国的科学事业。郭沫若凭借自己的国际声望立即致电世

---

① 钱学敏：《钱学森关于科学与艺术的新见地》，载申腾《中国大学人文讲演录》第 1 辑，克孜勒柯尔克孜文出版社 2001 年版，第 200 页。
② 祁淑英、魏根发：《钱学森》，花山文艺出版社 1997 年版，第 561 页。

界和平大会主席约里奥·居里，吁请他号召全世界的科学家共同谴责美帝国主义的无理行径，并要求立即予以释放。郭沫若的电文如下：

巴黎世界和平大会主席居里博士：

我国航空力学专家钱学森博士于申请回国时被美警拘捕，物理学家赵忠尧教授和学生二名在返国途中，在日本横滨为驻日美军拘捕。此等蹂躏人权、摧残科学家的暴行，已激起中国科学界及中国人民的普遍愤怒。请您和贵会号召全世界科学家对美帝国主义暴行加以谴责，并要求立即释放被捕之科学家。

中国保卫世界和平大会委员会主席
郭沫若
1950年9月25日[①]

正欲归国的钱学森在美国被拘禁期间，核物理学家赵忠尧和钱学森指导的博士生罗时钧、生物学家沈善炯等三人自美归国途经日本横滨时，也被驻日美军扣押。在全国科学、教育界人士积极抗议美国政府无理行径的同时，以郭沫若为首的中国科学院还作出一项更实际的支持钱学森等中国科学家的决定。9月30日，郭沫若接到近代物理研究所吴有训所长和钱三强副所长的联名信。说明赵忠尧是本所研究员，现被美军扣押期间，院方应给其家属发放生活补助费，并建议，对钱学森的家属也应采取相应的措施。郭沫若随即主持院务会议，经讨论决定，认定赵忠尧原是近代物理研究所研究员，从9月1日起，按照中国科学院一级研究员的现行工资标准，给其家属按月发放其工资总额70%的救济金；从10月份开始，新聘任钱学森为中国科学院研究员，也以同一标准给其家属发放救济金。[②]

这项决定的重要意义是不言而喻的。他绝不仅仅是为了惠及钱学森一家人。实际上，就钱学森一家的经济状况来说，即使三年两载不给救济，也不一定就会挨冻受饿。重要的是，这是一个政治姿态。它表明新中国永远是海外学子们的坚强后盾，同时也给蒙难的学者及时送去了一份温暖，这无疑对世界各地的海外学子产生出一股强大的感召力；另一方面，对当时急于发展国防尖端科技事业的中国来说，钱学森实在是太宝贵了，钱学森在国际上都是航空航天技术的翘楚，在当时中国的空气动力学界找不到第二个能跟他比肩的人物。

1950年11月22日，郭沫若在华沙召开的第二届世界保卫和平大会演说中再次

[①] 新华社稿：《美国无理拘捕钱学森等郭沫若致电居里博士吁请谴责美帝无耻暴行》，《人民日报》，1950年9月27日。

[②] 王文华：《钱学森的情感世界》，四川人民出版社2002年版，第135页。

为解救钱学森大声疾呼:"杜鲁门也在喊保障人权,但我们中国的钱学森在美国被扣留,不准回国。所以美帝国主义的裁军就是扩充军备,美帝国主义的保障人权就是践踏人权。"[1]

1955年10月28日,钱学森一家在中国科学院朱兆祥的陪同下从上海到达北京,中国科学院副院长吴有训和首都著名科学家华罗庚、周培源、钱伟长、赵忠尧等二十多人,到北京前门车站欢迎。

次日,中国科学院院长郭沫若举行盛大的欢迎宴会,隆重款待在国际上享有盛誉而又饱经磨难的杰出科学家钱学森一家。宴会开始时,郭沫若院长以其特有的诗人气质,致了热情洋溢的欢迎词,他高度赞扬钱学森的爱国主义精神和钱学森所取得的卓越的科学成就,热情地欢迎钱学森回到了中国科学家群体,来到了中国科学院。中国科学院党委书记兼副院长张劲夫、吴有训等作陪。

席间,吴有训向钱学森正式交代了由钱学森牵头,组建中国科学院力学研究所的决定。钱学森欣喜地接受了这个任务。

稍后,郭沫若还邀请钱学森全家到自己家里,把酒接风,畅谈祖国科学之未来。由此可见郭沫若为人的热情真挚,由此也开始了两位巨星的真诚交往与崇高友谊。

1955年11月21日,钱学森正式到中国科学院报到,郭沫若院长亲自接待,并向钱学森谈了去东北参观讲学的具体安排,同时说明这也是周恩来总理的意思。于是有了一段广为流传的钱学森参观考察东北的传奇故事。

11月22日至12月21日,整整一个月时间,钱学森从东北的哈尔滨沿铁路南下,先后到了吉林、长春、沈阳、抚顺、鞍山,一直到港口城市旅顺、大连。参观了当时全国最大的钢铁厂、煤矿、水电站、炼油厂、冶炼厂、化工厂、机床厂、汽车制造厂、飞机制造厂、机电厂等,访问了一些大学和研究所,在几所大学做了学术报告。

11月23日,钱学森一行第一站来到哈尔滨,黑龙江省委统战部出面安排接待,钱学森提到他有两个朋友庄逢甘和罗时钧(都是钱学森在美国的博士生)在哈尔滨工作,他希望此次能见到他们,省里感到有些为难,因为这二人都在哈尔滨军事工程学院任教,而哈军工是保密单位,省里作不了主,要请示中央。当时中国人民解放军副总参谋长陈赓大将兼任哈尔滨军事工程学院院长,正在北京,一听说钱学森先生要访问哈军工,第二天清晨就乘专机飞回哈尔滨,并亲自赶到哈军工开门迎接钱学森,陪同参观。陈赓院长命令全院各系把实验室和陈列室都打开来请钱先生参观,他说,"在钱先生面前还有什么保密的,我们这些陈列品都是从朝鲜战场美军手里捡回来的战利品,对于钱先生来说是不足为奇的……"

25日晚上,陈赓大将在哈军工苏联专家俱乐部专门宴请钱学森一行,罗时钧、

---

[1] 郭沫若:《在第二届世界保卫和平大会上的讲话》,《人民日报》,1950年11月23日。

庄逢甘作陪，师生久别重逢，大家心情非常愉快。晚宴开始时陈赓大将代表周恩来总理向钱学森敬酒，钱学森看到了陈赓的豪爽真诚。席间，陈赓大将专注地看着钱学森问道："钱先生，你看我们中国人自己搞导弹行不行？"

钱学森点点头，斩钉截铁地回答道："外国人能干的，中国人为什么不行？难道中国人比他们矮一截！"

陈赓大将听了钱学森的话非常高兴："好！好！好极了！我要的就是你这句话。"

对于这次历史性的会面，两位当事人和几位有幸参与其中者，许多年之后，谈起当时的情形依然激动不已。陈赓大将曾回忆道："那时，周总理非常重视召唤海外华裔科学家回国的问题，简直把他们当作共和国的宝贝疙瘩。他要回了一个钱学森，还专门交代我在哈尔滨好好接待这位在国际科坛崭露头角的火箭专家。我当时担任哈尔滨军事工程学院院长，不折不扣地按照总理的意见办了，还和钱学森一起吃了顿晚饭。"

多年以后，钱学森才知道，陈赓是带着周恩来和彭德怀的指示，专程赶回哈尔滨，就中国发展火箭、导弹等问题专门请教钱学森的。钱学森晚年几次在文章中提到了他与陈赓大将的这次会面。他回忆道："……人家告诉我，陈赓那天上午从北京赶到哈尔滨就是为了晚上接见我，我听了很感动。"钱学森在另一篇文章中这样回忆道："……谁知这一句话，决定了我这一生从事火箭、导弹和航天事业的生活。现在回想起来，当时我冒说一句可以搞导弹，但是真正干起来，困难真多呀！……"

这次富有传奇色彩的会面，似乎只是钱学森东北之行中一个愉快的插曲，然而，与这位年轻的火箭专家的会面，使中国军事领导人对导弹的认识变得具体清晰起来。①

三

钱学森回到祖国做的第一件重要工作，就是1956年春参加了周恩来、聂荣臻和郭沫若等领导和组织制订的新中国第一个科学技术发展远景规划——《1956—1967年科学技术发展远景规划纲要》。钱学森担任综合规划组的组长，在他的主持下，逐项地讨论了56项重大科研任务。② 正是因为有了钱学森这样一位科技决策的大战略家主持，使得这一远景规划，既符合我国的国情，又突出了时代精神。钱学森还亲自主持制订了第37项任务《喷气和火箭技术的建立》。钱学森等在这项重要科学技术规划的说明书中指出："喷气和火箭技术是现代国防事业的两个主要方面：一方面是

---

① 王文华：《钱学森的情感世界》，四川人民出版社2002年版，第121—125页。
② 中国航天科工集团公司第二研究院：《德高望重功勋卓著》，载《宋健、钱学森科学贡献暨学术思想研讨会论文集》，中国科学技术出版社2001年版，第284页。

喷气式飞机；一方面是导弹。没有这两种技术，就没有现代航空，就没有现代的国防。建立喷气和导弹技术，民用航空方面的科学技术也就不难解决了。"规划的目标是："本任务的预期结果是建立并发展喷气和火箭技术，以便在12年内使我国喷气和火箭技术走上独立发展的道路，并接近世界的先进技术水平，以满足国防的需要。"规划的大体进度是："1963~1967年在本国研究的指导下，独立进行设计和制造国防上需要的达到当时先进性能指标的导弹。"[①] 在钱学森等人的建议下，这项任务列入了12项重点的前四项，得到了优先发展。今天我们更加清楚地看到，正是当时的正确决策，我国的航天事业才能取得辉煌的成就，走在世界的前列。

在制定12年科学远景规划的过程中，钱学森的渊博知识和聪明智慧得到了充分展示，中央首长和科学院的领导对他的工作十分满意。郭沫若院长看了《喷气和火箭技术的建立》之后非常高兴，特意把钱学森一家请到自己家里，设宴款待，举杯祝贺。席间，生性豪爽，感情真挚的一代诗人，深深地为人民科学家的崇高人格、学识，和对祖国的一片赤诚所打动，顿时诗兴大发，当即挥毫赋诗一首《赠钱学森》：

  大火无心云外流，登楼几见月当头。
  太平洋上风涛险，西子湖中景色幽。
  突破藩篱归故国，参加规画献宏猷。
  从兹十二年间事，跨箭相期星际游。

学森先生补壁 郭沫若（印章）

这首七律正式发表于1957年1月3日的《文汇报》，以后还收集在《郭沫若全集·文学篇·第三卷》中。郭沫若手书原件如下：

郭沫若在诗中用东汉末年王粲避乱荆州，常登当阳城楼作《登楼赋》抒怀的故事，来比喻钱学森身在海外，怀念祖国的情怀。诗中也反映出钱学森万劫不泯终回祖国的艰险和家园的美好，也赞扬了钱学森对十二年科学技术发展远景规划的贡献，展望了钱学森在规划中确立的宏伟目标。

自幼喜爱书法和绘画的钱学森，特别珍爱郭沫若院长手书并亲手装裱所赠的这件墨宝，几十年来一直悬挂在客厅里。作者考证郭老手书的这幅作品，至少有两个版本。一个版本悬挂在钱家的客厅里，一个版本便是发表在1957年《文汇报》。

四

钱学森珍藏的郭沫若院长的墨宝不止这一件，据介绍，还有一柄折扇，扇子的一

[①] 王文华：《钱学森学术思想》，四川科学技术出版社2007年版，第334—341页。

面是著名国画大师齐白石的写意花卉,一面是郭沫若为钱学森所题的字。有人曾对这件赠物作了这样的评价:"齐白石红花墨叶,百金尺纸众争夸;郭老笔走龙蛇,豪放淋漓,画好字也好,真是珠联璧合,难得,难得!"① 而笔者通过郭老的赠物和钱学森的珍藏,看到的更是两位心心相印的才俊的亲密往来和深厚友谊。

1958年5月,中国青年出版社出版了一本影响很大的青年修养读物——《论又红又专》(32开本,212页,125千字),作者署名是郭沫若钱学森等,书中收录了刘少奇、郭沫若、钱学森、刘仙洲、张劲夫、梁思成、朱光潜等35篇文章。其中收入郭沫若的《讨论红与专》一文、钱学森的《"先专后红"是不是捷径》一文。② 1958年12月27日,《人民日报》报道说:"中央国家机关党组织增添新力量三百余名优秀分子光荣入党——郭沫若、李四光、李德全、钱学森等同志开始过党的生活。"郭沫若和钱学森是新中国科学文化战线的两面旗帜。从这些片段,我们可以看出在那个激情似火的年代,郭沫若、钱学森这两位时代巨人的思想和追求又是何等相似与一致。

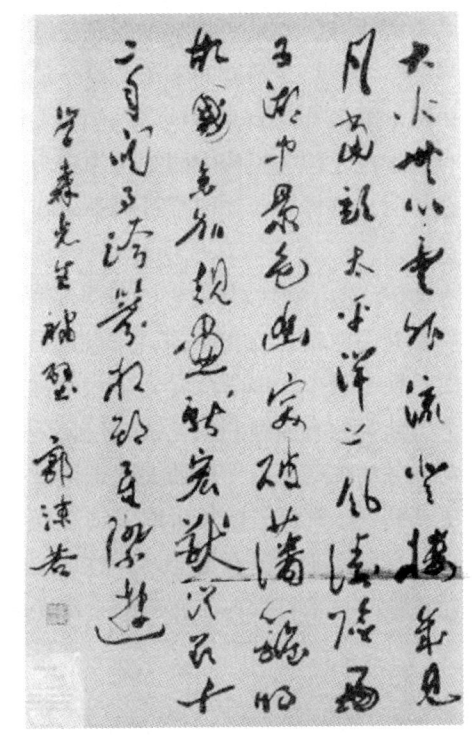

翻开《中华人民共和国科学技术大事记》③ 和《钱学森实录》④《钱学森年谱》⑤ 可以看到,在20世纪50年代中期到70年代前期,每当郭沫若院长作为国家科技界的领导接待外国来访的科学技术代表团,会见或宴请来访的著名科学家时总会有钱学森出席作陪,这或许是工作的需要,但也不能说没有郭沫若和钱学森之间的个人因素。

五

科学院在郭沫若院长主持下,对于贯彻"百家争鸣"的方针,是十分认真的。

---

① 朱继功:《到钱学森家做客》,《家庭生活指南》,1992年第3期。
② 郭沫若、钱学森等:《论又红又专》,中国青年出版社1958年版。
③ 张应吾:《中华人民共和国科学技术大事记(1949—1988)》,科学技术文献出版社1989年版,第7—344页。
④ 王文华:《钱学森实录》,四川文艺出版社2001年版,第71—275页。
⑤ 霍有光:《钱学森年谱》(初稿),西安交通大学出版社2011年版,第68—296页。

其关键所在,就是要将学术问题与政治思想问题区别开来,严格按照科学规律对待不同的学术观点,不同的学派,决不能乱扣政治帽子。尊重科学专家,凡属学术问题,由科学家展开"百家争鸣"。这种民主学风是郭沫若与钱学森两位学人共同的一大特点,这也是他们工作中团结协作默契配合,生活中情趣相投互相理解的一大基础。实践证明,这样做,才能推进科学事业的顺利发展,才能发挥所有科学家的积极性,创造性。

1958年,科技界对于"任务带学科"的提法,曾有过不少议论。为此,郭沫若院长专门派钱学森和中国科学院新技术局局长谷羽同志,到大连化学物理研究所考察,在考察中,钱学森看到了张存浩教授承担的固液推进剂及其燃烧机理的研究任务,认为颇有成绩和创见,"任务带学科"的提法是站得住脚的,但不排除学科发展对任务的推动。后来张劲夫同志把这个提法补充为"任务带学科,学科促任务",就更完整了。郭沫若院长听取了钱学森和谷羽在大连的考察汇报之后,亲临大连化学物理研究所,主持了现场会议,总结推广大连化学物理研究所"任务带学科"的经验,对科学院技术科学各研究所的工作开展,起了很大的推动作用。

六

1961年4月12日,苏联宇航员加加林乘坐"东方1号"飞船进入太空,是人类征服太空的又一里程碑。消息传来,又一次震动了中国科学家们。钱学森、裴丽生、赵九章等科学家发起举办"星际航行座谈会",当时年近古稀的郭沫若院长闻之欣喜,表示积极支持,亲自参加了第一次座谈会,当钱学森陪同郭沫若院长跨进中科院一个阶梯教室时,专家们不约而同地站了起来。郭沫若和钱学森对各位专家的出席表示感谢。

钱学森是这个座谈会的主要发起人,是今天的主讲,他讲的题目是:《今天苏联及美国星际航行的火箭动力及其展望》。

钱学森走上讲台,用极其平易近人的语言讲道:"……回顾自苏联在1957年10月4日成功地发射了人类历史上的第一颗人造地球卫星,从而开辟了宇宙飞行的新纪元。以后,又连续发射了三颗人造地球卫星,三枚宇宙火箭。但这都是不载人的,是全机械化的宇宙探测器,或是试验装置。1961年4月12日才开始载人的宇宙飞行。这两个历史新纪元,三年六个月零八天,科学技术在苏联的发展以什么样的速度在进展着!这雄辩地证明了社会主义制度的优越性,这是马克思主义在科学技术领域内又一次伟大的胜利!

"说苏联'东方1号'载人宇宙飞船发射成功和安全返回地面,是宇宙飞行的一个新纪元是有理由的。因为叫一个卫星式宇宙飞船能够精确地、安全地降落在预先指定的地点是火箭技术中一项伟大成就……'东方1号'在开动制动装置的时候,是位于接近南极的上空，以 30 分钟的时间几乎绕了半个地球才从西北飞行方向落到苏联国土。在降落动作开始的时候，宇宙飞船的制动火箭发动机必须调动卫星轨道运行的方向，使推力向运行相反的方向作用，把飞行速度降到略小于第一宇宙速度。这时地球引力就会把宇宙飞船从卫星轨道上拉开，以椭圆轨道落向地面……

"人类掌握了这种先进的制动火箭发动机，就掌握了往返宇宙的自由，人类就将以新的观点研究宇宙，科学技术的新发展就会以更大的速度向更广泛的方面前进。"

……

钱学森几乎是一口气讲了两个多小时，而在场的每一位专家学者，特别是老院长郭沫若自始至终都处于亢奋状态。当钱学森在一片掌声中合上讲稿时，郭沫若情不自禁地站起来发表了热情洋溢的讲话，并诵诗抒发情怀。座谈会是学术性的，但引导科技界领导和科学家为我国的宇航事业思想到技术准备，也是钱学森发起举办座谈会的初衷。①

1966 年 10 月 27 日，钱学森和聂荣臻元帅在西北导弹发射基地，成功地组织发射了我国第一枚导弹核武器。喜讯传到北京，74 岁的郭沫若当即填词一首。词曰：

水调歌头·导弹核武器试验成功
郭沫若
号外红于火，
核爆又成功。
导弹飞行顺利，
豪气吐长虹。
预定目标命中，
计算十分精确，
欢啸满寰中。
打破核讹诈，
垄断愈成空。

帝修反，
三凑合，
正嗡嗡。
一声霹雳，
落叶满天遇大风。
你有弹来我往，

---

① 王文华：《钱学森的情感世界》，四川人民出版社 2002 年版，第 138 页。

> 决不先行使用,
> 宣布屡从容。
> 万岁万万岁,
> 领袖毛泽东。

1966 年 10 月 28 日①

  这首词虽不是直接写给钱学森的,但它是写给祖国科学技术事业的,写给国防尖端事业的,写给钱学森的事业的,特别是词的上阕,可以说完全是对钱学森的科学成就作了一番十分精彩的文学描述。是对钱学森等广大国防科技工作者为祖国的贡献,给予了高度赞扬。

  这首词同时也是对前面《赠钱学森》诗中"从兹十二年间事,跨箭相期星际游。"的回应。1956 年制定的十二年科学远景规划中的原子弹是 1964 年试验成功,1966 年导弹核武器试验成功,至此提前两年完成规划目标。所以郭沫若称"号外红于火,核爆又成功。"

七

  翻开《中国科学技术大学大事记(1958—1997)》(中国科学技术大学档案馆和校长办公室编),你可以看到郭沫若和钱学森同是主要创始人。1958 年春天,中国科学院的钱学森、郭永怀等科学家提出,依托中科院的力量,创办一所新型理工大学,培养急需的尖端科技人才。钱学森是积极的倡导者,郭沫若院长非常赞成,给以了大力支持。钱学森任中国科学技术大学筹备委员会委员,中国科学技术大学筹备委员会的组成是经中共中央批准的,筹委会由十人组成,其中中科院七人,包括郭沫若院长和两位副院长,两位副秘书长,一位学部主任,研究所所长只有钱学森。

  从 6 月 8 日向党中央呈递报告,到 9 月 20 日中国科学技术大学挂牌成立举行开学典礼,只用了短短 100 多天时间。这种速度,让人至今都能深深感受到开国元勋和老一辈科学家的殷殷期望。开学典礼上,聂荣臻元帅像当年指挥千军万马一样,作了《把红旗插上科学的高峰》的重要讲话。郭沫若校长在讲话中,以诗一般的语言说:"我们不仅要掌握尖端,还要创造尖端。我们不仅要攀登上科学的高峰,还要不断创造科学的高峰。"

  在筹建中国科学技术大学的过程中,钱学森协助郭沫若院长做了许多具体工作。科技大学成立后,郭沫若院长兼任校长,钱学森主持创建了中国科学技术大学的近代力学系,并兼任系主任,亲自给学生讲课。

---

① 郭沫若:《水调歌头·导弹核武器试验成功》,人民日报,1966 年 10 月 29 日。

至今在中国科技大学都流传着这样的美谈，郭沫若老校长拿出自己的稿费，为科技大学的师生修建了游泳池。1961年在我国经济困难时期，钱学森系主任捐出《工程控制论》一书的全部稿酬11500元，资助科技大学购买实验仪器设备。由此人们可以看到，正是因为有郭沫若这样的校长，有钱学森这样的著名科学家的支持，科技大学虽然是一所新办的大学，但其学术水平迅速提高，成为国内著名的新型学府。今天驰名中外的中国科学技术大学倾注着郭沫若和钱学森两位大师多少心血啊！

八

"日出江花红胜火，春来潮水绿如蓝。"人们都知道这是唐代大诗人白居易的词句，《忆江南》："江南好，风景旧曾谙。日出江花红胜火，春来潮水绿如蓝。能不忆江南。"这是一首充满生命力的春日赞歌。1978年郭沫若在他的那篇著名讲话《科学的春天》中引用过这两句著名词句。此后，钱学森也曾多次在文章和讲话中引用白居易的词句，但他总要强调"再次引用郭沫若同志在全国科学大会上讲话中用过的白居易的词句"（见钱学森《系统科学、思维科学与人体科学》原载《自然杂志》1981年第1期等文章）。由此可见钱学森对老院长郭沫若的崇敬与怀念。

1978年五六月间，在郭沫若病重期间，钱学森和夫人蒋英前去看望，祝愿他早日康复。6月12日郭沫若逝世后，钱学森是74人组成的治丧委员会成员之一。6月18日下午，钱学森怀着沉痛的心情参加了在人民大会堂举行的郭沫若同志追悼大会，送别老领导、老战友最后一程。

时光进入20世纪最后十年，郭沫若已经故去十几年了，钱学森也已进入耄耋之年，国务院、中央军委在人民大会堂举行授奖仪式，授予钱学森"国家杰出贡献科学家"荣誉称号和一级英雄模范奖章，钱学森即席发表讲话，回忆起与老院长郭沫若的交往，仍然充满了无限的深情，他讲道：

> 再者，如果没有我工作过的单位的领导同志对我工作、生活的关怀和指导，我也做不出什么成绩来的。刚回国时，我在中国科学院工作……我又想到郭沫若同志，我们的老院长。他若发现我们这些人有什么思想问题，有什么政策问题搞不清楚，郭老就找一个下午，亲自给我们做报告。
>
> 郭老知识渊博，他的报告可不寻常，从古到今，从中到外，什么都谈，讲着讲着还爆发了诗性，作诗赋词。听完郭老的报告，我们这些人心理有什么疙瘩也解开了。所以，在科学院这几年的工作，我是很幸福的。[①]

[①] 钱学森：《在授奖仪式上的讲话》，《人民日报》，1991年10月19日。

用钱学森的话说，从50年代后期到60年代前期是我国科学事业发展的黄金时代，大批科研任务相继完成，郭沫若对此感到十分欣慰，几次拿出自己的稿费，宴请钱学森等做出重大贡献的科学家，大家欢聚一堂，畅谈心得，欢跃异常。

2001年9月24日下午，原国务委员、中国科学院党组书记、副院长，88岁高龄的张劲夫和夫人胡晓风，兴致勃勃地到钱学森家里，亲切地看望这位受人敬仰的人民科学家。年逾九轶的钱学森和夫人蒋英教授热情地接待了他们。老朋友相逢分外高兴，许多幸福的往事涌上心头，他们回忆起和郭沫若老院长一起游西山的情景，张劲夫在《让科学精神永放光芒——读〈钱学森手稿〉有感》一文中记述道："又一次，我陪郭沫若院长一家、钱学森全家，还有裴丽生副院长一家、范长江一家游览西山，中午郭老请客。学森的夫人蒋英是艺术家，大家欢迎她表演节目，她即兴唱了一支陕北民歌'南泥湾'，赢得了大家的一片掌声。饭后又乘火车游览了官厅水库，五家人相处得非常愉快。"[1] 从这些回忆片段人们深深地体会到，他们是多么怀念与郭老一道工作的年代啊！

（原载《郭沫若学刊》2013年第2期）

---

[1] 张劲夫：《让科学精神永放光芒——读〈钱学森手稿〉有感》，载黄宗煊、钱学森《中国爱国知识分子的杰出典范》，清华大学出版社2011年版，第159页。

不应忘却的三位学者:王国维、本杰明·史华兹和郭沫若

[美] 欧文·雷文

20世纪初,世事变幻莫测,儒家经典与科举考试所蕴含的家庭人伦观念不断更迭。我们从学者王国维开始讨论。他于1877年12月3日出生在浙江省海宁市,1927年自杀身亡。

有关王国维的资料尽管零星,却并非绝无仅有。这方面的研究可追溯至北宋王朝(960—1126)及其京城(今开封市),王氏家族首次出现在官修宋史的记录中。该家族效力朝廷,因而在数年间接连被赐爵、封官,获得田地及钱粮封赏。1163年,家族中的某位成员考中进士,这是巨大的成功。几年后,家族中的其他数位成员也接连考中进士。当我们把目光转向童年的王国维时,不难注意到他出自书香门第之家,他的家庭也希望年轻的子孙继续沿着这条道路前进。

我们有必要在此简要介绍,以便了解科举考试的形式和安排,及其对王国维的影响。1892年,年仅15岁的王国维考中秀才。他开始思考前途:是从事教育或学术,还是继续学习?然后,他参加了1897年的乡试,以便踏上仕途。家庭的境况使得家族为他作出短暂的牺牲,让他继续学业,希望他参加并通过乡试,从而间接地为家族带来财富和名望。

1893年,当地在童试与即将到来的乡试之间举行了特别预备考试,旨在使有志仕途的生员体验乡试的感觉。干扰王国维思考的是他对历史和古文日益浓厚的兴趣,深感儒家学说无味。上述因素使他预备考试发挥欠佳。另一方面,王国维于1896年成婚,这又迫使他认真地回归儒家文化的学习,以博取功名。1897年,王国维参加乡试,不幸名落孙山,被迫另谋生路。

1898年年仅20岁的王国维前往上海寻找合适的工作。在上海,王国维进入了著名改革家梁启超创办的时务报馆。任职时间不长就感到与该报宗旨不合,同时亦感觉未受重用,薪水过低。不久,王国维便离开该报馆,就读于罗振玉和蒋伯斧创办的私立学校"东文学社"。正如乔伊·邦纳(Joey Bonner)所言:"罗振玉称学社的宗旨是,将欧洲、美国和日本的农业文献译入汉语,传播外国农业实践与科技创新"[1]。

---

[1] Joey Bonner. Wang Kuo-wei, An Intellectual Biography. Harvard University Press, 1986: 17.

罗蒋二人设农报馆，专门翻译出版农业书籍。王国维离开时务报馆后在"东文学社"上日语课。罗氏对王国维的文学天赋印象深刻，自愿资助王国维。这样一来，家庭债务不至于妨碍王国维接受现代教育。

就在此时，德国哲学家叔本华（1788—1860）闯入了王国维的生活。为使读者了解叔本华的理论，我将在文中概述其观点。首先，叔本华在25岁时出版了自己的博士论文——《论充足理由律的四重根》。该书对"意志"的表现进行了形而上学的分析，即它是情感、身体及性欲未得到充分满足的产物；其道德原动机是同情、恶意和自我主义；同情是道德表达的主要动力，而恶意和自我主义则是腐败动力。叔本华的这些概念出现在尼采、弗洛伊德、荣格、列夫·托尔斯泰、托马斯·曼等诸多著名哲学家的作品中。但叔本华的母亲却认为他的作品难以理解"不太会有人买书。"①

在话题回到王国维之前，我还要提及有关叔本华的两个话题。首先，叔本华将北方白色人种的优越文明归功于其敏感性和创造力；其次，叔本华还坚持显著的形而上学和政治反犹太主义。我认为这些观点并行不悖，且与此后20世纪三四十年代德国及席卷欧洲的事件密切相关。

王国维研究完叔本华的形而上学——"作为意志和表象的世界"，继续勤奋地研究康德（1724—1804）及其著作《纯粹理性批判》。王国维批判前一种理论，同样反对后一种理论，认为它们都不足以解释主要的哲学问题，特别是认为叔本华对哲学根本原则的解释既没能使其信服，也不符合中国传统。王国维已经注意到，当时中国的课程学习缺乏对西方哲学的研究。我们很快就会看到，王国维将之用于研究中国历史、文学及诗歌，令其声名成为今日中国曾经拜读其文章诗歌的学生最耳熟能详者。

读罢叔本华、康德及其他西方哲学文献，王国维开始运用哲学术语揭示曹雪芹所撰《红楼梦》（初版于1868年）的"真"。1908年，王国维出版了《人间词话》，被译作"境界理论"，主张优秀的诗歌应当情景交融。1911年辛亥革命前夕，王国维撰写了名为《曲录》的系列文章，论述宋元杂剧。王国维曾短暂居留日本，精通日语，并在东京学习自然科学。1916年回国。

1924年，王国维被清华大学聘为教授，并成为该校国学院"四大导师"之一（1925—1929）。王国维在颐和园昆明湖自溺后，清华大学立碑，碑文由同为"四大导师"之一的陈寅恪撰写："士之读书治学，盖将以脱心志于俗谛之桎梏，真理因得以发扬。思想而不自由，毋宁死耳。"②

王国维是最早运用西方哲学、美学、文学理论研究中国历史和文学的开风气者，深刻影响了中国史学。他融合中国文学与西方文学的精华，以"境界理论"为核心提出完整的文学和艺术理论。他对中国古代传统杂剧和小说的研究，为该领域确立了

---

① http：//en. wikipedia. org/wiki/arthur_ Schopenhauer.
② http：//www. chinadaily. com. cn//en/doc/2003 - 12/30 content_ 294411. htm.

学术标准①。此外，他也是最早系统研究商代（公元前 1600—1046）遗存甲骨文的学者。

综上所述，我们首先论及的学者王国维，为那些有志于批判性研究中国哲学、诗歌及历史者树立了高标准。

令人遗憾的是，我没能听过本杰明·史华兹教授开的课或讲座，这也是我们第二个讨论的学者。史华兹教授质疑了对中国文化的西方式思考。

史华兹教授 1916 年 12 月 12 日出生于马萨诸塞州东波士顿，1999 年 11 月 15 日死于马萨诸塞州剑桥。其生平事迹当然无法由此后区区数页纸详尽描述。他的死令学术界痛失巨人。他去世后，重要的相关书籍、论文及其他作品依然陆续问世。史华兹教授影响的不仅是我们即将讨论的在其门下研究汉学的学生，也包括那些认为其比较研究的路径在各自子学科领域充当有用工具的学者。

论述史华兹教授的生平前，不妨先说一下个人交往的经历。1985 年前后，我听闻史华兹教授将前往纽约亚洲学会演讲，并签名售书《古代中国思想界》（*The World of Thought in Ancient China*）。我想见见史华兹教授，并听听他对该主题的看法。就在那天，我见到了史华兹教授，直到现在还珍藏着有其签名的那本书。

史华兹教授是德国犹太移民的后裔，1934 年毕业于波士顿拉丁学校。该校是美国第一所公立学校，成立于 1635 年。该校的学习竞争非常激烈，课程内容相当艰深，辍学率居高不下，但毕业生几乎都能上大学。史华兹教授后来就读于哈佛大学，1938 年 6 月，他以优异的成绩获得罗曼斯语言与文学（Romance Languages and Literatures）硕士学位。随后，史华兹教授参军入伍，驻扎在日本。退伍回国后，继续在哈佛深造，并获得了第二个硕士学位，1950 年又获得了历史与远东语言新课程专业的博士学位。当时，他的导师是闻名遐尔、备受尊敬的中国及周边区域研究项目的主任费正清教授。1955 年，史华兹教授成为历史系和政治系教授，1960 年成为上述院系的终身教授，之后又获历史与政治学勒鲁瓦·威廉姆斯（Leroy Williams）讲席教授的荣誉头衔。直至 1987 年退休，史华兹教授始终诲人不倦。

孔子被视为中国人文学校的首位教师，因此我们将五经看成学者记录的圣贤之言。虽然两者无法比拟，但本人也是通过史华兹教授的讲义及著作来认识他的。史华兹教授为我们带来了他对古代思想的分析、理念与行为的关联。我们以他在《古代中国思想界》（*The World of Thought in Ancient China*）② 和《追求财富和权力，严复与西方社会》（*In Search of Wealth and Power, Yen Fu and the West*）③ 及其他作品中的

---

① http：//www.britannica.com/EBchecked/topic/1082393/Wang-Guowei.
② Benjamin I. Schwartz. The World of Thought in Ancient China［M］. The Belknap Press of Harvard University Press，1985.
③ Benjamin I. Schwartz. In Search of Wealth and Power，Yen Fu and the West［M］. The Belknap Press of Harvard University Press，1964.

研究为例。同样也是借助他的学生，我们把握了史华兹教授想要告诉我们什么。

我们可以通过史华兹教授的讲义与著作，考量他对学生的影响，这些学生根据他的指导、运用他的标准，现已在美国各地学术机构亚洲区域研究领域暂露头角。幸运的是，在考量过程中，我们能够查阅《跨越文化的观念：献给史华兹先生的中国思想论文集》（*Ideas Across Cultures：Essays on Chinese Thought in Honor of Benjamin I. Schwartz*）一书中为数众多的论文，这都是曾经受教于他的学生撰写的。

先看柯文和戈德曼撰写的"导言"。正是在导言中，两位作者描述了史华兹教授的授课风格或者说"史氏方法"。

柯文和戈德曼教授认为，史氏方法的核心在于不同世界的对话、相互作用与穿越。接着，他们解释了读者应当如何理解史氏的写作和授课方法。我将他们的解释概述如下：此处所谓"不同"世界指西方和非西方，或者中国和西方国家之间的比较。主客体之间、观念与语境之间存在的对话关系；或者说，现状并不能经由单一观念自然而然地得出结论，现状是多种观念、意图和抱负相互融合的结果。至于"相互作用"指的是读者和文本之间的相互作用，读者的目标在于尽量了解文本初撰时的环境，试图洞悉文本最初的含义，无论这样的洞悉多么有限且不准确。

现在，我们可以着手史华兹的学生为表达对教授的尊敬所撰写的论文了。《跨越文化的观念：献给史华兹先生的中国思想论文集》由导言及十篇论文组成。要从中选择足以给现代读者留下深刻印象的材料，我的责任实在重大。

我相信在理解史华兹教授及其学生所运用的语言时还将遇到一些术语。最重要的是"轴心时代"（Axial Age），即存于两大帝国之间的时代。德国哲学家卡尔·雅士培首先使用该术语来指示公元前 6 世纪前后的关键时代，正是这个时代奠定了人文精神的基石。中国的这个关键时代被认为是在商代晚期及两周早期，儒家学说及与之争鸣的道家、佛家等流派正发端于此时。

需要定义的下一个术语是"天命"学说，该术语包含了"天子"的概念。贺凯（Charles O. Hucker）曾撰《古中华帝国：中国历史文化概论》（*China's Imperial Past：An Introduction to Chinese History and Culture*）[①]，暗示了宗教意味：

> 这根植于周人引入华夏主流的宗教理念：主宰宇宙的是非人却又全能的"天"，未奉"天命"，无人得以御极，统治者被授予统治天下的责任。

再看俄亥俄州立大学文理学院历史系荣誉教授张灏撰写的《有关传统儒学的轴心时代突破问题的某些思考》。作为十篇论文中的第一篇，张灏教授的意图在于展示

[①] Charles O. Hucker. China's Imperial Past：An Introduction to Chinese History and Culture. Stanford University Press，1975：55.

如何理解商周时期中国的宇宙观，更具体地着眼皇室血统的功能，追溯了突破的性质。这样的理解很有必要，正可试验史华兹理论对儒学突破的适用性，或者说"秩序应当是怎样的而实际又是怎样的"。史华兹教授认为该现象出现于公元前12世纪至11世纪，当时天及天命的信仰刚刚萌芽。张灏教授试图确立其出现的更为合理的日期，为支持自己的立场，他写道："天地相接，神性流入社会，商代政治秩序的核心在于宇宙起源"①。对于周人，他写道："天被设想为远离周代皇室祖先精神。"②

史华兹教授的模式要求澄清自己的理据。本例中，张灏教授区分了周朝早期和晚期的政治秩序，他认为早期周文化未出现传统儒学的轴心时代的突破。

为了进一步说明史华兹教授的理论，张灏教授通过引入西周礼法的起源"天子"制度、孟子的"天人合一"概念及其他材料，强调"秩序应当是怎样的而实际又是怎样的"一语的复杂性。

我将引述术语"反省"，结束对张灏教授论文的探讨：

……使轴心时代的突破与众不同的也许不是与宇宙神话的截然断裂，而是对宇宙神话的质疑和神话阐释之间的张力。该张力虽未出现在周代早期，但自始贯彻儒家传统的核心。

所以，张灏教授的研究符合史氏方法的要求。他展示了对商周文明及可能出现的任何轴心时代现象的深刻了解。

韦栋教授是在哈佛大学亚洲系跟随史华兹教授的另一位学生。他现任佛蒙特州米德伯理学院麦卡德尔（John M. McCardell, Jr.）历史教授。他在哈佛大学获博士学位。他选择了研究纪念史华兹教授的论文《儒家思想的延续性语言》（*A Language of Continuity in Confucian Thought*）。

韦栋教授写道，语言是传播思想的媒介；接着又说，正是儒家思想通过入世学说塑造了中国文化，而非包含天概念的西方思想或其他关注世俗的佛教和印度教，他们关注外在的或其他世俗目标。韦栋教授既持此观点，并未转换话题，而是提及数位学者，都认为思维受语言局限，也许正是语言控制并塑造思想，你的思想经你阐释才能得到表述。

为解释最初的儒家学说到"中国人行为"的发展，儒学思想家运用了各种论证方法，例如"链式论证"、"求古"和"类比论证"。由于论文继续探讨华夏思想中的语言功能，韦栋教授选择的研究，告诉我们如何通过（此世性质）普适、妙悟和

---

① Paul A. Cohen. Ideas across Cultures: Essays on Chinese Thought in Honor of Benjamin I. Schwartz. Harvard University Press, 1990: 19.

② Ibid.

易简，理解儒家思想与"性"结合，"性"是包含一切人的动机、追求和潜力的形而上概念。韦栋教授发展并利用类比论证的理念来说明自己的观点，由此随着本论文的展开，我们不仅看到儒学的作用，而且开始了解史华兹教授及史氏方法的影响。

韦栋教授继续通过此世设计和性（人性）来研究儒家思想，普遍认为性发挥着重要作用。他使我们注意到孟子（公元前390—305年前后）发展了性及人性本善的概念。后来南宋新儒家朱熹（1130—1200）提出了"性"的更深层含义。这样性就有了更宽泛的概念，沟通存在的内外。韦栋教授提到史华兹教授及其他已注意到性概念的形而上性质，联系人与外在世界，"天人合一"。正因如此，从论证和行为暗示的"此世事件"再考量儒家思想，这是正确的。韦栋教授又写道：如果这样，如何理解儒家思想、语言和行为以入世姿态延续至今？我相信答案在于文化适应性，韦栋教授也是如此。首先是使用语言表达儒家思想，科举考试使每个人都用同一种语言参与竞争，在严格指导下行为，这都将统一处理世俗事务的行为。

我们看到韦栋教授解释"此世"概念与西方"他世"概念的差异。他还注意到儒学思想家运用的论证方法，以便证明他们的观点。选择类比论证似乎在此特别适合儒学思想家，史华兹教授也是如此，韦栋教授亦如法炮制。

我选择了史华兹教授学生的上述两篇论文，展示儒家思想如何从经典著作融入中国人的行为。正是科举体制统一了融合思想、语言和行为的学问，使社会可控。该论文也是一例，史华兹教授也将以有韦栋教授这样的学生为荣。

周恩来总理在1966年8月30日清晨，为人民解放军制定了保护名单，保护郭沫若及其他领域专家的人身财产安全，免受红卫兵冲击。这样的保护对郭沫若而言足够充分，但他的两个孩子为免受红卫兵之辱而自尽身亡。[①] 我认为郭沫若是三位学者中最难探讨的，因为他的学者生涯跨越了中国最令人感兴趣和动荡不安的时期：晚清儒学发展、民国军阀割据、1937年7月日本侵华、国共内战及中华人民共和国成立。

郭沫若原名郭开贞，1892年11月16日出生在嘉定府，今中华人民共和国四川省乐山。其先祖初为福建西境客家人，后于17世纪下半叶迁居四川。正是在那里，正是从那时起，家族日渐繁荣，使得郭沫若自儿时起就开始接受教育。

1897年春天，郭沫若开始在家塾接受教育，后在嘉定府就读小学高年级，1907年继续中学学业。在中学，他被誉为天才学生，备受同学尊敬，被选为代表与校方交涉，却在1909年10月因不守校规被开除。

1913年12月，郭沫若前往日本，在东京预备学习一年后，进入冈山第六中学。1918年毕业后，郭沫若进入福冈九州帝国大学学医。正是在医校，他的兴趣偏离了医学，转向外语和文学。从此刻起，我们将看到使郭沫若名列20世纪中国主要作家和学者之生活风格的各个领域，什么能够对此进行区别并作出解释。

---

① Percy Jucheng Fang, Lucy Guinong J. Fang. Zhou Enlai, A Profile. Foreign Languages Press, 1986：148.

1921年，郭沫若出版长篇史诗《女神》。白寿彝在《中国史纲》中说："《女神》在思想内容和艺术价值方面都达到了新诗的巅峰，开启了诗歌新体裁。"同年，郭沫若与在日本结识的朋友回到上海，发起了名为"创造社"的文学运动，发表现代白话文学作品，推广浪漫主义写作风格。郭沫若写道，1924年他转向马克思主义。后来，他的作品被国民党查禁。郭沫若曾短暂加入国民党。第二年，他离开上海前往广东，任广州中山大学文学院院长。他在那里遇见毛泽东、周恩来和其他革命者。他在那里从军，参加北伐。

革命军北伐消灭军阀，郭沫若成为国民革命军政治部副主任，因而与国共最终内战更为接近。

1927年国民党政府清除共产党员后，郭沫若于1928年2月逃往日本，但继续与创造社保持联系，直至该社被迫解散。此后十年，郭沫若埋首研究中国古代史，发表了有关甲骨文和两周青铜器铭文的论文。他的研究与共产党的学说一致，即这两个朝代都是中国古代奴隶社会。

作为剧作家，郭沫若在20世纪20年代开始创作话剧。此后，他转而创作后共产主义主题，最后是战争年代中国的历史剧。他担任1949年成立的中国科学院第一任院长直至1978年去世，他还是中华全国文学艺术界联合会主席，并拥有其他头衔。使郭沫若陷入谜团的是毛泽东在1969年中国共产党第九届全国代表大会上称其为"右派代表"。在文革初期，他曾承认自己不理解共产主义理论，以前写的书都应当焚毁。但周恩来总理挽救了他，使他免受红卫兵冲击。直至毛泽东去世，郭沫若才收回自己的话，而此时已开始批判毛泽东在文革时的错误。

1982年11月22日，《北京周报》刊登了《纪念郭沫若》，距其去世仅四年，"坚定的革命家，杰出诗人、剧作家和历史学家"。我还要补充，郭沫若成年以来都忠于自己的社会活动。《北京周报》还引用了郭沫若在1957年3月写给北京大学学生的一封信：

> 在目前乃至我们的一生最要紧是"努力攀登"，不怕高峰有多高多远！高峰也是在逐渐升高的。只顾攀登莫问高！

本文伊始提出的问题——将三位著名学者合而论之有何价值。简而言之，他们具备相似的人文品质。

（原载《世界教育信息》2013年第13期）

"奇趣淋漓,使江山增色"

——记郭沫若与李可染的书画交往

郭平英

1973年夏,郭沫若看到秘书王廷芳新近得到的一幅李可染的《归牧图》。画上依偎驻步着两只水牛,一侧一正。牛背上两个牧童,短衣短裤,打着赤足,回望着天边数不清的鸦雀盘旋隐入密林。太阳落山,恬静的一天就要结束了。郭沫若品味着,在画面左侧的天空上录下1941年4月为李可染所作《题水牛图》的诗句,笔迹些微颤抖而尤显老道。诗后跋语:

我爱水牛,三十二年前曾以此诗题可染所画,今移录于此。①

——穿越了他与李可染交往数十年的书画时空。

预示伟大的将来

1938年4月,经过周恩来、郭沫若据理力争,国民政府军事委员会政治部三厅的班底在政治部成立两个月以后搭建起来。文化界的优秀人才怀抱着同样的抗战决心,毁家纾难,云集武汉。在美术界的精英中,有倪贻德、叶浅予、张乐平、力群、卢鸿基、罗工柳、王琦、周令钊、丁正献、王式廓等数十人,刚入而立之年的李可染也成为其中一员。李可染的加入,是经过了长途辗转的。1938年初,当他离开家乡徐州时,南下的火车已经不通。他只能远去西安,通过西安难民收容所与曾经到过徐州的田汉取得上联系,终于从西安赶到武汉。

尽管军事委员会政治部在三厅成立两个月以前已经组建,但两个月来一直没有组织过像样的群众活动。于是政治部主任陈诚在三厅成立的头一天,就要求在"三几天之内"组织一个扩大宣传周,把恢复政治部的意义宣传出去。这要求没有难倒人马尚未到齐的三厅,反而给大家一次施展宣传与组织才能的机会。郭沫若、阳翰笙发

---

① 《郭沫若题画诗存》,山西教育出版社1997年版,第140—141页。

动三厅成员迅速动手制作宣传品，举办演讲会，组织报纸出特刊，编排中、英、日文的广播节目。为期一周的宣传活动，成为武汉三镇进入全面抗战以来声势最为浩大的一次抗日救亡活动。李可染在徐州和西安时，已经创作过一些揭露日军侵华行径的作品，现在加入到这支由周恩来、郭沫若领导的充满民族责任感、具有凝聚力的文化行列中来，更加意气风发。他赶画的两幅宣传画《无知者的血》和《侵略者的炸弹》，被刊登在汉口和香港出版的杂志上，收到广泛的宣传效果。

六月，三厅发起成立了中华全国美术界抗敌协会，郭沫若和蔡元培、冯玉祥、何香凝等人被推举为协会名誉理事；理事长由汪日章担任，他和蒋介石是同乡，时任侍从室秘书，早年曾在巴黎的法国国立高等美术学校学过油画。协会成立后的头一件大事，就是举办全国抗战美术作品展览会。无论是组建美术界抗敌协会，还是举办抗战美术作品展，李可染和三厅六处的画家们都是责无旁贷的骨干。

"七七"周年献金运动、纪念"八一三"保卫大武汉群众集会，三厅发动的宣传高潮一波刚过，一波又起。武汉的日日夜夜令人热血沸腾。李可染回忆说，他在武汉画的宣传画不下几十幅。这些作品有的以布为底，有的以墙作纸，先用炭条打底稿，再勾上浓重的墨线，加上高光，如同放大的木刻版画，有强烈的视觉冲击力。宣传画上的美术字，由擅长工艺美术设计的力扬完成——是谁毁坏了你快乐的家园？是谁杀了你的孩子？保卫大武汉！肃清汉奸！一条条标语在画面的烘托下，震撼人心：宣传画里侵华日军的狼狈相，成为抗敌演剧队妆扮鬼子兵时的典型脸谱。

紧张的工作容不得郭沫若和每个三厅成员深入交往，但是那些犀利生动的宣传画给郭沫若留下的印象很深。两年后，他在《中国美术的展望》一文中回顾抗战以来的美术成就时，首先提到的就是大型宣传画。他说，那些大之如壁画的制作，小之如方寸的木刻，都透露着美术的真实精神——科学的、大众的、现实的、革命的精神。这倾向如不受阻挠而继续下去，"那是断然预约着中国绘画乃至中国美术的一个伟大的将来"①。文章没有列举画家的名字，但三厅内外的美术工作者们都清楚，这是指以艺术宣传处代理科长倪贻德和叶浅予为代表的画家们的作品，而那些"大之如壁画的制作"，相当一部分正是李可染的贡献。这些大幅的宣传画留在了武汉，留在了撤退沿途的大小城市，成为沦陷区一道精神的战线，向入侵者宣告：中国的撤退是暂时的，中国人绝不甘作亡国奴。诚然，这些反战宣传画没有多少鲜亮的色彩，而且早已毁于战火，但是它们被理直气壮地记入20世纪的中国绘画史。它们比当下那些被不断复制翻新的美丽女子的老招贴画们，不是更不该被后人忘记吗。

随着战局的变化，武汉面临失守。李可染作为第一批疏散人员，9月中旬在杜国庠的带领下撤离武汉，这支先遣队在衡山同政治部本部工作了一段时间。郭沫若则在10月25日，武汉沦陷当天，在敌军的轰炸声中撤离江城。1938年底，三厅在桂林按

---

① 《郭沫若全集·文学编》第19卷，人民文学出版社1992年版，第75页。

照政治部要求缩小编制，废处减科，三分之一留在当地行营政治部，其余人员分批向重庆转移。1939年新年伊始，郭沫若率领的三厅机关与杜国庠带领的先遣人员在重庆汇合。在市中心两路口一所中学的校园内，三厅与政治部其他几个厅同时恢复办公。

水牛，我的好朋友

抗战进入相持阶段，国民党政府对三厅工作的限制越来越多，三厅可以开展工作的空间也越来越少。撤离武汉以后，郭沫若已在思考三厅工作重心的转移，指出革命战争不受时间与空间的限制，不为一切的困苦艰难所阻止。我们的文化工作，今后应该以广大的农村和广大的沦陷区域为对象，努力于宣传动员大众，努力于切合实际的学术研究、技能学习。他鼓励大家，参天的大树木在农村才能生长，在都市庭院里是生长不出来的。

为躲避敌机轰炸，分散办公机构，三厅办公机构分为市内、乡间两处。李可染多在由杜国庠负责的赖家桥乡间办公。乡下的工作和生活，给画家带来丰富的创作灵感。很长一段时间，李可染住在金刚坡下的农户家里，与牛舍为邻。敌机的轰鸣破坏了巴蜀田园的宁静，但是水牛却从不惊恐畏缩，依旧日复一日地劳作耕耘，这景象深深打动了李可染。一直以鲁迅"俯首甘为孺子牛"的名句作为精神追求的画家开始用水墨来表现水牛，用简洁、风趣、淡雅、幽默的笔调，把文人气和乡土气结合在一起。

水牛，也是郭沫若的所爱。他在自传中回忆，幼年在乐山沙湾也常看到牧童横骑在水牛背上吹着芦笛的景象，觉得牛背上的牧童很好玩，但那庞然大物的水牛却让他觉得有几分可怕。人过中年，重回四川，在农村与水牛朝夕相伴，越发感觉到水牛内在的力量。赖家桥全家院子对面，有座缓缓的山丘，三厅擅长工艺设计的秦奉春等人在小山上修了间亭子，铺了小路，路边还种了芭蕉和各种花草。小山有了名字，叫"水牛山"，亭子则叫"银杏亭"，都是郭沫若起的，还给它们题了匾。这里成为三厅工作人员和七七幼稚园孩子们的小公园，不无遗憾的是，它们如今已经没有踪迹，据说在赖家桥修建公路时被夷平。

郭沫若第一首为李可染水牛图的诗题写于1941年4月。这是他们两人书画合作的开端，也成为他们日后书画合作的重要题材。水牛憨拙的体态在画家简约自然的墨色变化中，被惟妙惟肖地显现出来，无论卧立，无论慢步或涉水，样样生动逼真。李可染的成功尝试，唤起诗人胸中一派大国雄风：

    落拓悠闲感，泱泱大国风。
    农功参化育，气宇混鸿蒙。

知足神无馁,力充度自雄。
稻粱麦黍稷,尽在一身中。①

郭沫若为李可染写的另一首题咏水牛的诗词,缘于1942年夏的《风雨归牧》图,调寄西江月,采用牧童与水牛唱和的形式,率真别致,很有生活气息。

牧童:
我有全身蓑笠,尔无半点披挂。
当前走石又飞沙,赶快回家去吧。
水牛:
身上皮肤似铁,胸中胆量无涯。
由来锻炼不争差,哪怕风吹雨打!②

牧童和水牛在词牌格律里的对唱,让人联想起辛弃疾题为《遣兴》的西江月。词人和松树对话道:"昨夜松边醉倒,问松'我醉何如?'只疑松动要来扶,以手推松曰'去!'"同是西江月,异代不同时,心境当然不一,可谓郭沫若一贯主张的旧瓶装新酒。

在题《风雨归牧》图之前不久,1942年5月15日,重庆《新华日报》还刊登了郭沫若的新诗《水牛赞》,不愧是一篇中国诗人对水牛的最高礼赞:

水牛,水牛,你最最可爱。/有中国作风,中国气派。/坚毅、雄浑、无私,/拓大、悠闲、和蔼,/任是怎样的辛劳/你都能够忍耐,/你可头也不抬,气也不喘。/你角大如虹,腹大如海,/脚踏实地而神游天外……
你是中国国兽,兽中泰斗。/麒麟有什么稀奇?/只是颈长,腿高而善走。/狮子有什么德能?/只是残忍,自私而颜厚。况你是名画一帧,名诗一首,/当你背负着牧童,/让他含短笛一枝在口;/当你背负着乌鸦,/你浸在水中,上有杨柳。/水牛,水牛,我的好朋友。③

诗的前半部分是一篇歌颂勤劳勇敢、热爱和平的中华民族的宣言;后半部分则如一曲纯净的田园诗,一幅墨色氤氲的中国画:背负着牧童与乌鸦的水牛,口含着短笛的牧

---

① 《题李可染画二首》之《题水牛图》,《郭沫若全集·文学编》第2卷,人民文学出版社1982年版,第356页。
② 《郭沫若全集·文学编》第2卷,人民文学出版社1982年版,第262页。该诗1946年4月1日在上海《文选》月刊第2期发表时,题为《风雨归牧》;1959年收入《潮汐集》时改如今题。
③ 《郭沫若全集·文学编》第2卷,人民文学出版社1982年版,第62—63页。

童，脚下的流水与头顶的枝条，与李可染笔下的画面似乎别无二致。

1980年代初，我去李可染家中看望他和夫人邹佩珠，带去郭沫若在重庆录写《水牛赞》的手卷。李老默默欣赏着，一言未发。几年以后，在中央美术学院展览馆参观李可染的画展，我看到一幅题名《水牛赞》的新作，四只体态各异的水牛横列成排，黑墩墩有如钢铁铸就。上方是郭沫若《水牛赞》的第一节，跋曰："……回忆当年郭老与吾同住在重庆郊区金刚坡下，吾始画牛。郭老写此诗，共三十六行，盛赞牛之美德，并称之为国兽，益增我画牛情趣。"毫无疑问，这是画家读过郭沫若《水牛赞》手卷以后的作品。一位李老的学生回忆说，他曾在李老画案上看到李老在一个小笔记本上亲笔抄写的这首长诗。美术界还有人认为，李老晚年的水牛图是李老"笔耕生涯最后高峰期的力作"，这段跋文记述了他画牛历程的"新起点"。看到这些文字，李老阅读郭沫若《水牛赞》手卷时的沉默，也越加鲜活地浮现在自己面前。我从中悟到什么叫做"静水深流"。当他一言不发，沉默不语之时，往往正是激情迸发，思潮起伏的瞬间，这便是李老的为人性格，也是他为人性格中最感人的所在。

李可染晚年接连创作了《五牛图》《九牛图》，用笔沉实、苍厚，图中还出现了初生的牛犊。正如李小可的阐释，这是在期望着生命的孕育与艺术生命的延续。

"有品方含韵，无私始入神"

在重庆赖家桥工作生活的几年时间里，李可染经历了从三厅改组到文工会解散的风风雨雨。他讲过1940年秋季亲身经历的一件事。这天，政治部要员到三厅驻地召集全体人员开会，要求所有工作人员统一加入国民党，否则就请脱离第三厅。来人甚至把加入国民党的登记表放在桌子上，让三厅成员立即填表。听罢这番"党化训政"，郭沫若从容不迫地应答说："我向来耳背，因为听不到，所以也就不怕雷轰。"又说，佛教在中国已有上千年的历史，大家都知道，信佛不一定非要出家，出家人未必都信佛。奉行孙中山的三民主义，同样是这个道理，奉行的不一定都要加入国民党，加入国民党的未必都奉行。总之，不管入不入国民党，抗日是一样要抗的；不管在不在三厅，革命是一样要革的。这一幕不光李可染记忆犹新，三厅其他同志也写过类似回忆。大家都为厅长智慧冷静、临危不乱而又针锋相对，暗自称快。

不久，国民党政府以改组三厅为名，免去郭沫若三厅厅长的职务，调任政治部部务委员；免去周恩来政治部副主任的职务，调任政治部指导委员。这一免一调，显然在于把周恩来、郭沫若架空。三厅工作人员立即以集体辞职的方式表示抗议。当局迫于舆论压力，同意成立文化工作委员会，但限定文工会只作研究工作，不从事政治活动。无论机构如何设置，通古博今、通达乐观的郭沫若都会成为以文会友的中心人物。他可与诗人谈节奏、谈格律，可与史家论秦汉、论"甲申"，可与翻译家品评信达雅，可与政治家分析国际时局。多方面的才华使他成为傅抱石、李可染、关良等一大批画家的知音同好。一旦有机会，郭沫若就会在各种场合强调战时绘画艺术的重要性。他指出，画家的精神和战前已经两样，都在追求生命的表现，独立自由的创造，渐渐脱离古人或西洋人的窠臼。人们对于画家的认识也在发生变化，从前画家常被视为匠人或是出世的神仙，如今则在现实社会生活中受到应有的尊敬。不少画家的个人画展取得不错的社会反响，尤其是国画作品，不仅展品全部卖出，而且还有额外预定。这对于画家来说，是非常切实的精神与物质的鼓励。绘画艺术弘扬了中国文化传统，激励着中国自强不息的乐观精神，成为抗战文化不可缺失的一支方面军。郭沫若预言，在不久的将来，绘画会有一个"百花烂漫的时代"，"无论在怎样的困难条件之下，我们的创造精神是被亢扬着的。我们要忍受任何的困难，克服任何的困难，向着肃清魔鬼、扫荡兽性、美化人生的大业前进。"①

中国画需要题跋是一件很有意义的民族形式——这是郭沫若在大量的国画阅读中得出的结论，也是他不断努力于其中的一项重要实践。重庆时期是郭沫若题画诗作的高产期，与李可染的合作在其中占有不小的比重。从1941年到1944年，每一年都会受李可染邀请，或受李可染作品感染，创作出新的题画诗，题材涉及水牛、山水、人物，共九幅：

1941年4月5日题水牛图、题峡里行舟图

1942年8月22日 题风雨归牧图

1943年3月21日 题东坡游赤壁图、村景

1943年题《葫芦架下》赠阳翰笙（篇名为笔者代拟）

1944年11月17日题伯夷叔齐图、喻仿石涛者、题刘伶醉酒图

嘉德国际拍卖公司2003年秋季拍卖的图录里还有一幅题为《倪遇洗桐》的"可染戏墨"，为457号拍品。画面中间偏右侧有几行题识："梧桐还须再洗虽嫌洁癖自心底清白如何污染得"，落款极简："一月四日郭沫若题"。书画题跋与信札不同，落款如欲从简，可只写年份或加季节、月份，罕见只写月日而不写年份的先例。因为没有去看拍卖预展，无法细究，顺便记录在案。

写于1943年春的《村景》，是首绝佳的题画之作：

  作诗与作画，难得是清新。
  有品方含韵，无私始入神。
  悠悠随白鹭，淡淡泛芳醇。
  美在蹄筌外，庶几善与真。②

---

① 《中国战时的文学与艺术》，《郭沫若全集·文学编》第19卷，人民文学出版社1992年版，第195页。

② 《郭沫若全集·文学编》第2卷，人民文学出版社1982年版，第240页。

"有品方含韵,无私始入神"。这是诗人对于诗歌和绘画艺术共通的成功经验的提纯,推而广之,不也是从事一切艺术创作乃至终身为人的一条定律吗?

1944年三幅作品的产生值得重提。这三首题画诗写于11月17日,前一天正是郭沫若五十三岁的生日。自1941年周恩来提议为郭沫若举办五十生辰暨创作生活廿五周年纪念以来,每逢11月16日前后,文工会都要聚会,说是祝寿,其实是借机鼓舞士气,检阅成绩。这天,从延安返回重庆的周恩来、八路军办事处的徐冰,以及冯雪峰等人,一起从城里赶来参加文工会同人在赖家桥举行的聚会。阳翰笙在日记里记着:"晨,抱石到,可染到,周、徐、冯诸兄亦自城赶到。同时龙生、抱石、可染又在会小小地开了一次画展,于是会中便顿时热闹了起来。"① 画展上展出了傅抱石的《湘夫人》《夏山欲雨图》,李可染的《伯夷叔齐图》《喻仿石涛者》《刘伶醉酒图》。这些新作受到异口同声的赞赏。周恩来爽快地接受了画家的赠与,请郭沫若在画上题诗后带回延安。

聚会结束后,郭沫若开始推敲题画的内容。石涛是清初四大僧人之一,与朱耷齐名,郭沫若向来推崇石涛的画风,甚至还谐趣横生,以追随石涛的洗砚者——费密自喻,因为费密是四川新繁人,是自己的"老同乡"。所以为李可染所题的《喻仿石涛者》,把石涛的奇诡超然、狂放不羁,刻画得入木三分:

> 石涛一奇人,泼墨即成画。
> 游戏在人间,洒脱空四大。
> 与造物为人,落笔何所怕?
> 大力贵浑然,疑将宇宙炸。
>
> 学之能超之,有益于天下。②

浑然大力,宇宙将炸,铿锵做声的诗句,真有惊天动地的气势。学而超之,有益天下,读来让人感觉今日石涛,呼之欲出。

令人惋惜的是,上面列出的九幅题画原作都未留存下来,现在人们只能见到诗句的铅排,看不见原作的笔墨。邹佩珠说起过抗战时李可染曾有一批作品准备在昆明展出,不幸中途丢失的事。不知道这几幅原作是否也在其中。那次的丢失可谓损失惨重,非一般人能够承受,李可染却承受下来了。这正是他能够踏遍青山人不老,只管攀登不畏险的缘故罢。只要人在,笔在,就会有新的开始,新的创作,新的收获。

抗战年代郭沫若为李可染题画的唯一幸存者,是阳翰笙保存下来的。阳翰笙生前

---

① 《阳翰笙日记选》,四川文艺出版社1985年版,第321页。
② 《郭沫若全集·文学编》第2卷,人民文学出版社1982年版,第189页。

一直把它悬挂在自己的客厅里。画的正中一位长者席地而坐,白衫赤足,手拂素扇,一幅逍遥自得的神态,背后是几根斜竹搭来起的葫芦架。画家题识于葫芦架的左下方:"翰笙先生法正　癸未可染"。郭沫若的题诗单独裱在画的天头,没有收入诗人的作品集:

>　　主人不饮酒,孤坐葫芦下。
>　　面前陈设者,谅是一瓶茶。
>　　有茶也可饮,客至休咨嗟。
>　　莫道世皆醉,醒者亦有涯。①

癸未即1943年。当时阳翰笙和郭沫若一样,频繁往返于城里和乡下两处办公地点。在赖家桥的住处很简陋,生活很艰苦。大家常在屋前支起瓜架,即可种瓜点豆,又可纳凉会友。阳翰笙住处的葫芦架下便是他饮茶读书,构思文章的好地方。李可染寥寥几笔,勾画出一个有几分漫画意味的达摩。局外人很难看出达摩的所指,更不知道瓶子里装的是药,还是酒。阳翰笙和郭沫若是北伐时期的战友,从在武汉筹备三厅,到在重庆组建文工会,一直合作默契。郭沫若深知这位性格沉稳,办事周密冷静的剧作家不善酒力,所以用同样风趣的诗句点睛道:"面前陈设者,谅是一瓶茶","莫道世皆醉,醒者亦有涯"。画中人物和现实生活中的主人公一经被勾连起来,立地感觉着葫芦架下充盈着同志间的率真友爱。2002年年底,这幅不可多得的作品由阳翰笙的子女捐赠给了中国现代文学馆。

天涯逢故人

　　1943年李可染受陈之佛邀请,去重庆国立艺专担任中国画讲师。虽然离开文工会,但他与郭沫若仍然走动频繁,时常参加文工会的活动,在和傅抱石、高龙生等画家一起切磋画意时,郭沫若也时常加入其中。
　　五四新文化运动以来,关于中国画的改革,中国画与西方绘画的优劣,是美术界反复争论的一大问题。郭沫若历来主张多元文化并存,主张接受消化不同思潮,使传统得到提升,并且主张通过大量的具体的实践,来探索东西方文化交融的途径。1944年年底,李可染在重庆举办个人画展,郭沫若、老舍分别撰文祝贺。12月12日重庆《时事新报》上发表了郭沫若为画展所作的《一个新的绘画的前途》,重申自己的观点:"理论上的探讨,除了很抽象的原则外,没有法子深入,惟有实际去画,根据新

---

①《郭沫若题画诗存》,山西教育出版社1997年版,第44—45页。

的经验,再去逐步探求。"① 简而言之,就是少辩论,多实践。这正是李可染所走的路。李可染是学过西画的,他16岁进入上海美术专门学校,而后转向中国画的实践。郭沫若极为赞赏李可染的这种选择,充满信任与期待地说,在这条路上"可染是我晓得的颇为努力的一个,也是颇有成就的一个。"

郭沫若鼓励文工会同人多读书,多研究,多从事文化积累方面的工作,并邀请翦伯赞、侯外庐等与自己学术见解有所不同的史学家举办学术讲座。这些讲座,不光李可染,就连他的四妹也闻讯过来听讲。郭沫若本人也由历史剧的创作转入中国古代社会的再研究,整理出一部《商周古文字类纂》,出版了两部有分量的学术著作《十批判书》《青铜时代》。

《青铜时代》的正文和附录一共15篇文章,其中两篇是通过李可染收集到的。一为《老聃、关尹、环渊》,最初发表在1935年4月上海《新文学》杂志上,这本十年前的刊物一时很难找到,多亏李可染把它查到了。作者特地在《追记》里鸣谢:"此文一九三五年四月发表于沪上《新文学》杂志之后即失其踪迹,今承李可染兄自《古史辨》第六册中抄寄,得以编入本书,甚为感纫。"② 另一篇是《彝器形象学试探》,原为文求堂出版的《两周金文辞大系图录》的序言。在战时重庆,这类书籍不仅作者手边没有,就连查借也极不容易,仍然是靠李可染在国立艺专图书馆找到了。《老聃、关尹、环渊》和《彝器形象学试探》都是有七八千字的长文,在没有复印机的年代,查资料、做学问,靠的就是一支笔。所以作者在《青铜时代》里两次提到比自己年轻十五岁的"可染兄",感谢他的援助之手。这也是郭沫若的习惯,凡得益于他人之处,绝不讳言遮掩。

1945年2月,抗战胜利即将来临。郭沫若执笔起草了《文化界时局进言》,要求召开各党派会议共商战时政治纲领,组织战时全国一致政府,就实行民主政治的大趋势提出诸多建议。李可染和沈钧儒、柳亚子、茅盾、老舍、徐悲鸿等312位知名人士在进言上签名,大家愿意共担风险,共度时艰,呼吁全国有志人士以无限的诚意、热情、勇气和睿智,来迎接民主胜利的光明前途。不出所料,进言发表以后,包括李可染在内的三百多位文化名人受到当局不同程度的政治威胁,有两名教授承受不住压力,发表了所谓"受骗"声明。然而,"悔悟者"终竟只有两人。国民党政府随即出手更强硬的对策——撤裁郭沫若领导的文工会。4月1日,是三厅在武汉成立的纪念日,在三厅和文工会工作过的朋友们再度聚首,纪念七年前的聚合与七年后的分别。郭沫若讲话鼓励大家:"今天我们是解散了,我们恢复了本来面目,我们更自由了。"③

---

① 原载于1944年12月12日重庆《时事新报》。
② 《郭沫若全集·历史编》第1卷,人民出版社1982年版,第545页。
③ 《参加文工会纪念七周年聚餐会并讲话》,1945年4月2日重庆《新华日报》。

全国解放前夕，中华全国文学艺术工作者联合会在北平成立。文艺界各路新老朋友相聚一堂，每个人心中都充满对未来的憧憬。郭沫若见到在北平国立艺专边教学、边跟随黄宾虹、齐白石深造的李可染，分手三年，沧桑巨变，郭沫若题赠李可染一幅对联："海上生明月，天涯逢故人。"① 这时候他的笔墨比重庆时期还要厚重、遒劲几分。对联借唐代诗人张九龄《望月怀远》的名句"海上生明月，天涯共此时"，把"共此时"三个字换上杜牧两首《逢故人》的题名，古人的别情离绪，顿时变作同志加知己，喜逢中秋圆月时的意趣。上款"可染兄法正"的染字，右上方通行写作"九"，郭沫若则习惯写作"丸"，从的是智永和尚的真草千字文和褚遂良的行书千字文，这习惯恰恰反映出这位学者型书法家的特点，无论运笔如何别具一格，却不失法度，不无源流。

1959年10月是新中国的十年大庆，作为给建国十周年的献礼，李可染举办了自己的山水画展，《李可染水墨山水写生画集》也在国庆前夕由人民美术出版社出版。画集内封上"解放以后"四个字的篆字闲章，既点出作品的时代特征，又是一个别致的装点。集子里的作品是画家近几年间游历四川、浙江、江苏、湖南、陕西、安徽等地数百幅写生作品的精选，浓缩了祖国山河的万千气象。齐白石为画册题写了毛泽东的名句——"江山如此多娇"。李可染把画册送给朋友们分享。画册扉页是一页白纸，李可染的题赠款识布局很特别，用小字写在最右侧，恰好留下整块的空白，够郭沫若挥洒出胸中的激情。郭沫若观览之余，兴味无穷，"奇趣淋漓，使江山增色！"——几个大字豁然题写在白色的扉页上。诗人读过的何其多的画册，却难得看到如此笔走龙蛇、心驰神往、不吐不快的题词。这观感既为李可染绘画艺术的进境而生，也为中国绘画艺术的宽广前景而发。

光阴荏苒，1960年代以来，国家的社会生活和文化艺术经历了种种风云变幻。

1972年，我国对外交往获得重大突破。李可染和一批画家接到调令，从干校回到北京，重返画室。他集中完成了一组以漓江风光为题材巨幅山水画，成为外交活动中的国礼。郭沫若得知消息，专门去宾馆看望。劫后相见，感慨万千。郭沫若为李可染的创获欣喜不已，彼此难免不回想起抗战时朝夕共处的点点滴滴。李可染对郭沫若、于立群两个儿子死于浩劫的悲剧早有所知。这两个男孩子都出生在重庆，文工会的同人们无人不熟悉他们幼时天真活泼的身影。此时此刻两人的心境既与1949年"天涯逢故人"时的喜悦有几分相同，但也多了一重沉甸甸的东西。

这年《人民中国》日文版适逢创刊20周年，郭沫若应邀赋七律庆贺：

春雨秋风二十年，赢来沧海变桑田。
大车滚滚循新辙，和乐渊渊易旧弦。

---

① 《郭沫若遗墨》，河北人民出版社1980年版，第13页。

> 唐史续编千万代，友情突破九重天。
> 黄河之水通江户，珠穆峰连富士山。①

贺诗由夫人于立群以隶书录写出来，杂志社选用李可染的《漓江春景》与之相配。尺幅不大，但画中墨色释放出前所未有的表现力。山水同是墨色，却时而黑得清洌，时而黑得坚实。墨色中，江水泛起微澜，山峦拔地而立。几抹如霞山花，在山水之间飘移。这件诗书画合一的作品被木刻水印，制成精巧的挂轴。很多日本友人在中日邦交恢复一周年时，得到了这件从内容到形式都颇有中国传统文化气息的礼物。

说来也巧，于立群祖籍广西，在柳城县参加过土改。郭沫若、于立群夫妇曾两次结伴广西行，一次是1938年三厅西撤途中；一次是1963年在广西参加史学会议。广西的风雨行程、人文地理引得郭沫若吟咏过不少诗篇。虽说郭沫若、李可染的题诗画作有十幅，可两人手里一件真迹也没留下，唯有这幅水印画轴成为诗人自家饭厅的补壁。时隔不久，郭沫若的《十批判书》成为"梁效"的批判对象；李可染等画家新创作二百多幅国画作品全被扣上"黑画"的帽子。纵然如此，这挂轴一直与郭沫若夫妇朝夕作伴。朋友笔下的潋漓春水，夫人录写的祝愿中日友好的诗句，一定在诗人心中漾起过记忆的涟漪。

两位大家如今已渐行渐远。当人们瞩目李可染的重墨河山，感受墨色间的光影陆离时，会不由自主地叹服中国画在继承传统基础之上所实现的创新和超越。郭沫若1944年冬在为李可染画展所写文章的结束语中说：

> 其用力之深，格调之高，虽斯界大家，无不交口称誉，他的国画里正适当地融合着西画的精神，技法，可以看出一个新的国画的前途，也就是一个新的绘画的前途了。②

李可染对于中国绘画所做的这些了不起的贡献，不正是郭沫若在半个世纪以前所展望的吗？

（原载《郭沫若学刊》2013年第1期）

---

① 《郭沫若全集·文学编》第5卷，人民文学出版社1984年版，第140页。
② 原载1944年12月12日重庆《时事新报》。

郭沫若与吴芳吉的"诗友"交

梁雪松 雨 辰

郭沫若留学日本时期的史料并不丰富，所以他在那一时期的经历，至今仍有许多历史空白之处。最近查阅吴芳吉的一些文献资料，发现郭沫若一首佚诗，及几则与二人相关的史料，颇有学术价值，撷拾于此。

《女神》中有《春蚕》一诗，这是谈及郭沫若的诗论，还有论及其泛神论的思想倾向时常要被提及的。收入《女神》的《春蚕》是经过修改的文本，原诗作成后没有单独发表，郭沫若只将诗抄示给吴芳吉。这个史实，见之于郭沫若1920年7月26日致陈建雷的信。该信刊载于《新的小说》1920年9月1日第2卷第1期，信中亦抄录了《春蚕》，我们便也借此读到了《春蚕》原作。虽然如此，对于郭沫若特意将该诗所抄示之对象的吴芳吉，研究者们并未注意过，甚至从未在郭沫若研究中提及。

个中原因大概有二：一是缺少相关史料；二是吴芳吉尽管也是一位现代史上的诗人，但迄今为止并没有被记入现代文学史，于是也就不为人知。

在郭沫若生平文献史料（包括年谱、传记等资料）中另一则与吴芳吉相关的史料，是郭沫若1942年4月所作一首五言诗《题吴碧柳手稿》。那是郭沫若在重庆北碚北泉公园观看北泉公园图书馆举办的白屋诗人遗稿展览后所作。[1] 白屋诗人即吴芳吉，于1932年因病去世。诗是怀念故人的，已收入《潮汐集》。

郭沫若佚诗，及与吴芳吉相关的这几则史料如下：

1. 1920年6月中旬，郭沫若致信吴芳吉。信中评说吴芳吉所作诗《笼山曲》《明月楼》等篇为"有力之作"，"《吴淞访古》一律最雄浑可爱"，《婉容词》则让人能寻出感伤之泪。

据吴芳吉1920年6月14日日记记载："得郭沫若自日本福冈来书，评吾《笼山曲》《明月楼》诸诗为有力之作，而《吴淞访古》一律最雄浑可爱。《婉容词》一首，使之另受一番感伤，寻出一种 sentimental 之眼泪云。"[2]

---

[1] 李萱华：《郭沫若在北碚》，《抗战时期的郭沫若》，四川省社会科学院出版社1985年9月。
[2] 贺远明、吴汉骧、李坤栋选编：《吴芳吉集》，巴蜀书社1994年10月，第1355页。

郭沫若在二十年后所写的《题吴碧柳手稿》中有句："明月楼何在？婉容词有笺。"足见吴芳吉诗给他留下了很深的记忆。

2. 1920 年 6 月下旬，郭沫若得吴芳吉长信。

据吴芳吉 1920 年 6 月 18 日日记记载："午后作一长函复郭沫若。"①

3. 1920 年 6 月，郭沫若赠吴芳吉《三叶集》。

吴芳吉说："凡是诗人都是以'万物皆神'的人。The Pantheist 最近同乡诗友郭沫若君以其《三叶集》相示，其集中已先我说及。"②

4. 1920 年 7 月 25 日，郭沫若得吴芳吉信，介绍其结识陈建雷。

此信函从郭沫若致陈建雷信③可知。据吴芳吉日记记载，他于 1920 年 5 月下旬结识了在宁波《新佛教》杂志任编辑的陈建雷，是"由《新群》引入的朋友"之一。④

5. 1920 年 8 月初旬，郭沫若作诗《送吴碧柳赴长沙》寄吴芳吉。诗云：

> 洞庭古胜地，
> 屈子诗中王。
> 遗响久已绝，
> 滔滔天下狂。
> 愿君此远举，
> 努力轶前骧。
> 苍生莫辜负，
> 也莫负衡湘。
> 君有句云：三日不书民疾苦，文章辜负苍生多。⑤

该诗作为附录诗文，编入《吴芳吉集》。诗未署写作时间，编者也没有作任何注释。据诗题以及诗意，可知诗是为送吴芳吉赴湖南长沙应聘明德学校所作。吴芳吉应聘明德学校事，据其《自订年表》记："民国九年"，"长沙明德学校校长胡公子靖，以湘战渐平，求师来沪。因新化谢祖尧君与某有故，邀往。……秋七月朔，与祖尧弘度入湘。"⑥ "七月朔"即七月初一，是为公历 8 月 14 日，吴芳吉从上海赴长沙，郭沫若在日本福冈遥送吴芳吉诗。

---

① 贺远明、吴汉骧、李坤栋选编：《吴芳吉集》，巴蜀书社 1994 年 10 月，第 1358 页。
② 吴芳吉：《谈诗人》，《新人》月刊第 1 卷第 4 号，上海泰东图书局 1920 年 8 月。
③ 郭沫若：《论诗》，《新的小说》1920 年 9 月 1 日第 2 卷第 1 期。
④ 贺远明、吴汉骧、李坤栋选编：《吴芳吉集》，巴蜀书社 1994 年 10 月，第 1354 页。
⑤ 同上书，第 1398 页。
⑥ 同上书，第 543—544 页。

"三日不书民疾苦，文章辜负苍生多"句，出自吴芳吉诗《戊午元旦试笔》。

这几则史料的内容不算多，但对于郭沫若研究，应该是很有学术价值的文献资料。

其一，《送吴碧柳赴长沙》一诗是迄今尚无记载的郭沫若的一首未刊佚诗，而且是在他新诗创作高潮期内少见的一首旧体诗作（或者以后还能有新的发现）。这是很有意思的一个史实。

其二，这几则史料记述了郭沫若人际交往方面尚为空白之处的一些史事、史迹。

1920年，郭沫若正处在新诗写作的高潮期，与他诗歌写作活动相伴的有一个朋友交往的圈子。这个朋友圈与医学专业没有关系，他们是一些爱好文学、艺术、哲学的同道者。郭沫若与宗白华、田汉三人的交往就是这样一个圈子（当然并不只三人），并因那本《三叶集》的小书，留下了许多宝贵的史料。这个交往圈往后延伸，就是郭沫若与创造社同人的交道往来。这些史实是郭沫若生平活动中非常重要的内容，它们是一直以来人们所熟知的，可是也就仅限于此了。

在上述几则史料中，我们依稀看到郭沫若当时人际交往中有另一个朋友圈：吴芳吉、陈建雷与郭沫若的交往（是否还有其他人，尚不能断言）。这一个朋友圈的结成，与宗白华、田汉、郭沫若三人相互结识的经过并通信往来的情况如出一辙，时间也在前后脚之间。宗白华、田汉、郭沫若相互结识在1920年1月，《三叶集》的那些信函是三人自1月至3月间的往来书信。吴芳吉与陈建雷相识在5月，郭沫若与吴芳吉何时相识没有文献记载（吴芳吉日记是残缺不全的），但6月间两人的通信，显然并非初识的文字往来。吴芳吉将陈建雷介绍给郭沫若，三人相互结识，这是在1920年7月。现在所能见到的郭沫若致陈建雷的两封书信①，都是他在三人结识后所写。那么，这些可以相关联起来的史料，至少让我们可以粗略地看到一段历史情节的大概，或者说看到三人交往的开始。

这两个不同的朋友圈，时间上虽有先后，但实际上是并行的两个圈子。他们在郭沫若当时的文学交往中都表现为重要的存在，不过在前一圈子内讨论的问题面比较宽泛：文学、艺术、哲学、爱情等，后者则集中在诗论、诗歌创作问题的交流，按吴芳吉所称他们为"诗友"。

其三，郭沫若与吴芳吉的文学交往，实际上是一个新诗写作者与一个旧体诗写作者互为"诗友"、彼此引为同道的交往。这是郭沫若当时人际往来中的"另类"，对于了解他的诗歌观念和诗歌写作，提供了新的值得深入思考的启示。尽管郭沫若与吴芳吉互致的书信我们还没有见到，但从这几则史料，结合郭沫若给陈建雷的两函书信，还是可以读出郭沫若诗歌观念不为我们所知的一面。

这里先要看一下吴芳吉其人、其诗。吴芳吉在20世纪20年代前后是颇有诗名

---

① 分别刊载于《新的小说》1920年9月1日第2卷第1期、1920年10月1日第2卷第2期。

的，郭沫若在信中评说的《笼山曲》《明月楼》《婉容词》都是吴芳吉的代表作。但吴芳吉一直被排斥在现代文学史之外，因为他对新文化运动、新文学持保留甚至反对的态度，并被视为以旧体诗词形式写作的诗人（现代文学史记史的这种荒谬，是另外需要研究的问题）。吴芳吉诗作的内容都具有鲜明的现实性，表达的是忧国忧民的情思，形式上基本沿用传统格律诗的体裁，以五、七言为主。不过他对于旧体诗词形式有所创新，吸收了曲、鼓词、歌谣、弹词以及英语诗歌的语言、音律、表现手法等，独成一格，后被称为"白屋诗体"。吴芳吉论诗，主张诗"无文话白话之分"，"诗之佳处，不在文字与文体之分别，乃在其内容的精彩"。① 他称一些脱离现实、不能反映时代的新诗是"伪诗"。批评"因为要做白话，连修辞也不讲究"，不问"文学的美"，既看不到形式上的"外美"，也看不到精神上的"内美"，认为，"美虽有庄严、神秘、宏壮、激烈、安静、慈悲种种不同，而诗之必要有美然后得以成立，总是不能非议的。今日的新诗，只知写实，不知写美，实为进步上之大缺陷"。②

事实上，吴芳吉并非一个文化守旧者。当"文学革命之声震海内"时，吴芳吉"心知旧诗之运已穷，穷则必变。吾非老师宿儒，本无固守之义。顾新人所作，以突变过甚，料其无成。吾非博士名流，不必随俗俱迁。乃决意孤行，自立法度，以旧文明的种子，入新时代的园地，不背国情，尽量欧化，以为吾诗之准则。"③ 但是他的主张和诗歌创作，遭到一些"新人"的"诋骂"，这是在 1919 年。应该正是在这样的情势下，他与同样主张要"唤醒沉潜着的民族精神"，将"中华文化之传统精神"阐扬光大的郭沫若，具有了精神共鸣。

我们可以看到，郭沫若与吴芳吉讨论诗歌创作，在两个问题上见解非常投契：一是对于"美"的追求，二是认同于以泛神论作为诗人的"宇宙观和人生观"。

前者，从郭沫若给陈建雷的信中看得很清楚。他借《春蚕》一诗告诉陈建雷，"你可知我两人论诗的宗旨，大概是相同的了"。即，在他主张的，"诗学排斥功利主义"，诗歌创作，是在"创造你的'艺术之宫'"这一宗旨上。后者，吴芳吉在《谈诗人》一文中有清晰的记述："凡是诗人都是以'万物皆神'的人。The Pantheist 最近同乡诗友郭沫若君以其《三叶集》相示，其集中已先我说及；但我与他的意思稍不同的：他以诗人的'我'，列于神以外；吾则以诗人的'我'，本是神之一体。所以诗人也是个神。"④

对于诗歌审美的追求，主张艺术首先应该是艺术，是郭沫若当时文艺观的核心内容之一，曾被曲解为是唯美主义。他引吴芳吉为论诗的同道，当然是很自然的事情。

对于泛神论思想的推崇，则是郭沫若当时一个很突出的思想倾向，但泛神论在他

---

① 吴芳吉：《提倡诗的自然文学》，载《吴芳吉集》，巴蜀书社 1994 年 10 月，第 381 页。
② 吴芳吉：《谈诗人》，载《新人》月刊第 1 卷第 4 号，上海泰东图书局 1920 年 8 月。
③ 贺远明、吴汉骧、李坤栋选编：《吴芳吉集》，巴蜀书社 1994 年 10 月，《自订年表》。
④ 吴芳吉：《谈诗人》，载《新人》月刊第 1 卷第 4 号，上海泰东图书局 1920 年 8 月。

并不是一种哲学思想，而是诗学，是艺术观。这就是他在与宗白华讨论诗歌创作问题时论到的，"诗人与哲学家底共通点是在同以宇宙全体为对象，以透视万事万物底核心为天职；只是诗人底利器只有纯粹的直观，哲学家底利器更多一种精密的推理。诗人是感情底宠儿，哲学家是理智底干家子。诗人是'美'底化身，哲学家是'真'底具体"。"诗人虽是感情底宠儿，他也有他的理智，也有他的宇宙观和人生观的。那么，自然如你所说的：'诗人底宇宙观以 Pantheism 为最适宜'的了。"① 吴芳吉同样是以泛神论作为诗学、艺术观，他在文中所说与郭沫若意思的不同之处，即，"诗人也是个神"的观点，事实上与郭沫若在《少年维特之烦恼序引》中所说是完全相同的。郭沫若写道："泛神便是无神。一切的自然只是神的表现，自我也只是神的表现。我即是神，一切自然都是自我的表现。"② 不过《少年维特之烦恼序引》的写作要略晚（1922 年）一些，郭沫若或许从与吴芳吉的文学交往中受到一些影响亦未可知。

在这两个彼此认同的见解之外，郭沫若与吴芳吉在诗学主张上相通的还有一点更值得注意，因为这是我们以前一直忽略，或者说根本没有考虑的一个方面：郭沫若并不反对、排斥旧体诗歌的形式。或者应该说，他的诗歌理论和创作，并不是以诗体的新旧形式来区分的。在这一点上郭吴二人见解相同。

一直以来我们只看到郭沫若在诗歌形式的问题上主张"绝端的自由"，并把这理解为是对诗体（新旧）形式的褒贬选择。但看他评论吴芳吉的诗，并未考虑其诗体的形式因素，而是从诗的内容和审美特征上大为赞誉。相反，他在给陈建雷的另一封信中却说："我看《学灯》中很登载了些陈腔腐调的假新诗，所以我对于新诗，近来很起了一种反抗的意趣。我想中国现在最多的人物，怕就是蛮都军底手兵和假新诗的名士了！"郭沫若所称的"假新诗"，正是吴芳吉斥之的"伪诗"。事实上，郭沫若与吴芳吉、陈建雷（其任编辑的《新佛教》所刊诗作亦多为旧体形式的诗）的诗友之交本身，就可以表明郭沫若对于旧体诗形式的一种态度。

那么，我们是不是应该这样来理解郭沫若在诗歌形式上主张绝对自由的本意：诗歌创作不应受形式（无分新旧）束缚，但不是不要形式。诗的形式构成，要依情绪的"自然流泻"而定（也无须分新旧）。所以，吴芳吉要远去长沙应聘，郭沫若会作一首五言诗相送，大概因为他觉得这种旧体形式的诗最宜表达送别之情意（这种题材也的确是古典诗词所长于表达的）。其实，郭沫若在《女神》时期的创作中，也有一些旧体形式（包括词、曲、歌谣），或是借鉴旧体形式的诗作，如《怨日行》《游太宰府》《少年忧患》《纪事杂诗六首》《日之夕矣》等③。只是它们没有收入《女

---

① 见田寿昌、宗白华、郭沫若：《三叶集》，上海亚东图书馆 1920 年 5 月。
② 郭沫若：《少年维特之烦恼序引》，上海《创造》季刊 1922 年 5 月创刊号。
③ 参见《〈女神〉及佚诗》，人民文学出版社 2008 年 6 月版。

神》集中,研究者也避而未论而已。

郭沫若后来在为自己的诗集《凤凰》作序时,曾说:"我感觉着旧诗是镣铐,新诗也是镣铐,假使没有真诚的力感来突破一切的藩篱。"① 这显然是沿袭了与吴芳吉论诗时的见解,从同一问题的反面来说诗的新旧体形式。

(原载《鲁迅研究月刊》2013 年第 10 期)

---

① 郭沫若:《序我的诗》,载《凤凰》,重庆明天出版社 1944 年 6 月版。

第三篇

文 摘

【关于郭沫若对吕不韦的评价问题】

郭沫若《吕不韦与秦王政的批判》高度肯定吕不韦的思想观念与政治主张,而全盘否定秦始皇的治国方略与历史功绩,这究竟是"刺世"的现实需要在学术研究中的曲折反映,还是郭沫若一贯学术思想的自然体现?该文通过郭沫若对吕不韦其人其书的评价,吕不韦思想倾向及其《吕氏春秋》思想内容的考察,以及吕不韦与秦始皇矛盾根源的发掘与梳理分析,证明郭沫若的评价并非取决于"刺世"的政治动机,而是其一贯学术思想和历史人物评价标准的必然反映。

杨胜宽

(原载《郭沫若学刊》2013 年第 1 期)

【读郭沫若《鹧鸪天·吊杨二妹》】

郭沫若的《鹧鸪天·吊杨二妹》虽然创作于白话文运动已开展得如火如荼的二十世纪四十年代,但其表达的情韵,达到的艺术境界,却并不亚于之前文学史上那些为人称道的同类之作,是经得起咀嚼和细品的非等闲之作。郭沫若的《鹧鸪天·吊杨二妹》中的四首词,是几乎全在写实的基础上,选择富有感染力的细节、场景来加以完成的。作者以所见所思为依托,在逐层的描绘中来加强情感的累积,直到心中情思的全部展露无遗。而在悼念、惋惜情感的倾诉中,又不拘泥于个人、小家的灾难与不幸,巧妙地将其与所置身的大时代背景结合起来写,使整组诗立意高远,颇有鲜明的时代特色。

唐瑛 周洪琳

(原载《郭沫若学刊》2013 年第 4 期)

【《起死》与《漆园吏游梁》细读】

鲁迅的历史小说《起死》与郭沫若的历史小说《漆园吏游梁》,都是写庄子的故事,在以古喻今、古为今用方面异曲同工。然而,在题材的处理上《起死》根据一个怪异的梦幻化成一场喜剧,虽然写的是现实中不可能有的事,但这个荒诞的故事也是有根据的,并非作者凭空杜撰。《漆园吏游梁》却把几个生活故事连在一起,从中看出作者大胆改造史料的匠心;在人物的刻画上鲁迅在《起死》里对庄子是挖苦、嘲笑、揪着耳朵示众,让他出丑。郭沫若在《漆园吏游梁》里对庄子却是含着同情的眼泪鞭挞他,唤醒他,让他不要入梦太深,不要误入陷阱;《漆园吏游梁》的语言与《起死》不同,流畅、华美、抒情味重、哲理性强,生动的比喻,铺陈的排比,议论性警语,如泉喷涌,流贯全篇,郭沫若以诗人的激情,用创造诗的意境的笔触来写历史小说,抒写了一出能触动人的灵魂的悲剧。可以说,这两篇历史小说相互衬托,相映生辉。

杨芝明

(原载《郭沫若学刊》2013 年第 4 期)

【"我"如何"便是我了"?——浅析《天狗》中"我"的意象生成过程】

在早期诗作《天狗》中,郭沫若通过意象组织、视点变换、要素转化、场景设计等手法,赋予"我"多层含义,其意象空间广漠无垠、峰峦迭出，呈现出神驰、意旷、天放等特征。研究"我"的形成实质是研究意象的生成过程，从语义上看诗中"我"的生成缘于自然与生命的能量积聚和转化。"我"通过与自然能量的相互作用，经历了吸纳、内化、炼励、挣扎、突变五次转化，形成了七个"我"；从视点时间、空间三方面略作分析。

余　玲

（原载《郭沫若学刊》2013 年第 4 期）

【郭沫若替曹操翻案动机再析】

20 世纪 50 年代，新中国史学在取得迅速发展的同时，"左倾"思潮、非历史主义错误也让其经历了不少的曲折和迷途。作为中国马克思主义史学的领军人，郭沫若对 50 年代中国史学界的种种"左倾"错误，进行了力所能及的批评和反拨。郭沫若替曹操翻案就是旨在极力纠正史学界的"左倾"错误，并借此推动学术自由讨论，形成"百家争鸣"局面，引导中国马克思主义史学沿着健康之路发展，并非所谓迎合领导人观点，出于政治考虑的突然为之。

何　刚

（原载《郭沫若学刊》2013 年第 2 期）

【杜宇化鹃神话与巴蜀文学】

杜宇化鹃是源自古蜀的远古神话，其中既折射着历史现实的丰富内容，也沉淀着文学虚构的审美想象。从神话到历史再到文学母题的衍生变迁，杜宇化鹃所承载的创造精神更值得当下关注。文化伟人郭沫若的创造力，包容乃大，甚至于在微小的杜鹃题材中也得到鲜明的呈现。他创办并主编《鹃血》杂志，著有精美散文《杜鹃》，在百花齐放时期作有《杜鹃花》。杜鹃在郭沫若的笔下，既有正面的寓意，又有反面的讽喻。其中可见郭沫若在不同的历史语境下，拈取杜鹃身上的文化基因，有自己独出心裁的创造性处理，能贴切而传神地寄托了自己的心曲。

颜同林

（原载《郭沫若学刊》2013 年第 2 期）

【郭沫若戏剧研究再思考】

郭沫若生平究竟写作了多少剧作，迄今无定论。本文疏理出郭氏创作、整理、编译剧作共 21 种：《女神之再生》《湘累》《棠棣之花》（1920）《西厢》《孤竹君之二子》《广寒宫》《月光》《卓文君》《王昭君》《聂嫈》《甘愿做炮灰》《棠棣之花》（1941）《屈原》《虎符》《高渐离》《孔雀胆》《南冠草》《蔡文姬》《武则天》《郑成功》《浮士德》。郭沫若剧作与中国戏剧文脉之关系还有待深入挖掘研究。

祁和晖

（原载《郭沫若学刊》2013 年第 2 期）

【文学史阅读中的《女神》版本及文本】

诗集《女神》已经成为一个关于文学记忆的历史存在，而在《女神》存在的历史进程中，其版本、文本的衍变，则是一个重要的构成。文学史的叙事方式和研究模式，对于《女神》研究有着重要的影响，但新文学史在其作为一个学科领域形成之初，对于《女神》的阅读，恰恰忽略了版本、文本衍变的因素。这些研究往往将作为一个具体研究对象的诗集《女神》，放大为"郭沫若早期诗歌"创作，又或忽略了《女神》文本的修订变化情况。这是从学术史意义上去回顾《女神》研究所值得思考的问题。

蔡 震

（原载《郭沫若学刊》2013 年第 2 期）

【溯源与重审：新世纪以来的《女神》研究】

新世纪以来的《女神》研究在一个更加开放多元、力主客观辩证的学术背景下展开。关于《女神》的源流影响、文化内蕴、比较研究等方面的考察多有拓展，表现出研究视野的开阔性。回归文学现场，对"泛神论"、"浪漫主义"等概念的再解读，是新世纪以来《女神》深入探讨的焦点。而《女神》佚诗及相关文献的发掘整理，则为今后郭沫若研究的长足发展乃至突破奠定了重要基础，对其多元性与丰富性的进一步阐释探讨将是今后郭沫若诗学研究的一个重要方面。

王玉春　胡博雅

（原载《郭沫若学刊》2013 年第 2 期）

【《屈原》悲剧冲突的功能性结构解析】

郭沫若的历史剧代表作之一《屈原》是一部具有缜密情节结构的悲剧剧作。在这部戏剧之中，作者塑造了许多具有典型性格特征的人物形象，并以这些人物为视角构建了多层次、多方面的情节结构，最终融合成一个有机的悲剧整体。本文通过对于《屈原》这部剧作的文本细读，从历时与共时两个方面分析其中各个主要与次要的典型人物，从而找出作者对于整部戏曲的悲剧冲突的情节建构，进而以结构解析《屈原》悲剧性的丰富内涵。

刘芊芊

（原载《郭沫若学刊》2013 年第 2 期）

【从不喜欢《女神》谈起】

本文为两则《读书随感》。其一：卢那察尔斯基虽然批评普希金歌颂沙皇，但仍怀着"悲痛与敬意"深刻分析后者的思想。对于郭沫若这位"球形发展的天才"，也应怀着"悲痛与敬意"历史的、辩证的看待与研究；其二：有人不喜欢《女神》的艺术风格，除审美趣味的"偏嗜"之外，是对《女神》的评论与研究中长期以来甚为缺乏美学的分析。

陈永志

（原载《郭沫若学刊》2013 年第 3 期）

【郭沫若游学家书中的交通文化】

郭平英、秦川编注的《敝帚集与游学家书》收录了郭沫若 68 封寄给父母、兄弟的书信，时间从 1912 年 6 月至 1923 年 1 月，跨度为十年半。这些书信是郭沫若离开家乡四川乐山，在外求学期间，写于国内的成都、武汉、天津、北京和日本的东京、冈山、福冈等地。书信的内容及投递信息反映了民国初期的交通路线、交通工具和邮政状况，成为珍贵的交通文化史料，可以补史书之阙。从郭沫若游学家书的个案，可见当时中国交通之一斑。

张建锋

（原载《郭沫若学刊》2013 年第 3 期）

【郭沫若与日本文学二题】

日本文学在郭沫若《女神》时期的文学创作和文学活动中,是一个重要的文化背景构成。郭沫若与欧洲文学史上文学思潮或文学流派的关联,在大多数情况下都是经由日本近代文化的中介而建立起来的,所以已经产生了掺入日本文化因素的变异。《女神》对于色彩的审美想象和表达独具特色,极富表现力,它们与中国古典诗歌的审美传统具有较大的差异,明显是受到日本传统文化对于色彩的美学偏爱所影响。自然主义文学确立了日本近代文学观照人生、表现人生的审美态度;个性、自我,及其真实自然的表达。这就是郭沫若与其之间的精神联系。而在创作上,它们表现在郭沫若的"身边小说"中。

蔡 震

(原载《郭沫若学刊》2013 年第 3 期)

【郭沫若评惠施论析】

20 世纪 20 年代到 40 年代,郭沫若二十多年对于惠施的认识与评价,从文学形象的惠施到政治家、思想家的惠施,经历了一个由全面否定到全面肯定的变化过程;从孤立评价惠施的性格与思想到客观审视惠施思想在诸子百家思想发展中的作用与地位,经历了一个由全盘肯定到有限肯定的变化过程。在这个变化过程中,郭沫若对惠施的评价逐步趋于理性与客观,将惠施放在诸子百家的学术争鸣和思想交流的时代背景上去考察评判,无疑比孤立地分析评价某家某派思想主张更加科学合理。

杨胜宽

(原载《郭沫若学刊》2013 年第 3 期)

【在诗的有用与审美效应之间——以留日诗人郭沫若、穆木天、田汉为例】

在中国现代留学日本的诗人中,郭沫若、穆木天等关于诗歌理论某种程度地表现出两重特性:一方面,作为身处异域的爱国留学生,他们关注国内文坛动向并注重发挥诗歌的社会功能,主张新诗应具备现实有用性,他们关注阶级意识等政治问题,主张民众文艺、国民诗歌;另一方面,作为诗人,他们又偏于营造心绪的艺术形态,追求诗歌的纯美特质,即强调新诗的审美效应。实际上,他们的诗论徘徊在有用和审美两个功能之间,是由现代中国文化现实状况及留日的文化背景所决定的。留日诗人因远离国土,只能先从理论层面着手。一旦回到国内,由于现实状况的需要,诗歌偏向有用的功能就明显地凸显出来。

李 丹

(原载《郭沫若学刊》2013 年第 3 期)

【《三个叛逆的女性》配角的异质性体现】

郭沫若戏剧配角的设置与同期别的作家很不一样,既有中国古代戏剧的影子,又受西方现代话剧的影响。在郭沫若的设置下,配角不再仅仅是主角的陪衬,而体现出了许多思想变革时期特有的异质性特征。这种特征主要体现在两个方面,一是为主人公提供现代思想资源,一是展示主人公活动的具有现代意识的环境。郭沫若这种特殊的配角设置方法，在早期历史剧《三个叛逆的女性》正式形成，他创造性地运用她们服务于女性解放这一主旨。

唐　敏

（原载《郭沫若学刊》2013 年第 3 期）

【《棠棣之花》的原型意象及位移】

郭沫若的戏剧《棠棣之花》使用了大量原型意象，兼具弗莱神话—原型理论中"传奇"模式的特质。该剧还结合现实需求，经过艺术的选择和重构，巧妙地进行了原型的位移，以获取独特的艺术美感，使《棠棣之花》的人物和情节呈现出十分鲜明的原型特质。这种原型的传承，对于文艺作品起到了极强烈的艺术效果，能够显现出一种神秘莫测的美感。《棠棣之花》也不再是一个单一的故事，而是具有文艺传达的力量，将原型的魅力凝聚其中，在新的时代，折射出新的光芒。

俞媛媛

（原载《郭沫若学刊》2013 年第 3 期）

【早期创造社郭沫若郁达夫等人的"泪浪"】

早期创造社作品中颇多眼泪的渲染，由此还引出一场"泪浪"事件，即徐志摩撰文对郭沫若作品举例讽刺、批评，创造社成员则予以反击。今天看来，这场争论无关个人恩怨利害，实际牵涉文学流派、作家个体之间不同的文学审美取向与创作情趣。就创造社主将郭沫若、郁达夫等人的作品及当时所形成的感伤气息、风尚以及它所产生的时代影响，今天都有必要加以探讨和总结。他们的"泪浪"渲染作品，是我国新文学早期的青春文学，为一时之选，较之他们近代及当时的老气横秋、腐儒精致之作，更有生命活力，给人以宇宙式的悲哀与饱满的审美喜悦。

张叹凤

（原载《文学评论》2013 年第 1 期）

【绥山馆教育对郭沫若的影响】

郭沫若于 1896 年至 1905 年间在自家私塾——绥山馆接受启蒙教育，在此期间，中国经历了教育大变革。在教育变革前，郭沫若所受旧式私塾教育虽不为其认可，但为郭沫若坚实的国学奠定了基础。教育变革后，教育的载体虽仍为私塾，但塾师沈焕章先生锐意革新，在教学内容、教学方法等方面做了巨大调整，使得郭沫若在已有的知识基础上既深化了对中国传统文化的认识，又初步涉足到了近代西学；既开阔了眼界，也极大地丰富了他的知识内涵，对郭沫若的成长产生了深远影响，而郭沫若也将此时的私塾教育看作真正的启蒙。

屈　军

（原载《郭沫若学刊》2013 年第 4 期）

【在与赵景深交往三琐事中读出郭沫若】

在五四新文化运动中成长起来的郭沫若，一生历尽波澜，其丰富的人生经历、卓绝的社会成就和贡献，前人已多有研究。本文回顾了郭沫若与同样为五四新文化运动中成长起来的文化巨人赵景深的三次交往。一为二人在《创造周报》上的一次通信，二为鲁迅纪念会上相邻而坐,三为有关《管子》校勘的通信。从中可以感受诗人郭沫若浑身都洋溢着的生命激情,洞悉学者郭沫若在社会科学的多个领域中卓越的建树,战士郭沫若生命不息战斗不止的崇高伟岸。

宋 洁

(原载《郭沫若学刊》2013 年第 4 期)

【国家话语中的"时代颂歌"——论郭老建国后的诗歌创作】

建国后,由于时代氛围和自身角色的转变,郭沫若创作了大量歌颂新中国的诗歌,表达了广大人民的共同心声,成为国家话语的主旋律。随着国家政策的左倾和文艺界的一系列思想批判运动,郭沫若的诗歌创作观念严重异化,时代颂歌从真挚的政治抒情诗转变为工具化的政治打油诗,尤以《百花齐放》这部诗集为代表。郭沫若建国后诗歌创作的大滑坡,有着复杂的时代和自我因素;通过对其建国后诗歌创作的整体关照与反思,反映了当时作家们真实而矛盾的政治心态,也折射了建国后中国文学的困境。

刘海洲

(原载《郭沫若学刊》2013 年第 4 期)

【郭老早期诗歌作品中的神话意象】

作为中国现代新诗的开拓者,郭沫若曾主张在诗歌的表现形式和情感内容上脱离旧诗的约束,而在其早期专篇论文《神话的世界》中,郭沫若从神话和诗歌创作的双重视角来考察古老的神话,提出神话是"绝好的诗"的文艺主张。这种理论认知也体现在其早期的诗歌作品中,在《女神》《凤凰涅槃》等诗作中神话与诗歌高度地融合,这种融合既呈现在神话意象与诗歌主题的彼此呼应,同时也体现在神话仪式形态与诗歌艺术表现形式的艺术承袭。郭沫若之所以能够在远离新文化中心的日本创作出震撼中国现代文坛的新诗佳作,相当程度上源于借助了远古神话题材中那超越时代和民族的恒久性价值。

张 岩

(原载《郭沫若学刊》2013 年第 4 期)

【澳大利亚学者臧温尼的《女神》研究】

澳大利亚学者臧温尼的研究成果《郭沫若的〈女神〉》是郭沫若去世前英语世界学者研究郭沫若的五篇学术论文之一。文中作者梳理了《女神》的创作背景,通过充分引用郭沫若的自传体文章来阐明了郭沫若创作《女神》诗集时的思想状态和诗学理念,并在鉴赏的过程中指出了郭沫若诗学主张的不足和不实之处。文章对《女神》诗集中的《新月与白云》《凤凰涅槃》《匪徒颂》《立在地球边上放号》《笔立山头展望》《地球,我的母亲!》《女神之再生》《棠棣之花》《黄浦江口》《上海印象》《晴朝》等 11 首诗做了详细的解读。作者提醒读者研究郭沫若时应关注文本的细节、文本标注的准确日期,特别是郭沫若在日本时的发展的详细记录以及对整个文本加以考虑的必要性。

杨玉英 骆玉蓉

(原载《郭沫若学刊》2013 年第 4 期)

【试论郭沫若的中小学书法教育观及其启示——兼论当前中小学书法教育困窘现状及对策】

郭沫若先生于1962年在《人民教育》第九期发表的关于中小学书法教育的题词（以下简称《题词》），反映了其对中小学书法教育的思考。郭沫若先生《题词》中明确指出中小学书法教育的目的是写好字而不是培养成书法家。就像是文学博士不一定培养出作家一样，当然也不是在书法教育中一定要将大部分学生培养成书法家。如果说在书法教育中把字写得美观大方是属于基本层面的话，那么培养成书法家则是属于高级层面了。把基础层面做到位的前提下，不妨碍提倡培养书法家。虽然已相去半个世纪，但从当前的中小学书法教育状况来看，郭老的思考不仅没有过时，且对当下的中小学书法教育的发展有所启示，仍有很大的指导意义。面对当下中小学书法教育的尴尬窘境，不妨把教育部的《意见》与郭沫若的《题词》互相参考，不失为一条可取之道。

钱 超

（原载《书法赏评》2013年第3期）

【郭沫若与五四时期的诗歌翻译】

在五四时期，郭沫若开始翻译并介绍了18世纪末期到19世纪初期国外的浪漫主义学派。郭沫若的诗歌翻译实践始于五四以前，当时他选择泰戈尔的《新月集》《吉檀迦利》及《园丁集》等作品中的部分内容进行翻译。五四时期，郭沫若诗歌的翻译与创作结合，同时将浪漫主义贯穿于翻译过程中。郭沫若在五四时期对诗歌的翻译作出了不懈的努力，并提出了"诗人译诗"、"以诗译诗"的诗歌翻译策略，在诗歌翻译的实践上提出"风韵译"的翻译风格，即在注重形神兼顾的同时，更要突出风韵。

赵 霞 李 娟

（原载《兰台世界》2013年1月上旬）

【郭沫若《女神》中的"西方形象"】

郭沫若《女神》获得了文学界很高评价，其中"西方形象"也成为众人研究探讨的方向。郭沫若在《女神》当中汇聚了众多"西方意象"，有西方名人、西方传说诸神、西方地方、国家名、西方拼音等元素，巧妙地营造了一种西方文化氛围，尽管他们有些被诗人运用得"碎片化"，但是从整体上服务了诗体的大局，达到了郭沫若想要达到的宣泄和提升民族感情的目标。从《女神》的诗集中可以看到一种前所未有的创新，中国文化和西方文化的巧妙结合让我们打开了前所未有的奇景，从中获得了诗歌的意境和积极的力量。

刘玉峰

（原载《语文建设》2013年第6期）

【略论郭沫若的历史剧】

郭沫若历史剧创作始于1920年，《棠棣之花》为其发端之作，40年代连续写了《屈原》《虎符》等多部历史剧，史剧创作理论趋于成熟，50年代继续发展并臻于完善。郭沫若的戏剧理论成就具体表现在：郭沫若处理史剧和历史关系的原则是"失事求似"；提出了"先欲制天下而后借鉴于古"及"据今推古"理论，以此来处理史剧和现实之间的关系；戏剧形象塑造方面，对人物进行"合理的发展"；"知其不可为而为之"的历史悲壮性。

荣　静

（原载《安徽文学》2013 年第 1 期下半月）

【轮廓清晰的"天狗"——从莱辛"诗与画的界限"谈郭沫若《天狗》】

郭沫若的《天狗》一诗以狂飙突进的形态张扬了自由与解放，使"天狗"形象深入人心。从莱辛《拉奥孔》"诗与画的界限"理论出发，《天狗》一诗不仅在形象上、题材上、审美感受上给人以冲击力，而且在描绘方式上别有意味。在"化静为动"与"化美为媚"的刻绘下，在最富于孕育性的顷刻之中，"天狗"的轮廓显得格外清晰。"天狗"是一个精神符号，代表着"五四"时代的蓬勃乐观与自由探索，在诗人的设想中，他是愿意成为这样的"天狗"的。通过这样一个过程，《天狗》正式成为诗人自己的宣言书，与"五四"时期"人的文学"相呼应。

何　睿

（原载《中华文化》2013 年第 2 期）

【论郭沫若早期的科学主义取向——从《笔立山头展望》说起】

郭沫若的诗歌《笔立山头展望》及其与宗白华的通信，明显呈现出了其对现代科学文明的礼赞与共鸣。而且，郭沫若对现代科学文明的诗人化体验，在其文学创作与研究中，形成了科学主义的价值取向。爱轮船与爱火车的郭沫若，在其诗歌创作与书信中，展现了其对现代科学文明的诗人化体验，讴歌了现代科学文明的积极力量，流露出了其对现代科学文明的无比喜爱与热情呼唤之情。这也正契合了呼唤科学的"五四精神"。郭沫若对现代科学文明的诗人化体验，在他的文学创作与研究中，形成了一种科学的内在精神，即科学主义。

王文勇

（原载《名作欣赏》2013 年第 5 期）

【女性，一个未被充分启蒙的性别】

在郭沫若的作品中，他笔下的女性形象多半是男权文化视域下的、传统型的女性形象！她们要么纯粹是男性欲望的对象，要么是为男人而生而死，总之这些女性形象从来没有独立的人格和真正的自我价值，完全是用男性的价值标准和审美理想打造出来的！在郭沫若笔下出现的这些虚假的、歪曲的女性形象和对女性的不尊重思想只能算是文学史中的冰山一角，在古今中外文学史中有太多歪曲女性和歧视女性的现象存在！其实，仅仅明确正确的女性观、简要指出男权社会对女性的歪曲和歧视而开出女性主义文学批评方面的书目是永远达不到充分教育大众的目的的，开设有关女性文学方面的课程教育意义更为重大！

李　畅

（原载《当代文坛》2013 年第 5 期）

【浅析郭沫若话剧《屈原》的艺术特色】

郭沫若的文学创作生涯，取得成就最大的要属诗歌与历史剧。白话诗集

《女神》和话剧《屈原》是这两方面的代表作。在艺术成就上体现出,由《女神》时代的浪漫主义向现实主义靠近,《屈原》体现了两者达到了最完美结合的艺术特色。《屈原》创作达到了历史真实与艺术真实、"一天"与"一生"、诗剧与话剧的完美结合,从而展现出屈原正直"顽强",疾恶如仇,光明磊落的精神面貌。

宁 爽

(原载《劳动保障世界》2013 年第 5 期)

【郭沫若主持的家族出版社】

群益出版社创立于重庆,后迁至上海、香港,1949 年回迁上海,1951 年与其他出版社合并组建了上海新文艺出版社,这家规模不大、出书不多、历时 9 年的出版社,在中国现代出版史上也许没有浓墨重彩的一笔,但其发展历程却是中国共产党支持郭沫若创作,扶持进步文艺的力证。群益出版社的发展历程,不但记录了郭沫若战时文化活动的成果,它的发展更是爱国人士支持进步文化力量的佐证。

李 红

(原载《档案春秋》2013 年第 5 期)

【郭沫若《女神》等诗歌的思想内容和艺术特征】

《女神》体现了"五四"时代精神。它彻底反帝反封建和反抗一切旧势力的革命精神,对光明的向往等,最强烈地体现了"五四"狂飙突进的时代精神。《女神》,反抗、爱国、创造是贯穿诗集的基本思想内容。《女神》是运用浪漫主义创作方法创作的作品,它在反映客观现实上侧重从主观内心世界出发,抒发对理想世界的热烈追求,常用热情奔放的语言,绮丽的想象和玄妙的夸张手法来塑造形象,反映了浪漫主义在表现革命激情时的长处。在诗歌形式上,《女神》是自由体诗的一个高峰,为诗歌的革新和创造树立了榜样。它完全冲破了旧诗格律的束缚。诗节、诗行长短无定,韵律无固定格式。

李 艳

(原载《黑龙江史志》2013 年第 5 期)

【郭沫若的中西文化观】

郭沫若认为,中国文化与西方文化都有自己的优缺点,顽固地坚持自己的文化是行不通的。正确的做法应当是在坚持中国文化优点的基础上,与西方文化不断沟通与交流,不断整合中西文化,才能使得中国文化再造辉煌。郭沫若认为中国文化的同化能力不仅体现在它可以很好地将异族文化吸收进中国文化体系之中,而且还体现在中国文化能将强势的文化同化。郭沫若还大力提倡和赞扬西方近现代文化中的人文主义和社会主义。通过中西文化的交流、对话与整合,郭沫若自身也成为视野开阔和与时俱进的中国文化界的领袖。

孟祥祺 石 芸

(原载《兰台世界》2013 年第 6 期)

【女性主义视角下的郭沫若"王昭君"形象阐释】

郭沫若在中国现代文学史上,是举

足轻重的具有革命浪漫主义情怀的诗人和剧作家。而他大部分的作品都离不开一个关键词：女性。可以说《王昭君》就是借历史题材写"女性觉醒"问题的。《王昭君》是在"五四"时期反封建，追求自由和民主的时代背景之下应运而生的，他把女权主义思想和"五四"时期的时代精神结合起来，对中国几千年的封建思想和男权本位主义进行了猛烈的抨击，这是他的思想特色，也是他有别于欧美女权主义之处。

陈晓燕

（原载《科技信息》2013年第1期）

【安得翻译双全法，不负原创不负卿——浅谈郭沫若翻译思想】

郭沫若是中国著名的作家、诗人、戏剧家、史学家和古文字学家，又是杰出的翻译家，兼修东西思想文化，一生译介了大量的外国文化科学著作。处于一个社会动荡，新旧文化交替的年代，郭沫若无论是诗作还是译作都充满热情和力量。作为五四时期思想文化领域的先驱，郭沫若的翻译思想，如"处女媒婆"论、"创作论"、"风韵译"等，一度在中国译界掀起了译海微澜，对后来的翻译思想也产生了巨大影响。郭沫若的"创作论"思想所强调的"风韵译"、"共鸣说"和"生活体验论"等在翻译理论方面做出的突出贡献，仍不失为翻译学说中的宝藏。

杨 楠 黄 玲

（原载《河北旅游职业学院学报》2013年第1期）

【浅谈郭沫若题画诗词的影响】

郭沫若创作了大量题画诗词，郭沫若认为，创作好的题画诗词是不简单的事情，首先要了解绘画的内容、形式、风格，然后才能写诗词；在题款的时候，书法肯定要好，没有好字就不能和画本身相匹配；在具备了好诗词、好书法、好形式之后才能题好画。郭沫若题画诗词对我国现当代题画诗词有着重要而深远的影响，不仅可以启迪后人的创作思维和灵感，而且开创了中国题画诗词的新篇章。同时，郭沫若的这些题画诗词为画家的绘画提升了艺术品格，也为作画者带来了创作的欲望，对绘画的影响是重要而积极的。

文 兰 陈欲晓

（原载《艺术教育研究》2013年第18期）

【郭沫若《女神》的浪漫爱情再解读】

从浪漫主义的爱情这一角度分析《女神》的爱情描写，可以发现郭沫若以《女神》将新诗带入发展的高峰。《女神》一直被看作"五四"狂飙突进精神的代表，同时它也为诗歌的浪漫主义开启了道路，并影响了后继者的诗创作。诗作在浪漫主义的统领下充满了张力，流露出的爱情也更加感人。《女神》无疑是浪漫主义新诗歌的奠基之作，诗中细微又独到的爱情描写又为诗歌的浪漫主义增添了许多色彩。虽然《女神》的爱情描写不及他的爱情诗集《瓶》，可是从郭沫若自身的浪漫情怀，他浪漫的爱情经历与爱情结合的独特之处去体验《女神》的爱情表现，某种程度上说可以互相做注。郭沫若对爱情大胆而热烈的表露和追求，以及别后的不安和凄楚等种种爱情感受和体验，同时又将自然赋予人的生命，化身为爱的对象的创新方式是同时代人所不具备的。

李 静

（原载《西安文理学院学报》（社会科学版）2013 年第 4 期）

【1948 年郭沫若香港期间创作的收录与散佚考释】

1947 年 11 月郭沫若到香港之前在国内的情形不难发现香港之行对于郭沫若人生的重要影响。1948 年郭沫若在香港期间创作的作品很少被收入到《沫若文集》中，特别是大量的政论文，即使收录了两篇还被郭沫若放在了《集外》之中，这些政论文无疑被郭沫若认为仅仅只是"应景之作"而已。由此也可以看出在郭沫若的内心深处，文学审美创作才是他永恒的生命，是放在第一位的，政治的话语和言论仅仅只是生存或者说是他人生的另外一种存在形式，是从属于文学审美创作的。他始终在协调着政治意识与艺术审美追求的关系，其实这两种关系在郭沫若的内心之中一直是统一存在的，而并非出于一种分裂状态。

张 勇

（原载《鲁迅研究月刊》2013 年第 8 期）

【《三个叛逆的女性》反面角色塑造的得失】

郭沫若早期历史剧《三个叛逆的女性》因剧情和创作目的的需要，简化了历史事件，合理发展了历史人物的性格，提炼出了卓王孙等反面人物身上最本质和最有代表性的特征。这些反面人物的性格与史实并不相符，郭沫若提炼它们的主要目的是为了突出反面人物与主人公的矛盾冲突。郭沫若在《三个叛逆的女性》中反面配角的设置相对来说是成功的，这些人物无论从性格还是行动都比较符合剧情的需要，较为有力地反衬了女主人公。但因郭沫若奔放而缺少节制的创作个性，这些人物在厚重度和真实性方面还有所欠缺。

唐 敏

（原载《绵阳师范学院学报》2013 年第 7 期）

【《甲申三百年祭》与"两个务必"的提出】

毛泽东提出的"两个务必"是中国共产党加强自身建设的警世名言。它的产生，与郭沫若的《甲申三百年祭》有着一种密切的历史联系。69 年前，《甲申三百年祭》在重庆问世，这一时期，也是毛泽东就中国革命和党的建设进行理论思考与理论创建的关键阶段。在《甲申三百年祭》里，郭沫若曾用较多笔墨叙述李自成的优长劣短。因此它从历史的视角启发了毛泽东对中国农民革命局限性、中国革命艰巨性和中国共产党前途命运的思考，进而提出"两个务必"的观点，极大地影响了中国共产党的建设理论和实践，直到今日仍是中共必不可少的宝贵精神财富。

简 奕

（原载《红岩春秋》2013 年第 6 期）

【再论郭沫若"十七年"外交诗文中的"太阳"意象——以"公共人物"为线索】

建国后,郭沫若担任过新中国外交界的领导人,以外交使者的身份参加过国际外交会议、进行过国际性访问,这些都已经被学界关注和论述过。然而,郭沫若此时期以"外交"为主题的诗文创作却未被系统研究过。事实上,这一类别的写作不仅数量多,而且还具有复杂性的特质。文章试图另辟蹊径,选用"公共人物"这一跨学科理论作为研究视角,对郭沫若"十七年"的外交诗文进行抽样分析,发现郭沫若此类诗文中频繁使用"太阳"这一意象。借助"太阳"这一特殊意象,郭沫若寄予在此类外交诗文中的复杂用意也随之有了被展现的途径。同时,"太阳"意象所潜藏的复杂指向也将对学界重新审视郭沫若"十七年"外交诗文创作的时代价值提供有益启示。

逯 艳

(原载《淄博师专学报》2013 年第 1 期)

【"郭老"称谓考论】

"郭老"这一称谓的形成和流传,大抵经历了"形成—传播—大盛"三个阶段。20 世纪 40 年代初至 50 年代中期为形成期,50 年代后期至 70 年代"文革"结束为广泛传播期,从粉碎"四人帮"特别是郭沫若去世至 80 年代初,为使用传播的大盛期。"郭老"称谓当始于 40 年代初的重庆,郭沫若 50 虚岁诞辰前后。"郭老"这一称谓的形成、传播也与中共有着千丝万缕的联系。"郭老"称谓现象,表明作为文化人的郭沫若产生过广泛而强烈的影响,另外"郭老"称谓现象,也表明郭沫若曾经获得过较普遍的认同和接受,喜爱和崇敬。

谢子元

(原载《创作与评论》2013 年第 6 期)

【浅析郭沫若对日本马克思主义经典《社会组织与社会革命》的译介】

郭沫若于 1924 年翻译日本近代马克思主义者河上肇的《社会组织与社会革命》开始,陆续译介了许多马克思主义经典著作。虽然,郭沫若的世界观并非因译介该书而发生突变,但可以说此书的译介是郭沫若思想走向成熟的标志之一。郭沫若强烈的爱国主义情怀和积极的政治追求是其学习研究马克思主义的内在动力。在特定的历史条件下他选择了河上肇的《社会组织与社会革命》是难能可贵的,其严谨的治学态度也是值得我们学习和传承的。历史证明,郭沫若对马克思主义经典的译介不仅引导了自身的世界观走向成熟,也为其后积极投身于中国革命和开创中国马克思主义史学研究提供了坚实的理论基础。并且,这对马克思主义的中国化进程也有巨大的促进作用。

罗 鹏 李海振

(原载《科技文汇》2013 年第 4 期)

【论郭沫若新诗理论的形成渊源】

郭沫若诗歌的爆发期,适逢中西文化交汇的大好时机,他既受到中国传统诗论的熏染，也受到了西方浪漫主义诗论的影响。这使他同时汲取到了旧学与西学的养分，在思想结构和知识结构上造成一种崭新的类型。郭沫若对中西诗论的"误读"，是郭沫若诗论的一大特色，而这也机缘巧合的丰富了郭沫若的诗歌理论。无论是中国传统诗论，还是西方浪漫主义诗论，郭沫若都不是被动地接受其影响，而是基于时代和现实的需要，根据自身的需要，从诗学发展的实践出发，主动地接受其影响，选择性地吸收、利用其因子并将其有机地融入自己的诗论中，最终成就了具有特色的"郭氏"诗论。

臧培培　吴晓川

（原载《重庆科技学院学报》（社会科学版）2013年第2期）

【论郭沫若晚年的文学思想——以《李白杜甫》为例】

"文化大革命"中，几乎所有学者都失去了发表学术著作的权利，郭沫若和章士钊能出版个人论著实属极少的例外。这种特殊的优待，自然免不了打上深深的"文革"印记。比如《李白与杜甫》第一节对陈寅恪的指责。从《李白与杜甫》书中可鲜明地看出郭沫若晚年的思想，郭沫若身处"文革"，除了对"四人帮"的罪行进行讨伐外，已经无能为力，正如李白一样，自己已经贬到下面做官，面对朝廷的无能已经尽力尽职，唯一能做的就是写诗来表达心中的愤慨和不满。《李白与杜甫》的创作也是在此背景下写成的。郭沫若对"文革"的策划者是满肚子的愤怒，却只能通过作品来表达自己的不满。

黄曼青

（原载《湖北经济学院学报》（人文社会科学版）2013年第8期）

【论《女神》文学价值与文学史价值的错位】

在众多通行的中国现代文学史著作中，郭沫若的《女神》都被视为新诗经典之作。然而，《女神》在诗歌艺术上存在着不少缺憾。在《女神》的阅读、评价和认识中，存在着审美价值与文学史价值的明显错位。在思想与审美的抉择中，《女神》的思想价值在一定程度上大于了审美价值。思想内容地位崇高，审美价值却留下不少缺憾。传统文学的规范和价值被彻底批判和瓦解、白话刚刚取代文言，现代汉语语言幼稚、社会历史环境导致诗人文学观念的偏颇，造成了《女神》出现文学价值与文学史价值的错位。

吴正华

（原载《现代语文》2013年第7期）

【通过荒诞完成审美喜悦——郭沫若自传体长卷散文艺术探奥】

郭沫若是中国现代文学史上自传体散文作品最高产的作家，无论欣赏他，还是批评他、贬低他的人都无法否认，他是一位异常勤奋的作家。"他的自传，是中国知识分子史的重要文件"。自传体文学的产生，是对我国封建时代重权威，多"禁忌"、"讳言"，采取隐忍与压制个性，并轻视社会平民、忽略人的本体作用的传统习俗与桎梏的一种自觉破除。郭沫若的自传体散文无疑是20世纪20、

30 年代自传写作高潮的滥觞与标杆。

张叹凤

（原载《天府新论》2013 年第 3 期）

【生态情怀与生命诉求——郭沫若早期创作再考察】

郭沫若早期创作通过重返自然的书写，传达了一种亲近自然、尊崇自然、顺应自然、效法自然的生态情怀。他笔下自然与人的关系更多体现为诗意栖居的生命诉求，其叙事核心是伦理反思。郭沫若早期创作的生态情怀和生命诉求，说到底就是自然观、生命观的一种构想。这种构想建立在"人的觉醒"的时代背景下，释放了被压抑的社会心绪，喊出了时代的真声音，可以消除世界带给人的无法忍受的陌生感，让生命从令人窒息的环境中突围出来。郭沫若早期创作超越了中国文学山水寄情的层面，从亲近自然，到效法自然，再到超越自然；从"生命的洪流"到"有节奏的情绪世界"，从"没我"于自然到要求从自然中解放出"纯粹的自我"，彰显了自然的魅力和对生命的希冀，传达出一种博大的人文精神。

林荣松

（原载《三峡大学学报》（人文社会科学版）2013 年第 1 期）

【时代风雷起新篇：毛泽东与胡乔木、郭沫若的诗交及其意识形态意蕴——以"文革"前的《红旗》杂志为中心】

"文革"前的 8 年中，《红旗》作为理论刊物，却在 1964 年第 1 期、1965 年第 1 期、第 8 期、第 11 期先后集中地刊发了毛泽东、胡乔木、郭沫若 3 人共 62 首诗词。这种情况在《红旗》杂志的办刊历程中是极为罕见的。在《红旗》杂志刊发的这些诗词中，毛泽东的诗词是经过他本人亲自精心选择和修改定稿的，胡乔木的诗词得到了毛泽东的精心修改，郭沫若的诗词也是得到毛泽东的指点，而且这些诗词有些还是他们相互之间的唱和。在现有的研究和叙述中，对毛泽东与胡乔木、郭沫若的诗词交往，大多强调领袖与同志、与秘书的交往和情谊，或作为一般诗家间的唱和。但是，在当时中国政治氛围中，毛泽东帮助胡乔木修改诗词，以及与郭沫若的诗词唱和，并不完全如此，尤其将其发表在中共中央机关理论刊物的《红旗》杂志上，其背后有着毛泽东对局势的思考和判断，有着深深的意识形态意蕴。

黄金魁 李延静

（原载《喀什师范学院学报》2013 年第 4 期）

【惠特曼与郭沫若诗歌公共性比较】

惠特曼和郭沫若在对民族题材的运用和诗歌形式创新中完成诗歌"个体自我"向"民族自我"（"国家自我"）的转化，升华为一种"普遍自我"。惠特曼以美国作为投射对象，以第一人称"我"热情讴歌美国精神，在诗歌中完成自我身份构建。郭沫若诗歌应和"五四"的时代精神，高扬人的个体性，坚持对现实压迫的反抗，对祖国的热爱，把"五四"个性主义的时代精神在作品里成功地反映出来，由此给郭沫若的新诗带来了奔腾豪纵的情趣美。

赵 明

（原载《重庆三峡学院学报》2013 年第 5 期）

第四篇
资讯·动态

特别报道

郭沫若及其时代
——关于郭沫若的对话

谢保成（中国社会科学院历史研究所研究员）
郭平英（中国社会科学院历史研究所研究员、郭沫若纪念馆原馆长、郭沫若小
　　　　女儿）
李晓虹（中国社会科学院历史研究所研究员、郭沫若纪念馆副馆长）

采访：《中国社会科学报》记者　祝晓风　吕　莎

　　作为中国近现代史上影响巨大的文化伟人，郭沫若在文学、历史、考古、艺术、翻译等诸多文化领域做出了不可磨灭的贡献。郭沫若追求革新的创造者姿态，一生追求光明和开拓创新的精神，是中华民族宝贵的精神文化财富。在新文化与旧文化、外来文化与传统文化的碰撞中，郭沫若成为中华民族新文化的一面旗帜，一位百科全书式的巨人。今年时值郭沫若120周年诞辰，本报就郭沫若及其时代的话题采访了几位学者。

一　为什么是郭沫若？

　　《中国社会科学报》："五四"新文化运动开辟了一个时代。我们经常说，时势造英雄，从这个角度讲，出现郭沫若这些人物的那个时代是怎样的？

　　谢保成：郭沫若所处时代，是一个新旧社会、新旧思想交替、冲撞的时代。中国文化随之不断更新、不断创新、不断求新。特别是20世纪20—30年代，思想文化领域没有定于一尊的约束，人们完全可以根据各自的认识去选择各种不同的思想学说、建立各自的文化理论体系。这样的时代，必然造就出代表这一时代的文化巨人。在郭沫若那个时代，人可以自由选择发展的方向。他诗歌成就最高的时候，是他在医学院的时候，《女神》是他在"不务正业"时成就的一首伟大的现代诗。而甲骨文、金文研究也是在他被通缉，流亡日本时，"无聊"之下成就的学问。郭老做诗人、学者，

投身社会活动，基本都是处于自由选择的状态。这种自由选择、自由发展和其他条件结合起来，成就了这样的百科全书式的学者。

《中国社会科学报》：通常说"时世造英雄"，时代造就了某某英雄人物，只说了时代需要某种人物，却没有说时世造就的为什么是这个人而不是另一个人。也有人说，当时文学界、学术界，称得上百科全书式的人物不止一个郭沫若，比如王国维，比如茅盾，但为什么是郭沫若最终成为了继鲁迅之后的又一面旗帜呢？

谢保成：20世纪20—30年代为什么会造就出郭沫若，或者说时代为什么会选择郭沫若？那就在于郭沫若本身具有的诸多不为他人所具备的特质或个性。或者说，郭老自身所具有的特点和品质则是时代选中他的重要原因。郭沫若说自己是"弄潮儿"，即在社会变革大潮中，始终站在潮头，接受挑战——"弄潮"，与时俱进，不断创造民族新文化。20世纪初到"五四"时期，"史界革命"、"文界革命"等呼声预示整个文化领域即将出现一场新陈代谢。旧体制被推翻，经过复辟与反复辟的较量，引发出一场"新文化运动"，推动着文化的更新。郭沫若异军突起，以新的表达形式、新的文化内涵，吹响时代号角，竖起一面旗帜。

具体来说，敢于弄潮的特质、高度敏锐的眼光、渊博深邃的知识、力行创造的品格，使他登上文坛整整60年，始终站在潮头，成为时代的标杆。

李晓虹：天才不止一个，但是像郭老这样在如此多领域都有所成就的并不多。他不仅是学者，还是文学家、社会活动家、书法家……我觉得，郭老这样天才人物的产生，一方面源于个人智商、知识储备，另一方面则是因为他有理性的观念，有自己的人才观。郭老1920年在与宗白华的通信中就写道，"天才的发展有两种类型：一种是直线形的发展，一种是球形的发展"。他认为后者更了不起，"将他所具有的一切的天才，同时向四方八面，立体地发展了去。"这样的人物目前他只发现了孔子和歌德。他崇拜这样的球形发展的人物。在他还是一名医科大学学生的时候，就有了这样清晰的想法。就是说，郭沫若在年轻时，对自己的发展就有一个明确的追求，他成为一个百科全书式的人物不是偶然的。

《中国社会科学报》：人的主观意识和主观努力是很重要的。

谢保成：郭老是永在潮头的弄潮儿，敢在时代的风口浪尖弄潮，与时俱进。他顺应潮流又要引领潮流，勇于发挥自己的作用。这一条特质很多人不具备。比如，在新文化运动大潮中，胡适还在尝试白话诗，郭老的《女神》就已经写出来了，划了一个时代；马克思主义史学还在探索的时候，郭沫若就出版了较成熟的成果《中国古代社会研究》。解放后，郭老仍是一个标杆。作为政务院副总理、文化教育委员会主任，他有那么高的职位，却第一个在《人民日报》公开作检讨。解放后，文化领域要开始批判，他也是第一个被批判的。"文革"结束，他第一个喊出"呼唤科学的春天"。正因为他总是立在潮头，所以历史选择了他。

郭沫若还有极其敏锐的眼光，能够知微察著。他有敏锐超前的眼光，与时代的关系十分紧密，所以时代很容易选择了他。他总是能看到时代的动向，所以他才能代表着文化发展的方向。最典型的例子是，郭老到九江走了一趟，就看出蒋介石要叛变，汇报给周恩来，中央立即下发了讨伐蒋介石的文件。再如，当时郭老反驳陶希圣写了《甲申三百年祭》，其中点出了很多重要的东西，成了整风文件（编者注：毛泽东在延安给郭沫若写的信里说："你的《甲申三百年祭》，我们把它当作整风文件看待"）。再如，毛泽东1938年发表《论持久战》之前的几个月，郭老就连续发表了几篇文章，说"中国的抗战是持久的"。

还有，他确实有极高的秉赋和渊博的学识。他一个不懂甲骨文的人，钻进去研究几年，居然成了"甲骨四堂"（编者注：郭沫若字鼎堂、董作宾字彦堂、罗振玉号雪堂和王国维号观堂）之一。他并没有参与殷墟的发掘，只是和董作宾通了些信，看了罗振玉、王国维的几本书，还有22篇最新的材料，就根据这些，《卜辞通纂》就出来了。郭老的青铜器研究也自成体系。学术功底深厚是一方面，思维敏捷是另一方面。史语所在1928—1937年间共有15次殷墟发掘，由董作宾主持，恰恰这时是郭沫若研究甲骨文的高峰时期，产出了3部书——《甲骨文字研究》《卜辞通纂》《殷契粹编》；同时，推出了金文的7部书。郭老的终极旨归是"要创造民族新文化"，而并不是要改造社会。《中国古代社会研究》其实是要填补恩格斯没有说到的中国古代社会，要在世界文化史中补上中国这一页空白。再有一点，就是他的知识储备和贯通，他精通中国古典文学，又懂德语、日语、英语。在翻译的过程中，吸收了很多西方思想，这些东西又进一步成就了他。

《中国社会科学报》：还有一点应该也是很重要的，就是郭沫若最早找到了马克思主义唯物史观这一思想利器，他的《中国古代社会研究》就是中国马克思主义史学的开山之作。

谢保成：当时讲文化"更新"，面对的是众多外来的"新"思想、"新"学说，这些思想、学说都纷纷在中国大地寻找传播的土壤。然而，在这众多的"新"思想、"新"学说当中，哪些属于先进，哪些在国人看来可能是"新"，而在产生它的本土则已过时，整个文化界都在不断探寻中。随着"中国向何处去"的社会问题的提出，如何吸收外来文化（包括吸收何种外来文化），如何创造自己的新文化，成为全社会瞩目的热点。郭沫若看到辩证唯物论的阐发与高扬"已经成为了中国思想界的主流"，认识到"辩证唯物论是人类的思维对于自然观察上所获得的最高的成就"，亦即"先进文化的代表"，因而"要使这种新思想真正地得到广泛地接受"，使之"中国化"，作出正确的选择，这是一个已被历史发展证明了的趋势！郭沫若由于这一方面的创新，使他成为继鲁迅之后新文化运动的又一面旗帜，代表着中国新民主主义文化的方向、新中国成立之后的文化方向。

二　郭沫若的文化遗产和当下意义

《中国社会科学报》：您刚才提到郭沫若的"力行"与"创造"的品格，我觉得，这一特质不仅是郭沫若之为郭沫若的重要原因，也是他留给我们后人的一个精神遗产。

谢保成：可以这么说。郭沫若"身体力行"和"大胆创造"的精神特点非常明显。不管是写诗，还是研究甲骨文，郭老从不畏首畏尾，都是一想到立即就去做，先把研究成果写出来，再与人交流、论对错、改正。而事实证明，他的这些尝试都成功了。当然，我作为学者，认为他最大的成就还是在学术研究上。抗战胜利后，在重庆，他说，觉得自己在日本的十年都消沉了，玩物丧志，很感伤。实际上，他最大的成就都诞生于那一时期，被评为院士也是因为那一时期的几本书。社会史论战期间，别人都拿他当靶子，他却正研究甲骨文起劲，根本没有参与，反而是出了几本青铜器论著。

在当时，百科全书式的学者并不止郭沫若一人，但郭老的身体力行、大胆创造，非别人能比。而且他能够把诗人的形象思维带入到学术研究中去，与逻辑思维相结合，因而在甲骨文、金文等领域能有更突出的成就。郭老敢于打破成见、大胆怀疑，这是知识分子最可贵的品质。在新诗中，他从内容到形式，都进行了改革。他并不是不懂古体诗，而就是要冲破。

郭老的这些特质在今天还是需要的，所以今天我们研究这些仍然有现实意义。现在学界的因循守旧、跟风等风气，跟郭老所倡导的精神完全不同。

《中国社会科学报》：我们今天谈论郭沫若，是站在21世纪，站在距离郭老逝世已有三十多年的一个时间点来谈论他。郭沫若之所以在今天还值得我们谈论，就是因为他对我们还有意义，他对未来还有意义。

谢保成：郭沫若瞩目"异民族的文化之优秀成分"，却以国情为基点，考验其适应度；引进外来先进文化并使之中国化，促进中华民族文化发展，创造中华民族新文化；然后再走出去，面向世界，填写世界文化史上的白页。这在20世纪文化发展中，既是郭沫若自己所走过的学术文化路程，也是郭沫若长期坚持的一贯思想。在中华民族进一步同世界各个国家、各个民族深入交往的今天，在"异民族的文化"弥漫中华大地的时候，郭沫若在20世纪形成的这一世界文化观，仍然有着十分重要的现实意义，需要我们进一步发扬，在不断求新中创造出我们自己的新文化！

《中国社会科学报》：郭沫若的这种追求，显然不是为了个人的功利目的。

谢保成：当时那一代人，有一种承担的意识。现在学科越分越细，但那时不局限在一个地方。在做学问的时候，他抱有"民族要往哪边走"，"做的学问对中国发展有没有意义，有多大意义"这样的意识。他不是定位于某学科的学者，他不关心他

"是什么",而关心"做什么"。

郭平英：郭老尊重他视为精华的那部分中国传统文化，但又不是固守的、老学究式的推崇。他对西方文化的了解超过他同时代的人。总体上说，五四时代的那批最优秀的知识分子对西方文化的了解不逊于现在。即使是在这样一个群体中，郭老也是佼佼者。尽管他对中西文化都有较深的了解，但他仍觉得中国传统文化太沉重了，沉重到我们背不动的程度，要打开窗子，让西方文化的光透进来，吸收西方文化的养分，将二者精髓结合起来，这是他对五四文化的理解。

除了西方文化的开放、灿烂，他还能从中敏锐地吸收一些科学的方法。比如，他之所以能在古文字、古器物研究上捷足先登，并不是借助于马恩的原著，而是借助于一本19世纪的德国美术考古著作。他说，西方考古已经找到一个标准器，用以断定建筑物年代，于是他用这样的方法研究青铜器，分出了四个时期。郭老从那本书中的区区几行字中受到启发，解决了青铜器研究的重大问题，并至今被奉为圭臬。

三 "没有伟大的人物出现的民族，是世界上最可怜的生物之群；有了伟大的人物，而不知拥护、爱戴、崇仰的国家，是没有希望的奴隶之邦"

《中国社会科学报》：近年关于郭沫若的一些不实之词，一些攻击，主要是哪些，在学术上为什么是错误的？

谢保成：近三十年来，对郭沫若的批评和攻击，主要有这么几件事：第一件事，是20世纪80年代围绕姚雪垠针对《甲申三百年祭》攻击郭老，有30多篇论文，这实际是在明史圈子里的事。后来以顾诚为代表的明史学家从学术角度提出了一些关于李自成、李岩等人物的论证，证明姚雪垠的攻击是不实之词。自此，明史圈子再没有过类似攻击。第二件事，是余英时等说郭沫若抄袭钱穆著《先秦诸子系年》。1996年前后有学者写了文章反驳，之后就没有质疑了。第三件事，是陆键东著《陈寅恪的最后二十年》，说郭老与陈寅恪的关系问题。我的"龙虎斗"那篇文章说的比较清楚。后来再没有人做文章。第四件事，说郭沫若的《李白与杜甫》抄袭冯家生，我用笔名在《科学时报》写了反驳文章。

进入21世纪以来，这些声音基本就销声匿迹了。

《中国社会科学报》：但是对郭沫若的批评仍不时听到，虽然有些打着学术的名义，有的不打着学术的名义。

谢保成：对于郭沫若的评价或认识，政治家有政治家的说法，学人有学人的说法，普通百姓有普通百姓的说法，这表明郭沫若是一个在全社会各类人心目中都有深刻印象的人物。对于郭沫若的评价或认识，是一个比较复杂的问题。客观、公正的评价或认识，在排除道听途说、刻意诬蔑等带有某种要"搞臭"其人目的的某些做法、说法之外，应该根据郭沫若是一个政治、学术兼而为之的人物特点来进行评价或认识。对于他属于学术研究方面的成就，应当从学术研究的角度进行评价，如傅斯年那样，不管他是否被国民党南京政府通缉，也不问他是否当共产党的"喇叭"，只看他的三部甲骨文、金文研究著作的学术水平，认为符合评选院士标准，便力荐他为中央研究院院士。对于郭沫若作为一个政治人物或新中国科学、文化领域的高层负责人的言行，要根据当时的政治形势来进行分析。从他的身份来讲，50年代两次说出精通辩证唯物主义与历史唯物主义"犹如必须精通烹调术才能治好烹调"，但"厨师不能专门拿烹调术来享客，历史家当然也不能专门拿研究方法来教人"，"在历史研究中，只有历史唯物主义的一般原理而没有史料，那是空洞无物的。炊事员仅抱着一部烹调术，没有做出席面来，那算没有尽到炊事员的责任"的话，已足以反映他的思想。在历次政治运动中，郭沫若作为一名国家领导人、一名中共党员，只能服从党和国家的决议，与党和国家最高决策保持"高度一致"，不允许有丝毫的"不一致"。

李晓虹：新中国成立后，郭沫若站在一个显赫的位置上，文化界的思想运动他无法回避。1951年电影《武训传》批判对他来说是一个震动，他因为曾经赞扬过武训而在《人民日报》发表两篇文章公开检讨。紧接着因为中科院出版的语言学专刊第二种《撒尼彝族研究》序文的政治倾向问题，又在《科学通报》发表《关于〈撒尼彝语研究〉的检讨》。几个月后，《人民日报》发表批评中国科学院刊物《科学通报》的文章：《纠正科学刊物脱离政治脱离实际的倾向——评〈科学通报〉第二卷》，郭沫若身为院长，难辞其咎，亲自过问处理此事，编者也公开做"自我检讨"。半年之内发生的三次事情对他产生的影响应当是很大的。现在有人谈到这些问题时，都把郭沫若孤立起来看。其实当时这些事件一出，学术界反应十分迅速，立刻出现大量的批判文章，在武训批判中，报刊上发表的批判文章近千篇，许多著名学者、作家艺术家都撰文参与，一些今天看来比较超脱的人都写了份量很重的文章。可以说郭沫若是那个时代知识分子心路历程的一个缩影。如果批评只针对他个人，一是不客观，二是意义不大。

《中国社会科学报》：要放在一个历史情境中来研究历史人物，才是历史主义的。

谢保成：因为《武训传》，郭老做了两次公开检查。郭沫若本人既是个政治人物，又是个学术人物。要以纯学者的标准要求他，那不可能。学问家和政治家需要的学术不一样。遭人批评的《李白与杜甫》就是一个混合物。特别是当他以类似今天"新闻发言人"身份发表的言论，更不应该用纯学者来要求他、认识他。总之，需要仔细区分、弄清史实，不应捕风捉影、人云亦云。

李晓虹：我一直记得郁达夫的一句话："没有伟大的人物出现的民族，是世界上最可怜的生物之群；有了伟大的人物，而不知拥护、爱戴、崇仰的国家，是没有希望的奴隶之邦"。郭沫若这样的人，尽管他身上有问题，但是他多方面的成果是值得珍视的。在现在这个娱乐化的时代，郭老也成了一个被娱乐化的名人，他生活里的某些东西被无限放大。这是一个值得深思的问题。

四 "我不懂古文字，所以不知道郭沫若的伟大"
——女儿眼中的郭沫若

《中国社会科学报》：我以前多次采访您。您谈到郭老时，大多直称其名，这给人一种很特别的感觉。十年前，您曾接受一家报纸的采访，谈到"女儿眼中的郭沫若"，非常平实，也非常真实，很令人感动。

郭平英：（中国社科院）历史所有人说，不懂古文字，就不知道郭沫若的伟大。我就是一个不知道郭沫若伟大的人，因为我不懂古文字。

《中国社会科学报》：但此时此刻，我们还是希望听到您对郭沫若的一些更新的看法。

郭平英：那我只能从比较感性的角度谈一下自己的观点。

首先从学术研究上来讲。郭老在古史研究中，尤其重视春秋战国时期，他在这一时期下的功夫之大甚至超出了历史研究的范围，原因是他认为春秋战国时代是百家争鸣的时代。楚国文化如果能成为主流，也是他所希望的，而非商鞅的法家文化一统天下。这表明，他认为，在学术发展中应该众说纷纭、百家争鸣，这才能使民族性格开朗、文化发达。结果不然，中国没有走到这一步。所以他一再说起历史上的这一时代，并称其为"历史上的五四运动"，称其具有推动社会的历史意义。

在先秦文化中，他非常推崇儒家文化。他在五四运动中一直走在前列，高扬个性解放旗帜，可就是这样的一个诗人，却没有和国内其他知识分子一样大喊"打倒孔家店"的口号。他研究了中国传统文化并将其与德国文化进行比较。他一直坚持自己的想法，这种意识贯穿了他的传统文化研究始终。为什么郭老如此肯定儒家文化？他实际是以历史发展的眼光来看的。他认为孔子是一个体魄健康、才华横溢、能从文又能从政的球形发展的人物。如果汉代以后的文化是按照真正的儒家文化发展来还原历史，那也是理想的。遗憾的是，汉代以来延续的儒家文化已经不是原本的儒家文化了，包括我们现在推行的国学和传统文化是否是正宗的也应该商榷。林甘泉先生说，现在的国学宣传的是什么，他们自己都不明白，"五四"时"国故之争"，把该弄清楚的学术问题弄清楚，才能说我们该继承什么。郭老一直到《十批判书》，还是尊崇儒家，肯定仁爱、肯定尊重人性、肯定以人为本。我想这与郭老做人、做学问的追求是一致的。

《中国社会科学报》：我想，这才是真实的郭沫若，而不是后来被媒体扭曲的郭沫若。

郭平英：他在兴趣中摄取了精华，将之提炼出来，开辟了自己的领域。他乐在其中。我决定出这本书，加上插图，这样才能把郭老当时翻译这本书的乐趣展示出来。

郭老建国前有很多学术上的独到见解，建国后也有一些，拿以下两篇来举例说明郭老在他的位置上如何实现自己在学术上的想法。一篇《发辫的争论》，一篇《对〈辞海〉未定稿的审阅意见》（附文）。《发辫的争论》表述了两个观点：一个是要写短文章，不要写没味道的八股文章，就像编辫子；他还写了左边的辫子和右边的辫子辩论，第二层意思是批评无谓的扣帽子的争论。（这篇文章署名"龙子"，是聋子的谐音。）这篇文章给了《人民日报》副刊，当时去请示胡乔木，胡先批示"可以发"，消息还没传回《人民日报》，胡就又把"可以发"改成"应该发"。这说明胡乔木在宣传工作上的态度还是开放的。这些都在胡乔木纪念文集里提到过。郭老也遇到过不能发的情况，比如，他写好了关于《再生缘》的文章，出国期间还把17卷本弹词版《再生缘》做了校订，交给中华书局，打了纸型，但是接到通知说不能发，因为故事内容涉及朝鲜边境问题。郭老的书不能出，陈寅恪的内容也不能出，陆键东只看到陈寅恪学术著作受到约束。而实际上，郭老也受到这样的约束和管制。

关于《对〈辞海〉未定稿的审阅意见》，你们可以看一下文革前正式发行的《辞海》，里面对"经学"、"乾嘉学派"的词条是怎么定义的。当时未定稿请学者提意见。郭老说，这个词条全是否定的。他说，这个判断脱离了当时的历史背景。在清朝文字狱时期，乾嘉学派不搞考据搞什么。乾嘉学派比一门心思参加科举考试的士人强得多。郭沫若当时说："您们的解说没有从发展来看问题，没有从比较来看问题，没有用历史唯物论的方法看问题，而是用五四时代的立场来侧重否定。这和今天强调调查研究的精神也不甚符合"。

《中国社会科学报》：郭老的这篇《对〈辞海〉未定稿的审阅意见》好像此前并未公开发表。

郭平英：前些年有本书《反思郭沫若》出来后，很多学者就针对那本书说，郭沫若在学术方面的建树是攻不倒的。后来就有人从个人崇拜的角度出发攻击了。

《中国社会科学报》：那么您怎么看针对郭沫若"个人崇拜"的攻击？

郭平英：毛泽东在建国以前以及建国初期，他的历史功绩是值得大书特书的。他起码结束了国民党的腐败统治。

郭老对新中国到底未来怎样，与翦伯赞也有过一些迷茫。1948年时，二者同船从香港到大连，之后翦伯赞计划到解放区，而郭老到沈阳。分手时，两位历史学家就中国的未来进行了交谈。具体内容是什么，没有任何文字记载。我只从香港香岛大学（音，待核，只查到香岛中学）学生回忆录里看到，翦伯赞在从香港北上之前，在讲座时说，中国是一个90%农民的社会，是一个不能没有皇帝的社会，今天我们如果面临一个没有皇帝的时代，历史要怎么书写？没有人再说下去。郭沫若与翦伯赞分手时，只是在一处写到"颇郁郁"。他们对共产党建设一个怎样的社会，可能有着相似的迷茫。可是几天后，我又看到他歌颂解放区的诗，每一句最后都是"我今真解放"。就在他迷茫的时候，对人民解放军的南进也感到无比的欢畅。在火车进到北平的时候，他又禁不住热泪盈眶。"多少人民血，换来此尊荣"。他的感情是丰富的，也是多重的。

《中国社会科学报》：有一种说法，认为在诗人的气质上，毛泽东和郭沫若两个人有着共通之处。您觉得呢？

郭平英：我也这么认为。两人不仅在诗人的气质上有共通之处，他们对中国近代社会的分析，又不谋而合。毛泽东不止一次肯定郭老在《反正前后》这篇文章中对辛亥革命前后四川社会的描述。辛亥革命之前，四川的保路先锋都是拿着光绪皇帝甚至宣统皇帝的牌位来保卫路权。接着就辛亥革命了。中国哪能一下子就从封建社会进入新的历史时期？所以说，毛泽东认为《中国社会各阶级的分析》也是在和郭沫若对中国社会共同认识之上的。基于这样多方面对于历史、文学、艺术、现实、马克思主义经济学的看法，郭沫若心悦诚服地拥护毛泽东，把他看作新中国的代表人物。

《中国社会科学报》：您的意思是说，郭老是真诚的？

郭平英：郭沫若是那个时代所有拥护共产党、唾弃国民党的知识分子当中的一员，大家都在喊"毛主席万岁"。脱离了这个轰轰烈烈的环境，他能够很理性地思考这些问题。但一旦进入场景，他又会说一些在今天看起来很幼稚的话。人往往是有着多重性的。

还有一点，新中国处在多重包围之中，新政权还在摇篮中，我们如果不维护执政党，执政地位就可能丧失，意味着国民党还会回来，这与今天完全不同。在这一点上，郭沫若和很多知识分子的想法是一致的。郭沫若没有过早倾斜，他性格中的激情澎湃，他的政治家地位，他所担负的领导职务，都是其中的原因。

我很庆幸，在郭老诞辰120周年之前，我退休了。不然让我去给我老爹要钱，叫人来唱赞歌，难啊。

五　学术研究是最好的继承

《中国社会科学报》：有学者批评，《郭沫若全集》"不全"，或者有重要的删改，而有的学者据《郭沫若全集》来研究，问题较多。

李晓虹：这些年郭沫若研究有了许多新成果，一个比较好的趋势是许多学者越来越重视史料发掘，一批新史料为研究提供了新的思考点。但是，与许多现代文化名人特别是与鲁迅相比，郭沫若研究资料还存在很大缺口，很多资料还处于沉睡状态，很多问题还没有很好地梳理。

郭沫若一生著译丰富，且不断再版。而他是一个经常修改自己文章的人，同一本书不同版本可能从篇目到内容都有很大不同，许多修改的地方并未在后来的版本中注明，一些学者忽略了这一点，把郭老后期修改过的观点作为最初发表时的提法。因此，收集尽可能多的版本，为研究者提供最可靠的第一手资料，是我馆近年来做的一件重要事情。目前我们收集到的郭沫若版本书数量在全国可以说是首屈一指，并且已经全部数字化，并免费提供查阅。

其次是对《郭沫若全集》38卷之外散佚作品的收集整理。《全集》是郭沫若去世后，由"郭沫若著作编委会"历经20年编纂而成。但是，根据当时的编选原则只收录了郭沫若本人生前结集的文章，而大量未曾进入选本的散佚作品未能进入。这一部分作品数量巨大，《郭沫若全集》"不全"的问题多次受到学者诟病。这两年我馆一直在做这些散佚文章的收集整理工作，目前已经找到《郭沫若全集》之外的文章近800篇，而且基本找到原刊文，并做了认真的校对，拟尽快面世，以为研究者和普通读者提供更丰富的资料。当然，对于郭沫若散佚诗歌、题词等其他文体的作品的收集也在进行中，我们相信，这些工作对于郭沫若研究的推进会有重要意义。

另外，新中国成立后的郭沫若是研究的难点，其中一个原因还是缺少第一手资料。关于郭内心世界怎样，很多都是在猜测。我们希望多拿出来一些馆藏的东西。给学术界提供新鲜的材料，这可能会对郭沫若研究有直接的推动作用。

郭平英：还有一些政治性文章有意识地没有收录，有的写了说明，有的没有。《沫若诗词选》是编成年代最晚的，编成于1976年，到全集里有21首诗没有收录。最有代表性的是《水调歌头·粉碎四人帮》没收。但这些都是跟有关机构备案的，并不是由于粗枝大叶和编者跟风造成的。

谢保成：《郭沫若全集》中也要包括译著。全集应该出修订版，现在的全集问题比较多，比如错别字多、收编体例不统一等。"文学编"和"历史编"有收重和收漏的情况。比如，1973年版全集中少收录了8篇文学的文章。再如，历史剧后边有的文章两边收重了，而《天地玄黄》里的《考工记的年代与国别》则收漏了。

《中国社会科学报》：重要作家的全集，对于研究者来说，非常重要。那么，你们的建议是什么？

谢保成：所以现在我们建议，"鉴于全集出版时间很长，以及当时时代背景下的取舍，建议修订和再版"。

郭沫若研究，在个案研究基础上需要加强综合研究，把郭沫若其人、学术、社交等融入到他所处的那个时代中进行分析研究，不要仅仅局限于对某篇作品、某些言论的孤立研究。对于他的人际交往，特别是学术交往，虽曾有过郭沫若交往的文化圈的研究，但仍存欠缺。这是可以列出一个很长的名单的，其间的学术交往，各方面学人对于郭沫若学术的影响是些什么。在出版的20世纪学术大家的书信、日记、回忆录等文字中，大都可以检索到"郭沫若"，从中可以发掘郭沫若许多不为人知的一些情况，汇总起来必将对认识郭沫若大有裨益。

（原载2012年11月14日《中国社会科学报》）

科研课题

立项重要课题

清末民初启蒙读物对郭沫若成长影响研究（杨胜宽主持，2013年四川省社科规划项目）

本课题首先整理并系统介绍一批清末民初新学教材与启蒙读物，以便尽可能还原清末民初中国教育转型期的真实图景和生态状况；其次，重点研究郭沫若在自传中反复提到的启蒙读物《史鉴节要》《启蒙画报》《笔算数学》等，探讨他们在郭沫若成长过程中起到的重要作用，并通过这一个案考察清末民初中西合璧的教育和教学方式在人才培养方面的功用及意义。

回忆郭沫若作品收集、整理、研究（廖久明主持，2013年四川省社科规划基地项目）

本课题拟对人们回忆郭沫若的作品进行系统收集、整理，为方便人们阅读、使用，拟按照其性质分成以下各卷：《文学生涯忆沫若》《史学生涯忆沫若》《考古生涯忆沫若》《政治生涯忆沫若》《编辑生涯忆沫若》《教科生涯忆沫若》《艺体生涯忆沫若》《亲友忆沫若》。回忆作品难免有错，本课题同时拟对其中的错误叙述进行考证。

文化碰撞中的郭沫若旧体诗词研究（唐瑛主持，2013年四川省社科规划基地项目）

本课题以郭沫若一生所创作的大量旧体诗词为研究对象，试图通过郭沫若这些旧体诗词的产生背景、艺术成就、情怀抒写等的索幽探微，一窥以郭沫若旧体诗词为代表的传统诗词在文化大碰撞中的20世纪里所处的独特历史位置。

2013年度四川省教育厅人文社会科学（郭沫若研究）立项课题一览表

项目负责人	课题名称	最后完成时间	成果形式	课题类别
王文华	郭沫若楹联丛话	201506	专著	重点项目
李继凯	郭沫若：现代中国文化的创造者	201506	论文	重点项目
周书灿	郭沫若与中国古代社会研究——学术史视野下的再考察	201506	论文	重点项目
唐瑛	郭沫若旧体诗词研究	201506	论文	重点项目
彭建华	郭沫若的德语文学翻译研究	201506	论文	重点项目
钱晓宇	郭沫若与现代汉字变革	201506	研究报告或论文	重点项目
邱少明	郭沫若之于马列经典著作——翻译、传播及认同	201506	论文	重点项目
杨朝晖	郭沫若新诗理论研究	201506	资料、论文	重点项目
王素英	郭沫若对中国科技发展的贡献研究	201506	论文	重点项目
李银斌	沫若文化旅游产品设计与开发	201506	论文＋图册	一般项目
陈欲晓	郭沫若题画诗词研究	201506	论文	一般项目
陈荣军	《两周金文辞大系》体例探研	201506	论文	一般项目
李畅	剧本《郑成功》的人物塑造和叙事分析	201506	论文	一般项目
唐晋先	郭沫若作品量词研究	201506	论文	一般项目
周文	《敝帚集与游学家书》研究	201506	论文	青年项目
付伶莉	郭沫若庄子研究之研究	201506	论文	青年项目
史忠平	郭沫若书学思想研究	201506	研究报告	青年项目
张弘	郭沫若史著的世界眼光——以其先秦文化研究为例的初步探讨	201506	论文	青年项目

出版零讯

【郭沫若生平史料撷拾】
  著 者：蔡震
  出版社：花木兰文化出版社
  版 次：2013年9月第1版
  本书以现存的有关郭沫若生平史料，包括郭沫若的自传中，所叙述史实、史事等资料为出发点，寻找在这些历史资料所存在的空白点和疏误之处。经过撷拾往事，发掘、钩沉、考证、辨析一则则史料，并据其内容分门别类，逐一记入"史迹篇"、"著述篇"、"交往篇"、"书信篇"。书中所述史实、史事，或大或小，或见全貌或为片段，但皆为展现一个历史人物的真实存在。

【郭沫若传】
  著 者：黄曼君、王泽龙、李郭倩著
  出版社：长春出版社、人民出版社
  版 次：2013年8月第1版
  本书是"人民联盟文库"系列之一。该书以时间作为节点，以日常故事作为线索讲述了郭沫若不平凡的一生，生动地映现了20世纪一代中国知识分子探求真理、追求光明的精神轨迹。该书巡检了郭沫若的一生，展现了郭沫若从旧传统、旧世界走向新生活的坎坷心路历程，展示了作为现代知识分子代表的郭沫若如何经历新旧中国社会动荡与严酷斗争生活的文化领袖气质和精神，同时也是站在新的文化高度与郭沫若心灵世界的一次重新对话。

【青春与感伤——创造社与主情文学文献史料辑】
  主 编：魏建
  出版社：人民出版社
  版 次：2013年12月第1版
  该书不仅强化了文献史料是文学史"本体"的重要组成部分的理念，从"原始史料"、"经典文献"、"回忆与自述"、"历史图片"等多角度进行专业化的文献史料搜集和整理，更直接、形象、立体地还原了"主情文学"这一重要文学史命题的原生态风貌。与已有相关文献史料集相比，该书在选取原则上尊重客观、共识的同时，侧重对稀缺文献史料的发掘和整理，强调真实展现文献原貌，除简繁转换外，包括明显排版编辑错误、错别字等亦保留原样（对明显错讹或难以理解处作注释说明），为读者真切体味文献之妙、重返历史现场留下了较大的发挥空间。

硕博论文

【博士论文：《论"十七年"郭沫若"非政治家"职务写作》】

著者：逯艳
导师：魏建
学校：山东师范大学
专业：中国现当代文学

郭沫若是一个复杂的存在，建国后的郭沫若更是如此。这在很大程度上是因为建国后郭沫若的文化身份和社会角色更加复杂，并且与这一时期复杂的政治风云更为密切。然而，目前学界对建国后郭沫若的研究相对忽略郭沫若文化身份和社会角色的复杂性，往往将郭沫若建国后的多重身份归拢到"政治家"这一核心身份上，似乎建国后郭沫若的多重身份只不过是其"政治家"这一核心身份在不同社会角色下的不同表现而已。故而，郭沫若建国后的各种表现，或显性或隐性、或真或假、或真心流露或假意敷衍也都难逃"政治"的魔咒，而所谓郭沫若的复杂性其实也只是一种政治的复杂性。

本文试图在大量原始史料收集和整理的基础上，对"十七年"时期的郭沫若展开新的学术考察，侧重揭示以往过于关注"政治性"的研究所忽略了的郭沫若职务写作中的"非政治性"表现，进而揭示其中"政治性"与"非政治性"的复杂缠绕以及建国后郭沫若成为一个文化"多面体"的历史形成。

郭沫若建国后的多种身份曾被以往研究者深度挖掘和多次展示，如：中国政务院副总理兼文化教育委员会主任、全国政协副主席、全国人大常委会副委员长、中国科学院院长、中国科技大学校长、中国科学院哲学社会科学部主任、中国保卫世界和平大会委员会主席、中国文联主席等……这就相应地使他成为当时政界主要领导、科学界首席领袖、外交界知名使者、文坛著名作家、文教界资深名流等。同时，在这些身份中除了官方形态明显的"政治家"之外，还存在一种与之相对的"非政治家"身份，这些身份赋予郭沫若相当的知名度，使他成为炙手可热的"公共人物"。鉴于郭沫若"十七年"时期写了大量的作品，这些作品虽不能算严格意义上的"文学创作"，但它们却具有文学的形式，并且与以文学家名世的郭沫若在当时所出任的各种不同职务相呼应，所以本文以"职务写作"作为切入点，将这些作品按照主题大致分为科学、外交、人文和教育四类。由此，本文选定郭沫若在科学界、外交界、人文学界和社会教育界四类"非政治家"的职务，以"公共人物"的视角对其相应的"非政治家"职务写作进行研究，从而形成对建国后郭沫若研究的一个新的阐释框架。

本文由绪论、正文四章和余论组成。绪论主要包括四个层次。首先，对前人研究成果进行研究，在此基础上提出为何"政治性"会成为评判建国后郭沫若的核心标准，对这种标准带来的简单化判定惯性进行思考。由这一思考引出近期研究的整体走向，即对郭沫若"复杂性"特质的关注，虽然这种关注已经不同程度地激活了探寻郭沫若"政治性"之外"非政治性"特质的主动性，但是还尚未突破以"政治性"为轴心的研究体系。由此，本文另辟蹊径，以"公共人物"作为新的研究视角，对郭沫若建国后"政治家"身份以外的"社会活动家"角色特质进行挖掘和研究。无论从写作动机还是文学水准上来看，本文都不赞同用"创作"来定位郭沫若"十七年"的文学作品，而是选用"职务写作"这一切口展开论述和研究。

第一章，围绕郭沫若"作为科学界领导人的写作"展开研究。首先科学界领导人是郭沫若"十七年"最为显著的职务之一，而且科学主题的诗文写作同时还具有时代延展性，所以文章最先对郭沫若这一显著但尚未被学界全面认识的"非政治家"职务进行研究。在论证思路上，本文首先从备受争议的、关于郭沫若建国后诗作审美性缺失的现象入手，对郭沫若1950年代的科学诗作进行分析，尤其对这些诗作与"《女神》时代"诗歌写作水平出现严重脱节的现象，试图借助"公共人物"来考察。结果发现这种现象不仅与其在1920年、1930年代形成的"为大众"理念不无关系，同时又能和1940年代形成的"人民本位"观合理对接，这就充分证实了其科学诗作具有隐性的时代延续性。借助这一发现，文章分两个层面继续探寻潜伏在此类诗作底层的其他用意，即具体到国内层面，形成了两种教化知识分子的方式：一种是警戒性的，即以"批评"和"自我批评"的方式，告诫科学工作者要时刻警惕"科学官老爷"态度的腐化和侵蚀作用，自觉抵制自满情绪；另一种是劝勉性的，即以苏联这个科学先进国为参照，借助苏联人造地球卫星和火箭等科技成果来鼓励本国科学工作者，主动加快科技创新步伐。而就在这一劝勉的过程中，郭沫若注意到先进科技给人类造福的同时也存在被美国等居心叵测的国家恶用的可能性，表现在其作品里便是不断强调用"科学"来争取世界永久的"和平"，这种不分国界"为全人类谋福利"的观念，其实正是郭沫若所坚持的"为人民服务"理念在全球范围内的表现，而这也恰是郭沫若科学诗文在国际层面的用意。既然科学事业是一项世界性事业，而科学研究工作又是一项长期性的艰辛探索工作，所以必须重视对科学事业接班人的培养。不管是对以中国科学技术大学为代表的科学后进力量的关怀与鼓励，还是对钱学森为代表的科学精英的提携，尤其是对钱三强和陈明远等科学青年的勉励和警示，都饱含了郭沫若作为科学界资深长辈对晚辈后生的热忱期望与赤诚寄予。

第二章，围绕郭沫若"作为外交界领导人的写作"展开研究。作为一名"公共人物"，郭沫若在外交界名声显赫，不仅是因为他积极处理和开展各种外交事务，还因为他以建国后外交界领导人的身份写了大量歌颂政治领袖的作品。本文首先对郭沫若建国后曾引发学界高度关注的、以歌颂政治领袖为主旋律的外交诗进行研究，在"公共人物"这一视角下，发现这种歌颂旋律背后存在一个情绪消长的过程，这一过程其实是以谁的名义写作的探索过程。借助其外交诗作中频繁出现的"太阳"意象可以发现，郭沫若在写作过程中通过排序、指代、人称等写作方式，将最初歌颂苏联领袖的指向最终转变到赞美本国政治领袖上来。如果把这种转向搁置在世界外交这一国际平台上，又能挖掘出郭沫若两个维度的用心：一方面，用贬斥情绪含量最多的诗文传递他对以美国为首的世界帝国的敌视，同时为防止一己爱憎情绪的过量释放，巧妙地借助拟人化和变化人称的写作方式加以应对；另一方面，在面对和国家相对的"人民"时，不管是借助黑人事件对美国人民的感情联系，还是以温情路线对日本人民的积极动员，都展现了郭沫若灵活多变的外交手腕，与此同时，还展露了他作为外交界领导人的责任感和使命感。除此之外，郭沫若的游记诗还有其他的用途：一方面承载了郭沫若因从事外交工作而焕发出来的青春和激越的诗情，寄托了其愿为中国外交事业奋斗终身的豪迈情怀；另一方面，对国内外风土人情进行描摹与记录，以故事入诗的形式激励和警惕人们不忘抗暴除恶的优良传统，这样不仅能使国外友人了解中国拥有除恶扬善的历史传统，而且还能实现为中国创造更广泛盟友和更宽松外交环境的潜在效果。

第三章，围绕郭沫若"作为人文学界领导人的写作"展开研究。建国后，郭沫若在文化界和学术圈担任的各种不同官职可能已经被不同程度研究过，但是这些看似零散的文化要职具有的共性却鲜为人知，而要了解这些首先必须全面认识郭沫若独特的"官员型学者"风范。文章借助"公共人物"视角，从两个维度来展现：在国际上，他认为"文学"有维护世界和平的正面力量，要在世界范围内加强这种力量才能有力地抵御文化垄断和文化侵略；在国内，要实现学者干预和服务社会的目的，必须选好"教化"方式，而"鲁迅"的"榜样"力量便是一种有效的教化手段，借助这一力量可以实现在全社会范围内对民众的教化。作为中国建国后文化事业发展的"监护人"之一，郭沫若有责任对诸如电影、出版编辑以及文学创作等各个领域进行引导，而就在郭沫若诸多具有引导指向的作品中，多出现以自我反思和自我批评方式收尾的现象。这一现象从"公共人物"角度看，可以这样理解：因为"公共人物"在公共利益和个人利益发生矛盾时，有责任让渡个人利益以维护社会公共利益，所以郭沫若借助批评和自我批评的方式，变相地满足了社会公众对社会名人隐私的占有权和分享权，发挥了"公共人物"具有的巨大社会影响力。

第四章，围绕郭沫若"作为社会教育界领导人的写作"展开研究。以往学界对建国后郭沫若教育方面的研究，曾因过度关注其出任的教育界要职的政治意义，而忽视了对其相关教育主题作品意义的开发与研究。文章在借助"公共人物"这一视角时，发现"公共人物"与"公共舆论"之间存在着"新闻传媒"这一纽带，而借助这一纽带，建国后郭沫若作为社会教育界领导人和其相应的文学作品可以合理地衔接起来。由此，文章一方面借助《人民日报》这一权威的机关报刊，以其刊载的大量有关"儿童文学"的文章为线索，发现郭沫若对"儿童文学"的关注并不仅仅是单纯地履行"文化高官"应尽的义务，而且还承载了郭沫若较为本色的"儿童本位"的写作理念，以这一理念为镜面，又能折射出郭沫若操守的可贵的平等对话意识，彰显其广博宽厚的长者胸怀。同时，他对"儿童文学"建设的热切关注和积极呼吁又促使广大文艺工作者，尤其是一线的儿童文学写作者及时反思自我素养，并由此对当时极为激进的政治体制和颇为浮躁的社会风气做出较为理性的反思和警示。另一方面，和"儿童"这一意象相对的还有"青年"这一群体。如果说"儿童文学"是郭沫若与《人民日报》之间发生化合作用的"催化剂"，那么"青年"这一意象便是郭沫若与多种报刊产生关系的"媒介"，这种关系分为三个层面：对青年的身体健康高度关注，对毛泽东提出的"三好"原则进行详细解释和积极宣传；极为重视青年的精神成长，不仅及时关注当时热议的"维特热"自杀倾向、"轻文学重科学"偏向和"温室花朵"效应等社会现象，而且有效地利用新闻传媒展开舆论引导；作为年长者，郭沫若在积极关注青年们的文学创作的同时，以书信和文章等方式与"青年"进行沟通和交流，鼓励青年要响应国家的号召，走文艺"与工农结合"的实践道路。

余论部分，分为三个层次。之所以首先对锁定在郭沫若研究上的"政治性"与"非政治性"进行辩证分析，是鉴于建国后的郭沫若存在明显的复杂性。作为当代研究者有责任为后续研究提供获得客观、准确结论的研究方法，而这一研究方法必须要以理论阐述框架的建构为基础。本文选择"公共人物"作为研究视角，不仅能为郭沫若"政治性"和"非政治性"提供同一研究界面，而且还能对后续同类研究提供有益的参考和启示。最后，通过"职务写作"这一研究切入方式，强调对郭沫若作品文本研究的迫切性和必要性，并借此重申以作品研究为重心才是坚持以求真、客观和宽容态度对待"郭沫若"这一研究客体的有效方法，也是展现郭沫若建国后"社会活动家"角色特质的必要途径。

【硕士论文：《郭沫若的翻译对其创作影响的文艺心理学解读》】

著者：冯畅博
导师：陈可培
学校：长沙理工大学
专业：外国语言学及应用语言学

郭沫若作为一名诗人、作家、翻译家，对于我国翻译事业和中国文学都作出了很大的贡献，且在我国现代和当代文学史上有着重要的地位。据相关资料记载，他正式出版的译著种类达30种，其中涉及十多个国家的60多位作家的作品。郭沫若不仅翻译了大量的文学著作，丰富了我国对外国作品的认识，且在翻译实践中形成了自己的翻译理论，对后人翻译理论的形成有着一定的借鉴作用。而与此同时，他自己也创作了很多作品，涉及领域广泛，其中许多作品还广为流传。而仔细观察其创作和翻译作品，我们发现在其创作中有很多方面显示出受其翻译实践影响的痕迹。对比两者，我们看到翻译实践不仅影响了他的写作形式和手法，如新诗和自叙性小说及戏剧等的写作及借古人以鉴今等写作手法的运用，对其创作内容和思想也有一定的影响。为更好地理解其作品和深入了解其创作思想，论文从文艺心理学的角度对其翻译和创作进行深入分析，追根溯源，从译者内心世界出发，从而更好地理解其作品和明了其翻译与创作之间的微妙关系。文艺心理学涉及文学创作过程中的心理活动及文学创作的规律，文艺心理学可以从更深层次的人的心理和认知出发，对郭沫若创作和翻译其中的联系作更透彻的分析，让我们更明了其创作过程中的转变过程。文章欲运用文艺心理学从郭沫若个人内心世界出发，找寻其翻译过程中的心理变化及其翻译实践对其创作的潜移默化的影响，同时运用文艺心理学中的移情理论深入剖析其翻译与创作之间存在的千丝万缕的联系，并对其进行分析及归纳。文中穿插郭沫若创作及其译作为例分析，来更具体细致地解释文艺心理学在其创作和翻译过程中的发挥。本文分成五个部分，第一个部分为导论部分，扼要介绍研究背景、研究意义和文章的基本结构。第二部分是文献综述部分，总结概括了国内外针对郭沫若及其作品和翻译的研究情况。第三部分是理论基础部分，阐述文艺心理学的研究内容，移情理论的发展及在郭沫若作品中体现的主要文艺心理学特征。第四部分分析移情作用下郭沫若的翻译对其创作，主要是对其创作形式的影响。第五部分论述郭沫若在实践翻译中其思想的转变过程及其对创作的影响。分析在创作初期翻译对郭沫若的泛神论思想的巩固和泛神论在其作品中的体现，以及如何转变到马克思主义并对其创作产生影响。最后是文章的结论部分，对全文主题进行归纳总结，提出结论，并指出本文的局限性。

【硕士论文：《傅斯年、钱穆、郭沫若之史学方法比较研究》】

著者： 张宇龙
导师： 王银春
学校： 宁夏大学
专业： 专门史

20世纪前半期的中国正处在大变革的时代，同时也是产生史学大师的时代，在这一历史背景下，中国史学界可谓百家争鸣，百花齐放。其中，有三位史学大家显得格外耀眼，他们引领了中国新史学的三大方向，使近代中国史学发展呈现出五彩缤纷的绚丽图景，这三位史学大家分别是傅斯年、钱穆和郭沫若。本文共分四章撰述：引言；第一章，傅斯年、钱穆、郭沫若的史料收集及其整理方法之比较；第二章，傅斯年、钱穆、郭沫若的史学诠释方法之比较；第三章，傅斯年、钱穆、郭沫若的史学方法异同原因之分析。通过分析，文章认为：二十世纪前半期傅斯年、钱穆、郭沫若是中国史学由传统向近代转型进程中具有代表性的三位史学大家。他们在各自的史学领域取得了突出的成就，体现了中国史学向近代转型的进步性与多样性。他们之间有着密切的学术交往，又存在着诸多分歧，反映出彼此之间治史特点的差异，同时在治学旨趣上又有许多相通之处，他们的学术影响、学术气象存在重大差异，在指导思想、治学旨趣上分别属于同一时代的不同流派。傅斯年主张以自然科学方法来研究中国历史，"要科学的东方学之正统在中国"；钱穆主张辞章、考据、义理相结合，以民族文化的复兴为己任；而郭沫若则以马克思主义理论为指导，来研究中国社会历史的变迁规律。三人之间横跨着一条不可逾越的鸿沟。这是同一时代，在纷繁复杂的历史变迁中，三位史学家在比较中做出的各自选择。但与此同时在他们身上，也体现出共同的特征：一是大变革时代的深刻烙印，二是浓厚的传统文化的熏陶。既蜀学大师刘咸炘所称的"时风"和"士风"，即时代的影响和传统文化的影响。因此，对他们三位史家的史学方法的相似点进行比较，有助于清楚地认识20世纪中国历史学的多途并进，最终又殊途同归的发展历程。因此从这样一种角度来研究和比较三位史学家的史学学术方法，给予这三位史学大师以更加准确的学术定位无疑是有意义的。

【硕士论文：《郭沫若自传散文研究》】

著者： 罗兴国
导师： 李生滨
学校： 宁夏大学
专业： 中国现当代文学

在中国现当代文学发展进程中，郭沫若是一位绕不过的作家，郭沫若的一生贯穿整个从五四新文学运动到新时期末期的中国现当代文学的曲折发展历程。对于郭沫若的研究从《女神》诞生便开始，一直延续至今。在整体的郭沫若研究中，郭沫若的散文研究是不可或缺的一个组成部分，郭沫若的散文研究可以分为三大块，郭沫若的文艺性散文研究，郭沫若的文艺论文、杂文、随笔研究，及郭沫若的自传散文研究。对郭沫若自传散文的研究在20世纪20年末期就已经出现，几乎与郭沫若的自传创作同步，至今已经积累了相对可观的研究资料，本文主要是在对郭沫若自传散文进行文本细读的基础上，结合前人的研究成果，从基本的文本分析、总结入手，结合相关的传记理论，力图对郭沫若自传散文进行整体而较为深入的把握。本论文整体结构由六部分组成，绪论部分主要介绍郭沫若的自传散文创作，说明论文的选题缘由、意义，梳理前人对郭沫若自传散文的研究。第一章论述郭沫若自传散文的文学渊源。分两节，第一节着重论述五四新文化运动时期中国传记由古代向现代转型对郭沫若自传散文的影响。第二节论述西方传记的输入为郭沫若自传散文所带来全然有别于中国传统传记的新的创作因素。第二章主要论述郭沫若自传散文书写内容。分为两节，第一节论述郭沫若自传散文对历史的记录。第二节论述郭沫若自传散文对郭沫若个人的书写。对历史的记录是郭沫若自传散文最大的书写特色，也是其自传散文不同于其他传记作品的独特性所在。郭沫若自身的人生经历将这些历史图景贯穿，从而以个人为主线在自传散文中铺展开一副宏大时代历史画卷。即郭沫若在《少年时代》的序中所说的："通过自己看出一个时代"。第三章主要论述郭沫若自传的艺术特色。郭沫若自传散文是一部史学品格与文学追求并重的作品。在自传散文中郭沫若以文学的笔法记录历史的内容，使近乎半个世纪的中国近现代历史真实而鲜活地呈现出来，其所表现出的艺术特色同样不可或缺。第四章主要探讨郭沫若自传散文所具有的多重价值。主要有郭沫若自传散文的历史内容所决定的史料价值。对历史、社会、革命的批判性思考及自我反思、祖国情感所带来的思想价值。与众不同的风格所带来的独特的传记文学价值。结语部分对论文的整体研究状况及于郭沫若自传可继续研究问题进行简要说明。

【硕士论文：《郭沫若序跋散文研究》】

　　著者：郭芳
　　导师：李生滨
　　学校：宁夏大学
　　专业：中国现当代文学

郭沫若作为一位"球形天才"，关于郭沫若的研究已经很丰富和成熟了，但在成熟的体系之中仍然存在某些方面的缺口。郭沫若的序跋散文研究即是此缺口之一。本文正是看到了郭沫若散文研究方面的不足，故尝试在序跋散文方面进行研究，以期解决某些问题。笔者的研究是在《郭沫若全集》文学编、历史编、考古编中序跋的基础上，加之四川人民出版社出版《郭沫若集外序跋集》中的序跋，在这些序跋的基础上，进行进一步的分类和整理。笔者把郭沫若的序跋分为为自己作的序跋和为他人作的序跋，在分类的基础上，笔者主要以序跋散文出发考察郭沫若的文学观以及序跋散文自身的特点。本论文的第一章为郭沫若序跋散文分类。在这一章中，笔者把郭沫若序跋散文分为为自己作的序跋和为他人作的序跋，其中为自己作的序跋又分为文学著作序跋、翻译著作序跋、历史和考古著作序跋。同时在这一章中，笔者进一步分析了郭沫若翻译序跋体现的翻译原则，历史及考古序跋中的治学态度和原则。第二章论述序跋散文中体现的郭沫若文艺思想。这一章包括三节，第一节通过诗歌著作的序跋散文来探究郭沫若的诗歌批评与创作观点。第一节是通过历史剧著作的序跋散文来探讨郭沫若历史剧创作的原则。第二节通过散文著作的序跋来探究郭沫若创作观念的变化，即"人的文学"——"革命文学"——"人民文学"。第三章的主要内容是探究郭沫若序跋散文的特色，即序跋散文的历史考证特色、序跋散文类别的多样性和序跋写作的严谨性。论文的第四章主要探讨了郭沫若序跋散文的价值，包括思想价值、学术价值和史料价值。本论文通过对郭沫若序跋散文的全面考察，把序跋散文作为一个独立的个体进行探究，以期提供一条新的研究路径。

【硕士论文：《女神》的诞生】

　　著者：王雁南
　　导师：章亚昕
　　学校：山东大学
　　专业：中国现当代文学

《女神》的诞生"开一代诗风"，一

扫早期白话诗的平实化、散文化，标志着新诗诗情的复苏和诗式的建立，是新诗走向成熟的标志，最终奠定了郭沫若在中国新诗史上的卓越地位。《女神》显示了郭沫若不同于他人的创作经验和高水平的发挥，本文分别从文化思想、文学观念、诗歌范式三个方面来深入探讨郭沫若何以创作出《女神》这部伟大作品的深层次原因。绪论部分首先对"海外语境"一词进行解释界定，同时简介郭沫若《女神》研究的历史及现状，揭示本文的研究意义及价值，阐明郭沫若是在海外语境下接受外国文化和文学观念、文学范式，从而形成了不同于中国传统的杂文化思想和纯文学观念，进而完成了从旧诗到新诗的变革，确立了新诗的特征，为新文化、新文学和新诗运动作出了不朽贡献。第一章从文化层面阐述中日文化体系的演变，指出文化的"杂合性"与"排他性"特征是决定中日纯文化体系向杂文化体系转变时不同走向的重要因素，并且阐明留学生在海外接受到外来文化熏陶，而其中日本留学生占据十分重要的地位，郭沫若通过"日本之桥"直接或间接接受了日本和西方文化的影响，逐渐形成了杂文化思想。第二章从文学层面归纳中国杂文学传统，指出中国杂文学传统中文史哲不分，注重文学的教化功用，同时对文人的训练以诵读经典为主，形成"文生情"的创作模式。进入近现代后，新文学肩负着改革先驱的使命，文学成为启蒙大众、反叛传统的武器，但实质是强化了文学的社会功能，而比之小说等能够更好地反映社会问题的体裁，诗歌却得不到推崇。第三章以《女神》和"胡适之体"为对照，认为早期白话诗颠覆了诗歌的语言工具，旧的诗体秩序轰然崩溃，完成了"破"的使命，但由于急于突进求成，掺杂了一些非诗特征，使诗歌重在白描、写实、理趣，诗风平淡，语言直白，缺少了诗意诗情诗式。郭沫若凭借《女神》完成了新诗"立"的环节，揭示了诗歌的抒情本质，并且从内容与形式上提供了典范。郭沫若文化思想、文学观念的转变和新诗创作成就是在海外语境中通过亲身经历和大量阅读、翻译外国经典形成的，体验决定感悟，阅读决定写作，"站在巨人的肩膀上"——这是郭沫若力扫新诗草创期的冲淡、理性、单调而"异军突起"的根本原因。结语部分阐述郭沫若对新文化运动的贡献中最难能可贵的一点是，他没有将"启蒙"、"教育"等功利目的的酒装入新诗的瓶子里，而是以一个文学家、诗人的身份介入到新文化运动中，并重新思考文学与社会的关系，至今仍然影响着我国文学艺术的发展。

【硕士论文：《"三美"理论视角下的郭沫若和黄克孙〈鲁拜集〉译本研究》】

著者：韩艳玲

导师：王志伟

学校：郑州大学

专业：英语语言文学

诗歌翻译作为一种特殊的文学翻译类型，因其本身的难度，其研究目前受关注程度还远远不够。虽然自来就有诗不可译论，但是诗歌的翻译却一直都没有因此而"听而却步"。18世纪蒲伯译的荷马史诗《伊利亚特》和《奥德赛》，19世纪菲茨杰拉德译的《鲁拜集》，20世纪庞德译的李白等，都已成为英语文学作品了。而很多的诗体也都是从别国翻译进而移植进入本国的文化，为本国的诗歌发展做出了不可磨灭的贡献。所以，诗歌翻译虽然难且译文不一定能与原作相提并论，却是必然而且必要的。《鲁拜集》是一本享誉国际的诗集，无论是其欧玛尔—海亚姆的波斯原作，还是其爱德华—菲茨杰莱德的英文译本都是文学经典。它的中文翻译者众多，据统计有八十七人之多，全译本也有二十多本（其余为选译），充分显示了其本身的经典和无与伦比的受欢迎程度。这些译本多译自菲茨杰拉德的英文版，也有少数译自波斯原文的。但是关于这本诗集的各个译本的研究和论文却并不多，（知网上的最新检索只有大约三十篇）。在这本经典诗集的众多中译本中，以郭沫若和黄克孙的两个译本最受欢迎。虽然他们译自同一英文原文却风格迥异，各有千秋，所以作者选择了这两个译本为切入点，旨在对其进行对比分析。许渊冲作为闻名中外的诗歌翻译家和诗歌翻译理论家，其诗歌译文极受欢迎，其诗歌翻译理论较系统，操作性强。他的诗歌翻译本体论"三美"理论，即意美，音美，形美，就是一个较全面，操作性强的诗歌翻译的指导性理论和评价标准。目前最受读者关注和欢迎的《鲁拜集》的两个汉译本均译自菲茨杰拉德的英译本，分别是由郭沫若和黄克孙翻译的。本研究首次使用"三美"这一理论视角对这两个译本进行对比分析。黄克孙的译本为文言七绝诗，语言古雅而富含情韵义，韵律严谨，形式整齐。其译本虽不是首首经典，但整体而言文采斐然。郭沫若译的译本文风多清新自然，但语言上，白话与文言混搭，情韵义稍欠缺；韵律上，多半用韵却并不严格；形式上，多为自由诗。郭沫若的译本虽然也多有精彩之处，但整体来看，其译本文体、用韵、形式等的不统一，使其总体在"三美"上稍有欠缺。研究结果发现，黄克孙的译本比郭沫若的译本更符合诗歌翻译的意美、音美、形美三原则。本研究通过对黄克孙的译本和郭沫若的译本的对比分析，首次从"三美"角度对这两译文的诗歌翻译特点进行了较全面的研究，为以后成功的诗歌翻译提供借鉴和参考。

【硕士论文：《郭沫若史剧〈屈原〉文本变迁研究》】

著者：韩阳君
导师：龚明德
学校：四川师范大学
专业：中国现当代文学

五幕史剧《屈原》1942年1月在《中央日报·中央副刊》初刊到1957年3月《沫若文集》定版，历经15年，产生了众多文本变迁的版本。由于史剧《屈原》具有的浓厚政治意味和较高的艺术价值，并对以后的中国话剧史和现当代文学都产生了重要影响，因而出现了对史剧《屈原》的多方面研究，主要包括现实与历史之关系研究、人物形象研究、剧本语言艺术研究等。然而关于《屈原》的版本研究则是较为薄弱的环节,特别是作品的文本变迁研究更是微乎其微。本文将史剧《屈原》初刊以来出现的比较重大的文本变迁版本系统分类,找出各版本变化特点,探索文本变化价值,呈现出一条史剧《屈原》文本变迁的历史轨迹,为更好地研究郭沫若史剧《屈原》的创作过程、创作意义以及作品价值提供了一个独特的视角。本文拟从剧情结构、人物形象、字词句等变化入手,在1942年1月《中央副刊》初刊本基础上,对比1943年2月文林"重排本"、1949年11月群益25开本以及1957年3月人民文学出版社定本《沫若文集》本之文本变迁,勾勒史剧《屈原》的文本变化特点及意义。版文本的变迁研究一方面由于其特殊的研究视角,在中国现当代文学领域占有一席之地,成为与其他文学研究迥然不同的研究类别;另一方面,它又为其他文学研究服务,以特殊的研究方法,挖掘文学作品形成过程背后的原因,为更好的解读文本打下坚实的基础。

【硕士论文:《抗战历史文化语境下的郭沫若与〈新华日报〉》】

著者: 赖雅琴
导师: 何圣伦
学校: 西南大学
专业: 中国现当代文学

游刃有余于政治与文艺两条战线之间,肩负着政治家和文艺家双重社会形象,始终一副弄潮儿的姿态试图借文艺实现个人理想,这就是中国现代文人一个复杂的存在——郭沫若。他是中国现代文人中第一个被中共大张旗鼓祝寿的作家,也是第一个作家出身的国家领导人,逝世后被中共追认为新文学史上继鲁迅之后的另一面大旗。郭沫若建国后的殊荣与他抗战时期积极进行抗日宣传活动密不可分,更与抗战时期形成的文化领袖身份息息相关。抗日战争成就了郭沫若一生的繁华,也为他建国后文学个性的逐渐消失埋下了伏笔。1941年,中共中央策划寿郭活动,并在当时国统区唯一共产党创办的报纸《新华日报》上进行了大肆的宣传和报道。周恩来在《新华日报》社论上颂扬郭沫若是新文化战线的主将,并希望他带领大家一起向前进。这一评论事实上确认了郭沫若文化领袖地位。《新华日报》长期以来对郭沫若抗战形象的塑造,并在郭氏"五十而知天命"的年龄将他作为文化领袖推到历史的前台。鉴于抗战时期郭沫若与《新华日报》的特殊联系,本文拟对抗战时期两者关系进行专门深入的考察,希望回到历史的现场,为郭沫若建国后文艺思想的转型提供一个新的视点。在探讨郭沫若与《新华日报》关系的同时,还原郭沫若作为个体的丰富性和复杂性。该文主体部分共由"被追认的两面旗帜:郭沫若与《新华日报》的既有评价、《新华日报》与郭沫若抗战形象的塑造、《新华日报》与郭沫若文艺思想的转型、郭沫若影响《新华日报》精神堡垒的建设"四章组成。从现实已有的郭沫若《新华日报》评价出发,质疑抗战时期郭沫若与《新华日报》的形象和关系是否与后人追述一致。继而先从《新华日报》的视角观看郭沫若抗战形象,再从郭沫若考察《新华日报》报刊性质。在两者的互动之中，揭开历史的面纱，还原抗战时期郭沫若与《新华日报》的动态发展。随着《新华日报》逐渐转变为中共中央机关报，国共关系的变化，郭沫若的文艺思想和政治立场发生了变化。建国之后，中国文化面临转轨之际，郭沫若的文学思想实现转型。以《新华日报》为窗口观察他解放后对抗战文学话语的改造，为建国后郭沫若文学思想转型提供一个新的阐释点。第一部分引出研究对象：郭沫若与《新华日报》，并对研究客体既有的评价进行简单的梳理。郭沫若逝世后被官方追认为新文学史上继鲁迅之后的一面旗帜，而当时在国统区的《新华日报》则被比喻成插在国统区的一面红旗。据《新华日报》记者的回忆，郭沫若与《新华日报》在抗战时期就发生了密切的联系，不仅仅是个人与报纸的关系。由此出发，质疑二者关系是否如此，分析造成这种认识的原因。接下来的第二部分通过整理《新华日报》对郭沫若的报道，阶段性地塑造了郭沫若抗战形象：民族民主进步的郭厅长——抗战文化的领袖——党的喇叭。随着形势的变化，在《新华日报》成功打造了抗战文化领袖郭沫若之后，郭沫若政治立场和话语指向也发生了转变。结合抗战时期代表作品出版情况，观察郭沫若抗战文学话语场的变化。正文主体的第三部分，细致地对照解放后郭沫若对抗战时期发表于《新华日报》的文本所进行的改造，回过头再看郭沫若与《新华日报》二者关系与抗战形象。本章试图以《新华日报》为窗口看郭沫若建国后文学思想的转型与抗战时期的关系，以及《新华日报》是如何推动郭沫若的转型。第四部分将镜头投向郭沫若，观察他对《新华日报》的影响。虽然抗战前期，郭沫若与《新华日报》都坚持以"宣传抗日、发扬文化"为己任，但由于历史的诸多原因，刚开始两者并没有像现存评论所述那么亲密。寿郭事件、中共在国统区文艺政策的改变、《新华日报》改版等，《新华日报》逐渐由一般的救亡日报变为中共的机关报，在国统区形成了以郭沫若为中心的文化精神堡垒。

文化活动

【"纪念郭沫若诞辰120周年系列活动图片展"在中国社会科学院展出】

2013年1月22日至30日,"纪念郭沫若诞辰120周年系列活动图片展"在中国社会科学院展出。展览从纪念会、研讨会、第四届郭沫若中国历史学奖、展览活动、系列出版物、新闻报道等方面展示了由中国社会科学院、中国科学院、中国文学艺术界联合会、中国人民对外友好协会主办,郭沫若纪念馆承办的2012年纪念郭沫若诞辰120周年系列学术和文化活动的成果。之后,展览在郭沫若纪念馆进行了为期一年的展出。

【第六届"清明时节缅怀名人走进故居"系列文化活动在京举办】

清明节,是中国传统的民俗节日,也是人们祭奠故人,寄托思情,出门踏青的时节。从2008年开始,清明节被国家确定为法定节假日起,郭沫若纪念馆以及北京的宋庆龄、李大钊、鲁迅、茅盾、老舍、徐悲鸿、梅兰芳8家名人故居纪念馆就联合发起了"清明时节缅怀名人走进故居"的系列文化活动,到2013年已经是第六届。在此期间,8家名人故居纪念馆以博物馆为纽带,倡导市民文明祭扫,在缅怀亲人的同时,走进故居,缅怀那些为中华民族作出过特殊贡献的先人、先烈和先贤,既丰富了这个传统民俗节日的内涵,也为市民在市内就近踏青提供了方便。从2013年4月1日开始,8家名人故居都悬挂了条幅,并摆放了鲜花,营造了良好的纪念氛围。郭沫若纪念馆、茅盾故居、老舍纪念馆等开展了"以鲜花代门票"活动,用鲜花寄托情思。郭沫若纪念馆与北京启喑学校的师生共同组织了献花的活动,这个学校的学生都是聋哑人,他们亲手制作了纸花敬献到郭老的铜像前,并用哑语举行了宣誓活动。在梅兰芳纪念馆里,少先队队员们除了献花,还为梅先生的雕像献上红领巾。学生代表在发言中表达了:"缅怀先生艺术上精益求精,品德上的爱国为荣,明白怎样历世,清醒怎样为人"的感悟和决心。宋庆龄故居为观众准备了有奖知识竞答活动。北京鲁迅博物馆举办了"清明时节颂鲁迅"以及"我与鲁迅做同学"的活动。李大钊故居组织中学生列队献花,由学生代表在李大钊雕像前发言,并为海棠树系上了象征怀念的丝带。郭沫若纪念馆举办了以"心中的怀念"为主题的专题展览,从"名家评说"、"探访故居"、"留言集萃"几个方面展现人们对郭沫若的敬仰和怀念之情。老舍纪念馆内进行了《老舍全集》签售活动,老舍子女舒济、舒乙等出席了现场签售活动。清明系列活动中,各名人故居纪念馆内都布置有"清明寄语墙",观众可以在此对话名人,寄托哀思。有位名叫徐阳的青年观众写到:"今天阴雨蒙蒙,似乎在表达淡淡的怀念之情,我于此拜谒,心中甚是敬畏，一切感觉似梦的历史，真切地呈现在眼中。"有位署名"共和国同龄人"的观众写到："一生精彩，一世无憾。能用自传把自己无保留地袒露给世人，是透明、无愧、无悔、无畏的人生！清明时节，缅怀郭老，让时间证明您的伟大、无私，历史不会忘记！"郭沫若纪念馆等8家名人故居纪念馆的"清明时节缅怀名人走进故居"系列文化活动，已经成为了北京博物馆界精品文化活动之一，通过清明节特色主题活动的举办，加强了名人故居纪念馆与观众之间的交流互动，同时也扩大了名人故居纪念馆的社会影响力和国际影响力，推动了对中国20世纪文化名人以及对8家名人故居纪念馆的宣传。

【"20世纪文化名人的中国梦"大型展览在京内外巡展】

伴随习近平总书记提出"中国梦"，"中国梦"迅速成为2012年和2013年最重要的关键词。郭沫若纪念馆等北京8家名人故居纪念馆适时推出了紧扣时代主题的展览，即以"20世纪文化名人的中国梦"为主题的国内巡展、研讨会、学术讲座等系列活动。主题展览集中展示了北京8大历史文化名人的爱国主义精神、奉献精神、创新精神和实干兴邦精神。2013年北京市的"5·18国际博物馆日"的主题活动在北京科技馆举办。当天，京城8家名人故居的"文化名人与中国梦"展览在北京科技馆举行了隆重的启动式，中国人民解放军总参谋部管理保障部北极寺老干部服务管理局接过了第一站巡展旗帜，揭开了全年巡展的序幕。紧接着，北京古城职高，北京十三中，柳荫街小学分别进行了巡展和征文活动。六一儿童节当天，"文化名人与中国梦"展在北京市劳动人民文化宫展出。8家名人故居举办了有奖问答活动，引起了少年儿童的广泛互动。展览还应邀在南京市的东南大学、秦皇岛市的长城博物馆、福州市的海峡民间艺术馆举办了巡展及讲座活动，与福州的冰心纪念馆围绕该主题举办了研讨会。

【郭沫若纪念馆举办系列文化讲座活动】

由郭沫若纪念馆与北京考古学会、西城区文物保护协会共同主办，2013年在郭沫若纪念馆的西院展厅共举办了四场历史文化公益讲座。讲座题目分别为："郭沫若甲骨学商史研究的巨大贡献"、"殷墟——人类文明的宝库"（主讲人为国社会科学院荣誉学部委员、中国社会科学院历史研究所研究员王宇信）、"考古现场出土遗物的应急处理保护"（主讲人为中国社会科学院考古研究所副研究员李存信）、"中国梦和当代中国"（主讲人为中国政法大学人文系教授黄震云）。

【"2013端午诗会"活动在郭沫若纪念馆举办】

2013年6月8日，由郭沫若纪念馆与《中国作家》杂志社、北京人民广播电台"中华之声"栏目合作在郭沫若纪念馆举行了"2013端午诗会"。会上，演员们朗诵了郭沫若的诗歌《创作者》《过汨罗江感怀》等，十余位当代诗人朗诵了自己的作品，共有200余人参加活动。

【中国社会科学院院长王伟光等到郭沫若纪念馆调研提出"研究立馆、人才立馆、管理立馆"】

7月25日上午,中国社会科学院院长、党组书记王伟光,副院长、党组成员张江一行到郭沫若纪念馆调研。

王伟光院长在座谈会上表示,中国社会科学院高度重视对郭沫若生平文献的整理,对郭沫若学术思想的研究,对郭沫若精神品质的宣传。历史所、郭沫若纪念馆应该树立高度的责任感,把对郭沫若的研究、宣传与推进社会主义文化的大繁荣、大发展,与推进有中国特色的社会主义文化体系建设紧密联系起来。

在谈到郭沫若纪念馆的工作时,王伟光送给郭沫若纪念馆三句话:研究立馆、人才立馆、管理立馆。加强郭沫若研究是郭沫若纪念馆一切工作的基础。要加强对郭沫若的生平思想、学术成就、文学创作的研究,郭沫若在马克思主义文论的翻译和阐发上卓有贡献,纪念馆也应该对此加大研究。同时,郭沫若纪念馆要凝聚相关专业人才,以人才作为纪念馆发展的重要推动力量。郭沫若纪念馆是全国重点文物保护单位,藏有大量珍贵文物,一定要加强管理,加强对藏品的分类、整理与保护。

王伟光强调,中国社会科学院支持郭沫若纪念馆关于新版《郭沫若全集》的编辑出版,并决定把这项工程列为中国社会科学院创新工程重大项目。

郭沫若纪念馆馆长崔民选就郭沫若纪念馆的历史、沿革、工作重点和近期规划等情况进行了汇报。历史所党委书记刘荣军在发言中谈到,感谢院领导对郭沫若纪念馆工作的重视,历史所一贯帮助和支持郭沫若纪念馆的发展,所领导班子和纪念馆领导班子在工作关系上配合得很好,这对于工作的协调开展很有帮助。

座谈会前,王伟光一行参观了郭沫若纪念馆的基本展览及原状陈列,认真听取了纪念馆工作人员的讲解。

【"纪念郭沫若《满江红·灵渠》题词50周年暨灵渠文化研讨会"在广西兴安举行】

2013年8月24日至25日,由中共兴安县委、兴安县人民政府主办,政协兴安县委员会承办的"纪念郭沫若《满江红·灵渠》题词50周年暨灵渠文化研讨会"系列活动在广西壮族自治区兴安县举行。1963年3月28日,郭沫若在考察灵渠后作《满江红·灵渠》,词作现镌刻在灵渠畔的石碑之上。

8月24日上午,纪念仪式在灵渠鲤鱼洲状元桥头举行。郭沫若纪念馆原馆长郭平英在仪式上讲话称,郭沫若的词作肯定了灵渠的历史地位,称颂灵渠"诚足与长城南北相呼应,同为世界之奇观",体现了郭沫若的诗人情怀和史学家的深邃目光。兴安县以此为契机举办灵渠研讨会,也为郭沫若研究打开一条新思路。广西桂学研究会会长潘琦发表书面讲话,认为郭沫若的作品是馈赠给广西人民的最珍贵的文化遗产,是广西不可多得的历史文化符号。郭沫若对灵渠的深情，重新唤醒了人们对灵渠的文化自觉和文化自信。桂林电视台主持人山谷在仪式上朗诵了郭沫若的《满江红·灵渠》与七律《灵渠》。

其后，"灵渠天下第一陡开闸启航仪式"启动，重现了当年秦军开闸起航的情境，以此祭奠灵渠的开凿者。同日下午，名家书画摄影展和灵渠文化论坛分别开幕，书画家与学者们以作品与讲座表达了对郭沫若的缅怀与弘扬灵渠文化的热情。

【"访文化名人看传统老宅赏古树名木"展览在北京8家名人故居巡展】

2013年9月27日，北京市西城区爱国主义宣传月推出的《访文化名人看传统老宅赏古树名木》展览，开始在北京的8大名人故居纪念馆中进行巡展。本展览主要展示了名人故居触手可及的物质文化，包括各故居的建筑文化和古树名木。北京的四合院具有鲜明的建筑特色，体现了老北京天人合一的人居理念。但是，由于几十年来的城市发展，北京的四合院建筑遭到严重破坏，没有拆迁改造的四合院也大都是众多居民混居的大杂院，很难看出四合院建筑格局的本来面貌，更难对四合院建筑进行细致的鉴赏。八家名人故居的建筑物各有特色，既有清代王府花园，也有北京的大宅门、传统民居，体现了不同的建筑风格和居住习俗，是对北京古典建筑进行深度鉴赏的最佳样本。另外，每个故居都有不少具有历史意义和观赏价值的古树名木，如鲁迅故居鲁迅亲手栽植的丁香、宋庆龄故居的凤凰国槐和清代古海棠、郭沫若纪念馆的银杏树、茅盾故居的白杨树、老舍故居的柿子树、梅兰芳纪念馆的椿树等，也很有研究和观赏价值。展览活动一直持续到2013年年底。

【郭沫若纪念馆赴美学术文化交流】

2013年9月26日—10月5日，郭沫若纪念馆馆长崔民选一行赴美国旧金山、西雅图、盐湖城、洛杉矶等地与当地文化机构进行学术文化交流活动。此次交流寻访到一批珍贵的郭沫若资料和相关线索，并与相关机构就进一步合作达成意愿。

9月28日，崔民选馆长一行访问了位于旧金山的硅谷艺术馆，与艺术馆馆长舒建军进行了深入交流。崔民选馆长向舒建军馆长介绍了郭沫若纪念馆在资料搜集、科研、展览等方面的情况。舒馆长详细介绍了北美文物收藏市场郭沫若书法作品的流通情况以及硅谷艺术馆在征集、保藏、展出郭沫若书法作品时的经验教训。硅谷艺术馆藏有郭沫若1953年秋《屈原》第二次公演时书赠张逸生的手迹真品。舒馆长出示了这一真迹，并让拍照。同时，舒馆长出示了他拍摄的北美拍卖市场上出现的郭沫若书赠李荒手迹，并将这一电子图片打印出来送给崔馆长。崔馆长感谢舒馆长的慷慨赠送，表示这些材料纪念馆都将作为珍贵资料妥善保存。此外，硅谷艺术馆舒建军馆长还提供了活跃在北美书画界的侯北人的信息。抗战时期，侯北人在重庆外交部供职，与在军政部供职的郭沫若比邻而居，常相往来，掌握大量有关郭沫若的一手资料。

10月2日，崔民选馆长一行访问了位于盐湖城的杨伯翰大学，跟杨伯翰大学领航中文中心，图书馆亚洲部，中文系等机构负责人进行了深入交流。深入考察了杨伯翰大学在中文教学、中文藏书、中国作家研究等方面的情况。在跟中文系教授饶博荣的交流中，双方都感觉到加强中国郭沫若研究界和美国汉学界交流的必要性，决定以后多进行学术交流。崔民选馆长与领航中文中心还就在杨伯翰大学开展郭沫若书法展览和教学取得共识。

10月3日，崔民选馆长一行访问美中文化协会，与林旭会长进行了亲切交流。美中文化协会是北美地区影响广泛的华人联谊会组织，曾参与接待过习近平主席访美等重要政治文化活动。林旭会长向崔民选馆长详细介绍了北美华裔的历史和现状，尤其深入介绍了北美华裔对郭沫若的认识和评价。崔民选馆长向林旭会长介绍了郭沫若纪念馆的历史、现状和功能。双方就郭沫若精神品质的宣传，书画作品展览，及郭沫若文化基金会的创建初步达成一致意见。

【"2013金秋重阳诗会"在郭沫若纪念馆举行】

2013年10月9日，由郭沫若纪念馆与中国社会科学院老干部工作局、秋韵诗社联合在郭沫若纪念馆举办了"2013金秋重阳诗会"。与会的社科院老同志朗诵了自己创作的诗歌，并进行了老学者舞蹈和模特表演。

【中国社会科学院副院长张江到郭沫若纪念馆宣布与历史所分立并进行调研】

10月12日下午，张江副院长在人事教育局局长张冠梓、历史所党委书记刘荣军的陪同下，到郭沫若纪念馆宣布与历史所分立并调研工作。

张江副院长宣布了9月26日院党组会议的决定。决定郭沫若纪念馆从历史所分立管理，现有内设机构、岗位设置及运营方式保持不变；人事、行政、科研、外事、财务、党团等内部管理方面，参照院直属单位对待；办公厅在向院属单位发文时，对郭沫若纪念馆实行单独立户管理；郭沫若纪念馆党支部由院直属机关党委直接管理；郭沫若纪念馆在向中央有关部门报送材料时，仍以中央编办核批的"与历史所一个机构两块牌子"办理，不得单独统计和行文。

张江副院长说，郭沫若纪念馆从历史所分立，是院党组为了全面推进实施创新工程，综合考虑郭沫若纪念馆的特殊情况做出的决定。希望郭沫若纪念馆在新的历史条件下，能够较好地贯彻落实中央及院党组赋予的神圣职责，充分发挥好学术研究、文化宣传和爱国主义教育基地等重要作用。

在此之前，中国社会科学院历史研究所党委书记刘荣军到纪念馆就郭沫若纪念馆与历史所分立事项进行了商谈。

【"中华名人展"在巴基斯坦举行】

在中国驻巴基斯坦大使馆、巴基斯坦驻中国大使馆以及巴基斯坦华人华商协会的大力帮助和支持下，应巴基斯坦自然历史博物馆的邀请，郭沫若纪念馆等"中华名人展"代表团于2013年11月11日至18日赴巴基斯坦进行北京8家名人故居纪念馆"中华名人展"展览任务和博物馆交流座谈活动。

对中国人来说,巴基斯坦是一个极为友好和亲切的国家。中巴两国有着非常特殊的友好关系,中国和巴基斯坦是"好邻居、好朋友、好伙伴、好兄弟"。1951年5月21日,中巴两国正式建立外交关系。建交以来,两国在和平共处五项原则的基础上发展睦邻友好和互利合作关系,经过两国领导人及两国人民多年的努力,中巴之间建立了极为珍贵的友谊,双方在政治、经济和文化领域的交往与合作不断深入发展。中巴两国新一届政府诞生不久,双方高层领导就实现了互访,而且还签署了旨在进一步推动两国友好合作的文件,其中涉及的合作领域就包括人文交流。《中华名人展》就是为了落实两国政府所达成的相关协议。展览以图文并茂的形式,生动形象的介绍了近代以来为中华民族的崛起而作出突出贡献的8位历史文化名人的生平事迹。这8位中华名人包括20世纪的杰出女性宋庆龄、中国共产党创始人之一李大钊、新文化运动的先驱鲁迅、文化巨匠郭沫若、中国现代文学泰斗茅盾、人民艺术家老舍、中国绘画大师徐悲鸿以及杰出的京剧表演艺术大师梅兰芳。

"中华名人展"代表团参加了2013年11月12日下午在位于伊斯兰堡的巴基斯坦自然历史博物馆举办的图片展《中华名人展》开幕式。出席展览开幕式的巴方人员有巴基斯坦科学技术部部长扎哈德·哈马德、巴基斯坦信息广播及自然遗产部常务秘书拉兹尔·萨义德、巴基斯坦信息广播及自然遗产部联秘马苏德·艾哈默德、巴基斯坦信息广播及自然遗产部联秘穆罕默德·比拉尔、巴基斯坦科技部科技基金会主席哈立德·艾哈默德·艾部普图、巴基斯坦自然历史博物馆馆长穆哈默德·阿塔博士等。参加开幕式的中方人士包括中国驻巴基斯坦大使馆孙卫东大使、中国驻巴基斯坦大使馆文化处张英宝参赞等。

中国在巴的华人华商、留学生以及巴基斯坦各界人士约200人出席了当天的开幕式。巴基斯坦国家新闻电视台、科技电视台、论坛快报等新闻媒体重点报道了当天的活动。

代表团在巴基斯坦期间访问了巴基斯坦自然历史博物馆、巴基斯坦塔克西拉博物馆、巴基斯坦国家纪念碑博物馆、旁遮普大学、拉哈尔博物馆等展览和学术机构,与巴基斯坦科技部以及相关博物馆进行了座谈和研讨。

成果索引

2013年郭沫若研究成果索引

秦 红　卿玉弢

一　2013年郭沫若研究论著（含其他论著中的郭沫若研究章节）

论著

毛泽东与郭沫若［M］/张洁宇著/武汉：湖北人民出版社，2013.1

永远的珍藏：郭沫若卷·凤凰涅盘［M］/郭沫若著/成都：四川少年儿童出版社，2013.1（中国儿童文学百年精华名家选集·永远的珍藏　第2辑）

中国现代文学史料研究举隅：鲁迅郭沫若高长虹及相关研究［M］/廖久明著/北京：中国社会科学出版社，2013.2

郭沫若的30个细节［M］/邢小群著/西安：陕西人民出版社，2013.5（可以触摸的民国）

郭沫若散文（鉴赏版）［M］/郭沫若著/西安：太白文艺出版社，2013.6（中国现代名家散文书系）

郭沫若诗文精选［M］/张秀枫主编/北京：北京工业大学出版社，2013.7（中国现代名家经典书系）

郭沫若诗文精选［M］/郭沫若著/南昌：二十一世纪出版社，2013.7（中国现代文学经典名师解读释疑）

郭沫若传［M］/黄曼君，王泽龙，李郭倩著/北京：人民出版社，2013.8

中国社会科学论坛文集：郭沫若与文化中国［M］/郭沫若纪念馆等编/北京：中国社会科学出版社，2013.9

郭沫若读书［M］/郭沫若著/北京：中国社会出版社，2013.10（名家读书系列）

郭沫若研究年鉴（2012卷）［M］/《郭沫若研究年鉴》编委会编/北京：人民出版社，2013.11

论著析出文献

8月郭沫若的狂飙突降/《中国现代文学编年史：以文学广告为中心 1915—

1927》［M］/钱理群主编/北京：北京大学出版社，2013.05：165

郭沫若与外国文学/《中外文学因缘·戈宝权比较文学论文集》［M］/戈宝权编/上海：华东师范大学出版社，2013.05：534

郭沫若准备舍医从文/《鲁迅时代何以为生》［M］/陈明远著/西安：陕西人民出版社，2013.05：170

从郭沫若"笔误"说起/《岁月物语润禾堂文钞》［M］/秦柏柳著/广州：中山大学出版社，2013.04：242

郭沫若（1892—1978）/《新编英汉翻译教程》［M］/肖家燕，夏锡华编/上海：上海外语教育出版社，2013.04：47

郭沫若、胡适与商务印书馆的联系/《鲁迅时代何以为生》［M］/陈明远著/西安：陕西人民出版社，2013.04：171

郭沫若演讲论开车/《微演讲一句话抓住人心》［M］/赵立涛编著/北京：人民邮电出版社，2013.04：87

郭沫若演讲遭遇"滑铁卢"/《微演讲一句话抓住人心》［M］/赵立涛编著/北京：人民邮电出版社，2013.04：184

绝代风流绝代痴：风流才子郭沫若/《情缘缠绵民国才子佳人的爱恨情仇》［M］/张振华编/北京：金城出版社，2013.04：162

致郭沫若、郁达夫/《胡适精选集》［M］/胡适著/北京：北京燕山出版社，2013.04：374

缠斗郭沫若/《效忠蒋介石的十三太保》［M］/蒋斌著/北京：人民日报出版社，2013.03：105

郭沫若（1892—1978）前期的经济状况/《鲁迅时代何以为生》［M］/陈明远著/西安：陕西人民出版社，2013.03：169

郭沫若：写与不写的纠结/冯锡刚/《文史茶座》［M］/向继东主编/南昌：二十一世纪出版社，2013.03：254

郭沫若在日本留学/《文化人的经济生活》［M］/陈明远著/西安：陕西人民出版社，2013.03：60

鲁迅、郭沫若等的文化思想/《中国思想通史纲要》［M］/曾长秋、周含华编著/长沙：湖南人民出版社，2013.03：306

郭沫若/《中国文学通史　第8卷　现代文学　上》［M］/张炯，邓绍基，郎樱总主编；张中良本卷主编/南京：江苏文艺出版社，2013.02：127

郭沫若/《党性教育井冈山红色诗词与歌曲选编》［M］/中国井冈山干部学院编著/北京：党建读物出版社，2013.02：67

郭沫若、臧克家的新作/《中国文学通史　第1卷　当代文学　上》［M］/张炯，邓绍基，郎樱总主编；张炯本卷主编/南京：江苏文艺出版社，2013.02：252

郭沫若的《蔡文姬》、田汉的《关汉卿》等/《中国文学通史 第12卷 当代文学下》[M]/张炯，邓绍基，郎樱总主编；张炯本卷主编/南京：江苏文艺出版社，2013.02：289

郭沫若的孝心/《青少年不可不读的敬亲孝老故事》[M]/金波，卢德娥编著/北京：北京工业大学出版社，2013.02：163

郭沫若故居/《北京自助旅游快易通！》[M]/人在旅途编辑部编著摄/北京：人民邮电出版社，2013.02：107

为郭沫若氏祝五十诞辰/《郁达夫散文全集》[M]/郁达夫著/哈尔滨：哈尔滨出版社，2013.02：415

致郭沫若/《老舍全集15 散文·杂文·书信》[M]/老舍著/北京：人民文学出版社，2013.02：579

保护郭沫若副委员长/《共和国元勋轶事》[M]/高富有，高英著/北京：中央文献出版社，2013.01：366

璧山青龙湖为什么被郭沫若誉为"黛山秀湖"？/《中国导游十万个为什么 重庆》[M]/杨源，杨辉隆编著/北京：中国旅游出版社，2013.01：283

参加郭沫若先生创作二十五年纪念会感言/《老舍全集14 散文·杂文》[M]/老舍著/北京：人民文学出版社，2013.01：276

高长虹、郭沫若、鲁迅、徐志摩等的散文诗理论诠释/《中外散文诗比较研究》[M]/黄永健编/北京：光明日报出版社，2013.01：178

郭沫若茶诗茶事/《中华茶道》[M]/陈君慧编/哈尔滨：黑龙江科学技术出版社，2013.01：604

郭沫若陈列馆展出有什么内容？/《中国导游十万个为什么 四川2》[M]/张承隆编著/北京：中国旅游出版社，2013.01：179

郭沫若的极端自由——自发主义诗学观/《百年汉诗形式的理论探求：20世纪现代格律诗学研究》[M]/刘涛著/北京：人民出版社，2013.01：29

郭沫若的史学理论遗产/《中国史学的理论遗产：从过去到现在和未来的传承》[M]/瞿林东著/北京：北京师范大学出版社，2013.01：421

郭沫若东京来信/《人间天国三星堆金沙王都发现之谜》[M]/岳南著/沈阳：万卷出版公司，2013.01：67

郭沫若故居/《北京吃喝玩乐全攻略 2013—2014最新全彩版》[M]/《吃喝玩乐全攻略》编辑部编/桂林：广西师范大学出版社，2013.01：136

郭沫若故居/《北京旅行口袋书》[M]/NowStart丛书编委会编著/桂林：广西师范大学出版社，2013.01：95

郭沫若故居保存有多少文物、遗迹？/《中国导游十万个为什么 四川2》[M]/张承隆编著/北京：中国旅游出版社，2013.01：178

郭沫若少年显才的故事/《父母是最好的语文老师》［M］/杨建斌著/合肥：安徽人民出版社，2013.01：23

郭沫若与《女神》/《从野蛮到文明·青少年历史百科全书》［M］/周文敏编著/北京：北京工业大学出版社，2013.01：123

你知道郭沫若旧居在抗日战争中发挥的作用吗？/《中国导游十万个为什么 重庆》［M］/杨源，杨辉隆编著/北京：中国旅游出版社，2013.01：244

人间诗话：郭沫若的历史诗剧/《民国戏剧守望》［M］/于嘉茵著/北京：东方出版社，2013.01：118

诗书如人足风流：中国现代文学馆馆藏郭沫若诗书作品述略/《中国现代文学馆馆藏经典作家文物文献研究》［M］/许建辉编/北京：文化艺术出版社，2013.01：91

为郭沫若题《行吟图》作跋/《溯流光》［M］/文怀沙著/天津：百花文艺出版社，2013.01：243

未能涅槃的凤凰 郭沫若故居/《胡同氤氲北京卷》［M］/张文彦，潘达撰文·摄影/合肥：黄山书社，2013.01：42

以《草叶集》为参照谈郭沫若的域外诗作/《走向诗学》［M］/李丹著/广州：花城出版社，2013.01：141

赵熙、郭沫若、林语堂与茶/《巴蜀茶文学史》［M］/刘昌明著/成都：四川大学出版社，2013.01：152

致郭沫若/《瞿秋白散文》［M］/瞿秋白著/上海：上海科学技术文献出版社，2013.01：188

二 2013年郭沫若研究硕博学位论文

"三美"理论视角下的郭沫若和黄克孙《鲁拜集》译本研究［D］/韩艳玲；指导导师：王志伟/郑州大学硕士论文，2013

《女神》的诞生：从海外语境看郭沫若的异军突起［D］/王雁南；指导导师：章亚昕/山东大学硕士论文，2013

傅斯年、钱穆、郭沫若之史学方法比较研究［D］/张宇龙；指导导师：王银春/宁夏大学硕士论文，2013

郭沫若的翻译对其创作影响的文艺心理学解读［D］/冯畅博；指导导师：陈可培/长沙理工大学硕士论文，2013

郭沫若的诸子研究及其史学价值［D］/赵典；指导导师：谢阳举/西北大学硕士论文，2013

郭沫若史剧《屈原》文本变迁研究［D］/胡阳君；指导导师：龚明德/四川师范大学硕士论文，2013

郭沫若序跋散文研究［D］/郭芳；指导导师：李生滨/宁夏大学硕士论文，2013

郭沫若自传散文研究［D］/罗兴国；指导导师：李生滨/宁夏大学硕士论文，2013

抗战历史文化语境下的郭沫若与《新华日报》［D］/赖雅琴；指导导师：何圣伦/西南大学硕士论文，2013

论"十七年"郭沫若"非政治家"职务写作［D］/逯艳；指导导师：魏建/山东师范大学博士论文，2013

诗学观照下郭沫若诗歌理论及其译学思想的契合［D］/黄媛媛；指导导师：周彦/广西民族大学硕士论文，2013

论日本私小说及其对中国创造社作家的影响3.2 郭沫若与日本私小说［D］/李斐；指导导师：刘立善/辽宁大学硕士论文，2013

癫狂形象2.2 郭沫若：创造现代的激切呼唤［D］/李忠阳；指导导师：吴景明/东北师范大学硕士论文，2013

三 2013年郭沫若研究期刊论文目录索引

文化先觉郭沫若与文化中国转型复兴之路［J］/章玉钧/中华文化论坛，2013（1）；晚霞，2013（4）

郭沫若抗战历史剧的悲剧叙事与现实关怀［J］/刘海洲/重庆社会科学，2013（1）；山西师大学报（社会科学版），2013（2）

"残春"体验与《女神》时期的郭沫若［J］/周维东/现代中国文化与文学，2013（1）

"副文本"审视下的郭沫若译诗序跋及其观念与意义［J］/罗文军，傅宗洪/现代中国文化与文学，2013（1）

"纪念郭沫若诞辰120周年全国书画展"在京隆重开幕［J］/李杨/中国作家，2013（1）

"新论"之"新"：评《郭沫若研究新论》［J］/魏红珊/社会科学研究，2013（1）

《女神之再生》神话"重述"的新解：兼论郭沫若早期神话观念［J］/张岩/沈阳师范大学学报（社会科学版），2013（1）

《中国现代文学史料研究举隅：鲁迅、郭沫若、高长虹及相关研究》出版［J］/郭沫若学刊，2013（1）

1925，马克思与孔子对话：以郭沫若小说《马克思进文庙》为中心［J］/颜炼军/现代中文学刊，2013（1）

安得翻译双全法，不负原创不负卿：浅谈郭沫若翻译思想［J］/杨楠，黄玲/河

北旅游职业学院学报，2013（1）

创造社出版部小伙计离散事件研究：以"若即若离"的小伙计叶灵凤为视点的考察［J］／黄益玲／现代中文学刊，2013（1）

从传统金石学走向科学考古学：郭沫若甲骨文、青铜器研究中考古学方法的应用［J］／徐明波／郭沫若学刊，2013（1）

从郭沫若"十七年"的外交诗文看他作为"公共人物"的外交策略［J］／张新潮／哈尔滨学院学报，2013（1）

从一首英文短诗的两个译本谈英诗汉译的技巧［J］／张佐堂／宁夏师范学院学报，2013（1）

岛崎藤村与郭沫若诗歌之比较［J］／张秋芳，张剑／长沙大学学报，2013（1）

杜甫的平民角色与平民情怀：兼论郭沫若对杜甫的评价问题［J］／杨胜宽／杜甫研究学刊，2013（1）

关于《郭沫若全集》的考察［J］／蔡震／郭沫若学刊，2013（1）

关于《南无·邹李闻陶》［J］／王静／郭沫若学刊，2013（1）

关于郭沫若《〈撒尼彝语研究〉的检讨·结语》［J］／李晓虹／郭沫若学刊，2013（1）

关于郭沫若对吕不韦的评价问题［J］／杨胜宽／郭沫若学刊，2013（1）

郭沫若：清真菜好吃［J］／单守庆／家庭中医药，2013（1）

郭沫若的缙云诗文缘［J］／蔡震／现代中国文化与文学，2013（1）

郭沫若三首寺字韵佚诗谈［J］／魏奕雄／郭沫若学刊，2013（1）

郭沫若书法管见［J］／河内利治（君平）／现代中国文化与文学，2013（1）

郭沫若先生游晋祠二三事［J］／堀川英嗣／郭沫若学刊，2013（1）

郭沫若乡土记述中的若干错讹［J］／张明军／郭沫若学刊，2013（1）

郭沫若研究的新起点：纪念郭沫若诞辰120周年国际学术研讨会综述［J］／何刚／社会科学研究，2013（1）

郭沫若易学研究的主要特色［J］／谢金良／郭沫若学刊，2013（1）

郭沫若与董作宾：十年神交，握手言欢［J］／蔡震／文史杂志，2013（1）

郭沫若与五四时期的诗歌翻译［J］／赵霞，李娟／兰台世界，2013（1）

郭沫若在汉藏教理院的一次演讲［J］／李斌／郭沫若学刊，2013（1）

郭沫若在浦东二三事［J］／唐国良，王振宇／浦东开发，2013（1）

郭沫若摘译《德意志意识形态》述论［J］／邱少明／郭沫若学刊，2013（1）

黄侯兴的郭沫若历史剧研究［J］／俞丽伟／中北大学学报（社会科学版），2013（1）

鲁迅"一个都不宽恕"的是些什么人［J］／宋志坚／炎黄纵横，2013（1）

略论郭沫若的历史剧［J］／荣静／安徽文学（下半月），2013（1）

论郭沫若和郁达夫自传中自我形象的塑造［J］/张云/金陵科技学院学报（社会科学版），2013（1）

论乐山高校教育中郭沫若精神文化传承方法的研究［J］/张超凤/时代教育，2013（1）

女性主义视角下的郭沫若"王昭君"形象阐释［J］/陈晓燕/科技信息，2013（1）

前海西街郭沫若故居难以捉摸的深宅［J］/李响/国家人文历史，2013（1）

浅论郭沫若与老舍的交往：由老舍给郭沫若的八封佚信谈起［J］/张勇/郭沫若学刊，2013（1）

日本作家村松梢风与田汉、郭沫若交往考［J］/徐静波/新文学史料，2013（1）

沈雁冰身后的两桩恢复党籍事件［J］/胡治安/中国新闻周刊，2013（1）

生态情怀与生命诉求：郭沫若早期创作再考察［J］/林荣松/三峡大学学报（人文社会科学版），2013（1）

斯坦纳翻译四步骤视野下的《女神》日文全译本浅析［J］/史瑞雪/现代中国文化与文学，2013（1）

四川乐山：峨眉山之外的古韵美景［J］/彭芸/人民文摘，2013（1）

探寻现代中国知识分子的历史迷误和精神遗产：评孙德喜《历史的误会——现代文坛上的人和事》［J］/汪树东/现代中国文化与文学，2013（1）

文人长寿的奥秘［J］/王春华/武当，2013（1）

再论郭沫若"十七年"外交诗文中的"太阳"意象：以"公共人物"为线索［J］/逯艳/淄博师专学报，2013（1）

早期创造社郭沫若郁达夫等人的"泪浪"［J］/张叹凤/文学评论，2013（1）

重审建国后《女神》的文学史书写方式［J］/彭冠龙/西安石油大学学报（社会科学版），2013（1）

关于郭沫若"内在律"理论的再思考：兼论现代汉语诗歌形式建设［J］/李卫涛/湛江师范学院学报，2013（2）；星星（下半月），2013（2）

晚年郭沫若［J］/李响/天津政协，2013（2）；红蕾（教育文摘）（下旬），2013（4）

"艺术是科学创造的亲密伙伴"——郭沫若与钱学森的友谊［J］/王文华/郭沫若学刊，2013（2）

《天上的街市》的图画美和音乐美［J］/倪学柱/中学语文（教学大参考），2013（2）

摆脱了八股气的一本好书：读《中国现代文学史料研究举隅》［J］/董大中/上海鲁迅研究，2013（2）

被遗忘的角落：郭沫若传、评中女性情感的缺失现象及原因探讨［J］/许涛/当

代文坛，2013（2）

表演帝国：五六十年代的历史剧［J］／钱坤／新文学评论，2013（2）

从郭沫若说到鲁迅：一篇早年的日记［J］／李燕杰／教育艺术，2013（2）

杜宇化鹃神话与巴蜀文学［J］／颜同林／郭沫若学刊，2013（2）

贯通"中西古今"：郭沫若史剧理论的启示［J］／沈庆利／天津师范大学学报（社会科学版），2013（2）

郭沫若《女神》：泛神论与狂放诗风［J］／任毅／星星（下半月），2013（2）

郭沫若百年佚作：《敝帚集》：《敝帚集与游学家书》解读之一［J］／秦川，郭平英／中华文化论坛，2013（2）

郭沫若对孔子的研究［J］／赵典／华夏文化，2013（2）

郭沫若红色文论的文化生态意蕴［J］／黄大军，伊彩霞／郭沫若学刊，2013（2）

郭沫若民国时期的两件实寄封片［J］／张乐民／上海集邮，2013（2）

郭沫若三封集外书信［J］／龚明德／郭沫若学刊，2013（2）

郭沫若替曹操翻案动机再析［J］／何刚／郭沫若学刊，2013（2）

郭沫若戏剧研究再思考［J］／祁和晖／郭沫若学刊，2013（2）

郭沫若早期诗论与传统的诗学表现理论［J］／赵黎明／南京师范大学文学院学报，2013（2）

郭沫若赠沙湾小学《少年先锋词》［J］／段立平／郭沫若学刊，2013（2）

郭沫若致郭开运（翊昌）的一封书信［J］／王锦厚／郭沫若学刊，2013（2）

郭沫若自传《北伐途次》的英译［J］／杨玉英／郭沫若学刊，2013（2）

寒风阵阵雨潇潇：1949年之后郭沫若的文艺思想和诗歌创作分析［J］／徐径／集宁师范学院学报，2013（2）

嵇文甫与郭沫若的三次学术交缘［J］／何刚／中州学刊，2013（2）

纪念郭沫若诞辰一百二十周年全国书画展作品选［J］／当代艺术，2013（2）

鲁迅、郭沫若"历史小说"新论［J］／周文／鲁迅研究月刊，2013（2）

轮廓清晰的"天狗"：从莱辛"诗与画的界限"谈郭沫若《天狗》［J］／何睿／中华文化论坛，2013（2）

论郭沫若1936年历史小说的忧患意识［J］／邹佳良／郭沫若学刊，2013（2）

论郭沫若对《看虹摘星录》的批评——读《斥反动文艺》札记之一［J］／李斌／郭沫若学刊，2013（2）

论郭沫若新诗理论的形成渊源［J］／臧培培，吴晓川／重庆科技学院学报（社会科学版），2013（2）

毛泽东的回信是给郭沫若的吗？［J］／邵建新／郭沫若学刊，2013（2）

诗与剧的共鸣、穿越时空的征歌：论郭沫若建国前历史剧的象征性与悲剧性［J］／石燕波，勾晓伟／华中人文论丛，2013（2）

试论开一代新诗风的郭沫若［J］/许利平/作家，2013（2）

溯源与重审：新世纪以来的《女神》研究［J］/王玉春，胡博雅/郭沫若学刊，2013（2）

鄢杜宇化鹃神话与巴蜀文学［J］/颜同林/郭沫若学刊，2013（2）

一人两面：现代新文学家的新诗、旧体诗比较［J］/曾艳/新文学评论，2013（2）

忠魂昭日月史诗传千秋：追忆郭沫若在江西的革命足迹和战斗诗篇［J］/刘云/中华魂，2013（2）

转译之困与惑——谈郭沫若的俄苏著作翻译［J］/王慧，孔令翠/郭沫若学刊，2013（2）

政治旋涡中的文人郭沫若［J］/郭平英，王戒笙/纵横，2013（3）；新华月报，2013（10）

"历史理解"的认同路向及其限度：论郭沫若现代史剧的文化值阈［J］/龙永干/中国文学研究，2013（3）

"恋父"与"弑父"：屈原与郭沫若爱国主义诗歌之比较［J］/刘家英/时代报告（学术版），2013（3）

"时代意识"与郭沫若的《读随园诗话札记》［J］/曾平/郭沫若学刊，2013（3）

《郭沫若研究文献汇要（1920—2008）》出版［J］/本刊编辑部/文史杂志，2013（3）

《郭沫若研究文献汇要（1920—2008）》于2012年7月由上海书店出版社出版［J］/郭沫若学刊，2013（3）

《三个叛逆的女性》配角的异质性体现［J］/唐敏/郭沫若学刊，2013（3）

从《鲁拜集》看郭沫若诗歌翻译中的"通感"策略［J］/毕婷婷/西昌学院学报（社会科学版），2013（3）

从版本变化看郭沫若心中的王阳明［J］/李晓虹/郭沫若学刊，2013（3）

从不喜欢《女神》谈起［J］/陈永志/郭沫若学刊，2013（3）

从认知诗学视角解读郭沫若的诗歌鄢［J］/邓宇/郭沫若学刊，2013（3）

读者致信［J］/晨雨/郭沫若学刊，2013（3）

关于郭沫若的日记［J］/桑逢康/郭沫若学刊，2013（3）

郭沫若《天狗》赏析［J］/梅万斌/文学与人生，2013（3）

郭沫若辞章视点金文考释方法运用举例［J］/李义海/郭沫若学刊，2013（3）

郭沫若评惠施论析［J］/杨胜宽/郭沫若学刊，2013（3）

郭沫若书白帝城门匾［J］/郭沫若学刊，2013（3）

郭沫若游学家书中的交通文化［J］/张建锋/郭沫若学刊，2013（3）

郭沫若与日本文学二题［J］/蔡震/郭沫若学刊，2013（3）

郭沫若与吴虞孔子观之比较［J］/文天行/郭沫若学刊，2013（3）

郭沫若致洛汀同志书信［J］/郭沫若/郭沫若学刊，2013（3）

郭沫若中国传统文化观的变迁：从发表于日本《朝日新闻》的文章说起［J］/郭玮/郭沫若学刊，2013（3）

郭沫若诸子研究中"人民本位"的史学特点［J］/赵典/新西部（中旬·理论版），2013（3）

黄永玉的《北向之痛：悼念钱钟书先生》不应选作中学教材［J］/陈福季/郭沫若学刊，2013（3）

纪念郭沫若诞辰120周年学术研讨会在圣彼得堡召开［J］/郭沫若纪念馆/郭沫若学刊，2013（3）

纪念郭沫若先生对"培养中小学生写好字"题词发表50周年［J］/赵喜生，段春节，王元雯，牛茂河，武晶晶/教育科研论坛，2013（3）

论郭沫若抗战史剧的特征及政治理念［J］/佟波/黑龙江社会科学，2013（3）

论郭沫若先生建国后的学理思路［J］/韩世杰/哈尔滨学院学报，2013（3）

论郭沫若与老舍的交往：由老舍给郭沫若的八封通信谈起［J］/张勇/平顶山学院学报，2013（3）

论清末新式学堂教学对郭沫若的影响［J］/屈军/四川省干部函授学院学报，2013（3）

内容全面评析准确语句典雅：郭沫若《（鲁迅诗稿）序》赏析［J］/陈继民/语文月刊，2013（3）

蒲风与郭沫若［J］/萧斌如/郭沫若学刊，2013（3）

试论郭沫若的中小学书法教育观及其启示：兼论当前中小学书法教育困窘现状及对策［J］/钱超/书法赏评，2013（3）

试析郭沫若的四川地域认同及其意义生发［J］/邓伟/当代文坛，2013（3）

谈抗战文化"走出去"运动：兼论郭沫若的中外文化交流观［J］/陈俐/郭沫若学刊，2013（3）

天人学与泛神诗学：地域传承中的生态文化观［J］/陈俐/郭沫若学刊，2013（3）

通过荒诞完成审美喜悦：郭沫若自传体长卷散文艺术探奥［J］/张叹凤/天府新论，2013（3）

文化巨人与时代主流之关系［J］/祁和晖/郭沫若学刊，2013（3）

文史全才郭沫若［J］/本刊编辑部/初中生世界（八年级读写版），2013（3）

新发现的三篇郭沫若访谈解读［J］/李斌/郭沫若学刊，2013（3）

新世纪中学语文对郭沫若诗歌的选用与教学［J］/王华/郭沫若学刊，2013（3）

一士谔谔，胜于千诺——高二适与郭沫若兰亭论辩［J］／尹树人／江淮文史，2013（3）

英诗《一朵红红的玫瑰》与郭沫若汉译文的功能分析［J］／徐波／芒种，2013（3）

楹联故事：郭沫若巧对下联［J］／周柳莺／辅导员（教学版），2013（3）

于无"戏"处起波澜：郭沫若历史剧《高渐离》第一幕技巧分析［J］／曾少祥／郭沫若学刊，2013（3）

于细微处看历史：从鲁迅书账中的郭沫若著作说起［J］／蔡震／平顶山学院学报，2013（3）

在膜拜东方创始女神中体验诗的"创造"本质鄢［J］／刘长华／郭沫若学刊，2013（3）

在诗的有用与审美效应之间：以留日诗人郭沫若、穆木天、田汉为例［J］／李丹／郭沫若学刊，2013（3）

知识分子的和谐理想及其文学表达：以郭沫若的《女神》为例［J］／哈建军／西北师大学报（社会科学版），2013（3）

重评郭沫若20世纪50年代的科学诗：兼对一种简单化研究视角的分析［J］／逯艳／理论学刊，2013（3）

筑［J］／夏孟阳／快乐作文（高年级版），2013（3）

《郭沫若全集·文学编》题注订正［J］／李淑英，刘奎，李斌／郭沫若学刊，2013（4）

《李白与杜甫》：悼己、悼子、悼李杜的三重变奏［J］／王琰／福州大学学报（哲学社会科学版），2013（4）

《起死》与《漆园吏游梁》细读［J］／杨芝明／郭沫若学刊，2013（4）

《诅楚文》补说［J］／王挺斌／汉字文化，2013（4）

2013年《郭沫若学刊》总目录［J］／郭沫若学刊，2013（4）

澳大利亚学者臧温尼的《女神》研究［J］／杨玉英，骆玉蓉／郭沫若学刊，2013（4）

东北师范大学中文系中国现代文学教研室与郭沫若往来书信小考［J］／李二年／新文学史料，2013（4）

读郭沫若《鹧鸪天·吊杨二妹》［J］／唐瑛，周洪林／郭沫若学刊，2013（4）

郭老早期诗歌作品中的神话意象［J］／张岩／郭沫若学刊，2013（4）

郭沫若《女神》的浪漫爱情再解读［J］／李静／西安文理学院学报（社会科学版），2013（4）

郭沫若少年诗稿浅谈（1904—1912）［J］／五时半起床／平顶山学院学报，2013（4）

郭沫若史剧的戏剧叙事研究述略［J］/杨兴玉/郭沫若学刊，2013（4）

郭沫若主持的家族出版社［J］/李红/档案春秋，2013（4）

国家话语中的"时代颂歌"：论郭老建国后的诗歌创作［J］/刘海洲/郭沫若学刊，2013（4）

激情澎湃荡气回肠：赏析《屈原》之"天问"［J］/潘邦榛/南国红豆，2013（4）

具有开拓意义的郭沫若研究力作：评魏红珊《郭沫若美学思想研究》［J］/李生滨，王晓飞，田燕，王磊/名作欣赏（中旬），2013（4）

开明版《郭沫若选集》梳考［J］/袁洪权/郭沫若学刊，2013（4）

留日诗人郭沫若析［J］/吴彩云，吴彩棉/青年教育，2013（4）

论郭沫若与郭启宏历史剧的异同［J］/张欣/郭沫若学刊，2013（4）

评《郭沫若研究文献汇要（1920—2008）》［J］/王文华/郭沫若学刊，2013（4）

七律：长夜不寐，起坐吟诗一首，以就教于郭沫若乐山学术讨论会诸公［J］/马识途/青年作家，2013（4）

浅析郭沫若史剧的悲剧观［J］/田松林/美与时代（城市），2013（4）

时代风雷起新篇：毛泽东与胡乔木、郭沫若的诗交及其意识形态意蕴：以"文革"前的《红旗》杂志为中心［J］/黄金魁，李延静/喀什师范学院学报，2013（4）

是给郭沫若的回信吗？［J］/邵建新/文史杂志，2013（4）

绥山馆教育对郭沫若的影响［J］/屈军/郭沫若学刊，2013（4）

由《樱花书简》看郭沫若的"叛逆"［J］/周文/平顶山学院学报，2013（4）

在与赵景深交往三琐事中读出郭沫若［J］/宋洁/郭沫若学刊，2013（4）

自制封纪念郭沫若诞辰［J］/刘振权/集邮博览，2013（4）

"从古典和谐走向近代崇高"：郭沫若的诗美学范畴及其历史美学逻辑论析［J］/程国君，吴亚娟/陕西师范大学学报（哲学社会科学版），2013（5）

《敝帚集与游学家书》研究札记［J］/邓经武/中华文化论坛，2013（5）

《决不日夜记着个人的恩怨：鲁迅与郭沫若个人恩恩怨怨透视》［J］/于湘/重庆第二师范学院学报，2013（5）

郭沫若的今文经学思想与碑学观念［J］/吕金光，樊琪/中国书法，2013（5）

郭沫若的浪漫主义文学思想在现代朝鲜的译介与评价［J］/金姗/中国轻工教育，2013（5）

郭沫若论历史剧［J］/古远清/艺术百家，2013（5）

话剧《屈原》留在重庆的几件珍贵文物［J］/庞佳/红岩春秋，2013（5）

惠特曼与郭沫若诗歌公共性比较［J］/赵明/重庆三峡学院学报，2013（5）

纪实与回忆：论郭沫若、谢冰莹对从军北伐的不同书写［J］/张全之/社会科学辑刊，2013（5）

抗日救国"签名轴"［J］/朱骏/今日重庆，2013（5）

李劼人与郭沫若女性形象书写的不彻底性［J］/龙彦竹/求索，2013（5）

聊斋对联之后的聊斋：为蒲松龄、郭沫若平反昭雪［J］/颜迈/对联（民间对联故事）（上半月），2013（5）

领略大师学术风采　学习大师治学之道　中国近现代学术大师系列：郭沫若［J］/黑龙江教育学院学报，2013（5）

论郭沫若翻译对其创作的影响［J］/谭福民/外语教学，2013（5）

论郭沫若早期的科学主义取向：从《笔立山头展望》说起［J］/王文勇/名作欣赏，2013（5）

民国机制和郭沫若的创作及评介［J］/张武军/文艺争鸣，2013（5）

农民诗人王老九与郭沫若赛诗［J］/王振松/名人传记，2013（5）

女性，一个未被充分启蒙的性别：由郭沫若笔下的女性形象谈起［J］/李畅/当代文坛，2013（5）

品书录（九）《决不日夜记着个人的恩怨：鲁迅与郭沫若个人恩恩怨怨透视》［J］/于湘/重庆第二师范学院学报，2013（5）

浅析郭沫若话剧《屈原》的艺术特色［J］/宁爽/劳动保障世界（理论版），2013（5）

上海租界文化与郭沫若20年代文学创作［J］/田松林/西江月，2013（5）

由《木方墨迹》的出土论到《兰亭序》的真伪：兼议"兰亭论辨"及驳郭沫若说［J］/金丹/荣宝斋，2013（5）

殖民语境下寻求身份认同的苦闷：浅析郭沫若的《月蚀》［J］/田松林/剑南文学（经典阅读），2013（5）

左翼诗歌在现代中国［J］/毛翰/中国图书评论，2013（5）

"郭老"称谓考论［J］/谢子元/创作与评论，2013（6）

参观郭沫若故居［J］/胡月秋/作文与考试（小学版），2013（6）

郭沫若：静坐享长寿［J］/今日国土，2013（6）

郭沫若《女神》中的"西方形象"［J］/刘玉峰/语文建设，2013（6）

郭沫若对一篇涉及鲁迅的文艺论文的修改［J］/孟文博/鲁迅研究月刊，2013（6）

郭沫若绿色文论的生态诗学［J］/伊彩霞，黄大军/河南科技大学学报（社会科学版），2013（6）

郭沫若南昌起义"惊魂"记［J］/叶福林/党史博采（纪实版），2013（6）

郭沫若巧对下联［J］/周柳莺/龙门阵，2013（6）

郭沫若寓言两则［J］/优秀童话世界，2013（6）

鲁迅与郭沫若的选择及其时代精神境遇［J］/佟玉敏/长城，2013（6）

散文的阅读教学：以郭沫若的《石榴》为例［J］/梁沛/文艺生活（文艺理论），2013（6）

试论浪漫主义文学思潮在中国的本土化体现：以郭沫若的诗歌为例［J］/王雅菲/神州，2013（6）

语文课堂学习状态与创新教育：以郭沫若作品教学为例［J］/杨宏/课程教育研究，2013（6）

珠联璧合的"连环喻"［J］/傅望华/语文月刊，2013（6）

"一字师"集趣［J］/王顺才/思维与智慧，2013（7）

《今代文艺》与郭沫若的戏联［J］/林夏/河南教育（高校版），2013（7）

《三个叛逆的女性》反面角色塑造的得失［J］/唐敏/绵阳师范学院学报，2013（7）

郭沫若的"虎符"［J］/小学语文大眼界，2013（7）

郭沫若改联救少女［J］/徐长才/小学教学研究（新小读者），2013（7）

郭沫若静坐健身［J］/黄晃/特别健康，2013（7）

郭沫若手迹重见天日［J］/杨忠明/科学生活，2013（7）

郭沫若一言定"国"［J］/廖学明/作文之友（小学阅读版），2013（7）

论抗战结束后郭沫若对沈从文的批评［J］/李斌/中国现代文学研究丛刊，2013（7）

"司马戊"？"司母戊"！［J］/愕然/咬文嚼字，2013（8）

1948年郭沫若香港期间创作的收录与散佚考释［J］/张勇/鲁迅研究月刊，2013（8）

从符号学角度探讨郭沫若文化区空间环境设计［J］/黄浩，张鲲/现代城市研究，2013（8）

高莽人文肖像欣赏：郭沫若［J］/数理天地（初中版），2013（8）

郭沫若地摊儿遇"虎符"［J］/赵青新/文史月刊，2013（8）

郭沫若历史剧的民族性［J］/李畅/宜春学院学报，2013（8）

郭沫若为"敬亭绿雪"题名始末［J］/陈喜/中国农垦，2013（8）

郭沫若之女郭平英：细说家风、家教、家事［J］/本刊编辑部/金色年代，2013（8）

胡风与舒芜的"反郭文"考论［J］/蒙雨/中国现代文学研究丛刊，2013（8）

家传寺藏入昭陵：关于《兰亭序》真迹流传经过的辨析［J］/毛万宝/书法，2013（8）

论郭沫若晚年的文学思想：以《李白与杜甫》为例［J］/黄曼青/湖北经济学院学报（人文社会科学版），2013（8）

用信封上的字制匾［J］/张鹰/意林（原创版），2013（8）

从抗演三队到剧宣二队［J］/任志敏/党史文汇，2013（9）

隔岸的观看：台湾郭沫若研究一瞥［J］/李怡/中国现代文学研究丛刊，2013（9）

郭老巧撰贺联［J］/曾昭安/对联（民间对联故事）（上半月），2013（9）

郭沫若《女神》等诗歌的思想内容和艺术特征［J］/李艳/黑龙江史志，2013（9）

郭沫若归国抗战缘由考［J］/廖久明/中国现代文学研究丛刊，2013（9）

郭沫若慧眼识"虎符"［J］/赵青新/蓝盾，2013（9）

郭沫若南昌起义历险记［J］/王太学/南国博览，2013（9）

郭沫若思想转向之逻辑辨［J］/贾剑秋/西南民族大学学报（人文社科版），2013（9）

郭沫若译茵梦湖四字结构的应用［J］/冯冰/北方文学（下旬刊），2013（9）

侯门似海不是家：郭沫若故居的故事［J］/李响/中外文摘，2013（9）

甲申对·窑洞对·赶考对［J］/石仲泉/秘书工作，2013（9）

毛泽东与郭沫若的别样诗友情［J］/熊坤静/福建党史月刊，2013（9）

从译者主体性视角看郭沫若经典译论［J］/余欢/北方文学（下旬），2013（10）

大麦歌［J］/朱令/英语广场，2013（10）

郭沫若60年代书法受宠［J］/杨菁/蓝盾，2013（10）

郭沫若伦理思想研究90年［J］/杨兴玉/乐山师范学院学报，2013（10）

郭沫若童年趣事［J］/尹明发/好家长，2013（10）

郭沫若与闻一多浪漫主义诗作研究［J］/李倞/社会科学论坛，2013（10）

诗意的人生：专访郭沫若诗歌奖获得者梁平［J］/苏东峰/剑南文学，2013（10）

一幅"废"画上显睿智［J］/张达明/中学生故事与阅读，2013（10）

难以沉寂的郭沫若研究：评郭沫若研究著作两部［J］/李生滨/名作欣赏，2013（11）；宁夏师范学院学报，2013（2）

郭沫若和五幕历史剧《屈原》［J］/新长征，2013（11）

名人拾贝［J］/王恩山/晚报文萃，2013（11）

浅谈"翻译媒婆论"［J］/李珊珊/科学导报，2013（11）

浅析郭沫若对日本马克思主义经典《社会组织与社会革命》的译介［J］/罗鹏，李海振/科教文汇，2013（11）

儒家文化影响下的郭沫若历史剧［J］/李晓梅/戏剧文学，2013（11）

象征主义与郭沫若的诗［J］/黄承基/中文信息，2013（11）

不应忘却的三位学者：王国维、本杰明·史华兹和郭沫若［J］/欧文·雷文/世界教育信息，2013（13）

论傅正乾的"郭沫若史剧理论"研究［J］／刘文韬／西江月，2013（13）
大师的"较真"［J］／汤园林／作文与考试（初中版），2013（14）
郭沫若在文坛上的两次名位之争［J］／孙玉祥／中外文摘，2013（14）
品味语言感悟美好：《广玉兰》教学后记［J］／胡志英／小学语文教学，2013（14）
巧对免罚［J］／中国老年，2013（14）
探析郭沫若《女神》的文学主题［J］／李博／芒种，2013（14）
文以载道，道宜浩畅：《石榴》主题辩［J］／王智／课程教育研究，2013（15）
写好字做好人［J］／王婉，陈英杰／中国德育，2013（15）
"五四"时期创造社浪漫主义诗化人生［J］／曹娜／芒种，2013（16）
郭沫若的风韵译思想及其历史意义［J］／卢丙华／兰台世界，2013（16）
郭沫若的中西文化观［J］／孟祥祺，石芸／兰台世界，2013（16）
解读郭沫若《女神》中的理想主义色彩［J］／高明伟／作家，2013（18）
浅谈郭沫若题画诗词的影响［J］／文兰，陈欲晓／美术教育研究，2013（18）
成长与启示：郭沫若与乡土中国［J］／黄大军，伊彩霞／兰台世界，2013（19）
傅抱石心中的屈原［J］／云鹤／新民周刊，2013（19）
郭沫若的井冈之行［J］／汤根姬／党史文苑，2013（19）
虎头山纪行［J］／刘宗林／农村工作通讯，2013（19）
名人与室友［J］／秦筱／晚报文萃，2013（20）
《大麦歌》三译作赏析［J］／禾家敏／西江月，2013（22）
郭沫若的"风韵译"翻译思想及其历史意义［J］／王建惠／兰台世界，2013（22）
名人以及睡在名人上铺的名人［J］／秦筱／青年博览，2013（22）
西安黄桂稠酒：郭沫若赞其"似酒非酒胜似酒"［J］／湘北／国家人文历史，2013（23）
郭沫若的翻译思想及其在《鲁拜集》中的体现［J］／刘美希／科技致富向导，2013（24）
你曾是我生命中的天使：郭沫若与安娜［J］／梅寒／金秋，2013（24）
诗书大家李铎［J］／蔡栋／新湘评论，2013（24）
郭沫若代表译作中译者主体性研究［J］／余欢／华章，2013（36）
历史、小说、戏剧：三维空间中的曹操［J］／刘逸文／淮阴师范学院教育科学论坛，2013（Z1）

四　2013年郭沫若研究报纸资料

郭沫若的传奇爱情［N］/大江晚报，2013.01.06
郭沫若之父郭朝沛墓及四峨山古墓群初探［N］/彭先云，熊继承，李维/四川科技报，2013.01.09
郭沫若题写的《密云水库文艺》［N］/孙小健/北京青年报，2013.01.11
郭沫若巧戏特务［N］/梅州日报，2013.01.17
晚年郭沫若［N］/李响/文摘报，2013.01.22；赤峰日报，2013.03.08；余姚日报，2013.03.15
郭沫若、老舍等书法作品集体亮相［N］/王岩/北京青年报，2013.01.30
前海西街郭沫若故居难以捉摸的深宅（上）［N］/李响/新民晚报，2013.02.04
前海西街郭沫若故居难以捉摸的深宅（下）［N］/李响/新民晚报美国版，2013.02.05
郭沫若外孙女在日专注学术　开新课研究"中国事情"［N］/侨报，2013.02.07
郭沫若故居：女神之父的伊甸园［N］/柴达木日报，2013.02.09
郭沫若与澳门凤凰花的念想［N］/柯秉刚/澳门日报，2013.02.16
郭沫若外孙女：一心向学的中日友好使者［N］/杜海玲/中国妇女报，2013.02.19
郭沫若在南昌起义中险被打死［N］/新晚报，2013.02.22
郭沫若改诗救少女［N］/咸阳日报，2013.02.27
郭沫若故居里的大香樟树被挖了？［N］/王钰婷/重庆时报，2013.02.27
郭沫若与他的三位夫人［N］/城市商报，2013.03.02
《北京十年》画线索·郭沫若［N］/何频/南方都市报，2013.03.17
郭沫若笔下"天街"重现青川高家梁［N］/罗晓平/广元晚报，2013.03.20
天上的街市：郭沫若［N］/黑龙江农村报，2013.03.21
郭沫若故居记游［N］/程汐光/潮州日报，2013.03.26
郭沫若：在日本筹办《创造》［N］/正名/人民日报海外版，2013.03.29
孙丕容上书郭沫若：孙肇净［N］/今晚报，2013.03.31
郭沫若书法欣赏［N］/王京川/乐山日报，2013.04.07
郭沫若先生与集美名胜［N］/厦门日报，2013.04.08
郭沫若故居被列为省级科普基地［N］/林立/四川经济日报，2013.04.09
千寻万觅意外翻出郭沫若照片：郭沫若曾在南安石井考证郑成功所铸银币　福建自铸银币的历史提前近200年［N］/东南早报，2013.04.11
郭沫若的创新精神永远值得我们继承和发扬［N］/何洪金/三江都市

报，2013.04.13

郭沫若书法欣赏［N］／王京川／乐山日报，2013.04.14

郭沫若巨幅行草亮相中都春拍［N］／王岩／北京青年报，2013.04.15

李山与郭沫若的书画情谊［N］／滨州日报，2013.04.16

郭沫若书法亮相中都春拍［N］／杨菁／京华时报，2013.04.17

郭沫若行草亮相中都春拍［N］／北京商报，2013.04.17；赣州晚报，2013.04.18

一封信件承载一个希望——"郭沫若学问大，寄给他准没错"［N］／南阳晚报，2013.04.19

郭沫若曾为高桥银峰茶题诗：赞其可与湖州紫笋和双井茶比肩，何香凝作梅一幅以示赞赏［N］／长沙晚报，2013.04.22

获"郭沫若奖学金"［N］／刘志恒／岳阳日报，2013.04.23

喜获"郭沫若奖学金"［N］／曹宇／三峡日报，2013.04.23

我心中的郭沫若先生：记与郭老的几次通信［N］／杨牧之／中华读书报，2013.04.24

郭沫若先生与文求堂［N］／毛峥嵘／人民政协报，2013.04.25

市二中毕业生赵方洲荣获第32届"郭沫若奖学金"［N］／上饶晚报，2013.04.25

在"中国梦"中成就"个人梦"：在第32届郭沫若奖学金颁奖仪式上的讲话［N］／侯建国／中国科大报，2013.04.25

郭沫若为什么会与鲁迅失之交臂？［N］／北方新报，2013.05.02

学子孙志远喜获郭沫若奖学金［N］／泰安日报，2013.05.02

给郭沫若等名人旧居"治未病"：山阴路历史文化风貌区开始大规模修缮［N］／龙钢，袁玮／新民晚报美国版，2013.05.03

虹口区启动历史建筑修缮：包括郭沫若、秋瑾、金仲华等名人旧居［N］／龙钢，朱珉迕／解放日报，2013.05.03

郭沫若所作《屈原》袭用《李尔王》？［N］／杨建民／中华读书报，2013.05.08

虹口区启动历史建筑修缮：包括郭沫若秋瑾金仲华等名人旧居［N］／城市导报，2013.05.10

郭沫若改诗救厌世少女［N］／侨报，2013.05.13

内江一中校友获"郭沫若奖学金"：学校开展学习榜样报告会，激励在校生［N］／华西都市报，2013.05.15

行走沙湾瞻仰郭沫若的成长足迹［N］／刘青园／三江都市报，2013.05.16

郭沫若日记中的托翁故居［N］／深圳商报，2013.05.17

郭沫若情系屈原故里［N］／三峡晚报，2013.05.26

陈寅恪与郭沫若［N］／老正／长沙理工大学学报，2013.06.03

郭沫若和五幕历史剧《屈原》［N］／王鹏／人民政协报，2013.06.06

郭沫若的文革荒唐事［N］／梅州日报，2013.06.08

桑枝酒医好郭沫若半身不遂：张咏梅［N］/株洲日报，2013.06.13

郭沫若纪念馆举办"端午诗会"［N］/杨雪/人民政协报，2013.06.17

率真耿介，叫板成仿吾郭沫若［N］/潍坊晚报，2013.06.17

院士师姐秀郭沫若签名毕业证［N］/刘媛媛/安徽商报，2013.06.22

郭沫若二访奉贤南桥［N］/张明楚/新民晚报，2013.06.23

扬州曾出版《百花齐放剪纸集》：郭沫若赠诗张永寿细节进一步披露［N］/扬州晚报，2013.06.24

创建4A级景区　郭沫若故居昨日迎"国检"［N］/甘国江/三江都市报，2013.06.28

铜章凝情塑郭沫若［N］/陆正伟/新民晚报，2013.07.06

清风徐来赏丹青：自治区博物馆展出徐悲鸿、郭沫若、李苦禅等大师真迹［N］/新疆都市报，2013.07.11

国家图书馆收藏《儋耳诗坛》一书：该书收录了苏轼、朱德、郭沫若等创作于儋州的诗词［N］/海南日报，2013.07.29

胡适与郭沫若的一段交往［N］/王凯/海南日报，2013.07.29

郭沫若曾为西宁两家影剧院题名：纸上西宁［N］/西海都市报，2013.08.02

《中国作家》郭沫若诗歌奖在连颁奖［N］/王艳，王思锦/连云港日报，2013.08.03

梁平《汶川故事》获郭沫若诗歌大奖［N］/成都商报，2013.08.03

梁平获"郭沫若诗歌奖"［N］/华西都市报，2013.08.03

郭沫若给我的回信［N］/高平/渤海早报，2013.08.06

赵国增荣获第三届《中国作家》郭沫若诗歌奖［N］/三晋都市报，2013.08.06

我省诗人赵国增获《中国作家》郭沫若诗歌奖优秀奖［N］/山西日报，2013.08.07

火中凤凰：郭沫若预言的中国梦［N］/扬州日报，2013.08.14

郭沫若赞"国内罕见"的明朝大铜镜［N］/黄河晨报，2013.08.15

郭沫若笔下的夏天［N］/史曙辉/齐鲁晚报，2013.08.17

郭沫若谈写作［N］/平原晚报，2013.08.19

郭沫若60年代书法受宠：专家建议可多关注其毛主席诗词书法作品［N］/杨菁/京华时报，2013.08.21

郭沫若笔下的夏天［N］/史曙辉/聊城日报，2013.08.23

郭沫若故地成爱情微电影背景［N］/万建辉，王飘/长江日报，2013.08.23

郭沫若"引用"马非百著作内情［N］/胡光曙/邵阳日报，2013.08.25

晋级"4A"郭沫若故居景区再添桂冠［N］/乐山日报，2013.08.25

郭沫若故居晋级"4A"景区［N］/杨长喜/四川经济日报，2013.08.27

郭沫若故居升"4A"景区［N］/丁伟/华西都市报，2013.08.28

兴安举行郭沫若《满江红·灵渠》发表50周年纪念活动［N］/桂林日报，2013.08.29

和郭沫若握手［N］/燕赵老年报，2013.08.30

诗意的人生：专访郭沫若诗歌奖获得者梁平［N］/绵阳晚报，2013.08.31

初一语文课本"大变脸"　郭沫若走了贾平凹来了［N］/海峡都市报，2013.09.02

初一语文课本大变脸：人教版贾平凹史铁生作品取代鲁迅郭沫若［N］/楚天金报，2013.09.04

鲁迅郭沫若淡出　史铁生来了：新版人教版初一语文教材变化大，6个单元课文2个单元有变化［N］/生活日报，2013.09.05

新语文课本删郭沫若作品　乐山教师称遗憾［N］/陶清清/乐山日报，2013.09.09

民国文人爱用女名：郭沫若曾叫"安娜"　茅盾用过"四珍"［N］/陕西工人报，2013.09.12

郭沫若叫"安娜"　茅盾用"四珍"［N］/山西晚报，2013.09.13

郭沫若曾自称"安娜"［N］/绵阳晚报，2013.09.14

喜得郭沫若先生墨宝［N］/苏民/人民政协报，2013.09.16

郭沫若曾叫"安娜"　茅盾用过"四珍"［N］/王吴军/曲靖日报，2013.09.17

一幅鲜为人知的郭沫若题词［N］/谢婷婷/广西日报，2013.09.18

郭沫若和鲁迅之间的恩怨［N］/社科新书目，2013.09.23

巴金丰子恺郭沫若手迹上拍场："名人信札上拍会不会再惹争议"引人关注［N］/冯秋红/扬子晚报，2013.09.25

古大存郭沫若璧合珠联［N］/田辛垦/梅州日报，2013.09.25

郭沫若在"兰亭论辩"中的一处错误［N］/李军辉/羊城晚报，2013.09.25

丰子恺、巴金、郭沫若等手迹亮相匡时秋拍［N］/岳瑞芳/太原日报，2013.10.08

关注郭沫若故居管理［N］/杜媛/四川政协报，2013.10.10

"民国"时火车车厢分三个等级：郭沫若坐不起头等车［N］/李子明/济南日报，2013.10.14

为何郭沫若坐不了民国头等火车？［N］/皖江晚报，2013.10.15

郭沫若曾任潮海关监督：第一个担任此职的中共党员，表明中国人民对收回象征国家主权之一的海关关权的坚定决心［N］/周修东/汕头特区晚报，2013.10.25

郭沫若的四为读书法［N］/杨辉峰/咸阳日报，2013.10.30

郭沫若什么事引发鲁迅反感［N］/老年日报，2013.11.02

《郭沫若楹联丛话》出版［N］/宋亚娟/乐山日报，2013.11.03

郭沫若和商丘市回民中学［N］/韩继来/京九晚报，2013.11.05

郭沫若的长寿秘方：静坐［N］/杨月玲/健康导报，2013.11.13

《郭沫若楹联丛话》出版［N］/黄里/四川日报，2013.11.22

北碚，汇聚重庆众多老别墅：八九十年前就开始建设生态花园城市　邓小平刘伯承卢作孚老舍郭沫若曾在此生活［N］/田晓/重庆晚报，2013.11.28

郭沫若写"岳阳楼"三个字［N］/太行日报，2013.12.01

郭沫若如何"争位"［N］/老年生活报，2013.12.02；福州晚报，2013.12.14

郭沫若大师的题字［N］/郭颖甫，靳玉林/安阳日报，2013.12.03

张瑞芳为郭沫若"改"诗［N］/河北科技报，2013.12.03

浠水著名农民诗人王英去世：一生命运多舛笔耕不辍，郭沫若称其为"农民骄子"［N］/楚天时报，2013.12.06

郭沫若是问题文豪吗［N］/中国社会科学报，2013.12.09

郭沫若健康长寿方：每日静坐［N］/江苏科技报，2013.12.12

郭沫若梁漱溟都曾是我们家的客［N］/重庆晨报，2013.12.12

北碚发现田汉郭沫若墨宝　先后题词见证重庆大轰炸［N］/吴娟，史宗伟/重庆晚报，2013.12.17

豆花：卢作孚用来招待郭沫若、冯玉祥［N］/弋静/重庆晚报，2013.12.25

编后记

2014年对于《郭沫若研究年鉴》来讲是一个全新的开始。

2014年《郭沫若研究年鉴》由郭沫若纪念馆和中国郭沫若研究会共同编纂完成，出版社则改为中国社会科学出版社出版，同时被纳入到中国社会科学院年鉴出版系统之中，另外也被列入了中国社会科学院郭沫若纪念馆的创新工程项目之一，从各个方面来看《郭沫若研究年鉴》都得到了更为广泛的关注。

创新和延续是统一的。本年度的《郭沫若研究年鉴》依然还是延续了以前的风格和模式，我们依然将郭沫若文献史料的收集、考订和研究的相关成果放在了首位，这些论文都各有特色，值得推荐，希望借此能够进一步推动郭沫若研究以更加扎实的脚步往前发展。另外，我们又依据近些年成果研究的方向的不同从文学研究、史学研究、人际交往等几个方面选择了不同的论文，客观讲这些论文的水平的确参差不齐，但是为了能够照顾到各个研究方向，我们只能姑且为之，希望这样能够促使研究者们更为全面地拓展郭沫若研究的领域。"文摘"一栏则是对本年度其他有代表性的学术成果观点的简单归纳和总结，希望也能对大家有所启示。

在编辑的过程中我们尽可能的请各位论文作者提供稿件，但是由于涉及的刊物过多，有些作者未能联系上，因此只能由我们编辑人员进行文字转换，在此过程中我们尽可能尊重原文的原貌，但为了全书风格统一，对注释和格式进行了调整，另外，在转换过程中一些错误也在所难免，希望大家谅解。

新的开始也就意味新的气象，今后《郭沫若研究年鉴》将会以更加翔实的内容和新颖的编排，为广大郭沫若研究学者服务。

由于我们编辑人员水平有限，在成果搜集和整理中难免挂一漏万，欢迎郭沫若研究学者能够将自己研究的成果及时邮寄给我们。

《郭沫若研究年鉴》编辑委员会
2014年6月